향찰 연구 20제

- 동형의 이두와 구결도 겸하여 -

양희철 저

보고사

머리말

이 책 『향찰 연구 20제 : 동형의 이두와 구결도 겸하여』는 향찰 해독에서 문제가 되고 있는 문제들을 풀기 위하여 썼다.

고전시가의 하나인 향가를 연구하면서 항상 직면하는 것이 향찰의 해독이다. 이 향찰의 해독은 그 동안 많은 것들이 완결되었지만, 아직도 적지 않은 것들이 미완으로 남아 있다. 그것도 생각해 볼 수 있는 연구방법들의 대부분이 거의 모두 시도되었지만, 아직도 적지 않은 향찰들의 해독이 미완으로 남아 있다. 그 이유는 다양하겠지만, 가장 큰 이유 중의 하나는 선행 해독들에 대한 철저한 변증과 치밀한 해독이 미흡했기 때문이라고 생각해 왔다. 그래서 이 미흡점들을 보완하고자, 지금까지 그리고 이 책에서, 다음의 네 측면에 역점을 두고 향찰을 해독해 왔다.

첫째는 선행 해독들을 철저하게 변증을 하는 것이다. 이는 선행 해독들 중에서 어느 해독은 어떤 점이 미흡하고, 어느 해독은 어떤 점이 맞거나 강장점인가를 명확하게 하여, 연구의 현황과 연구의 토대를 확실하게 하기 위한 것이다.

둘째는 문제가 된 향찰별로, 갈래별로 연구하는 것이다. 이는 문제가 된 향찰들을 향찰별로, 갈래별로 연구를 집중하기 위한 것이다. 이 책에서 집중적으로 다룬 대상은 다섯 갈래에 속한 향찰들이다. 즉 훈으로 읽은 향찰(外, 友, 皆, 頓), '止'섭 한자의 이두와 향찰(詞, 思, 史, 事, 知, 賜, 次, 處, 爾, 厼), '臻'섭 한자의 향찰(根, 斤, 叱), '山'섭 한자의 향찰(遣, 昆, 寸, 反, 孫), '愚'섭 외 한자의 향찰(乎, 烏, 屋, 玉, 省, 留, 誤寫字, 省略表現字) 등의 갈래에 속한 향찰들이다.

셋째는 동형의 차제자(향찰, 구결, 이두)를 함께 검토하는 것이다. 이는 향찰이 향찰만으로 존재하지 않고, 차제자의 일부로 구결 및 이두와 함께 존재하고, 함께 차제자의 변천사를 이루기 때문이다.

넷째는 어학적인 면과 문학적인 면을 통합적으로 해독하는 것이다. 이는 향찰이 어문학인 향가를 표기하고 표현한 문자라는 점을 살리기 위한 것이다. 이 책에서 역점을 둔 어학적인 면은, 외국 학자들이 재구한 한자의 중국 고음은 물론 신라음과 고려음, 당대의 한자훈, 형태소들과 단어들의 문법적인 연결, 향찰의 운용법 등등이며, 역점을 둔 문학적인 면은, 문학성과 관련된 중의적 표현, 도치 표현, 생략 표현, 반복 표현 등등이다.

이 네 측면에 역점을 두고 쓴 글들을 묶은 것이 이 책이다. 이 책에 수록한 20편의 글들 중에서 6편은 이 책에서 처음으로 발표하는 것들이고, 나머지는 학회지에 이미 발표한 글들의 내용을 수정·보완하고, 그 체계를 책의 체계에 맞게 재편한 것들이다.

이 책을 통하여 필자 나름대로는 아주 만족하는 것들도 적지 않다. 그러나 그 성과의 판단은 독자의 몫이다. 이보다 역점을 둔 첫째로 인해 본의 아니게 선학 및 동학들에게 누를 끼친 것 같다. 혹시 서운한 마음이 들었다면, 정신문화인 향가를 사랑하는 마음으로 지워 주었으면 하는 마음이다.

끝으로 이 책을 쓸 수 있게, 필자에게 향가와 향찰을 직접 가르쳐 주신 여러 선생님들과, 이 분야에서 논저를 통하여 도움을 주신 선학 및 동학들에게, 깊은 감사를 드린다. 또한 물심양면으로 연구를 평생 도와주고 있는 집사람에게도 진심으로 고마움을 표한다.

그리고 어려운 상황에도 언제나 출판을 흔쾌하게 응락해 주시는 보고사 김흥국 사장님께 다시 한번 고마움을 표한다.

2015년 3월 3일
우암산 기슭에서 필자 씀

차례

제2부 '止'섭 한자의 이두와 향찰

제3부 '臻'섭 한자의 향찰

一. 향찰 '根, 斤'

제4부 '山'섭 한자의 향찰

一. 향찰 '遣'

제5부 '遇'섭 외 한자의 향찰

제1부

훈으로 읽은 향찰

一. 향찰 '夘'

1. 서론

이 글은 「서동요」의 향찰 '夘乙'의 '夘'에 대한 선행 해독들을 변증하는 데 연구의 목적이 있다. 이 연구에는 향찰 '薯童房乙'의 해독도 연결되어 있어, 함께 다루려 한다.

향찰 '薯童房'의 경우에는 '薯童房'을 人名과 장소 중에서 어느 것으로 볼 것인가 하는 문제가 포함되어 있다. 그리고 향찰 '薯童房乙'의 경우에는 '-乙'을 '-을'로 해독하고, 그 의미를 '-에, -에게, -으로, -을' 등으로 해석하고 있는데, 어느 의미가 맞는가 하는 문제가 포함되어 있다. 게다가 최근에 '-에/으로'의 의미를 가진 '-을' 중에서, '-을 가-'의 連語 형태를 취한 경우는 15·16세기 국어사 자료에서 찾기 어렵다는 주장으로 인해 '薯童房乙'의 해독 문제는 다시 부각되었다.

향찰 '夘乙'의 경우에는 '夘'(발음이 '묘'와 '원'이므로 문맥에 맞추어 씀)의 字形을 확정하는 원전판독과 '夘乙'의 해독에서 문제를 보인다. 이 두 문제는 서로 연계되어 세 유형을 보인다. 첫째는 '夘'를 '卯'로 판독하고, '묘, 모, 톳, 도깨' 등등으로 읽으면서, '夘乙'을 '몰래, 무엇을, 土器, 잠자리를, 마[薯]를' 등등의 의미로 해석한 유형이다. 둘째는 '夘'를 '卵'으로 판독하고, '란'과 '알'로 읽으면서, '-란, 알(불알, 공알, 알), 아이를, 임신한 배' 등의 의미로 해석한 유형이다. 셋째는 '夗'를 '夗'으로 판독하고, '딩굴, 누버뒹글, 뒹글' 등으로 읽으면서, '딩굴'과 '누어 딩굴게'의 의미로 해석한 유형이다. 이렇게 서로 연계된 '夗'의 원전판독과 해독은 아직도 명확하게 설명되지 않아, 명확한 해명을 요하는 문제이다.

이와 같은 문제들을 다음과 같이 변증하고자 한다. 먼저 제2장에서는 '薯童房乙'의 해독을 변증하면서, 이와 연결된 '-을(=으로/에) 가-'의 連語形態가 15·16세기 국어사 자료에서 찾을 수 없는 것인가를 확인하고자 한다. 제3장에서는 '夗'가 字形의 측면에서 어느 한자인가를 선행 연구들을 변증하면서 정리하고자 한다. 제4장에서는 향찰 '夗乙'에 대한 선행 해독들을 검토하고 보완하고자 한다. 특히 제2장과 제4장의 해독에서는 다음의 네 측면에 좀더 유의하려 한다. 첫째는 향찰의 원리와 운용법의 측면이다. 이는 해독된 형태가 향찰에 쓰인 한자의 음훈의 범위 안에 있어야 하고, 향찰 운용법인 훈주음종 또는 義主音助에 맞아야 한다는 측면이다. 둘째는 형태소 연결의 문법적 측면이다. 이는 해독된 형태소들이 단어 내의 연결에서 문법적이어야 한다는 측면이다. 셋째는 문장의 통사–의미적 측면이다. 이는 해독된 단어들이 그 연결에서 문법적이어야 한다는 측면이다. 넷째는 해독과 현대역의 연결 측면이다. 이는 해독된 형태소와 단어들은 그 현대역과 서로 일치하거나 합리적으로 연결되어야 한다는 측면이다.

2. '薯童房乙'의 해독

향찰 '薯童房乙'의 해독은 두 측면에서 문제가 되고 있다. 하나는 '薯童

房'이 인명인가 아니면 장소인가 하는 문제이다. 다른 하나는 '-을'의 의미는 '-에, -에게, -으로, -을' 등의 어느 하나인가, 아니면 하나 이상인가 하는 문제이다.

2.1. '薯童房'의 의미

선행 연구들은 '薯童房乙'을 '抱遣'의 목적어로 보거나, '去如'의 수식어로 보았다. 전자의 경우는 '薯童房'을 인명으로 보고, 후자의 경우는 '薯童房'을 장소로 보았다. 이 중에서 어느 것이 맞는가를 보자.

'薯童房乙'을 '서동방(인명)을'로 읽은 것은 초기의 해독들(아유가이, 오구라, 유창선, 양주동 등등)에서부터 보인다. 이 중에서 '서동방'이 인명이란 근거를 자세하게 설명하려 한 글을 보자.

(1) 本條 「薯童房」(맛둥방)과 같이 人稱下에 「방」을 附加함은 現行語의 「안즌방이・주정방이・거렁방이・게으름방이・가난방이・장돌방이・놈팽이」等 許多例가 잇는데, 그 淵源은 진작 羅代로부터이다. 「방」은 尊稱・卑稱에 諧謔的으로 兩用됨이 저 「치・지」와 同一하다.
…(중간 생략)…
★ 「방」의 語原은 人稱名下에 흔히 붙는 「蛇卜・弓巴」等 「보・바」의 主格形 「보이・바이」가 音便上 介入된 鼻音 「ㅇ」에 依하야 「-방이」로 變함이겟다. 或 「房」을 左引과 같은 「方丈」의 義의 「房」으로 解하야, 居所로써 僧侶, 乃至 一般人을 稱하게 되엇다고 할 수 잇으나, 鄙見은 亦是 「보-보이-바이」等語를 固有語로 보고 「房」을 音借字로 보고저 한다.(양주동 1942:448-449)

(1)은 '薯童房'이 인명이란 점을 조어법과 어원의 차원에서 주장하였다. 그러나 지헌영에서부터 '薯童房'을 장소로 보는 해독들이 나왔다. 이로

인해 '薯童房'을 인명과 장소로 보는 주장들이 서로 갈리게 되었는데, 인명으로 본 앞의 인용이 가진 한계점을 구체적으로 지적한 것은 남풍현이다. 그 글을 보자.

> (2) 이 考證은 풍부한 자료로써 뒷받침하려고 노력하였으나 그 해석에는 무리가 없지 않다. 그는 '안즌방이' '주정방이'의 '방'에서 '房'의 어원을 찾으려 하였으나 이것은 조어법에서 우선 수긍하기 힘들다. '안즌방이' '주정방이' '가난방이'의 '방'은 모두 동작이나 상태를 나타내는 말의 다음에 쓰인 것이고 '薯童'과 같이 動作性이나 상태의 지속성이 없는 말에 붙은 것이 아니다. …(중간 생략)… 또 'ㅏ·巴'는 '童'을 뜻하는 것이지만 '房'은 成人에 한하여 쓰이는 것이므로 뜻에 있어서도 거리가 있다. 이러한 점으로 볼 때 '房'의 어원을 'ㅏ·巴'에 연결하여 설명하는 것은 무리한 추측이라 하지 않을 수 없다. 따라서 '房'이 '童'을 뜻한다는 증거는 찾아지지 않는다. 또 歌意에 있어서도 "公主가 薯童이를 몰래 (품에) 안고 간다"고 하는 것은 동요로서는 지나치게 속된 감이 있다. 이러한 주장은 '夘乙'을 부사로 본 데서 온 것이다.(남풍현 1983:380)

(2)는 세 측면에서 양주동의 해석에 나타난 문제들을 지적하였다. 첫째는 조어법의 측면으로, '안즌방이. 주정방이, 가난방이' 등은 '동작/상태+방'의 형태인 데 비해, '서동방'은 이 '동작/상태+방'의 형태가 아니라는 것이다. 둘째는 어원의 측면으로, 'ㅏ·巴'는 '童'을 뜻하는 데 비해, '房'은 成人에 한하여 쓰이는 것이므로, '방'의 어원이 'ㅏ·巴'에 있지 않다는 것이다. 셋째는 歌意의 측면으로, '薯童房'을 사람으로 보면, 가의가 너무 속되다는 것이다.

이 지적에 동의하면서, 첫째 측면을 부연하려 한다. '안즌방이. 주정방이, 가난방이' 등은 '동작/상태+방이'의 형태인 데 비해, '서동방'은 '인명+

방'의 형태이다. 이렇게 후자의 조어는 전자의 조어와 다르다. 게다가 '서동방'은 處所로 인명을 지칭하는 어휘가 될 수 없다. 왜냐하면, 인명을 지칭하는 처소의 어휘, 예로 '大殿, 中殿, 兵房, 戶房' 등과 같은 어휘들에는 인명이 포함되어 있지 않기 때문이다. 만약 인명이 포함되어 있다면, 이는 인명을 표현하는 데 불필요한 '-방'을 더 붙인 것이 될 뿐만 아니라, 그 사람이 소유하거나 거하는 방과 구분하는 것이 어렵다. '서동방'의 경우에, 이 '서동방'이 서동을 의미한다면, '-방'은 불필요한 것이 붙은 것이 된다. 그리고 서동을 지칭한다고 본 '서동방'은 서동이 기거하거나 소유한 방의 의미인 '서동방'과 구분하는 것이 어렵다. 이런 문제들로 보아, '서동방'은 서동이 기거하는 방, 즉 장소로 해석한다.

2.2. '(薯童房)乙'의 의미

'薯童房乙'은 '서동방을'로 해독되고, '-을'은 '-을, -으로, -에, -에게' 등의 의미로 보아 오고 있다. 이 중에서 '-을, -에게'의 의미를 취하면 '서동방'을 인명으로 보게 되고, '-으로, -에'의 의미를 취하면 '서동방'을 장소로 보게 된다. 그러나 앞절인 2.1.에서 본 바와 같이 '서동방'은 장소이기에 '-을'을 '-을, -에게'의 의미로 볼 수는 없다. 이는 '-을'의 의미를 '-으로, -에'로 보게 한다. 그런데 이를 부정할 수 있는 글이 최근에 나와 있어, 이 글을 부정하지 않는 한, '-을'에 '-으로, -에'의 의미를 부여할 수 없다. 문제의 글은 '-을(처소격) 가-'라는 連語의 예로 보아, '薯童房乙'의 '-乙'을 '-에, -으로'로 해석하는 것이 거의 어렵다는 주장이다.

(3) …… '薯童房乙'을 '가다'[去如]에 대한 落着點(……에)이나 指向點(……으로) 處所로 파악하는 종전의 주장은 국어사 자료를 기준으로 하여 평가할 때 설득력이 부족하다. 姜吉云(2004)에서 주장한 "'-을'이 (15세

기에서) 17세기까지 처격조사로 상당히 많이 사용됐다(20쪽)."는 기술
은 '비기다'[憑·依] 등 극소수 동사에만 해당되는 사실이다. 〈薯童謠〉
에 나타난 '去如' 즉 '가다'의 경우는 "……에(處格)#가–" 또는 "……으
로(具格)#가–"와 같은 구문으로 통합되는 것이 중세국어의 언어질서
였다.[주25]의 인용은 생략함] 특히 金完鎭(1980)이나 姜吉云(2004) 등
에서 주장하는 "……을(處所)#가–"형 구문은 적어도 15–16세기 국어
사 자료에서는 그 용례를 찾기가 어려운 것이다.(정우영 2007:276–277)

(3)의 주장이 사실이라면, '薯童房乙'의 '–乙'을 처소격의 '……을(處所)'
로 해독하는 것이 상당히 어렵다. 왜냐하면 이 주장대로라면, '–을(처소
격) 가–'는 15·16세기의 자료에서 발견할 수 없기 때문이다. 그러나 이
주장에는 문제가 있어 보인다. 이런 사실을 보여주는 자료들을 『한국고전
시가어휘색인사전』(임기중·임종욱 1996)을 중심으로 뽑아 보면 다음과 같
다. 괄호 안에는 작품번호와 장을 표시하였다.

(4) 가. <u>강동을 가즈하니 가기는</u> 가련이와(시조 70107 초장)
나. <u>어디롤 가노라</u> 匹馬롤 빗야는다(시조 70337 중장)
다. 어와 가고지고 내 <u>갈 딕를 가고지고</u>(시조 72454 초장)
라. <u>갈 딕를 가게</u> 되면 볼 사룸 보련마는(시조 72454 중장)
마. 海漫漫 風飄飄ᄒ니 <u>三山을 뉘라 가리</u>(시조 74044 초장)

(4)에서 밑줄 친 부분들은 '–을/를/롤(처소격) 가–'의 형태를 보여준다.
즉 '강동을/어디롤/갈딕를/三山을(처소격) 가–'의 형태를 보여준다. 이 중
에서 (4나)의 '어디롤 가노라'(시조 70337)는 朴繼叔(1569~1646)의 작품으
로 16세기 또는 16세기에서 그리 멀지 않은 시대에 '–을/를/롤(처소격) 가–'
가 쓰인 예이다.

이번에는 '-을/를/롤(처소격) 가-'가 15·16세기에 쓰였다는 것을 생략을 통하여 보자.

(5) 가. 洛水에 山行(을) 가 이셔(「용비언천가」 125)
　　나. 나뷔야 靑山(을) 가쟈 범나뷔 너도 가자(시조 70569 초장)
　　다. 우리는 採蓮(을) 가는 길이니 무러 무슴 흐리요(시조 70671 종장)
　　라. 白酒 黃鷄로 너노리(를) 가자스라(시조 71211 중장)
　　마. 굴 삿갓 숙이 쓰고 고기잡이(를) 가자스라(시조 71215 중장)
　　바. 봄이 간다 커늘 술 싯고 餞送(을) 가니(시조 71633 초장)
　　사. 아힌도 採薇(를) 가고 竹林이 뷔어세라(시조 72349 초장)
　　아. 눌은 川獵 흐고 來日은 山行(을) 가신(시조 72601 초장)

한국어에서 목적격어미는 생략되기도 한다. 그리고 처소격어미는 처소를 지칭하는 명사들 아래에서는 생략되기도 하지만, 다른 곳에서는 생략되지 않는다. 이런 점들에서 (5)의 밑줄 친 부분들에는, 괄호 안의 처소격어미로 쓰이는 목적격어미의 '-을/를'들이 생략되었다고 할 수 있다. 특히 이 중에서 (5가)의 '山行(을) 가'(『용비어천가』)는 15세기의 예이고, (5사)의 '아힌도 採薇(를) 가고'(시조 72349)는 鄭澈(1536~1593)의 작품으로 16세기의 예이다.

이상의 세 예들을 통하여, '-을/를/롤(처소격) 가-'의 連語 형태는 15·16세기에도 존재했다는 것을 확인할 수 있다. 특히 '-을/를/롤'이 가지는 처소격은 '-을/를/롤'의 主機能이 아니라 副機能이다. 이로 인해 그 사용은 상당히 드물었을 것으로 판단한다.

이렇게 '-을/를/롤(처소격) 가-'의 존재를 이해하고 나면, '薯童房乙'의 '-乙'에 '-에, -으로'의 의미를 부여하는 데 문제가 없다.

3. '夘'자의 字形 판독

향찰 '夘'의 字形을 확정할 수만 있다면, 해독을 수월하게 할 수 있다. 이 점 때문에, 거의 모든 해독들에서는 이 '夘'의 본래의 한자가 어느 것인가를 『삼국유사』에서 검토한 다음에 해독을 해 왔다. 그 중에서도 여섯 분이 비교적 자세하게 검토를 하였다. 이 분들의 연구 결과를 중심으로, 正字, 同字, 俗字, 誤字 등의 차원과 선행 판독의 차원에서 '夘'의 자형을 검토하려 한다.

3.1. '夘'와 正字 · 同字 · 俗字 · 誤字

'夘'가 어떤 글자인가를 大字典의 차원에서 먼저 정리하고, 이어서 향찰 '夘'는 어느 글자의 正字, 俗字, 誤字 등인가를 정리하고자 한다.

먼저 大字典의 '夘'를 보자. 초기의 해독들에서는 '夘'를 한자 대자전에도 등재되지 않은 한자로 정리하였다. 그래서 이 '夘'는 문맥에 의해 '卯'와 '卵'으로 판독되어 왔다. 그러나 이 '夘'가 한자 대자전에 '夗'의 同字로 등재되어 있다는 사실이 김웅배(1982:184-185, 이 글은 최근까지 인용된 적이 거의 없다), 금기창(1993), 윤철중(1997) 등에 의해서 언급되었다. 게다가 최근에는 '夘'가 한자 대자전에 '夗'의 同字는 물론, '卯'의 俗字로 등재되어 있다는 사실이 정우영에 의해 소개되었다. 장황하지만 이 글을 인용하면 다음과 같다.

> (6) (4) 『漢語大字典』(1993), 編輯委員會, 四川辭書出版社 · 湖北辭書 出版社, 中國: 成都.
> 가. 卯 '夘'자가 '卯'의 俗字라는 설명 없음.
> 나. 卵 '夘'자와 관련되어 있다는 설명 없음.

다. 夗 '夘'자와 同字라는 설명 없음.

라. 夘 ① mǎo 莫飽切. 同卯 〈古今韻會擧要 · 巧韻〉: 卯, 俗作夘.
　　② wàn 於元切. 同夗 〈字彙 · 夕部〉: 夘, 同夗.

(5) 『敎學大漢韓辭典』(2000), 李家源 · 安炳周 監修, 辭典編纂室 編, 敎學社.

가. 卯 同字 邜, 俗字 夘.

나. 卵 '夘'자와 관련되어 있다는 설명 없음.

다. 夗 同字 夘.

라. 夘 ① 원. '夗'과 同字, ② 묘. '卯'의 俗字(정우영 2007:265-266)

(6)과 같이 한자 대자전을 인용 소개하고, 이어서 아래의 (7)과 같이 설명을 하였다.

(7) (4)와 (5)는 각각 中國과 韓國에서 발행한 大字典의 설명이다. 日本의 대표적인 자전을 찾아보아도 "〈夘〉자는 〈卯〉의 俗字요 〈夗〉의 同字"라는 설명은 같다.(이 설명은 단국대 동양학연구소 편『漢韓大辭典』이나 日本의 대표적 字典인 모로하시(諸橋轍次) 편『大漢和辭典』에서도 동일하다. 臺灣의 中華民國敎育部國語推委員會에서 編輯한『異體字字典』을 검색해보아도 이와 크게 다르지 않다. …… : 인용자가 각주를 협주로 옮김) 위의 (4)에는 正字인 〈卯〉 · 〈夗〉자 항에서 '夘'자와 관련된 설명을 하지 않았으나, (5)에는 〈卯〉와 〈夗〉자 항에 '夘'자와 관련되어 있다는 정보를 반영하였다.(정우영 2007:265-266)

(7)에서 보면, 한국, 중국, 일본 등의 大字典들에는 '夘'가 '卯'의 俗字와 '夗'의 同字로 등재되어 있음을 확인할 수 있다. 이 중에서 한국의 경우에 이 정리가 중국과 일본의 정리에 기초한 것일 수 있어, 이에 대한 예를 확인하여야 한다. 그런데 이 예는 이미 확인되어 있다. 즉 '夘'가 '卯'

로 쓰인 예들은 『삼국유사』의 干支에서 발견된다는 것이다. 이런 사실은 「서동요」의 '夘'를 검토한 사람들은 너무나 잘 알고 있으며, 최소한 한국에서도 '夘'가 '卯'의 속자로 쓰였음을 명확하게 보여준다.

이렇게 '夘'가 '卯'의 俗字와 '宛'의 同字라는 점에서, 지금까지 '夘乙'의 해독에서 중심에 위치하여온 '卵'자설은 다른 두 글자들[卯, 宛]에 비해 가장 불리한 처지에 서게 되었다.

이번에는 향찰의 '夘'를 보자. 향찰의 '夘'가 어떤 글자인가? 즉 正字인가 아니면 어느 글자의 同字, 俗字, 誤字 등의 어느 하나인가? 이 문제는 주변에 있는 글자들[夗, 卯, 卵]과의 관계들, 즉 正字와 俗字의 관계와 正字와 誤字의 관계에서 밝혀진다. 지금까지 이 관계는 검토된 바가 없으므로. 이를 구체적으로 보자.

正字와 俗字는 자형은 다르지만 음과 뜻이 같다. 그리고 正字와 誤字는 자형, 음, 뜻 등이 다르다. 그런데 현재의 연구 단계에서는 '夘'와 '夗'의 음과 뜻을 모르기 때문에, 이것들이 '卯'나 '卵'의 속자인지 오자인지를 판단하기 어렵다. 그러면 차선책으로 속자와 오자를 구분할 수 있는 방법은 무엇인가를 보자. 正字와 俗字의 일부는, 각각 글자 일부에서 같은 부분과 다른 부분을 갖는다. 이 중에서 正字의 邊이나 傍이 변한 한자에서 그 나머지 傍이나 邊이 그대로 살아 있으면, 그 글자는 속자가 된다. 이런 사실을 正字 '恥'와 俗字 '耻'에서 알 수 있다. 즉 '恥'에서 '耳'의 邊이 그대로 남은 '耻'는 '恥'의 속자가 된다.

이 정자와 속자의 관계를 '夘, 夗, 卯, 卵' 등에 적용해 보자. '卯'는 정자이고, 이 '卯'와 '夘'는 'ㅁ'방을 공통으로 한다. 이런 점에서 '卯'로 쓰이는 '夘'는 '卯'의 속자가 된다. 이렇게 '夘'가 '卯'의 속자라는 사실은, 앞에서 정리하였듯이 동양 삼국의 한자 대자전에서도 확인되어 있다. 그리고 '卵'은 정자이고, 이 '卵'과 '夘'은 'ㅁ'방을 공통으로 한다. 이런 점에서

'卵'으로 쓰이는 '夘'은 '卵'의 속자가 된다. 그리고 이 속자들로 인해, 만약 '卯'를 '夘'로, '卵'을 '夘'로 각각 썼다면, 이 '夘'은 '卯'의 오자이고, 이 '夘'는 '卵'의 오자가 된다.

이 '夘, 夘, 卯, 卵' 등이 보이는 正字, 俗字, 誤字 등의 성격은 다음의 통계에서도 확인할 수 있다.

(8) 「서동요」의 제16예문을 빼면 '卵'字의 용례는 24개소가 된다. '卵'字로 쓰인 용례 24개소 가운데 'ㄇ' 안에 'ㆍ'가 찍히지 않은 경우는 제7예문(有一紫夘)·제18예문(六夘化爲童子)·제25예문(昔天夘下于海邊)이고, 판독이 어려우나 필사한 필적으로 미루어 'ㆍ'를 찍은 것으로 간주할 수 있는 것이 제12예문(七年後産一大夘)·제13예문(人而生夘)·제14예문(解櫃脫夘而生)이며, 여타의 예문은 모두 'ㆍ'가 찍혀 있는 글자임이 확인된다. 'ㆍ'가 찍히지 않은 '夘'字로 필사된 곳이 3개소인데 비해서 'ㄇ' 안에 'ㆍ'가 찍힌 '夘'字로 필사된 곳은 21개소인 것이다.

'卯'字로 쓰인 용례 33개소 가운데 '卵'로 誤記된 곳이 제44예문(立安四年乙卵)·제46예문(建安四年乙卵)의 2개소가 있고, 여타의 곳은 '卯'字를 써서 正字로 필사된 제53예문(貞觀十七年癸卯)·제56예문(貞元乙卯. 이상의 10개 예문은 인용자가 삽입)의 2개소를 포함하여 모두 31개소가 'ㄇ' 안에 'ㆍ'를 찍지 않은 '夘'·'卯'·'夘'字로 혼용되고 있다.(윤철중 1997:257)

(8)의 설명은 두 가지 사실을 말해준다. 하나는 '卵'에 해당하는 '夘'가 3개이고, 'ㄇ' 가운데 'ㆍ'를 찍은 '夘'이 21개인데, 후자가 우세하다는 것이다. 이 통계적 사실과 앞에서 살핀 정자·속자·오자의 사실로 볼 때에, 앞에서 정리한 '夘'이 '卵'의 속자라는 사실과 '卵'에 해당하는 '夘'는 '卯'이나 '夘'의 오자라는 사실을 확인할 수 있다. 다른 하나는 '卯'에 해당하는 글자로 오기된 '卵'이 2개이고, 'ㄇ' 가운데 'ㆍ'를 찍지 않은 '夘·卯·夘'

등이 31개인데, 후자가 우세하다는 것이다. 이 통계적 사실과 앞에서 살핀 정자·속자·오자의 사실로 볼 때에, 앞에서 정리한 '夘'가 '卯'의 속자라는 사실과 '卵'에 해당하는 '卵'은 '卯'의 오자라는 사실을 확인할 수 있다.

3.2. 선행 판독

이 절에서는 선행 판독들을 '卵, 夗, 卯' 등으로 나누어 그 장단점을 정리하고자 한다.

3.2.1. '卵'으로 본 판독

먼저 '卵'으로 본 판독을 보자. '夘'을 '卵'으로 보기 시작한 것은 홍기문과 정열모이다. 그러나 그 구체적인 이유를 자형의 차원에서 언급한 것은 서재극과 홍재휴이다. 이 주장들을 차례로 보자.

(9) 「夘」字에 관해서 살피기로 하자. 「夘」가 「卯」의 俗體임은 周知의 사실이다. 그러나 三國遺事의 刻字는 반드시 그런 것은 아니다. 「卯」로 正字가 된 것도 있고, 俗體로 「夘」로 된 것도 있고, 또 「夗」로 된 것도 있다. 이들의 用處는 모두가 干支에 局限되어 있다. 한편 「卵」字는 大部分 「夘」으로 적혔는데, 本歌 外에서도 다음과 같은 곳에서는 분명히 「夘」로 적혀 있음을 본다.

　　有一紫夘 〈卷 1:12〉
　　解櫝脫夘而生故因名脫解 〈卷 1:16〉
　　昔天夘下于海邊 〈卷 3:42〉

　　이렇게 되어 있으니, 本歌(卷2:28)와 합쳐서 卷1,2,3에 걸쳐 「卵」을 「夘」으로 刻한 것이 있다는 결과가 된다. 「卵」字를 좁은 面積에 일일이 正字로 새긴다는 것은 힘드는 일이나, 最小限度 「夘」(앞뒤의 문맥으로 보아, 「夘」의 오자로 판단한다 : 인용자 주) 정도로 새겼어도 旣往의 誤讀은 없었을 것이 아닌가? 그러나 우리는 또 하나의 字知識을 참고하지 않으면 안된다. 그것은 곧 玉篇에 「卩」字를 찾아 보면 「本作 㔾」로 되어 있고, 「㔾」字에 가 보면 「卩本字」라고 해 있음이다. 즉 「㔾」字는 「卩」로서 통용한다는 말이다. 이로 미루어볼 때, 좁은 칸에 일일이 點을 돋을새김하기보다 간편하게 「卩」로써 충족되었다는 사실을 推察할 수 있다. 同文類解에는 「卯」는 「夘」로 적고, 「卵」은 「夘胞(불), 夘子(불알), 夘毛(陰毛)」 등으로 적고 있다.(서재극 1973:263)

(9)의 인용은 네 논점에 입각하여 '夘'을 '卵'으로 판독하였다. 첫째로, 正字인 '卯'와 그 俗字인 '夘'와 '邜'는 干支에서만 쓰였다는 것이다. 둘째로 '卵'은 대부분 '夘'로 적었다는 것이다. 셋째로, '卩'은 '㔾'과 통한다는 것이다. 넷째로, 『同文類解』에서 '卯'는 '夘'로 '卵'은 '夘'으로 적고 있다는 것이다. 이 판독은 '夘'가 '卵'의 誤字로 잘못 쓰인 예들을 논거로, '夘'가 자형상 '卵'으로 판독될 수 있는 가능성을 보여 주었다. 그러나 '夘'는 자형상 '卯'로도 판독될 수도 있다는 점을 부정한 문제를 보인다. 이 문제를 차례로 보자.

첫째로, "이들(卯, 夘, 邜)의 用處는 모두가 干支에 局限되어 있다."는 干支가 아닌 곳에서 '夘'가 '卵'의 誤字로 나온다는 점에서 잘못된 주장이고, 이 잘못된 주장에 근거해서 '夘乙'의 '夘'가 '卯'가 아니라고 본 주장도 잘못된 것이다.

먼저 "이들(卯, 夘, 邜)의 用處는 모두가 干支에 局限되어 있다."는 干支가 아닌 곳에서 '夘'가 '卵'의 誤字로도 나온다는 점에서 잘못된 주장임을 보자. 干支가 아닌 곳에서 '夘'가 '卵'의 誤字로 쓰이고 있음은, 새삼스럽게 인용할 것도 없이, 앞의 인용인 "「卵」字는 大部分 「夘」으로 적혔는데"

에서 알 수 있다. 상황이 이런데도 "이들(卯, 夘, 邜)의 用處는 모두가 干支에 局限되어 있다."는 주장을, 지금까지 수많은 해독자들이 믿어오면서 어떤 의심도 하지 않은 것은 意外이다. '卵'으로 쓰인 '夘'자는 '卯'로 쓰인 '夘'자와 다른가? 이 두 '夘'는 '卵'의 誤字이고 '卯'의 俗字이지만, '夘'라는 같은 글자이다. 이렇게 '夘'는 干支와 干支가 아닌 곳에서 모두 쓰였다는 점에서 "이들(卯, 夘, 邜)의 用處는 모두가 干支에 局限되어 있다."는 잘못된 주장이다.

이번에는 "이들(卯, 夘, 邜)의 用處는 모두가 干支에 局限되어 있다."의 잘못된 주장을 논거로 하여, '邜乙'의 '邜'가 '卯'가 아니라고 본 주장도 잘못된 것임을 보자. 이 주장은 일차로 "이들(卯, 夘, 邜)의 用處는 모두가 干支에 局限되어 있다."는 잘못된 주장에 근거하였기 때문에 틀린 것이다. 이차적으로 이 주장의 근거인 "이들(卯, 夘, 邜)의 用處는 모두가 干支에 局限되어 있다."가 맞는다고 해도, '邜乙'의 '邜'가 '卯'가 아니라는 주장은 자료측면에서 부정된다. "이들(卯, 夘, 邜)의 用處는 모두가 干支에 局限되어 있다."는 '邜乙'의 '邜'가 '卯'가 아니라는 것을 주장하는 논거이다. 이 논거는 앞의 주장 자체만으로는 성립하지 않으며, 다음의 함축적 의미에서 성립한다. 즉 이들(卯, 夘, 邜)의 用處는 모두가 干支에 局限되어 있기에, 干支가 아닌 곳의 문자들, 특히 「서동요」의 '邜'까지도 '卯'일 수 없다는 것이다. 이런 왜곡은 "이들(卯, 夘, 邜)의 用處는 모두가 干支에 局限되어 있다."의 표현에 기인한다. 이 표현은 『삼국유사』의 기술자가 '卯'의 정자와 속자를 간지에 국한시켜서 써야 할 어떤 논리적 이유를 가지고 있으며, 간지가 아닌 곳에서는 이 글이 제시한 글자들(卯, 夘, 邜) 이외의 다른 글자들로 쓴 듯한 의미를 함축한다. 왜냐하면 이런 함축적 의미를 전제로 할 때에, 「서동요」의 '邜'는 '卯'가 되지 않기 때문이다. 그러나 이런 함축적 의미는 인정되지 않는다. 왜냐하면 『삼국유사』의 자료를 보

면, '卯'를 干支에 국한시켜 쓰지 않으면 안 될 논리적 이유가 없으며, 干
支가 아닌 곳에서는 '卯'의 정자, 속자, 오자 등을 쓴 곳이 아예 없기 때문
이다. 그리고 '卯'와 같이 '토끼'의 의미를 가진 '兎'자조차도 견훤이 고려
의 태조에게 보낸 편지의 '兎獹迭憊'(「後百濟 甄萱」조)에서 겨우 한번 나올
뿐이다. 이런 자료들로 보면, 앞의 함축적 의미는 인정되지 않는다. 이로
인해 앞의 주장은 '夘乙'의 '夘'가 '卯'가 아니라는 것을 논증하지 못한다.

둘째로, '卩'과 '阝'이 통한다는 『옥편』의 설명을 향찰 '夘'의 해명에 적
용한 것이 부적합하다는 문제이다. '卩'과 '阝'이 통한다는 『옥편』의 설명
을 『삼국유사』에 적용하면, '夘'와 '夗'은 같은 하나의 글자와 의미가 된다.
그러나 '夘'와 '夗'의 문맥을 검토하면, '夘'와 '夗'은 각각 '卯'와 '卵'의 글
자이다. 게다가 앞 절의 3.1.2.항인 "향찰의 '夘'"에서 정리했듯이 '卩'과
'阝'은 『삼국유사』에서 통계적 확률과 더불어 속자와 오자를 구별할 수 있
는 자료이다. 이런 점에서, 정자로부터 속자와 오자를 구별할 수 있는 '卩'
과 '阝'을, '卩'과 '阝'은 서로 통한다는 『옥편』의 내용으로 갈음하고, '夘'
가 '卵'만이 되고 '卯'가 될 수 없다고 본 것은 이 주장의 한계이다.

셋째로, 『同文類解』에서 '卯'는 '卯'로, '卵'은 '夘'로 적고 있다는 것을
『삼국유사』에 적용한 것도 문제를 보인다. 『삼국유사』에서 '卯'와 '卵'을
적은 문자는 앞에서 인용한 바와 같이 윤철중에 의해 정리되어 있다. 즉
'卵'에 해당하는 '夘'(3개), '夗'(21개), '卯'에 해당하는 '卵'(2개), '卩' 가운
데 'ㆍ'를 찍지 않은 '夘ㆍ卯ㆍ夗'(31개) 등이다. 이런 사실은 서재극이 『삼
국유사』에 적용한 『동문유해』와 너무나 다르다. 즉 '卵'은 '夘'로만 적히
지 않고 '夗'으로 적힌 것이 더 많다. 그리고 '卯'는 '卯'로만 적히지 않고
'卵, 夘, 卯, 夗' 등으로 적혀 있다. 사정이 이렇게 다른데도 『동문유해』
에서 '卯'는 '卯'로 '卵'은 '夘'으로 적혀 있다는 것을 가지고, 「서동요」의
'夘'는 '卯'가 아니고 '卵'이라고 주장하는 것은 성립하지 않는다.

넷째로, '卵'은 대부분 '夘'로 적었다는 주장은 자료를 충분하게 검토한 것이 아니다. 이 주장은 'ㄇ'과 'ㄅ'이 통한다는 『옥편』의 글을 믿으면, 맞는 것이 된다. 그러나 앞에서 정리했듯이, 『삼국유사』에서 'ㄇ'과 'ㄅ'은 '卯'와 '卵'의 속자와 오자를 구별하는 자료가 된다는 점에서, 이 주장은 문제를 포함한다. 게다가 이 문제는 바로 앞의 셋째에서 인용한 윤철중의 통계를 보면 충분하게 이해할 수 있다. 즉 '卵'의 대부분(24개 중 21개)은 '夘'으로 적고, 소수만(24개 중 3개) '夘'로 적었다. 이렇게 자료를 충분하게 검토하지 않은 논거, 즉 '卵'은 대부분 '夘'로 적혀 있다는 논거에 근거해, 「서동요」의 '夘'는 '卯'가 아니고 '卵'이라고 주장하는 것은 성립하지 않는다.

이상과 같이 '夘'는 '卵'이고 '卯'가 될 수 없다고 판독한 서재극의 네 논거는 모두가 문제를 가지고 있다. 특히 '卵'의 속자 '夘'과 '卵'의 오자 '夘'를 구분하지 않았고, '卵'의 誤字인 '夘'의 서너 예들만을 제시하고, 이 誤字의 예들에 근거하여 '夘乙'을 '卵乙'로 판독한 문제를 가지고 있다. 이 이면에는 '卯'의 俗字인 '夘'의 풍부한 예들을 무시하면서, '夘'가 '卯'일 가능성을 무시한 문제가 포함되어 있다.

이번에는 홍재휴의 글을 보자.

(10) 三國遺事(慶州刊本)의 用字例를 보면

卵		卯	
△産一大夘 〈卷一 第四脫解王〉		△乙夘生	〈卷一　　金庾信〉
△解櫃脫夘而生 〈　〃　〉		△乙卯始造建	〈卷二　駕洛國記〉
△傍有啊囉國昔天夘下于海邊		△乙夘 三月	〈卷二　駕洛國記〉
〈卷三 魚山佛影〉		△乙夘大開	〈卷三 阿道基羅〉
		△乙夘歲	〈卷三 原宗興法〉
		△乙卯亦求法	〈卷四 勝詮觸髏〉
		△二年辛夘	〈卷五 明朗神印〉
		△天寶十年辛夘	〈卷五 大城孝二世父母〉

위에서 보는 바와 같이 字樣上으로 보아 「夘, 卯, 邜」가 干支의 「卯」字 表記에 있어서 混用된 것은 事實이지만 「卵」字 表記가 「夘」으로 統一되어 있음은 또한 事實이다. 그러므로 「卯」字는 「夘」「卯」 등으로 병용되었음을 알 수 있고 阿道基羅條의 「乙夘」만이 「卵」字로 誤記되었음을 볼 뿐이니 이 大文의 表記인 「夘」字가 「卵」(알)字 表記일 것임은 明白하다 할 것이다.(홍재휴 1983:138)

(10)의 핵심은 干支에서 '卯'는 '夘'로 나타나기도 하지만, 간지가 아닌 곳에서 '卵'은 '夘'로 통일되어 있어, 「서동요」의 '夘'는 '卵'이란 것이다. 이 주장은 서재극이 보인 하나의 문제를 비켜갔지만 다른 하나의 문제를 더 강하게 노출시켰다. 홍재휴는 서재극의 "이들(卯, 夘, 邜)의 用處는 모두가 干支에 局限되어 있다."를 "「夘, 卯, 邜」가 干支의 「卯」字 表記에 있어서 混用된 것은 事實이지만"으로 바꾸면서 서재극의 문제를 비켜갔다. 그러나 홍재휴는 서재극의 "「卵」字는 大部分 「夘」으로 적혔는데"를 "「卵」字 表記가 「夘」으로 統一되어 있음은 또한 事實이다."로 바꾸어 문제를 더 강하게 노출시켰다. 이 설명에 대한 비판을 다음의 두 글에서 보자.

(11) 가. '夘'字는 '卵'字일 가능성도 있으나 '卯'字일 가능성이 더 높다. 『삼국유사』에서 干支의 표기에 나타나는 '卯'의 字形은 모두 '夘'字로 표기되었으나 '卵'字는 '夘'로 된 경우와 '夘'안에 점을 添加한 경우가 있어 字形上 '夘'로 일관하여 나타나지는 않는다. 이로 보면 '卵'字를 '夘'로 쓴 것이 당시의 보편적인 字體라고 하기는 어려운 것이다.(남풍현 1983:383)

나. 그러나 이러한 주장은 논증이 불충분한 것 같다. …(중간 생략)… 위의 引用例에서 '卵'字로 읽혔다고 제시한 脫解王條와 魚山佛影條의 例만을 가지고 '夘'字를 '卵'字로 읽어야 한다는 주장에는 동의할 수가 없는 것이다. 왜냐하면 『삼국유사』에는 '卵'字로 읽

어야 하는 경우의 글자가 모두 24 個所 나와 있고, 이 경우에 표
기하고 있는 字形도 '夘'字와 '夗'字가 혼용되고 있을 뿐만 아니
라, '卩' 안에 '·'가 찍혀 있는 글자(卪)를 사용하고 있는 경우가
훨씬 많아서, 위에서 引用한 脫解王條와 魚山佛影條의 用例만 제
시한 것을 가지고는 예문을 자의적으로 선정하였을 뿐만 아니라,
증거로 선정한 수(3개)가 전체의 수(24개)에 비해 너무 적어서 이
것만으로 결론을 내리기에 불충분하기 때문이다.(윤철중 1997:252)

(11가, 나) 등의 두 인용은 홍재휴가 "「卵」字 表記가 「夗」으로 統一되
어 있음은 또한 事實이다."라고 설명한 글을 비판하고 있다. 즉 '卵'을 표
기한 글자는 '夗'으로 통일된 것이 아니라, '夗, 夘, 夗' 등으로 나타나며,
이 중에서 '夗'가 아닌 '夘'이 가장 많이 나타난다는 것이다. 이 비판은 자
형의 記述的인 비판으로 해석적인 비판에서는 무의미할 수도 있다. 왜냐
하면 만약 '夗'와 '夘'가 '夗'의 속자라고 이 주장이 피해가면 앞의 비판은
무의미해지기 때문이다. 그러나 앞에서 살폈듯이 '夗'는 '卵'의 속자가 아
니라, '卵'의 오자라는 점에서 앞의 지적은 유효하다.
　이런 홍재휴의 근본 문제는 서재극의 문제와 거의 같다. 즉 '卵'의 속자
'夘'과 '卵'의 오자 '夗'를 구분하지 않았을 뿐만 아니라, '卵'의 誤字인 '夗'
의 예를 서넛만 제시하고, 이 서넛밖에 되지 않는 오자들에 근거하여 '夗
乙'을 '卵乙'로 판독하고, 卵의 俗字인 '夘'의 풍부한 예들을 무시하면서,
'夘'가 '卯'일 가능성을 무시한 것이다.

3.3.2. '卯'로 본 판독

　'夘'는 '卵'이며 '卯'일 수 없다는 주장이 팽배해 있던 상황에서, '夘'가
'卯'일 수 있는 가능성을 다시 좀더 개진한 것은 남풍현이다. 남풍현은 앞
에서 인용한, 홍재휴의 글을 비판한 글의 말머리에서, "'夘'字는 '卯'字일

가능성도 있으나 '卯'字일 가능성이 더 높다."(남풍현 1983:383)고 주장한다. 이 주장은 '夘'가 '卵'일 수 없는 것을 지적하여, '夘'가 '卯'일 수 있음을 반증하였다. 이로 인해 '夘'가 '卯'일 가능성이 높은 이유는 「서동요」의 '夘'의 'ㄲ'안에 점을 첨가하지 않은 것에 근거하는 것 같으나, 정확한 언급이 없다. 이 주장과 거의 같은 내용을 좀더 면밀하게 언급한 것은 다음의 인용이다.

(12) 이상에서 살펴 본 바와 같이 예외로 보아야 하는 것이 '卵'의 경우 제7예문(有一紫夘)·제18예문(六夘化爲童子)·제25예문(昔天夘下于海邊)의 3개소, '卯'의 경우 제44예문(立安四年乙卯)·제46예문(建安四年乙卯. 이상의 예문 다섯은 인용자가 삽입)의 2개소, 이렇게 양쪽의 경우를 합하여 6(앞뒤의 문맥으로 보아 5의 잘못이 아닌가 한다: 인용자 주)개소가 된다. '卵'字의 표기에서 'ㄲ' 안에 '·'를 찍는 것을 빠뜨린 3개소의 경우와, '卯'字를 표기하면서 '卵'字로 쓴 2개소의 경우가 그것인데, 이것은 필사할 때 착각하였거나 실수로 인하여 誤記한 것으로 볼 수 있다. 그렇다면 'ㄲ' 안에 '·'를 찍지 않은 '夘'·'卯'·'夘'字로 필사된 글자는 모두 '卯'로 볼 수 있는 것이다. 다시 말하면 확률로 보아 'ㄲ' 안에 '·'를 찍지 아니한 글자는 '卵'字로 보지 않아도 무방한 것이다.
이러한 결론은 「서동요」에 사용되고 있는 제16예문의 경우 '夘'字의 필사체가 'ㄲ' 안에 '··'가 없는 자형이 분명하므로 '卵'字로 판독될 가능성보다는 '卯'字로 판독될 가능성이 더 높은 것이라 할 수 있는 것이다.(윤철중 1997:262)

(13)의 인용은 남풍현의 글을 이어서 통계적인 측면에서 「서동요」의 '夘'가 '卯'일 수 있는 가능성을 충분하게 검토하였다. 이 부분만을 보면, 통계상 「서동요」의 '夘'가 '卯'일 가능성이 충분하다. 게다가 앞에서 보았

듯이, 동양 삼국의 한자 대자전에 '𣀷'가 '卯'의 俗字로 등재되어 있다. 이 속자의 확인까지를 고려하면, 「서동요」의 '𣀷'는 '卯'일 가능성을 충분히 갖는다. 이렇게 통계상 「서동요」의 '𣀷'가 '卯'일 수 있는 가능성을 충분하게 보여준 것은 매우 가치가 있어 보인다. 그러나 이 설명자는 이렇게까지 자형을 정리하고도 당시까지 나와 있는 해독과 해석으로 보아, '𣀷'가 '卯'일 수 있는 가능성을 부정하였다. 그리고 이 해석은 아직도 '𣀷'가 '卯'만이 되어야 하는 이유를 설명할 수 없다. 왜냐하면, '𣀷'은 '卵'의 오자로도 나타나기 때문이다.

이렇게 볼 때에, '𣀷'를 자형상 '卯'로 본 판독들은 '𣀷'가 자형상 '卯'일 수 있는 논거를 보여주지만, 동시에 '𣀷'가 '卵'의 오자로 쓰인 자료를 무시한 문제도 보인다.

3.3.3. '夗'으로 본 판독

'𣀷'를 '夗'으로 본 판독은 김응배(1982)에서 처음으로 나타나나, 학계에서 언급되거나 인용된 적이 거의 없어, 해당 부분을 인용하면 다음과 같다.

(13) 이에 필자는 '𣀷'을 '卯'나 '卵'으로 고쳐 가면서까지 해독할 필요가 있는가에 대해서 회의적인 생각을 해 왔었다. 서 재극교수가 삼국유사를 예의 검토하여 '𣀷'이 '卵'임을 밝혀 낸(1973) 것에 대해 경의를 표하면서 남녀간의 성적결합을 나타내기 위해서는 '알안았다'보다 더 적절한 다른 말을 모색해 본 것이다. '𣀷'는 '夗'과 동자일 뿐 다른 글자의 誤用일 수는 있어도 다른 글자를 대체하여 쓴 글자라고 보기 어렵다. '𣀷(夗)'은 '卵, 卯'와는 別字로서 독자적인 음과 훈을 가지고 있으며 다른 글자의 약자이거나 속자가 아니기 때문이다. 필자가 참고한 漢文大辭典(景仁文化社)에는 '𣀷'을 다음과 같이 풀이하고 있다.

[夗] 與夘同[字彙]夗同夗

…(인용 생략)…

그리고 大漢和辭典(大修館書店)에도 夘은 夗과 同字이고 於阮切로
서 卵, 卯와 別字인데 轉臥也라고 풀이하고 있다. 또 大漢韓辭典(省
文社張三植編)에도 '누어딩굴 원'[臥轉貌]으로 풀이하고 있다.(김웅배
1982:184-185)

(13)에서는 '夘'이 '夗'과 같은 글자라는 사전들을 인용하였다. 당시로는
매우 괄목할 만한 정리이다. 그러나 연구자들의 주목을 받지 못했고, '夘'
가 '卯'의 속자라는 다른 사전들을 참고하지 못한 한계를 보인다.

이번에는 '夘'를 '卵'이나 '卯'로 본 판독들을 싸잡아서 비판한 글을 보자.

(14) '夘'字가 干支上의 '卯'字를 反映한다고 하여 여기에서도 '卯'字라고
할 수 있는가? 그렇다면 徐(1975)에서 '卵'으로 읽힌 用例의 典據는
무시되어도 좋은가? '夘'이라는 글자가 實在하는 어떤 漢字의 轉訛
로서 '卯'이나 '卵'에 執着하는 것은 너무나 많은 손질을 하는 것이나
아닌가?(심재기 1989:729)

(14)의 인용은 세 개의 문장으로 구성되어 있다. 첫 번째와 두 번째의
문장들은 '夘乙'의 '夘'를 '卯'로 설명할 수 있는 근거의 미흡점과, '夘乙'
의 '夘'가 '卵'일 수도 있는 논거를 무시한 점을 문제 삼고 있다. 세 번째
문장에서는 '夘'가 그 당시까지 사전에서 발견할 수 없는 글자라는 점에
서, '夘'를 '卵'과 '卯'로 본 판독들이 '卵'이나 '卯'에 집착하여 너무나 많은
손질을 하는 것이 아닌가 하는 문제를 제기하고 있다. 이 문제의 제기는
그 당시로 보면 이해가 간다. 그러나 동양 삼국의 한자 대자전들에서 '夘'

가 '卯'의 속자로 등재되어 있는 점과, '夘'가 '卯'일 수 있다는 다른 근거
들이 확인된 현시점에 보면, 이 비판은 잘못된 것이다. 이 문제를 제기한
심재기의 판독을 보자.

(15) 그러면 우리의 解決方案은 무엇인가? 그것은 鄕歌 解讀의 一般原則
을 순진하게 지키는 것이다. 즉 첫째로는 '夘'字를 訓讀할 것, 둘째로
는 '夘'字를 훼손시키지 말고 읽을 것, 이 두 가지를 만족시키면서 '夘
乙'이 副詞로 읽힐 수 있는 가능성을 찾아야 한다. 그런데 '夘'字를
조금도 훼손시키지 않을 수는 없다. 왜냐하면 六萬餘를 헤아리는 漢
字 가운데 이런 字形을 가진 글자가 없기 때문이다. 그러므로 次善策
은 '夘'字를 최소한으로 變改해야 한다. 앞선 연구에서 '夘'字를 가장
적게 훼손시키면서 찾아낸 글자가 '卯'字였는데, 그것보다 더 적은 範
圍의 變改로 해석이 가능한 글자에 어떤 글자가 있는가? 이때에 우리
가 찾아낼 수 있는 유일한 글자는 '夗'字를 빼고는 있을 수가 없다.
'夗'字가 轉變過程에서 오른쪽으로 꺾어올리는 劃의 一部를 亡失했
다고 보면 어떤가? 여기에 이르러 우리의 오랜 暗中摸索은 끝을 맺
는다.(심재기 1989:735)

(15)의 해독은 결국 '夘'을 '夗'의 壞字로 보겠다는 것이다. 그런데 이렇
게 괴자로 볼 것도 없이 동양 삼국의 한자 대자전들을 보면 '夘'은 '夗'이
다(김웅배 1982:184-185, 금기창 1993:166, 윤철중 1997:270, 정우영 2007:265).
그러나『삼국유사』에서 夘'을 '夗'으로 보는 것은 부정적이다. 이에 대한
글을 보면 다음과 같다.

(16) 이 책에 쓰인 字形의 書體 경향으로 미루어볼 때, 〈夗〉자를 〈夘〉자
로 썼다고 단정할 수 있는 근거는 아주 희박한 것으로 판단한다. 문맥
의미상 〈夘〉자가 곧 〈夗〉(누원뒹굴 원)자라고 주장하는 측에서는 〈薯

童謠〉의 경우에 아주 적합하다고 강변할지 모르겠으나, 이 책에서
〈卵〉·〈夘〉의 이체자로 쓰인 〈夘〉자가 포함된 모든 한문을 예외로
돌려야 하는 더 큰 문제가 생기는 것을 간과해서는 안 될 것이다.(정
우영 2007:270~271)

(16)의 인용은『삼국유사』에서 '宛, 婉, 惋, 怨' 등의 '夗'이 '夘'으로 쓰
이지 않았다는 점에서, '夘'이 '夗'일 수 없음을 주장하고 있다. 게다가
'夘'은 앞에서 보았듯이, '卯'의 속자이고, '卵'의 오자로 나타나기도 한다
는 점에서, '夘'를 '夗'으로 본 판독들은 '夘'가 '卯'나 '卵'이 아니라는 것을
자형만의 차원에서는 논증할 수 없다.

이상과 같이 '夘'를 '卯, 卵, 夗' 등으로 판독한 세 주장들은 각각 다른
장단점을 가지고 있다. 구체적으로 '夘'를 '卯'로 판독한 경우에는 '夘'가
'卯'의 속자이고, 이런 예를『삼국유사』에서 예증한 장점을 갖지만, '夘'가
'卵'이 아니란 점을 字形의 차원에서 반증하지 못한다. '夘'를 '卵'으로 판
독한 경우에는 '夘'가 '卵'의 誤字로 쓰인 예를『삼국유사』에서 예증한 장
점을 갖지만, '夘'가 '卯'가 아니란 점을 字形의 차원에서 반증하지 못한
다. '夘'을 '夗'으로 판독한 경우에는 '夘'이 '夗'의 同字라는 장점을 갖지
만,『삼국유사』에서 예증할 수 없을 뿐만 아니라, '夘'가 '卯'나 '卵'이 아
니라는 점을 字形의 차원에서 반증하지 못한다. 이런 사실들로 보면 '夘
乙'의 '夘'는『삼국유사』의 자형상에서는 '夗'이 아니라, '卯'나 '卵'일 수
있지만, 둘 중의 어느 하나라고 확정할 수는 없다. 이 확정은 이 장인 제3
장의 자형의 판독만으로는 불가능하며, 다음 장인 제4장의 해독의 차원까
지 가야만 가능하다.

4. '夘乙'의 어문학적 해독

이 장에서는 '夘'자를 '卵, 夗, 卯' 등으로 보고 해독한 연구들을 차례로 변증한 다음에, 어문학적으로 보완하고 검증하고자 한다.

4.1. '卵'자로 본 해독들의 문제

'夘'를 '卵'자로 본 해독들은 다시 둘로 나뉜다. 하나는 이 '夘(=卵)'를 '於'의 오자로 본 경우이다. 이 경우에는 '夘乙(=卵乙)'을 '於乙'의 오자로 보고, '늘'로 읽었다(방종현 1947:6-7). 다른 하나는 '夘'를 '卵'의 오자로 보고, '卵乙'로 해독한 경우이다. 이에 속한 것들은 '卵'을 음으로 읽은 것과 훈으로 읽은 것으로 나뉜다. 전자는 '夜矣卵'을 '바므란(밤이면)'(홍기문 1956)으로 읽은 것에서 보인다. 이 해독은 '卵'을 그 음 '란'으로 읽었다. 그러나 '乙'을 衍文字로 처리한 문제와 '矣'를 '으'로 읽은 문제를 보인다. 후자에 속한 해독들은 '卵'을 그 훈인 '알'로 읽었다. 그런데 이 해독들은 '薯童房乙'의 '-乙'을 '-에'와 '-으로'의 의미로 본 경우와 '-을'의 의미로 본 경우로 나누어 정리할 수 있다.

먼저 '薯童房乙'의 '-乙'을 '-에'와 '-으로'의 의미로 보고, '卵'을 '알'로 읽은 경우들은 다음과 같다.

> (17) 가. 아롤[눈독에 정드려 놓고 머슴애 청에 밤(栗)이라 알만 품고만 간다(정열모 1965)]
>
> 나. 알홀[남 몰래 짝 맞추어 두고 薯童 방을(=행동방향) 밤에 알을 안고 간다 (김완진 1980, 최남희 1996)]
>
> 다. 알올[남 모르게 密約한 郎子 薯童의 房으로 밤이 되면 몰래 알(陰核)을 안고 간다네(홍재휴 1983)]
>
> 라. 알을[남 모르게 어루어 놓고 맛둥의 방으로 밤마다 알을 안고 간다네(장

성진 1986)]

마. 알[남 몰래 결혼해 두고 薯童의 방에 밤에 애기를 안고 갔다(강길운 1995)]

바. 알홀[남 몰래 짝 맞추어 두고 薯童 방을(=행동방향) 밤에 임신한 배를 안고 간다(김문태 1995)]

사. 알[아이(/시집가) 두고 서동의 방으로 밤에(/밤의) 알(아래를/아이를) 안고 가다(양희철 1995b)]

아. 알을[남 몰래 사귀어 두고 맛동 방으로 밤에 알(선화공주)을 안고 가다(고정의 1995)]

(17)의 해독들을 서론에서 언급한 네 측면에서 변증해 보자.

첫째 측면인 향찰의 원리와 운용법에서 보자. 이에 속한 대다수의 해독들은 최소한 '卵'의 훈 '알'을 살렸다는 점에서 문제를 보이지 않는다. 그러나 (17가)의 해독에는 '乙'을 '롤'로 읽은 문제가 있고, (17마, 바)의 해독에는 향찰의 운용법에서 문제를 보인다. 만약 (17마)에서와 같이 '아이'를 표기하려 했다면, '卵乙'이 아니라 '兒乙'로 표기했고, (17바)에서와 같이 '알'로 아래(배) 곧 임신한 배를 표기하려 했다면, '卵乙'이 아니라 '下乙'로 표기했을 것이라는 문제이다. 말을 바꾸면, '兒'와 '下'의 훈을 이용하여 표기하지 않은 문제이다. '卵'이 아니라, '夜'를 '밤(栗)'으로 읽은 (17가)도 이에 해당한다. 즉 '밤(栗)'을 표기하면서 '栗'을 이용하지 않은 이유를 설명할 수 없다는 것이다.

둘째 측면인 형태소의 연결에서는 문제가 거의 없다. 명사(알 卵)와 격어미(을/올/홀)의 연결에는 문제가 없기 때문이다.

셋째 측면인 통사−의미의 차원에서 이해하기 어려운 것은 (17나)이다. (17나)의 '알'은 그 의미를 정확하게 알 수 없다.

(18) '乙'字는 원칙적으로 對格의 표시로 쓰이는 字이기에 '夘乙'을 '알홀'로 읽으며 이 句 전체를 '바매 알홀 안고 가다'라 읽는데, 解讀이 順理에 맞고 文法에도 어긋남이 없으나, 구체적으로 그것이 무슨 내용을 뜻하는가까지는 말하기 어렵다. '알을 안고 간다'는 것이 당시의 어떤 隱語 내지는 比喩的 表現인 것 같이도 느껴지나, 지금으로선 後考를 기다린다 할 수밖에 없다.(김완진 1980:96)

이렇게 '알을 안고 간다'로 해독하면, 그 의미를 포착하기 어렵다. 이 문제를 이 해석은 스스로 인정하고 있다. 이로 인해 이 문제를 해결하려는 시도가 그 후의 해독들에서 계속되었으나 시원한 답은 없는 것 같다.

넷째 측면인 해독과 현대역의 연결에서 문제를 보이는 것들은 (17다, 라, 아) 등이다. (17다)의 '알올'은 현대역에서 '알(陰核)을'을 보여준다. 그러나 '알'에는 '공알'의 의미인 '陰核'의 의미가 없다. 그리고 (17라)의 '알을'은 그 설명에서 "이는 '알'로 상징된 公主의 성기 또는 性徵을 나타내는 신체어일 것이다"(장성진 1986:231)라고 보고 있는데, 이 역시 (17다)와 같은 한계를 보인다. (17아)의 '알을'은 아래와 같은 논리에서 '알(선화공주)을'의 의미로 보고 있다.

(18) '下'를 이와 같이 훈독할 때, '*알'은 문맥으로 보아 앞의 '脚烏伊'와 유연적 어휘로 해석될 수 있으므로 이 '알'을 사람과 관련되는 은어 내지 비유적 표현으로 생각할 수 있을 것으로 보인다. 이러한 수사적 표현으로서의 '알'이 薯童謠에서 동음이의의 '卵'자로 표기된 것이라면 '夘乙'은 바로 선화공주를 나타내는 수사적 표현으로 해석할 수 있다.(고정의 1995:83)

(18)의 해석에서는 수사적 표현을 언급하고 있으나, 어떤 수사인지를 알 수 없다. 말을 바꾸면 '알'과 '선화공주'가 연결될 수 있는 비유, 또는

수사의 기반을 발견할 수 없어, 이해할 수 없는 설명으로 보인다.

이렇게 '薯童房乙'의 '-乙(을)'을 '-에'나 '-으로'의 의미로 보고, '夘'를 '알[卵]'로 읽은 해독들은 모두가 문제를 보인다.

이번에는 '薯童房乙'의 '-乙(을)'을 '-을'의 의미로 보고, '夘'를 '알[卵]'로 읽은 해독들의 문제를 보자.

> (19) 가. 남(을) 은밀히 관계해 놓고(는) 마둥서방을 밤에 불(알)을 품고서
> 갈거냐?(=가기냐?)(서재극 1973)
> 나. 알[남 몰래 교합해 두고 마퉁놈을 밤에 알 안았다(서재극 1975)]
> 다. 알을[남 몰래 정을 두고 막동의 집을 (찾아) 밤에는 알을 품고 가는구나
> (유창균 1994)]
> 라. 알을[남몰래 정을 통해 두고(=시집가 두고) 薯童서방을 밤에 (닭이 알을
> 품듯) '알'을 품고서(=사랑을 나누고서) (궁궐로) 간다(정우영 2007)]
> 마. 알홀[薯童房을 밤에 알몸을 안고 간다(임홍빈 2007)]

첫째와 둘째 측면인 향찰의 원리와 운용법 및 형태소들의 연결에서, 이 해독들은 문제를 보이지 않는다.

셋째 측면인 통사-의미와, 넷째 측면인 해독과 현대역의 연결에서 보면, 이 해독들은 거의가 문제를 보인다. (19가)의 '마둥서방을'과 '밤에 불(알)을', 또는 (19나)의 '마퉁바올'과 '알'은, 각각 '안-'의 이중 목적어로 본 것이다. 이 이중 목적어는 그 의미가 명확하지 않다. 이 문제는 그 후에도 (19다)와 (19라)로 이어지면서 계속된다. 그리고 '불(알)을 품고서'는 통사-의미상 무슨 의미인지를 알 수 없다. 또한 (19나)의 '알 안겨거다', (19다)의 '알을 품고', (19라)의 "'알'을 품고서" 등의 표현은 닭이나 조류에 쓰는 표현으로 사람에게 쓰는 표현이 아니다. 이 문제를 해결하려고 "'알'을 품고서"를 '사랑을 나누고서'로 해석하기도 하였다. 그러나 닭이나 조류가

알을 안거나 품는 것은 새끼를 부화하는 행위이지, 사랑을 나누는 행위가 아니라는 점에서 부정적이다. 이 문제를 해결하려는 노력은 '알'을 '알몸'으로 본 (19마)에서 보인다. 이 (19마)은 "서동방을 알몸을 안고"의 문맥을 '서동방의 알몸을 안고'의 의미로 보고 있다. 그러나 앞에서 보았듯이, '서동방'은 인명이 아니라 장소이고, '알[卵]'에는 '알몸'의 의미가 없다는 것이 이 해독의 근본 문제이다.

이렇게 볼 때에 '卯'를 '卵'으로 보고, 그 음인 '란'이나, 그 훈인 '알'로 해독한 경우들은 모두가 문제를 보인다고 정리할 수 있다.

4.2. '夗'자로 본 해독들의 문제

'卯'를 '夗'으로 본 해독들은 다음과 같다.

> (20) 가. (누어)딩굴[딩굴안고 가다(김웅배 1982)]
>
> 　나. 딩굴[남모르게 사귀어두고 薯童房을 밤에 딩굴 안고 노네(심재기 1989)]
>
> 　다. 누버딩굴[남 몰래 情을 通하여 두고 마둥방을 밤에 누어 딩굴게 안고 갔다(금기창 1993)]
>
> 　라. 딩굴[남 모르게 짝지어 두고 서동방을 밤에 딩굴안고 간다(윤철중 1997)]

(20)의 해독들은 첫째 측면인 향찰의 원리와 운용법과, 둘째 측면인 형태소의 문법적 연결에서는 문제를 보이지 않는다.

셋째 측면인 통사-의미와 넷째 측면인 해독과 현대역의 연결을 보자. (20가-라) 등은 '딩굴(/딩굴)'과 '안-'의 연결에 문제가 있는 것 같다. 우선 '딩굴/딩굴'의 품사가 문제된다. '딩굴/딩굴'의 경우는 용언의 어간으로 본 것 같다. 이렇게 보면 이 '딩굴/딩굴'은 '딩굴고/딩굴고'의 의미가 된다. 그런데 이 '딩굴(고) 안고'와 '딩굴(고) 안고'는 '안고 딩굴고(/딩굴고)'로 쓰는 것이 일반적이란 문제를 보인다. 그리고 (20다)의 '누버딩굴'은 '누어 딩굴게'의 의미로 보았는데, 이 해독이 어떻게 이 현대역으로 이해되는지 의심스럽다.

4.3. '卯'로 본 해독들의 문제

'夘乙'을 '卯乙'로 본 해독들은 음으로 읽은 경우와 훈으로 읽은 경우로 나누어 정리한다.

먼저 '夘乙'의 '夘'를 '卯'의 음으로 읽은 해독들은 다음과 같다.

(21) 가. 묠(?)[남에게 시집들지 않고 서동방을 밤에 묠(?) 안겨 간다(아유가이 1923)]

　　나. 몰내[남과 몰래 혼약을 해두고 서동방을 밤에 몰래 안고 간다(오구라 1929), 남들 몰으게 婚約을 해두고 薯童房을 밤에 몰래 안고가다(유창선 1936e)]

　　다. 몰[남 그으기 얼어 두고 맛둥방을 밤에 몰래 안고 가다(양주동 1942), 남 몰래 交合해 두고 마동방을 밤에 몰래 안고 가다(김준영 1964), 남 몰래 시집가 놓고 맛둥방(薯童房)을 밤에 몰래 안고 가다(김상억 1974), 남 몰래(은근히) 얼어(交合해) 두고(결혼하고) 마동 방(서방)을 밤에 몰래 안고 가다(전규태 1976), 남 그윽이 交合해 두고 마동방을 밤에 몰래 안고 가다(김준영 1979), 남기시기 얼일아 도고 쑈똥 빵알 밤애 몰(몰래) 안겨 가다(김선기 1993), 남몰래 새서방 얼어두고 마보(서동)서방을 밤에 몰래 안고 간다(류렬 2003)]

　　라. 몬(冒也)[남 몰래 몸바쳐 도고 거동집에 밤에 몬 안겨 간다네(김선기 1967f)]

　　마. -ㅁ을[남 모르게 시집가 두고 서동방을 밤됨을 보고간다(신태현 1940)]

　　바. -면은[남 몰래 사래 두고 薯童房을 밤에면은 안겨 가리(사비성인 1935)]

　　사. (밤의)묠[서동방을 남몰래 걸어놓고 밤이면 안고간다(정열모 1947)]

　　아. 멀[남몰기 어리라 두고 薯童房을 밤에 멀(무엇을) 알고가「如」(정인보

1930)]

자. 몰[남몰래 薯童을 사귀어 두고(있드라), 밤에 무엇을 안고 그 房으로 가
　　는가(지헌영 1947)]

차. 믄을[남 모르게(秘密히) 얼러붙어두고서 (그 秘密히 얼러 둔) 薯童이 房
　　에를 (남모르게) 밤에 무엇을 안고 가더라(이탁 1956)]

카. 모롤[남 모르게 남자를 사귀어 두고 밤에 마(薯蕷)를 안고 薯童의 房으
　　로 간다(남풍현 1983)]

타. 모롤/몰올[남 모르게 사귀어 두고 서동의 방을 밤에 마를 안고 간다(황
　　패강 1987, 2001)]

(21)의 해독들이 가진 문제들을 서론에서 언급한 네 측면에서 보자.

첫째 측면인 향찰의 원리와 운용법에서, 이 해독들은 많은 문제를 보인
다. 이 해독들은 '夘'를 '卯'의 俗字로 보고, 그 음을 이용하여 '卯'를 '모,
ㅁ, 며, 머, 므, 묘' 등으로 읽었다. 그런데, (21가)의 '묘'를 제외한 나머지
해독들은 '卯'의 음 '묘'를 벗어난 문제를 보인다. '乙'의 경우에도 '을/ㄹ'
을 벗어난 해독들은 모두가 문제를 보인다. 그리고 대괄호 안에 기입한
의미를 표기하려 했다면, 해독과 현대역의 연결이 되지 않는 '-ㅁ을(밤뒴
을), -면은(밤에면), 몰(면)' 등을 제외한 나머지 해독들에서는, 왜 '몰래, 무
엇을, 마를' 등의 의미를 가진 한자를 이용하지 않았느냐 하는 문제가 발
생한다. 말을 바꾸면 향찰의 운용법인 의주음조를 벗어난 문제를 보인다.
그렇다고 운용법을 어긴 이유를 설명할 수 있는 것도 아니다.

둘째 측면인 형태소들의 연결에서는 큰 문제를 보이지 않는다.

셋째 측면인 통사-의미에서도 대다수의 해독들(21가-아)은 문제를 보인
다. (21가-아)의 해독들은 '서동방을 안고가다'의 의미를 공통으로 한다.
그런데 '서동방'은 앞에서 보았듯이 인명이 아니라 장소이다. 이로 인해
장소인 서동방을 안고가는 문제를 보인다.

넷째 측면인 해독과 현대역의 연결에서도 대다수의 해독들이 문제를 보인다. '몰내, 몬, -ㅁ을, -면은' 등은 해독에 문제가 있어 제외하고 보자. 이 해독들에서 '멀'로 읽고 '무엇을'의 의미로 본 경우는 '무엇을〉무얼〉뭘〉멀'의 차원에서 이해할 수 있다. 그러나 '몰, -풀, 몰/믈을, 모롤/모를/몰올' 등의 해독들은 음의 유사라는 측면에서 '몰래, -면, 무엇을, 마를' 등의 현대역을 취하였는데, 너무 지나친 유추로 보인다.

이렇게 본다면, '夗'를 '卯'로 보고, '卯'의 음으로 해독한 것들에는 문제가 있다고 정리할 수 있다.

이번에는 '卯'의 훈을 이용해 해독한 경우들을 보자.

(22) 가. 돆을[薯童에게 밤에 잠자리를 안고 간다(박갑수 1981)]
나. 도깨를[남 몰래 얼어 두고 서동방으로 밤에 도깨를 안고 가다(엄국현 1990)]
다. 물/더블[남 몰래 성숙해 있다가(시집갈/사랑할 마음을 두고는) 맛둥이 서방을 밤에 무턱/덥석 안을거다(신재홍 2000)]

(22)의 해독들이 보이는 문제들을 앞에서와 같이 네 측면에서 보자.

첫째 측면인 향찰의 원리와 운용법에서, 이 해독들은 '卯'의 훈으로 읽었다고 하지만, 훈과 거리가 먼 문제를 보인다. 즉 (22가)인 '돆'의 경우는 중세어 '톳기'를 퉁그스어 '도사기〉돗기'에 대응하는 것으로 보고, 다시 '돗기'가 '돆'으로 축약된 것으로 보아, '卯乙'을 '돆을'로 읽고 그 의미를 '돆(席)을'로 보았다. 대응 및 축약과, '席'의 훈을 이용하지 않은 것에 문제가 있는 듯하다. (22나)인 '도깨'의 경우는 토기인 '도깨'를 잘못 듣고 '토끼(卯)'로 표기한 것으로 보고 있는데, 매우 궁색한 해독이다. (22다)인 '물/더블'은 '卯'의 훈인 '冒也(므릅쓰다), 蒙(므릅다), 茂也(덥겁다)' 등에 기초한 해독이지만, 이 '물/더블'은 '卯'의 앞의 훈들로부터 너무 떨어진 유추의 해독들이다. 이렇게 이 해독들은 향찰의 원리와 운용법에서 문제를 보인다.

둘째 측면인 형태소들의 연결과, 셋째 측면인 통사-의미에서는 문제가 거의 없다.

넷째 측면인 해독과 현대역의 연결을 보자. '둙'이 어떻게 '자리' 차원을 벗어나 '잠자리'가 될까? '물/더블'이 어떤 점에서 '무턱/덥석'의 의미가 될까? 이 문제들에 대해 해당 해독들은 나름대로 설명을 하고 있으나 미흡한 듯하다.

4.4. '卯'로 본 해독의 어문학적 보완

4.3.에서 살핀 '卯'의 훈독에는 문제가 있다. 그러나 이를 보완하면 문제를 해결할 수 있다. 결론부터 말하면, '夘'는 '卯'의 俗字이며, '톳기'로 읽어야 한다고 생각한다. 이는 선행 해독들의 용어로 보면, 訓讀字 즉 實義滿字로 읽은 것이다. 이 해독의 가능성을 서론에서 언급한 네 측면에서 검토한 다음에, 이 해독을 배경설화의 차원에서 검증하고자 한다.

첫째, 향찰의 원리와 운용법의 측면이다. '卯乙'의 '卯'를 '톳기'로 읽은 것은 '卯'의 훈으로 읽은 것이 되어, 향찰의 원리에 부합한다. 그리고 '卯乙'을 '톳길'로 읽었을 경우에, 의주음조의 향찰 운용법에도 부합한다.

둘째, 형태소 연결의 문법적 측면이다. '톳기(卯)+ㄹ(乙)'은 명사와 목적격어미의 연결이므로 형태소 연결에서 문법적이다.

셋째, 통사-의미의 측면이다. 이 '토끼를 안고는'은 단어의 연결에서 문제를 보이지 않는다. 그리고 해석의 차원에서 검토할 '토끼'의 은유적 의미인 '아이'를 계산하여도, '토끼를(/아이를) 안고는'은 단어의 연결에서 문제를 보이지 않는다.

넷째, 해독과 현대역의 연결의 측면이다. 해독 '톳길 안곤'을 현대역 '토끼를 안고는'으로 바꾸는 데는 문제가 없다.

　이런 점들에서 '夘'는 '卯'의 俗字이고, '톳기'로 읽어야 한다고 판단한다. 이 해독이 맞는가 틀리는가 하는 문제는 배경설화의 두 해석 차원에서 좀더 명확하게 된다. 이는 다른 글(양희철 2009c)에서 발표를 하였으므로, 간단하게 언급한다. 첫 번째의 해석 차원은 '夘'를 '卯'(톳기)로 해독하여야 배경설화의 논리적 서사진행이 가능하다는 것이다. 즉 '톳기'의 문자적 의미는 아이들이 「서동요」를 겁 없이 부를 수 있는 서사진행을, '톳기'의 비유적 의미인 '아이, 딸' 등은 왕과 신하들이 노래를 진실로 믿고 공주를 유배시키는 서사진행을, 공주가 노래의 효험을 믿고 서동을 따르는 서사진행을 모두 논리적으로 가능하게 한다는 점이다. 이에는 '얼아/어라, 두고, 서동방을, 톳길' 등의 표현들(동음이의어, 다의어, 통사적 중의, 은유)과 민요의 여러 기능(사실성, 참요성, 주술성) 등이 작용한다. 특히 '톳기'로 읽고 그 문자적 의미인 '토끼'(아이들의 텍스트)와 그 비유적 의미인 '아이, 딸'(왕과 백관의 텍스트, 공주의 텍스트)을 이해하여야 논리적인 서사 진행을 이해할 수 있다. 두 번째의 해석 차원은 '夘'를 '卯'(톳기)로 해독하여야 배경설화에서 시작부분에 나온 '器量難測'의 설명이 가능하다는 것이다. 이 '기량난측'의 설명에는 아이들, 왕, 신하, 공주 등이 노래의 기능을 어떻게 생각할 것인가를 계산하고, '얼아/어라, 두고, 서동방을, 톳길' 등의 표현들(동음이의어, 다의어, 통사적 중의, 은유)을 포함한 「서동요」를 지어서 유포시킨 결과 자신이 계획한 목적을 달성했다는 사실이 소용된다. 이런 두 해석의 차원으로 보아도, '夘'를 '톳기'로 해독한 것이 맞다고 정리할 수 있다.

5. 결론

지금까지 「서동요」에서 문제가 되고 있는 향찰 '夘乙'에 대한 선행 해독들을 변증하면서, 이와 관련된 '薯童房乙'도 함께 다루었다. 그 결과 중에서 중요한 것들을 요약 정리하는 것으로 결론을 대신하면 다음과 같다.

1) '薯童房'은 장소의 의미인 '서동방'으로 해독된다. 처소로 인명을 의미하는 경우에는 그 처소에 '서동'과 같은 인명이 포함되지 않다는 점에서, '서동방'은 인명이 될 수 없고, 서동이 거하거나 소유한 방의 의미이다.

2) '薯童房乙'의 '-乙(을)'은 '-을(처소격) 가-'의 連語 형태를 취하는데, 이 連語 형태는 드물지만 15-16세기의 자료에서도 발견된다.

3) '夘乙'을 '卵乙'로 보고, '알을/알'로 해독한 경우들이 많다. 이 해독들은『삼국유사』에서 '卵'의 誤字로 드물게 쓰인 '夘'의 예들과, '卵'은 대부분 '夘'로 나타난다는 주장에 근거해, '夘'를 '卵'으로 보고 '알'로 읽은 것이다. 그러나 '夘'가 '卵'의 誤字로 사용된 예들은 서재극과 홍재휴가 제시한 서너 개가 전부이고, '卵'은 대부분이 '夘'가 아니라 '夘'으로 나타난다. 그리고 '알'은 안고 갈 대상이 아니고, '서동방을 알 안고가다'에서 '서동방'은 장소이며, '알 안고'는 부화 행위이고, '알'에는 '알몸'의 의미가 없다. 이런 점들에서, 이 해독들은 부정적이다.

4) '夘乙'을 '夗乙'로 보고, '딩굴, 누버딩굴, 딩굴' 등으로 해독한 경우들도 있다. 이 해독들은 '夘'이 '夗'의 同字라는 점에서는 그 가능성을 갖는다. 그러나『삼국유사』에서 '夗'이 '夘'으로 쓰인 예가 하나도 없다는 문제와, '딩굴/딩굴(고) 안고'는 '안고 딩굴/딩굴'의 어순으로 쓴다는 문제를 보인다.

5) '夘乙'을 '卯乙'로 보고, '卯'의 음과 훈으로 해독한 경우들도 많다. '卯'를 음으로 해독한 경우에, '묘'를 제외한 나머지 해독들은 '묘'의 음을

벗어났고, 통사-의미의 차원과 해독과 현대역의 연결이란 측면에서도 문제를 보인다. '卯'의 훈으로 해독한 '돐을, 도깨를, 물/더블' 등은 '卯'의 훈으로 읽었다고 하지만 훈과는 거리가 멀다. 그리고 해독과 현대역의 연결이란 측면에도 문제가 있다.

6) 『삼국유사』에서 "이들(卯, 夘, 邜)의 用處는 모두가 干支에 局限되어 있다."는 干支가 아닌 곳에서 '夘'가 '卵'의 誤字로도 나온다는 점에서 잘못된 주장이다. 그리고 이 잘못된 주장에 근거해서 '夘乙'의 '夘'가 '卯'가 아니라고 본 주장은, 일차적으로 잘못된 주장에 근거했다는 점에서 틀린 주장이고, 이차적으로 干支가 아닌 곳에서 '卯, 夘, 邜' 등이 아닌 글자로 나타난 적이 없다는 점에서, 이 주장은 「서동요」의 '夘'가 '卯'의 속자일 가능성을 부정하지 못한다.

7) '夘乙'은 다음의 네 측면에서 '톳길'로 해독된다. 첫째로 '톳길'은 '夘(=卯)'를 그 훈 '톳기'로 '乙'을 '-ㄹ'로 읽었다는 점에서, 향찰의 원리와 운용법의 측면에 부합한다. 둘째로 이 해독은 '톳기(명사)+ㄹ(목적격어미)'의 결합으로 형태소의 연결이 문법적이다. 셋째로 이 해독은 "서동방을(=에/으로) 밤에 토끼(/딸, 아이 : 토끼의 은유)를 안고 가다"의 문맥에서와 같이 단어들의 연결이 통사-의미의 측면에서 문제를 보이지 않는다. 넷째로 이 해독 '톳길'과 현대역 '토낄/토끼를'의 연결에 문제가 없다. 이런 점들로 보아 '夘乙'은 '톳길'로 해독된다고 결론을 내릴 수 있다.

이 7)의 결론은 「서동요」의 '얼아/어라, 두고, 서동방을, 톳길' 등의 표현들(동음이의어, 다의어, 통사적 중의, 은유)과, 이를 통해 서동이 보여주는 '器量難測'을, 이해하면 좀더 명확해진다. 이는 다른 글(양희철 2009c)에서 정리하였다.

二. 향찰 '友'

1. 서론

이 글은 향찰 '友'에 대한 선행 해독들을 변증하고, 그 미흡점을 보완하는 데 연구의 목적이 있다.

향찰 '友'는 '此也友物北所音'(「혜성가」), '逐好友伊音叱多'(「상수불학가」), '止以友白乎等耶'(「청불주세가」) 등에서 세 번 나온다. 선행 해독들이 보이는 문제들을 정리하면 다음과 같다.

'此也友物北所音'의 해독에서, '此 也友'나 '此也友'로 끊고, '이 어우', '이 여우', '이야우', '이어우' 등으로 읽은 경우는 '어우/여우/이야우/이어우' 등을 감탄사로 보고 있는데, 해독과 현대역의 감탄사가 어형 변화로 연결할 수 없는 문제를 보인다. '此也 友-'로 끊고 '友(物)-'를 '벋-'이 아닌 '밧(外)-', '다믈'(與), '버믈/버므리-'(繞物/涉物) 등으로 읽은 경우는 괄호 안의 한자로 표기하지 않은 이유를 설명하기 어렵고, '덜갓'은 '友物'을 '戈物'의 오자로 수정한 문제를 보인다. '友-'를 '벋-'으로 읽은 해독들은 '北'을 다른 글자로 고치거나 문맥이 통하지 않는 문제를 보인다.

'逐好友伊音叱多'의 해독에서, '逐好友伊音叱多'를 하나로 묶어 읽은 경우는 '好'를 'ㅎ'으로 읽은 문제와, '好'의 'ㅗ'와 '友'의 '우'를 제대로 설명하지 못한 문제를 포함하고 있다. '逐好友伊音叱多'를 '逐好 友伊音叱多'로 분리한 경우는 '友伊音叱多'를 '벋뎜짜'와 '사고임짜'로 읽고 있는데, 부동사형어미와 종결어미 사이에 선어말어미를 넣거나, 어간과 종결어미의 사이에 '동명사/명사형'을 넣은 문제를 보인다.

'止以友白乎等耶'의 해독에서, '止以友白乎等耶'를 한 단위로 보거나 '止以友 白乎等耶'로 떼어 읽고 있는데, '止以友'의 개개 한자들이 가지는 음이나 뜻 중에서 하나 이상을 벗어나거나, '友'를 '反'이나 '支'로 수정한 문제를 보인다.

이 문제들을 해결하기 위하여, 가급적 오자를 인정하지 않고, 떼어 읽기를 다시 하는 선에서, 그리고 문맥과 발화주체의 측면에서 향찰 '友'의 해독을 보완하고자 한다.

2. '友物'의 '友/벋'

이 '友物'의 '友'는 「혜성가」의 '此也友物北所音'에서 나온다. 이 향찰들의 해독에는 상당히 많은 문제들이 포함되어 있다. 그 중의 하나는 이 향찰들을 어떻게 끊어 읽어야 할 것인가 하는 문제이다. 특히 '也'까지 끊을 것인가, 아니면 '友'까지 끊을 것인가 하는 문제이다. 다른 하나는 원전에서 '-北-'으로 보이는 글자가 어떤 한자인가 하는 문제이다. 마지막 하나는 이 향찰들을 어떻게 읽을 것인가 하는 문제이다.

이런 문제들을 먼저 선행 해독의 변증에서 보고, 이어서 보완을 하고자 한다.

2.1. 선행 해독의 변증

'也友'와 '此也友'의 '友'와 '友也, 友, 友物北所音叱, 友物北'의 '友'를 먼저 변증해 보자.

2.1.1. '也友'와 '此也友'의 '友'

이 항에서는 '此也友物北所音叱'의 '也友'와 '此也友'를 분리하여 읽은 해독들을 정리하려 한다.

(1) 가. 이 어우 므슴ㅅ(이 어와 무슨, 양주동 1942, 황패강 2001)
　　　　이 여우 못솜ㅅ(이 무슨, 김준영 1979)
　　나. 이어우 무슴(어와 무슨, 김상억 1974)
　　　　이야우 믓슴(어사와 무슨, 전규태 1976)

(1가)의 해독들은 '此也友物北所音'을 '此 也友 物北所音'으로 끊어 읽었다. 양주동은 '此 也友'로 끊어, 각각을 훈독('이'), 통음차('어'), 음차('우') 등으로 읽고, '어우'를 '이바, 어의바, 어와' 등과 같은 감탄사로 보았다. 김준영은 '이 여우'로 읽고 '여우'를 여음적인 소리로 보았다. 이 해독들이 제시한 해독과 현대역의 감탄사는 어형이나 어형 변화에서 연결할 수 없는 추측이다. 그리고 이 글의 나머지 부분에서 보겠지만, '友'는 '우'로 읽히는 경우가 한 번도 없다는 점에서, '友'를 '우'로 읽은 것이 쉽지 않다.

또한 (1가)의 선행 해독들에서 문제가 되는 것은 '友物北所音叱'의 '北'이다. 이 '北'자는 작품의 표기에서 '比'으로 되어 있어, '叱, 化, 以, 牡' 등의 다양한 교정이 제시되기도 했다. 그런데 이 '比'의 표기가 『삼국유사』의 '北帶方'(「낙랑국」, 「북대방」, 「말갈 발해」), '北境'(「말갈 발해」), '長城北'

(「말갈 발해」), '北扶餘'(「북부여」), '樂浪之北也'(「변한 백제」), '北宅'(「진한」
조), '北山也'(「신라시조 혁거세왕」), '東北村'(「신라시조 혁거세왕」) 등의 '北'
에서 나타난다. 이런 점에서 '北'으로 교정하고, '北'이 아닌 다른 글자로
교정하여 해독한 것들은 모두 버릴 수밖에 없다(양희철 1997:411). 또한 이
해독들은 '物北所音'을 '므솜ㅅ, 못솜ㅅ' 등으로 읽었는데, 2음절어의 표
기에 향찰 4자를 썼다고 보기에는 어려운 점을 가지고 있다.

이런 문제들로 보아, 이 (1가)의 해독들에는 문제가 있다고 할 수 있다.

(1나)의 해독들은 '此也友物北所音'을 '此也友 物北所音'으로 끊어 읽
었다. (1나)의 전자에서는 '此也友'를 '이어우'로 읽고, '이바', '어와' 등과
같은 부류의 감탄사로 보았다. (1나)의 후자에서는 '此也友'를 '이야우'로
읽고 '어사와'와 같은 감탄사로 보았다. 이 해독들이 제시한 해독과 현대
역의 감탄사는 어형이나 어형 변화에서 연결할 수 없는 문제를 보인다.
그리고 이 해독은 (1가)의 해독에서와 같이 '北'을 '叱'로 수정한 문제와 2
음절어의 표기에 향찰 4자를 사용한 문제도 포함하고 있다. 이런 문제들
로 보아, 이 (1나)의 해독들 역시 어렵다고 판단한다.

2.2.2. '友也, 友, 友物北所音叱, 友物北'의 '友'

이 항에서는 '此友也物北所音叱'의 '友也, 友, 友物北所音叱, 友物北'
등을 분리하여 읽은 해독들을 정리하려 한다.

(2) 가. 이 버댜 乽붗솜(이 벗아 께름한, 홍기문 1956)
　　　　이 버라 가시보솜시(이 벗아 꺼림칙한, 류렬 2003)
　　나. 이여 벋 믓솜(이에 동무 무슨, 금기창 1993)
　　다. 이라 버므리솜(여기에 버물게 될, 유창균 1994)
　　라. 이에 밧갓듸 밤(이에 바깥의 밤, 오구라 1929)
　　　　이에 벋돌ㅅ 소리(이에 벗들의 소리, 지헌영 1947)

이야 友거싁 바롬(이것이냐 友物이라고 바랄, 정창일 1987)

이야 덜갓ㅅ 바--(이것이야 떨이인 바--, 신재홍 2000)

(2가)의 해독에서는 '此也友物北所音'에서 '也'와 '友'의 위치를 바꾼 다음에, '此 友也 物北所音'으로 끊어 읽었다. 향찰의 위치를 바꾸지 않아도 해독이 가능하다는 문제를 가지고 있다. 그리고 이 해독들은 '北'이 '볏'나 '보'가 되는 이유와 'ㅎ볏솜/가시보솜시'가 '께름한'이 되는 이유가 명확하지 않다. 그러나 '友'를 '벋'으로 본 것은 정확한 것 같다.

(2나)의 해독은 일단 '也'의 음 '야/여'를 충족시키고 있다. 그러나 해독과 현대역의 연결에서 문제를 보인다. 즉 현대역을 '이에'로 본 경우에는 해독의 '-야/여'가 해석의 '-에'로 연결될 수 없는 문제를 가지고 있다. 그리고 (1)에서와 같이 '北'을 '叱'로 수정한 문제와 2음절어의 표기에 향찰 4자를 사용한 문제도 포함하고 있다. 그러나 '友'를 '벋'으로 본 것은 정확한 것 같다.

(2다)인 '이라'의 경우는 향찰에서 쓰인 '也'의 뜻인 '-라'를 벗어나지 않은 장점을 가지고 있다. 그러나 '이'에 '여기'의 의미가 없으며, 또한 '-라'에도 '-에'의 의미가 없다는 문제를 가지고 있다. 그리고 '友物北所音'을 '벋(友)+물(物)+이(以←北)+소(所)+ㅁ(音)'으로 분석하여 '버므리솜'으로 연결하고, 그 뜻을 '둘러 있을, 걸려 있을, 얽매어 있을' 등으로 잡았다. 이 해독에는 수정의 문제, '벋'의 '-ㄷ'이 탈락된 이유를 설명할 수 없는 문제, '所音' 다음의 '叱'을 해독하지 않은 문제, '버믈'에 해당하는 '繞, 涉, 旋' 등을 써서, '繞物, 涉物, 旋物' 등으로 표기하지 않은 문제 등을 보인다. 이런 점에서, 이 해독에는 문제가 있다고 본다.

(2라)의 해독들은 '-也'를 '-에/야'로 읽었다. 그런데 '也'의 음이나 뜻에 '에'가 없어, '에'는 부정된다. 그리고 '이야'의 경우는 그 현대역에서

'이것이냐'나 '이것이야'로 보고 있다. 이 경우는 일단 해독과 현대역의 연결이 가능한 것들이다. 그러나 바로 이어서 보겠지만 '友物北所音'의 해독에서 상당한 문제를 가지고 있는 것들이다.

(2라)의 첫 번째인 '밧갓듸(外) 밤(夜)ㅅ'의 해독은 '友物北所音'에서 '友物'과 '北所'를 모두 가의만자(/훈차자/훈가자)로 읽고 있는데, '外(物)北 夜音'과 같이 실의만자 즉 훈독자로 표기하지 않은 이유를 알 수 없다. (2라)의 두 번째인 '벋둘ㅅ 소리ㅅ'에는 '物'과 '音'이 각각 '둘'과 '리'가 될 수 없는 문제를 가지고 있고, (2라)의 세 번째인 '友거싁 바롬싈'에는 '叱'과 '音'이 '싁'와 '롬'이 될 수 없는 문제를 가지고 있다. 또한 '友物北所音叱'을 '友物叱所音叱'로 수정하고 '덜갓ㅅ 바--ㅅ'으로 읽은 (2라)의 네 번째인 경우도 있다. 이 경우에는 '音'을 장음표기로 보면서, '덜갓 바--ㅅ'으로 읽고, 그 뜻을 '떨이(祓禳할 물건)인 바의'로 잡고 있다. 우선 두 글자의 수정과 장음표기에 문제가 있다. 이외에도 해독과 그 뜻에서 연결되지 않는 문제를 가지고 있다. 즉 '덜갓 바--ㅅ'이 '떨이(祓禳할 물건)인 바의'의 의미가 되지 않는다. '덜갓'은 '떨이(祓禳할 물건)'의 의미가 되지, '떨이(祓禳할 물건)인'의 의미가 아니다. 말을 바꾸면 향찰에도 없는 '-인'을 임의로 넣기 전에는 문맥이 통하지 않는 문제를 가지고 있다.

이런 점에서 이 해독들 역시 문제를 보인다고 할 수 있다.

2.2. 선행 해독의 보완

이 절에서는 '此也友物北所音叱'에서 '友物'을 분리하여 읽은 해독들을 변증하면서, 그 미흡점을 보완하고자 한다.

(3) 가. 이 봋돌 므숨ㄷ(이밖에 무슨, 이탁 1956)
　　 나. 이도 다믈 비슴ㅅ(이도 더블 치장/겹치레, 정열모 1965)

다. 이야 벋믈 배숩ㅅ(이에 벗들 궂히는, 서재극 1975)

라. 이예 버믈 므숩ㅅ(이에 어울릴 무슨, 김완진 1980)

마. 이얘 벋몬 다뵈솝ᄃ(이(月)에 벗이 될 만한 것되시옴, 김선기 1993)

바. 이의 밧간 므섬ㅅ(이의 바깥 무슨, 강길운 1995)

사. 이야 벋물 배숩ㆆ(이에 벗들 궂히는, 최남희 1996)

아. 이야 벗갓 디 솝ㅅ(이야 벗갓/우믈 뒤 있음의, 양희철 1997)

  (3)의 해독들은 '-也'를 '-∅/도/야/예/얘/의'로 읽었다. 그런데 '-∅'의
경우는 읽지 않은 문제를, '예/얘/의'의 경우는 '也'의 음이나 뜻이 아니라
는 문제를, '-도'의 경우는 '也'를 '亦'과 같은 뜻으로 본 것인데, 향찰에서
쓰인 '也'의 뜻인 '-라'를 너무 벗어난 문제를 각각 보인다. 그리고 '이야'
로 읽은 경우에도 '-야'에 '-에'의 의미가 없는 문제를 보인다.

  (3가)인 '볼돈 므슴'의 경우는 '物'이 '돈'이 되는 이유, '北'이 '므'가 되
는 이유, '所'가 'ㅅ'가 되는 이유들이 명확하지 않다. (3나)인 '다믈 비숩
ㅅ'(더불 치장/겹치레)의 해독에서는 '동무'에 해당하는 일본말 '도모'를 염두
에 두고, 이를 다시 '더블'과 연관시켜서 '다믈'로 읽은 것인데, '다믈'을
'더불'(與)로, '所'를 '스'로 각각 이해하기가 어렵다. (3다)인 '벋믈 배숩ㅅ'
(벗들 궂히는)과 (3사)인 '벋물 배숩ㆆ'의 해독에서는 '物'을 '믈'로 읽고 이
를 '믈'(群)의 가의만자(훈차자/훈가자)로 본 것인데, 이렇게 표기한 이유를
설명하기 힘들고, '所'를 'ㅅ'로 본 것에도 문제가 있어 보인다.

  (3라)의 '버믈 므슴'에서는 '繞'의 뜻인 '버믈'로 '友物'을 해독하면서,
"명사로서의 '벋'을 義訓借하고 '物'을 添記하면서 '벋'의 'ㄷ'을 '物'의 頭
音 'ㅁ'으로 代替시켰다고도 볼 수 있겠으나, 정통적인 訓主音從型으로
보아 '友'를 動詞로 쓰인 것으로 본다."(김완진 1980:135)고 설명하고 있다.
이를 쉽게 풀어서 보면, '友'를 훈으로 읽고 그것을 반자(半字)(/略借) '버'
로 읽었다는 설명이다. 그러나 이 설명은 '버믈'에 해당하는 '繞, 涉, 旋'

등을 써서, '繞物, 涉物, 旋物' 등으로 표기하지 않은 점을 설명하는 데에 한계가 있어 보인다.

(3마)의 '받몯 다뵈숌ᄃ'에서는 '北'을 '化'로 수정한 문제와, '받몯'을 '벗이 될 만한 것'에서 온 '견줄 만한 것'의 의미로 잡고 있으나, 이해가 가지 않는다.

(3바)의 '밧갇 므섬ㅅ'은 '北'을 '牧'으로 수정하고, '밧(友)+갇(物)+므(牡)+서(所)+ㅁ(音)+ㅅ(叱)'으로 분석하여 연결하고, 그 뜻을 '바깥 무슨'의 의미로 본 것이다. 이 해독에는 수정의 문제는 물론, '바깥'을 표기하려 했다면, 왜 '外物'과 같이 '外'를 훈독자로 쓰지 않았느냐 하는 문제와, '바깥'을 왜 '友物'(밧갇)로 근사치표기(대충표기, 강길운 1995:84)를 하였느냐 하는 문제와 '서'를 왜 '所'(소)로 근사치표기(강길운 1995:85)를 하였느냐 하는 문제에 답하기가 어렵다.

이런 점에서 (3가-바)의 해독들에는 문제가 있다고 정리할 수 있다.

(3아)에서 향찰 '此也'는 일단 '이야'나 '이라'로 읽어야 하는 것은 확실하지만, 그 뜻은 좀더 검토를 요한다고 할 수 있다. (3아)의 '이야'는 그 의미를 명확하게 하지 않은 문제를 보인다. 지금까지 나온 해독들 중에서, '이'를 명확하게 하는 것은 '이것'이다. 그러나 이 역시 문맥에 맞지 않는다. '이'는 대명사로 쓰여 '이것'뿐만 아니라, '이러한 형편'을 의미하기도 한다. '이러한 형편'의 의미를 계산하면, '이야'로 볼 경우는 '이'(이러한 형편)와 '야'(강조사)의 결합인 '이러한 형편이야'의 의미이다. 또한 '이라'로 볼 경우는 '이'(이러한 형편)와 '라'(원인격어미)의 결합인 '이러한 형편이므로'의 의미이다. 원인격어미 '-라'는 '朋知良'(벋이라, 「청불주세가」)와 "나ᄂᆞᆫ 겨집이라 法나을 모롤씨"(『석보상절』 6:1) 등에서 발견된다. 두 해석에 나타난 '이'(이러한 형편)는 다름 아닌 「혜성가」 제9행인 '後句 達阿羅 浮去伊叱等邪'를 지시하는 대명사이다. 이 두 해독은 「혜성가」의 제9-10행이 의

문형 종결이라는 점에서 모두 가능하다. 그러나 '이라(이러한 형편이므로)'
는 산문적인 비정감성을 보이고, '이야'(이런 형편이야)는 정감성을 보인다
는 점에서, 바로 앞의 감탄사와 정감적으로 연결되는 '이야'를 택한다.

그리고 '北 所音叱'은 '디 숌ㅅ'로 읽는다. '北'은 표준어 '뒤'(後)에 해당
하는 경상도 방언 '디'로 보고, '所'는 음만자 '쇼'로, '音'은 음반자 '-ㅁ'으
로 읽은 것이다. '디 숌ㅅ'(北 所音叱)은 '디(後) 시오다'의 동명사형인 '디
숌'(뒤에 있음)의 관형사형이다.

이 '此也'와 '北所音叱'의 해독을 계산할 때에, '友物'은 '벋갓'으로 읽
을 수 있다. 이 '벋갓'은 '디 숌ㅅ'의 관형사로 '벗갓의 뒤에 있음의'의 의
미이다.

3. '友伊音 叱多'의 '友/벋'

「상수불학가」에 나타난 '逐好友伊音叱多'의 해독에서 셋을 제외한 나
머지는 한 단위로 묶어서 해독하여 왔다. 그리고 '友伊音叱多'와 '逐好友
伊音叱多'의 어느 것으로 해독하든, 이 향찰의 해독에서는 '音'과 '叱'의
해독에서 상당한 문제를 보여 왔다. 이에 대한 정리는 다른 글들(양희철
2002b:603-620, 2014a:40-44)로 돌리고, '(-)友-'와 관련된 문제를 해결하
기 위하여, 선행 해독들이 보인 양상을 '逐好友伊音叱多'와 '友伊音叱多'
로 나누어 정리하면 다음과 같다.

3.1. 선행 해독의 변증

'逐好友伊音叱多'로 묶어 읽은 경우에, 다시 '-友-'를 어떻게 처리하
였는가로 정리하려 한다. 먼저 오자로 처리한 것들을 보자.

(4) 가. 조차이다(좇아이다, 오구라 1929)

　　나. 조초호리밋다(좇아 가려 하외다, 홍기문 1956)

　　다. 좇고바니이다(좇고파니이다, 김선기 1993)

　　라. 좇호리――ㅅ다(좇으리이다, 신재홍 2000)

　　마. 조초ᄒ홈이시다(좇아 할 마음이 있다, 류렬 2003)

(4가)인 '조차이다'의 해독에서는 '友'를 '支'의 오자로 처리한 다음에, '逐-'을 '좇-'으로, '-好支-'를 연용형 '-아-'로 읽었다. 오자 처리는 대단히 신중해야 하는데, 그렇지 못한 문제를 보이며, '-好支-'를 연용형 '-아-'로 읽은 것은 한자 '好'와 '支'의 음과 뜻을 모두 벗어난 문제를 피하기 어렵다.

(4나)인 '조초호리밋다'의 해독에서는 '好友'를 '友好'로 뒤집고, '伊'를 '尸'의 오자로 처리한 다음에, '逐-'을 '좇-'으로, '-友-'를 '-오-'로, '-好-'를 '-호-'로, '-尸-'를 '-리-'로 각각 읽었다. 두 수정의 이유가 합리화되기 어렵다.

(4다)인 '좇고바니이다'의 해독에서는 '逐-'을 '좇-'으로, '-好-'를 '-고-'로, '-友-'를 '-反-'으로 수정한 다음에 '-반-'으로 각각 읽었다. '-好-'를 '-고-'로 읽고, '-友-'를 '-反-'의 오자로 처리한 데에 문제가 있다.

(4라)인 '좇호리――ㅅ다'의 해독에서는 '逐-'을 '좇-'으로, '-好-'를 '-호-'로, '-友-'를 '-尸-'로 수정한 다음에 '-ㄹ-'로 각각 읽었다. '-友-'를 '-尸-'로 수정한 다음에 '-ㄹ-'로 읽고, 이 '-ㄹ-'과 '-ㅣ(伊)-'를 반절식으로 합쳐 읽은 데에는 문제가 있어 보인다.

(4마)인 '조초ᄒ홈이시다'는 '伊音'을 '音伊'로 바꾸고, '-好-'를 '-ᄒ-'로, '-友-'를 '-호-'로, '-叱-'을 '-시-'로 읽은 특성을 보인다. 두 향찰의 순서를 바꾼 문제와, '友'를 '호'로 읽은 문제를 보인다.

(5) 조추리잇다(좇우리이다, 양주동 1942)

　　조추리잇다(따르리이다, 지헌영 1947)

　　조추리잇다(좇으오리다, 전규태 1976)

　　조추리잇다(좇으오리다, 황패강 2001)

(5)의 해독들은 '逐-'을 훈독 '좇-'으로, '-好-'와 '-友-'를 각각 반절 '-ㅎ-'과 '-ㅜ-'로, '-伊-'를 '-리-'의 통음차로 읽은 후에, 최종에 '逐好友伊-'를 '조추리-'로 정리하였다. 개개 향찰의 해독을 결합하면 '좇후리-'가 되는데, 이를 다시 '조추리-'로 정리한 것이라 할 수 있다. 결국 이 정리 과정에는 앞에서 애써 해독한 반절 '-ㅎ(好)-'을 무시한 문제가 있다. 이보다는 '좇후리-'로 정리하고, '조추리-'의 이형태로 설명하였더라면, 좀더 설득력을 가진다고 볼 수 있다. 그러나 이 해독을 애써 이렇게 이해하려 해도, 반절에는 문제가 있어 보인다. 왜냐하면 향찰에는 '好(ㅎ)+友(ㅜ)'와 같은 반절식으로 자음과 모음을 결합하여 한 음절을 표기한 경우가 없기 때문이다. 그리고 '-伊-'를 통음차 '-리-'로 설명하고 있는데, 이 역시 문제를 가진다고 할 수 있다. 왜냐하면 '-이-'와 '-리-'는 그 의미가 다르고, 음에서도 통하지 않기 때문이다. 이런 점으로 보아 이 해독들에서 '-友-'를 '-ㅜ-'로 읽은 데에는 문제가 있다고 할 수 있다.

(6) 가. 축, 호우 이음ㅅ다[側 好友 잇다(繼)가:패거리 好友의 행적을 계승하다가, 정열모 1965]

　　나. 조초우림따(좇으오리라, 김준영 1979)

　　다. 조초받임다'(좇게 하옵니다, 강길운 1995)

(6가)의 해독은 '逐-'을 '側-'으로 '-好友-'를 음독자, 즉 한자로 읽고 있는데, 향찰이 아닌 한자로 본 문제를 보이면서, '-友-'의 해독 역시 문

제를 보인다고 할 수 있다.

(6나)의 해독은 '逐好-'를 '조초-'로 읽었는데, '조초-'보다는 '좇호-'로 보는 것이 합리적이다. 그리고 '-友-'를 '-우-'로 읽고, '-오-'가 변한 것으로 설명하고 있지만, 그 기능을 설명하지 않고 있다. 이로 인해 이 '-우(友)-'가 '조초-'의 '-ㅗ-'와 어떻게 다른지, 그 기능이 무엇인지를 알 수 없어, 부정적이다.

(6다)의 해독도 역시 '逐好-'를 '조초-'로 읽었는데, '좇호-'로 보는 것이 합리적이다. 그리고 '-友-'를 '-받-'의 대충표기로 읽고, 그 기능을 강세접미사로 보았다. 대충표기는 통음차와 더불어 모호한 해독의 문제를 보여준다.

3.2. 선행 해독의 보완

이번에는 '逐好友伊音叱多'를 '逐好 友伊音叱多'로 분리하여 읽은 해독들을 변증하면서 그 미흡점을 보완하고자 한다.

(7) 가. 조초 벋뎜짜(좇아 벋 지어 있도다, 김완진 1980)
　　나. 조초 사고임짜(따라 벗삼을지로다, 유창균 1994)
　　다. 조초 벋임짜(좇기에 벗입니다, 양희철 2002b)
　　라. 조초 벋이임 실다(좇기에 벋됨이 있을 것이다, 양희철 2014d)

(7가, 나)의 두 해독은 '逐好'를 '조초'로 읽었다. 이보다는 '좇+호'로 보는 것이 바람직해 보인다. (7가)의 김완진은 "'뎌'(←디-[作]+-어)"(1980:194)로 보아 '友伊音叱多'를 〈벋디(어간)+어(부동사형어미:연결어미)+지속태의 선어말어미(ㅁ)+짜(종결어미)〉로 생각한 것 같은데, 부동사형어미와 종결어미 사이에 선어말어미가 오는 결합이 가능하다고 보기가 어려워 보인

다. (7나)의 유창균은 〈友(사고이, 어간)+홈(동명사/명사형)+叱多(종결어미)〉의 형태소 결합을 보이는데, 이런 결합이 인정될지는 상당히 의심스럽다.

(7다)에서는 '逐好友伊홈叱多'를 '좇호 벋임짜'(좇아 벋임짜:좇기에 벋입니다)로 읽었다. 즉 '逐好 友伊홈叱多'로 띄우고, '좇호 벋임짜'로 읽어 두 용언의 결합으로 보았다. '좇호'의 '-오'를 이유나 원인을 나타내는 부동사형어미로 본다. 이런 예는 '高攴好'(높호, 「찬기파랑가」)의 '-오'와, '于홈毛'(감모, 「총결무진가」)의 '-오'에서 보인다. '于홈毛'는 "衆生叱 邊衣 于홈毛 際 毛冬留 願海伊過"의 문맥에 있는데, 이 문맥의 향찰에 대한 해독은 '중생ㅅ ᄀᆺ의 감모 ᄀᆺ 모드로 원해이과'(중생의 끝이 헤아리기 어려울 만큼 멀고 있어, 끝 모를 원해이구나)이다. '友伊홈叱多'는 '벋(友)임(伊홈)짜(叱多)'로 읽고, '-伊홈-'은 '-임-'으로 읽으며, '-이-'는 명사 '벋'(友)에 이어진 계사 또는 서술형의 어간으로, '-홈-'은 'ㅣ'모음 뒤에 실현되는 상대존대법의 선어말어미 '-ㅁ-'으로 보았다. 이렇게 읽을 때에, 문맥은 '우리 부처가 간 세상에 닦으려던 난행고행의 원을 나는 頓部 좇기에, (청자의/부처의) 벋입니다'로 잘 통하는 것 같다. 그러나 구결에서 문제가 된 'ᄒᆞᆮㅣ/홈叱多'를 해결하지 못한 문제를 보인다.

이 (7다)의 문제는 (7라)의 해독에서 해결된다. 즉 '友伊홈 叱多'를 '벗됨이 있을 것이다'의 의미인 '벋(友)+이(伊)+임(홈) 실(叱)+다(多)'로 읽으면서, '叱'의 기능을 살렸다.(제3부 「二. 향찰 '叱'(1)」 참조.)

이런 점들로 보아, '友伊홈叱多'의 '友-'는 '벋-'으로 읽힌다고 정리할 수 있다.

4. '止以 友 白乎-'의 '友/벋'

아 장에서는 '止以友白乎等耶'(「청불주세가」)의 '友'에 대한 선행 해독들을 변증하고 보완하고자 한다.

4.1. 선행 해독의 변증

선행 해독의 문제를 '止以友白乎等耶'와 '止以 友白乎等耶'로 나누어 정리하려 한다.

4.1.1. '止以友白乎等耶'의 '友'

'止以友白乎等耶'를 하나의 단위로 묶어서 해독한 경우의 문제를 정리하면 다음과 같다.

> (8) 가. 머물게 ᄒ숣오더라(머물게 하시옵더라, 오구라 1929)
> 나. 머믈우숣오다라(머물게 하옵더라, 양주동 1942)
> 다. 믯숣오다라(머므르시옵더라:머무시어 계시옵더이다, 지헌영 1947)
> 라. 그치받조뭇드라(머무르게 하옵더라, 강길운 1995)

(8)의 해독들은 '止以友'의 개개 한자들이 가지는 음이나 뜻 중에서 하나 이상을 벗어나거나, 향찰 운용의 일반성을 벗어난 것들이다.

(8가)의 오구라는 '止以友'를 '止以支'로 수정하여, '支'를 별다른 의미가 없는 글자로 보고, '머물게ᄒ-'로 읽었는데, '-以'를 그 음에도 뜻에도 없는 '-게ᄒ-'로 읽을 수 없는 문제를 가지고 있다.

(8나)의 '머믈우숣오다라'에서는 '-以-'를 '-ㄹ-'로, '-友-'를 타동사형 전성어미 '-우-'로 각각 해독하였는데, 'ㄹ'의 표기에 '乙/尸'가 쓰인다

는 점에서 향찰 운용의 일반성을 벗어난 문제가 있어 보인다.

(8다)의 지헌영은 '友'를 '支'로 수정하고 'ㅅ'으로 읽었는데, 이 수정을 인정하여도 '맛'이 '止(머믈-)'와 연결되지 않는 문제를 가지고 있다.

(8라)의 강길운은 '그치받조봇드라'로 읽어, '-友-'를 강세접미사 '-받-'의 대충표기로 해독하였다. 대충표기라는 데에 문제가 있어 보인다.

4.1.2. '止以 友白乎等耶'의 '友'

'止以 友白乎等耶'로 분리한 해독들을 정리하면 다음과 같다.

(9) 가. 멈어 벋술올ᄃ라(멈춰 벗하올지라, 이탁 1956)
　　　바로 다모술봇ᄃ야(그대로 같이 있습니다, 정열모 1965)
　　나. 그티바 삷곤도라(머무르심 사뢰리라, 김선기 1993)
　　　그치기 술봇ᄃ라(머물기를 사뢰도다, 신재홍 2000)
　　다. 머믈우 삷오다라(머물게 하오리라, 김상억 1974)
　　　머믈우 숣오더라(머물도록 사뢰더라, 전규태 1976)
　　　머믈우 술봇다라(머무시도록 아뢰더라, 황패강 2001)
　　라. 멈치우 술봇다라(계셔 달라 청했더라, 홍기문 1956)
　　마. 머믈우 술오ᄃ라(머물도록 사뢰리로다, 김준영 1979)
　　　머믈우 술봇다라(머무르시게 하도다, 김완진 1980)
　　　머무리우 술봇다라(머물라고 사뢰더라, 류렬 2003)
　　바. 머므로우 숣오ᄃ라(머믈게 여쭈옵나이다, 유창균 1994)

(9가)의 '멈어 벋술올ᄃ라'에서는 '-以'의 음이나 훈에 '-어'가 없는 문제도 보인다. 또한 '벋술올ᄃ라'가 괄호 안의 현대역 '벗하올지라'로 연결되지 않는 문제도 가지고 있다. 그리고 (9가)의 '바로 다모술봇ᄃ야'에서는 『산해경(山海經)』에 나오는 '한류린신거고돈지(韓流麟身渠股豚止)'의

'止'에 대한 『곽주(郭註)』의 '止 足也' 등등에 의거하여 '止-'를 '발-'로 읽고, '-以'를 '-로'로 읽어, '止以'를 '바로'로 읽은 것이다. 이 해독은 '止'를 가의만자(/훈차자/훈가자)로 본 것에는 이해가 가지만, 이 '바로'가 괄호 안의 현대역 '그대로'와 어떻게 연결되는지 알 수 없다. 그리고 다음과 같은 점에서 '友'를 '다모'(並)로 읽고 있다.

> (10) 《友》는 훈독. 자서(字書)에 《凡志氣類合者皆曰友》라 하였는바 《사마광잔허》(司馬光潛盧)에 《天地相友 萬象以生 日月相友 群倫以明 風雨相友 草木以榮 君子相友 道德以成》이라 하였다. 이로 미루어 《友》는 함께 있다는 뜻이며, 그 새김인 《다모》는 《並》의 뜻인바 《다므사리》《더부사리》는 본래는 동거(同居)의 뜻이다.(정열모 1965: 423)

(10)에서는 상당히 어렵게 해독하고 있다. 그러나 '友'의 뜻이 '함께 있는다'가 아니라는 문제를 보인다.

이렇게 볼 때에, 향찰의 해독에서 가장 기본적인 것이지만, 향찰에 쓰인 한자의 음이나 뜻을 벗어나거나 향찰 운용의 일반성을 벗어난 해독을 지양해야 할 것으로 보인다. 이 지양을 보인 해독으로 (9나)의 것들이 있다.

(9나)의 해독들은 '止-'를 '그티/그치-'로 읽고 있다. 그 이전에 있어온 '머믈-'을 부정한 것은 (9나)의 김선기이다. 김선기는 "오구라 박사는 '止'는 여기선 '머믈을'이라 읽고 싶다고 주관성을 드러냈다."고 비판(김선기 1993:630)하고, '그티-'를 택했다. 그러나 강길운(1995:447)이 제시하였듯이 '止'는 『유합(하)』(47)에서 '멈을 지 留也'로 훈을 달고 있으며, 이 훈은 자전에서도 확인되는 훈이다. 그리고 이 해독들은 괄호 안의 현대역에서 '머물-'을 취하고 있어, '그티/그치-'로 읽는 것은 어려워 보인다. 또한 이 두 해독들은 다음과 같은 문제도 포함하고 있다. 김선기는 '友'를 '反'으로 수정하고 동명사형어미 '-바'로 읽었는데, 수정을 하지 않아도 해독이 가

능하다는 문제가 있다. 신재홍은 (9나)에서 '友'를 '攴'로 수정하여 읽었다. 이는 오구라와 지헌영의 수정과 같은 것이다. 그 해석에서는 무의미한 첨기자로 본 오구라나 'ㅅ'으로 본 지헌영과 다르게 '-기'로 보았다. 수정 후의 해독에는 이해가 가지만, 수정이 없어도 해독이 가능하다는 문제를 가진 듯하다.

꼭 필요하다면 수정을 할 수밖에 없다. 그러나 수정을 하지 않고도 해독이 가능하다면 수정은 지양되어야 하며, 대충표기라는 모호한 해석도 지양되어야 한다. 이 해독들이 보인 수정의 문제와 대충표기를 극복한 것들로 앞으로 검토할 해독들이 있다. 그런데 이 해독들 역시 세 가지 문제가 있어 보인다. 하나는 향찰 운용의 일반성을 벗어난 문제이고, 다른 하나는 부사형어미로는 '-于'가 흔히 쓰이는데, 유독 이곳에서만 '-友'가 부사형어미로 쓰였다고 주장한 한계이며, 또 다른 하나는 '머물게/머물도록' 사뢴 주체의 문제이다. 먼저 향찰 운용의 일반성을 벗어난 (9다)의 해독들을 보자.

(9다)의 세 해독들은 양주동이 '-以-'를 '-ㄹ-'로 해독한 것을 따르고 있다. 'ㄹ'의 표기에 '乙/尸'가 쓰인다는 점에서 문제가 있어 보인다.

이 문제를 해결하기 위한 방법으로 세 가지 유형의 해독들이 나왔다. 하나는 '以'의 음을 살리기 위하여 앞에서 살폈던 '그티/그치-'와 더불어 나온 (9라)의 '멈치우'이다. (9라)의 해독은 '-以-'를 '멈치'의 '-ㅣ'를 첨기한 것으로 본 것 같고, '-우'를 현대역 '계셔 달라 청했더라'로 보아, 청원의 명령법으로 본 것 같다. 상당히 설득적이다. 그러나 뒤에 보겠지만, 발화주체가 명확하지 않은 문제를 보인다.

'-以-'를 '-ㄹ-'로 읽은 문제를 해결하기 위한 다른 유형은 김준영과 김완진이 읽은 (9마)의 '머믈우'이다.

(9마)의 '머믈우 술오드라'에서 김준영(1979:219)은 '-以友'를 '-이우'로

읽고, 그 다음에 이 '-이우'는 '-우'가 이렇게 발음된 것이라 설명한 후에, '-이-'를 이유 없이 빼버렸다. 이 궁색한 설명을 극복하고자 (9마)의 '머믈우 술봇다라'에서 김완진은 '-以-'를 '-物-'로 수정하였다. 역시 수정의 문제를 가지고 있는 듯하다. (9마)의 '머무리우 술봇다라'에서 '머무리우'는 현대역 '머물라고'로 연결하는 것이 어렵다.

이렇게 '-以-'를 '-ㄹ-'이나 '-이-'로 읽거나 '-物-'로 수정하는 문제를 극복하려는 노력은 유창균이 해독한 (9바)의 '머므로우 숨오드라'의 '머므로우'로 이어진다. 이 '머므로우'의 경우에는 '止-'를 '머믈-'이 아니라 '머므로-'로 보는데, 그 이유는 중세어의 '머믈-'이 '머므르-'의 축약형이라는 것이다. 이 설명은 상당히 그럴 듯하다. 그러나 이 해독은 뒤에 보겠지만 발화주체의 문제에서 석연치 않은 문제를 보인다.

이번에는 부사형어미에 '-于'가 쓰인다는 문제를 보자. '머믈우'(김상억, 전규태, 황패강, 김준영, 김완진)와 '머므로우'(유창균)의 '-우(友)'는 부사형어미로 읽은 것이다. 그런데 부사형어미에는 '-于'만이 쓰여왔는데, 그 예를 보면 다음과 같다.

(10) 在如中 加于 物業乙 會計爲(「淨兜寺五層石塔造成形止記」 18)
　　　 寺代內應爲處 追于 立是白乎味……(「淨兜寺五層石塔造成形止記」 29)
　　　 落點敎等乙 仍于 下安令是白遣(「監務官貼文」 9)
　　　 必于 明文未納爲良置(「高麗戶籍文書」 2:19)
　　　 白雲音 逐于 浮去 隱安攴(「찬기파랑가」)
　　　 必于 化緣 盡 動賜隱乃(「청불주세가」)

(10)의 예들인 '加于, 追于, 仍于, 必于, 逐于' 등에서 보는 바와 같이, '-우'의 부사형어미에는 '-于'만을 썼지 '-友'를 쓴 예가 없다. 이 중의 '加于, 追于, 仍于, 必于' 등은 조선조 이두까지 계속적으로 사용되고 있다.

특히 '必于'의 경우는 현재 우리가 문제로 삼고 있는 「청불주세가」에서도 나온 예이다. 이런 점에서 '止以友'의 '-友'를 '-우'로 읽어야 할 것인가는 문제가 된다고 할 수 있다.

이는 역으로 향찰이나 이두에서 '友'가 어떻게 사용되었나 하는 것을 구체적으로 검토할 때에 좀더 명확해진다. 앞의 두 장에서 살폈듯이, '此也 友物北 所音'(「혜성가」)과 '逐好 友伊音 叱多'(「상수불학가」)의 '友'는 모두가 '벋-'으로 읽힌다. 이런 점에서 지금 검토하고 있는 '止以友白乎等耶'의 '友' 역시 '벋'으로 읽힐 가능성이 높다고 할 수 있다.

4.2. 선행 해독의 보완

'止以 友 白乎等耶'에서와 같이 '友'가 '벋'으로 읽힐 가능성을 보기 위해, 이번에는 앞의 해독들에서 '머물게/머물도록' 사뢰거나 사뢴 주체의 문제를 보자. 앞의 해독들 중에서, '머믈우 술오드라'(머물도록 사뢰리로다, 김준영 1979)와 '머므로우 숣오드라'(머믈게 여쭈옵나이다, 유창균 1994) 등에서 괄호 안의 현대역으로 보면, '머물게/머물도록' 사뢰었거나 사뢰는 자를 시적 자아인 '나'로 하고 있다. 그러나 해독을 괄호 안의 현대역으로 바꾸는 데에 문제가 있다. 즉 '술오드라'에서는 '사뢰리로다'의 '-리-'가, '숣오드라'에서는 '여쭈옵나이다'의 '-옵나이-'가 각각 어느 향찰에 근거한 해독인지를 알 수 없는 문제를 가지고 있다. 이로 인해 '머물게/머물도록' 사뢰거나 사뢴 주체를 해결할 수 없다.

이에 비해 '머믈우숣오다라'(머물게 하옵더라, 양주동 1942), '머믈우 숣오다라'(머물게 하오리라, 김상억 1974), '머믈우 숣오더라'(머물도록 사뢰더라, 전규태 1976), '머믈우 술봇다라'(머무시도록 아뢰더라, 황패강 2001), '멈치우 술봇다라'(계셔 달라 청했더라, 홍기문 1956) 등은 괄호 안의 과거형 '-더라'로 보아, 시적 자아인 '나'를 주어로 취하지 못한다. 왜냐하면 '내가 머물게 사뢰오더라'는 비문이 되기 때문이다. 그리고 '머믈우 술보다라'(머무르시게 하도다, 김완진 1980)는 감탄형 '-도다'로 보아, 시적 자아가 모호하다. 이렇게 보면, 이들 과거형 '-더라'나 감탄형 '-도다'는 그 주어를 '나'가 아닌 어떤 대상으로 보거나 모호하게 보고 있다. 그렇다고 이 대상이 일반적인 존재도 아니다. 왜냐하면 머믈게 사뢰는 화자는 불교 신자로 부처님들이 세상에 머믈기를 바라는 존재이기 때문이다. 이렇게 볼 때에, 이 '머믈게/머믈도록' 사뢰거나 사뢴 주체는 일반적인 존재가 아니어서 생략될 수 없는 존재라 할 수 있다. 그렇다고 이 생략에 의해 중의(重義)의 효과를 가져오는 것도 아니다. 왜냐하면, 나와 다른 존재가 동시에 주어가 될 수 없기 때문이다.

이상과 같이 볼 때에, '止以友白乎等耶'의 해독에서는 몇 가지를 염두에 두어야 할 것 같다. 하나는 향찰에 쓰인 한자의 음과 뜻을 벗어나지 않고, 가급적 수정을 하지 않으며, 부사형어미에 쓰인 적이 없는 '-友'를 부사형어미로 보지 않고, 머믈게 사뢰거나 사뢴 주체를 명확하게 하는 해독이다. 이 조건들에 맞게 해독하는 방법으로 '止以友白乎等耶'를 '止以友 白乎等耶'로 띄어 읽을 수 있다. '止-'는 '머믈-'로 읽고, '-以'는 '-로'로 읽어, '止以'를 '머믈로' 즉 '머므로'로 '머믈+오'의 연철 표기로 보고, '友'를 '벋'으로 해독할 수 있다. 이 경우에 '-오'는 청원의 명령형이다. 이렇게 보면, 문맥은 "세상에 머믈러 달라고 벗이 사뢰온다야"가 되어 '白-'의 발화주체의 문제와 '止以'와 '白乎等耶'의 해독 문제들이 함께 풀린다.

이런 점에서 '止以友白乎等耶'를 '止以 友 白乎等耶'로 띄우고, '止以'는 '머므로'(머무르오)로 '友'는 '벋'으로 각각 읽고자 한다.

5. 결론

지금까지 향찰 '友'에 대한 선행 해독들을 변증하고, 그 과정에서 발견되는 문제점을 보완해 보았다. 그 결과를 요약하는 것으로 결론을 대신하면 다음과 같다.

1) 「혜성가」의 '友'에 선행한 '此也'는 '이야'로 읽히며, 그 뜻은 '이러한 형편이야'이다.

2) 이 해석에 나타난 '이'(이러한 형편)는 다름 아닌 「혜성가」 제9행인 '後句 達阿羅 浮去伊叱等邪'를 지시하는 대명사이다.

3) 1)과 2), 그리고 문맥으로 보아, 특히 '友物北所音'의 '北'이 같은 서체를 보이는 다른 예들로 보아 다른 글자가 아니라 '北'이라는 점에서, '友-'는 '벋-'으로 읽었다.

4) 「상수불학가」의 '友'에 선행한 '逐好'는 '좇호'로 읽히며, '-호'의 '-오'는 원인이나 이유를 나타내는 부동사형어미이다.

5) 「상수불학가」의 '友伊音 叱多'는 '벋이임 실다'(벋됨이 있을 것이다)로 읽힌다. '友-'는 '벋-'이며, '-伊(이)-'는 계사 또는 서술형어미이고, '-音(임)'은 피동형과 동명사형어미이고, '실-'은 어간(시-)과 동명사형어미(-ㄹ)의 결합이다.

6) 「청불주세가」의 '友'에 선행한 '止以'는 '머므로'로 읽히며, '-로'의 '-오'는 청원의 명령형이다.

7) 6)의 해독은 물론, '友' 다음의 '白乎等耶'의 발화주체로 일반인이나 시적 자아가 될 수 없다는 점에서, '友'는 발화주체인 '벋'으로 읽는다.

8) 이렇게 향찰에서 보이는 세 '友'는 기본적으로 모두 '벋'으로 읽힌다고 정리할 수 있다.

三. 향찰 '皆'

1. 서론

이 글은 「청불주세가」, 「상수불학가」, 「보개회향가」 등에 여섯 번 나온 향찰 '皆'의 선행 해독들을 변증하고 보완하는 데 연구의 목적이 있다.

이 여섯 '皆'들에 대한 선행 해독들은, 자세한 검토는 본론으로 돌리고 큰 윤곽만 보아도, 유형성과 다양성을 보인다. 오구라(1929)의 해독('므릇, 기, 다')과 신태현(1940)의 해독은 거의 일치하면서 한 유형을 이룬다. 양주동(1942)의 해독('한, 거, 긔')과 지헌영(1947)의 해독은 완전히 일치하면서 한 유형을 이룬다. 정열모(1947)의 해독('몬, 개, 다')과 이탁(1956)의 해독은 상당 부분이 일치하면서 한 유형을 이룬다. 홍기문(1956)의 해독('모든, 긔, 다, 거')과 김준영(1964, 1979), 전규태(1976), 김완진(1980), 유창균(1994), 강길운(1995), 김영만(1997), 황패강(2001), 류렬(2003) 등의 해독들은 상당 부분이 일치하면서 한 유형을 이룬다. 이 중에서 김영만의 해독은 석독 구결 '皆ㄴ'과 고려 향찰 '頓部叱'을 비교하면서 양자를 '돈붓'으로 읽는 과정에 나온 것이어서 주목을 끄나, 정작 향찰 '皆'의 해독('모든, -긔', 1997:11)은 홍기문의 유형과 같다. 정열모(1965)의 해독('여러, 여ㄷ, 여릐, 기')과 신재홍

(2000)의 해독 역시 상당 부분이 일치하면서 한 유형을 이룬다. 김선기의 1975('함목, 가, 개')와 1993의 해독 역시 한 유형을 이룬다. 향찰 '皆'를 석독 구결 '皆ㄴ'과 같은 표기로 본 정재영(1995a)의 해독('다ㅇ/닷') 역시 한 유형을 이룬다. 이렇게 선행 해독들은 유형성과 다양성을 보인다. 특히 괄호 안에 제시한, 일곱 유형들을 대표한 해독들을 종합하면, '皆'의 해독은 '긔, 가, 개, 거, 긔, 기, 다, 다ㅇ/닷, 모든, 몯, 므릇, 여ㄷ, 여러, 여릐, 한, 함목' 등의 16종(본론에서 다룰 기왕의 해독 전체를 보면, '긔, 가, 개, 거, 게, 긔, ㄷ, 다, 다ㅇ/닷, 다라, 모든, 모든, 몯, 므릇, 여ㄷ, 여러, 여릐, 한, 함목' 등의 19종)으로 다양성을 보인다.

이렇게 다양한 기왕의 해독들은, 크게 보면 다음과 같은 세 가지 문제를 보인다.

첫째는 차제자의 원리를 벗어난 문제이다. 향찰은 차제자의 일종으로, 그 원리는 한자의 음이나 훈을 이용하는 것이다. 그런데 '개, 긔, 다, 다ㅇ/닷, 다라' 등을 제외한 나머지 해독들은 차제자된 한자의 음이나 훈을 벗어나 있다. '므릇'은 '蓋·凡'의 훈으로, '皆'의 훈이 아니며, '모든, 모든, 몯, 여ㄷ, 여러, 여릐, 한, 함목' 등도 '皆'의 훈이 아니다. '가, 거, 게, 긔, ㄷ' 등은 '皆'(개/긔)의 음과 거리가 멀다.

둘째는 표기체계를 벗어난 문제이다. '다, 다라()다ㅇ)' 등과 '다ㅇ/닷'의 '다ㅇ/다'는 '皆'의 훈이다. 그러나 향찰과 구결의 표기체계에서 '다, 다라()다ㅇ)' 등의 표기에는 '盡(良), 悉(;)' 등을 쓰지 '皆'를 쓴 예가 없다. '다ㅇ/닷'의 경우에는 '皆ㄴ 悉 ; '를 '다ㅇ(/닷) 다ㅇ(/다)'로, '悉 ; 皆ㄴ'을 '다ㅇ(/다) 다ㅇ(/닷)'으로 각각 읽어야 하는데, "語源的으로나 音相으로나 같은 계열의 말이 연속되는 것이 아무리 直譯文이라도 문체상 받아들일 수 있는지가 의문이다."(김영만 1997:6-7).

셋째는 구문 구조와 문맥을 벗어난 문제이다. 한 예로, '皆(佛體置)'('상수불학가¹)의 경우에 따르고자 하는 부처님은 비로자나여래의 한 분이다. 그런데 거의 모든 해독들은 '皆'가 '佛體置'의 앞에 있다는 점에서, 구체적인 구문 구조의 검토도 없이, '皆'를 그 다음에 온 부처님을 형용하는, '한, 모든, 뭇, 여러' 등의 복수로 읽고 있다. 이는 구문 구조와 작품의 문맥을 벗어난 해독들이다.

이런 문제들 때문에, 그리고 너무나 다양하게 엇갈리는 해독의 문제를 해결하기 위하여, 이 글에서는 앞의 세 측면, 즉 차제자 원리의 측면, 표기체계의 측면, 구문 구조와 문맥의 측면 등에서 '皆'의 해독을 변증하고, 보완하고자 한다. 특히 차제자 원리의 측면에서는 균여가 향가 「보현시원가」를 지으면서 의존한 『보현행원품』에서 16개의 '皆'들이 현대어 '모두'의 의미로 쓰였다는 점에 유의하고, 구문 구조와 문맥의 측면에서는 도치 구문에 유의하고자 한다.

신라 향찰과 고려 향찰은 어느 정도 차이가 있는 것으로 밝혀져 있어, 이 글에서는 「청불주세가」, 「상수불학가」, 「보개회향가」 등의 여섯 '皆'들만 다루고, 「모죽지랑가」의 '皆'는 논외로 하려 한다.

2. 「청불주세가」의 '皆/모도'

「청불주세가」에는 '皆(佛體)'와 '(伊知)皆(矣爲米)'의 '皆'가 나온다. 이것들을 차례로 보자.

2.1. '皆(佛體)'

'皆(佛體)'에 대한 선행 해독들을 음으로 읽은 경우와 훈으로 읽은 경우로 나누어 변증하고, 보완하려 한다. 먼저 '皆'를 음으로 읽은 경우를 보자.

(1) 개(많이, 김선기 1993)

(1)의 '개'는 '해(많이)'를 그 당시의 음으로 재구한 해독이다. 그러나 이 '개'의 해독은 해당 문맥에 부적합한 문제를 보인다. 즉 "皆 佛體 必于 化 緣 盡 動賜隱乃"의 문맥에서, '皆'를 '개(많이)'로 읽으면, 이 '개(많이)'는 부사로 '佛體'를 형용할 수 없다. 그리고 이 '개(많이)'는 부사로 '動賜隱乃'의 앞에 온 부사 '盡'과 더불어 '많이 다아 뮈신나'가 되는데, '많이 다아'는 '많이'와 '다아'의 의미가 상충하여, 의미가 통하지 않는다. 이런 점들로 보아, '皆(佛體)'를 '개'로 읽을 수 없다.

이번에는 '皆(佛體)'를 훈으로 읽은 해독들을 보자.

(2) 가. 므릇(오구라 1929, 신태현 1940)
    나. 몬(정열모 1947, 이탁 1956)
    다. 함목(김선기 1975)
    라. 한(양주동 1942, 지헌영 1947)
    마. 모둔(홍기문 1956, 김준영 1964, 1979, 김완진 1980, 유창균 1994, 황패
        강 2001, 류렬 2003)
        모둔/한(전규태 1976)
        모든(강길운 1995, 김영만 1997)
    바. 여러(정열모 1965, 신재홍 2000)
    사. 다잇/닷(정재영 1995a)

(2가-바)의 해독들은 '皆'를 훈으로 읽었다고 하지만, '皆'의 훈이 아니라는 문제를 가지고 있다. (2가)의 '므릇'은 '盖'와 '凡'의 훈이며, '皆'의 훈이 아니다. 그리고 (2나)의 '몬'은 '모든'의 의미로 본 것이다. 정열모는 설명 없이 현대역을 제시하였지만, 이탁(1956:42)은 "몬 フ존 法 업슈미 假ㅣ

니 - 阿彌陀經・15"를 논거로 제시했다. 그런데 이 논거의 '몯'은 '모든'의 의미가 아니라 '못(不)'이란 문제를 보인다. (2다)의 '함목'은 '한꺼번에 다'나 '한 차례에 죄다'의 의미로, 이 해독이 '함목'의 의미로 제시한 '두로'(遍, 周, 咸)와는 다른 의미이다. (2라, 마, 바)의 '한, 모둔, 모든' 등은 '諸, 衆, 多' 등의 讀訓이고, '여러'는 '諸, 衆, 多' 등의 훈이란 문제를 보인다. (2사)의 '다옷/닷'은 향찰 '皆'를 석독 구결 '皆ㄴ'과 같은 표기로 본 해독이다. 이 해독은 '다옷/닷'의 'ㅅ'을 관형적인 수식어의 수식 표지로 보았다 (정재영 1995a:310). 그런데 이 해독은 문맥이 통하지 않는 것 같다. 이 해독을 문맥에 넣어 보면 "다옷/닷(:다의) 부텨 비루 화연 다ㅇ(盡) 뮈신나"가 된다. 이 문장은 '다ㅇ/다'가 '부텨' 앞에서 무엇을 의미하는지를 알 수 없다는 점에서, 말을 바꾸면 '다옷/닷(:다의) 부텨'의 의미가 무엇인지를 알 수 없다는 점에서, 문맥이 통하지 않는다. 그리고 '다옷/닷'이 한 문장 안에서 '다ㅇ(盡)'와 충돌하는 표현의 문제도 보인다.

이렇게 (2)의 해독들은 문제를 보인다. 그리고 그 중에서도 문제가 있는 (2라, 마, 바)의 해독들이 가장 많은 것은 양주동의 오독에 그 원인이 있는 것 같다.

> (3) 皆 義字, 義訓讀「한」. …… 本條의「皆佛」은 華嚴本文의「諸佛如來」요 常隨佛學歌의「皆佛」(卄二・八・1)은「一切如來」에 該當함애「皆佛」은 곧「諸佛・一切佛」의 俗記임을 알것이다.「諸」의 通訓은「모든」★이나 佛典諺解엔 흔히「한」(衆・多)으로 譯되엿다.(양주동 1942:801)

(3)에서는「청불주세가」의 '皆佛'을 '諸佛'(『보현행원품』)의 속기로,「상수불학가」의 '皆佛'을 '一切佛'(『보현행원품』)의 속기로 각각 보고, '皆'를 '諸'의 독훈 '한'으로 읽었다. 후자인 '皆佛'이 '一切佛'의 속기라는 주장은

제3장의 '皆(佛體置)'에서 보겠지만, 비교 대상을 잘못 설정한 해석이다. 그리고 전자인 '皆佛'이 '諸佛'의 속기라는 주장과 이에 기초하여 '皆'를 '한'으로 읽은 해독에는 세 가지 문제가 포함되어 있다. 이 문제들을 보기 위하여, 「청불주세가」, 「청불주세송」, 『보현행원품』의 청불주세자 등의 해당 부분을 비교해 보자.

(4) 가. 皆(佛體)(「청불주세가」)
　　나. 極微塵數(聖兼賢)(「청불주세송」)
　　다. 極微塵數諸(佛如來) …… 及諸(菩薩 聲聞緣覺 有學無學 迺至)一切 諸(善知識)(『보현행원품』의 청불주세자)

(4)의 괄호 속에 넣은 (4가)의 '佛體', (4나)의 '聖兼賢', (4다)의 '佛如來 …… 菩薩 聲聞緣覺 有學無學 …… 善知識' 등은 '佛體'의 세 의미(석가모 니불, 불교에서 大道를 깨달은 聖人 또는 功德主, 佛像) 중에서, 두 번째 의미인 '大道를 깨달은 功德主'의 측면에서 일치한다. 그러나 나머지 부분인 (4 가)의 '皆', (4나)의 '極微塵數', (4다)의 '極微塵數諸 …… 諸 …… 一切諸' 등은 일치하지 않는다. 이렇게 일치하지 않는데도 '皆'와 '諸'를 비교하고, '皆'을 '한'으로 읽으면서 발생하는 세 문제들을 보자.

첫째 문제는 '皆', '極微塵數', '極微塵數諸, 諸, 一切諸' 등이 비교 대 상이 될 수 없다는 것이다. 이런 '皆'와 '極微塵數諸'를 비교 대상으로 하기 위하여 '極微塵數諸'를 아무런 설명도 없이 '諸'로 줄인 것은 문제이다.

둘째 문제는 '皆'를 '모도'로 읽지 않고 '諸'의 讀訓으로 바꾸어 읽은 것이다. 이는 '皆'를 '모도'로 읽고 그 가능성을 도치 구문의 측면에서 검토하지 않고, 훈이 다른 '皆'를 '諸'의 독훈으로 바꾸어 읽은 것은 잘못이다. 이 해석은 '皆'를 '諸'의 훈으로 바꾸어 읽으면서, 이해하기 힘든 '義訓讀'과 '俗記'란 용어로 설명의 합리화를 꾀하고 있다. 그러나 아무리 이렇게 설명을 하여도, '皆'를 그 훈으로 읽지 않고 '諸'의 독훈인 '한'으로 읽은 것은 한계임에 틀림이 없다.

셋째 문제는 만약 '皆 佛體'를 '한 부처'로 읽고나면, 이 내용은 매우 많은 부처님들을 대상으로 한다는 점에서, 보현보살이나 균여는 몰라도, 균여가 향가 「보현시원가」를 지으면서 수용자로 생각한, 수양이나 믿음이 얕은 중생이 감당할 수 없는 행원이 된다는 문제이다. 왜냐하면 수양이나 믿음이 얕은 중생은 한두 부처님에게 이 세상에 머물 것을 청하는 것은 몰라도, 매우 많은 부처님들에게 이 세상에 머물 것을 청하는 것은 발원하기 힘든 행원이 되기 때문이다.

이런 세 문제들로 보아, 양주동이 '皆佛體'의 '皆'가 '極微塵數諸佛如來'의 '諸'에 해당한다고 보고, '皆'를 '諸'의 독훈인 '한'으로 바꾸어 읽은 것은 잘못된 해석으로 판단된다.

이렇게 양주동이 '皆'가 '諸'에 해당한다고 본 해석과 '한'의 해독이 잘못된 것이라고 할 때에, 이 해석과 해독에 많은 것을 의지하고 있는 '한, 모돈, 모든, 모든/한, 여러' 등의 해독들 역시 양주동과 거의 같은 문제를 보인다. 즉 '皆佛體'의 '皆'와 '極微塵數諸佛如來'의 '諸'는 비교 대상이 아니라는 문제, '한, 모돈, 모든, 모든/한, 여러' 등은 '皆'의 훈이 아니라, '諸, 衆, 多' 등의 독훈 또는 훈이라는 문제, 이 해독을 인정하면, 이 해독은 균여가 향가 「보현시원가」를 지으면서 수용자로 생각한, 수양이나 믿음이 얕은 중생이 발원하기 힘든 행원이 된다는 문제 등이다. 이 세 문제들로 보아, (4라, 마, 바)의 '한, 모돈, 모든, 모든/한, 여러' 등은 인정하기 어려운 해독들이다.

이렇게 되면, 이를 보완할 수 있는 해독을 검토해 보아야 하는데, 가능한 해독으로는 '모도'를 제시할 수 있다. '皆'를 훈독자로 보아 '모도'로 읽은 것이다. 선행 해독에는 이렇게 훈독자로 읽은 경우는 없다. 단지 김완진(1980)이 '皆理米'(「모죽지랑가」)를 '모도리매'(몬 오리매)로 읽으면서 '皆'를 훈차자/훈가자로 보아 '모도'(不來)로 읽은 것이 유일한 예이다. 이 글에서 제시한 '모도'는 '皆'의 훈이다. 그리고 이 '모도'는 균여가 향가로 만든 『보현행원품』에서도 '皆'의 훈이다. 이런 사실을 보기 위해, 『보현행원품』에서 '皆'가 들어간 문맥을 보자.

(5) 가. 復次 善男子 言稱讚如來者 所有盡法界虛空界十方三世一切刹土 所有極微一一塵中 皆有一切世界極微塵數佛一一佛所 皆有菩薩海會圍繞 …… (다시 이어서 선남자야 여래를 칭찬하는 것을 말하리라. 모든 법계 허공계 시방 삼세의 일체 나라에 있는 바, 극히 미세한 낱낱 티끌 가운데 있는 바, <u>모두</u> 일체 세계의 극히 미세한 티끌 수만큼의 부처님의 낱낱 불소를 가지고, <u>모두</u> 보살이 바다처럼 모여 에워쌈을 가지니 ……)

나. 復次 善男子 言隨喜功德者 …… 所有善根 我皆隨喜 …… 一切種類 所有功德 迺至一塵 我皆隨喜 …… 有學無學 所有功德 我皆隨喜 …… 廣大功德 我皆隨喜(다시 이어서 선남자야 공덕을 따라 기뻐하는 것을 말하리라. …… 선근이 있는 바, 나는 <u>모두</u> 따라 기뻐하리라. …… 일체종류에 공덕이 있는 바, 한 티끌까지, 나는 <u>모두</u> 따라 기뻐하리라. …… 유학무학에 공덕이 있는 바, 나는 <u>모두</u> 따라 기뻐하리라. …… 광대공덕을 나는 <u>모두</u> 따라 기뻐하리라.)

다. 復次 善男子 言常隨佛學者 …… 如是一切 我皆隨學 …… 一切如來 我皆隨學 …… 一切如來 皆亦如是 於念念中 我皆隨學(다시 이어서 선남자야 부처님을 따라 배우는 것을 말하리라. …… 이와 같은 일체를 나는 <u>모두</u> 따라 배우리라. …… 일체 여래를 나는 <u>모두</u> 따라 배우리라. …… 일체 여래는 <u>모두</u> 또한 이와 같으니 낱낱의 생각 중에 나는 <u>모두</u> 따라 배우리라)

라. 復次 善男子 言恒順衆生者 …… 如是等類 我皆於彼 隨順而轉 …… 枝葉華果 悉皆繁茂 …… (다시 이어서 선남자야 항상 중생을 따르는 것을 말하리라. …… 이와 같은 등류를 나는 <u>모두</u> 저에 따라 바꾸고

…… 가지 잎 꽃 열매 다 <u>모두</u> 번성하고 무성하나니 ……)

　마. 復次 善男子 言普<u>皆</u>廻向者 …… 所有功德 <u>皆</u>悉廻向 …… 欲行
　　惡法 <u>皆</u>悉不成 所修善業 <u>皆</u>速成就 …… (다시 이어서 선남자야 넓
　　게 <u>모두</u> 회향하는 것을 말하리라. …… 공덕이 있는 바, <u>모두</u> 다 회향하되,
　　…… 악법을 행하고자 하면 <u>모두</u> 다 이루어지지 못하게 하며 선업을 닦는
　　바 <u>모두</u> 빨리 성취되게 하여 ……)(『보현행원품』)(밑줄 필자)

(5)의 밑줄 친 부분들에서 보듯이, 『보현행원품』의 16개 '皆'들은 모두
가 '모두'로 해석된다. 이 '모두'는 고어로는 '모도'이다.

이렇게 『보현행원품』에서도 보인 '皆'의 훈 '모도'의 해독은 "皆 佛體 必
于 化緣 盡 動賜隱乃"의 구문 구조와 문맥에도 맞는다. 이 해독을 문맥에
넣으면, "皆 佛體 必于 化緣 盡 動賜隱乃"는 '모도 부텨 비루 화연 다♀
뮈신나'로 읽힌다. 이 문장은 도치 구문을 계산하지 않고 보면, 문맥이 이
상해 보인다. 그러나 도치 구문을 계산하면서 이 문장을 보면, '모도'의 위
치에 따라 다음의 삼중의를 알 수 있다.

(6) 가. 부텨 비루 화연(을) <u>모도</u> 다♀ 뮈신나
　　나. 부텨 비루 화연(을) <u>모도(를)</u> 다♀ 뮈신나
　　다. 부텨 <u>모도</u> 비루 화연(을) 다♀ 뮈신나(밑줄 필자)

(6)에서 보면, '모도'의 기능이 각각 다르다. (6가)의 '모도'는 부사이고,
(6나)의 '모도'는 '화연의 모도'로 바꾸어 쓸 수 있는 '화연을 모도(를)'의 명
사이며, (6다)의 '모도'는 '부텨'가 단수가 아니라 복수임을 말해주는 명사
이다. 그리고 (6가, 나)의 '부텨'는 수양이나 믿음이 얕은 중생이 行願의
대상으로 할 수 있는 불특정의 단수다. 이에 비해 (6다)의 '부텨'는 수양이
나 믿음이 높은 보현보살이나 균여와 같은 분들의 경지에서 행원의 대상

으로 할 수 있는 부처 전체의 복수이다. 이 둘은 그 정도로 보아 균여가 향가 「보현시원가」를 지으면서 추구했던 "涉淺歸深 從近至遠"(혁연정, 『균여전』, 「第七歌行化世分者」)을 잘 보여준다. 즉 (6가, 나)는 "涉淺歸深 從近至遠"의 '淺'과 '近'에, (6다)는 '深'과 '遠'에 각각 해당한다. 이런 점에서 '皆(佛體)'의 '皆'는 '모도'로 읽히며, 이 '모도'를 '佛體' 앞에 도치시킨 것은 균여가 향가 「보현시원가」를 지으면서 추구했던 "涉淺歸深 從近至遠"의 목적을 달성하기 위해 구사한 표현으로 판단된다.

이렇게 '모도'는 '皆'의 훈으로 차제자 원리에 부합한다. 물론 이 훈 '모도'는 『보현행원품』의 '皆'의 훈이기도 하다. 이 '모도'는 또한 '한, 모둔, 다ᄋ' 등을 표기한 '諸ㄱ, 盡(良), 盡ㆍ' 등과도 상충하지 않아 표기체계의 측면에도 부합한다. 그리고 이 해독은 삼중의를 가능하게 하는 도치의 구문 구조와 문맥에도 부합한다. 이런 점들에서 '皆(佛體)'의 '皆'는 '모도'로 해독된다고 정리할 수 있다.

2.2. (伊知)皆(矣)

이 절에서는 '伊知皆矣'의 '皆'에 대한 해독을, 음으로 읽은 경우와 훈으로 읽은 경우로 나누어 변증하고 보완하려 한다. 먼저 '皆'를 음으로 읽은 경우를 보자.

(7) 가. 이러케(오구라 1929, 신태현 1940)
나. 이 알긔(양주동 1942, 지헌영 1947, 홍기문 1956, 류렬 2003)[김영만(1997)은 '-긔'만 제시하였는데, 이에 속한 것으로 정리한다.]
다. 이디가이(김선기 1975)
라. 이 알게(전규태 1976, 황패강 2001)
마. 뎌 알기(김완진 1980)

　　　　이 알기(유창균 1994)

　　　　이디기(신재홍 2000)

　　바. 이디 개이(김선기 1993)

　　사. 이디긔(강길운 1995)

　(7가)는 '伊'를 '이'로, '知'를 '알'로, '皆'를 '기'로, '矣'를 '의'로 각각 읽
은 다음에, 네 자를 합쳐서 '이러케'로 읽었다. '알'이 '-러-'가 된 이유와
'기'가 '케'가 된 이유가 명확하지 않다. (7나, 라, 마)는 '皆矣'를 하나로
묶어 '긔, 게, 기' 등으로 읽었는데, "'皆矣'로 묶어야 할 이유가 없다."(강
길운 1995:451). (7다)인 '이디가이'(이렇게)에서 '가이'의 '가'는 '皆'의 음이
아니고, (7바)인 '이디 개이'(이리 多, 大)에서 '개이'의 '이'는 '矣'의 음이 아
니다. (7사)의 '이디긔'(착하게)는 '이디긔 듸뵈메'(伊知皆 矣爲米)의 일부이
다. 이 해독은 다른 일부 해독들에서 보이는, '皆矣'를 하나로 묶어서 읽을
이유가 없음을 지적하고, 이 문제를 피하려다가, '矣爲米'를 '듸뵈메'로 이
상하게 읽는 문제를 보여준다.

　이번에는 '皆'를 훈으로 읽은 해독들을 보자.

　(8)　가. 이지다이(하매)(정열모 1947)

　　　나. 잎의 몯익(이탁 1956)

　　　다. 이디 여릐(정열모 1965)

　　　라. 이 알 모디(김준영 1964, 1979)

　　　마. 伊知 다웃/닷 矣(정재영 1995a)

　(8가)는 '皆'를 훈 '다'로 읽었는데, 균여 향가에서는 '다(ᄋ)'의 표기에
'盡(良)'를 썼다는 문제를 피할 수 없다. 그리고 '이지다이 하매'에 '이러하
고 보니'의 현대역을 달았는데, 설명이 모호하다. (8나)에서는 '잎의 몯익'

를 '이제 마지막이'의 의미로 보는데, '몯익'를 '마지막'으로 풀이할 근거가 없다. (8다)의 '여릐'(여럿이)는 '皆'의 훈이 아니라 '諸, 衆, 多' 등의 훈이다. (8라)는 '皆'를 '몯'으로 보아, '伊知皆矣'를 '이 알 모디'(이 앎을 모두)로 읽었다. '몯'이 '皆'의 훈이 아니고, '모디'는 '모두'가 아니라 '要, 切' 등의 뜻이라는 문제를 보인다. (8마)는 앞뒤 향찰을 해독하지 않고 '皆'만을 '다 옷/닷'으로 해독한 것이어서 문맥을 좀더 검토한 해독이 필요한 문제를 보인다.

이제 '伊知皆矣'의 해독을 보완해 보자. '伊'는 '이'로, '知'는 바로 앞의 '朋知良'에서와 같이 '디'로 읽는다. 그리고 이 '知'의 구결 '矢'가 고려본 『화엄경』에서 의존명사 '디'로 쓰인 예들[淸淨ᄼ ㅣ 矢ː (청정ᄒ 디과, 15:11), 如ᄐᄼ ㅣ 矢ː (ᄀᄐᄒ 디과, 15:13)]이 있어, 이 '知'를 의존명사로 해독한다. '皆'는 '모도'로, '矣'는 '익'로, '爲米'는 'ᄃ빅매'로 각각 읽는다. 이상의 해독을 종합하면, '伊知皆矣 爲米'는 '이 디 모도익 ᄃ빅매'[이것(서두를 것)(익) 모도(벗들)에 됨에]가 된다. 이 해독과 전후의 4구를 정리하면 다음과 같다.

(9) 曉留 朝 于萬 夜未　　새벼루 아춤 가만 바매(새벽으로 아침 까만 밤에)

向屋賜尸 朋知良 闖尸也　아오실 버디라 셔두를라[(부처님들과 보살님들이 성회에서) 마주하실 벗이라 서두를라]

伊 知 皆 矣 爲米　　　　이 디 모도익 ᄃ빅매[이것(서두를 것)(익) 모도(벗들)에 됨에]

道尸 迷反 群良 哀呂舌　길 이반 무리라 셔려혀(길 혼미한 무리라 서러혀)

(9)에서 보면, 앞에서 정리한 '伊知皆矣'[이것(서두를 것)(익) 모도(벗들)에

됨에]의 해독은 문맥에 잘 맞는다.

이상과 같이, '모도'는 '皆'의 훈이고, 이 '모도'의 훈은『보현행원품』에 나온 '皆'의 훈이다. 그리고 이 '모도'는 '한, 모둔, 다ᄋ' 등을 표기한 '諸ㄱ, 盡(良), 盡ㅕ' 등과 상충하지 않으며, 이 '모도'가 들어간 "이 디 모도이 ᄃ비매"의 구문 구조는 문법적이고, 문맥 역시 잘 통한다. 이런 점들에서 이 '皆' 역시 '모도'로 해독된다고 정리할 수 있다.

3. 「상수불학가」의 '皆/모도'

「상수불학가」에서는 '皆'가 세 번 나온다. 즉 '皆(往焉)', '(然叱)皆(好尸)', '皆(佛體置)' 등의 '皆'들이다. 이를 차례로 검토해 보자.

3.1. '皆(往焉)'

이 절에서도 '皆'를 음으로 읽은 경우와 훈으로 읽은 경우로 나누어 변증하고, 이어서 보완하려 한다. 먼저 '皆'를 음으로 읽은 경우를 보자.

(10) 가. 니건(양주동 1942)
　　　나. 녠/니건(지헌영 1947)
　　　다. 디나건(홍기문 1956, 유창균 1994, 황패강 2001)
　　　라. 개 까안/가안(김선기 1975, 1993)

(10가)는 "「니건」을 「皆往焉」으로 記寫하엿음에는 「皆往」의 字義外에 「皆」音借 「거」(一·一·3皆理)가 多少의 關係를 가젓다 본다."(양주동 1942:818)에서와 같이 '皆'의 음을 '거'로 보았다. 이 '거'는 '皆'의 음을 벗

어난 것이다. 이 외에도 (10가)의 해독에는 두 문제가 더 포함되어 있다. 하나는 논증 없이 「皆往焉」은 下語 「世」를 修飾하는 「過去」의 義의 形容句인데"(양주동 1942:818)에서와 같이 '皆往焉'이 "過去의 義"라고 단정한 문제이다. '往焉'에는 과거의 의미가 포함되어 있다. 그러나 '皆'까지 과거의 의미로 보고, '皆往'을 한 단위로 묶어서 이해하기 힘든 의훈독으로 읽은 것은 문제이다. 다른 하나는 "「니건」은 借字式記寫론 「往皆焉」이나 「往皆」는 漢字意識에 자못 未安함으로 義讀을 兼하야 「往皆」를 「皆往」으로 倒寫함이겠다."(양주동 1942:818)에서와 같이, '往皆'의 표기를 한자의식에 맞추어 '皆往'로 바꾸어 썼다는 것이다. 우리말 표기에서 왜 한자의식이 운위되어야 하는지를 이해하기 어렵다.

(10나)는 (10가)를 그대로 수용하거나 약간 수정하여 (10가)의 문제를 벗어나지 못한다.

(10다)에서는 양주동의 해독에 대하여 "억지의 고증"이라는 혹평까지 하면서도, 양주동이 제시한 '니건'과 '디나건' 중에서 굳이 택한다면, 후자가 타당하다고 보았다. 그런데 그 이유를 보면 '皆'의 뜻인 '다'가 '디나건'의 '디'와 유사하다는 것이다(홍기문 1956:396~397). 이 이유가 과연 '디나건'을 택하는 데에 소용되는 논거인가는 재고를 요한다. 그리고 이 해독은 양주동에서 설명한 나머지 두 문제도 포함한다.

(10라)의 '개'는 '皆'를 음으로 읽고, 이 '개'를 '해(많이)'의 고음으로 본 해독이다. 이 해독은 지난 세상에 부처님이 닦으신 난행고행을 따르려는 문맥에서, '모두 간 세상에'의 의미가 아닌, '많이 간 세상에'의 의미가 되어, 문맥을 벗어난 문제를 보인다.

이런 점들로 보아, (10)으로 읽은 해독들에는 문제가 있다고 정리할 수 있다.

이번에는 '皆'를 훈으로 읽은 경우를 보자.

(11) 가. 므릇(오구라 1929, 신태현 1940)

　　 나. 몯[모든 前世上(이탁 1956)]

　　 다. 모돈[모든 지난 세상에(김준영 1964, 1979), 모든 지난 세상(전규태
　　　　 1976), 모든 옛누리(김완진 1980)]

　　　　 모든[모든 지난 누리에서(강길운 1995), 모든(김영만 1997)]

　　 라. 여릐(다, 여럿이, 정열모 1965)

　　　　 여러[여러 過去世(에)(신재홍 2000)]

　　 마. 다(정열모 1964, 류렬 2003)

　　 바. 다옷/닷(정재영 1995a)

　　(11가)의 '므릇'은 '盖·凡'의 과거 훈으로 '皆'의 훈이 아니다. (11나)의 '몯'은 그 뜻이 '모든'이라고 하지만, 논거 없는 추정이다.

　　(11다, 라)는 두 가지 문제를 보인다. 하나는 '모돈, 모든, 여릐, 여러' 등은 '皆'의 훈이 아니라, '諸, 衆, 多' 등의 독훈 또는 훈이라는 문제이다. 이는 향찰 '皆'를 해독하면서, 한자 '皆'의 훈을 이용하지 않고, '諸, 衆, 多' 등의 독훈 또는 훈을 이용한 문제를 피할 수 없다. 다른 하나는 앞의 해독들을 포함한 문맥은 부자연스러운데, 이렇게 부자연스러운 문맥을 구사했을까 하는 문제이다. 앞의 해독들은 '皆往焉世呂'를 '모두 간 세상'과 '모든/여러 간 세상'의 현대역 중에서 후자의 의미를 취하였다. 이 '모든/여러 간 세상'은 '모두 간 세상'보다 부자연스러운데, 이렇게 부자연스러운 문맥을 구사하였을까는 의심스럽다.

　　(11마)의 '다'는 '皆'의 현대훈이며, 중세어 '다옷'에 해당한다. 그러나 균여의 향가들에서 '다옷'의 표기에는 '盡(良)'을 썼다는 문제를 피할 수 없다. (11바)의 '다옷/닷'은 석독 구결 '皆ㄴ'과 같이 향찰 '皆'를 읽은 것이다. 이 해독은 향찰의 해독에 앞서, 서론에서 언급했듯이, 석독 구결 '皆ㄴ 悉ㅣ'(닷 다)와 '悉ㅣ 皆ㄴ'(다 닷)에서 '皆ㄴ'을 '닷'으로 읽는 것에 의문이 가

는 해독이다.

이상의 문제들로 보아, (11)의 해독들은 모두 문제를 포함하고 있다

이제부터는 '皆往焉世呂'에 나타난 '皆'의 해독을 보완해 보자. 이 '皆'
도 '모도'로 읽어야 한다고 판단한다. 이 '모도'의 해독은 '皆'의 훈을 살린
것으로 차제자 원리에 부합하며, 『보현행원품』에서 보이는 '皆'의 훈과도
일치한다. 이 '모도'는 또한 '한, 모든, 다ᅌ' 등을 표기한 '諸ㄱ, 盡(良), 盡ㅸ'
등과도 상충하지 않아 표기체계에도 부합한다. 그리고 '皆往焉世呂'는
'모도 간 세상'의 의미로 해독되는데, 이 '모도 간 세상'의 구문 구조는 문
법적이고, 그 문맥의 의미는 잘 통하여, 구문 구조와 문맥의 측면에도 부
합한다. 이런 점들에서 이 '皆'도 '모도'로 읽는다.

3.2. '(然叱)皆(好尸)'

'然叱皆'의 '皆'에 대한 선행 해독들을 음으로 읽은 경우와 훈으로 읽은
경우로 나누어 변증하고, 이어서 선행 해독들을 보완하려 한다. 먼저 '然
叱皆'의 '皆'를 음으로 읽은 경우들을 보자.

(12) 가. 그럿케(신태현 1940)
　　나. 그랏긔(양주동 1942, 지헌영 1947, 홍기문 1956, 황패강 2001)[김영만
　　　　(1997)은 '-긔'만 제시하였는데, 이에 속한 것으로 정리한다.]
　　　　그럿긔(김준영 1964, 1979, 신재홍 2000)
　　　　그랗긔(강길운 1995)
　　　　그리긔(류　렬 2003)
　　다. 그러ᄭᅵ(정열모 1965)
　　라. 그랏ᄭᅴ(전규태 1976)
　　마. 그러개(정열모 1947)
　　　　개린개(김선기 1975)

그랏개(김선기 1993)

(12)의 해독들은 표기 형태는 다르지만, 그 의미는 모두가 '그렇게'로 보고 있다. 그러나 이 해독들의 문제는 '皆'의 음인 '기/개'와 '-케(12가), -긔(12나), -끼(12다), -끠(12라)' 등의 음에 상당한 거리가 있다는 것이다. 이 거리를 어떻게 설명하든, 이 거리의 한계를 피할 수는 없다. 그리고 '-개'(12마)는 '皆'의 음을 살렸지만, 현대역의 '-게'와 연결되지 않는 문제를 보인다. 또한 이 해독들은 '그렇게'의 의미를 '然叱'로 표기한 것이 바로 다음 구("皆 佛體置 然叱 爲賜隱 伊留兮")에 있어, '皆'가 '-게'에 해당하는가 하는 문제도 보인다.

이번에는 '皆'를 훈으로 읽은 경우들을 보자.

(13) 가. 쏘 다혀(오구라 1929)
　　 나. 그럿 다돗(이탁 1956)
　　 다. 그럿 다른홀(유창균 1994)
　　 라. 그럿 모돈 홀(김완진 1980)
　　 마. 然叱 다ᄋ/닷 好尸(정재영 1995a)

(13가, 나, 다)는 '皆'를 그 훈을 살려 '다, 다른()다ᄋ)'로 읽었다는 점에서 긍정적이다. 그리고 (13라)는 실훈 '모두'에 '-ㄴ'이 붙은 독훈으로 읽었다는 점에서, (13마)는 석독 구결에서 추정한 것이지만 일단 한자 '皆'의 훈을 살리려 했다는 점에서, 각각 긍정적이다. 그러나 다른 측면들에서 문제를 보인다. 이를 차례로 보자.

(13가)에서는 '然叱'을 '쏘'로 읽을 수 없는 문제와 '皆好尸'를 '다혀'로 읽을 수 없는 문제를 보인다. 그리고 '皆'를 '다'로 읽었는데, 균여의 향가에서는 '다ᄋ'를 '盡(良)'으로 표기했다는 문제를 보인다. (13나)에서는

'皆'를 '다'로 '好尸'를 '좇'으로 읽었다. '(둇))좇(隨)-'의 표기에 '好尸'를 썼다고 보기는 어렵다. '好'는 '둏'으로 '(둇))좇(隨)'과 그 차이가 심하다. 그리고 균여의 향가에서는 '다ᄋ'를 '盡(良)'으로 표기한 문제도 보인다. (13다)에서는 '皆'를 '다ᄅ〉다ᄋ'(盡)로, '好尸'를 '홀'로 읽었다. 문맥은 통하지만, 역시 균여의 향가에서는 '다ᄋ'를 '盡(良)'으로 표기한 문제를 피할 수 없다. (13라)의 '모든 홀'에서는 '皆'를 '모든 것'의 의미를 가진 동명사형의 '모든'으로 읽었다. 독훈으로 동명사형을 표기한 문제를 피할 수 없다. 만약 동명사형이라면, '皆隱'과 같이 동명사형을 표기하였을 것으로 판단한다. (13마)의 '다ᄋ/닷'은 그 앞뒤에 있는 향찰들의 해독을 보여주지 않고 있어, 어떤 문맥인지를 이해할 수 없다. 이 문맥의 문제를 떠나도, 서론에서 언급했듯이, 석독 구결 '皆ㄴ 悉ᄅ'(닷 다)와 '悉ᄅ 皆ㄴ'(다 닷)의 '皆ㄴ'을 '닷'으로 읽는 것에 의문이 가는 해독이다.

이상과 같이 보면, 기왕의 해독에는 '皆'의 음이나 훈을 살려 읽으면서, 표기체계의 측면, 구문 구조와 문맥의 측면 등에 부합하는 해독이 없는 것 같다.

이제 이 해독을 보완해 보자. "然叱 皆 好尸"은 '그럿 모도 홀'[그렇게 모도(를) 하올 것]로, '皆'는 '모도'로 읽힌다고 본다. 이렇게 읽으면, '모도'는 '皆'의 훈이고, 이 훈은 『보현행원품』에서 쓰인 '皆'의 훈이다. 그리고 이 '모도'는 '한, 모든, 다ᄋ' 등을 표기한 '諸ㄱ, 盡(良), 盡ᄅ' 등과도 상충하지 않으며, 이 '모도'는 용언 앞에 온 명사의 목적어로 구문 구조가 문법적이고, 문맥도 잘 통한다. 이런 점들에서 이 '皆' 역시 '모도(를)'로 읽어야 한다고 판단한다.

3.3. '皆(佛體置)'

'皆(佛體置)'의 '皆'에 대한 선행 해독들을 음으로 읽은 경우와 훈으로 읽은 경우로 나누어 변증하고, 이어서 보완하려 한다. 먼저 음으로 읽은 경우를 보자.

(14) 개(김선기 1975, 1993)

(14)의 '개'는 '皆'의 음으로, 그 뜻이 '많이'(해〈개)라고 주장한다. 그런데 이 의미를 해당 문맥에 넣어 보면, '그렇게 모두 할 것을 임무로 하리, <u>많이</u> 부처님도 그렇게 하신 이로혀'가 되면서, 문맥이 상당히 어색하다. 이 어색함은 문맥에서 밑줄 친 '많이' 때문에 발생한다. 그리고 이 어색함은 뒤에 볼 '그렇게 모두 할 것을 임무로 하리, 모두(를) 부처님도 그렇게 하신 이로혀'와 비교하면 좀더 명확하게 알 수 있다.

이번에는 '皆(佛體置)'를 훈으로 읽은 경우를 보자.

(15) 가. 므릇(오구라 1929, 신태현 1940)
나. 몬(모든, 정열모 1947, 이탁 1956)
다. 한(양주동 1942, 지헌영 1947)
라. 모든(홍기문 1956, 전규태 1976, 김준영 1964, 1979, 김완진 1980, 유창 균 1994, 황패강 2001, 류렬 2003)
마. 모든(강길운 1995, 김영만 1997)
바. 여러(정열모 1965, 신재홍 2000)
사. 다오/닷(정재영 1995a)

(15가)의 '므릇'은 '皆'의 훈이 아닌 문제를 보인다. (15나)의 '몬'은 '모든'의 의미로 보지만, 논거 없는 추정이다. (15사)에서는 '다오/닷'의 'ㅅ'

을 관형적인 수식어의 수식 표지로 보고 있다(정재영 1995a:310). 그런데 이 해독은 문맥이 통하지 않는 것 같다. 이 해독을 문맥에 넣어 보면 "다ㅇ/ 닷(:다의) 부텨도 그럿 ᄒ신"(皆佛體置然叱爲賜隱)이 된다. 이 문장에서 '다 ㅇ/닷 부텨도'(다의 부처도)는 무슨 의미인지를 알 수 없는, 문맥이 통하지 않는 부분이다. (15다, 라, 마, 바)의 '한, 모든, 모든, 여러' 등은 '皆'가 '佛體置' 앞에 왔다는 점에서 그럴 듯하다. 그러나 두 가지 문제를 보인 다. 하나는 '한, 모든, 모든, 여러' 등은 '諸, 衆, 多' 등의 독훈 또는 훈이 지, '皆'의 훈이 아니라는 것이다. 다른 하나는 '皆' 다음에 온 '佛體置'는 복수가 아니라 단수로, 그 앞에 복수가 올 수 없다는 점이다. 이 '佛體'가 단수라는 논거는 넷이다. 이를 차례차례 구체적으로 보자.

첫째 논거는 「상수불학가」의 제1, 2구에 있다. 제1, 2구("我 佛體 / 皆 往 焉 世呂 修將 來賜留隱")에서 보이는 佛體는 단수이다. 이런 단수의 부처를 제8구에서 갑자기 '모든 부처두'에서와 같이 복수로 볼 수는 없다. 만약 이렇게 보려면 제1구의 '佛體'와 제8구의 '佛體'를 다른 것으로 보아야 하 는데, 다른 부처로 볼 수가 없다. 그렇다고 '佛體'의 의미를 다르게 볼 수 도 없다. '佛體'는 세 의미를 갖는다. 석가모니불, 불교에서 大道를 깨달 은 聖人 또는 功德主, 佛像 등의 의미이다. 이 佛體의 세 의미들 중에서, 「상수불학가」의 부처는 석가모니불의 보신불인 비로자나여래이다. 이런 점에서 제8구의 '皆佛體置'의 부처는 단수이다. 이 비로자나여래는 『보현 행원품』에 기반을 둔 것으로, 『보현행원품』에서도 확인되는데, 이 논거가 바로 뒤에 볼 넷째 논거이다.

둘째 논거는 「상수불학가」의 제8구에 있다. 제8구는 "皆 佛體置 然叱 爲賜隱 伊留兮"인데, 부처에 해당하는 술부의 '伊'(이)는 단수이다. 이런 점에서도 제8구의 부처는 단수이다.

셋째 논거는 「상수불학가」의 번역인 「상수불학송」에 있다.

(16) 此娑婆界舍那心 / 不退修來迹可尋 //
　　　皮紙骨毫兼血墨 / 國城宮殿及園林 //
　　　菩提樹下成三點 / 衆會場中演一音 //
　　　如上妙因摠隨學 / 永令身出苦河深 //

(16)에서, 제1구를 보면, 이 사바계의 舍那, 즉 이 娑婆世界의 毗盧遮那
如來만을 노래하고 있다. 그리고 나머지 구들에서는 석가모니불의 보신불
인 비로자나여래의 상수불학만을 노래하고, 복수의 부처를 전혀 노래하지
않는다. 이런 점에서「상수불학가」의 부처는 단수라고 정리할 수 있다.

　　넷째 논거는『보현행원품』에 있다. 이를 보기 위해『보현행원품』의 상
수불학자를 보자.

(17) 復次 善男子 言常隨佛學者 如此娑婆世界毘盧遮那如來 從初發心
　　　精進不退 以不可說不可說身命 而爲布施 剝皮爲紙 …… 迺至樹下
　　　成大菩提 …… 迺至示現入於涅槃 如是一切 我皆隨學 如今世尊毘
　　　盧遮那 如是盡法界虛空界十方三世一切佛刹所有塵中一切如來 皆
　　　亦如是 於念念中 我皆隨學(또 다시 선남자야 늘 부처님을 따라 배우는 것
　　　에 대하여 말하리라. 이 속세의 비로자나여래가 처음으로 마음을 발함으로부
　　　터 정진 불퇴하고 불가설 불가설의 身命으로 보시를 하되, 살갗을 벗겨 종이
　　　를 삼고, …… 곧 나무 아래(보리수) 아래에 대보리를 이루었다. …… 곧 열반에
　　　드심에 있어서 나타내 보이심에 이르렀다. 이와 같은 일체를 나는 현세의 비로
　　　자나와 같이 모두 따라 배우리라. 이와 같은 모든 법계 허공계와 시방 삼세의
　　　일체 부처의 나라에 있는 바의 티끌만큼의 일체 여래도 모두 또한 이와 같으
　　　니, 생각 생각 가운데 나는 모두 따라 배우리라.『보현행원품』)(밑줄 필자)

　　(17)을 언뜻 보면, 보현보살이 따라 배우려는 대상은 부처님의 三身 중
의 하나인 報身佛, 즉 이 사바세계의 비로자나여래(毘盧遮那如來)와, 이와
같이 하는 일체 여래로 볼 수 있다. 그러나 일체 여래는 보현보살이 따라

배우려는 대상이 아니라, 보현보살과 함께 비로자나여래를 따라 배우는 존재들이다. 이런 사실은 밑줄 친 부분인, "이와 같은 일체를 나는 현세의 비로자나와 같이 모두 따라 배우리라. 이와 같은 모든 법계 허공계와 시방 삼세의 일체 부처의 나라에 있는 바의 티끌만큼의 일체 여래도 모두 또한 이와 같으니"에서 알 수 있다. 말을 바꾸면, 따라 배우려는 행위의 대상은 비로자나여래이고, 함께 따라 배우려는 행위의 동반자는 일체 여래이다. 이런 점에서, 「상수불학가」의 '皆佛體'가 『보현행원품』의 '一切如來'에 해당한다고 본 양주동의 주장(1942:801)은 비교 대상을 잘못 설정한 문제를 가지고 있으며, '皆佛體'의 '佛體'는 단수라고 정리할 수 있다.

이상과 같은 네 논거로 볼 때에, '皆佛體置'의 '佛體'는 단수이다. 그리고 이 단수로 보면, (15)에서 '皆(佛體置)'의 '皆'를 '한, 모든, 모든, 여러' 등의 복수로 읽은 해독들은 문맥에 맞지 않는다는 것을 알 수 있다.

이렇게 선행 해독들에는 차제자 원리의 측면, 표기체계의 측면, 구문 구조와 문맥의 측면 등을 모두 만족시킨 해독이 없는 것 같다. 이 세 측면을 만족시킬 수 있게 선행 해독을 보완해 보자. 이에 해당하는 해독은 '모도'로 판단한다. '皆'를 '모도'로 읽으면, '皆'의 훈을 살린 해독이 되고, 이 '모도'는 『보현행원품』에서도 '皆'의 훈이다. 그리고 이 '모도'는 '혼, 모든, 다잇' 등을 표기한 '諸ㄱ, 盡(良), 盡ㅅ' 등과도 상충하지 않으며, 이 '모도'를 넣은 "皆 佛體置 然叱 爲賜隱 伊留兮"[모도 부텨도 그럿 ᄒ신 이루혀(모두를 부처도 그렇게 하신 이로혀)]의 구문 구조도 "부텨도 모도 그럿 ᄒ신 이루혀(부처도 모두를 그렇게 하신 이로혀)의 도치 구문으로 문법적이며, 문맥의 의미도 잘 통한다. 이런 점에서 '皆佛體置'의 '皆'도 '모도'로 읽는 것이 바람직해 보인다.

4. 「보개회향가」의 '皆/모도'

이 장에서 보려는 '皆(吾衣)'(「보개회향가」)의 '皆'에 대한 선행 해독들 역시 지금까지 보아온 범위 안에 있어, 간단하게 변증하고 보완하려 한다. 먼저 '皆'를 음으로 읽은 경우를 보자.

(18) 가. 개[그 우리 닦은(김선기 1975a)]
　　　나. 개[많이 우리 닦은(김선기 1993)]

(18)의 두 해독들은 일단 '皆'의 음을 살렸다. 그러나 (18가)는 '개'가 현대역의 '그'로 연결되지 않는 문제를 보인다. (18나)의 '개(많이)'는 해당 작품인 「보개회향가」의 넓게 모두 회향하는 문맥에 맞지 않는다. 그리고 이 '개(많이)'는 뒤에 볼 '모두'와 비교하면, 문맥에서의 어색함이 좀더 명확해진다.
이번에는 '皆'를 훈으로 읽은 해독들을 보자.

(19) 가. 므릇(오구라 1929, 신태현 1940)
　　　나. 몬[모든 나의 닦는(정열모 1947), 모든 나의 닦은(이탁 1956)]
　　　다. 한[모든, 내가 닦은 바(양주동 1942), 모든 나의 修道하온(지헌영 1947)]
　　　라. 모돈[모든 나의 닦은 바(김준영 1964, 1979, 전규태 1976, 황패강 2001),
　　　　　　 모든 나의 닦을손(김완진 1980), 나의 닦은 모든 것은(유창균 1994), 모든
　　　　　　 우리 닦는 것은(류렬 2003)
　　　　　　 모든[모든 내가 닦은 바(강길운 1995), 모든(김영만 1997)]
　　　마. 여러[우리 모두 닦을(정열모 1965), 여러 (가지의/방법으로) 내가 닦은
　　　　　　 (신재홍 2000)]
　　　바. 다[다 내 닦는 바는(홍기문 1956)]
　　　사. 다ᄋ/닷[다 吾衣修孫(정재영 1995a)]

(19가)의 '므릇'은 '盖·凡'의 훈으로 '皆'의 훈을 벗어난 문제를 보인다. (19나)의 '몰'은 '모든'의 의미라고 주장하지만 논거가 없고, '皆'의 훈이 아니다. (19다)의 '한'과 (19라)의 '모든, 모든' 등은 '諸, 衆, 多' 등의 독훈이지 '皆'의 훈이 아니며, (19마)의 '여러'는 '諸, 衆, 多' 등의 훈이지, '皆'의 훈이 아니다. 이렇게 이 해독들(19가-마)은 '皆'의 훈을 취하지 않은 문제를 보인다. 이에 비해 (19바)의 '다'는 일단 '皆'의 훈을 살렸다. 그러나 균여 향가에서는 '다' 즉 '다ᅌ'의 표기에 '盡(良)'을 쓴다는 점에서 문제를 보인다. (19사)의 '다ᅌ/닷'은 부사로 읽은 것으로 문맥에는 맞는다. 그러나 서론에서 언급했듯이, 석독 구결 '皆ㄴ 悉ㅣ'(닷 다)와 '悉ㅣ 皆ㄴ'(다 닷)의 '皆ㄴ'을 '닷'으로 읽는 것에 의문이 가는 해독이다.

이상과 같이 기왕의 해독들에는 '皆'의 차자의 원리 측면, 표기체계의 측면, 구문 구조와 문맥 측면 등을 만족시킨 해독이 없다. 이 세 측면을 만족시킬 수 있는 해독으로 '모도'를 제시할 수 있다. '모도'는 한자 '皆'의 훈이며, 균여가 향가로 옮긴 『보현행원품』에서 쓰인 '皆'의 훈이다. 그리고 이 '모도'는 '한, 모든, 다ᅌ' 등을 표기한 '諸ㄱ, 盡(良), 盡ㅣ' 등과도 상충하지 않고, 이 '모도'를 넣은 문맥인 '모도 나이 닷손(:닦은) 일체 선릉'의 구문 구조는 문법적이고, 문맥의 의미 역시 잘 통한다. 이렇게 앞의 세 측면에 모두 부합한다는 점에서, '皆(吾衣)'의 '皆' 역시 '모도'로 해독된다고 정리할 수 있다.

5. 결론

지금까지 너무나 다양하게 엇갈리는 향찰 '皆'의 해독 문제를 해결하기 위하여, 선행 해독들을 변증하고, 보완해 보았다. 보완한 내용 중에서 중요한 것만을, 요약하여 결론을 대신하려 한다.

1) 「청불주세가」, 「상수불학가」, 「보개회향가」 등에 나온 6개의 향찰 '皆'들은 모두 훈독자라는 점에서 '모도'로 해독된다. 이 '모도'는 선행 해독들에서는 'ㄱ, 가, 개, 거, 게, 긔, ㄷ, 다, 다ㅇ/닷, 다라, 모돈, 모든, 몯, 므릇, 여ㄷ, 여러, 여릐, 한, 함목' 등의 19종으로 매우 다양하게 엇갈려온 것들이다.

2) 이 '모도'는 한자 '皆'의 훈으로, 특히 「청불주세가」, 「상수불학가」, 「보개회향가」 등을 창작하면서 균여가 의존한 『보현행원품』에 16회 나온 '皆'의 훈으로, 한자 '皆'의 훈을 이용하였다는 점에서, 차제자 원리에 부합한다.

3) 이 '모도'를 표기한 '皆'는 '한, 모든, 다ㅇ' 등을 표기한 '諸ㄱ, 盡(良), 盡ㅎ' 등과 상충하지 않아 표기체계에도 부합한다.

4) '皆(佛體)'(「청불주세가」)의 해독이 포함된 도치 구문 '모도 부텨 비루 화연 다ㅇ 뮈신나', '(伊知)皆(矣)'(「청불주세가」)의 해독이 포함된 '이 디 모도이 드빅매'[이것(서두를 것)이 모도에 됨에], '皆(往焉)'(「상수불학가」)의 해독이 포함된 '모도 니언 누리', '(然叱)皆'(「상수불학가」)의 해독이 포함된 '그렷 모도 홀'(그렇게 모두 할 것), '皆(佛體置)'(「상수불학가」)의 해독이 포함된 '모도 부처도 그렷 ㅎ신 이루혀'(모두를 부처도 그렇게 하신 이로혀), '皆(吾矣)'(「보개회향가」)의 해독이 포함된 '모도 나이 다시손'(모두 내 닦은) 등은 각각 그 구문 구조가 문법적이며, 그 문맥의 의미도 잘 통하여, 구문 구조와 문맥에도 부합한다.

5) '皆佛體'(「청불주세가」)가 속한 '모도 부텨 비루 화연 다ㅇ 뮈신나'는 도치된 구문으로, 도치된 '모도'의 위치에 따라, ① '부텨 비루 화연(을) 모도 다ㅇ 뮈신나', ② '부텨 비루 화연(을) 모도(를) 다ㅇ 뮈신나', ③ '부텨 모도 비루 화연(을) 다ㅇ 뮈신나' 등의 삼중의를 포함한다.

6) 5)의 삼중의는 균여가 「보현시원가」를 지으면서 추구했던 "涉淺歸深 從近至遠"의 의도에 부합한다. 즉 ①②는 "涉淺歸深 從近至遠"의 '淺'과 '近'에, ③은 '深'과 '遠'에 해당하면서, "涉淺歸深 從近至遠"의 의도에 부합한다.

7) 5)의 도치와 6)의 삼중의를 인식할 때에, 우리는 구체적으로 구문 구조를 꼼꼼히 계산해 보지 않고, '皆佛體'에서 '皆'가 단지 佛體 앞에 있다는 점에서, '皆'를 '皆'의 훈이 아닌, '諸, 衆, 多' 등의 독훈 또는 훈인 '한, 모든, 모든, 여러' 등의 관형사형 또는 관형사로 잘못 읽은 한계와, 석독 구결 '皆ㄴ'에 의지하여 '다욋/닷'의 관형적인 수식어로 잘못 읽은 한계를, 각각 '모도'로 보완할 수 있다.

8) '皆佛體置'(「상수불학가」)의 '佛體'는 네 측면에서 복수가 아니라 단수이다. 즉 「상수불학가」의 제1, 2구인 "我 佛體 / 皆 往焉 世呂 修將 來賜 留隱"의 '佛體'에서 '부처'가 단수이고, 「상수불학가」의 제8구인 "皆 佛體 置 然叱 爲賜隱 伊留숭"에서 '佛體'인 '伊'가 단수이며, 「상수불학가」의 번역인 「상수불학송」에서 석가모니불의 보신불인 비로자나여래가 단수이고, 『보현행원품』의 상수불학자에서 보현보살이 따르려는 부처가 석가모니불의 보신불인 비로자나여래의 단수이다.

9) 8)의 단수를 인식하고, '皆佛體置'가 포함된 '모도 부처도 그럿 ᄒ신 이루혀'(모두를 부처도 그렇게 하신 이로혀)를 보면, '부처도 모도 그럿 ᄒ신 이루혀'(부처도 모두를 그렇게 하신 이로혀)가 도치된 구문임을 알 수 있다.

10) 8)의 단수와 9)의 도치 구문을 인식할 때에, 우리는 구체적으로 구문 구조를 꼼꼼히 계산해 보지 않고, '皆佛體置'에서 '皆'가 단지 '佛體置' 앞에 있다는 점에서, '皆'를 '皆'의 훈이 아닌, '諸, 衆, 多' 등의 독훈 또는 훈인 '한, 모든, 모든, 여러' 등의 관형사형 또는 관형사로 잘못 읽은 한계와, 석독 구결 '皆ㄴ'에 의지하여 '다욋/닷'의 관형적인 수식어로 잘못 읽

은 한계를, 각각 '모도'로 보완할 수 있다.

　이상과 같이, 차제자 원리의 측면, 표기체계의 측면, 구문 구조와 문맥의 측면 등에 부합한다는 점에서, 균여 향가의 향찰 '皆'들은 '모도'로 해독하는 것이 바람직해 보인다.

四. 향찰 '頓'

1. 서론

이 글은 향찰 '頓'에 대한 선행 해독들을 변증하고, 보완하는 데 연구의 목적이 있다.

향찰 '頓'은 '仰頓隱, 頓叱, 頓 部叱' 등의 세 어휘에 포함되어 나타난다. 각 어휘별로 '頓'에 대한 선행 해독의 양상과 문제만을 간단하게 정리해 보자.

'仰頓隱'의 '頓'은 그 해독에서 훈으로 읽은 경우와 음으로 읽은 경우로 나눌 수 있다. 전자의 해독에는 '조을'(승낙한)이 있다. 이 '조을'은 '조아리다'를 의식한 것 같지만, '頓'의 훈이 아니라는 문제를 보인다. 후자의 해독에는 '던, 든, 돈, 둔' 등이 있다. 이 중에서 '던, 든, 둔' 등은 '頓'의 정확한 음이 아니라는 문제를 보인다. '돈'은 '頓'의 음이지만, '仰頓隱'(울월돈)에서 그 문법적 기능이 모호한 문제를 보인다.

'頓叱'의 '頓'과 '頓部叱'의 '頓'은 그 해독에서 음으로 읽은 경우와 훈으로 읽은 경우로 나눌 수 있다. '頓'을 음으로 읽은 해독에는 '頓'(精進, 誠, 熱心, 信仰, 功德, 一念精進), '頓'(道), '頓'(頓教), '도'(又), '-도(ㅅ)'(불완전명

사 '돗'의 변종, '-도'), 'ㄷ'('-들'의 'ㄷ'), '돈(부)'[全(部)], '돈(북/뿍)'[듬(뿍)] 등이 있다. 이 중에서 '頓'(精進, 誠, 熱心, 信仰, 功德, 一念精進), '頓'(道) 등은 '頓'의 의미에 괄호 안에 쓴 의미가 없다는 문제를 보인다. '頓'(頓敎)의 경우는 '頓'이 '頓敎'의 의미로 쓰이는 '頓敎'나 '頓漸'을 포함한 문맥이 아니라는 문제를 보인다. '도'(又), '-도(ㅅ)', 'ㄷ'('-들'의 'ㄷ') 등은 균여의 향찰 운용에서는 이것들의 표기에 '又, -置, -刀, -冬, -等' 등을 쓰지 '頓'을 쓰지 않는다는 문제를 보인다. '돈(부)'[全(部)]와 '돈(북/뿍)'[듬(뿍)]은 '돈부'나 '돈북/돈뿍'이 '全部'나 '듬뿍'의 의미가 아니라는 문제를 보인다. '頓'을 훈으로 읽은 해독에는 '믄듯, 문듯, 믄득, 문드시, 모롯, 모로깃, (ᄃ봇〉)ᄃ못, ᄇ롯/ᄇ르봇, 좀/좃(조아리-), 무젅(무턱대고, 무척), 무저봇(무턱댄, 무턱대고)' 등이 있다. 이 중에서 '믄듯, 문듯, 믄득, 문드시, 모롯, 모로깃, 좀/좃' 등은 법륜 굴리기를 청하는 문맥과 중생의 기쁨에 부처님이 기뻐하는 문맥은 물론「참회업장가」,「수희공덕가」,「상수불학가」,「보개회향가」등등의 문맥에 왜 '갑자기'와 '조아리-'의 의미가 들어가야 하는지를 합리적으로 설명할 수 없다. '(ᄃ봇〉)ᄃ못'과 'ᄇ롯/ᄇ르봇'은 '頓'의 훈이 아니라는 문제를, '무젅'(무턱대고, 무척)과 '무저봇'(무턱댄, 무턱대고)은 해독이 괄호 안의 현대역과 연결되지 않는 문제를 각각 보인다.

이렇게 '仰頓隱, 頓叱, 頓部叱' 등의 '頓'에 대한 선행 해독들은 모두가 문제를 보이는 것 같다. 특히 선행 해독의 일부는 해독에서 매우 중요한 것들을 부분적으로 밝히고도, 종합적으로 검토 정리하지 않아, 문제를 해결하지 못한 것 같다.

이런 점에서, 선행 연구들을 종합적으로 검토 정리할 수 있게, 다섯 측면에서 변증하고자 한다. 첫째는 차제자의 원리와 운용의 측면이다. 이는 해독들이 향찰로 쓰인 한자들의 음훈 안에서, 그리고 향찰의 운용 안에서, 행해졌는가를 변증하기 위한 것이다. 둘째는 형태소 연결의 문법적 측면이다. 이는 향찰로 쓰인 한자의 음과 훈을 살린 해독들이라도, 그 해독들이 형태소들의 연결에서 문법적인가를 변증하기 위한 것이다. 셋째는 해독된 형태소와 현대역의 의미 일치의 측면이다. 이는 해독된 형태소의 의미와 그것을 설명하면서 보인 현대역의 의미가 일치하는가를 변증하기 위한 것이다. 넷째는 문맥의 측면이다. 이는 해독된 단어들이 문장은 물론 글의 전체 문맥에 부합하는가를 변증하기 위한 것이다. 다섯째는 번역시 및 보현행원품의 측면이다. 이는 해독된 단어나 문맥이 번역시 및 보현행원품의 단어나 문맥의 의미에 부합하는가를 변증하기 위한 것이다.

2. '仰頓隱'의 '頓/좃'

'仰頓隱'은 "仰頓隱 面矣 改衣賜乎隱 冬矣也"(「원가」)의 문맥에 나온다. 이 '仰頓隱'에 대한 선행 해독의 변증과 보완을 절을 나누어 검토해 보자.

2.1. 선행 해독의 변증

'仰頓隱'의 '頓'은 '조을은(승낙한), 던, 든, 돈, 돈' 등으로 해독되고 있다. 이를 구체적으로 정리하면 다음과 같다.

(1) 가. 조을은 : 울워 조을은(오구라 1929)
　　나. 던 : 울월던(양주동 1942, 지헌영 1947, 홍기문 1956, 김완진 1980, 금기창 1993, 김영만 1997, 황패강 2001), 우릴던(김상억 1974), 우럴던(전규태 1976, 류 렬 2003), 울**버**르던(강길운 1995)
　　다. 든 : 쳐든(정열모 1947), **ᄇ라**든(정열모 1965)
　　라. 돈 : 울올돈(이탁 1956), 울월돈(김준영 1964;1979, 신재홍 2000), 울

월이돈(유창균 1994)
마. 돈 : 울월돈(서재극 1975, 김선기 1993, 최남희 1996), 울올돈(김선기 1967b), 울얼돈(양희철 1997)

이 해독들을 서론에서 제시한 다섯 측면 중에서, 자료가 없는 마지막 측면을 제외한 나머지 네 측면에서 차례로 변증해 보자.

첫째로, 차제자의 원리와 운용의 측면이다. (1가-마)의 해독들은 운용 측면에서는 문제가 없으나, 차제자의 원리 측면에서 문제를 보인다. 우선 '頓'의 훈에는 (1가)의 '조을-'이 없다. 이 해독은 한국어에 미숙한 일본인이 범한 잘못에 불과하다. 나머지 (1가, 나, 다)의 '던, 든, 돈' 등은 '頓'의 음 '돈'과 유사하다는 점에서 취한 해독들로 문제를 보인다. 이렇게 이 측면에서 '頓'의 음이나 훈을 만족시킨 해독은 '돈'(1마)뿐이다. 그러나 이 해독조차도 이어서 볼 둘째 측면에서는 문제를 보인다.

둘째로, 형태소 연결의 문법적 측면이다. '仰頓隱'의 해독들이 보여준 형태소 연결의 문법적 측면을 보면, '頓'을 '돈'으로 읽은 해독들(1마)과 '仰頓隱'을 '울월이돈'으로 읽은 해독이 문제를 보인다. '울월돈, 울올돈, 울얼돈' 등의 해독에서는 '-돈'의 문법적 기능을 설명할 수 없어, 이 해독들의 형태소 연결은 비문법적이다. 그리고 '울월이돈'에서는 '仰'을 '울월이'로 읽을 수 있는 근거가 없다. 이 문제를 "'울월-'은 아래의 '頓'과의 관계를 고려하면 '울월이'가 된다. '頓'을 '돈'으로 가정했을 때 이것은 항상 '-이돈'과 같이 되어 있기 때문이다."(유창균 1994:793~794)이라고 설명을 하였는데, 이는 '-이돈'에 맞춘 해독과 해석으로, 해독된 형태소 연결이 문법적이라고 주장할 수는 없다.

셋째로, 해독된 형태소와 현대역의 의미 일치의 측면이다. (1가)의 '울워 조을은'이 어떻게 '승낙한'의 현대역으로 연결되는지를 알 수 없다.

넷째로, 문맥의 측면이다. 이 문맥의 상황은 왕으로 하여금 전일에 약속한 重用을 이행해 주기를 바라는 것이다. 그리고 '仰頓隱'의 문맥은 "仰頓隱 面矣 改衣賜乎隱 冬矣也"이다. 이 상황과 문맥에 부합하는 기왕의 해독은 하나도 없다. (1가)의 '울워 조을은'(승낙한)은 후일의 중용도 '우러른'의 문맥에도 맞지 않는다. (1나)의 '(仰)던'[(울월)던]과 (1다)의 '(仰)든'[(울월)든]은 과거시제를 포함하고 있어, 이제까지 '우러른' 의미에 맞지 않는다. 그리고 (1다)의 '(仰)든'[(울월)지는]과 (1라)의 '(仰)돈'[(울월)지는]의 '-지는'은 해당 문맥에 맞지 않는다. 마지막으로 (1마)의 '(仰)돈'[(울월)돈]은 앞에서 검토했듯이, '-돈'의 형태소가 무엇인지도 모른다.

이렇게 '仰頓隱'에 대한 선행 해독들을 보면, 앞의 네 측면에 모두 부합하는 해독은 하나도 없다.

2.2. 선행 해독의 보완

서론에서 제시한 네 측면에서 '仰頓隱'에 대한 선행 해독을 보완해 보자. 먼저 '仰'을 '울월/울얼-'로, '頓'을 '조아리다'의 중세어인 '좃-'으로, '隱'을 '-은'으로 각각 읽어, '仰頓隱'을 '우러러 조아린'의 의미인 '울월좃은/울월조은'으로 해독한다. 이 해독은 '仰'의 훈 '울월-', '頓'의 훈 '좃-', '隱'의 음 '-은' 등을 이용한 것으로, 향찰에 쓴 한자의 음이나 훈을 이용한 차제자 원리는 물론 운용에도 부합한다. 이 '울월좃은'의 해독은 '울월(복합용언의 선행어간)+좃(복합용언의 후행어간)+은(관형형어미)'의 결합으로 형태소 연결의 문법적 측면에도 부합한다. 그리고 이 해독에서 보인 '울월좃은'의 의미와 그 현대역 '우러러 조아린'의 의미도 일치한다. 이는 해독된 형태소와 현대역의 의미 일치의 측면에 부합함을 보여준다. 마지막으로 이 '울월좃은'의 해독은 후일에 중용하겠다는 약속을 믿고 그때까지 임금을 '우러러 조아린' 문맥에도 부합한다. 이렇게 네 측면에 모두 부합한다는 점에서, '仰頓隱'은 '우러러 조아린'의 의미인 '울월좃은/울월조은'으로 해독해야 할 것 같다.

3. '頓叱'의 '頓/못'

'頓叱'은 「청전법륜가」와 「항순중생가」에 한번씩 나온다. 이 '頓叱'에 대한 선행 해독의 변증과 보완을 절을 나누어 검토하고자 한다.

3.1. 선행 해독의 변증

이 '頓叱'에 대한 선행 해독들은 적지 않게 복잡하여, '頓'을 음으로 읽은 경우와 훈으로 읽은 경우로 나누어 변증한다.

먼저 '頓'을 음으로 읽은 경우를 보자. 두 '頓叱'을 검토한 해독들은 해독자에 따라 거의 같기 때문에 「청전법륜가」와 「항순중생가」의 '頓叱'을 함께 정리한다. 그리고 진술의 편의상 「청전법륜가」를 (청)으로 「항순중생가」를 (항)으로 약칭하고, 현대역은 중괄호([ ]) 안에 제시하였다.

(2) 가. 頓올(청), 頓을(항) [精進을(청, 항), 오구라 1929]
  나. 頓ㅅ(청, 항) [熱誠(信仰)을(청), 一念精進을(항), 지헌영 1947]
  다. 頓싀(청, 항) [頓敎 즉 密敎信者(청, 항), 정창일 1987]
  라. –들(청, 항) [(난)들(청), (부뎌)들(항), 신태현 1940]
  마. 쏘(청, 항) [또(청, 항), 양주동 1942]
  바. 돗(청, 항) [(나는)돗(청), '–도'의 촉음화(항), 정열모 1965]
  사. 돈북(청, 항) [듬뿍(청, 항), 김선기 1975a]
    돈뿍(청), 돈북(항) [듬뿍(청, 항), 김선기 1993]

(2)의 해독들을 서론에서 제시한 다섯 측면에서 차례로 변증해 보자.

첫째로, 차제자의 원리와 운용의 측면이다. '頓'을 'ㄷ'(2라)으로 읽은 해독과, '叱'을 '올, 을'(2가), '쇠'(2다), 'ㄹ' 또는 '을'(2라), 'ㄱ'(2사) 등으로 읽은 해독들은 각각 '頓'과 '叱'의 음이나, 'ㄹ/을(乙)'과 'ㄱ(只)'의 운용을 벗어나 있어, 차제자의 원리나 운용의 측면에 부합하지 않는다. (2사)의 해독은 '頓叱'에 '部'를 첨가하여 '頓部叱'을 해독한 문제도 포함한다. 그리고 '-들'(2라), '쏘'(2마), '-도'의 촉음(2바) 등의 해독들도 균여 향가에서 쓴 향찰의 운용을 벗어난다. 즉 균여 향가에서는 '-들, 쏘, -도' 등을 '-冬'[部伊冬, 間王冬(「칭찬여래가」)], '-等'[善陵等(「수희공덕가」)], '又都'(「총결무진가」) '-置'[德置(「칭찬여래가」), 佛體置(「상수불학가」), 吾置(「항순중생가」), 業置(「보개회향가」), 日置(「총결무진가」)], '-刀'[佛體刀(「보개회향가」)] 등으로 쓰고 있다. 이런 점에서 '頓叱'을 '-들, 쏘, -도' 등으로 해독한 해독들은 균여 향가의 향찰 운용에도 부합하지 않는다.

둘째로, 형태소 연결의 문법적 측면이다. 이 측면에서는 거의 문제가 없는 것 같다.

셋째로, 해독된 형태소와 현대역의 의미 일치의 측면이다. '頓'(2가, 나, 다)의 한자에는 괄호 안의 현대역에서 보인 '精進, 熱誠(信仰), 一念精進, 密敎信者' 등의 의미가 없다. 그리고 (2바)의 해독인 '돗'에도 그 현대역이 보인 "불완전명사 '닷'의 변종"이 존재하지 않는다. 또한 (2사)의 해독인 '돈북'과 '돈뿍'에도 '듬뿍'의 의미가 없다. 이런 점에서 이 해독들은 해독된 형태소와 그 설명에서 보인 현대역의 의미가 일치하지 않는 문제를 보인다.

넷째로, 문맥의 측면이다. '頓叱'은 "吾焉 頓叱 進良只 / 法雨乙 乞白乎叱等耶"(「청전법륜가」)와 "打心 衆生 安爲飛等 / 佛體 頓叱 喜賜以留也"(「항순중생가」)의 문맥에 있다. 이 문맥들에서 '頓叱'은 '進良只'와 '喜賜以留也'의 앞에 있어, 명사가 아니라 부사(양주동 1942:785)이거나, 해당 문장의 주어인 '吾焉'이나 '佛體'에 붙은 접미사 또는 조사이거나, 복합용언의 선행어간 등일 수 있다. 이런 '頓叱'의 통사론적 가능성으로 보면, 「청전법륜가」의 해독에 나타난 '精進을'(2가), '熱誠(信仰)을'(2나), '密敎信者'(2다) 등과 「항순중생가」의 해독에 나타난 '精進을'(2가), '一念精進을'(2나), '密敎信者'(2다) 등이 문맥에 맞지 않음을 알 수 있다. (2바)의 해독인 '돗'은 의존명사(불완전명사) '둧'의 변종으로 보고, '吾焉頓叱'을 '나는돗'으로 본 것이다. '나는돗' 자체는 말이 되지만, 이 해독은 문맥에 맞지 않는다. 이에 비해 나머지 해독들은 문맥에 맞춘 해독들임을 알 수 있다. 즉 '-들'(2라)은 복수접미사로, '쏘'(2마)와 '돈북/돈뿍'(2사)은 부사로, '-도'(2바)는 조사로, 각각 해독한 문맥에 맞는다. 그러나 이 해독들은 차제자의 원리 및 운용에 충실하게 해독하지 않은 채로, 해당 문맥에만 맞추었기 때문에, 차제자의 원리와 운용의 측면에서는 문제를 피할 수 없다.

다섯째로, 번역시 및 보현행원품의 측면이다. 보완에서 정리하겠지만, 「청전법륜가」의 '頓叱'에 대응되는 「청전법륜송」과 「청전법륜자」의 한자는 '皆'[(선우와) 모두], '陪隨善友'(善友를 모시고 따라), '悉'[다하여(/끝내 함께 하여)], '皆'(모두), '皆'(모두) 등이다. 그리고 「항순중생가」의 '頓叱'에 대응되는 「항순중생송」과 「항순중생자」의 한자는 없으며, 문맥상 중생의 기쁨과 부처님의 기쁨의 시간이 거의 같은 '則'(곧, 바로)이 함축적으로 대응될 뿐이다. 이런 번역시 및 보현행원품의 측면을 앞에서 정리한 해독들의 상당수들(2가-라, 2바의 일부, 2사)은 거의 살리지 못하였다. 이에 비해, '쏘'(2마)와 '-도'(2바)의 해독들은 번역시 및 보현행원품의 측면을 거의 충실하게 검토하였지만, '頓叱'을 차제자의 원리와 운용에 맞지 않게 해독한 문제를 보인다.(구체적인 논의는 3.2.절 참조)

이렇게 '頓'을 음으로 읽은 기존의 해독들 중에는 다섯 측면 모두에 부합하는 경우는 하나도 없다.

이번에는 '頓'을 훈으로 읽은 경우들을 변증해 보자. '頓'을 훈으로 읽은 해독들을 정리하면 다음과 같다.

(3) 가. 믄듯(청, 항), [믄득(청, 항), 이탁 1956, 신석환 1988]
  나. 문듯(청, 항) [문득(청, 항), 홍기문 1956]
  다. 문드시(청, 항) [문득(청, 항), 류렬 2003]
  라. 믄득(청, 항) [문득(청, 항), 전규태 1976]
  마. 모롯(청, 항) [모름지기(청, 항), 김준영 1964, 1979]
  바. 모로깃(청, 항) [열심히(청), 문득(항), 유창균 1994]
  사. ᄇᆞᄅᆺ(청, 항) [바로(청, 항), 김완진 1980, 황패강 2001]
  아. 좀(청)/좃(항) [조아리-(청, 항), 강길운 1995]
  자. 무젒(청, 항) [무턱대고(청)/무척(항), 신재홍 2000]

(3)의 해독들을 서론에서 제시한 다섯 측면에서 변증하면 다음과 같다.

첫째로, 차제자의 원리와 운용의 측면이다. '믄득'(3라)은 '叱'의 음훈을 살리지 못한 문제를 보인다. (3마)의 '모롯'은 '頓'의 훈이 '모로기'라는 점에서 문제를 보인다. (3사)의 'ᄇᆞᄅᆺ'은 '겨우, 바로'의 의미로 '頓(=忽, 急)'의 훈이 아니라는 문제를 보인다. '頓'의 훈과 '叱'의 음을 살린 해독으로는 '믄듯'(3가), '문듯'(3나), '문드시'(3다), '모로깃'(3바), '좀/좃'(3아), '무젒'(3자) 등이 있다. '믄듯, 문듯, 문드시' 등은 '頓'의 훈이 '문득/믄득'인 동시에 '믄듯'(신석환 1988:77)이란 점이 예증되어 이 측면에 부합한다.

둘째로, 형태소 연결의 문법적 측면이다. 대부분의 해독들이 '叱(ㅅ, 시)'을 첨기로 보고 있어, 형태소 연결에서 문제를 보이지 않는다. 단지 '모롯'(3마), '모로깃'(3바), 'ᄇᆞᄅᆺ'(3사), '무젒'(3자) 등에서 보이는 '-ㅅ'의 기능이 명확하지 않아, 형태소 연결의 문법적 측면 역시 명확하지 않다.

셋째로, 해독된 형태소와 현대역의 의미 일치의 측면이다. '모롯'(3마)의 해독은 그 현대역인 '모름지기'와 일치하지 않는다. '모로깃'(3바)은 그 현대역 중의 하나인 '열심히'와는 일치하지 않는다. '무겂'(3자)은 '무더깃'의 의미로 그 현대역인 '무턱대고, 무척' 등과 일치하지 않는다. 나머지 해독들은 그 현대역과 의미가 일치한다.

넷째로 문맥의 측면이다. 앞절에서 언급했듯이, 「청전법륜가」와 「항순중생가」의 '頓叱'은 '進良只'와 '喜賜以留也'의 앞에 있어, 통사론적 문맥에서, 부사나 복합용언의 선행어간이다. 이 통사론적 문맥에 앞의 해독들('頓'을 훈으로 읽은 해독들)은 부합한다. 그러나 부처님께 법우를 비는 「청전법륜가」의 문맥이나, 중생의 기쁨에 부처님이 기뻐하는 「항순중생가」의 문맥에, 앞의 해독들이 보인 단어들이 왜 나타나는지를 합리적으로 설명할 수 없다. 이 문제 때문인지는 알 수 없지만, (3아)의 해독은 문제의 해명을 시도하였다. "여기서 '부쳐가 조아려'라는 표출이 이상하게 느껴질지 모르나 이것은 '恒順衆生'의 뜻이지 실제로 중생에게 머리를 숙인다는 뜻은 아니다. 한편 '좇'을 전훈차하여 '좇-(隨)의 뜻으로 보아도 마찬가지 뜻이 될 것이다."(강길운 1995:488). 이 해석은 '좇-'의 해독을 합리화하려 하고 있으나, 조아리는 것과 '恒順'의 順(좇다, 따르다)'은 별개로 보인다. 그리고 '좇-(隨)'를 표기하는 데 '隨'를 쓰지 않고, '頓'을 전훈차 즉, 훈가자로 사용했다고 설명하는 데도 한계가 있어 보인다.

다섯째로, 번역시 및 보현행원품의 측면이다. 3.2.에서 정리하겠지만, 「청전법륜가」의 '頓叱'에 대응되는 「청전법륜송」과 「청전법륜자」의 한자는 '皆'[(선우와) 모두], '陪隨善友'(善友를 모시고 따라), '悉'[다하여(/끝내 함께 하여)], '皆'(모두), '皆'(모두) 등이다. 그리고 「항순중생가」의 '頓叱'에 대응되는 「항순중생송」과 「항순중생자」의 한자는 없으며, 문맥상 중생의 기쁨과 부처의 기쁨의 시간이 거의 같은 '則'(곧, 바로)이 대응될 뿐이다. 이런 번역시 및 보현행원품의 측면을 앞에서 정리한 해독들(3가-사, 3자)은 살리지 못하였다. 단지 (3아)만이 이를 살리지만, '頓'의 음훈을 살리지 못한 문제를 피하지 못한다. [구체적인 논의는 3.2. 참조]

이렇게 '頓'을 훈으로 읽은 기존의 해독들 중에서도 다섯 측면 모두에 부합하는 것은 하나도 없다.

3.2. 선행 해독의 보완

서론에서 제시한 다섯 측면에서 '頓叱'의 선행 해독을 보완해 보자.

첫째로, 차제자의 원리와 운용의 측면이다. '頓'을 '뭇(=묻)-'으로, '叱'을 '-ㅅ'으로 해독한다. '頓'에는 '貯(묻다)'의 의미가 있다. 이 '묻-'과 동음이의어로 '같이 덧붙어, 둘러붙어'의 의미를 가진 '묻-'이 있다. 이 '묻-'은 순수한 한국어로 이를 그대로 옮길 수 있는 한자는 없다. 이런 점에서 두 '頓叱'은 '묻-'을 표기한 '뭇-'이라고 판단한다. 이에 대해 '묻-'과 '뭇-'이 구분된다는 점에서 의구심을 가질 수도 있다. 그러나 '묻-'은 "움을 뭇고"(『청구영언(오씨본)』 p.99)와 "다 줌겨 뭇치엿고"(『박통사신역언해』 1:9b)에서와 같이 '뭇-'으로도 표기되었고, 향찰의 말음첨기에서 'ㄷ'과 'ㅅ'이 구별되지 않는다. 그리고 『이조어사전』을 보면, '-ㄷ'을 '-ㅅ'으로 표기하기도 한 예들은 다음과 같이 많다.

(4) 걷다/것다(步), 걷다/것다(收), 겯다/겻다(編), 곧/곳(則), 굳세다/굿세다(剛), 굳이/굿이, 긷티다/깃치다, 닫다/닷다(閉), 듣다/둣다(聞), 듣다/둣다(滴), 맛듣다/맛둣다, 몯다/못다(모이다), 묻다/뭇다(埋), 묻다/뭇다(問), 믿/밋(及), 믿-/밋-(本), 받다/밧다(受), 받다/밧다(憲), 붇다/붓다(潤), 알곁다/알겻다, 올티곧/옳지곧, 돋니다/둣니다, 돋다/둣다(走), 몯누의/못누의, 몯며느리/못메느리, 몯아자비/못아자비, 몯아둘/못아둘, 몯아즈븨쳐/못아즈븨쳐, 몯됢/못됢(29개 어휘)

(4)는 'ㄷ'으로 표기하는 것이 맞지만, 그 'ㄷ'을 'ㅅ'으로도 표기한 경우도 있는 어휘들이다. 이런 점들에서, '頓叱'을 '묻-'을 표기한 '뭇-'으로 보는 데 큰 문제가 없다.

둘째로, 형태소 연결의 문법적 측면이다. '뭇(=묻)-'은 복합용언의 선행어간이고, 'ㅅ(叱)'은 '뭇(=묻)'의 말음첨기라는 점에서 형태소 연결은 문법적이다.

셋째로, 해독된 형태소와 현대역의 의미 일치의 측면이다. '같이 덧붙어, 둘러붙어'의 의미인 '뭇(=묻)-'은 중세어는 물론 현재도 쓰고 있는 어휘로, 해독된 형태소와 그 현대역의 의미가 일치한다.

넷째로, 문맥의 측면이다. 해당 문맥에 앞에서 해독한 '뭇(=묻)'(같이 덧붙어, 둘러붙어)을 넣어 보자. "吾焉 頓叱(같이 덧붙어, 둘러붙어) 進良只 / 法雨乙 乞白乎叱等耶"(「청전법륜가」). "打心 衆生 安焉飛等 / 佛體 頓叱(같이 덧붙어, 둘러붙어) 喜賜以留也"(「항순중생가」). 이 해독된 내용을 대입한 문맥에는 문제가 없다. 「청전법륜가」의 경우에 같이 덧붙거나 둘러붙은 보어(보살, 선우)가 문면에 없어, 해당 문맥을 의심할 수 있다. 그러나 이 문제는 바로 이어서 볼 번역시 및 보현행원품의 측면에서 자연스럽게 해결된다. 이런 점에서 '뭇(=묻)'(같이 덧붙어, 둘러붙어)의 해독은 문맥의 측면에 부합한다.

다섯째로, 번역시 및 보현행원품의 측면이다. 「청전법륜가」의 '頓叱'이 「항순중생가」의 '頓叱'보다 먼저 나오지만, 그 설명이 쉬운 「항순중생가」의 '頓叱'을 먼저 보자. '頓叱'을 포함한 "打心 衆生 安焉飛等 / 佛體 頓叱 喜賜以留也"(「항순중생가」)는 양주동(1942:842)에 의해 "恒順遍敎群品悅 可知諸佛喜非輕"(「항순중생송」)과 "若令衆生生歡喜者 則令一切如來歡喜"(『보현행원품』의 「항순중생자」)에 대응되었다. 그 후 '頓叱'에 대응하는 한자는 "可知諸佛喜非輕"의 '諸'(모든)와 "則令一切如來歡喜"의 '一切'(모든)로 정리되기도 했다(김영만 1991:16). 그러나 부사의 위치나 선행용언의 어간의 위치에 있는 '頓叱'을 관형사의 위치에 있는 '諸'(모든)나 '一切'(모든)에 대응시킨 것은 무리라고 판단한다. 이 문제는 대응 문맥을 너무 좁혀서 '頓叱'과 '一切如來歡喜'에서 해결할 것이 아니라, 양주동과 같이 "衆生 安爲飛等 / 佛體 頓叱 喜賜以留也"를 "若令衆生生歡喜者 則令一切如來歡喜"에 대응시켜서 풀어야 할 것으로 판단한다. 후자의 구문에 나온 '則'을 해석하면 '곧'(卽, 乃)이다. 이 '곧'은 '바로, 동시에'의 의미를 갖는다. 이 의미를 생각하면 '頓叱'을 '뭇(=묻)-'(같이 덧붙어, 둘러붙어)으로 해독할 수 있다. 더구나 "若令衆生生歡喜者 則令一切如來歡喜"(만약 중생이 기쁘게 되면, 곧 일체 여래가 기쁘게 되리라)에서, 일체 여래는 중생의 기쁨에 묻어서 기쁜 것이지, 독자적으로 기쁜 것이 아니다. 이런 점들에서 '頓叱'은 '뭇(=묻)-'(같이 덧붙어, 둘러붙어)으로 해독된다고 정리할 수 있다.

이번에는 「청전법륜가」를 보자. 선행 해독들은 「청전법륜가」의 '頓叱'을 "我願皆趨正覺因"(「청전법륜송」)의 '正覺'(오구라 1929:92)과 '皆'(김영만 1991:47, 1997:15)에 대응시켰다. '正覺因'이 '佛會'라는 점에서 전자의 해석은 문제를 보인다. 그러나 후자는 그 대응이 정확하며, '皆'를 '모두, 다'의 의미로 해석하였다. 그리고 「청전법륜가」의 '頓叱'을 「청전법륜자」(『보현행원품』)의 "我悉以身口意業"의 '悉'과 "我皆往詣而親近"과 "我今一切皆勸請"의 '皆'에 대응시키고, '다, 모두'로 해석(김영만 1991:48, 1997:15)을 하였다. 이 대응과 해석에는 하나의 문제가 있다. 바로 대응은 정확하지만, '皆'의 해석인 '모두'의 의미를 '頓叱'에서 찾을 수 없다는 것이다.

(5) 가. 彼 仍反隱 / 法界惡之叱 佛會阿希 / 吾焉 頓叱 進良只 法雨乙 乙白乎叱等耶(「청전법륜가」)

나. 佛陀成道數難陳 我願皆趨正覺因 …… 陪隨善友瞻慈室 勸請能

人轉法輪[부처가 도를 이룬 수는 진술하기 어려우나, 나는 (선우들과) 모두 正覺因(=佛會)에 나아가길 원한다. …… 善友를 모시고 따라 慈室을 우러러 能人(=부처님. 能化之人也卽佛)에게 법륜 굴리길 권청하리라](「청전법륜송」)

다. 復次善男子 言請轉法輪者 …… 一切諸佛成等正覺 一切菩薩海會圍繞 而我悉以身口意業種種方便 慇懃勸請轉妙法輪 …… 我皆往詣而親近 …… 我今一切皆勸請 ……[다시 선남자야 청전법륜자를 말하리라. …… 일체의 부처가 등정각을 이루고 일체의 보살들이 바다와 같이 佛會를 에워싸니 나도 모두 신구의업의 종종의 방편으로 은근하게 법륜 굴리기를 권청하리라. …… 나는 모두 나아가 스스로 가까이 하고 …… 나는 지금 일체를 모두 권청하리라 ……](해석 및 밑줄 필자)(「청전법륜자」)

(5)는 「청전법륜가」에서 '頓叱'이 포함된 문맥과 이에 대응하는 「청전법륜송」 및 「청전법륜자」의 부분을 정리한 것이다. 밑줄 친 부분에서 '頓叱'에 대응하는 한자와 해석을 차례로 정리하면, '皆'[(선우와) 모두], '悉'[모두], '皆'(모두), '皆'(모두) 등이다. 이 한자들의 해석은 문맥에 잘 맞는다. 그리고 이 한자들의 해석은 한자 '皆'의 의미로 사전에 등재된 것들이다. 즉 '皆'의 의미인 '同也, 咸也, 竝也, 徧也' 중에서의 '竝也'(함께, 더불어)로 해석한 것이고, '悉'의 의미인 '詳盡也知也, 盡其事也, 畢具也, 盡也' 중에서 '盡也'(다하다)와 '畢具也'(끝내 함께 하다)로 해석한 것이다. 이로 보면, 기왕의 해석이 '皆'나 '悉'을 너무 안일하게 '모두, 다'로 해석하였다고 정리할 수 있다.

이렇게 「청전법륜가」의 '頓叱'에 대응한 「청전법륜송」 및 「청전법륜자」의 한자가 위와 같이 해석된다. 이런 점들로 보아, '頓叱'은 '믓(=묻)-'(같이 덧붙어, 둘러붙어)으로 해독하는 것이 바람직해 보인다. 왜냐하면 '頓叱'에 대응하는 '皆'의 '함께', '陪隨'의 '모시고 따라(붙어 따라)', '悉'의 '다하여'와 '끝내 함께 하여' 등의 의미들은 '뭇(=묻)-'(같이 덧붙어, 둘러붙어)에 부합하기 때문이다.

이상과 같이 「청전법륜가」와 「항순중생가」의 '頓叱'은 다섯 측면에 모두 부합한다. 이런 점에서 이 '頓叱'은 '뭇(=묻)-'(같이 덧붙어, 둘러붙어)으로 해독된다고 정리할 수 있다.

4. '頓 部叱'의 '頓/뭇'

'頓 部叱'은 「참회업장가」, 「수희공덕가」, 「상수불학가」, 「보개회향가」 등에 나온다. 이 '頓 部叱'에 대한 선행 해독의 변증과 보완을 하려 한다.

4.1. 선행 해독의 변증

'頓'을 음으로 읽은 경우와 훈으로 읽은 경우로 나누어 선행 해독을 변증해 보자.

4.1.1. '頓'의 음으로 읽은 경우

'頓 部叱'의 '頓'을 음으로 해독한 연구들은 그 양이 매우 많아, '頓敎'와 有關하게 음으로 읽은 경우와, '頓敎'와 無關하게 음으로 읽은 경우로 나누어 변증한다.

4.1.1.1. '頓'을 '頓敎'와 有關하게 음으로 읽은 경우

편의상 「참회업장가」를 (참)으로, 「수희공덕가」를 (수)로, 「상수불학가」를 (상)으로, 「보개회향가」를 (보)로 각각 약칭하고, 현대역을 중괄호([ ])에 넣어 정리한다.

(6) 가. 頓人(참), 頓올(수, 상), 頓部롤(보) [精進의(참), 精進을(수, 상, 보),
　　　오구라 1929]

　　나. 들(참, 수, 상, 보) [(주비)들(참), (닷샬은)들(수), (난)들(상), (善陵)들
　　　(보), 신태현 1940]

　　다. 頓部人(참, 수, 상, 보) [誠心껏(참), 信仰, 熱誠, 功德, 和合(수, 상), ?
　　　(현대역 미제시)(보), 지헌영 1947]

　　라. 믄득(청, 항) [문득(청, 항), 전규태 1976]

　　마. 頓部人(참, 수, 상, 보) [頓然한(참), 돈부를(수, 보), 頓部로(상), 양주동
　　　1965]

　　바. 돈부(頓部)人(참), 돈부르(수, 상, 보) [깨달은(참), 돈부(도를 닦는 그
　　　것)를(수), 돈부(도를 닦는 그것)로(상, 보), 홍기문 1956]

　　사. 돈주빗(참, 수, 상, 보) [돈주비의(소승교 신도의)(참), 돈주비이니(頓覺
　　　하는 주비니)(수), 돈주비(頓教를 믿는 집단의)(상), 돈부에(頓教를 믿는
　　　집담에)(보), 정열모 1965]

　　아. 頓部쇠(참, 수, 상, 보) [大小乘의(참), 大小乘의 部派를(수), 頓教 및
　　　그 수행자와 漸教 및 그 수행자(상)/頓教 漸教의 信者가(보), 정창일
　　　1987]

　　자. 頓주빗(참, 수, 상, 보) [돈교의 신자의(참)/頓教야말로(수), 頓教의 信
　　　衆을(상), 頓教 信衆에게(보), 유창균 1994]

　　차. 돈부시(참, 수, 보), 돈부르(상) [頓教의 부류의(참, 수, 보), 대번에(상),
　　　류렬 2003]

　　이 선행 해독들을 서론에서 제시한 다섯 측면에서 차례로 변증해 보자.
첫째로, 차제자의 원리와 운용의 측면이다. 이에 속한 해독들은 거의가
'頓'을 그 음 '돈/頓'으로, '部'를 그 음 '부' 또는 훈 '주비'로, '叱'을 그 음
'人'으로 각각 해독하면서 큰 문제를 보이지 않는다. 그러나 차제자의 원
리나 운용에 부합하지 않는 것들도 있다. 먼저 '部'를 읽지 않아 문제를
보이는 해독으로 (6가)의 '頓人'(참)과 '頓올'(수, 상), (6나)의 '들'(참, 수, 상,

보) 등이 있다. 다음으로 '叱'을 'ㅅ'이 아닌 다른 것으로 읽어 문제를 보이는 해독들이 있다. (6가)의 '頓올'(수, 상)과 '頓部롤'(보), (6마)의 '돈부르'(수, 상, 보), (6아)의 '頓部싀', (6차)의 '돈부시'(참, 수, 보)와 '돈부르'(상) 등이 이에 해당한다. (6나)의 '-들'(참, 수, 상, 보)은 균여의 향가에서 '-들'의 표기에 '-冬'이나 '-等'을 쓰고, '頓'을 'ㄷ'의 표기에 '叱'을 '을'의 표기에 운용한 적이 없다는 문제를 보인다.

둘째로, 형태소 연결의 문법적 측면이다. (6나)의 '-들'(참, 수, 상, 보)과 (6마)의 '돈부(頓部)ㅅ(깨달은)'(참)을 제외한 나머지 모든 해독에서는, '頓部'를 명사로, '叱'을 격어미, 조사, 말음첨기 등으로 보고 있어 형태소 연결의 문법적 측면에서는 거의 문제를 보이지 않는다.

셋째로, 해독된 형태소와 그 현대역의 의미 일치의 측면이다. 이 측면에서는 많은 해독들이 문제를 보인다. '頓部'와 '叱'로 나누어 정리한다. 먼저 '頓部'를 보자. '頓'에는 '精進, 誠心, 信仰, 熱誠, 功德, 和合, 道, 깨달음' 등의 의미가 없다. 그리고 '頓敎'는 소승불교가 아니라, 홀연히 깨달음을 믿는 신앙의 태도이다. 이 '頓'이나 '頓敎'에서 발견할 수 없는 의미로 현대역을 단 해독들이 많다. '頓(部)'을 '精進'의 의미로 본 (6가), '頓部'를 '誠心, 信仰, 熱誠, 功德, 和合' 등의 의미로 본 (6다), '頓部'를 '頓然' 또는 '道'의 의미로 본 (6라), '頓部(叱)'를 '깨달은'이나 '도를 닦는 그것'의 의미로 본 (6마), '頓部'를 '소승교 신도'(참)와 '頓覺하는 주비'(수)의 의미로 본 (6바), '頓部'를 '大小乘'(참), '大小乘의 部派'(수), '頓敎 漸敎의 信者'(상, 보) 등의 의미로 본 (6사), '頓部(叱)'을 '頓敎야말로'(수)의 의미로 본 (6자) 등이 이에 해당한다. 이 해독들은 '頓'에서 발견할 수 없는 의미들을 현대역으로 단 문제를 피할 수 없다. 이에 비해 '頓'의 의미에서 발견할 수도 있는 '頓敎'의 의미로 현대역을 달았지만, 문맥에서 허용되지 않는 경우들도 있다. '頓部'를 '頓敎를 믿는 집단'(상, 보)의 의미로 본 (6

바), '頓部'를 '돈교의 신자'(참)와 '頓教(의) 信衆'(상, 보)의 의미로 본 (6 아), '頓部'를 '頓教의 부류'(참, 수, 보)의 의미로 본 (6차) 등이 이에 해당한다. 이 해독들은 '頓'이 '頓教'의 의미로 해석되는 경우는 매우 한정적이란 점을 간과하였다. 즉 '頓漸'으로 쓰이거나, 전후 문맥에 '頓教'와 '漸教'가 포함된 경우에만 '頓'이 '頓教'의 의미로 해석된다. 그런데 정작 해당 문맥에 '頓漸'이 포함되어 있지 않다는 점에서, '頓部叱'의 '頓'은 '頓教'로 해석할 수 없으며, 이렇게 해석한 연구들은 잘못된 것들로 판단한다.

이번에는 '叱'을 보자. '-ㅅ'을 '-껏'(참)의 의미로 본 (6다), '-ㅅ'을 '-로'(상)의 의미로 본 (6라), '-ㅅ'을 '-로'(상, 보)의 의미로 본 (6마), '-ㅅ'을 '-이니'(수)의 의미로 본 (6바), '-ㅅ'을 '-가'(보)의 의미로 본 (6사) 등에서는 해독된 '-ㅅ'과 이에 단 현대역의 연결이 의미 차원에서 잘 되지 않는다.

넷째로, 문맥의 측면이다. 먼저 작품별로 해당 문맥의 향찰들을 인용하고, '頓部叱'에 해독별 현대역을 넣어 정리하면 다음과 같다.

(7) 가. 今日 部 頓部叱(① 精進의, ② -들, ③ 誠心껏, ④ 없음, ⑤ 頓然한, ⑥ 깨달은, ⑦ 소승교 신도의, ⑧ 大小乘의, ⑨ 돈교의 신자의, ⑩ 頓教의 부류의) 懺悔 / 十方叱 佛體 閼遣只賜立(「참회업장가」)

나. 修叱賜乙隱 頓部叱[① 精進을, ② -들, ③ 信仰(/熱誠/功德/和合), ④ 없음, ⑤ 돈부(=道)를, ⑥ 돈부(도를 닦는 그것)를, ⑦ 돈주비이니(頓覺하는 주비니), ⑧ 大小乘의 部派를, ⑨ 頓教야말로, ⑩ 頓教의 부류의] 吾衣 修叱孫丁(「수희공덕가」)

다. 我 佛體 / 皆 往焉 世呂 修將 來賜留隱 / 難行苦行叱 願乙 / 吾焉 頓部叱[① 精進을, ② -들, ③ 信仰(/熱誠/功德/和合), ④ 없음, ⑤ 頓部(=道)로, ⑥ 돈부(도를 닦는 그것)로, ⑦ 돈주비(頓教를 믿는 집단의), ⑧ 頓教 및 그 수행자와 漸教 및 그 수행자, ⑨ 頓教의 信衆을, ⑩ 대번에] 逐好 友伊音叱多(「상수불학가」)

라. 皆 吾衣 修孫 / 一切 善陵 頓部叱[① 精進을, ② -들, ③ 현대역 미

제시, ④ 없음, ⑤ 돈부(=道)를, ⑥ 돈부(도를 닦는 그것)로, ⑦ 돈부에(頓敎를 믿는 집단에), ⑧ 頓敎 信衆에게, ⑨ 頓敎 漸敎의 信者가, ⑩ 頓敎의 부류의] 廻良只 / 衆生叱 海惡中 / 迷反 群 無史 悟內去齊(「보개회향가」)

[① : (6가), ② : (6나), ③ : (6다), ④ : (6라), ⑤ : (6마), ⑥ : (6바), ⑦ : (6사), ⑧ : (6아), ⑨ : (6자)]

(7)의 정리에서 보면, 문맥에 맞는 해독이 거의 없다. 어느 작품의 '頓部叱'을 막론하고, ①②③은 앞뒤의 단어와 의미면에서 연결되지 않는다. 또한 「참회업장가」의 경우에 '頓然한'(⑤)과 '깨달은'(⑥)도 뒤에 온 '懺悔'와 의미면에서 연결되지 않는다. 그리고 「수희공덕가」, 「상수불학가」, 「보개회향가」 등에서 '頓部(=道)를/로'(⑤)와 '돈부(도를 닦는 그것)를/로'(⑥)는 문맥을 이해시키기 위하여 해독의 괄호 안에 부연 설명을 더하고 있는데, 이 부연 설명이 없이는 도저히 문맥이 통하지 않는 문제를 피할 수 없다. 그리고 ⑦⑧⑨⑩ 등은 어느 작품을 막론하고 갑자기 돈교의 부류나 신자가 나타나면서 문제를 보인다. 균여의 향가 11수를 보면, 어느 곳에서도 頓敎와 漸敎를 언급하지 않는다. 그리고 화엄종은 수양 방법에서 돈교의 頓悟와 점교의 漸修를 겸한다. 이런 점들에서 ⑦⑧⑨⑩ 등에서 갑자기 보이는 '돈교의 부류나 신자'는 문맥에 맞지 않는다. 이 문제 때문에 이어서 검토할 〈4.1.1.2. '頓'을 '頓敎'와 無關하게 음으로 읽은 경우〉와 〈4.1.2. '頓'을 훈으로 읽은 경우〉에서는 더 이상 '돈교의 부류나 신자'를 거론하지 않는다.

다섯째로, 번역시 및 보현행원품의 측면이다. 이 장의 〈4.2. 선행 해독의 보완〉에서 보겠지만, 「수희공덕가」, 「상수불학가」, 「보개회향가」 등의 '頓部叱'은 번역시 및 보현행원품의 '盡皆, 皆, 總, 皆悉' 등에 대응한다. 이 의미들에 앞의 해독들(6가-차)은 하나도 맞지 않는다.

이렇게 이 항에서 검토한 해독들 중에는 앞에서 검토한 다섯 측면에 모두 맞는 것이 하나도 없다.

4.1.1.2. '頓'을 '頓敎'와 無關하게 음으로 읽은 경우

'頓 部叱'에 대응되는 한자를 번역시 및 보현행원품에서 찾은 다음(김준영 1964;1979)부터, '頓'을 '頓敎'와 관련시키지 않은 해독들이 나왔다.

(8) 가. 돈붓(참, 수, 상, 보) [모든(참), 모두를(수), 모두(상, 보), 김준영 1964; 1979]

나. 돈부ㅅ(참, 수, 보), 頓部ㄹ(상) [모든(참), 모든 일을(수), 모두를(상), 頓部의(보), 전규태1976]

다. 頓部ㅅ(참, 수, 상, 보) [모두의(참), 모두는(수), 모두(상, 보), 황패강 2001]

라. 돈북(참, 수, 보), 돈복(상) [듬뿍(참, 수, 상, 보), 김선기 1975a]
    돈북(참, 상, 보), 듬뿍(수) [듬뿍(참, 수, 상, 보), 김선기 1993]

마. 돔붓(참), 돈붓(수, 상, 보) [성실한(참), 성실히(수, 상, 보), 강길운 1995]

바. 돈붓(>덤붓, 더붓)(참, 수, 상, 보) [모두, 다(참, 수, 상, 보), 김영만 1997]

(8)의 해독들을 서론에서 제시한 다섯 측면에서 차례로 변증해 보자.

첫째로, 차제자의 원리와 운용의 측면이다. (8마)의 '돔붓'(참)은 '頓'의 음을 벗어나 있다. 그리고 '叱'의 음을 벗어난 경우로, (8나)의 '頓部ㄹ'(상)과 (8라)의 '돈북'이 있다.

둘째로, 형태소 연결의 문법적 측면이다. 이 측면에서는 거의 문제를 보이지 않는다.

셋째로, 해독된 형태소와 그 현대역의 의미 일치의 측면이다. 이 측면에서는 여러 해독들이 적지 않은 문제들을 보인다. (8가, 나, 다)에서는 '頓部叱'을 '돈부ㅅ/頓部ㅅ'으로 해독하고, 그 현대역을 '모든, 모두를, 모두, 모든 일을, 모두의, 모두는' 등으로 달았다. (8나, 다)는 (8가)를 따른 해독인데, (8가)는 세 측면에서 '頓部'가 '전혀, 모든'의 의미를 갖는다고 주장을 하였다(김준영 1979:202-203). 그러나 세 측면 모두에서 문제를 보인다. 첫째로, "現代語 '全部'는 본시 漢字熟語가 아닌 純粹한 우리말 '돈부→던부'의 붙임자다."라고 한다. 그러나 '全部, 全部判決, 全部效用, 全部留置權, 全部審理' 등이 『중문대사전』에 나오는데 이는 최근의 신조어이다. 만약 '頓部'가 '全部'라면 '全部'를 새로 만들 이유가 없다. 둘째로, '頓'에 '전혀, 모든'의 의미가 있다고 주장하면서, "頓無, 頓絶, 頓殊' 등도 '전혀 없다, 완전히 끊겼다, 전혀 다르다' 등의 뜻으로" 쓰였다고 주장을 하였다. 그러나 "'頓無'는 '그치어 없다'의, '頓絶'은 '갑자기 끊어짐'의, '頓殊'는 '갑자기 달라짐'의 뜻일 뿐이다."(강길운 1995:403). 이 지적으로 보면, '頓'에는 '전혀, 모든'의 의미가 없다. 셋째로, '部'에 '모두'의 내포적 의미가 있다고 주장하지만, 이는 논증되지 않는다. (8라)에서는 '頓部叱'를 '돈북'로 해독하고, 그 현대역을 '듬뿍'으로 달았다(김선기 1993:559). '듬북'의 10세기 형태를 '돔북'으로 보아도 '돔북'과 '돈북'이 다른 문제를 피하기 어렵다. (8마)에서는 '頓部叱'을 '돔붓, 돈붓'으로 해독하고, 그 현대역을 '성실한, 성실히'로 달았다(강길운 1995:402-403). 이 설명은 '돈붓'(頓部叱)의 음상을 이조어 '듬복'(듬뿍·담뿍)에 연결하고, 이를 dembei(착실히·성실히·가득이·많이, 만주어)와 dambu-(더하다, 만주어)에 대응시키고, 이를 번역시의 '聲竭丹誠(豈墮備)', '(三明積集)多(功德)', '(廻與含靈)一切(中)', '不退修(來迹可尋)' 등으로 증명하려 하였다. 이 해석은 일차로 해독과 중세어 및 만주어와의 관계가 의심스럽고, 번역시는 뒤에 보겠지만, 대응이 되지 않는 문제를 보인다. (8바)에서는 '돈붓'으로 읽고, 이를 '덤붓, 더붓'과 연결시킨 다음에 '모두, 다'의 의미라고 주장하나, 쉽게 이해되는 의미가 아니다.

넷째로, 문맥의 측면이다. 먼저 작품별로 '頓部叱'에 해독별 현대역을 넣어 정리하면 다음과 같다.

(9) 가. 今日 部 頓部叱(① 모든, ② 모든, ③ 모두의, ④ 듬뿍, ⑤ 성실한, ⑥ 모두) 懺悔 / 十方叱 佛體 閼遣只賜立(「참회업장가」)

　　 나. 修叱賜乙隱 頓部叱(① 모두를, ② 모든 일을, ③ 모두는, ④ 듬뿍, ⑤ 성실히, ⑥ 모두) 吾衣 修叱孫丁(「수희공덕가」)

　　 나. 我 佛體 / 皆 往焉 世呂 修將 來賜留隱 / 難行 苦行叱 願乙 / 吾焉 頓部叱(① 모두, ② 모두를, ③ 모두, ④ 듬뿍, ⑤ 성실히, ⑥ 모두) 逐好 友伊音叱多(「상수불학가」)

　　 라. 皆 吾衣 修孫 / 一切 善陵 頓部叱(① 모두, ② 頓部의, ③ 모두, ④ 듬뿍, ⑤ 성실히, ⑥ 모두) 廻良只 / 衆生叱 海惡中 / 迷反 群 無史 悟內去齊(「보개회향가」)

　　 [① : (8가), ② : (8나), ③ : (8다), ④ : (8라), ⑤ : (8마), ⑥ : (8바)]

(9)의 정리에서 보면, ④의 '듬뿍'과 ⑥의 '모두'(「참회업장가」)는 문맥에 맞지 않는다. 나머지는 일단 문맥에 맞는다. 그러나 이 해독들은 해독된 형태와 그 현대역의 의미 연결에서 문제를 보인다.

다섯째로, 번역시 및 보현행원품의 측면이다. 이는 이 장의 마지막인 〈4.2. 선행 해독의 보완〉에서 보겠지만, (8가, 나, 다, 바)의 의미는 번역시 및 보현행원품과의 대응에서 일치한다. 그러나 앞에서 셋째로 정리한, 해독된 형태소와 그 현대역의 의미 일치의 측면에서 문제를 보인다.

이렇게 (8)의 해독들은 앞의 다섯 측면 모두에 부합하지 못한다.

4.1.2. '頓'을 훈으로 읽은 경우

이에 속한 해독들은 다음과 같다.

(10) 가. (ᄃ봇〉)ᄃ믓(참, 수, 상, 보) [모든(참), 모다(수, 상, 보), 이탁 1956]
　　나. ᄇᄅ봇(참, 수, 상, 보) [바로 곧(참, 수, 상, 보), 김완진 1980]
　　다. 모롯(참, 수, 상, 보) [문득(참, 수, 상, 보), 신석환 1988]
　　라. 무저봇(참, 수, 상, 보) [무턱댄(참), 무턱대고(수, 상, 보), 신재홍 2000]
　　마. 무저빗/무주빗(참, 수, 상, 보) [무더깃(참, 수, 상, 보), 양희철 2011a)

(10)의 해독들을 앞에서와 같이 다섯 측면에서 차례로 변증해 보자.

첫째로, 차제자의 원리와 운용의 측면이다. (10가)의 해독은 '頓部叱'을 'ᄃ봇'으로 읽고, 이를 다시 'ᄃ믓'으로 바꾼 해독이다. '頓部叱'을 어떤 측면에서 'ᄃ봇'으로 읽은 것인지 알 수 없다. 그리고 'ᄃ봇〉ᄃ믓'을 인정하여도 'ᄃ믓'은 그 의미가 명확하지 않고, 이와 비슷한 '다믓, 다못'은 '더불어, 한가지로, 함께' 등의 의미이다. (10나)의 해독인 'ᄇᄅ봇·ᄇᄅ롯'은 '頓'이 아니라 '卽時'(=바로 곧)를 읽은 것이다. '頓'에는 '卽時'(바로 곧)의 의미가 없다. (10다)의 해독은 '部'를 읽지 않은 해독이다. (10라)의 해독인 '무저봇'은 '頓'(무저비)를 '묻(어근)+업(접미사)+ㅣ(주격 조사 또는 명사화 접사)'로 보고, 이에 근거하여 '頓部叱'을 '묻(어근)+업(접미사)+우(부사화 접미사)+ㅅ(촉음)'으로 읽었다. '묻+업+웃'과 '무저봇'은 비슷하나, '더'를 '저'로 읽는 것이 어렵다. (10마)의 해독인 '무주빗/무저빗'은 "일쳔 거시 ᄒᆞᆫ 무들기만 ᄀᆞᆺ디 못ᄒᆞ니"[千零不如一頓, 『老乞大諺解(下)』 7]의 '무들기'(頓)와 "일쳔 ᄯᆞᆫ 거시 ᄒᆞᆫ 무저비만 ᄀᆞᄐᆞ니 업스니라"[千零不如一頓, 『朴通事諺解(上)』(초간본) 13]의 '무저비'(頓)로 보아, '무주비/무저비'를 '무더기'로 볼 수 있다.

둘째로, 형태소 연결의 문법적 측면이다. (10가)의 해독은 그 해독이 모호하여 이 형태소 연결의 문법적 측면에서도 문제를 보인다. (10나)의 해독에서 'ㅂ롯'은 고어에서 확인되는 형태이지만, 'ㅂㄹ봇'은 고어에서 확인되지 않는 문제를 보인다. (10다)의 해독에서는 '部'를 읽지 않아 나머지 연결도 의심스럽다. (10라)의 해독인 '묻(어근)+업(접미사)+우(부사화 접미사)+ㅅ(촉음)'에는 접미사(업)와 부사화 접미사(우)의 연결이 가능한지는 좀 더 검토를 요한다. (10마)의 해독에서는 '무주비(頓)+주비(部)+ㅅ(叱)'의 연결에 문제가 없는 것 같다. 이 해독의 하나인 「참회업장가」의 '무더기의'에서와 같이 'ㅅ'을 속격/소유격('의')으로 본 것은 그 기능이 명백하다. 그러나 나머지에서는 양주동과 같이 'ㅅ'을 주격이나 목적격 대신에 쓴 것으로 본 문제를 보인다.

셋째로, 해독된 형태소와 현대역의 의미 일치의 측면이다. (10가)의 해독인 'ㄷ봇〉ㄷ못'이 그 현대역으로 제시한 '모든'의 의미는 'ㄷ봇〉ㄷ못'과 유사한 '다못, 다못'의 의미인 '더불어, 한가지로, 함께'와 일치하지 않는다. (10나)의 해독인 'ㅂㄹ봇·ㅂ롯'은 그 현대역인 '바로 곧'과 일치하지만, "'頓'에는 '卽時'(바로 곧)의 뜻이 없다는 문제를 피할 수 없다. (10다)의 해독인 '모룻'은 '문득'의 의미와 일치한다. (10라)의 해독인 '무저봇'은 그 현대역으로 '무턱댄, 무턱대고'를 제시하였는데, 유추에 불과하고, 그 증거는 없다. (10마)의 해독인 '무저빗/무주빗'은 그 현대역인 '무더깃'와의 연결에 문제가 없는 것 같다.

넷째로, 문맥의 측면이다. 먼저 작품별로 '頓部叱'에 해독별 현대역을 넣어 정리하면 다음과 같다.

(11) 가. 今日 部 頓部叱(① 모든, ② 바로 곧, ③ 문득, ④ 무턱댄, ⑤ 무더기의)
懺悔 / 十方叱 佛體 閼遣只賜立(「참회업장가」)
나. 修叱賜乙隱 頓部叱(① 모다, ② 바로 곧, ③ 문득, ④ 무턱대고, ⑤ 무

더기는) 吾衣 修叱孫丁(「수희공덕가」)

다. 我 佛體 / 皆 往焉 世呂 修將 來賜留隱 / 難行 苦行叱 願乙 /
吾焉 頓部叱(① 모다, ② 바로 곧, ③ 문득, ④ 무턱대고, ⑤ 무더기를)
逐好 友伊音叱多(「상수불학가」)

라. 皆 吾衣 修孫 / 一切 善陵 頓部叱(① 모다, ② 바로 곧, ③ 문득, ④
무턱대고, ⑤ 무더기를) 廻良只 / 衆生叱 海惡中 / 迷反 群 無史
悟內去齊(「보개회향가」)

[① : (10가), ② : (10나), ③ : (10다), ④ : (10라), ⑤ : (10마)]

(11)의 정리의 문맥에서 보면, 개별 작품에 관계없이 ①이 가장 무난하
다. ②는 「참회업장가」의 "오늘 부중(의) 바로 참회"의 문맥이 명백하지 않
다. 나머지는 문맥이 통한다. 이에 비해 ③과 ④는 네 작품 전체에서 그
문맥이 매끄럽지 못한 문제를 보이며, ⑤는 「참회업장가」의 "오늘 부중
(의) 무더기의 참회"에서는 문맥이 명백하다. 그러나 나머지에서는 양주동
과 같이 'ㅅ'을 주격이나 목적격 대신에 쓴 것으로 본 것을 문맥에 적용한
것이어서 같은 문제를 보인다.

다섯째로, 번역시 및 보현행원품의 측면이다. 이 장의 〈4.2. 선행 해독
의 보완〉에서 보겠지만, 「수희공덕가」, 「상수불학가」, 「보개회향가」 등의
'頓部叱'은 번역시와 보현행원품의 '盡皆, 皆, 總, 皆悉' 등에 대응한다.
이 의미들에 부합하는 해독은 ①의 현대역뿐인데, 이 해독 (8가)는 앞에서
와 같이, 첫째, 둘째, 셋째 등의 측면들에서 문제를 보인다.

이렇게 '頓'을 훈으로 읽으면서 '頓部叱'을 검토한 해독들 역시 앞의 다
섯 측면에 모두 부합하는 것을 하나도 보여주지 못한다.

4.2. 선행 해독의 보완

이 절에서는 앞에서와 같이 문제를 보이고 있는 '頓 部叱'의 해독을 보

완하려 한다. '頓 部叱'의 '頓'은 그 훈의 하나인 '뭇'(貯)에 따라 '뭇'(수효가 아주 많은)으로, '部'는 훈 '주비'로, '叱'은 음 '실'로 각각 읽어, '頓 部叱'을 '뭇 주비실'로 읽으려 한다. 그리고 그 의미는 '그위실'의 '-실'과 '백성질, 군중질, 대중질, 중생질, 무리질' 등의 '-질'로 보아, '뭇 주비의 일'(수효가 아주 많은 무리의 일)과 '뭇 주비의 일'[수효가 아주 많은 부류(:더미)의 일]로 추정한다. 이런 사실을 서론에서 제시한 다섯 측면에 따라 구체적으로 보완해 보자.

첫째로, 차제자의 원리와 운용의 측면이다. '頓'은 『正字通』의 '頓=貯'로 보아 '뭇(=묻)'으로, '部'는 '주비'로, '叱'은 '실'로 각각 읽는다. 이렇게 읽을 때에, 이 향찰들은 해당 한자의 음훈을 이용하였다는 점에서 차제자의 원리와 운용을 벗어나지 않는다.

둘째로, 형태소 연결의 문법적 측면이다. '頓'을 '뭇(=묻)'으로, '部'를 '두비, 주비'로, '叱'을 '실'로 읽었을 때에, 이 '뭇 주비실'에서 '뭇'은 관형사이고, '-실'은 접미사라는 점에서 형태소 연결의 문법적 측면에 문제가 없다.

셋째로, 해독된 형태소와 현대역의 의미 일치의 측면이다. '주비'는 '무리'와 '부류'의 의미이고, '실'은 현대어 '질'에 해당하는 '일'의 의미라는 점에서, 해독 '뭇 주비실'을 현대역 '뭇 무리의 일'과 '뭇 부류(무더기)의 일'로 옮기는 데는 문제가 없다.

넷째로, 문맥의 측면이다. 앞에서 보완한 '頓 部叱' 해독의 현대역을 작품별로 넣어 보자. '뭇 주비실'로 읽을 때에, 격어미를 문제로 삼을 수도 있으나, 한국어에서 주제격, 목적격 등의 어미가 종종 생략된다는 점에서 문제가 되지 않을 것 같다.

(12) 가. 今日 部 頓 部叱[뭇 주비실(뭇 무리의 일)] 懺悔 / 十方叱 佛體 閼

遺只賜立

나. 修叱賜乙隱 頓 部叱[뭇 주비실(뭇 부류의 일은)] 吾衣 修叱孫丁

다. 難行 苦行叱 願乙 / 吾焉 頓 部叱[뭇 주비실(뭇 부류의 일을)] 逐好
友伊音叱多

라. 皆 吾衣 修孫 / 一切善陵 頓 部叱[뭇 주비실(뭇 부류의 일을)] 廻良只

(12)에서 보듯이, '頓 部叱'(뭇 주비실)의 끝에는 한국어에서 흔히 생략하
는 주제격어미와 목적격어미가 생략되어 있으며, 그 보충은 그 바로 앞뒤
에 동격으로 온 어휘들에 의해 쉽게 결정된다. 즉 (12가)의 '頓 部叱'의 끝
에는 그 다음에 온 '懺悔'에서와 같은 목적격어미('-을')가 '-ㄹ'로 끝난 '주
비실' 다음에 생략되어 있다. (12나)의 '頓 部叱'의 끝에는 그 앞에 온 '修
叱賜乙隱'에서와 같은 주제격어미가 생략되어 있다. (12다)의 '頓 部叱'의
끝에는 그 앞에 온 '願乙'에서와 같은 목적격어미('-을')가 '-ㄹ'로 끝난 '주
비실' 다음에 생략되어 있다. (12라)의 '頓 部叱'의 끝에는 그 앞에 온 '一
切善陵'에서와 같은 목적격어미('-을')가 '-ㄹ'로 끝난 '주비실' 다음에 생
략되어 있다. 이렇게 그 앞뒤에 온 어휘의 격어미와 같은 격어미들을 생략
한 (12)의 '頓 部叱'들은, 생략된 격어미들을 염두에 둘 때에, 형태소들의
연결과 문맥에 문제가 없다. 이런 점들로 보아, '頓 部叱'은 '뭇 주비실'로
읽고, 그 '叱'은 '일'의 의미를 가진 접미사 '실'로 읽으려 한다.

다섯째로, 번역시 및 보현행원품의 측면이다. 4.1.에서 기왕의 해독들
을 변증하면서 이 측면을 구체적으로 다루지 않았다. 기존의 해독들을 참
고하면서 이 측면을 검토하고자 한다. 논의를 간편하게 하기 위하여, 네
작품에 나온 '頓 部叱'들이 해당 번역시(송)와 해당 『보현행원품』의 어느
한자 또는 어느 문맥에 대응되는지를 검토한 다음에, 그 한자 또는 문맥
과, 이 글에서 해독한 '뭇 주비실'의 해독이 어떤 측면에서 연결되는지를
설명하려 한다.

먼저 '頓 部叱'에 대응되는 한자 또는 문맥이 있는가 없는가, 있다면 어느 한자 또는 문맥인가를 「참회업장가」에서부터 정리해 보자.

(13) 가. 今日 部 頓 部叱 懺悔 / 十方叱 佛體 閼遣只賜立(「참회업장가」)
　　　나. 思量業障堪惆悵 / 罄竭丹誠豈墮憛[업장을 생각하니 심히 슬프구나 / 모두가 단성을 다하니(=참회하니) 어찌 게으름에 떨어지리](「참회업장송」)
　　　다. 菩薩自念 我於過去無始劫中 有貪瞋痴 發身口意 作諸惡業 無量無邊 若此惡業 有體相者 盡虛空界 不能容受 我今悉以淸淨三業 徧於法界極微塵刹一切諸佛菩薩衆前 誠心懺悔 後不復造 …… 從身語意之所生 一切我今皆懺悔(「참제업장자」)

선행 연구들은 (13가)인 「참회업장송」의 '頓 部叱'을 (13다)인 「참제업장자」(『보현행원품』)의 '我今悉以淸淨三業'의 '悉', '誠心懺悔'의 '誠心', '一切我今皆懺悔'의 '皆' 등에 대응시켰다. 그러나 이 대응에는 신중성이 요구된다. 왜냐하면, 「참회업장가」는 「참제업장자」의 내용을 下向하여 쓴 향가이기 때문이다. 이런 사실은 우선 「참제업장(자)」과 이 '참제업장'을 '참회업장'으로 하향하여 제목으로 단 「참회업장(가)」의 차이에서 알 수 있다. 그리고 「참회업장가」에 나온 "今日 部 頓 部叱 懺悔"의 참회는 '部'(주비)의 것이고, 「참제업장자」의 참회는 보살인 '나'의 참회이다. 이런 차이들로 보아, 이것들을 쉽게 대응시킬 수는 없다. 다음으로 (13가)인 「참회업장가」의 "今日 部 頓 部叱 懺悔"에 대응되는 (13나)인 「참회업장송」의 부분을 찾는 것도 쉽지 않다. 선행 연구들은 '頓 部叱'을 「참회업장송」의 '丹誠, 罄竭丹誠, 堪惆悵, 豈墮憛' 등에 대응시키기도 했다. 그러나 이 주장들은 어떤 점에서 '丹誠, 罄竭丹誠, 堪惆悵, 豈墮憛' 등이 '頓 部叱'과 대응되는지를 명확하게 설명하지 못하고 있다. 이렇게 명확한 근거와 설명도 없이 대응시킨 자료를 해독에 이용할 수는 없다.

「수희공덕가」의 '頓 部叱'에 대응하는 번역시와 「수희공덕자」(『보현행원품』)를 보자. 「수희공덕가」의 해당 부분은 "修叱賜乙隱 頓 部叱 吾衣 修叱孫丁"이다. 이에 대응된 「수희공덕송」의 부분은 "他造盡皆爲自造"(김영만 1991:46)이며, 이에 대응된 「수희공덕자」의 부분은 "一切菩薩所修無量難行苦行 志求無上正等菩提 廣大功德 我皆隨喜"(김준영 1979:202-203)이다. 이 인용들에 밑줄 친 '頓 部叱, 盡皆, 皆' 등은 서로 대응된다.

「상수불학가」의 '頓 部叱'에 대응하는 번역시와 「상수불학자」(『보현행원품』)를 보자. 「상수불학가」의 해당 부분은 "難行 苦行叱 願乙 / 吾焉 頓部叱 逐好 友伊音叱多"이다. 이에 대응된 「상수불학송」의 부분은 "如上妙因摠隨學"이고, 이에 대응된 「상수불학자」의 부분은 "如是一切我皆隨學"이다. 이 세 인용들에서 밑줄 친 부분인 '頓部叱, 摠, 皆' 등은 서로 대응된다(김준영 1979:203, 김영만 1991:49).

「보개회향가」의 '頓 部叱'에 대응하는 번역시와 「보개회향자」(『보현행원품』)를 보자. 「보개회향가」의 해당 부분은 "皆 吾衣 修孫 / 一切 善陵 頓部叱 廻良只 / 衆生叱 海惡中"이다. 이에 대응된 「보개회향자」의 부분은 "從初禮拜 洒至隨順 所有功德 皆悉廻向盡法界虛空界一切衆生"이다. 이 두 인용에서 밑줄 친 '頓 部叱'과 '皆悉'은 서로 대응된다(김준영 1979:203, 김영만 1991:49). 이에 비해 이에 대응된 「보개회향송」의 부분은 "從初至末所成功 / 廻與含靈一切中"에서 '所成功'(오구라 1929:92)와 '一切'(김준영 1979:203, 김영만 1991:50)로 서로 갈린다. 후자로 보면, '含靈一切中'를 '인간일체에'로 해석하지 않고 다르게 해석하여야 한다. 즉 "인간(含靈)에 일체를 돌려 주어"의 의미로 해석해야 하는데, 이 경우에는 마지막에 있는 '中'을 해석할 수 없다. 이런 점에서 이를 따를 수 없다. 그렇다고 전자를 따를 수 있는 것도 아니다. 전자의 '所成功'은 분명히 '一切 善陵'에 해당한다. 이로 인해 「보개회향송」에는 이 '일체 선릉'을 다른 말로 바꾸어 강조한 '皆悉'과 같은 말이 없어, '頓 部叱'에 대응되는 시어도 없다. 「보개회향자」의 '皆悉'만이 '頓 部叱'에 대응된다.

이와 같이 '頓 部叱'에 대응되는 한자들을 다시 정리하고, 괄호 안에 번역하면 다음과 같다.

(14) 盡皆(他造盡皆爲自造, 모두는/다는, 모두를/다를, 모두/다, 「수회공덕송」)
    皆(廣大功德 我皆隨喜, 모두를/다를, 모두/다, 「수회공덕송」)
    摠(如上妙因摠隨學, 모두를/다를, 모두/다, 「상수불학송」)
    皆(如是一切我皆隨學, 모두를/다를, 모두/다, 「상수불학자」)
    皆悉(所有功德 皆悉廻向, 모두를/다를, 모두/다, 「보개회향자」)

이 정리에서 보면, '頓 部叱'에 대응되는 번역시와 『보현행원품』의 한자는 '盡皆, 皆, 摠, 皆悉' 등이다. 이 한자들은 목적어와 부사 어느 것으로 해석해도 문제가 없다. 게다가 「수회공덕송」의 '盡皆'는 목적어와 부사는 물론 주어까지도 가능하다. 먼저 '盡皆, 皆, 摠, 皆悉' 등을 목적어(「수회공덕송」의 경우는 주어와 목적어)로 본 경우에는 그 바로 앞의 명사들을 관형형 또는 목적어(「수회공덕송」의 경우는 주어와 목적어)로 해석하면 문맥이 가능하다. 예로 '他造'를 '남이 지은 것의', '남이 지은 것은', '남이 지은 것을' 등으로 해석하고, '盡皆'를 '모두는/다는'과 '모두를/다를'로 해석한 것이다. 이 경우에 '남이 지은 것의 모두는/다는'은 '남이 지은 것은 모두는/다는'과 같은 문장이고, '남이 지은 것의 모두를/다를'은 '남이 지은 것을 모두를/다를'과 같은 문장이다. 다음으로 '盡皆, 皆, 摠, 皆悉' 등을 부사로 본 경우에는 그 바로 앞의 명사들을 목적어(「수회공덕송」의 경우는 주어와 목적어)로 해석하면 문맥이 가능하다. 예로 '他造'를 '남이 지은 것을/것은'으로 해석하고, '盡皆'를 '모두/다'로 해석한 것이다. 이와 같은 점들에서 '頓 部叱'에 대응되는 번역시와 『보현행원품』의 한자인 '盡皆, 皆, 摠,

皆悉' 등은 목적어(「수희공덕송」의 경우는 주어와 목적어)와 부사 어느 것으로 해석해도 무방하다.

이 번역시 및 『보현행원품』의 한자인 '盡皆, 皆, 摠, 皆悉' 등이 보이는 목적어(「수희공덕송」의 경우는 주어와 목적어)의 기능은 앞의 넷째 측면에서 검토한 향찰 '頓 部叱'(뭇 주비실)이 보인 주어 및 목적어의 기능과 일치한다. 그리고 나아가 이 한자들이 구문상 앞의 한자들과 함께 보이는 이중 주어 및 이중 목적어의 기능도, 앞의 넷째 측면에서 검토한 향찰 '頓 部叱'(뭇 주비실)이 구문상 앞의 향찰들과 함께 보이는 이중 주어 및 이중 목적어의 기능과 일치한다. '修叱賜乙隱 頓 部叱'(닦으실 것은 뭇 부류의 일은, 「수희공덕가」)과 '他造盡皆'(남이 지은 것은 모두는/다는, 「수희공덕송」)에서는 주어의 기능과 이중 주어의 기능이 일치한다. '難行苦行叱 願乙 吾焉 頓 部叱'(난행고행의 원을 나는 뭇 무리의 일을, 「상수불학가」), '如上妙因摠'(위와 같은 묘연을 모두를/다를, 「상수불학송」), '如是一切我皆'(이와 같은 일체를 나는 모두를/다를, 「상수불학자」) 등에서는 목적어의 기능과 이중 목적어의 기능이 일치한다. '一切 善陵 頓 部叱'(일체 선릉을 뭇 부류의 일을, 「보개회향가」)과 '所有功德 皆悉'(소유공덕을 모두를/다를, 「보개회향자」)에서도 목적어의 기능과 이중 목적어의 기능이 일치한다.

이렇게 향가의 향찰 '頓 部叱'과 이에 대응되는 번역시와 『보현행원품』의 한자 '盡皆, 皆, 摠, 皆悉' 등이 문법적 기능과 구문적 기능에서 일치한다. 이런 사실들은 향찰 '頓 部叱'이 한자 '盡皆, 皆, 摠, 皆悉' 등을 직접적으로 또는 간접적으로 옮긴 표기임을 말해준다. 이에 근거해서 앞의 한자들과 '頓 部叱'의 해독 '뭇 주비실'(뭇 무리의 일, 뭇 부류의 일)이 어떻게 연결되는가를 보자.

먼저 '頓 部叱'이 '盡皆, 皆, 摠, 皆悉' 등의 의미로 직접 해독될 수 없다는 점을 보자. 만약 '頓 部叱'에서 '盡皆, 皆, 摠, 皆悉' 등의 의미를 찾

을 수 있다면, '頓 部叱'는 '盡皆, 皆, 摠, 皆悉' 등의 의미로 직접 해독해
야 한다. 말을 바꾸면, 향찰 '頓 部叱'의 해독을 '盡皆, 皆, 摠, 皆悉' 등의
의미가 보이는 '모두를/다를, 모두/다' 등의 형태로 직접 읽어야 한다는
것이다. 그러나 '頓 部叱'에는 '盡皆, 皆, 摠, 皆悉' 등의 의미가 없다는
점에서, '頓 部叱'은 '盡皆, 皆, 摠, 皆悉' 등의 의미가 보이는 '모두를/다
를, 모두/다' 등의 형태로 직접 해독할 수 없다.

이렇게 되면 차선책으로 향찰 '頓 部叱'을 해독한 것이 '盡皆, 皆, 摠,
皆悉' 등의 의미와 연결되는 것을 찾을 수밖에 없다. 그런데 이를 충족시
키는 것이 바로 '뭇 주비실'(뭇 무리의 일, 뭇 부류의 일)의 뜻이다. 이 '뭇 주
비실'는 단독으로 존재하면 '모두를/다를, 모두/다' 등의 의미를 갖지 않
는다. 그러나 이 '뭇 주비실'이 이중 주어나 이중 목적어에서 후행의 주어
나 목적어가 되면, 이 '뭇 주비실'은 문맥상 '모두를/다를'의 의미를 지닌
다. 이런 의미의 변화는 이중 주어나 이중 목적어를 관형사형을 포함한
단일 주어나 단일 목적어로 바꿀 때에 나타난다. 이런 사실을 앞의 (12)에
넣고 다시 쓰면서 보자.

(15) 가. 修叱賜乙隱 頓 部叱[닦으실 것은, 뭇 부류의 일은 = 닦으실 것의 뭇
　　　　부류의 일은 = 닦으실 것의 모두는](「수회공덕가」)
　　　나. 難行苦行叱 願乙 吾焉 頓 部叱 逐好[난행고행의 원을, 나는 뭇 부
　　　　류의 일을 좇기에 = 난행고행의 원의 뭇 부류의 일을 나는 좇기에 = 난행
　　　　고행의 원의 모두를 나는 좇기에](「상수불학가」)
　　　다. 一切 善陵 頓 部叱 廻良只[일체 선릉(을), 뭇 부류의 일을 돌리어 =
　　　　일체 선릉(의) 뭇 부류의 일을 돌리어 = 일체 선릉을 모두 돌리어](「보개
　　　　회향가」)

「참회업장가」는 이중 주어도 이중 목적어도 보여주지 않는다는 점에서

앞의 정리에서 제외하였다. 나머지 「수희공덕가」, 「상수불학가」, 「보개회향가」 등에서 '頓 部叱'의 해독인 '뭇 주비실'은 앞에 관형사형을 수반한 경우에, 그 관형형의 의미에 의해서 '모두/다'의 의미를 얻는다. 즉 '닦으실 것의 뭇 주비실(부류의 일)', '난행고행의 원의 뭇 주비실(부류의 일)', '일체 선릉의 뭇 주비실(부류의 일)' 등에서 '뭇 주비실(부류의 일)'들은 '닦으실 것의', '난행고행의 원의', '일체 선릉의' 등의 범위 안에서 각각 '모두/다'의 의미를 갖게 된다. 이런 점들을 계산하면, '頓 部叱'의 해독 '뭇 주비실(부류의 일)'은 '모두/다'의 의미를 간접적으로 갖는다고 정리할 수 있다.

그러면 향찰 '頓 部叱'에 대응된 한자 '盡皆, 皆, 摠, 皆悉' 등을 향찰로 쉽게 쓰면 될 것을 왜 이렇게 표현을 했을까 하는 문제에 답을 해야 한다. 이는 단어 '뭇 주비실'이 가지는 具象性을 살리기 위한 것으로 본다. 문학, 특히 교훈 문학에서는 추상적인 표현을 구상적인 표현으로 바꾼다. 이는 시의 청자와 독자로 하여금 대상을 구체적으로 선명하게 체험할 수 있게 하는 표현이다. 이런 표현과 효과를 『보현행원품』과 균여의 향가도 지향하고 있다. 예를 몇만 보자.

(16) 功德 → 功德海(『보현행원품』의 「칭찬여래자」)
　　　德 → 德海(「칭찬여래가」)
　　　煩惱 → 煩惱熱(「청전법륜가」)
　　　心 → 心水(「청불주세가」)
　　　大悲 → 大悲水(『보현행원품』의 「항순중생자」, 「항순중생가」)
　　　法性 → 法性宅(「보개회향가」)
　　　功德 → 善陵(「보개회향가」)

이 예들을 보면, 추상명사에 '海, 熱, 水, 宅' 등의 구상명사를 붙여서 구상화를 하거나, 추상명사 '功德'을 '善'으로 바꾸고, 이 추상명사에 구상명사 '陵'(무덤, 큰 언덕)을 붙여서 구상화를 보인다. 그리고 이런 표현은 구상화를 시켜서 시의 청자나 독자로 하여금 대상을 구체적으로 선명하게 체험할 수 있게 한다. 앞에서 정리한 '頓 部叱'의 해독인 '뭇 주비실' 역시 이와 같이 구상화의 효과를 얻는다. 왜냐하면, '盡皆, 皆, 摠, 皆悉' 등의 표현은 '모두, 다'의 의미를 전달하지만, 五感에 의한 구체적이고, 구상적인 느낌을 전달할 수 없다. 그러나 이를 '뭇 주비실'으로 표현하면, 시각적으로 '무수히 많은 부류의 일'이라는 의미를 얻는다. 이런 점에서 향찰 '頓 部叱'(뭇 주비실)은 '盡皆, 皆, 摠, 皆悉' 등의 의미를 구상적으로 전달하기 위하여 취한 표기라고 정리할 수 있다.

이상과 같이, '頓 部叱'을 '뭇 주비실'(뭇 주비실은, 뭇 주비실을)으로 읽은 해독은 앞의 다섯 측면에 모두 부합한다는 점에서, '頓部叱'은 '-은, -을' 등의 격어미가 생략된 '뭇 주비실'로 해독해야 할 것 같다.

5. 결론

지금까지 향찰 '頓'에 대한 선행 해독의 변증과 보완을 해보았다. 보완한 내용만을 간단하게 요약하여 결론을 대신하면 다음과 같다.

1) '仰'은 '울월/울얼-'로, '頓'은 '조아리다'의 중세어인 '좃-'으로, '隱'은 '-은'으로 각각 읽히어, '仰頓隱'은 '우러러 조아린'의 의미인 '울월좃은/울월조은'으로 해독된다. '울월'과 '좃'은 복합용언의 선행어간과 후행어간이고, '-은'은 관형사형어미이다.

2) '頓叱'의 '頓'은 그 의미 중의 하나인 '貯(묻다)'의 동음이의어 '묻(=묻)-'으로, '叱'은 '-ㅅ'으로 각각 읽히어, '頓叱'은 '같이 덧붙어, 둘러붙어'의 의미인 '뭇(=묻)-'으로 해독된다. '뭇(=묻)-'은 복합용언의 선행어간

이다. 이 '頓叱(믓/묻)-'은 번역시와 보현행원품의 '皆'(함께), '陪隨'(모시고 따라), '悉'(다하여/끝내 함께 하여), '則'(곧) 등에 대응한다.

3) '頓部叱'의 '頓'은 그 의미 중의 하나인 '貯(묻다)'의 동음이의어 '믓(= 묻)'으로, '部'는 '주비'로, '叱'은 '실'로 각각 읽히어, '頓部叱'은 '믓 주비실'[무수히 많은 주비(무리, 부류)의 일]로 해독된다. '믓'은 관형사이고, '주비'는 '무리'와 '부류'의 의미를 가진 명사이고, 접미사 '-실'은 '일'의 의미를 가진 현대어 '-질'의 선행형이다. '頓部叱'(믓 주비실)은 번역시와 보현행원품의 '盡皆, 皆, 摠, 皆悉' 등에 대응하는데, 이 의미를 직접 옮긴 것이 아니라, 구상적인 '믓 주비(무리/부류)의 일'의 의미로 바꾼 표현이다.

제2부

'止'섭 한자의 이두와 향찰

一. 이두 '詞, 思'와 향찰 '史, 事'

1. 서론

이 글은 이두 '詞, 思'와 향찰 '史, 事'에 대한 선행 해독들을 변증하고, 그 미흡점으로 발견되는 해독음과 논거(한국 한자음)를 보완하는 데 연구의 목적이 있다.

이 차제자 표기들에 대한 선행 해독들을 간단하게 정리해 보자.

이두 '詞, 思, 詩' 등은 향가, 음악, 악기, 춤, 들, 절, 한시 등의 명칭과 관련된 '詞腦, 思內, 思惱, 詩惱' 등에서 나온다. 앞선 시기의 선행 해독들은 이 중의 '詞, 思' 등을 'ᄉ, 시, 詞'['詞'의 경우는 '詞腦'(글의 정수)에서와 같이 한자 '詞(사)'로 읽음] 등으로 읽으면서, '詩'의 음인 '시'와 일치하지 않는 양상을 보여 왔다. 그러다가 최근에야 비로소 '詞, 思, 詩' 등이 '支'운에 속한다는 점과 외국학자들이 재구한 중국 고음이 '*sɪ/싀~sĭ/스~si/시'라는 점에서, 그 음을 'sɪ/싀'로 통일하여 읽었고, 이를 수용한 다음에 다시 '시'로 수정하여 읽기도 하였다. 이로 인해 해독음이 '싀'와 '시'로 갈리면서 변증을 요구한다. 그리고 이 '詞, 思' 등의 음 '시'나 '싀'를 한국 한자음으로 논증하지 못한 문제도 보인다.

향찰 '史'는 13회 나오는데, 그 선행 해독들은 대단히 다양하다. 읽지 않은 경우, 무의미한 글자로 본 경우, 'ㅙ, ㅔ, 새, 세, 샤' 등과 같이 '史'의 음을 벗어난 경우, 'ㅅ, ㅿ, ㅈ, 이, 스, 사, 시, ㅢ, 지, 스, 싀' 등과 같이 '史'의 음 또는 그 연관음으로 읽은 경우 등이 있다. 이렇게 다양하게 읽어 왔지만, 최근에는 '시'로 읽은 해독들이 우세한 가운데, '스, 싀' 등의 해독이 출현하면서, 해독음이 갈리고 있다. 즉 이 '史'는 처음에는 '無史, 栢史' 등의 문맥에 따라 '시'로 읽고, 이어서 이두 '召史/소시, 조이'에 의거하여 '시'로 읽는 해독이 점차로 확대되면서, 모든 향찰 '史'에 적용되고 있는 가운데, '스, 싀' 등의 해독이 다시 출현하면서, 해독이 갈리고 있다. 이로 인해 해독음 '시'와 '스, 싀' 등이 서로 갈리는 문제가 해결되지 않고 있다. 그리고 이 해독들은 그 논거를 문맥, 이두, 외국학자들이 재구한 '史'의 중국 고음('ʂI/싀~sǐ/스~si/시')에 두면서, 그 논거를 '史'의 한국 한 자음에서 논증하지 못한 문제도 보인다.

향찰 '事'는 3회 나온다. '事伊置耶'의 '事'는 그 해독이 '일'로 통일되어 있다. '他事捨齊'의 '事'는 훈이나 음 어느 것으로도 읽을 수 있다. 그러나 음으로 읽은 경우에, 그 음이 '스, 사, 시' 등으로 갈리고 있다. '爲事置耶'의 '事'는 '일, 스, 사, 샤, 샷, 시' 등으로 갈리고 있다. 이 중에서 '일'로 읽은 경우에는 그 앞의 '爲'를 'ㅡㄴ, ㅡㄹ' 등이 첨가된 讀訓(:'實訓'에 대가 되는 용어이다. '실훈'은 '독훈'과 다르게 'ㅡㄴ, ㅡㄹ' 등의 관형사형어미를 포함하지 않는다.)으로 읽고 있는데, 해독에서 독훈의 인정 여부는 하나의 문제이다. 그리고 '스, 사, 샤, 샷, 시' 등의 음으로 읽은 경우에는 그 의견이 '시'로 수렴되는 듯하지만, 철저한 변증이 없어, 그 확고한 위치를 확인받지 못하고 있다. 또한 이 '事'를 '시'로 읽은 해독은 그 논거를 선어말어미(주체 존대)의 위치와, 외국학자들이 재구한 중국 고음에 두고 있다. 그런데 후자의 논거는 중국 고음이 바로 '시'로 연결되지 못하는 미흡한 점을 보인다. 게다가 이 '事'의 한국 한자음이 과거에 '시'였다는 것을 논증하지 못한 문제도 보인다.

이렇게 '詞, 思, 史, 事' 등의 차제자 표기들에 대한 선행 해독들을 보면, 이 해독들은 철저한 변증을 하면서 조금만 보완하면, 거의 완결될 수 있는 것들이다. 이에 선행 해독들을 철저하게 변증하고, 그 과정에서 발견되는 해독음이 '시, 스, 싀' 등으로 갈린 미흡점과, 이 음들을 한국 한자음으로 논증하지 못한 미흡점을, 한국 한자음으로 보완하고자 한다. 한국 한자음의 논증에서는 다음의 두 가지 방법을 사용하고자 한다. 하나는 『균여전』, 『동문선』, 『동국이상국집』 등의 한시에서 사용된 압운자들로 예증하는 방법이다. 다른 하나는 차제자 표기 '詞, 思, 史, 事' 등이 속한 '止'섭 3등의 한자들로 만들어진 차제자 표기들['詞, 思, 詩, 知, 伊, 支(이상 '支'운, 평성), 史, 是, 理, 里, 以, 爾, 只(이상 '紙'운, 상성), 利, 事, 賜, 次(이상 '寘'운, 거성)']의 성조별 한자음의 차원에서, '詞, 思, 史, 事' 등의 한자음을 논증하는 방법이다. 전자의 방법은, 칼그렌이 중국 고음을 재구하면서 보여주었듯이, '詞, 思, 史, 事' 등과 같이 현재음과 다른 과거음을 재구하는 데 유용한 방법이다.

이렇게 차제자 표기 '詞, 思, 史, 事' 등에 대한 선행 해독들을 변증하고, 해독음과 한국 한자음의 논거를 보완한다면, 한국의 과거음에 기초하여 만들어진 차제자 표기 '詞, 思, 史, 事' 등을 해독하면서도, 이 한자들의 한국의 과거음을 논증할 수 없어서, 외국학자들이 재구한 중국 고음에 주로 의존하여 설명해온 선행 해독들의 미흡점을 어느 정도 보완할 수 있으리라고 생각한다.

2. 이두 '詞/시'와 '思/시'

이 장에서는 이두 '詞, 思' 등에 대한 선행 해독들을 변증하고, 그 과정에서 발견되는 미흡점들을 보완하고자 한다.

2.1. 선행 해독의 변증

향가, 음악, 악기, 춤, 들, 절, 한시 등의 명칭에 포함된 이두 '詞腦, 思內, 思惱, 詩惱' 등의 해독은 상당히 많다. 그러나 한자 '詞, 思, 詩' 등의 음훈을 정확하게 살리면서 해독한 경우는 몇에 불과하다. 이 해독들만을 보면, 이두 '詞'와 '思'는 상당기간 동안 'ᄉ'(오구라 1929:23), 'ᄉ, 시'(양주동 1942:35–47) 등으로 읽히면서, '詞'의 경우는 '詞腦'(글의 정수)에서와 같이 한자 '詞'(김운학 1978:173, 황패강 1978:91, 2001:268)로도 읽혀왔다. 그런데 이 '詞'와 '思'의 해독들은 '詩'의 음 '시'와 일치하지 않은 문제를 포함하고 있었다. 이 문제를 해결한 것은 최근이다. 해당 글을 인용하면 다음과 같다.

> (1) 흔히 향가를 '詞腦'(詩惱·思內) 또는 '詞腦歌'라고 별칭한 것으로 보고 있다. 그렇게 본 까닭은 다음과 같은 기사가 있기 때문이다.
> 　　王曰 朕嘗聞師讚耆婆郎詞腦歌(삼국유사 경덕왕)
> 　　十一首之鄕歌 詞淸句麗 其爲作也 號稱詞腦(균여전 제八 역가현덕분)
> 　　그리고 이 詞腦를 詩惱·思內라고도 이표기한 것을 다음의 기사로 알 수 있다.
> 　　思內一作詩惱樂 奈解王時作也(삼국사기 악지)
> 　　위의 思·詩는 詞와 그 고음이 같은 [*sɪ~sï~si](支韻)이고, 腦·惱는 [*nɑu〉nɑï·no]이며 內는 [nuɑi〉nɑi]이기 때문에 詞腦·詩惱·思內는 *sɪnɑï~sɪnɑi의 표기일 것이다.(강길운 1995:4)

(1)에서는 '詞, 思, 詩' 등이 모두 '支'운에 속한다는 점과, 외국학자들이 재구한 그 중국 고음이 '*sɪ/싀~sĭ/스~si/시'란 점에서, 그 고음을 'sɪ/싀'로 통일하여 읽었다. 이 해독은 그 이전까지의 해독들이 '詞'와 '思'를 '스, 시, 詞' 등으로 읽으면서 보여준, '詩'의 음 '시'와 일치하지 않은 문제를 거의 해결하였다. 그 후에 이 해독을 약간 수정하여 '시'로 읽은 해독들(양희철 2003:44-45, 성호경 2008:217-218)이 나왔다.[1]

이렇게 이두 '詞, 思, 詩' 등이 '支'운에 속한다는 점과 외국학자들이 재구한 중국 고음이 '*sɪ/싀~sĭ/스~si/시'란 점에서, 그 음을 '싀'나 '시'로 읽은 해독들은 이두 '詞, 思, 詩' 등의 해독에서 주목할 만하다. 그러나 이 해독들은 각각 해독이 가능한 세 음들('시, 스, 싀') 중에서 어느 하나만을 선택하고, 다른 음이 될 수 없는 이유를 제시하지 않은 미흡점과, 과거의 한국 한자음이 '시'나 '싀'라는 점을 한국의 과거음으로 논증하지 못하고, 외국학자들이 재구한 중국 고음에 의존하여 설명한 미흡점을 보인다.

2.2. 선행 해독의 보완

2.1.의 미흡점들을 두 측면에서 보완해 보자.

하나는 '詞'와 '思'가 한국의 한시에서 '시'의 압운자로 쓰인 예들이 발견된다는 측면이다. '詞'가 '시'로 압운된 예는 『균여전』, 『동문선』, 『동국이상국집』 등에서 발견할 수 있다. 최행귀(崔行歸, 나말여초)는 균여의 향가 「총결무진가」를 한역한 「총결무진송」에서 '詞'를 '시'로 압운하였다. 즉 8구로 된 칠언율시의 이 작품에서 각구의 끝자들['期, 移, 夢, 詞, 誦, 疲,

---

1) 양희철(2003:44-45)은 이 해독의 논지를 따르면서 '싀'를 '시'로 바꾸었다. 그리고 성호경(2008:217-218)은 강길운과 같이 반절표기와 외국학자들이 재구한 중국 고음에 따라, 각주에서는 '시'로 읽었고, 본문에서는 "'시ᄂ(시나)/시니' 또는 'ᄉᄂ(ᄉ나)/ᄉ나' 등의 말을 한자의 소리를 빌려 표기한 것"이라고 보면서, '시'와 'ᄉ'로 정리를 하였다.

斷, 慈']을 보면, 제4구말에서 '詞'자를 '시'로 압운하였다. 인빈(印份, 고려 의종조)은 「징현국사영당(澄賢國師影堂)」(『동문선』 권지9)에서 '詞'를 '시'로 압운하였다. 즉 8구로 된 오언율시의 이 작품에서 각구의 끝자들['影, 師, 滑, 馳, 代, 詞, 九, 枝']을 보면, 제6구말에서 '詞'자를 '시'로 압운하였다. 백미견(白彌堅, 고려 후기)은 「진주촉석루차정면재운(晉州矗石樓次鄭勉齋韻)」(『동문선』 권지17)에서, 백문보(白文寶, 고려 후기)도 「촉석루(矗石樓)」(『동문선』 권지17)에서, 각각 같은 압운자들을 사용하면서 '詞'를 '시'로 압운하였다. 즉 12구로 된 칠언배율의 이 두 작품에서 각구의 끝자들['時, 詩, 始, 衰, 斷, 垂, 句, 詞, 遺, 遲, 岸, 奇']을 보면, 각각 제8구말에서 '詞'자를 '시'로 압운하였다. 이 외에도 '詞'를 '시'로 압운한 많은 예들이 『동국이상국집』에서도 발견된다.2)

'思'를 '시'로 압운한 예는 『동문선』과 『동국이상국집』에서 발견할 수 있다. 박인범(朴仁範, 신라말)은 「상은원외(上殷員外)」(『동문선』 권지12)에서 '思'를 '시'로 압운하였다. 즉 8구로 된 칠언율시의 이 작품에서 각구의 끝자들['詩, 師, 日, 期, 勝, 思, 驛, 知']을 보면, 제6구말에서 '思'자를 '시'로 압운하였다. 최승우(崔承祐, 신라말)는 「송조진사송입라부(送曹進士松入羅浮)」(『동문선』 권지12)에서 '思'를 '시'로 압운하였다. 즉 8구로 된 칠언율시의 이 작품에서 각구의 끝자들['飛, 思, 賦, 詩, 險, 危, 裏, 宜']을 보면, 제2구말에서 '思'자를 '시'로 압운하였다. 김부식(金富軾, 1075-1151)은 「제양재역(題良梓驛)」(『동문선』 권지12)에서 '思'를 '시'로 압운하였다. 즉 8구로

---

2) 「금함(金凾)」(『동국이상국집』 권제4), 「차운오동각세문정고원제학사삼백운시(次韻吳東閣世文呈誥院諸學士三百韻詩)」(『동국이상국집』 권제5), 「문적선행증내한이미수좌상작(聞謫仙行贈內翰李眉叟坐上作)」(『동국이상국집』 권제13), 「천수사문외음(天壽寺門外吟)」(『동국이상국집』 권제14), 「진화가치주상화취후주필(陳澕家置酒賞花醉後走筆)」(『동국이상국집』 권제14), 「상국견화복차운봉답(相國見和復次韻奉答)」(『동국이상국후집』 권제7), 「박학사견화복차운(朴學士見和復次韻)」(『동국이상국집』 권제7) 등에서도 '詞'를 '시'의 압운자로 사용하였다.

된 칠언율시의 이 작품에서 각구의 끝자들['歸, 悲, 後, 眭, 錫, 貍, 問, 思']을 보면, 제8구말에서 '思'자를 '시'로 압운하였다. 이 외에도 여러 작품들에서 '思'를 '시'로 압운하였다.[3)]

이렇게 '시'의 음으로 압운된 '詞, 思' 등이 신라말과 고려초의 작품들에서 나타난다는 점에서, 이 한자들의 한국 한자음은 '시'였다고 정리할 수 있다.

다른 하나는 '詞, 思' 등과 더불어 '止'섭 3등의 '支'운(평성)에 속한 한자들의 음을 이용한 차제자 표기들['詩, 知, 伊, 支' 등] 모두가 음으로 읽을 경우에 그 운을 '이'로 한다는 점에서, 이두 '詞, 思' 등도 '이'운을 가진 당시의 한자음 '시'에 기초하였을 것이라는 측면이다. 이 한자들을 『중문대사전』에서 인용하면 다음과 같다.

> (2) 詞 : [廣韻]似玆切 [集韻][韻會][正韻]詳玆切 音祠 支平聲
> 　　思 : [廣韻]息玆切 [集韻][韻會]新玆切 [正韻]息移切 音司 支平聲
> 　　　　[廣韻][集韻][韻會][正韻]相吏切 音四 寘去聲
> 　　詩 : [廣韻]書之切 [集韻][韻會][正韻]申之切 支平聲
> 　　知 : [廣韻]陟離切 [集韻][韻會]珍離切 [正韻]珍而切 音蜘 支平聲
> 　　　　[集韻][韻會]知義切 [正韻]知意切 音智 寘去聲
> 　　伊 : [廣韻]於脂切 [集韻]於夷切 [韻會]幺夷切 [正韻]於宜切 支平聲
> 　　支 : [廣韻][集韻][韻會]章移切 [正韻]旨而切 音巵 支平聲
> 　　　　[集韻]翹移切 音祇 支平聲

---

3) 「이십일제야(二十一除夜)」(최해, 『동문선』 권지4), 「여재산중경……(予在山中竟……)」 (이달곤, 『동문선』 권지5), 「정안군전시득지자(靖安君餞詩得知字)」(이무방, 『동문선』 권지5), 「송설부보(送偰符寶)」(석굉연, 『동문선』 권지5), 「영모정시(永慕亭詩)」(권근, 『동문선』 권지5), 「석탄위이정언존오작(石灘爲李正言存吾作)」(정도전, 『동문선』 권지5), 「강구추박(江口秋泊)」(박호, 『동문선』 권지5), 「영해(寧海)」(변중량, 『동문선』 권지16), 「진양유별(晉陽留別)」(전탄부, 『동문선』 권지19) 등에서도 '思'를 '시'의 압운자로 사용하였다. 이 예들이면 충분하다고 판단하여, 『동국이상국집』의 예들은 정리를 생략하였다.

(2)에서 보듯이, 이 한자들['詞, 思, 詩, 知, 伊, 支' 등]은 모두가 '止'섭 3 등의 '支'운(평성)에 속한다. 그리고 차제자 표기 '詩, 知, 伊, 支' 등은 음 으로 읽을 경우에, 그 운을 예외 없이 '이'로 한다. 이런 사실은 같은 '지' 섭 3등의 '支'운에 속한 한자로 만든 이두 '詞'와 '思'도 '이'운을 가진 그 당시의 한자음 '시'에 기초하였을 것이라는 추정을 가능하게 한다. 이런 점에서 이두 '詞'와 '思'에 쓰인 두 한자의 한국 한자음은 과거에 '시'였다 고 정리할 수 있다.

이상과 같이 선행 해독들이 이두 '詞'와 '思'를 '詞腦, 思內, 思惱, 詩惱' 등에서 함께 쓰인 이두 '詩'와 함께 '支'운에 속한다는 점과, 외국학자들이 재구한 그 중국 고음이 '*sɪ/싀~sï/스~si/시'라는 점에서, '싀'나 '시'로 읽 은 것은 이 이두들의 해독에서 주목할 만하다. 그러나 이 '시'와 '싀' 중에 서 어느 해독이 타당한가를 변증하지 않은 미흡점과, 이 '시'와 '싀'를 한국 한자음의 차원에서 논증하지 못하고, 외국학자들이 재구한 중국 고음에 의존하여 설명하는 미흡점을 보이는데, 이를 두 측면에서 보완하였다. 하 나는 음이 '시'인 한자 '詞'와 '思'를 압운자로 사용한 예들이 한국 한시들에 서 발견된다는 측면이다. 특히 이 한국 한시들을 지은 박인범과 최승우는 신라말의 인물들이고, 최행귀는 나말려초의 인물이며, 김부식과 인빈은 고려초의 인물들이다. 그런데 이들이 활동하던 이 시기(신라말-고려초)는 신라 후기의 향가 향찰은 물론 균여 향가의 향찰과 동시대이며, 이 시기는 중국 운서들(『예부운략』, 『고금운회거요』)이 유행하기 시작한 고려 중기 이후 보다 앞선다. 이에 따라 앞의 인물들이 사용한 압운자는 그 당시의 한국 한자음이라고 정리할 수 있다. 다른 하나는 이두 '詞, 思' 등과 더불어 '止' 섭 3등의 '支'운에 속한 차제자 표기들['詩, 知, 伊, 支' 등] 모두가 음으로 읽을 경우에, 그 운이 '이'라는 점에서, 이두 '詞, 思' 등도 '이'운을 가진 당시의 한자음 '시'에 기초하였을 것이라는 측면이다. 이런 점들로 보아,

이두 '詞'와 '思'는 음독할 경우에 '시'로 읽는 것이 타당하다고 판단한다.

3. 향찰 '史/시'

이 장에서는 향찰 '史'에 대한 선행 해독들을 먼저 변증하고, 이어서 변증에서 발견되는 미흡점을 보완하고자 한다.

3.1. 선행 해독의 변증

향찰 '史'는 어중이나 어말에서만 13회 나오는데, 그 선행 해독들은 대단히 다양하다. 읽지 않은 경우, 무의미한 글자로 본 경우, 'ᄉᆡ, ᄉᆆ, 새, 세, 샤' 등과 같이 '史'의 음을 벗어난 경우, 'ㅅ, ㅿ, ㅈ, 이, ᄉ, 사, 시, ᄼᆡ, 지, 스, ᄼᆔ' 등과 같이 '史'의 음 또는 그 연관음으로 읽은 경우 등이 있다. 이 중에서 '史'의 과거음을 살리지 못한 해독들은 그 의미가 거의 없어[4] 그 변증을 생략하고, 의견이 수렴되고 있는 '시, ᄼᆡ, 스, ᄼᆔ' 등만을 구체적으로 검토하려 한다.

먼저 '시, ᄼᆡ' 등으로 읽은 해독들을 보자. 이 해독들은 '史'의 해독에서 주류인 만큼 대단히 많다. 그러나 논의를 간략하게 하기 위하여, 13개의 '史'들을 각각 '시' 또는 '시, ᄼᆡ' 등으로 읽기 시작한 해독들을 둘씩만 정리해 보자.

[4) 향찰 해독에서 읽지 않은 경우는 말할 것도 없고, 향찰표기에서 무의미한 글자로 본 경우는 의미가 없다. 그리고 'ᄉᆡ, ᄉᆆ, 새, 세, 샤, ㅈ, 지' 등의 해독들은 '史'의 음과 너무 떨어져 있다는 점에서, 'ㅅ, ㅿ' 등의 해독들은 종성의 'ㅅ, ㅿ' 등을 '叱'로 표기한다는 점에서, 각각 의미가 없다. 또한 '이'의 해독은 차제자 표기에서 이용하지 않는 '시'의 반절하자라는 점에서, 'ᄉ, 사' 등의 해독들은 '史'의 근현대음이라는 점에서, 각각 의미가 없다.

(3) 가. 시 : 업시(오구라 1929, 신태현 1940)

　　나. 시 : 잣이(오구라 1929, 정열모 1947)

　　　　싀 : 자싀(양주동 1942, 홍기문 1956)

　　다. 싀 : 어싀여(양주동 1942, 지헌영 1947)

　　　　시 : 어시여(김준영 1964), 어마시라(정열모 1965)

　　라. 싀 : 즈싀(양주동 1942, 김완진 1980)

　　　　시 : 즈시(정열모 1947, 김준영 1964)

　　마. 싀 : 즈싀(양주동 1942, 지헌영 1947)

　　　　시 : 즈시(김준영 1964, 정열모 1965)

　　바. 싀 : 자싀ㅅ(홍기문 1956)

　　　　시 : 자시ㅅ(김준영 1964), 자싣(김선기 1967e)

　　사. 싀 : 지싀삿(홍기문 1956), ᄌ싀삿(신재홍 2000)

　　　　시 : 즈시삿(김준영 1964, 정열모 1965)

　　아. 싀 : ᄉ싀히두(홍기문 1956), ᄉ싀히도(김완진 1980)

　　　　시 : 싀시히두(김준영 1964), 나시에두(정열모 1965)

　　자. 시 : 즈시(김준영 1964, 정열모 1965)

　　　　싀 : 즈싀(김완진 1980, 신재홍 2000)

　　차. 시 : 이시 수븨(정열모 1965), 이시슈라(김선기 1967e)

　　　　싀 : 즈싀이시(신재홍 2000)

　　카. 시 : (칠)시 이에(정열모 1965), (츠)시의(서재극 1974)

　　타. 시 : 기프신(정열모 1965, 서재극 1975)

　　파. 시 : □시(정열모 1965), 머믈오시ᄂ눌(김완진 1980)

(3)에서는 '史'를 '시, 싀' 등으로 읽었다. 이 해독들은 논거와 함께 보면, 객관적인 논거를 수반한 '시'의 해독으로 점차 수렴되는 과정을 보여준다. 이를 차례로 보자.

오구라는 (3가, 나)에서 보듯이 '無史'(업시, 「보개회향가」)와 '栢史'(자시, 「원가」)의 2개의 '史'를 '시'로 읽었다. 이 해독은 한자 '史'의 음이 'ᄉ'이지

만, '無史'(업시)와 '栢史'(자시)의 어휘와 문맥상 '史'가 '시'일 것이라는 점에서, '시'로 읽었다. 이런 사실은 "업시に宛てた字である"(오구라 1929:137)라는 설명과, '栢史'(자시)의 '史'의 음을 'ㅅ'로 보고 그 설명에서는 '잣'의 'ㅅ'과 주격이 합친 '시'로 모순되게 정리한 설명(오구라 1929:224)에서 알수 있다.

양주동은 오구라가 정리한 2개의 '史/시'를 포함한 5개의 '史'를 '시, ㅅㅣ' 등으로 읽었다. 즉 (3가–마)의 '無史'(업시, 「보개회향가」), '栢史'(자ㅅㅣ, 「원가」), '母史也'(어ㅅㅣ여, 「안민가」), '兒史'(즈ㅅㅣ, 「모죽지랑가」, 「찬기파랑가」) 등의 '시, ㅅㅣ' 등으로 확대를 하였다(양주동 1942:124, 255, 613, 847). 이 해독에서는 한자 '史'의 음을 'ㅅ'로 보면서 '시, ㅅㅣ' 등의 표기에 쓰였다는 것을, 음의 정확한 대응으로 설명할 수 없어, 통음차라는 용어를 사용하였다. 반면에, 『이두편람』의 이두 '召史/조이'를 인용하여, '史'의 신라음 '시'에 접근할 수 있는 단초를 제공하기도 하였다(양주동 1942:124).

홍기문은 양주동이 'ㅅㅣ, 시' 등으로 읽은 5개의 '史' 중에서 4개를 포함한 7개의 '史'를 '시, ㅅㅣ' 등으로 읽었다. 즉 (3가–다, 마–아)에서와 같이 '無史'(업시, 「보개회향가」), '栢史'(자ㅅㅣ, 「원가」), '母史也'(어ㅅㅣ야, 「안민가」), '兒史'(즈ㅅㅣ, 「찬기파랑가」), '栢史'(자ㅅㅣ, 「찬기파랑가」), '兒史沙叱'(지ㅅㅣ샷, 「원가」), '歲史中置'(ㅅㅜㅅㅣ힉두, 「상수불학가」) 등의 7개의 '史'를 '시, ㅅㅣ' 등으로 읽었다(홍기문 1956:126, 163, 170, 289, 299, 399, 414). 이 중에서 '栢史'(자ㅅㅣ, 「찬기파랑가」), '兒史沙叱'(지ㅅㅣ샷, 「원가」), '歲史中置'(ㅅㅜㅅㅣ힉두, 「상수불학가」) 등의 '史/ㅅㅣ'들은 홍기문이 새로 정리한 것이다.

김준영은 홍기문이 '시, ㅅㅣ' 등으로 읽은 7개의 '史'를 포함한 9개의 '史'를 '시'로 읽었다. 즉 (3가–자)에서와 같이 '無史'(업시, 「보개회향가」), '栢史'(자시, 「원가」), '母史也'(어시여, 「안민가」), '兒史'(즈시, 「모죽지랑가」, 「찬기파랑가」, 「우적가」), '栢史叱'(자싯, 「찬기파랑가」), '兒史沙叱'(즈시샷, 「원가」), '歲史中置'(ㅅ시히두, 「상수불학가」) 등의 '史'를 '시'로 읽었다(김준영 1964:48, 63, 67, 75, 88, 93, 164, 178). 이 해독에 이르러 부사와 명사의 끝음절에 나온 '史'를 모두 '시'로 읽었다. 이 해독에서 향찰 '史'를 '시'로 읽은 근거는 이두 '史/시'에 있다(김준영 1964:48).[5] 이 '史/시'의 해독은 바로 이어서 볼 정열모의 해독과 더불어 'ㅿ'의 부정을 이끌었다.

정열모는 김준영이 '시'로 읽은 9개의 '史'를 포함한 13개의 '史'를 모두 '시'로 읽었다. 즉 (3가-파)에서 보이는 '無史'(음시, 「보개회향가」), '栢史' (자시, 「원가」), '母史也'(어마시라, 「안민가」), '兒史'(즈시, 「모죽지랑가」, 「찬기파랑가」, 「우적가」), '栢史叱'(자싯, 「찬기파랑가」), '兒史沙叱'(즈시샷, 「원가」), '歲史中置'(나시에두, 「상수불학가」), '是史 藪邪'(이시 수븨, 「찬기파랑가」), '七史 伊衣'(칠시 이에, 「모죽지랑가」), '深史隱'(기프신, 「원왕생가」), '次弗 □ 史'(저블 □시, 「우적가」) 등의 '史'를 모두 '시'로 읽었다(정열모 1965:222, 240, 242, 253, 261, 287, 305, 309, 329, 334, 440, 461). 이 해독은 그 이전의 'ㅿ'의 해독들에 대해, "이 시기의 경주 지역에 《ㅿ》음이 있었겠는가 하는 것이 의심스럽다."(정열모 1965:253)는 태도를 취하면서, '史'를 '시'로 읽었다. 이 입장은 김준영과 같이 'ㅿ'의 부정을 이끌었다.[6]

이렇게 정열모가 13개의 향찰 '史'를 모두 '시'로 읽고, 후대의 해독들 중에서 김완진(1980)이 13개의 향찰 '史'를 'ㅿㅣ, 시' 등으로, 유창균(1994)이 13개의 향찰 '史'를 '시'로 읽으면서, '史'의 해독은 한 단락을 마무리 하였다. 그러나 이 해독들에는 아직도 두 가지 문제가 포함되어 있다. 하나는

---

5) 이 이두 '史/시'는 유창선(1936a:26-27)이 '母史也'(「안민가」)를 '어미라'로 읽으면서, '史'를 '이'로 읽은 이유를, "吏讀에서 김史를 「소시」(羅麗吏讀) 「조이」(儒胥必知)로 解한 것을 보면 史를「시」「이」로 넑어야 할 것을 알수있다. 더욱이 鄕歌에는 无史, 栢史, 是史等의 用例가있다."로 설명한 글에서 처음으로 보인다.

6) 모음 아래 온 '史'를 'ㅿㅣ'로 옮긴 것은 15세기의 표기와 같이 음운의 미세한 변화까지를 살려서 읽은 것이다. 그러나 차제자 표기 '史'가 '시'와 'ㅿㅣ'를 모두 표기했다고 보기는 어려워 '시'만을 인정하였다.

'桖史/자시'와 '皃史/즈시'를 중세어 '잣'과 '줏'으로 연결시키는 문제이고, 다른 하나는 이두와 향찰의 '史'를 '시'로 읽을 수 있는 논거의 하나인 한 자음의 문제이다. 전자의 문제는 김완진에 의해, 후자의 문제는 세 연구 자들(김선기, 이돈주, 유창균)에 의해 정리되어 왔다.

김완진은 "'桖史'는 '자시'이다. 中世語의 '잣'과는 달리 二音節語이었던 것으로 보인다. 이런 유형의 것으로는 '星利望良古'(彗星歌)로 表記된 '벼 리'(〉별) 같은 예가 있다."(김완진 1980:89)로 설명하여 문제를 해결하였다.

향찰 '史'를 '시'로 읽을 수 있는 한자음의 논거는 세 분들의 논의에 의 해 정리되어 왔다. 김선기(1967e:292)는 "六세기 발음이 史는 「시」"라고 언 급을 하면서, 구체적인 설명을 하지 않았는데, 칼그렌이 재구한 중국 고 음의 인용으로 추정된다. 이돈주(1990:80-81)는 '賜'자와 동류의 치음자에 속한 12자('賜, 史, 此, 次, 事, 死, 四, 辭, 使, 慈, 紫, 自' 등)의 (외국학자들이 재구한) 중국 고음, 동음, 오음, 한음, 일본음 등을 열거하고, 이어서 향찰 '史'와 '次'가 들어간 향찰 단어를 인용한 다음에, "'史'는 '시'로 '次'는 '지' 로 읽힐 가능성이 높을 것으로 생각된다."고 정리를 하였다.

유창균은 외국학자들이 재구한 '史'의 중국 고음[səg/si(T.), sliəg/ṣii(K.), ṣi(C.)]을 인용한 다음에, 丁邦新이 기술한 시대별 '史'의 음들과 이에 대 응하는 한국음을 제시하면서 위진음 'sjəï'와 이에 대응시킨 대용음 '시'를 근거로 '史'의 향찰 당시의 음을 '시'로 추정하였다(유창균 1994:191-192). 그러나 한글로 표기한 대용음 '시'는 위진음 'sjəï'와 일치하지 않고, 다소 모호하게 대응되어 있어, '史'의 당시음이 '시'라는 것을 논증하는 데는 다 소 어려움이 있다.

이렇게 향찰 '史'의 해독은 '시'로 거의 수렴되는 가운데, '史'를 다시 '스, 싀' 등으로 읽은 해독이 나왔다. 이 '스'와 '싀'는 강길운(1995)의 해독 에서만 보인다.

(4) 가. 즈스/兒史(「찬기파랑가」, 「원가」, 「우적가」)

　　나. 자스/栢史(「원가」, 「찬기파랑가」)

　　다. 기프슨/深史隱(「원왕생가」)

　　라. 즈싀/兒史(「모죽지랑가」)

　　마. 업싴/七史〉无史(「모죽지랑가」), 업싴/無史(「보개회향가」)

　　바. 어싀여/母史也(「안민가」)

　　사. 나싀혜두/歲史中置(「상수불학가」)

　(4가–다)에서는 '史'를 '스'로 읽고, (4라–사)에서는 '史'를 '싀'로 읽었
다.['是史藪邪/잇수라'(「찬기파랑가」, 강길운 1995:263)의 '史'에서는 '스'나 '싀'가
아닌 'ㅅ'으로 읽었다.]

　이렇게 '史'를 '스, 싀' 등으로 해독한 강길운은 외국학자들이 재구한 중
국 고음과 이두 지명을 통하여 '史'의 음을 다음과 같이 주장하였다.

　(5) '史'는 중국중고음이 [si]〈칼그렌〉・[sïei〉sï]〈FD〉이고 동운은 'ㅅ'이
　　　지마는 신라시대의 한자음은 廣韻에 가까운 [sï~si]였을 것이다. 신
　　　라지명 "新寧縣本史丁火縣. 삼사지리1:新 새"・"悉直郡一云史直(三
　　　陟). 삼사지리4:悉[sjet〉sir](質韻)[jet]"에서는 '史'가 '싀'(sɪ)로 읽힌 것
　　　으로 추정된다.(강길운 1995:110)

　(5)의 설명에서 보면, '史'의 음을 다소 모호하게 '스, 시, 싀' 등으로 정
리하였다. 실제 해독인 (4)에서 보면, '스, 싀' 등으로 읽었다. 이 '스, 싀'
등은 앞에서 정리한 '시'의 해독들과 그 주장이 서로 엇갈린다.

　이렇게 선행 해독들은 매우 다양하였지만, 최근에는 향찰 '史'를 관련
문맥, 이두 '史/시', 외국학자들이 재구한 중국 고음 또는 그 유사음 등에
따라 '시' 또는 '스, 싀' 등으로 읽으면서 미흡점을 보여준다. 즉 한자 '史'

의 당시음을 여러 음들, 그 중에서도 '시'와 '스, 쇠' 중에서 어느 하나로 변증하지 않은 미흡점과, 이 '시, 스, 쇠' 등의 음을 한국의 과거음으로 논증하지 못하고, 외국학자들이 재구한 중국 고음에 의존하여 설명하는 미흡점을 보여준다.

3.2. 선행 해독의 보완

3.1.의 미흡점들을 두 측면에서 보완해 보자.

하나는 한국 한시에서 '史'와 그 해성자들['駛, 使' 등]이 '이'운의 압운에 '시'의 음으로 쓰였다는 측면이다. '史'를 '시'로 쓴 예는 『동국이상국집』과 『동문선』에서 각각 하나씩 보인다. 이규보(李奎報 1168-1241)는 「동명왕편(東明王篇)」(『동국이상국집』 권제3)에서 '史'를 '시'로 압운하였다. 즉 장편의 고율시인 이 작품에서 초반 각구의 끝자들['渾, 氏, 頭, 異, 王, 史, 星, 摯, ……']을 보면, 제6구말에서 '史'자를 '시'의 음으로 압운하였다. 그리고 이색(李穡 1328-1396)은 「유감(有感)」(『동문선』 권지5)에서 '史'를 '시'로 압운하였다. 즉 12구로 된 오언고시의 이 작품에서 각구의 끝자들['況, 土, 君, 此, 謀, 耳, 獸, 志, 問, 易, 非, 史']을 보면, 제12구말에서 '史'자를 '시'의 음으로 압운하였다.

이규보는 「동명왕편(東明王篇)」(『동국이상국집』 권제3)에서 '史'의 해성자 '駛'를 '시'로 압운하였다. 장편의 고율시인 이 작품에서 제71-80구의 각구의 끝자들('遮, 躓, 花, 止, 嗔, 駛, 人, 肆, 子, 纍' 등)을 보면, 제76구말에서 '史'의 해성자인 '駛/시'를 '이'운의 압운자로 사용하였다. 또한 이규보는 「옹로유감(擁爐有感)」(『동국이상국집』 권제11)에서 '史'의 해성자인 '使'를 '시'로 압운하였다. 오언고시인 이 작품의 제1-8구에서 각구의 끝자들('陽, 使, 窮, 貴, 手, 喜, 化, 遂' 등)을 보면, 제2구말에서 '史'의 해성자인 '使'를

'시'로 압운하였다. 이 외에 '史'의 해성자인 '使'를 '시'로 압운한 작품으로, 「임상궐복여요우유모정주필(臨上闕復與寮友遊茅亭走筆)」(이규보, 『동국이상국집』권제15)과 「염세우서(厭世寓書)」(이규보, 『동국이상국후집』권제3)가 있는데, 압운의 구체적인 설명은 생략한다.

다른 하나는 '史'가 속한 '지'섭 3등의 '紙'운(상성)에 속한 한자들로 만들어진 향찰들['是, 理, 里, 以, 爾, 只' 등] 모두가 음으로 읽을 경우에, 그 운이 '이'라는 점에서, 향찰 '史' 역시 '이'운을 가진 그 당시의 한자음 '시'에 기초하였을 것이라는 측면이다. 이 한자들을 『중문대사전』에서 보자.

(6) 史 : [廣韻]疎士切 [集韻][韻會]爽士切 [正韻]師止切 音使 紙上聲
     是 : [廣韻]承紙切 [集韻][韻會]上紙切 音氏 紙上聲
     理 : [廣韻]良士切 [集韻][韻會]兩耳切 [正韻]良以切 音里 紙上聲
     里 : [廣韻]良士切 [集韻][韻會]兩耳切 [正韻]良以切 音裏 紙上聲
     以 : [廣韻]羊已切 [集韻][韻會][正韻]養里切 音使 紙上聲
     爾 : [廣韻]兒氏切 [集韻][韻會]忍氏切 音邇 紙上聲
     只 : [廣韻][正韻]諸氏切 [集韻][韻會]掌氏切 音紙 紙上聲

(6)에서 보듯이, 한자 '史'는 향찰에 쓰인 한자 '是, 理, 里, 以, 爾, 只' 등과 더불어 '止'섭 3등의 '紙'운(상성)에 속한다. 그런데 이 향찰에 쓰인 한자 '是, 理, 里, 以, 爾, 只' 등의 운은 과거나 현재나 모두가 '이'이다. 이런 사실은 같은 '止'섭 3등의 '紙'운에 속한 향찰 '史'도 '이'운을 가진 그 당시의 한자음 '시'에 기초하였을 것이라는 측면을 추정할 수 있게 한다.

이상과 같이 향찰 '史'는 선행 해독들에서 해당 어휘, 이두 '史/시', 외국학자들이 재구한 '史'의 중국 고음 또는 그 유사음 등에 따라, '시' 또는 '스, 싀' 등으로 읽으면서, 이 음들 중에서 어느 것의 표기인가를 명확하게 하지 않은 미흡점과, 이 '시' 또는 '스, 싀' 등을 한국 한자음의 차원에서 논증하지 못한 미흡점을 보이는데, 이를 두 측면에서 보완하였다. 하나는 음이 '시'인 한자 '史'와, 이 '史'의 해성자들['駛, 使' 등]을 압운자로 사용한 예들이 한국 한시들[7]에서 발견된다는 측면이다. 다른 하나는 향찰 '史'와 더불어 '止'섭 3등의 '紙'운에 속한 향찰들['是, 理, 里, 以, 爾, 只' 등] 모두가 음으로 읽을 경우에 그 운을 '이'로 한다는 점에서, 향찰 '史' 역시 '이' 운을 가진 그 당시의 한자음 '시'에 기초하였을 것이라는 측면이다. 이런 점들로 보아, 향찰 '史' 역시 음으로 읽을 경우에는 '시'로 읽는 것이 타당하다고 판단한다.

---

7) 예로 든 압운자들이 이규보의 작품에서 발견된 것들이란 점에서, 혹시 이 한자음들이 고려 중기 이후에 고려에서 유행한 중국 운서들(『예부운략』, 『고금운회거요』)의 음을 따른 것이 아니냐 하는 문제를 제기할 수 있다. 이 문제는 앞으로 좀더 전문적으로 검토해 보아야 하겠지만, 다음과 같은 세 가지 측면에서, 한국 한자음으로 정리한다. 첫째는 2장에서 '詞'와 '思'의 한국 한자음을 예증하기 위해 인용한 작품들은 신라말(박인범, 최승우), 나말려초(최행귀), 고려초(김부식, 인빈) 등에 지어졌다는 점이다. 이 압운자들은 고려 중기 이후에 유행한 운서의 영향으로 정리할 수 없으며, 이 압운자들은 고려 중후기의 이규보, 백문보, 백미견 등등으로 계승되는데, '史'의 압운음 역시 이와 같은 한국 한자음을 계승한 것으로 보면 문제가 해소될 수 있다. 특히 음이 변하여도 관습적으로 과거음을 유지하는 작시법상, 한국 한자음을 계승한 것으로 보인다. 둘째는 '詞'와 '思'의 음이 고려 중기 이후에 유행한 운서의 음과 관계가 없는 '시'라고 할 때에, 같은 '止'운에 속한 '史'의 음 역시 한국 한자음 '시'에 기초하였을 것이라는 점이다. '詞'와 '思'의 음이 문제가 된 것은 'ᄉᆞ/사'와 '시' 중에서 어느 것이냐 하는 것이었다. 그런데 앞에서 살폈듯이 '詞'와 '思'의 한국 한자음은 '시'였다. 이와 같이 '史'의 음이 문제가 된 것은 'ᄉᆞ/사'와 '시' 중에서 어느 것이냐 하는 것이었다. 그런데 같은 '止'섭에 속한 '詞'와 '思'의 향찰 당시의 음이 '시'라고 할 때에, '史'의 향찰 당시의 음 역시 '시'라고 추정할 수 있다. 셋째는 한시에 나타난 운이 운서의 운과 다른 경우가 있다는 점이다. 예로 '山'섭 3등과 4등에 속한 한자들은 중국 고음은 '-(u)en'운과 '-i(u)en'운이지만, 한국 한자음은 '-on'운과 '-iən'운이다. 3등에 속한 한자들로 '坤, 昆, 孫, 尊, 村' 등이 있고, 4등에 속한 한자들로 '玄, 堅, 牽, 連' 등이 있다(양희철 2013b:195-202). 이런 세 가지 측면에서, 이 한자들의 압운음은 한국 한자음이라고 정리할 수 있다.

4. 향찰 '事/시'

향찰 '事'는 3회 나온다. 그 하나인 '事伊置耶'(「총결무진가」)의 '事'는 선행 해독들이 모두 '일'로 의견의 일치[8]를 보이고 있어, 구체적인 변증을 필요로 하지 않는다. 문제가 되고 있는 '爲事置耶'(「보개회향가」)와 '他事捨齊'(「총결무진가」)의 '事'에 대한 선행 해독들만을 변증하고, 그 미흡점을 보완해 보자.

4.1. 선행 해독의 변증

'爲事置耶'와 '他事捨齊'의 '事'에 대한 선행 해독들은 훈으로 읽은 경우와 음으로 읽은 경우로 나뉜다. 전자를 먼저 보자.

(7) 흔 일이더라(오구라 1929, 신태현 1940)
ᄒ리리두야(정열모 1965)
헌 일이드라(강길운 1995)
흔 일이두라(신재홍 2000)

(7)은 '爲事置耶'(「보개회향가」)의 해독들인데, 두 가지의 공통된 문제를 보인다. 하나는 '事'를 '일'로 읽은 다음에 '置耶'(더라, 드라, 두라, 두야)와의 연결이 여유치 않아, 표기에도 없는 '-이-'를 첨가한 문제이다. 다른 하나는 '爲'를 독훈으로 읽어서 '-ㄴ' 또는 '-ㄹ'을 첨가시켰다는 문제이다. 'ᄒ리리두야'는 '홀 일이두야'를 '홀일이두야'로 붙인 다음에 연철로 표기한

---

8) 모든 해독들이 '事伊置耶'(「총결무진가」)의 '事'를 '일'로 읽고 있다는 사실은 다음의 해독들에서 알 수 있다. 즉 '일이더라'(오구라 1929, 정열모 1947 등등), '일이두라'(양주동 1942, 지헌영 1947 등등), '이리두야'(홍기문 1956, 정열모 1965 등등), '일이ᄃ라'(이탁 1956), '일이도라'(김선기 1975a, 김선기 1993), '일이드라'(강길운 1995) 등에서와 같이 '일'로 통일되게 읽었다.

해독이다. 독훈이 맞다고 주장을 할 수도 있으나, 전자의 문제로 인해 이 독훈이 인정되지 않는다. 이 두 가지의 공통된 문제는 이 '事'를 훈 '일'로 읽을 수 없음을 말해준다.

(8) 달은 일을 버리제(오구라 1929)
　　다른 일 버리제(신태현 1940)
　　다른 닐 ㅂ리져(홍기문 1956)
　　년 일 말든(이탁 1956), 년 일 ㅂ리져(김준영 1964, 신재홍 2000),
　　녀느 일 ㅂ리져(유창균 1994, 류렬 2003), 녀느 일 바리져(강길운 1995)

(8)에서는 '他事捨齊'(「총결무진가」)의 '事'를 그 훈인 '일, 닐' 등으로 읽었다. 이는 '事'가 명사라는 점에서 '녀느 일'의 '일' 정도로 해독된다고 판단한다. 물론 뒤에 보겠지만, '他事'는 명사라는 점에서 한문으로 읽을 수도 있다.

이번에는 '爲事置耶'와 '他事捨齊'의 '事'를 음으로 읽은 해독들을 보자.

(9) 가. ᄒᆞᄉᆞᄃ라(이탁 1956), 하사더라(정열모 1947), 까사도라(김선기 1975a)
　　나. 타ᄉᆞ ㅂ리져(정열모 1965), 타사 버리져(정열모 1947), 타사샤져(김상억 1974), ᄯᅡ사 바리재(김선기 1975a)
　　다. ᄒᆞ샤두라(지헌영 1947, 김준영 1964, 1979), ᄒᆞ샤두야(홍기문 1956)
　　라. ᄒᆞ샷두라(양주동 1942, 전규태 1976, 황패강 2001), 하샷두라(김상억 1974)
　　마. 他事捨져(양주동 1942, 지헌영 1947, 전규태 1976, 김준영 1979, 황패강 2001), 他事 ㅂ리져(김완진 1980)
　　바. ᄒᆞ시도야(김완진 1980), ᄒᆞ시두라(유창균 1994, 류렬 2003)
　　사. 까씨도라(김선기 1993)
　　　타씨 바리쩨(김선기 1993)

(9가, 나)에서는 '事'를 'ᄉ'와 '사'로 읽었는데, 이 음은 '事'의 근현대음으로 보면 가능하다. 그러나 향찰 당시의 음으로 보면 부정적이다. 그리고 (9가)의 경우는 선어말어미(주체 존대)의 위치에서 'ᄉ'와 '사'로 읽을 수 없는 문제도 보인다.

(9다)의 '샤'는 '事'의 당시음이 아니라는 점에서 부정적이다. (9라)의 '샷'은 '샤'의 경우에서와 같은 문제를 보이며, 표기에도 없는 'ᄉ'을 촉음으로 첨가한 문제도 보인다.

(9마)에서는 음을 표시하지 않은 '他事'를 그대로 보여주고 있어, '事'를 '사'와 '시'에서 어느 것으로 읽은 것인지를 정확하게 판단할 수 없다. 특히 '시'라는 별도의 설명이 없다는 점에서, 근현대음 '사'로 읽은 것 같은데, '事'의 당시음을 정확하게 제시하지 않은 문제를 보인다.

(9바)에서 김완진(1980:201-203)은 이 '事'를 '시'로 읽었다. 그런데 왜 '事'를 '시'로 읽어야 하는지를 전혀 설명하지 않았다. 위치로 보아 주체 존대의 선어말어미 '시'에 맞춘 것 같다. 이 '시'는 (9사)의 '씨'('시'의 김선기 식 표기)를 거치면서 유창균의 '시'로 이어진다.

(9바)에서 유창균은 그 당시까지 해독된 형태들의 일부['일, 샷, ᄉ, 샤, 사, 시' 등]를 검토하면서, '시'(김완진)의 해독이 가장 적절하다고 보았다. 그 다음에 외국학자들이 재구한 '事'의 중국 고음[dẓʼəg(T.), dẓʼəg/dẓʼi-/shï(K.), dziəɤ/dẓi(C)]을 인용하고, 『동국정운』에서 운부와 모음이 'ᆞ'로 된 것은 기층음에 의한 것이 아니고, 우리 한자음에서 특이하게 발달한 현상이라고 주장(유창균 1994:1072-1073)하면서, 다음과 같은 점에서, '事'를 '시'로 정리하였다.

(10)

	上古	前漢	後漢	魏晉	南北	中古
事	-jəg	-jəg	-jəd	-jə	-jɛi	-ï
賜	-jar	-jar	-jer	-jei	-jæi	-jĕ

이것은 '事'와 '賜'가 魏晉 이래로 韻部母音이 비슷한 경향을 보여 주고 있음을 알 수 있다(:있게 한다. 필자 수정). 이것은 '事'가 '賜'의 異 表記로 쓰일 수 있음을 뜻하는 것이다. 이런 점에서 이 시기의 '事'는 '賜'와 같이 '시'를 가정할 수 있다. '샤·샤'등은 절대로 될 수 없고 '亽'는 中世音이 기준이 된 것이나, '亽'로는 여기에 부합하지 않는다. '시'는 主體尊待 '賜'의 異表記이다.(유창균 1994:1073)

(10)의 설명으로 보아, '事'가 '샤'나 '샤'이 될 수 없다는 것은 분명하다. 그러나 이 설명에서 보듯이 '事'와 '賜'의 재구음이 다소 달라, 이 설명만 으로는 '事'와 '賜'가 같은 '시'의 표기라는 것을 주장하는 데는 미흡점이 있어 보인다.

이상과 같이 '他事捨齊'의 '事'는 훈인 '일'로 읽을 수도 있다. 또한 이 '他事捨齊'와 '爲事置耶'의 '事'는 그 위치(명사, 주체 존대의 선어말어미)와 외국학자들이 재구한 '事'의 중국 고음과의 유사 등에 따라 '시'로 읽고 있 다. 그러나 이 '事'의 한국 한자음이 과거에 '시'였다는 점을 논증하지 못 한 미흡점을 보인다.

4.2. 선행 해독의 보완

선행 해독들이 '爲事置耶'와 '他事捨齊'의 '事'를 '시'로 읽으면서 보인 미흡점은 다음의 두 측면에서 보완할 수 있다.

하나는 '事'가 한국 한시에서 '시'의 압운자로 쓰인 예들이 발견된다는 측면이다. 이규보는 「곡이학사(백전)시박학사[哭李學士(百全)示朴學士]」(『동국이상국후집』권제6)에서 '事'를 '시'로 압운하였다. 즉 32구로 된 고율시의 이 작품에서 각구의 끝자들['士, 死, 年, 位, 此, 意, 存, 祀, 時, 里, 旬, 未, 殂, 事, 婦, 次, 月, 始, 公, 備, 別, 醉, 悲, 淚, 中, 理, 難, 志, 作, 子, 亡, 鼻']을 보면, 제14구말에서 '事'를 '시'로 압운하였다. 그리고 「임상궐복여요우유모정주필(臨上闕復與寮友遊茅亭走筆)」(『동국이상국집』권제15)에서도 '事'를 '시'로 압운하였다. 즉 24구로 된 고율시의 이 작품에서 각구의 끝자들['山, 妓, 生, 起, 才, 水, 期, 事, 麾, 醉, 佳, 矣, 耳, ……']을 보면, 제8구말에서 '事' 자를 '시'의 음으로 압운을 하였다. 이규보는 이 외에도 여러 작품에서 '事'를 '시'의 압운자로 사용하였다.9) 또한 이색도 「자감(自感)」(『동문선』권지5)에서 '事'를 '시'로 압운하였다. 즉 14구로 된 오언고시의 이 작품에서 각구의 끝자들['人, 事, 身, 耳, 疏, 異, 耳, 止, 神, 志, 迹, 矣, 日, 棄']을 보면, 제2구말에서 '事'자를 '시'의 음으로 압운을 하였다.

다른 하나는 '事'와 함께 '止'섭 3등의 '寘'운(거성)에 속한 향찰들['利, 事, 賜, 次' 등] 모두가, 음으로 읽을 경우에, 그 운을 '이'로 한다는 점에서, 향찰 '事' 역시 '이'운을 가진 그 당시의 한자음 '시'에 기초하였을 것이라는 측면이다. 이런 사실을 보기 위하여, 이 향찰들의 한자음들을 『중문대사전』에서 먼저 보자.

(11) 利 : [廣韻][集韻][韻會]力至切 [正韻]力地切 音詈 寘去聲
　　事 : [廣韻]鉏吏切 [集韻][韻會]仕吏切 寘去聲
　　　 [廣韻][類篇]側吏切 音志 寘去聲

---

9) 「야숙진화가대취서벽상(夜宿陳澕家大醉書壁上)」, 「진군견화후차운답지(陳君見和後次韻答之)」, 「진군후화차운증지(陳君後和次韻贈之)」(이상 3수, 『동국이상국집』권제11), 「기김학사(寄金學士)」, 「차운김학사(창)견화하과시[次韻金學士(敞)見和夏課詩]」, 「차운이시랑견화이수(次韻李侍郎見和二首)」(이상 3수, 『동국이상국후집』권제7), 「올좌자상(兀坐自狀)」(『동국이상국후집』권제8) 등에서도 '事'를 '시'로 압운을 하였다.

賜 : [廣韻][集韻][韻會]斯義切 音思 寘去聲

次 : [廣韻][集韻][韻會][正韻]七四切 音佽 寘去聲

　　　[集韻]資四切 音恣 寘去聲

(11)에서 보듯이, '利, 事, 賜, 次' 등은 모두가 '止'섭 3등의 '寘'운(거성)
에 속한다. 그리고 이 '寘'운(거성)에 속한 한자들로 만들어진 향찰들['利,
事, 賜, 次' 등] 모두가 음으로 읽을 경우에 그 운은 '이'이다. 이 중에서 '利'
는 그 음이 과거나 현재에 모두 '리'이다. 그리고 향찰 '賜'와 '次'는 '시'10)
와 '지'11)로 읽는 데는 거의 문제가 없다. 게다가 지금까지 살펴 왔듯이,
'지'섭 3등의 '支'운(평성)에 속한 차제자 표기들['詞, 思, 詩, 知, 伊, 支' 등]
과, '紙'운(상성)에 속한 향찰들['史, 是, 理, 里, 以, 爾, 只' 등]도 음으로 읽을
경우에 그 운은 모두가 '이'이다. 이렇게 '지'섭 3등에 속한 향찰들 모두가
'이'운을 보인다는 점에서, 향찰 '事' 역시 '이'운을 가진 그 당시의 한자음
'시'에 기초하였을 것이라는 측면을 추정할 수 있다.

　　이상과 같이 향찰 '爲事置耶'와 '他事捨齊'의 '事'는 선행 해독들에서

---

10) 향찰 '賜'는 그 음으로 읽는 경우에 다음과 같은 과정을 거치면서 '시'로 거의 굳어지고
　　있다. 정연찬(1972:80)은 향찰 '賜'의 한자음을 중국 운서의 반절표기에 기초하여 '시'
　　로 정리하고, 이를 두 작품(「모죽지랑가」, 「헌화가」)에 나온 '賜'들의 해독에 적용하였
　　다. 이 '시'를 서재극(1975)은 『삼국유사』에 수록된 향가의 향찰 '賜'들의 해독에 확대하
　　였고, 다시 김완진(1980)은 『삼국유사』와 『균여전』에 수록된 향가의 향찰 '賜'들의 해
　　독에 확대하였다. 이 해독들과 이를 따르는 후대의 해독들에 의해 향찰 '賜'는 그 음으
　　로 읽을 경우에는 '시'로 거의 굳어지고 있다. 그리고 이런 연구 상황은 이돈주
　　(1990:74-77)와 유창균(1994:186)이 외국학자들이 재구한 중국 고음에 의지하여 '賜'
　　의 음을 '시'로 확인하면서 더욱 굳어지고 있다. 단지 이 글에서 다루고 있는 다른 차제
　　자 표기들과 같이, 한국 한자음의 차원에서는 논증을 하지 못하고 있다.

11) 향찰 '次'는 어휘 '枝次/가지'의 '次/지'(오구라 1929:179, 양주동 1942:365), 지명 '古次,
　　忽次' 등의 '次/지'(지헌영 1954;1991:28-30), 약초명 '道羅次/도라지'와 '阿次吒加伊/
　　아짓가리'의 '次/지'(정열모 1965:267), 「남산신성비명」의 인명에 나타난 '次/지'(남풍
　　현 2000:165), 외국학자들이 재구한 중국 고음 '次/지'(김선기 1967e:307, 이돈주
　　1990:80-81, 유창균 1994:243) 등에 의거하여 '지'로 읽는 것이 거의 굳어지고, 한국
　　한자음의 차원에서는 한시의 압운자(양희철 2014b:172-173)로도 논증되었다.

그 위치(주체 존대의 선어말어미, 명사)와 외국학자들이 재구한 '事'의 중국 고음과의 유사에 따라 '시'로 읽으면서, 이를 한국 한자음의 차원에서는 논증하지 못한 미흡점을 보이는데, 이를 두 측면에서 보완하였다. 하나는 음이 '시'인 한자 '事'를 압운자로 사용한 예들이 한국 한시들[12]에서 발견된다는 측면이다. 다른 하나는 향찰 '事'와 더불어 '지'섭 3등의 '寘'운에 속한 향찰들['利, 賜, 次' 등] 모두가 음으로 읽을 경우에 그 운을 '이'로 한다는 점에서, 향찰 '事' 역시 '이'운을 가진 그 당시의 한자음 '시'에 기초하였을 것이리는 측면이다. 이런 점들로 보아, 향찰 '事' 역시 음으로 읽을 경우에는 '시'로 읽는 것이 타당하다고 판단한다.[13]

5. 결론

지금까지 차제자 표기 '詞, 思, 史, 事' 등에 대한 선행 해독들을 변증하고, 그 과정에서 발견되는 '詞, 思, 史, 事' 등의 해독음이 갈리는 미흡점과, 이 차제자 표기들의 해독음을 한국 한자음으로 논증하지 못한 미흡점을 보완해 보았다. 그 중요한 것들을 요약하는 것으로 결론을 대신하면 다음과 같다.

1) 이두 '詞腦, 思內, 思惱, 詩惱' 등의 '詞'와 '思'는 '詩'의 음 '시'와 일치하지 않는 'ᄉ, 싀, 詞' 등으로 읽다가, '詞, 思, 詩' 등이 모두 '止'섭 3등

---

12) 예로 든 압운자들이 이규보와 이색의 작품에서 발견된 것들이란 점에서, 혹시 이 한자 음들이 고려 중기 이후에 고려에서 유행한 중국 운서들(『예부운략』, 『고금운회거요』)의 음을 따른 것이 아니냐 하는 문제를 제기할 수 있다. 이에 대한 설명은 각주 7)에서와 같다.

13) 주체 존대의 선어말어미 '-시-'에 '事'가 쓰인 것은 이것이 처음이라는 점에서 문제를 제기할 수 있다. 그러나 향찰 '事'가 나온 균여 향가의 마지막 두 수인 「보개회향가」와 「총결무진가」에서는 '賜'를 전혀 쓰지 않고 있다는 점과, '事'와 '賜'가 함께 '止'섭 3등의 '寘'운(거성)에 속한다는 점에서 크게 문제가 되지 않는다고 생각한다.

의 '支'운(평성)에 속한다는 점과, 외국학자들이 재구한 중국 고음이 '*sI/ 스~sï/스~si/시'란 점에서, 그 음을 '스'로 통일하여 읽은 해독이 나왔고, 이어서 이 해독을 수용하면서 '시'로 바꾸어 읽은 해독들이 나왔다.

2) 1)의 선행 해독들은 '詞, 思' 등의 해독음이 '시'와 '스'로 갈리는 미흡점과, 한국 한자음의 차원에서 이 '시'와 '스'를 논증하지 못한 미흡점을 보이는데, 이 미흡점들을 두 측면에서 보완하였다. 하나는 음이 '시'인 한자 '詞'와 '思'를 압운자로 사용한 예들이 한국 한시들에서 발견된다는 측면이다. 「총결무진송」(최행귀, 나말려초), 「징현국사영당」(인빈, 고려 의종조), 「진주촉석루차정면재운」(백미견, 고려 후기) 등등에서는 '詞'를 '시'로 압운을 하였고, 「상은원외」(박인범, 신라말), 「송조진사송입라부」(최승우, 신라말), 「제양재역」(김부식, 고려초) 등등에서는 '思'를 '시'로 압운을 하였다. 다른 하나는 이두 '詞, 思' 등과 더불어 '止'섭 3등의 '支'운(평성)에 속한 차제자 표기들['詩, 知, 伊, 支' 등] 모두가 음으로 읽을 경우에, 그 운을 '이'로 한다는 점에서, 이두 '詞, 思' 역시 '이'운을 가진 그 당시의 한자음 '시'에 기초하였을 것이라는 측면이다.

3) 1)과 2)로 보아, 이두 '詞'와 '思'를 음으로 읽는 경우에는 '시'로 읽는 것이 타당하다고 판단하였다.

4) 향찰 '史'는 읽지 않은 경우, 무의미한 글자로 본 경우, '새, 세, 새, 세, 샤' 등과 같이 '史'의 음을 벗어난 경우, 'ㅅ, ㅿ, ㅈ, 이, 스, 사, 시, 싀, 지, 스, 스' 등과 같이 '史'의 음 또는 그 연관음으로 읽은 경우 등으로 다양하게 읽어 왔지만, 최근에는 '시'로 읽은 해독들이 우세한 가운데, '스, 스' 등의 해독이 다시 나왔다. 그리고 이 선행 해독들은 해독의 근거를 문맥, 이두 '召史/조시, 조이', 외국학자들이 재구한 중국 고음 '*sI/스 ~sï/스~si/시' 등에 두고 있다.

5) 4)의 선행 해독들은 아직도 '史'의 해독음이 '시'와 '스, 스' 등으로

갈리는 미흡점과, 한국 한자음의 차원에서는 이를 논증하지 못한 미흡점을 보이는데, 이 미흡점들을 두 측면에서 보완하였다. 하나는 음이 '시'인 한자 '史'는 물론 그 해성자들['駛, 使' 등]을 압운자로 사용한 예들이 한국 한시들에서 발견된다는 측면이다. 이규보는 「동명왕편」에서, 이색은 「유감」에서, 각각 '史'를 '시'의 압운자로 사용하였다. 그리고 이규보는 「동명왕편」에서 '史'의 해성자인 '駛'를 '시'의 압운자로, 「옹로유감」, 「임상권복여요우유모정주필」, 「염세우서」 등에서 '史'의 해성자인 '使'를 '시'의 압운자로, 각각 사용하였다. 다른 하나는 향찰 '史'와 더불어 '止'섭 3등의 '紙'운(상성)에 속한 향찰들['是, 理, 里, 以, 爾, 只' 등] 모두가 음으로 읽을 경우에, 그 운을 '이'로 한다는 점에서, 향찰 '史' 역시 '이'운을 가진 그 당시의 한자음 '시'에 기초하였을 것이라는 측면이다.

6) 4)와 5)로 보아, 향찰 '史' 역시 음으로 읽는 경우에는 '시'로 읽는 것이 타당하다고 판단하였다.

7) 향찰 '事'의 위치(주체 존대의 선어말어미, 명사)와 외국학자들이 재구한 '事'의 중국 고음과의 유사에 따라, '爲事置耶'의 '事'는 '시'로, '他事捨齊'의 '事'는 '일' 또는 '事'(시)로 읽은 해독들이 설득력을 얻고 있다.

8) 7)의 선행 해독들은 한국 한자음의 차원에서 이를 논증하지 못한 미흡점을 보이는데, 이 미흡점을 두 측면에서 보완하였다. 하나는 음이 '시'인 한자 '事'를 압운자로 사용한 예들이 한국 한시들에서 발견된다는 측면이다. 이규보는 「곡이학사(백전)시박학사」, 「임상권복여요우유모정주필」 등등에서, 이색은 「자감」에서, 각각 '事'를 '시'의 압운자로 사용하였다. 다른 하나는 '事'와 함께 '止'섭 3등의 '寘'운(거성)에 속한 향찰들['利, 賜, 次' 등] 모두가 음으로 읽을 경우에, 그 운을 '이'로 한다는 점에서, 향찰 '事' 역시 '이'운을 가진 그 당시의 한자음 '시'에 기초하였을 것이라는 측면이다.

9) 7)과 8)로 보아, 향찰 '事' 역시 음으로 읽는 경우에는 '시'로 읽는 것이 타당하다고 판단하였다.

이상을 다시 종합하면, 차제자 표기 '詞, 思, 史, 事' 등은 음으로 읽을 경우에, 해독음이 갈리는 미흡점과, 그 음 '시, 스, 싀' 등을 외국학자들이 재구한 중국 고음에 의존하여 설명하는 미흡점을 넘어서, 한국 한자음의 논거들로 보아도, '시'로 읽는 것이 타당하다는 결론을 내릴 수 있다.

二. 향찰 '知'

1. 서론

　선행한 향찰 해독들 중에는, 그 해독을 종합적으로 변증하면서 조금만 보완하면, 그 해독을 완결할 수도 있는 것들이 있다. 그 중의 하나로 향찰 '知'가 있다. 이 향찰 '知'에 대한 선행 해독들을 변증하고 보완하는 것이 이 글의 연구 목적이 있다.

　향찰 '知'는 '惡知(「모죽지랑가」), 遣知支(「맹아득안가」), 爲賜尸知(「안민가」), 爲尸知(「안민가」), 愛尸知古如(「안민가」), 持以支知古如(「안민가」), 過出知遣(「우적가」), 朋知良(「청불주세가」), 伊知(「청불주세가」)' 등에서 9회 나오고, 이 '知'의 해독은 매우 다양('ㄷ, 뎌, 뎌기, 뎨, 듸, 디, 지, 티, 치, ㄹ, 아, 알, 아ㄹ, 알아, 미상')하다. 이렇게 다양한 향찰 '知'의 해독들을 보면, 훈과 음 중에서 어느 것으로 읽을 것인가가 우선 문제가 된다. 왜냐하면 선행 연구들을 보면, 어느 '知'를 막론하고 훈으로 읽은 해독과 음으로 읽은 해독이 상충하지 않는 것이 없기 때문이다. 이로 인해 향찰 '知'의 해독은 의견의 일치를 보일 것 같으면서도 의견의 일치를 보이지 못해 왔다. 게다가 '爲尸知'는 '홀디'(양주동 1942)로, '惡知'는 '엇디'(서재극 1975)로,

'爲賜尸知'는 흥실디(서재극 1975)로, '遺知攴賜尸等焉'은 '깃딥 주실ᄃ언'
(양희철 1997)으로 각각 읽은 해독들의 '知'('디')로 의견이 수렴되는 가운데,
'知'를 '뎨, 뎌'(유창균 1994)와 '알아'(황선엽 2008a)로 읽은 해독들이 나왔다.
이로 인해 '惡知'의 '知'는 '디, 뎨' 중에서 어느 것으로 읽어야 하고, '遺知
攴賜尸等焉'의 '知'는 '디, 뎌' 중에서 어느 것으로 읽어야 하며, '爲賜尸
知'와 '爲尸知'의 '知'는 '디, 뎌, 알아' 중에서 어느 것으로 읽어야 하는가
하는 문제가 기왕의 문제에 다시 첨가되었다.

　이 문제들은 앞의 해독들이 나온 이후에, 이 해독들을 철저하게 변증한
글이 없어서 해결되지 않은 상태로 남아 있다. 이에 이 글에서는 이 문제
를 철저하게 변증해 보려 한다.

　앞의 해독들 중에서, 음으로 읽을 것인가, 아니면 훈으로 읽을 것인가
하는 문제는 문맥의 차원에서 변증하려 한다. 그리고 음으로 읽은 해독들
의 일부는 '知'의 당시음으로 주장된 것들이므로, 당시음이 어느 것인가
하는 점을, 신라 비문에 나타난 인명의 이두와 韻書의 음으로 변증하고,
훈으로 읽은 '르, 아, 알, 아ᄅ, 알아' 등은 문맥과, 실훈과 독훈의 인정
여부로 변증하고자 한다.

　변증의 순서는 음으로 읽히는 '知'들을 제2, 3장에서 연대순으로 차례
로 다루고, 훈으로 읽히는 '知'들을 제4장에서 연대순으로 다루고자 한다.

2. 어중·어말의 '知/디'(1)

　이 장에서는 '惡知, 遺知攴' 등의 '知'들에 대한 기왕의 해독들을 변증
하고자 한다.

2.1. '惡知'

'惡知'(「모죽지랑가」)는 그 띄어 읽기에서 '逢烏支惡知', '逢烏支惡 知-', '逢烏支 惡知' 등으로 정리되어 왔다. 이를 염두에 두고, 이 '知'를 읽은 해독의 양상을 정리하면 다음과 같다.

(1) 가. 미상 : 맛나오어(오구라 1929), 맛나아(유창선 1936c)
   나. 디 : 맛보옵디(양주동 1942), 맛보악디(정연찬 1972), **맛보압디(김상억 1974)**, 맛보기라디(류렬 2003)
   다. 디 : 맛보디아디(홍기문 1965)
   라. 지 : 맛보옵지(전규태 1976)
   마. 디 : 맞오아 디-(이탁 1956)
   바. 지 : 맛보악 지솨리(강길운 1995)
   사. 지 : 엇지(지헌영 1947, 정열모 1947)
   아. 디 : 구디(김준영 1964), 굳디(김선기 1967d), 굳이(김선기 1993)
   자. 듸 : 어듸(정열모 1965)
   차. 뎨 : 엇뎨(유창균 1994)
   카. 디 : 엇디(서재극 1975, 김완진 1980, 금기창 1993, 양희철 1997, 신재홍 2000, 황패강 2001), 앗디(김준영 1979)

(1가, 나, 다, 라)의 해독들은 '逢烏支'와 '惡知'를 '逢烏支惡知'로 붙여 읽었다. 이 중에서 (1가)는 해당 부분을 다음과 같이 설명하였다.

(2) 가. 惡知は「惡只」・「惡支」等と同一語で、動詞の中止形(連用形)に用ひられたものであるから、「逢烏支惡知」の五字を以て맛나오어よ讀ませる.(오구라 1929:154)
   나. 惡과 惡支를 나눠볼것이 아님은 安民歌에서 나라를 或은 國惡支 로 或은國惡으로 記錄한것을 보아알것이며, 惡이 惡知, 惡支,

惡只를 莫論하고 모다「아」로 읽을 것임은 鄕歌中에 屋尸나 玉只
等이 그흡「옥」에서 「오」를取하야 白屋尸를 「솖오」로 餘音玉只
를 「남오」로寫한것이다. …… 惡이나 惡支, 惡只를 莫論하고 모
다 「아」로 읽음이 正確하다. (母音調和때문에 「어」로 되는때도 있음)
要컨대, 本句의 惡知는 「아」로 解할것으로서 逢烏支惡知를 合
하야 「맛나아」로 읽는다.(유창선 1936c:21)

(2가)에서는 '支'를 연용형의 '아'로 보고, '惡知'를 중지형으로 보아,
'知'에 음을 부여하지 않았다. 그리고 (2나)에서도 '惡'과 '惡知'를 '아'로
읽은 것으로 보아 '知'의 처리가 모호하다. 이런 점들로 보아, (1가)의 해
독들은 '知'를 명확하게 해독하지 않은 것으로 판단된다.

(1나, 다, 라)의 해독들은 '知'를 처음으로 읽기 시작하였다.

(1나)의 해독들은 '知'의 음을 살려 읽었지만, '惡'의 해독에서 문제를 보
인다. 즉 '맛보욥디, 맞보악디, 맛보압디' 등에서는 '욥디, 악디' 등의 기능
이 명확하지 않다. 그리고 '맛보기라디'에서는 '惡知'를 '아디'로 읽고, '惡
知'의 음에도 없는 '라디'로 바꾸었는데, 이것도 이해되지 않는 해독이다.

(1다)는 '惡知'를 '아디'로 읽고, "그렇게 되기를 희망하거나 로력할 데
대하여 강조하고 있는 의미다."(홍기문 1956:96)라고 정리를 하였으나, 그
기능이 명확하지 않다.

(1라)는 (1나)의 '맛보욥디'를 '맛보욥지'로 바꾼 것인데, 역시 '욥지'의
기능이 명확하지 않다.

(1마, 바)의 해독들은 '逢烏支惡知-'의 띄어 읽기에서 '逢烏支惡 知-'
로 띄어 읽었다. 이 중에서 (1마)의 경우는 '逢(맞)+烏(오)+支(ㅇ)+惡(아)'
와 '知(디)+作(술)+乎(오)+下(ㄹ)+是(이)'로 각각 읽어, '맞오아 디슬올이'
(맞오아 되올까?)로 정리를 하였다. '知作乎下-'를 '디슬올-(되올)'로 읽는
데 문제가 있어 보인다.

(1바)의 경우는 '逢(맞보)+烏(오)+惡(악:명사형접미사)'와 '知(지:'짖'의 두음첨기)+作(짖)+乎(오)+下(알)+是(이)'로 각각 읽어, '맞보악 지솨리'로 정리를 하였다. 두음첨기를 인정하기가 어렵다.

(1사-카)의 해독들은 '惡知'를 '逢烏支'로부터 띄어서 부사로 보았다.

(1사)의 해독들은 처음으로 '惡知'를 '逢烏支'로부터 띄어서 '엇지'로 읽었다. 이 해독들에서는 '知'를 중세 이전의 음으로 읽지 않고, 현대음 '지'로 읽은 문제만이 발견된다.

(1아)의 해독들은 해당 문맥에 맞지 않는 문제를 보인다. 즉 '만나기를 굳이 짓으오리'에서와 같이 이 문맥에는 맞는 것 같으나, 작품 전체의 문맥에서 어색한 문제를 보인다.

(1자)은 '惡'의 훈을 '어듸'로, '知'의 음을 '듸'로 각각 보고, '惡知'를 '어듸'로 읽으면서 현대어 '어찌'에 해당한다(정열모 1965:243)고 보았다. 그러나 '어듸'는 '어찌'의 의미가 아니라는 문제를 보인다.

(1차)의 해독은 '惡'의 훈을 '엇뎨'로 보고, '知'의 음을 '뎨'로 보았다. 이 설명은 매우 길지만, 인용하면 다음과 같다.

(3)   … ('엇뎨' 예문의 인용 생략) …
      이 '엇뎨'가 '엇디'로 바뀐 것은 《杜詩諺解》에서이다.
      … ('엇디' 예문의 인용 생략) …
      이것은 '엇뎨〉엇디'와 같은 變化를 생각할 수 있고 '엇뎨'보다는'엇디'가 더 近代語에 가깝다. 그러므로 新羅語에서 '엇디'를 가정하는 것은 무리한 일이다. …….
      이런 점에서 본항 '惡知'는 위의 예 '何也'와 같은 것이다. '知'는 그 末音을 나타내는 것이다. 여기에서 '知'를 기준으로 한 語形으로는 '엇디'를 생각할 수 있으나, 앞에서 例示한 바와 같이 이것은 '엇뎨'가 더 先行하는 것으로 '엇뎨〉엇디'와 같은 발달을 겪은 것이다. 그러므로 아래의 '知'와의 관계를 고려에서 '엇뎨'를 가정하기로 한다.

…(중간 생략)…

그런데 '知'는 다음과 같은 발달을 겪은 것으로 되어 있다.

	上古	前漢	後漢	魏晉	南北	中古
知	tjig	tjieï	tjiei	tjiei	tjæi	tjĕ
	디	뎌	뎨	뎨	뎨	디

아래의 한글표기는 代用關係를 생각해 본 것이다. 15세기 漢字音의 '디'는 中古音에서 유래하는 것이다. 이것은 核母 -ĕ-가 j-로 인하여 약화됨으로 -jĕ-가 -i가 된 것이다. 그런데 魏晉代音에서 '뎌'가 된 것은 이 단계의 代用音에서는 韻尾의 -i를 삭제하게 된다. (이 점에 대해서는 '齊·米'를 참조) '知'가 '뎌'로 가정될 수 있음은 '엇디'가 15세기에 '엇뎨'로 나타남과 관련지어 볼 때, 매우 흥미 있는 일이라 하지 않을 수 없다. 여기에서 魏晉代音은 '뎌', 南北音은 '뎨'가 가정되나 後者를 취하기로 한다. 앞의 爲賜尸知도 'ᄒᆞ실뎌' 爲尸知도 'ᄒᆞᆯ뎌', 遺知支는 '버려기'('버뎌기'의 오자로 추정:필자주)로 뎌를 취할 것이며, '朋知'만은 均如歌로 中古音 '버디'가 타당할 것 같다. 이와 같이 볼 때 '知'는 '뎌' 또는 '뎨'로 새겨질 수 있다. 여기서는, '엇뎨'의 末音으로서 '뎨'를 취하기로 한다.(유창균 1994:218-220)

(3)만을 보면, 상당히 설득적이어서, '惡知'는 '엇뎨'로 읽어야 할 것 같다. 그러나 논증하는 과정에서 보인 자료들에 네 가지 문제가 있다. 첫째는 '엇뎨〉엇디'의 변화가 『두시언해』(초간본)에서 일어났다고 보는 데 한계가 있다는 것이다. 둘째는 6세기의 이두 '知'로 볼 때에, '惡知'의 '知'를 '뎨, 뎌' 등으로 읽는 데 한계가 있다는 것이다. 셋째는 '知'의 당시음을 '뎨'는 물론, '齊·米'와 같이 운미의 'i'가 생략된 '뎌'로 보는 데 한계가 있다는 것이다. 넷째는 (3)에서 제시한 '知'의 음 '뎨'의 논거에 문제가 있다는 것이다. 이 네 문제를 구체적으로 보자.

첫째로, '엇데〉엇디'의 변화가『두시언해』(초간본, 1481년)에서 일어났다고 보는 데 한계가 있다는 사실을 보자.『이조어사전』을 보면, '엇데, 엇뎌, 엇디' 등이 모두 나온다. 이 중에서 '엇디'는 "이 아기 엇디 나완디 늘그늬 허틸 안고 이리ᄃᆞ록 우는다"(『월인석보』8:100, 1459년)에서도 나온다. 그리고 '엇뎌'(『월인석보』23:87)와 '엇뎌'(『월인석보』7:17, 10:4, 23:68, 23:87)의 형태도 나온다. 게다가 고려가요에도 '엇디'가 나온다. 이런 점들에서, '엇데'가『두시언해』(초간본, 1481년)에서 '엇디'로 바뀌었기 때문에, '惡知'는 '엇디'가 아니라 '엇데'라고 주장하는 데는 한계가 있다.

둘째로, 6세기의 이두 '知'로 볼 때에, 그 음이 '뎨, 뎌' 등이라고 보는 데 한계가 있다는 사실을 보자. 남풍현(2000:163~165)은 6세기의 이두 '知'의 음을 '디'로 정리를 하였다. 그 글을 짧게 다시 정리해 보자. 우선「울진봉평신라비」(524년)와「남산신성비」(591년)에 나온 '智, 知, 之, 次' 등을 인용 정리하면 다음과 같다.

(4) 가. 牟卽智, 徒夫智, 日夫智, 漢昕智, 而粘……(「울진봉평신라비」) □□俶知, 今知, □文知(남산신성 제1비), 級知, 所叱孔知(남산신성 제2비), □□知(남산신성 제3비, 제4비)

　　나. 平西利之, 首□利之, 可沙利之, 美叱□之, 所平之, 可尸□之, 淂毛尒之, 仁尒之, 首叱兮之, 乙安尒之, 丁利之(남산신성 제2비)

　　다. 慕次, 烏婁次(「울진봉평신라비」)
　　　　竹生次, 知礼次, 辱厂次(남산신성 제1비), 勿生次(남산신성 제2비), □□次, 仇生次, □下次(남산신성 제3비)

(4가)의 '智/知'들, (4나)의 '之'들, (4다)의 '次'들 등은 모두가 사람의 이름에 붙은 글자들이다. 이 인명에 붙은 '智/知, 之, 次' 등을 함께 생각해 보자. 그 음이 서로 달랐을까? 아니면 대상 내지 쓰는 사람에 따라 글

자를 달리 쓴 것일까? 남풍현(2000:165)은 이 중에서, 후자인 대상 내지 쓰는 사람에 따라 다른 글자를 쓴 것으로 판단하였다. 이와 같은 '智'는 「영일냉수리신라비」(503년)와 「단양신라적성비」(540년대)에서도 정리가 되었고(남풍현 2012b:254-255), 이와 같은 '知'는 「청주연지사종명」(833년)의 '舍知'에서도 보인다.(남풍현 2000:397-400) 그리고 '디'를 표기한 구결 '夨'(=知)는『구역인왕경』,『금광명경』,『화엄경』 등의 고려 구결에서도 공통으로 나타난다. 이렇게 '智, 知, 夨' 등이 모두 '디'의 표기라는 점에서도 '惡知'를 '엇뎨'로 읽는 것은 어렵다. 특히 '知'의 당시음으로 '디'는 예증되지만, '뎨'는 예증되지 않는다는 점에서 '惡知'를 '엇뎨'로 읽을 수 없다.

셋째로, '知'의 당시음을 '뎨'는 물론, '齊·米'와 같이 운미의 'i'가 생략된 '뎌'로 보는 데 한계가 있다는 사실을 보자. '엇뎨'의 해독은 앞의 (3)에서와 같이 "魏晉代音은 '뎌', 南北音은 '뎨'"로 보고, 이에 근거하여 '知'의 음을 '뎌'와 '뎨'로 보면서, 이와 같이 변한 예로 '齊'와 '米'를 들었다. 그런데 '米'는 향찰에서 '매'로 읽힌다는 점(양희철 2012a:7-34)에서 일차로 앞의 해독의 논거가 되지 못한다. 다음으로 '齊'와 '知'를 韻書에서 보면, 그 음의 변화에서 시대상 차이를 보인다는 점에서, '齊'의 음으로 '知'의 당시음이 '뎨'나 '뎌'라고 주장할 수 없다는 문제를 보인다. 이 문제를 검토하기 위하여 운서에서 정리한 '齊'와 '知'를『중문대사전』에서 보자.

(5) 가. 知 : [廣韻]陟離切 [集韻][韻會]珍離切 [正韻]珍而切 音蜘 支平聲
　　　　[集韻][韻會]珍義切 [正韻]珍意切 音智 實去聲
　　나. 齊 : [廣韻]徂奚切 [集韻][韻會][正韻]前西切 音臍 齊平聲
　　　　[集韻]子計切 音齊 齊去聲

(5가)의 '知'는 '止'攝 三等의 '支'운에 속한 글자로, 운서들의 반절하자를 보면, '離'에서 'ㅣ'운을 보여준다. 이에 비해 (5나)의 '齊'는 '蟹攝 四等의

'齊'운에 속한 글자로, 운서들의 반절하자로 보면, '奚, 西, 計' 등에서 'ㅐ/ㅖ〉ㅕ'를 보여준다. 이런 양상은 '蟹攝 四等의 '霽'운에 속한 '制, 弟' 등과 '薺'운에 속한 '體'에서도 마찬가지이다.(양희철 2012b:141-157, 2013:311-396) 이렇게 후자에서는 'ㅖ〉ㅕ'를 볼 수 있지만, 전자에서는 이미 이런 'ㅖ〉ㅕ'를 볼 수 없고, 단지 'ㅣ'만을 보여준다. 이런 점에서 '蟹'섭에 속한 '齊'와 '止'섭에 속한 '知'의 음이 같은 변화를 보인 것으로 보면서, '齊'의 음에 근거하여, '知'의 그 당시음을 '뎨'와 '뎌'라고 주장하는 데는 한계가 있다고 생각한다.

넷째로, (3)의 인용에서 제시한 '知'의 음 '뎨'의 논거에 문제가 있다는 사실을 보자. (3)의 인용에서 '知'의 당시음이 '뎨'라고 주장하면서 그 논거로 제시한 후한의 '뎨'(tjiei), 위진의 '뎨'(tjiei), 남북의 '뎨'(tjæi) 등은 그 논거에 문제가 있다. 유창균이 인용한 董同龢, B. Karlgren, 周法高 등의 상고음과 중고음은 다음과 같다.

(6) 知   tjeg   tịêg/t'ịę   tier/til(유창균 1994:76)

(6)의 음들은 유창균이 (3)에서 제시한 후한의 '뎨'(tjiei), 위진의 '뎨'(tjiei), 남북의 '뎨'(tjæi) 등과는 너무나 큰 차이를 보인다. 이런 점에서도 '知'의 당시음은 '뎨'로 보기 어렵다.

이렇게 네 측면에서 문제를 보인다는 점에서, 특히 예증되는 '디'를 무시하고, 예증되지도 않는 '뎨'나 '뎌'로 '知'를 읽을 수는 없다고 판단한다.

(1자)의 해독들은 (1사)의 '엇지'를 '엇디'나 '앗디'로 바꾸었다. 그리고 이 해독들에는 문제가 없다는 점에서, '惡知'는 여전히 '엇디'로 읽어야 한다고 판단한다. 특히 「영일냉수리신라비」(503년), 「울진봉평신라비」(524년), 「단양신라적성비」(540년대) 등의 '智', 「남산신성비」(591년)와 「청주연지사

종명」(833년)의 '知', 『구역인왕경』, 『금광명경』, 『화엄경』 등의 고려 구결의 'ㅊ' 등이 모두 '디'의 표기이고, 우리가 지금 검토하고 있는 '知'들은 모두가 7세기말 이후['惡知'(「모죽지랑가」, 효소왕대 692-702년), '遣知攴'(「맹아득안가」, 경덕왕대 742-765), '爲賜尸知, 爲尸知, 愛尸知古如, 持以支知古如'(「안민가」, 765년), '過出知遣'(「우적가」, 원성왕대 785-798년), '朋知良閪尸也, 伊知皆矣'(「청불주세가」, 고려)]의 것들이라는 점에서, 隋唐을 배경으로 한 중고음 '디'로 보는 데 문제가 없다.

2.2. '遣知攴'

'遣知攴'(맹아득안가)은 '吾良遣知攴賜尸等焉'에 포함되어 있다. 이 시구는 '吾良 遣知攴賜尸等焉', '吾良遣 知攴賜尸等焉', '吾良 遣知 攴賜尸等焉', '吾良 遣知攴 賜尸等焉' 등으로 분절되어 해독되고 있다. 이를 감안하여, '知'의 해독 양상을 정리하면 다음과 같다.

(7) 가. 티 : 찌티샬든(오구라 1929, 신태현 1940), 기티샬든(유창선 1936f), 기티샬둔(양주동 1942, 지헌영 1947, 전규태 1976, 황패강 2001), 기티샬단(김상억 1974), 기티디샬든(홍기문 1956), 기팃샬든(김준영 1964), 기티히실든(서재극 1975)

나. 치 : 기치기샬든(정열모 1947)

다. 디 : 깃딩샬든(김준영 1979), 기디고히실든(류렬 2003)

라. 아르 : 아륵실든(김완진 1980)

마. 티 : 기티 고이샬든(정열모 1965)

바. 뎌 : 기뎌기 주실든(유창균 1994)

사. 티 : 기티 주슬뎬(강길운 1995)

아. 디 : 긷이어 주시면(이탁 1956), 긷디리 줄 딸안(김선기 1968c), 기디다 줄 돌안(김선기 1993), 깃딥 주실ᄃ언(양희철 1997), 기디기 줄든(신재홍 2000)

(7가, 나, 다)의 해독들은 '吾良遺知攴賜尸等焉'을 '吾良 遺知攴賜尸等焉'으로 분리하고, '遺知攴賜尸等焉'을 읽은 해독들이다.

이 중에서 (7가)와 (7ㄴ)은 '遺'의 훈 '기티'와 '기치'를 염두에 두고 '知'를 말음첨기로 처리하기 위하여 '티'나 '치'로 읽었다. 그러나 정작 '知'의 음이 '티'나 '치'가 아니라는 문제를 보인다.

(7다)의 해독들은 '知'를 '디'로 읽었다. 이렇게 '知'를 '디'로 읽는 데는 문제가 없다. 그러나 (7다)의 해독들인 '깃딛샬든'(끼쳐 주신다면)과 '기디고 히실돈'('攴':고히, 베풀어 주신다면)은 형태소들의 연결에서 문제를 보인다. 이로 인해 해독된 형태와 괄호 안의 현대역이 연결되지 않는다. 특히 이 해독들은 괄호 안의 현대역으로 보면, '遺知攴賜尸等焉'을 '遺知攴 賜尸等焉'으로 분리해야 함을 암시하지만, 해독에서는 여전히 '遺知攴 賜尸等焉'으로 분리하지 않은 문제를 보인다.

그리고 이 (7가, 나, 다)의 해독들은 '攴'을 '支'로 수정한 문제도 보인다.

(7라)는 '吾良遺知攴賜尸等焉'을 '吾良遺 知攴賜尸等焉'으로 분리하고, '遺'를 '遣'으로 수정하여 읽은 해독이다. '遺'를 '遣'으로 수정한 것과 '攴'을 지정문자로 본 문제를 보이면서, '知'를 '알'로 읽은 것도 믿기 어렵다.

(7마)는 '吾良遺知攴賜尸等焉'을 '吾良 遺知 支賜尸等焉'으로 분리하여, '遺知 支賜尸等焉'을 '(나래) 기티 고이샬든'으로 읽고, '(내가) 빠지고 은혜를 베푸신다면'의 의미(정열모 1965:323)로 보았다. '知'를 '티'로 읽을 수 없는 문제와, '기티 고이샬든'이 '빠지고 은혜를 베푸신다면'의 현대역과 연결되지 않는 문제를 보인다. 물론 '攴'을 '支'로 수정한 것도 문제이다.

(7바, 사, 아)의 해독들은 '吾良遺知攴賜尸等焉'을 '吾良 遺知攴 賜尸等焉'이나 '吾良 遺知攴 賜尸 等焉'으로 분리하여 읽었다.

(7바)의 해독은 '知'를 '뎌'로 읽었는데, 이에 포함된 문제를 보기 위하여, 이 해독자의 설명을 인용하면 다음과 같다.

(8)　그런데 '遺知-'는 이 '기티-'에 대응하는 語를 표기한 것으로 볼
때, '知'는 표기법상의 성격상 '기티-'의 末音節 '티'에 대응하는 것으
로 봐야 한다. 그러나 '知'는 결코 '티'가 될 수 없는 것이다. …… 여기
서는 그 形態를 '기티-'로 잡을 것이냐 '기디-'로 잡을 것이냐 하는
것이 문제가 된다.

　筆者는 '기뎌'를 취하고자 한다. 첫째로 有氣音 'ㅌ'의 발생은 후대
의 음운변화에 의한 것으로 古代語의 형태로 간주하기 어렵다는 사
실이다. 둘째는 앞에서도 언급한 바와 같이 '티'는 '知'와 부합하지 않
기 때문이다. 이런 각도에서 筆者는 '긷-'를 취하거나와 '기티-'는 아
래의 접미사 '支'와의 연결에서 음운변화에 의한 것으로 보고자 한다.

　…(중간 생략)…

　'知'는 일반적으로 '디'로 인식되어 왔다. 그러나 '知'의 初期 土着
化音은 '뎌'이었던 것으로 생각한다.

　…(중간 생략)…

　'기'는 부사성 접미사이다. '遺知支'는 '기뎌기'가 되고 '기뎌기〉기
뎌히〉기뎌이〉기톄〉기티'와 같은 변화에 의해 中世語의 '기티-'가 된
다. 이것은 '엇뎌이'가 '엇뎌기〉엇뎌이〉엇뎨〉엇디'(惡知 〈1.6.2〉)가 된
것과 같다 하겠다. 따라 '기뎌기'는 '기티어' 즉 '남기어'라는 뜻이 될
것이다.(유창균 1994:617-618)

　(8)에서는 '知'를 '뎌'로 읽었다. 그 논거는 둘이다. 하나는 '知'의 음이
'뎨〉뎌〉디'로 변해왔는데, '遺知支'의 '知'는 '뎌'에 해당한다는 것이다.
'知'의 음이 '뎨〉뎌〉디'로 변해왔다는 데는 의문의 여지가 없다. 그러나 이
'뎨, 뎌, 디' 등에서 꼭 '뎌'로 읽어야 한다는 논거가 이 자체에는 없다. 게
다가 '엇뎨'의 비판에서 설명하였듯이, '知'의 당시음은 이미 '뎨'나 '뎌'가
아니라 '디'이다. 다른 하나는 '遺知支'을 '기뎌기'로 읽고, 이 '기뎌기'(남
기어)는 '惡知'(엇뎌기〉엇뎌이〉엇뎨〉엇디)와 같이 변했다는 점에서 '遺知支'
의 '知'는 '뎌'로 읽어야 한다는 것이다. 이 주장은 그럴 듯하지만, 역으로

'知'를 '뎌'로 읽을 수 없음을 보여주는 자료로 판단된다. 그 근거는 세 가지인데 이를 차례로 보자.

첫째는 '遣知攴'의 '攴'을 '支'로 수정할 수 없고, 그 해독인 '기'를 현대어의 부사성 접미사 '-어'로 볼 수 없다는 문제이다. 이 해독은 '遣知攴'의 '攴'을 '支'로 수정하여 '기'로 읽고, 그 기능을 현대어의 부사성 접미사 '-어'로 보았다. 그러나 수정을 하지 않아도 해독이 되고, '-기'가 현대어의 부사성 접미사 '-어'에 대응하는 고대어나 중세어라는 설명은 논거 없는 주장에 불과하다.

둘째는 이 해독은 '遣, 知, 攴' 등의 세 향찰을 개별적으로 읽은 해독을 따르면, 이 해독이 '遣知攴'의 해독에서 제시한 '기뎌기'(남기어)를 정리할 수 없는 문제를 보인다. '遣'는 이 해독에서 '기디' 또는 '깃디'로 읽었다. 그리고 '攴'은 이 해독에서, '支'로 수정하고, 현대어 '-어'에 해당하는 '기'로 읽었다. 이 해독들과 '知'의 해독 '뎌'를 결합하면, '遣(기디)+知(뎌)+支(기)'로 각각 해독되고, 이를 결합하면, '기디+뎌+기'가 되면서, 이 해독이 제시한 '기뎌기'가 되지 않는다.

셋째는 '遣知支'의 해독인 '기뎌기'의 변화와 '엇데'의 변화는 별개의 문제라는 점이다. 이 해독은 '遣知支'를 '기뎌기'로 읽고, 이 '기뎌기'가 '기뎌기〉기뎌히〉기텨이〉기톄〉기티'로 변했는데, 이는 '惡知'의 해독인 '엇데'가 속한 '엇뎌기〉엇뎌이〉엇톄〉엇디'의 변화와 같은 것이라고 한다. 그러나 이 두 변화는 우선 그 대상 자체에서 비교할 것이 아니라고 생각한다. 왜냐하면, '遣知支'(기뎌기)는 그 현대역인 '남기어'로 보아, 용언의 연결형이고, '惡知'는 '엇데'의 해독으로 보아 부사이다. 이렇게 성격이 다른, 즉 연결형에 나타난 말음절모음의 변화와 부사에 나타난 말음절모음의 변화를 비교한 것은 비교 대상에 문제가 있는 것 같다. 그리고 '엇뎌기〉엇뎌이〉엇톄〉엇디'의 변화에서 '엇뎌기〉엇뎌이'는 어디에 근거한 것인지를 알 수 없다. 단지 '기뎌기〉기뎌히〉기뎌이'에 대응시키기 위하여 상정한 것에 불과하다. 또한 '엇뎨'의 그 이전 형태가 '엇뎌기〉엇뎌이'이었다는 주장에도 쉽게 동의하기가 어렵다

이렇게 '遺知攴'을 이해되지 않는 '기뎌기'로 해독하면서 장황한 설명을 구차하게 한 데는 이유가 있다. 바로 이 '遺知攴'의 '知'를 '뎌'로 해독할 수만 있으면, '爲賜尸知'와 '爲尸知'의 '知'를 '뎌'로 읽고, 나아가 '惡知'의 '知'를 '뎨'로 읽은 것을, 예증은 할 수 없지만, 이론상으로나마 합리화를 할 수 있기 때문이다. 그러나 지금까지 검토해온 문제들로 보아, 그리고 예증되는 '知'의 음 '디'를 무시하고, 예증되지도 않는 '知'의 음 '뎌'에 따라, '遺知攴'의 '知'를 '뎌'로 읽을 수 없다고 판단한다.

(7사)는 '攴'을 지정문자로 본 문제와 '知'를 그 음에도 없는 '티'로 읽은 문제를 보인다.

(7아)의 해독들에서 '知'를 '디'로 읽은 것은 공통이다. 그런데 문제가 되는 것은 '攴'이다. '긷이어 주시면'에서는 '攴'을 '-어'로 읽었는데, 그 근거가 없다. '긷디리 줄 딸안'은 각론에서는 '긷디리'를 '긷디디'로 읽고 그 뜻은 '기치어'로 보았다. '-리'나 '디'가 현대어 '-어'에 해당하는 이유를 알 수 없다. '기디다 줄 돌안'의 경우는 각론에서는 '기디다'를 '기디디'로 읽고 그 뜻은 '기치어'로 보았다. '다'나 '디'가 현대어 '-어'에 해당한다는 근거가 없다. '기디기 줄돈' 역시 '기'를 현대어 '-어'에 해당하는 것으로 보았는데, 그 근거가 없다. '깃딥 주실ᄃ언'에서는 돌궐어와 한국 중세어에서 보이고, 현대어 '-어'에 해당하는 'ㅂ'으로 '攴'을 읽었다. 앞의 해독들 중에서, 'ㅂ'의 해독을 제외한 나머지 해독들이, '攴'을 다양하게 읽으면서도 현대어로는 연결어미 '-어'로 번역한 이유는, 돌궐어와 한국 중세어에서 연결어미 '-어'에 해당하는 'ㅂ'의 존재를 이해하지 못했지만, '攴'의 위치가 연결어미 '-어'의 위치에 해당한다는 것만은 정확하게 파악한

결과의 소산으로 보인다.

이상과 같은 점들에서, '遺知攴'은 '깃딥' 또는 '기딥'으로 읽고, 이 '知'
역시 '디'로 읽은 해독이 맞다고 판단한다.

3. 어중·어말의 '知/디'(2)

이 장에서는 '爲賜尸知', '爲尸知, 朋知良, 伊知' 등의 '知'들에 대한 기
왕의 해독들을 변증하고자 한다.

3.1. '爲賜尸知'

'爲賜尸知'(「안민가」)의 해독들을 '知'의 해독에 따라 정리해 보자.

(9) 가. ㄹ : ᄒ샬(유창선 1936c)

　　나. 지 : 하살지(정열모 1947)

　　다. 뎌 : ᄒ실뎌(유창균 1994)

　　라. 알아 : ᄒ실 알아(황선엽 2008a)

　　마. 디 : ᄒ샬디(오구라 1929, 양주동 1942, 지헌영 1947, 정열모 1965, 홍기
　　　　　문 1956, 김준영 1964, 전규태 1976, 금기창 1993, 황패강 2001), ᄒ술디
　　　　　(이탁 1956), ᄭᅡ샬디(김선기 1967d), ᄭᅡ실디(김선기 1993), 하샬디(김
　　　　　상억 1974), ᄒ실디(서재극 1975, 김완진 1980, 양희철 1997, 신재홍
　　　　　2000, 류렬 2003), 허슬디(강길운 1995)

(9가)에서는 '尸'와 '知'를 각각 'ㄹ'로 읽었다. 이렇게 'ㄹ'을 두 번 표기
할 이유가 없다. 그리고 'ㄹ'의 표기에는 '尸'나 '乙'이 쓰인다는 점에서도
문제를 보인다.

(9나)에서는 '知'를 현대음 '지'로 읽은 문제를 보인다.

(9다)에서는 '知'를 '뎌'로 읽었다. 그 설명을 보자.

(10)　(4) 知(音)　　　　뎌 〈既註 1.6.2.(2) 參照〉

'뎌'는 감탄형 '뎌'(齊)〈既註 1.4.4.(4)〉의 異形態이다. …… 처럼 '뎌'
가 우세하나 鄕歌뿐 아니라, 中世語에 이르기까지 '뎌'形의 흔적을
남기고 있음을 볼 수 있다.

…(중간 생략)…

윗 예의 '丁'은 '뎡'이다. 이것은 아마 감탄형 '뎌'를 나타내는 것으
로 보인다. ……

이와 같이 감탄형은 '뎌'와 함께 '뎌'도 상당히 넓은 범위에 걸쳐 분
포하고 있음을 볼 수 있다. 따라서 '知'는 위의 '뎌'에 대응하는 形態
素로 보고자 한다.

…(중간 생략)…

이것은 모두 '知'를 '디'로 읽는데서 오는 그릇된 인식에서 비롯하는
것이다. '知'는 '뎌'로, 감탄형어미 '~할 것이로다'와 같은 뜻으로 새
길 것이다.(유창균 1994:339-340)

(10)에서는 '知'를 '뎌'로 읽었다. 그런데 이렇게 읽을 수 없음은, 앞에서
본 바와 같이, 「영일냉수리신라비」(503년), 「울진봉평신라비」(524년), 「단
양신라적성비」(540년대) 등의 '智', 「남산신성비」(591년)와 「청주연지사종
명」(833년)의 '知', 『구역인왕경』, 『금광명경』, 『화엄경』 등의 고려 구결의
'夭' 등이 모두 '디'의 표기이고, 韻書에 나타난 '知'의 당시음이 '뎨'나 '뎌'
가 아니고 '디'라는 점에 있다. 그리고 이렇게 읽으면, 제4행의 내용과의
연결에서 문제를 보인다. 또한 이 해독은 같은 '-尸知'를 제7행말 내지 제
8행초의 '爲尸知'에서는 의문형으로 읽고, 제3행말 내지 제4행초의 '爲賜
尸知'에서는 감탄형으로 읽은 문제도 보인다.

(9라)에서는 '爲賜尸知'를 '爲賜尸 知'로 끊고 '흐실 알아'(하실 것 알아)로 읽으면서 '知'를 독훈 '알아'로 읽었다. 그리고 독훈한 예로 「맹아득안가」의 '放'(놓아)을 들었다. 향찰 해독에서 연결어미를 포함한 독훈을 인정해야 할지는 좀더 검토해 보아야 할 문제이다. 특히 '放'을 '놓……'과 같이 어간 다음을 생략 표현으로 보는 경우도 있어, 향찰 해독에서 연결어미를 포함한 독훈을 인정해야 할지는 좀더 검토해 보아야 할 것 같다.

(9마)에서는 '爲賜尸知'를 '흐실디'로 읽고, '知'는 '디'로 읽었다. 이 해독들에서는 어떤 문제도 발견되지 않으며, '知'의 음 '디'는 당시의 금석금에서 예증된다는 점에서, 이 해독이 맞다고 판단한다.

3.2. '爲尸知'

'爲尸知'(「안민가」)의 해독을 '知'의 해독 양상에 따라 정리하면 다음과 같다.

(11) 가. ㄹ : 홀(오구라 1929, 유창선 1936c)
　　 나. ㄷ : ᄃ술(이탁 1956)
　　 다. 지 : 할지(정열모 1947)
　　 라. 뎌기 : 깔뎌기(김선기 1993)
　　 마. 뎌 : 홀뎌(유창균 1994)
　　 바. 알아 : 홀 알아(황선엽 2008a)
　　 사. 디 : 홀디(양주동 1942, 지헌영 1947, 정열모 1965, 홍기문 1956, 김준영 1964, 김준영 1979, 서재극 1975, 전규태 1976, 김완진 1980, 금기창 1993, 양희철 1997, 신재홍 2000, 황패강 2001, 류렬 2003), 할디(김상억 1974), 헐디(강길운 1995), 깔디(김선기 1967d)

(11가)의 경우는 '尸'와 '知'를 각각 'ㄹ'로 읽었다. 'ㄹ'에 '尸'나 '乙'이

쓰인다는 문제를 보인다.

(11나)의 경우는 '爲(ㄷ)+尸(ㅅ)+知(ㄷ)'로 읽어 'ㄷ숟'을 이끌고, 다시 'ㄷ숟〉ㄷ술'의 변화를 설정한 해독이다(이탁 1956:23). '爲'를 'ㄷ'로, '尸'를 'ㅅ'로 읽은 근거를 이해할 수 없으며, 'ㄷ'의 표기에 '叱' 또는 '支'가 쓰인다는 문제를 보인다.

(11다)의 경우는 '知'를 현대음 '지'로 읽은 문제를 보인다.

(11라)의 경우는 '知'를 '뎌기'로 읽었다. 그 설명을 보자.

(12) …… 오구라는 'ㄹ'로 읽고, 무애는 'ㄷ'로 읽었다. 이 붓은 달리 읽었다. '知'는 소리글자인데 「KGSR」#863이 [*tiĕg/tie/chĭ]이다. 그러니까 절운 시대 발음으로 읽으면, [ti] 곧 'ㄷ'와 [tie]의 '뎌'로 읽을 수가 잇고, 'ㅈ'까지 흘러내려 간다. 그런데 우리 생각보다 더 오랜 발음을 쓴 실례가 잇으니까 [tiĕg]을 '支/只' 읽듯이 읽으면 '뎌기'가 된다. 이 '뎌기=뎍이'가 된다. …… 그렇다면 '爲尸知'는 '말할제'의 옛적 얼굴인 '깔뎌기'가 된다. 그래야 이 노래가 앞뒤가 꼭 맞는다. 여기 '홀덕이'는 '말홀덕이' 요샛말로 [marhar dʒe]가 된다.(김선기 1993:239)

(12)에서는 '知'의 음을 칼그렌이 재구한 상고음으로 읽었다. 이 상고음이 경덕왕대에도 사용되었다고 보기는 어렵다. 그리고 일음절 '덕'이 아니라 이음절 '뎌기'로 보는 것은 더욱 어렵다.

(11마)의 경우는 '知'를 '뎌'로 읽었다. 그 설명을 보자.

(13) '知'는 모두 'ㄷ'로 해독하고 있으나, 이는 中古흡을 기층으로 하는 신라 後期의 한자음에 속한다. 이의 土着化흡은 다음과 같다. 〈旣註. 1.6.2. (2) '惡知' 參照〉

第1段階 둘 (漢音)
第2段階 뎌(뎨) 〈魏晋音은 뎌, 南北朝音은 뎨〉
第3段階 디 (中古音)

이 경우의 '知'는 第2段階의 土着化音 '뎌'를 취하고자 한다. '뎌'는 '뎨'에서 韻尾削除의 원칙에 따라 末尾의 'ㅣ'가 삭제된 것이다.
'뎌'는 終結語尾의 의문형에 속한다. 앞 項에서의 '丁'이 종결어미에 쓰인 예와 같다고 하겠다. ……
…(중간 생략)…
…… 鄕歌의 '뎌'는 바로 '디+어'에 해당하는 것으로 의문형이 된다. 이상에서 '爲尸知'는 '홀뎌'로 '할 것인가'가 된다.(유창균 1994:386-387)

(13)에서 보면, '知'의 음이 변해온 '둘〉뎨〉뎌〉디'의 과정에서 '뎌'로 보고 있다. '뎨〉뎌〉디'의 변화는 정확한 것 같다. 그러나 앞에서 설명하였듯이, '知'의 당시음은 '뎨'나 '뎌'가 아니라, '디'이다. 게다가 앞에서 살폈듯이, 「영일냉수리신라비」(503년), 「울진봉평신라비」(524년), 「단양신라적성비」(540년대) 등의 '智', 「남산신성비」(591년)와 「청주연지사종명」(833년)의 '知', 『구역인왕경』, 『금광명경』, 『화엄경』 등의 고려 구결의 '솟' 등이 모두 '디'의 표기이다. 이런 점들에서 이 '知'를 '뎌'로 읽을 수 없다.
(11바)에서는 '爲尸知'를 '홀 알아'(할 것 알아)로 읽었다. 實訓이 아닌, 연결어미를 포함한 讀訓을 향찰에서 인정해야 할지는 좀더 검토해 보아야 할 문제이다.
(11사)에서는 '爲尸知'를 '홀디'로, '知'를 '디'로 각각 읽었다. 어떤 문제도 발견되지 않는다는 점에서 이 해독이 맞는 것으로 판단한다.

3.3. '朋知良'

'朋知良閼尸也'(「청불주세가」)는 '朋 知良 閼尸也', '朋 知良閼尸也', '朋 良 知 閼尸也', '朋知良 閼尸也' 등으로 띄어서 해독하고 있다. 이를 감안 하여 '知'의 해독 양상을 정리하면 다음과 같다.

(14) 가. 알 : 번(을) 알아 일허(오구라 1929), 번 알나 일허(신태현 1940), 번 아라시라(정열모 1947), 번 아라 고티리여(김완진 1980)

　나. 알 : 번 알아셰라(양주동 1942, 김상억 1974, 전규태 1976, 황패강 2001, 김선기 1993), 번 아라셰라(지헌영 1947, 강길운 1995), 번 알아스라(이 탁 1956), 번 알아셜여(김준영 1979), 번 아러셔리라(유창균 1994)

　다. 알 : 버다 알 서리야(홍기문 1956)

　라. 알 : 받이라 아라셰라(김선기 1975)

　마. 디 : 버디래 서리라(정열모 1965), 버디라 솔야/실야(신재홍 2000), 버디라 서리라(류렬 2003), 버디라 서두를라(양희철 2008a)

이 해독들에 대한 구체적인 변증은 다른 글(양희철 2003;2008a:53-66)로 돌리고, 그 내용을 간단하게 요약 정리하면 다음과 같다.

(14가, 나, 다, 라)의 해독들은 '知'를 '알'로 읽었다. 단지 서로 다른 점 은 띄어쓰기와 수정에 있다. 이 해독들을 차례로 보자.

(14가)는 '朋知良閼尸也'를 '朋 知良 閼尸也'로 띄어 읽었다. 이 중에서 '번(을) 알아/알나 일허'의 해독은 문맥이 통하지 않는 문제를 보인다. '번 아라시라'의 해독은 '閼'가 '시'가 아니라는 문제를 보인다. 그리고 '번 아 라 고치리여'의 해독은 '閼'를 '醫'로 수정한 문제를 보인다.

(14나)는 '朋知良閼尸也'를 '朋 知良閼尸也'로 띄어 읽었다. 이 해독들 은 '閼'를 '셰, ㅅ, 셔' 등으로 읽으면서 존칭의 '시'를 보여주는데, '번'이 존칭의 대상이냐 하는 문제를 보인다. 유창균은 이 해독을 보여주면서도,

'惡知'를 해독하는 자리(유창균 1994:220)에서는 이 '朋知'를 '벋 알'이 아닌, '버디'로 읽기도 했다.

(14다)는 '朋知良閼尸也'에서는 '知良'을 '良知'로 바꾼 다음에 '朋良 知 閼尸也'로 띄어 읽었다. 이 해독은 '知良'을 '良知'로 바꾼 데도 문제가 있지만, '알'을 '아는 이의'의 의미로 볼 수 없는 문제도 보인다.

(14라)는 '知良'을 '디라'로 한 번 읽고, 다시 '아라-'로 중복하여 읽은 문제를 보인다.

(14마)의 해독들은 '知'를 '디'로 읽었다. 단지 차이점은 둘이다. 하나는 '良'을 '래'와 '라'로 읽은 것이다. '良'의 음과 훈으로 보아 '라'로 읽는다. 다른 하나는 '閼尸也'를 '서리라, 술야/실야, 서두를라' 등으로 다르게 읽은 것이다. 그런데 『대명률직해』의 원문과 이두를 보면, '遺失, 損失, 失' 등이 '閼失'에 대응하고, '遺失'의 '遺'에는 '疾也'(서두르다)의 의미가 있으며, 『주영편』에서 "佐億失物(서두르다 물건을 잃음)稱閼"라 하고 있어, '閼' 는 '서두르다, 잃다, 서두르다 잃다' 등의 의미라는 점에서, '閼尸也'는 '서 두를라'로 정리한다(양희철 2008a:53-66).

이런 점들로 보아, '朋知良 閼尸也'(버디라 서두를라)의 '知'는 '디'라고 정리할 수 있다.

3.4. '伊知'

'伊知皆矣'(「청불주세가」)는 '伊知皆矣', '伊 知皆矣', '伊 知 皆矣', '伊 知 皆矣' 등으로 띄어 읽어 왔다. 이 분절을 염두에 두고, 이 '知'의 해독 양상을 정리하면 다음과 같다.

(15) 가. 알 : 이러케(오구라 1929, 신태현 1940)
     나. 지 : 이지다이(정열모 1947)

다. 디 : 이디가이(김선기 1975), 이디긔(강길운 1995), 이디기(신재홍 2000)

라. 알 : 이 알긔(알, 양주동 1942, 지헌영 1947, 홍기문 1956, 김상억 1974, 류렬 2003), 이 알게(전규태 1976, 황패강 2001), 뎌 알기(김완진 1980), 이 알기(유창균 1994)

마. 알 : 이 알 모디(김준영 1979)

바. 듸 : 읻의 몯읷(이 탁 1956)

사. 디 : 이디 여릐(정열모 1965), 이디 개이(김선기 1993), 이디 모도읻 (양희철 2011b)

(15가, 나, 다)의 해독들은 '伊知皆矣'를 한 단위로 보았다.

(15가)에서는 '伊'는 '이'로, '知'는 '알'로, '皆'는 '기'로, '矣'는 '의'로 각각을 읽은 다음에, '이+알+기+의'를 '이러케'로 정리하였다(오구라 1929:121). '이+알+기+의'가 '이러케'가 되지 않는 문제를 보인다.

(15나)에서는 '伊知皆矣'를 '이지다이'로 읽고, '이러하고'의 의미로 보았다. '이지다이'를 '이러하고'로 설명할 수 없고, '知'의 당시음이 '디'라는 문제를 보인다.

(15다)에서는 '知'를 '디'로 읽어 '知'의 음에 맞는다. 그러나 해독과 현대역이 연결되지 않거나 향찰의 운용법에서 문제가 발견된다. 즉 '이디가이'(이렇게)와 '이디기'[이렇게(이같이)]에서는 해독과 현대역(괄호 안)의 연결에 필요한 논거가 없다. '이디긔'(착하게)의 경우는 훈주음종이나 의주음조에 따라 '善'을 훈독자로 쓰지 않은 이유를 설명할 수 없고, '矣爲米'를 '듸 뵈메'로 이상하게 읽는 문제를 보여준다.

(15라)에서는 '伊知皆矣'를 '伊 知皆矣'로 떼어 읽었다. 이 해독들에서 가장 큰 문제는 '皆矣'를 '긔, 게, 기' 등과 같이 한 음절로 읽은 것이다. '皆矣'를 이렇게 "'皆矣'로 묶어야 할 이유가 없다."(강길운 1995:451)

(15마)에서는 '伊知皆矢'를 '伊 知 皆矢'로 띄어서 '이 알 모디'(이 앎을 모두)로 읽었다. '알'을 '앎을'의 의미로 볼 수 없으며, '몯'이 '皆'의 훈이 아니고, '모디'는 '모두'가 아니라 '要, 切' 등의 뜻이라는 문제를 보인다.

(15바)와 (15사)에서는 '伊知皆矢'를 '伊知 皆矢'로 띄었다. 이 중에서 (15바)는 '伊知 皆矢'를 '잇의 몯이'로 읽고, '이제 마지막이'의 의미로 보았다. '잇의'를 '이제'의 표기로 볼 수 있는 근거가 없고, '몯이'를 '마지막'의 의미로 볼 근거가 없다.

(15사)의 해독들은 서로 비슷한 것 같으나 상당히 다르다. '이디 여릐'의 해독은 그 의미를 '이리 여럿이'로 보았다. '이디'를 '이리'의 의미로 풀 수 있는 근거가 없고, '여릐'는 '皆'의 훈이 아니라 '諸, 衆, 多' 등의 훈이다. '이디 개이'의 해독은 그 의미를 '이리 해'로 보았다. 이 역시 '이디'를 '이리'의 의미로 풀 수 있는 근거가 없다. '이디 모도이'의 해독은 '이것이 모도(벗들)에'의 의미로 보았다. '디'(知)를 의존명사로 읽은 근거는 고려본 『화엄경』의 구결 '矢'에 있다. 이 '矢'는 '知'의 구결로 '淸淨ㄱ 矢ㆍ'(청정흐 디과, 15:11)와 '如矢ㄱ 矢ㆍ'(ᄀᆞᆮ흐 디과, 15:13) 등등에서와 같이 의존명사로 쓰인다. 그리고 '皆'는 '모도'로, '矢'는 '이'로, 각각 읽은 것이다. 이 '이디 모도이'[이것(이) 모도(벗들)에]는 "이것(서두를 것)이 모도(벗들)에 됨에"의 문맥에 맞는다(양희철 2011b:74).

이상과 같은 점들에서 '伊知 皆矢'는 '이디 모도이'(이것 모도에)로 읽고, '知'는 의존명사 '디'로 읽는다.

4. 어두의 '知/알'

이 장에서는 '(愛尸)知古如', '(持以支)知古如', '過出知遣' 등의 '知'에

대한 기왕의 해독들을 변증하고자 한다. 이 '知'들은 모두가 훈으로 읽히는 것들이다.

4.1. '(愛尸)知古如'

'(愛尸)知古如'(「안민가」)에 대한 기왕의 해독들을 '知'의 해독에 따라 정리하면 다음과 같다.

(16) 가. ㄹ : ᄃ술고다(유창선 1936c)
　　나. 디 : ᄃ올디고ᄃ(정열모 1965), ᄃ술디고다(김준영 1979)
　　다. 디 : 둣ᄉ 디고다(이탁 1956), ᄃ술 디고다(서재극 1975)
　　라. 알 : 알고다(오구라 1929, 양주동 1942, 지헌영 1947, 정열모 1947, 홍기
　　　　　문 1956, 김준영 1964, 김선기 1967d, 김선기 1993, 김상억 1974, 전규태
　　　　　1976, 김완진 1980, 금기창 1993, 유창균 1994, 양희철 1997, 신재홍
　　　　　2000, 황패강 2001, 류렬 2003, 황선엽 2006b)
　　마. 알 : 알고셔(강길운 1995)

(16가, 나)에서는 '愛尸'와 '知古如'를 '愛尸知古如'로 붙여서 읽었다. (16가)는 '知'를 'ㄹ'로 읽었다. 'ㄹ' 표기에는 '尸'나 '乙'이 쓰인다는 문제를 보인다.

(16나)의 전자는 '愛(ᄃ올)+尸(ㄹ)+知(디)+古(고)+如(ᄃ)'로 해독하고 '사랑스럽다'의 의미로 보았다. 해독과 현대역이 잘 연결되지 않는 문제를 보인다. 후자는 '愛(ᄃ술)+尸(ㄹ)+知(디)+古(고)+如(다)'로 읽고 그 의미를 '사랑할지라'로 보았다. '-고다'의 해독을 '-라'의 현대역으로 연결하는 데 문제가 있어, '知'(디)의 해독도 문제가 된다.

(16다, 라, 마)에서는 '愛尸'와 '知古如'를 띄어서 읽었다. (16다)의 전자는 '愛(둣)+尸(ᄉ)'와 '知(디)+古(고)+如(다)'로 읽고 '사랑 되오라'의 의미로

보았다. '尸'를 '人'로 읽을 수 없는 문제와, 해독과 현대역이 연결되지 않는 문제를 보인다. 후자는 '愛(ᄃᆞ슬)+尸(ㄹ)'과 '知(디)+古(고)+如(다)'로 읽고 그 의미를 '사랑할 것이도다'로 보았다. '-고다'의 해독을 '-이도다'의 현대역으로 연결하는 데 문제가 있어 보인다. 이로 인해 '知'를 '디'로 읽은 것도 믿기 어렵다.

이렇게 정리하고 나면, (16라, 마)의 '알고다'와 '알고셔'만이 남는다. 이두 해독들에 나타난 '-古-'의 기능은 '將然・當然'(양주동 1942:271), '영탄, 강조'(김선기 1967d:291), '當爲法과 假想法'(서재극 1975:13), '推量'(김완진 1980:73), '感歎・意圖・推量・願望'(유창균 1994:347), '사동접미사'(강길운 1995:238), '相對敬語의 先語末語尾' 또는 '당위 내지 가능성의 의미를 지닌 敍法의 先語末語尾'(황선엽 2008a:218) 등등과 같이 다양하게 해석되고 있어, 그 해석에는 아직 문제가 있으나, '-고-'로 읽은 것은 같다. 이런 점에서 이 '知古如'의 '知'는 '알'로 읽은 것이 맞다고 판단한다.

4.2. '(持以支)知古如'

'(持以支)知古如'(안민가)의 띄어 읽기는 '持以 支知古如', '持以支知古如', '持以支 知古如' 등으로 나뉜다. 이를 고려하여 '知'의 해독 양상을 정리하면 다음과 같다.

(17) 가. ㄹ : 디녀 괼고다(오구라 1929), 디닐우다(유창선 1936c)
　　나. 디 : 가지로 마디고ᄃᆞ(정열모 1965)
　　다. 디 : 디니히디고다(서재극 1975), 디닛디고다(지닐지라, 김준영 1979)
　　라. 디 : 견디어 디고ᄃᆞ(견디어 지사이다, 이탁 1956)
　　마. 알 : 알고다(양주동 1942, 지헌영 1947, 정열모 1947, 홍기문 1956, 김준영 1964, 김선기 1967d, 김선기 1993, 김상억 1974, 전규태 1976, 김완진

1980, 금기창 1993, 유창균 1994, 양희철 1997, 신재홍 2000, 황패강 2001, 류렬 2003, 황선엽 2006b), 알고셔(강길운 1995)

(17가)의 전자는 '持以支知古如'를 '持以 支知古如'로 띄어서, '支(괴)+知(알〉ㄹ)+古(고)+如(다)'로 각각을 읽고, '괼고다'로 정리를 하였다. 후자는 '持以支'와 '知古如'를 '持以支知古如'로 붙여서, '支(디니)+知(알〉ㄹ)+(古〉)右(우)+如(다)'로 각각 읽고, '디닐우다'로 정리를 하였다. 양자 모두가 'ㄹ'의 표기에 'ㅁ'나 '乙'이 쓰인다는 문제를 보인다.

(17나)에서는 '支(마디)+知(디)+古(고)+如(ᄃ)'로 각각을 읽고 '마디고ᄃ'(마디고다)로 정리를 하였다. '가지로 마디고다'의 문맥적 의미가 명확하지 않은 문제를 보인다.

(17다)에서는 '持以支'와 '知古如'를 '持以支知古如'로 붙여서 읽었다. (17다)의 전자는 '持(디니)+以(이)+支(히)+知(디)+古(고)+如(다)'로 각각을 읽고, '디니히디고다'(지녀질 것이도다)로 정리를 하였다. '支'를 '히'로 볼 수 없어, '知'를 '디'(것)로 보는 것도 부정적이다. 그리고 해독과 괄호 안의 현대역이 연결되지도 않는다. (17다)의 후자는 '持(디니)+以(이)+支(△)+知(디)+古(고)+如(다)'로 각각을 읽고, '디닝디고다'(지닐지라)로 정리를 하였다. '支'를 '△'으로 볼 수 없어, '知'를 '디'로 보는 것도 부정적이며, 해독과 괄호 안의 현대역이 연결되지도 않는다.

(17라)에서는 '持以支知古如'를 '持以支 知古如'로 띄어서 '견디어 디고ᄃ'(견디어 지사이다)로 읽었다. 해독과 현대역의 연결이 잘되지 않는다.

(17마)에서는 '持以支知古如'를 '持以支 知古如'로 띄우고, '知古如'를 '알고다'로 읽었다. 이 해독에서는 '고'의 기능을 제외하면, 문제가 발견되지 않는다. 이런 점에서 이 '知'도 '알'로 읽은 해독이 맞는다고 본다.

4.3. '過出知遣'

'過出知遣'(「우적가」)의 '知'에 대한 해독의 양상을 정리해 보자.

(18) 가. 치 : 디나치고(양주동 1942, 홍기문 1956, 김상억 1974, 전규태 1976)
　　나. 티 : 디나티고(정열모 1965, 강길운 1995), 디나티견(서재극 1975)
　　다. 지 : 지나지고(정열모 1947)
　　라. 디 : 허믈 내디고(이탁 1956), 디나디고(김준영 1979, 류렬 2003), 넘
　　　　나디고(유창균 1994)
　　마. 아 : 디나아고(오구라 1929)
　　바. 알 : 알고(지헌영 1947, 김준영 1964, 김선기 1969c, 김완진 1980, 금기
　　　　창 1993, 양희철 1997, 신재홍 2000, 황패강 2001), 알오겨(김선기 1993)

(18가–라)의 해독들은 '知'를 음으로 읽었다.

(18가, 나, 다)의 해독들은 '知'의 중세 이전의 음으로 추정되는 '디'를 벗어나 있다. 그리고 (18가)는 "知 音借「치」(티)가 動詞 乃至 그副詞形에 添用되야 「돌치·ᄀᆞᆯ치·뻘치·눌치·거리치」等 語義를 强化함은 旣注"(양주동 1942:645)로 보았는데, 정작 '知'의 음이 '치'나 '티'가 아니라는 문제를 보인다. 이런 현상은 (18나)의 해독들에서도 보인다. 즉 '知'를 '티'로 읽고 '치'나 '치'의 대충표기로 보았는데, 정작 '知'에 '티'의 음이 없다는 문제를 보인다. (18다)는 '知'를 현대음 '지'로 읽고 '가-'의 의미로 보았다. 중세 이전의 음('디')을 벗어난 문제와, '지-'에는 '가-'의 의미가 없다는 문제를 보인다.

(18라)에서 '知'를 '디'로 읽은 자체에는 문제가 없다. 그러나 이 '디'를 앞의 해독들과 같이, '내디고'(내치고)와 '디나디고'(지나치고)의 괄호 안에 쓴 강세의 '치'로 본 문제를 보인다. 이번에는 '넘나디고'의 해석을 보자.

(19) '知'의 代用音은 重層的이다. 이른 시기의 代用音은 '뎌'이었다. 〈旣註 1.6.2 (2)〉 그러나 中古의 新層音이 들어옴으로써 '디'로 代用되었다. 이 경우에 '뎌'를 취할 수도 있으나, '디'가 더 타당한 것으로 생각한다. '디'는 强勢接尾辭로 쓰인다. …….

…(중간 생략)…

여기에서 '넘-'에 '이'가 결합한 '넘찌'는 많은 예가 있으나, '디나-'의 예는 보이지 않는다. 그래서 '디나-'보다는 '넘(過)+나(出)'의 형태를 취하고자 한 것이다.

··(중간 생략)…

이상에서 '過出知遣'은 '넘나디고'가 되며 '넘어가다'의 뜻으로 보고자 한다. 背景에서 '暮歲將隱于南岳 至大峴嶺'에서 고개를 넘어감을 뜻하는 것으로 보고자 하는 것이다.(유창균 1994:828-829)

(19)에서 보면, '過出知遣'을 '넘나디고'로 읽고, 그 의미를 '넘어가다'의 의미로 보았다. 이 해독은 (18다)에서와 같이, '디-'에 '가-'의 의미가 없다는 문제를 피할 수 없다. 그리고 배경에 나온 '暮歲將隱于南岳 至大峴嶺'의 '隱'과 '至'는 '숨다'와 '이르다'의 의미로 '넘어가다'와는 그 의미가 달라 연결시킬 수 있는 어휘가 아닌 것 같다.

(18마)와 (18바)의 해독은 '知'를 훈으로 읽었다. 이 중에서 '디나아고'는 '知'를 '알〉아'로 읽었다. 말음첨기나 장음표기에 '良, 阿' 등을 쓰고, '知'를 쓴 예가 없다는 문제를 보인다. (18바)의 해독들은 '知'를 '알'로 읽었다. '디나겨 알오겨'는 각론에서는 '디나 알오겨'로 읽은 것으로 보아, '디나겨'는 '디나'의 잘못으로 판단되며, '오'는 어느 향찰에 근거한 것인지를 알 수 없다.

이상의 해독들에 비해 (18바)에 포함된 '디나 알(고/겨/견……)'(過出知遣)의 해독에는 별다른 문제가 없다. 단지 '遣'을 '고, 겨, 견' 등등에서 어느 것으로 읽을 것인가 하는 문제는 좀더 검토해 보아야 하겠지만, '디나 알(고/겨/견⋯⋯)'(過出知)의 해독은 해당문맥에서 별다른 문제를 보이지 않는다. 이런 점에서, '過出知-'을 '디나 알-'로 읽고, '知'를 '알'로 읽어야 한다고 판단한다.

5. 결론

지금까지 향찰 '知'에 대한 기왕의 다양한 해독들을 변증하고, 필요한 부분에서는 보완도 하여 보았다. 그 중요한 것들을 요약하여 결론을 대신하면 다음과 같다.

1) 「영일냉수리신라비」(503년), 「울진봉평신라비」(524년), 「단양신라적성비」(540년대) 등의 '智', 「남산신성비」(591년)와 「청주연지사종명」(833년)의 '知', 고려본 『구역인왕경』, 『금광명경』, 『화엄경』 등의 구결 'ㅊ' 등이 모두 '디'의 표기라는 점, 『등운도』에서 '止'섭에 속한 '知'의 당시음이 '디'라는 점, 이 '知'(디)는 '蟹'섭에 속한 '齊, 制, 體' 등등의 음들과 같은 시기에 같은 유형으로 변하지 않았다는 점 등에서, 다양하게 읽혀온 '惡知, 遺知攴, 爲賜尸知, 爲尸知, 朋知良, 伊知' 등의 '知'들은 '디'로 읽은 해독들이 맞음을 변증하였다.

2) '惡知'의 '知'는 '지, 듸, 디' 등으로 읽히면서 '엇디'의 '디'로 거의 굳어지는 가운데, '데'의 해독이 나왔다. 그러나 1)의 논거로 보아, 그리고 '엇뎨, 엇뎌, 엇디' 등의 형태가 조선조 초기의 자료에 모두 등장하고, '惡知'가 '엇디'로 읽힌다는 점에서, 이 '知'는 '디'로 읽은 해독들이 맞음을 변증하였다.

3) '遺知攴'의 '知'는 '티, 치, 디, 아릭' 등으로 읽히면서 '디'로 거의 굳어지는 가운데, '뎌'의 해독이 나왔다. 그러나 1)의 논거로 보아, 그리고 '遺知攴'이 '깃딥(기타어)'으로 읽힌다는 점에서, 이 '知'는 '디'로 읽은 해독

들이 맞음을 변증하였다.

4) '爲賜尸知'의 '知'는 '디, ㄹ, 지' 등으로, '爲尸知'의 '知'는 'ㄹ, ㄷ, 디, 지, 뎌기' 등으로 각각 읽히면서 '디'로 거의 굳어지는 가운데, '뎌'와 '알아'의 해독이 나왔다. 그러나 1)의 논거로 보아, 그리고 향가 향찰에서 연결어미를 포함한 독훈을 인정할 것인가 하는 문제를 가진 '알아'는 좀더 검토해 보아야 하고, '爲賜尸知'가 'ᄒ실디'로, '爲尸知'가 'ᄒᆞᆯ디'로 각각 읽힌다는 점에서, 이 '知'는 '디'로 읽은 해독들이 맞음을 변증하였다.

5) '朋知良'의 '知'는 '알, 디' 등으로 읽혀왔는데, 1)의 논거로 보아, 그리고 '朋知良'이 '버디라'로 읽힌다는 점에서, 이 '知'도 '디'로 읽은 해독들이 맞음을 변증하였다.

6) '伊知'의 '知'는 '알, 지, 디, 듸' 등으로 읽혀왔는데, 1)의 논거로 보아, 그리고 고려 구결에서 'ᄉ'(=知)가 의존명사로 쓰인다는 점과, '伊知'가 '이디'(이것)로 읽힌다는 점 등에서, 이 '知'도 '디'로 읽은 해독이 맞음을 변증하였다.

7) 2)-6)에서 정리한 '惡知, 遺知支, 爲賜尸知, 爲尸知, 朋知良, 伊知' 등의 '知'들은 1)의 논거와 해당 문맥으로 보아, 그리고 모두가 7세기말 이후의 것들이라는 점에서, 중고음 '디'로 보는 데 문제가 없다.

8) '(愛尸)知古如'의 '知'는 '알, ㄹ, 디' 등으로, '(持以支)知古如'의 '知'는 '알, ㄹ, ㄷ' 등으로, 각각 다양하게 읽혀 왔지만, 문맥상 '알'로 읽은 해독들이 맞음을 변증하였다.

9) '過出知遺'의 '知'는 '치, 티, 지, 디, 아, 알' 등으로 다양하게 읽혀 왔지만, 문맥상 '알'로 읽은 해독들이 맞음을 변증하였다.

이상과 같은 변증의 결과로 보아, 향찰 '知'는 상당히 다양('ㄷ, 뎌, 뎌기, 뎨, 듸, 디, 지, 티, 치, ㄹ, 아, 알, 아ᄅ, 알아, 미상')하게 읽혀 왔지만, '디'와 '알'로만 읽어야 한다고 정리할 수 있다.

三. 향찰 '賜'

1. 서론

향찰 중에는 철저한 변증을 하면서 조금만 보완하면, 그 해독이 완결될 수 있는 것들이 있다. 이에 해당하는 것의 하나가 바로 향찰 '賜'이므로, 이 글에서는 향찰 '賜'(25회)에 대한 선행 해독들을 변증하면서, 부분적으로 그 과정에서 발견되는 미흡점을 보완하고자 한다.

향찰 '賜'에 대한 선행 해독들을 세 종류, 즉 '어간+(屋+)賜-'의 '賜', '어간+遣(+只) 賜-'의 '賜', '-支(/隱/攴) 賜-'의 '賜' 등으로 나누어 정리해보자.

'어간+(屋+)賜-'의 '賜'는 선어말어미의 위치에서 16회 나온다. 오구라(1929)와 양주동(1942)은 한자 '賜'의 음을 'ㅅ'로 보고, 이 향찰 '賜'를 '샤'로 읽으면서, 한자의 음을 벗어났지만, 문법 형태인 주체존대의 선어말어미를 만족시켰다. 이에 비해 정열모(1947)와 이탁(1956)은 한자 '賜'의 중근대음인 '샤'와 'ㅅ'를 살려 이 향찰 '賜'를 읽었지만, 문법 형태인 주체존대의 선어말어미를 만족시키지 못했다. 이렇게 한자의 음을 살리려 하면, 문법 형태에 맞지 않고, 문법 형태를 살리려 하면, 한자의 음을 살리지 못한 것이, 이 향찰 '賜'에 대한 60년대까지의 해독이었다. 이 문제를 정연찬(1972)이 일단 해결하였다. 즉 향찰 '賜'를 운서의 과거음인 '시'로 읽으면서, 한자 '賜'의 음 '시'와 문법 형태인 주체존대의 선어말어미 '시'가 일치하는 해독을 보여주었다. 이를 그 이후의 해독들이 점차로 수용하면서, 이 '賜'의 해독은 '시'로 거의 굳어지는 가운데, 강길운(1995)에 의해 '스, 시'의 해독이 다시 제시되었다. 이 '시'와 '스, 시' 중에서 어느 해독이 타당한가는 변증을 요하고 있다. 그리고 이 해독들 중에서 '賜'를 '시' 또는 '스, 시' 등으로 읽은 해독들은 그 근거를, 외국학자들이 재구한 중국 고음에 의존하면서, 한국 한자음으로는 논증하지 못한 문제도 보인다.

'어간+遣(+只) 賜+어미'의 '賜'는 '白遣 賜立', '成遣 賜去', '閼遣只 賜立' 등에서 나타난다. '-遣(只) 賜-'를 해독 초중기에는 붙이고 '賜'를 모두 선어말어미로 읽었다. 이 해독의 문제는, 주체존대의 선어말어미 앞에서 '遣(只)'을 선어말어미 '고/겨(ㄱ)'로 읽고, 원망이나 희망 또는 미상의 선어말어미로 본 것에서 발견된다. 주체존대의 선어말어미 앞에 '고/겨(ㄱ)'가 왔다고 보는 것이 어렵다. 특히 그 형태소들의 순서가 현대어와 구결에서 '-시고-'이기 때문이다. 이 문제를 해결하기 위하여, '-遣(只) 賜-'로 띄우고, 연결어미와 어간의 결합으로 읽은 해독들(이종철 1987, 정창일 1987, 이승재 1991, 장윤희 2005, 양희철 2013b)이 나왔다. 이 해독들은 '-遣'을 '-고, -겨, -곤' 등으로, '賜-'를 '주-, 주시-, 시-' 등으로 읽으면서 의견의 통일을 보이지 못하는 문제를 보인다.

'-隱(/攴/支) 賜-'의 '賜'는 '一等沙隱 賜以古只', '遣知攴 賜尸等焉', '乃叱好支 賜烏隱' 등에서 나타나는데, 그 띄어 읽기에 따라서 어간은 물론 다양한 형태로 해독하는 양상을 보인다. '一等沙隱 賜以古只'의 '賜'는 'ㅿ, ㅅ, ㅈ, 사, 샤, 리, 시, 스, 쥬, 주, 줄, 주시' 등으로, '遣知攴 賜尸等焉'의 '賜'는 '사, 샤, 실, 주, 주스, 주시' 등으로, '乃叱好支 賜烏隱'의 '賜'는 '샤, 스, 리, 시, 스, 주, 주시' 등으로 다양하게 읽어 왔다. 이렇게 이 '賜'들을 다양하게 읽는 이유 중의 하나는 '賜'의 앞에 또는 뒤에 온 향찰들을 어떻게 읽느냐에 깊게 관련되어 있다. '一等沙隱 賜以古只'의 '賜'는 그 앞의 '隱'과 뒤의 '以古只'를, '遣知支 賜尸等焉'의 '賜'는 그 앞의 '支'을, '乃叱好支 賜烏隱'의 '賜'는 그 앞의 '支'를, 각각 어떻게 읽느냐에 깊게 관련되어 있다. 이렇게 이 '賜'들은 그 앞뒤에 온 향찰 '隱, 以古只, 支, 支' 등의 다양한 해독들과 함께 상당히 엇갈리는 양상을 보이고 있어, 이 향찰들과 함께 철저한 변증이 요구된다.

이에 이 글에서는 향찰 '賜'에 대한 선행 해독들을 철저하게 변증을 하고, 그 과정에서 발견되는 미흡점을 부분적으로 보완하고자 한다. '어간+(屋+)賜-'와 '어간+遣(+只) 賜+어미'의 해독에서 문제가 되고 있는 '賜'의 한국 한자음은 『동국이상국집』과 『동문선』의 압운자 '賜'로 보완하고자 한다. 그리고 '어간+遣(+只) 賜+어미'의 해독에서는 최근에 정리된 '遣'의 신라음 '곤'(양희철 2013b)을 참고하면서, 선행 해독들을 변증하고 보완하고자 한다. '-隱(/支/支) 賜-'의 해독에서는 '賜'는 물론 그 해독과 밀접한 관계에 있는 인접 향찰들('隱, 以古只, 支, 支' 등)의 음훈은 물론, 해당 어휘의 문법적 연결의 차원과 문맥의 차원에서도 철저한 변증과 보완을 하고자 한다.

2. 선어말어미의 '賜/시'

선어말어미에 온 '賜'에 대한 선행 해독들을 이 장에서 변증하고, 보완하려 한다.

2.1. 선행 해독의 변증

선어말어미의 '賜/시'는 '어간+(屋+)賜-'의 '賜'에서 나타난다.

(1) 가. 慚肹伊賜等(「헌화가」), 愛賜尸, 爲賜尸知(「안민가」), (持以支)如賜
烏隱(「찬기파랑가」), 去賜里遣(「원왕생가」), 見賜烏尸(「혜성가」),
改衣賜乎隱(「원가」)

나. 滿賜隱(「예경제불가」), 滿賜仁(「광수공양가」), 修叱賜乙隱(「수희공
덕가」), 動賜隱乃, 向屋賜尸, 應爲賜下呂(「청불주세가」), (修將)來
賜留隱, 爲賜隱(「상수불학가」), 沙音賜焉(「항순중생가」)

(1)의 '賜'들(16개)은 오구라와 양주동에 의해 '샤'로 해독되었다. 그런데
이 '샤'는 중세어의 선어말어미에 나오는 '-샤-'에 맞춘 것이지, 한자 '賜'
의 음을 정확하게 반영한 것은 아니다.[1] 오구라의 경우에, '滿賜隱'(「예경제
불가」)에 포함된 '賜'의 음을 'ᄉ'로 본 다음에 이를 '샤'로 바꾸면서, 'ᄉ+은〉
샨'(오구라 1929:49)과 같이 이해하기 어려운 설명을 하거나, '滿賜仁'(「광수
공양가」)의 '賜'를 '샤'로 읽으면서 '宛書'(오구라 1929:73)라는 정확하지 않은
설명을 하였다. 양주동은 중국 운서들(『광운』, 『집운』, 『운회』)의 '斯義切 音
思'와 이두 '進賜나ᅀᅳ리'를 인용한 다음에, '賜'의 음 'ᄉ'를 차용한 정음차
와 '賜'의 음 'ᄉ'로 '샤'를 표기한 통음차로 보았다(양주동 1942:117-118).

이 두 분의 해독들은 그 후에 많은 해독들에서 수용되는데, 최소한 두
가지 문제를 보인다. 하나는 '賜'의 한자음이 '샤'가 아니라는 문제이다.
다른 하나는 (持以支)如賜烏隱(「찬기파랑가」), '見賜烏尸'(「혜성가」), '改衣

---

1) '賜'는 『중문대사전』의 정리에서 보면, "[廣韻][集韻][韻會] 斯義切 音思. 寘去聲 syh"로
되어 있다. 이로 보면, 정연찬(1972)이 정리한 바와 같이 그 음이 '시, 싀' 정도이다.
그런데 신라의 기록들을 보면, '시'와 '샤'의 가능성을 보이는 자료들이 있다. 즉 "天寶四
載乙酉思仁大角干爲賜 夫只山村…"(「无盡寺鐘記」 745년), "皇龍寺緣起法師爲內賜 第
一… 爲賜以 成賜乎…"(「華嚴經寫經」 755년), "…種種施賜 人乃 見聞隨喜爲賜 人乃…"
(「新羅窺興寺鐘」 856년) 등에 나온, '爲賜, 爲內賜, 施賜, 爲賜' 등의 자료들에서는 '賜'
를 '샤'로 읽어야 하고, '爲賜以 成賜乎' 등의 자료들에서는 '賜'를 '시'로 읽어야 한다.
이 중에서 전자인 '賜/샤'는 '賜'의 발음이 아니라, 발음 '시'와 연결어미 '아'가 연결된
형태이다. 즉 讀訓의 '샤'이다. 이런 점에서 '賜'의 당시음은 '샤'가 아니라고 정리할
수 있다.

賜乎隱'(「원가」) 등에 나온 '-賜烏隱, -賜烏尸, -賜乎隱' 등을 '-샨, -샬, -샨' 등으로 읽으면서, '-賜-'와 '-烏-, -乎-' 등의 관계를 전혀 고려하지 않았다는 점이다. 후자의 문제는 뒤에 언급하겠지만, 유창균에 의해 구체적으로 지적되었다[각주 2) 참조].

오구라와 양주동의 해독이 가지고 있는 문제 중의 하나는 한자음을 살리지 못한 것이다. 이 문제를 해결하려는 시도는 정열모와 이탁의 해독에서 나타난다. 정열모는 첫 번째 해독(1947)에서 '賜'의 음을 '사'로 읽었다. 이는 '賜'의 근현대음을 따른 것이다. 그리고 두 번째 해독(1965)에서는 '如賜烏隱'(녀리 가몬, 「찬기파랑가」)와 '見賜烏尸'(보리 マ몰―「혜성가」)의 '賜'를, 이두 '進賜, 水賜' 등의 '賜'와 같이 '리'로 읽었다. 그리고 이탁(1956)은 '賜'를 'ᄉ'로 읽었다. 이 '사, ᄉ' 등의 해독은 '賜'의 한자음에 접근하면서 오구라와 양주동의 해독이 가진 문제를 해결하려 하였다. 그러나 한자음에는 접근하지만, 오구라와 양주동의 해독이 가진 장점, 즉 문맥에서 '賜'가 보이는 주체존대의 선어말어미의 문법 형태로부터 멀어지는, 새로운 문제를 발생시켰다.

이렇게 한자의 음을 살리려 하면, 문법 형태에 맞지 않고, 문법 형태를 살리려 하면, 한자의 음을 살리지 못한 것이, 60년대까지의 향찰 '賜'의 해독이었다. 이 문제를 일단 해결한 것은 정연찬이다. 정연찬은 '乃叱好支賜烏隱'(난호시온, 「모죽지랑가」)와 '慚肹伊賜等'(붓흘이시든, 「헌화가」)의 '賜'를 괄호에서와 같이 읽으면서, 다음과 같이 설명하였다.

(2) 「賜」字 廣韻에서 去聲 寘韻 所屬으로 斯義切이며, 韻鏡에서는 內轉 第四 開合 四等에 들어 있다. 「賜」는 訓蒙字會에서 「ᄉ」이다. 寘韻 齒音은 대게 「ᄋ」이나, 三等은 또 대개 「의」이며, 齒音 以外의 牙·舌·喉音 등의 三四等은 대개 「의」를 가지므로 이 「賜」字의 羅代音

은 「시」 or 「ᄉ」 程度가 아닐까 생각되나 이는 보다 體系的인 硏究에 기대할 수밖에 없고, 「샤」의 表記에 「賜」가 借用된 것은 正借는 아닌 것으로 보인다. 그러므로 「賜」를 音借할 바에야 「시」로 읽는 것이 낫지 않을까 한다.(정연찬 1972:80)

(2)에서 정연찬은 중국 운서의 반절표기에 의거하여 '賜'를 '시'로 읽었다. 이 해독은 한자음 '시'와 선어말어미의 형태 '시'를 모두 만족시킨 해독이다. 이 '시'의 해독은 그 후에 서재극(1975)에 의해 (1가)의 『삼국유사』 소재 향가의 '賜'에 확대 적용되었고, 김완진(1980)과 유창균(1994)에 의해 (1기, 나)의 '賜' 진체에 확대 적용되었다. 그리고 이 '賜'의 음 '시'는 이돈주(1990)와 유창균(1994)에 의해 다시 확인되면서,[2] 그 확고한 위치를 얻게 되었다.

이런 일련의 연구들에 의해 향찰 '賜'의 해독은 '시'로 거의 굳어졌다. 그런데 그 후에 강길운(1995)은 '賜'를 새롭게 '스, 시' 등으로 읽었다. 즉 『삼국유사』의 '賜'는 '스'로, 『균여전』의 '賜'는 '시'로 읽었다.

(3) 가. 붓그리스든(慚肹伊賜等), 도소슬(愛賜尸), 허슬디(爲賜尸知), (디니

---

2) 이돈주(1990:74-77)는 '賜'와 동류의 치음자에 속한 '賜, 史, 此, 次, 事, 死, 四, 辭, 使, 慈, 紫, 自' 등의 12자가 보이는, (외국학자들이 재구한) 중국 고음, 동음, 오음, 한음, 일본음 등을 열거하고, '賜'를 '시'로 정리하면서, '賜'를 '시'로 읽는 당시의 흐름을 더욱 공고하게 하였다. 그리고 유창균(1994:186)은 "'賜'를 '시'로 최초로 바로 잡은 것은 鄭然粲이다."라고 평가하면서, '賜'가 '샤'가 될 수 없음을 보완하였다. 유창균이 보완한 내용을 간단하게 보자. 먼저 외국학자들이 재구한 '賜'의 중국 고음[siəg/siě((T.), siě/siᶒ-(K.), sjieɤ/siɪ(C.)]을 인용하고, '賜'가 '시, 스, ᄉ' 등일 가능성을 제시(유창균 1994:184)한 다음에, '賜'가 오구라나 양주동의 해독에서와 같이 '샤'일 수 없음을 다음과 같이 정리하였다. 즉 "이상에서 主體尊待의 '시'의 기저형이 '샤'가 아님을 알 수 있다. 中世語에서 이것이 '샤'로 나타난 것은 '시'가 선어말어미 '오'와 결합했거나, 副詞形語尾 또는 連結語尾의 '아'와 결합한 것임으로 '賜'가 '샤'를 表記한 것으로 볼 수 없다. ……"(유창균 1994:185).

다스온〉)디니다손(持以攴如賜烏隱), 가스리고(去賜里遣), (보스올〉)
보솔(見賜烏尸), (가싀스온듸여〉)가싀손듸여(改衣賜乎隱)
나. 차신(滿賜隱), 차신(滿賜仁), 닷그실은(修叱賜乙隱), 무이시나(動賜
隱乃), 아소실(向屋賜尸), 應허샤려(應爲賜下呂), 닷고려시룬(修將
來賜留隱), 허신(爲賜隱), 사므션(沙音賜焉)

(3가)에서는 '賜'를 '스'로, (3나)에서는 '賜'를 '시'로 해독하였다. 이 '스'
는 이전까지의 해독에서 볼 수 없는 해독으로 '시'의 주장과 상충한다.
지금까지 선어말어미에 나타난 향찰 '賜'를 정리하면서, 다음의 둘은 논
의하지 않았다. 이 둘을 간단하게 정리해 보자.

(4) 得賜伊馬落(「수희공덕가」)
喜賜以留也(「항순중생가」)

(4)의 두 향찰에 나타난 '賜'는 선행 해독들에서는, 앞에서 정리한 '賜'의
해독인 'ㅅ, 리, 스, 사, 샤' 등으로 해독한 경우들도 있지만, '손, 살, 샨,
살, 신, 실' 등과 같이 동명사형어미 '-ㄴ, -ㄹ' 등을 보충한 형태로 읽는
것이 주종을 이룬다. 이 해독들도 앞에서 정리한 '賜'의 해독이 '시'로 수렴
되듯이, '시(ㄹ)'(김완진 1980, 유창균 1994, 강길운 1995)로 수렴되었다.[3]
이상과 같이 볼 때에, 선어말어미의 위치에서 음으로 읽히는 향찰 '賜'
는 그 해독음 '시'와 '스, 시' 등이 상충하며, 이 '시'와 '스, 시' 등의 음은
중국 운서의 반절표기와 외국학자들에 의해 재구된 중국 고음에서는 확인

---

3) 이렇게 '賜'를 '시(ㄹ)'로 읽은 때에, 한 가지가 문제가 대두된다. '賜'를 '시(ㄹ)'로 읽을
수 있는 이유가, 'ㅁ/乙(ㄹ)'의 누락인지, 'ㅁ/乙(ㄹ)'의 생략표기인지, 'ㄹ'을 첨가해서
읽는 이두식 표기인지, 시가의 唱詞에서 보이는 'ㄹ(ㅁ/乙)'의 생략표현인지 등에서
어느 것이냐 하는 문제이다. 이 문제는 제5부의 「四. 향찰의 誤寫와 唱詞의 생략표현」
으로 돌린다.

되고, 한국의 한자음에서는 지금까지 예증되지 않은 미흡점들을 보인다.

2.2. 선행 해독의 보완

2.1.에서 본 미흡점들은 다음의 세 가지 사실로 보완할 수 있다.

첫째로, '賜'를 '스'로 읽은 해독은 두 가지 문제를 보인다는 점에서 '시'로 읽어야 할 것 같다. 하나는 주체존대의 선어말어미 '시'의 선행형이 '스'라는 사실을 논증할 수 없는 문제이다. 다른 하나는 '디나다손'(持以支如賜烏隱)이나 '가싀손'(改衣賜乎隱)에서와 같이 '손'의 표기에, 경제적인 '孫'을 쓰지 않고, 비경제적인 '賜烏隱'(스+오+ㄴ)손)과 '賜乎隱'(스+오+ㄴ)손)을 썼을까 하는 문제이다.

둘째로, 한국 한시에서 '賜'를 '시'로 압운한 예가 발견된다는 점에서, '시'로 읽어야 할 것 같다. '賜'의 음 '시'는 외국학자들에 의해 재구된 중국 고음에서는 확인되었지만, 한국음에서는 지금까지 예증되지 않았다. 그러나 李奎報와 徐居正의 시를 보면, '賜'를 '시'로 압운하고 있다. 즉 「東明王篇」(이규보, 『동국이상국집』 권제3)을 보면, '賜'를 '시'의 음으로 압운하고 있다. 장편 고율시인 이 작품의 중간인 제36구 전후(제33-40구)의 구말 글자들을 보면, '…… 洋, 旒, 君, 賜, 冥, 視, 中, 裡, ……' 등이다. 이 중에서 제36구말을 보면, '賜'로 압운하고 있는데, 이 '賜'는 '旒, 視, 裡' 등과 더불어 '시'의 음으로 '이'운을 압운한 것이다. 그리고 「七月十九日夜……」(서거정, 『속동문선』 권지삼)를 보면, '賜'를 '시'의 음으로 압운하고 있다. 10구로 된 이 오언고시인 이 작품의 구말 글자들을 보면, '言, 利, 言, 賜, 言, 悴, 內, 至, 嘆, 誌' 등이다. 이 중에서 제4구말을 보면 '賜'로 압운하고 있는데, 이 '賜'는 '利, 悴, 支, 誌' 등과 더불어 '시'의 음으로 '이'운을 압운한 것이다. 이런 점에서 이 '賜'들은 한자 '賜'가 '시'로 쓰인 예로, 향찰 '賜'가 '시'로 읽힌 것을 보완하는 논거가 된다.

셋째로, '賜'와 함께 '止'섭 3등에 속한 한자들로 만들어진 향찰들['知, 伊, 支'(이상 '支'운, 평성), '史, 是, 理, 里, 以, 爾, 只'(이상 '紙'운, 상성), '利, 事, 賜, 次'(이상 '寘'운, 거성)]이 음으로 읽을 경우에 '이'운을 보인다는 점에서도 '스'가 아닌 '시'로 읽어야 할 것 같다.

이상의 변증과 보완으로 볼 때에, '어간+(屋+)賜-'의 선어말어미의 위치에 온 향찰 '賜'는 '시'로 읽는 것이 타당하다고 정리할 수 있다.

3. 어간의 '賜/시'

어간의 '賜/시'는 '어간+遣(+只) 賜-'의 '賜'에서 나타난다. 이에 해당하는 향찰에는 '白遣 賜立', '成遣 賜去', '閼遣只 賜立' 등의 '賜'들이 있다. 이 '賜'들에 대한 선행 해독들은 변증만을 철저하게 하면 타당한 해독을 정리할 수 있어, 보완은 필요로 하지 않는다.

3.1. '白遣 賜立'와 '成遣 賜去'의 '賜'

'白遣 賜立'(「원왕생가」)는 "惱叱古音 多可支 白遣 賜立"과 "慕人 有如 白遣 賜立"에서 2회 나오고, '成遣 賜去'(「원왕생가」)는 1회 나온다. 이 향찰들은 '-遣 賜-'의 같은 형태를 보여, 함께 정리한다.

'白遣 賜立'과 '成遣 賜去'의 해독은 우선 그 띄어 읽기에서 '白遣賜立', '成遣賜去' 등과 '白遣 賜立', '成遣 賜去' 등으로 나뉜다. 전자에 속한 해독들을 '遣賜'의 해독인 '고샤, 고사, 고亽, 고시, 고스, 겨샤, 겨시' 등에 따라 정리하면 다음과 같다.

(5) 가. 숣고샤셔(오구라 1929, 유창선 1936, 신태현 1940, 양주동 1942, 지헌영

1947, 홍기문 1956, 김준영 1964, 전규태 1976, 김준영 1979, 금기창 1993, 황패강 2001), 살고샤쇼(김선기 1968b), 솗고샤셔(김상억 1974), 닐우고샤과라(오구라 1929), 일우고샤가(홍기문 1956), 일고샤가(김준영 1964), 닐고샤쇼(김선기 1968b), 일고살가(유창선 1936, 신태현 1940, 지헌영 1947, 전규태 1976, 금기창 1993, 황패강 2001), 일고살까(양주동 1942, 김상억 1974), 솗고사서(정열모 1947), 이루고사서(정열모 1947), 술고스이(이탁 1956), 일고술가(이탁 1956)

나. 솗고쇼셔(김완진 1980), 솗고시셔(최남희 1996, 양희철 1997, 신재홍 2000), 솗고시리(유창균 1994), 사ᄅ고시서(류렬 2003), 일우고시리(유창균 1994), 일고시가(양희철 1997), 일고실가(김완진 1980, 최남희 1996, 신재홍 2000), 이ᄅ고실가(류렬 2003)

다. 솗고스셔(강길운 1995), 일고슬가(강길운 1995)

라. 술바겨샤셔(정열모 1965), 솗겨샤셔(김선기 1993), 이뭐겨샤셔(정열모 1965), 일겨샤셔(김선기 1993)

마. 솗겨시셔(서재극 1975), 솗겨시셔(김선기 1993), 솗겨시셔(황선엽 2006b), 이ᄅ겨시가(서재극 1975), 일우겨실가(황선엽 2006b)

(5)의 해독들은 모두가 '遣'을 읽은 '고'나 '겨'의 문법적 기능이 모호하다는 문제를 보인다. (5가, 나)에서는 '고'로 읽고 그 기능을 원망/희망의 '고'로 보았다. 원망/희망은 양주동이 제시한 것으로 거의 모든 주장들이 이를 따른다. 이 해독들은 '賜'를 '샤(ㄹ), 사(ㄹ), 스(ㄹ), 시(ㄹ), 스(ㄹ)' 등의 어느 것으로 읽었든 주체존대의 선어말어미 '시'를 염두에 두고 있다. 이를 종합하면, 원망/희망의 '고'를 취한 해독들은 모두가 주체존대의 선어말어미 앞에 원망/희망의 선어말어미가 온 형태를 전제로 한다. 이 주장들은 이 '-고(원망/희망의 선어말어미)+시(주체존대의 선어말어미)-'의 주장을 합리화할 수 있는 어휘로 '밀오시라, 닛고신뎌, 가고신뎐' 등을 들었다. 그러나 외형만 같은 어휘들로, 잘못된 예증들이다.4) 그리고 구결을

보아도 '-고시-'가 아니라 '-시고-'의 형태이다.5)

또한 (5다)에서와 같이 '遣'을 '고'로 읽고 사동의 선어말어미로 볼 수도 없다. 왜냐하면 '白遣賜立'을 '솗고스셔'로 읽으면서 '고'를 사동의 선어말어미로 보면, '솗고스셔'는 '사뢰게 하시셔'가 되어, 해독자가 제시한 '아뢰게 하소서(>아뢰소서)'가 되지 않는다. 특히 이 해독에 포함된 '아뢰게 하소서>아뢰소서'의 설명은 거의 불가능하다.

이렇게 '遣'을 '고'로 읽고, 그 기능을 원망/희망이나 사동의 선어말어미로 본 해독들은 문제를 보인다.

그렇다고 (5라, 마)에서와 같이 '遣賜'를 '겨샤(ㄹ), 겨시(ㄹ)' 등으로 읽을 수도 없다. 왜냐하면 '遣'을 읽은 '겨'의 문법적 기능이 명확하지 않기 때문이다. 이런 사실은 '白遣賜立'의 해독과 괄호 안의 현대역을 보아도 알 수 있다. 즉 '술바겨샤셔'(고하시오), '솗겨샤셔'(말씀하이쇼셔), '숣겨시셔'(사뢰소서), '솗겨시셔'(사뢰고 계시셔), '숣겨시셔'(사뢰십시오) 등에서와 같

---

4) 주체존대의 선어말어미와 원망/희망의 선어말어미는, 현대어의 경우에 "그것을 저에게 알려 주시고다"의 '주시고다'에서처럼 그 순서가 '시+고'이지, '고+시'가 아니다. 그러면 현대에는 '시+고'이지만, 과거에는 '고+시'라고 주장할 수 있을까? 앞의 주장이 예로 든 '닛고신뎌'와 '가고신딘'을 보아도, 이 주장은 맞지 않는다. 왜냐하면, '닛고신뎌'의 '고'를 원망/희망으로 보면, 잊고 있지 않기를 바라는 문맥과는 전혀 다르게, 잊기를 바라는 문맥이 되고, '가고신딘'의 '고'를 원망/희망으로 보면, 회회아비가 손목을 잡는 상황의 문맥과는 전혀 다르게 그 장소에 가기를 바라는 문맥이 되기 때문이다. 이 어휘들의 '고'는 원망/희망의 선어말어미가 아니라, 연결어미 '고'로 볼 때에 그 의미가 좀더 명확하다. 즉 '잊고 있는가?' '가고 있는데' 등으로 보는 것이 기본 의미의 파악에서 더 논리적이다.

이렇게 읽을 때에 녹사에 대한 존경을 문제로 제시할 수 있는데, 주체존대의 대상이 아니다. "錄事니믄 벳나를 닛고신뎌"에서, '니믄'을 지금까지는 '님+은'으로 읽어왔다. 그러나 이보다는 '니믄'을 '너만'의 의미인 '(너)>니믄'으로 읽어야 할 것 같다. 이렇게 읽으면, '나'와 '(너)>니'의 대비가 명확하고, 선어말어미 '-고시-'로 볼 때의 문제를 해결할 수 있고, '-고 시-'의 해석이 가진 타당성을 보여주게 된다.

5) '希有難量 ノ ㅓ ㄹ ㅁ ㅣ'(『금강명경』 13:20), '其塔 ㅣ ㄹ ㅁ ㄱ ㅅ ... ㅡ'(『금강명경』 15:11), '獲 ㄹ ㅁ ㄱ ㅣㅣ ㅏ ㅌ ㅣ'(『금강명경』 13:10), '證 ㅄ ㄹ ㅁ ㄱ ㅣㅣ ㅁ'(『금강명경』 13:8) 등에서 보아도, '-시+고-'의 순서이다.

이 '겨'의 문법적 기능이 명확하지 않다.

이렇게 (5)의 해독들은 모두가 문제를 보인다.

이번에는 '白遣賜立'와 '成遣賜去'를 '白遣 賜立'와 '成遣 賜去'로 띄어 읽은 해독들을 보자.

> (6) 가. 솗겨 주시셔, 니르겨/이르겨 주시셔(이종철 1987)
> 나. 솗겨 줄셔, 일겨 줄가(정창일 1987)
> 다. 白겨 시立, 成겨 시去(장윤희 2005)
> 라. 솗곤 시셔, 이루곤 시셔(양희철 2013b)

(6)의 해독들은 '-遣賜-'를 '-遣 賜-'로 띄어 읽으면서도, '遣'과 '賜'의 해독에서 차이를 보인다. 즉 '遣'을 '겨, 곤' 등으로 다르게 읽고, '賜'를 '주시, 줄, 시' 등으로 다르게 읽었다. 이 중에서 (6가, 나, 다) 등에서는 '遣'을 '-겨'로 읽고 그 의미를 '-아/여'의 연결어미로 보았는데, 이를 논증할 수 없는 문제를 보인다. 그리고 (6나)의 경우는 향찰에도 없는 'ㄹ'을 첨가한 문제를 보이고, (6다)의 경우는 그 의미인 '(白)아 있(立)'와 '(成)아 시(去)'의 문맥이 다소 모호해 보인다.

이에 비해 (6라)의 '솗곤 시셔'와 '이루곤 시셔'는 그 현대역으로 '사뢰고는 있으셔?'와 '이루고는 있으셔?'를 보여준다. 이는 사뢰는 행위와 이루는 행위를 현재 진행하고 있는가를 확인하는 의문형으로 바꾼 표현이다. 이 해독들은 한자 '賜'의 음 '시'를 살렸고, '어간(솗, 이루)+어미(곤) 어간(시)+어미(셔)'와 같이 그 연결이 문법적이며, '솗곤 시셔'를 '사뢰고는 있으셔'의 현대역으로, '이루곤 시셔'를 '이루고는 있으셔'의 현대역으로 각각 옮기는 데 문제가 없고, "惱叱古音 多可支 白遣 賜立"과 "四十八大願 成遣 賜立(〈去〉)"의 문맥에도 문제가 없다. 이런 점들에서, '白遣 賜立'와

'成遣 賜立'을 '숢곤 시셔?'(사뢰고는 있으셔?)와 '이루곤 시셔?'(이루고는 있으셔?)로 해독하고, '賜'를 '시-'로 해독한 것이 가장 타당하다고 판단한다.

3.2. '閼遣只 賜立'의 '賜'

'閼遣只 賜立'(「참회업장가」)에 대한 선행 해독들은 시적 청자를 누구로 해독하였는가를 기준으로 보면, 두 유형으로 나눌 수 있다. 하나는 부처님을 시적 청자로 본 유형이고, 다른 하나는 누구인지 모르는 타인을 시적 청자로 본 유형이다. 먼저 전자의 유형에 속한 해독들을 보자.

<blockquote>

(7) 가. 알고샤셔[佛, 我が懺悔を 知ろし召し給へ(오구라 1929), 佛よ, 知ろし 召し給へ(신태현 1940)]

알곡샤셔[부처 아오소서(양주동 1942), 부처 아시옵소서(김준영 1964), 부처 아오소서(김상억 1974), 부처 알으소서(전규태 1976, 황패강 2001), 부처 아시옵서(김준영 1979)]

알고디샤셔(부처 아십시오, 홍기문 1956)

알오ᄃ시이(부처께서 아시오소서, 이탁 1956)

알겨샤셔(부처 알으소서, 김선기 1975a)

나. 알겨시셔(부처 알으소서, 김선기 1993)

알곡시셔(부처께서 아시옵소서, 신재홍 2000)

알고기시셔(부처들 알아 주소서, 류렬 2003)

다. 마기쇼셔(부처 증거하소서, 김완진 1980)

</blockquote>

(7가)의 해독들은 네 가지 측면에서, (7나)의 해독들은 세 가지 측면에서, 각각 다음과 같은 문제들을 보인다.

첫째로, (7가)에서 '賜'를 '시'가 아닌 '샤, ᄉ' 등으로 읽은 문제이다. 앞 장에서 본 바와 같이, '賜'의 신라음은 '시'이다. 이를 버리고 '샤, ᄉ' 등으로 읽은 해독들은 '賜'의 신라음 '시'를 벗어난 문제를 피할 수 없다.

둘째로, (7가, 나)의 '閼(알)+遣(고, 오, 겨)+只(디, ㄷ, ㄱ, 기)+賜(샤, ㅅ, 시)+立'에서, '遣(고, 오, 겨)'과 '只(디, ㄷ, ㄱ, 기)'의 문법적 기능을 명확하게 설명하지 못한 문제이다. 특히 선어말어미 '-賜-' 앞에 올 수 있는 형태소로 '遣(고, 오, 겨)'과 '只(디, ㄷ, ㄱ, 기)'를 설명하지 못한 문제이다.

셋째로, (7가, 나)에서 '遣只'를 해독한 형태소들이 각각 그 현대역과 연결되는 것이 거의 없다는 문제이다. 이는 해독과 그 현대역이 논리적으로 연결되지 않고 있음을 의미한다.

넷째로, (7가, 나)의 괄호 안의 현대역들이 보여주는 〈부처님에게 참회를 알라〉는 문맥은 시방의 부처 앞에 참회하겠다는 작품의 문맥에 맞지 않는다. 작품의 제목이 「참회업장가」이며, 『보현행원품』의 '懺除業障者'를 보면 참회하겠다는 내용["我今悉以淸淨三業 遍於法界極微塵刹 一切諸佛菩薩衆前 誠心懺悔 後不復造"]을 보인다. 그런데 (7가)의 해독들은 '내가 참회를 하겠다'는 내용과 다른 '부처님께 참회를 알라'는 내용을 보여준다.

(7다)에서는 '閼'을 '막(◇마기)'으로, '遣'을 'ㅇ/괴(말음첨기)'로, '只'를 '以'로 수정하여 'ㅣ'로, '賜'를 '쇼(시+오, '오' 첨가)'로 읽었다. 네 향찰의 해독에 모두 문제가 있어 보인다.

이번에는 다른 누구인가를 시적 청자로 본 유형의 해독들을 보자.

   (8) 가. 알고아샤셔(부처께 아뢰시옵소서, 알게 하시옵소서, 지헌영 1947)
         알겨지샤셔(부처께 알려집소사, 알려지소서, 정열모 1965)
     나. 알고기시셔(부처에게 알게 해 주소서, 유창균 1994)
         알곡시셔(부처께 알려 주소서, 강길운 1995)

(8가)의 해독들은 세 가지 측면에서, (8나)의 해독들은 네 가지 측면에

서, 각각 문제를 보인다.

첫째로, (8가)에서 '賜'를 '샤'로 읽은 해독들의 문제이다. '賜'의 신라음이 '시'라는 점에서 '賜'를 '샤'로 읽은 해독들은 문제를 보인다.

둘째로, '閼(알)+遣(고, 겨)+只(아, 지, 기, ㄱ)+賜(샤, 시)+立'에서, '遣(고, 겨)'와 '只(아, 지, 기, ㄱ)'의 문법적 기능이 명확하게 설명되지 못한 문제이다. (8가)의 '알고아샤셔'와 '알겨지샤셔'에서는 그 설명이 매우 모호하다. 이에 비해 (8나)에서는 그 설명을 명확하게 하려고 상당한 시도를 하였다. '알고기시셔'의 경우는 '알(어간)+고(희망)+기(사역)+시(존대)+셔'(유창균 1994:957)로 설명을 하였다. 이 설명은 그럴 듯하지만 이두와 향찰의 '-遣只賜-'와 같은 형태인 구결 '-ㅁㅅㄷ-'를 이렇게 처리하기가 어렵다는 문제를 보인다. '알곡시셔'의 경우는 '-곡-'을 '사동+강세'로 보았는데, 그 현대역인 '부처님께 알려 주소서'와는 거리가 있는 문제를 보인다.

셋째로, '遣只'를 해독한 형태소들만으로는 각각 그 현대역과 연결되지 않는다는 문제이다. '알(어간)+고(희망)+기(사역)+시(존대)+셔'를 '알게 해 주소서'나 '알 수 있게 되도록 해주십시오'의 현대역으로 바꾸거나, '알곡시셔'를 '알려 주소서'의 현대역으로 바꾸는 데는 문제가 있어 보인다.

넷째로, (8)의 괄호 안의 현대역들이 보여주는 〈부처님에게 참회를 알게 해 달라〉는 문맥은 시방의 부처 앞에 참회하겠다는 작품의 문맥에 맞지 않는다는 문제이다. 누구에게 이 말을 하는 것인지가 명확하지 않다.

이렇게 '閼遣只賜立'에 대한 (7)(8)의 해독들에서는 아직도 미흡점이 발견된다. 이 문제를 해결하려는 해독들이 나왔다. 이 해독들을 보자.

(9) 가. 알격 주시셔(이종철 1987)
    나. 엇겼긔 줄셔(정창일 1987)
    다. -곡 시-(이승재 1991)

라. -격 시-(장윤회 2005)

마. 알곡 시셔(양희철 2013b)

(9가)에서는 '遣只'를 연결어미와 강세접미사로 볼 경우에, '賜'를 '주시-'
로 읽을 수도 있다고 보았다(이종철 1987:18-20). 그런데 문제는 '遣'을 연
결어미 '겨'로 읽을 수 있는 논거가 없다는 것이다. (9나)에서는 '閼遣只
賜立'를 '엇겻긔 줄셔'로 읽고, 그 의미를 '-이었기에 줄 것이어'로 보았는
데, 해독과 현대역이 잘 연결되지 않는다. (9다)에서는 '-遣只 賜-'를 '-곡
시-'['-고'는 연결어미, 'ㄱ'는 대구 기능의 표시, '시-'는 존재동사(이승재 1991:
454)]로 읽으면서, '賜'를 '시-'로 읽을 수 있는 길을 열었다. (9라)에서는
'遣'을 연결어미 '겨'로, '賜'를 존재동사 '시-'(장윤회 2005:129)로 읽었다.
이 해독은 '遣'을 연결어미 '겨'로 읽을 수 있는 논거가 없다는 문제를 보
인다. (9마)에서는 '閼遣只 賜立'을 '알곡 시셔?'로 읽고 그 의미를 '알고
있으셔?'의 자문으로 보았다. 이 해독은 이승재의 '-곡 시-'와 기본 해독
은 같고, '-ㄱ'을 강세로, '-立'을 '-셔?'의 의문형으로 다르게 보았다. 이
자문의 해독은 『普賢行願品』 '懺除業障者'의 일부분인 "나는 지금 청정
삼업으로 법계의 극히 미세한 티끌만큼 많은 일체의 모든 부처 앞에 두루
성심으로 참회하겠다."(我今悉以淸淨三業 遍於法界極微塵刹 一切諸佛菩薩衆
前 誠心懺悔)를 균여가 시적 화자에 맞게 바꾼 것이다. 즉 "(今日 部 頓部
叱) 참회를 시방의 부처(께서) 알고 있으셔?"로 바꾼 것이다. 이는 모든 부
처 앞에 참회할 수 없는 시적 화자의 능력을 감안하여, 모든 부처가 알게
참회를 했는가를 자문하는 것으로 바꾼 것인데, 작품의 문맥에서, 거의
문제를 보이지 않는다. 이런 점들에서, '閼遣只 賜立'을 '알곡 시셔?'(알고
있으셔?)로 읽고, 이에 포함된 '賜'를 용언의 어간 '시-'로 읽는 것이 가장
타당하다고 판단한다.

이상과 같이 '어간+遣(+只) 賜-'의 형태에 속한 '白遣 賜立', '成遣 賜去', '閼遣只 賜立' 등의 '賜'들은 '시-'로 읽는 것이 타당하다고 판단한다. 그런데 이 '시-' 역시 제2장에서와 같이 '賜'를 '시'로 읽는 근거를, 선행 해독들이 보여준 중국 운서의 반절표기와, 외국학자들이 재구한 '賜'의 중국 고음을 넘어서, 「동명왕편」(이규보)과 「칠월십구일야……」(서거정)에서 '賜'가 '시'의 압운자로 쓰였다는 점과, '止'섭 3등에 속한 한자들로 만들어진 향찰들이 모두 '이'운을 취한다는 점 등으로도 보완을 해야, 논거가 좀 더 명확해 보인다.

4. 어간의 '賜/주시'

어간의 '賜/주시'는 '-隱(/攴/支) 賜-'의 '賜'에서 나타난다. 이를 '一等沙隱 賜以古只', '遣知攴 賜尸等焉', '乃叱好支 賜烏隱' 등에서 보인다.

4.1. '一等沙隱 賜以古只'의 '賜'

'一等沙隱 賜以古只'(「맹아득안가」)의 '賜'를 해독 초중기에는 앞에 붙여서 'ㅿ, ㅅ, ㅈ, 사, 샤, 리' 등으로 읽었다. 그러나 향찰 '賜'의 당시의 한자음이 '시'라는 점에서, 앞의 해독들은 인정되지 않는다. 이 해독들을 제외한 나머지 해독들 중에서 '賜'를 음으로 읽은 해독들을 먼저 보자.

(10) 가. 그시(서재극 1975), 그시곡(최남희 1996)
    나. 넌즈시(유창균 1994)
    다. 그싁곡(강길운 1995)

(10가)에서는 '隱'을 '그시'로 읽고 '賜'를 그 확인첨기의 '시'로 보았는데, '隱'을 '그시'로 읽을 수 있을까 하는 문제가 석연치 않다. (10나)에서는 '隱'을 '넌즈시'로 읽었다. 이 해독은 '넌즈시(隱)+시(賜)+이(以)'로 본 것인데, '-시'를 '시'와 '이'로 두 번 첨기했다는 설명에서 문제가 발견된다.

(10다)에서는 개별 향찰을 '그스(隱)+스(賜)+이(以)+고(古)+ㄱ(只)'로 읽고, 전체를 '그스곡'(숨기고서, 몰래)로 읽었다. '賜'를 '스'로 읽었는데, 제2장에서 검토했듯이, 인정하기 어려운 음이다.

이번에는 '賜'를 바로 앞의 '-隱'과 분리하여 훈과 어간으로 읽은 해독들을 보자.

> (11) 가. 쥬어(유창선 1936)
>   나. 주어(이탁 1956), 주이고(김선기 1968c, 1993), 주이곡(신재홍 2000),
>   주히(류렬 2003)
>   다. 주리(홍기문 1956)
>   라. 주셔(오구라 1929, 신태현 1940), 주쇼셔(김완진 1980, 이종철 1987),
>   넌즈시(금기창 1993), 주시이(양희철 1997), 주시이곡(양희철 2008a)

(11가, 나)에서는 '賜'를 '쥬'와 '주'로 읽고, '以'를 '어'와 '이'로 읽었다. '쥬어'와 '주어'에서는 '以'를 연결어미 '어'로 읽었고, '주이-'에서는 '以'를 '이'로 읽었다. '어'는 한문에서는 '以'가 '어'에 해당한 경우가 있지만, 향찰에서는 '以'로 '어'를 표기한 경우가 없다. '이'로 읽은 경우에, '주이고'는 '주셔도'(김선기 1968c)와 '주이고[이:높임말(경어)]'(김선기 1993)로 보았는데, 높임의 선어말어미는 '이'가 아니라 꼭지 달린 '이' 또는 'ㅇ'이며, 향가에서는 '音'으로 표기하였다는 문제를 보인다. '주이곡'은 그 현대역을 '줄고, 줄까' 등으로 보았는데, '이'의 기능이 모호하고, 해독과 현대역이 잘 연결되지 않는다. '주히'는 '以'에서 '히'(ㅎ+이:명사형)의 음을 끌어내기가

어렵고, '주히'를 현대역 '주시여'로 연결하기가 어려운 문제를 보인다. 그리고 이 해독들은 어느 것도 주체존대의 선어말어미 '시'를 수반하지 않았다는 문제를 피할 수 있다. 이 점을 생각하면, 이어서 볼 '주시'의 해독이 정확한 것 같다.

(11다)에서는 '賜'를 '줄'로 읽었는데, 향찰 표기에 없는 'ㄹ'을 첨가한 점과 문맥상 필요한 '-시-'가 없는 문제를 보인다.

(11라)에서는 '賜'를 '주시'로 읽었다. '주셔'의 경우는 개별 향찰을 '주시(賜)+어(以)'로 읽고, 전체를 '주셔'로 보았다. '以'를 '어'로 볼 수도 있으나, 확인첨기로 보인다. '주쇼셔'의 경우는 개별 향찰을 '주시(賜)+셔(立〈以〉)'로 읽고, 이에 '오'를 첨가하여 '주쇼셔'로 읽었다. 수정과 근거 없는 '오'의 첨가가 문제로 보인다. '넌즈시'의 경우는 '넌즈시(隱)+즈시(〈주시, 賜)+이(以)'로 읽은 것인데, '-즈시'를 '주시'로 표기하고, '-즈시'를 '주시'와 '이'로 두 번 첨기했다는 설명에서 문제가 발견된다.

'주시이곡'의 경우는 개별 향찰을 '주시(賜)+이(以)+고(古)+ㄱ(只)'으로 읽고 '주시이곡'으로 읽었다. 한자 '賜'의 훈을 살리고, '古只'는 향찰과 이두 '遣只' 및 구결 'ㅁハ'와 같은 '곡'의 연결어미이며, '주시(賜)+이(以)+고(古)+ㄱ(只)'이 어간(주시)+장음(또는 말음첨기, 이)+어미(곡)의 문법적 연결을 보이고, '주시이곡'이 현대역 '주시이오'로 자연스럽게 연결되며, '一等沙隱'를 'ᄒᆞ돈산'(ㄴ:주제격어미)으로 읽은 "하나는 (꼭) 주시오 여쭙다야"의 문맥에도 맞다.

이상과 같은 변증으로 보아, '一等沙隱 賜以古只'의 '賜'는 '주시'로 읽는 것이 가장 적합해 보인다.

4.2. '遺知攴 賜尸等焉'의 '賜'

초중기의 해독들은 '遺知攴 賜尸等焉'('맹아득안가」)의 '賜'를 앞에 붙여서 '사'나 '샤'로 읽었다. 이 해독들은 해독 초기에는 인정되었지만, 앞에서 살핀 바와 같이, 이제는 '賜'의 당시음이 '시'라는 점에서, 인정되지 않는다. '賜'를 '사'나 '샤'로 읽은 해독을 제외하고, 나머지 해독들 중에서 '賜'를 음으로 읽은 해독들만을 먼저 보자.

> (12) 가. 기티히실돈(서재극 1975), 기디히실든(최남희 1996), 기디히실돈(류렬 2003)
>
> 나. (나라)고 아ᄅ실돈(김완진 1980)

(12가)에서는 '攴'을 '支'로 바꾸고, 이 '支'를 그 음에도 없는 '히'로 읽은 문제를 보인다. 그리고 이 '히'를 따라도, 그 문법적 기능의 설명이 분명하지 않다. (12나)에서는 '攴'을 지정문자로 보고, '遺知'를 '遣知'로 수정한 다음에, '遣'을 '고'로 '知'를 '아ᄅ'로 읽었다. 그런데 이 해독을 따르려면, 우선 지정문자와 수정을 인정해야 하는데, 그 인정이 어렵다. 그리고 '遣'을 신라 향가에서 '只' 앞이 아닌 위치에서 '고'로 읽는 것이 어렵고, '知'를 '알'이 아닌 '아ᄅ'로 읽는 것도 쉽지 않다.

이번에는 '賜'를 바로 앞의 '-攴'과 떼어서 훈과 어간으로 읽는 해독들을 보자.

> (13) 가. 긷디리 줄 딸안(김선기 1968c), 기디다 줄 돌안(김선기 1993), 기디기 줄돈(신재홍 2000)
>
> 나. 기티 주슬덴(강길운 1995)
>
> 다. 긷이어 주시면(이탁 1956), 기텨 주실돈(이종철 1987), 기디기 주실

돈(유창균 1994), 깃딥 주실ᄃ언(양희철 1997)

(13가)에서는 '賜'를 '주-'로 읽었다. 문맥상 '주시-'가 맞다는 문제
를 보인다. 이 문제를 해결하려 한 것이 (13나)의 '주스'와 (13다)의 '주
시'이다. 그러나 (13나)에서와 같이 '주시'의 선행형이 '주스'라고 보기
는 어렵다. 그리고 이 해독은 '遣知攴'를 '기티'로 읽고 그 의미를 '기
뎌'로 보았는데, 해독('기티')과 현대역('기뎌')의 연결이 어려운 문제도
보인다.

(13다)의 해독들은 '遣知攴'의 해독에서 다양한 형태를 보인다. 즉 '긷
이어(기티어), 기뎌(기티어), 기디기/기뎌기(기티어, 남기어), 깃딥(기티어)' 등
으로 읽었다. 이 해독들은 괄호 안의 현대역들을 보면, 모두가 연결어미
'-어'를 염두에 두고 있다. 그런데 '긷이어(기티어)'와 '기뎌(기티어)'의 경우
는 '攴'을 '어'로, '기디기/기뎌기(기티어, 남기어)'의 경우에는, '攴(〈攴)'를
'기'(연결어미 '어'에 해당하는 부사성 접미사)로 보는 것이 어렵다. 이에 비해
'깃딥(기티어)'의 경우는 '攴/ㅂ'이 돌궐어와 중세 한국어에서 연결어미에
해당한다는 점에서 설득력을 얻는다. 그리고 이 '깃딥 주실ᄃ언'의 해독
은, 한자 '賜'를 그 훈 '주시'로 읽고, '어간(遣 깃디)+첨기(知 디)+연결어미
(攴 ㅂ) 어간(賜 주시)+어미(尸等焉 ㄹᄃ언)'의 연결이 문법적이며, '주실ᄃ
언'이 '주실 것이면'의 현대역으로 자연스럽게 연결되고, "나에 남겨 주실
것이면"의 문맥에 맞다.

이상의 변증으로 보아, '遣知攴 賜尸等焉'의 '賜'는 '주시'로 읽는 것이
가장 적합해 보인다.

4.3. '乃叱好攴 賜烏隱'의 '賜'

'乃叱好攴 賜烏隱'(「모죽지랑가」)의 '賜'는 해독 초중기에는 앞에 붙여서

'샤, 스, 리' 등으로 읽었다. 그러나 앞에서 살펴온 바와 같이, 이제는 '賜'의 당시음을 '시'로 보며, '샤, 스, 리' 등으로 보지 않는다. 이 '샤, 스, 리' 등으로 읽은 해독들을 제외하고 나머지 해독들 중에서 음으로 읽은 해독들만을 보자.

(14) 가. 낟호시온(정연찬 1972)

　　　나. 나토히시온(서재극 1975, 신석환 1987, 엄국현 1989), 됴히시온(최남희 1996, 신재홍 2000)

　　　다. 볼기시온(김완진 1980), 고비기시온(유창균 1994), 나시ㅎ기시혼(류렬 2003)

　　　라. 됴ㅎ시온(이임수 1982, 김완진 1985a)

　　　마. 나토손(강길운 1995)

(14가)에서는 '攴'를 읽지 않은 문제를 보인다. (14나)에서는 '攴'를 '히'로 읽은 문제와 그 기능에서 문제를 보인다. (14다)에서는 '好攴'를 '볼기, 고비기, ㅎ기' 등으로 읽었는데, '好'에 이런 의미나 음이 있다고 보기는 어렵다. (14라)에서는 '攴'를 '攴'으로 수정하여 지정문자로 본 다음에, '好'를 '둏-'가 아닌 '됴ㅎ-'로 읽은 문제를 보인다. 이렇게 (14가-라)에서는 '賜' 앞에 온 '(好)攴'를 읽지 않거나 이해하기 어렵게 읽어서, '賜'를 '시'로 읽은 것까지도 믿기가 어렵다.

(14마)에서도 역시 '攴'를 '攴'으로 수정하여 지정문자로 본 다음에, '好'를 '둏-'가 아닌 '호'로 읽고, '賜'를 '스'로 읽었다. 이 해독은 문자를 수정한 문제, 지정문자를 따라도 그 기능이 없는 문제, '賜'의 음이 '스'가 아닌 문제, '손'의 표기에 '孫'이 아닌 '賜烏隱'(스+오+ㄴ)손)을 사용했다고 본 문제 등을 포함하고 있다.

이번에는 '賜烏隱'을 그 앞의 '乃叱好攴' 다음에 끊어 읽고, '賜'를 훈과 어간으로 읽은 해독들을 보자.

(15) 가. 낟고디 주온(김선기 1967b)
　　 나. 둏기 주시온(양희철 1997)

　　(15가)에서는 '乃叱好支賜烏隱'을 '乃叱好支 賜烏隱'으로 끊고, '賜'
를 '주-'의 훈으로 읽었다. '乃'를 어두에서 '나'의 음으로 읽고, '好'를
'고'로 읽은 문제와, 문맥상에 '주-'보다 '주시-'가 적합하다는 문제를 보
인다.

　　(15나)에서는 '乃叱好支賜烏隱'을 '乃叱 好支 賜烏隱'로 끊고, '賜'를
'주시-'의 훈으로 읽었다. 이 해독은 (15가)의 문제들을 보완한 것으로,
'어간(둏)+명사형어미(기) 어간(주시)+어미(온)'와 같이 그 연결이 문법적이
다. 그리고 '둏기 주시온'은 '좋기(를) 주시온'의 현대역으로 자연스럽게 연
결된다. 또한 문맥(두드림 곧 좋기를 주시온)에서도 문제를 보이지 않는다.

　　이상과 같은 변증으로 보아, '好支 賜烏隱'의 '賜'는 '주시-'로 읽는 것
이 가장 적합해 보인다.

5. 결론

　　지금까지 향찰 '賜'에 대한 선행 해독들을 변증하면서 부분적인 보완을
해 보았다. 그 결과 중에서 중요한 것들을 요약하는 것으로 결론을 대신하
면 다음과 같다.

　　'어간+(屋+)賜-'에서 '賜'의 해독은 'ᄉ, 사, 샤, 스, 시' 등으로 읽혀 왔
으며, 최근에는 선어말어미 '시'와 '스, 시' 등의 주장이 갈리고 있는데, 다
음과 같은 점들에서 '시'로 읽어야 한다고 보았다.

1) 선어말어미의 위치에 있는 '賜'를 해독 초기에는 '샤, 사, ᄉ' 등으로 읽으면서, 선어말어미 '시'와 '賜'의 고음 '시'를 만족시키지 못해오다가, 이를 만족시켜서 읽기 시작한 것은 정연찬이며, 이 해독은 그 후의 해독자들에 의해 수용되고 확대되면서 거의 굳어지고 있었다.

2) 최근에 'ᄉ, 시' 등의 주장이 나와, 이 '賜'의 해독은 다시 '시'와 'ᄉ, 시' 등의 주장이 갈렸다. 특히 이 해독들의 '시'와 'ᄉ'는 그 근거를 모두 중국 운서의 반절표기와 외국 학자들이 재구한 '賜'의 중국 고음에 두었다.

3) 2)의 문제는 다음의 네 가지 사실들로 보아 '시'의 해독이 적합하다고 판단하였다. 첫째, 주체존대의 선어말어미 '시'의 선행형이 'ᄉ'라는 것을 논증할 수 없다. 둘째, '손'의 표기에, 경제적인 '孫'을 쓰지 않고, 비경제적인 '賜烏隱'(ᄉ+오+ㄴ)손)과 '賜乎隱'(ᄉ+오+ㄴ)손)을 썼다고 보기 어렵다. 셋째, 「동명왕편」(이규보)과 「칠월십구일야……」(서거정)에서 '賜'를 '시'의 압운자로 사용하였다. 넷째, '賜'와 함께 '止'섭 3등에 속한 한자들로 만들어진 향찰들['知, 伊, 支, 史, 是, 理, 里, 以, 爾, 只, 利, 事, 賜, 次']은 음으로 읽을 경우에 모두 '이'운을 보인다.

'어간+遣(+只) 賜-'의 '賜'는 선어말어미의 '샤, 사, ᄉ, 시, ᄉ' 등으로 읽는 가운데, 어간 '주시-, 줄-, 시-' 등으로 읽은 해독들이 나왔는데, 다음과 같은 점들에서 어간 '시-'로 읽어야 한다고 보았다.

1) '白遣賜立'과 '成遣賜去'의 '賜'를 선어말어미 '샤, 사, ᄉ, 시, ᄉ' 등으로, '閼遣只賜立'의 '賜'를 선어말어미 '샤, ᄉ, 시' 등으로, 각각 읽은 해독들은 바로 앞에서 읽은 '遣(只)'[고(ㄱ), 겨(ㄱ)]의 문법적 기능의 설명이 설득력을 얻지 못한 문제를 보인다.

2) 1)의 문제를 해결하기 위하여, '白遣賜立'과 '成遣賜立(〈去〉)'을 '白遣 賜立'('숣겨 주시셔', '숣겨 줄셔', '白겨 시立', '숣곤 시셔')과 '成遣 賜立'('니ᄅ겨/이ᄅ겨 주시셔', '일겨 줄가', '-겨 시-', '이루곤 시셔')로 각각 띄우고, 괄호

안과 같이 읽은 해독들이 나왔다. '遣'의 신라음 '곤', '遣/곤'이 연결어미로 쓰인 예들, 「동명왕편」과 「칠월십구일야……」에서 '賜'가 '시'로 압운된 점, '賜'와 함께 '止'섭 3등에 속한 한자들로 만들어진 향찰들이 모두 '이' 운인 점, 이 향찰들이 속한 문맥 등으로 보아, '숣곤 시셔?'(사뢰고는 있으셔?)와 '이루곤 시셔?'(이루고는 있으셔?)로 읽으면서 '賜'를 어간 '시-'로 읽은 해독이 가장 적합해 보인다.

3) 1)의 문제를 해결하기 위하여, '閼遣只賜立'을 '閼遣只 賜立'로 띄어 읽는 해독들('알격 주시셔', '엇겻긔 줄셔', '-곡 시-', '-격 시-', '알곡 시셔')이 나왔다. '遣'의 신라음 '곤', '-遣只'가 같은 작품에서 연결어미로 쓰인 점, '賜'의 한국 한자음(고음) '시', 문맥 등으로 보아, '알곡 시셔?'(알고 있으셔?)로 읽으면서 '賜'를 어간 '시-'로 읽은 해독이 가장 적합해 보인다.

'-隱(/攴/支) 賜-'의 '賜'는 다양한 형태('ㅅ, ㅿ, ㅈ, ㅅ, 리, 사, 샤, 시, 실, 주, 주스, 주시, 쥬')로 읽어 왔는데, 다음과 같이 그 앞뒤의 향찰들과 함께 볼 때에, '주시-'로 읽어야 한다고 보았다.

1) '一等沙隱賜以古只'의 '賜'는 'ㅿ, ㅅ, ㅈ, 사, 샤, 리, 시, 쥬, 주, 줄, 주시' 등으로 다양하게 읽어 왔는데, '一等沙隱'(ᄒᆞᄃᆞᆫ산, ㄴ:주제격어미)과 '以古只'(이곡)는 물론 문맥으로 보아, '一等沙隱 賜以古只'로 끊고 'ᄒᆞᄃᆞᆫ산 주시이곡'으로 읽으면서, '賜'를 '주시'로 읽은 해독이 가장 적합해 보인다.

2) '遣知攴賜尸等焉'의 '賜'는 '사, 샤, 실, 주, 주스, 주시' 등으로 다양하게 읽어 왔는데, '賜' 바로 앞의 '攴'이 연결어미의 기능을 하는 향찰이라는 점과 문맥으로 보아, '遣知攴 賜尸等焉'으로 끊고 '깃딥 주실ᄃᆞ언'으로 읽으면서, '賜'를 '주시'로 읽은 해독이 가장 적합해 보인다.

3) '乃叱好支賜烏隱'의 '賜'는 '샤, ㅅ, 리, 스, 주, 주시' 등으로 다양하게 읽어 왔는데, '支'의 음 '기/디'와 문맥으로 보아, '好支 賜烏隱'으로 끊고 '둏기 주시온'으로 읽으면서, '賜'를 '주시'로 읽은 해독이 가장 적합해

보인다.

이상을 다시 종합하면, '어간+(屋+)賜-'의 '賜'는 선어말어미 '-시-'로, '어간+遣(只) 賜-'의 '賜'는 어간 '시-'로, '-隱(/攴/支) 賜-'의 '賜'는 어간 '주시-'로, 각각 해독해야 한다고 정리할 수 있다.

四. 향찰 '次'

1. 서론

이 글은 향찰 '次'에 대한 선행 해독들을 변증하고 보완하는 데 연구의 목적이 있다.

향찰에는 조금만 관심을 가지고 철저하게 변증하면서 약간만 보완하면, 그 해독이 거의 완결될 수 있는 것들이 있다. 그 중의 하나가 바로 향찰 '次'이다. 이 향찰은 '止'攝 3등 한자의 향찰들['知, 伊, 支(이상 '支'운, 평성), 史, 是, 理, 里, 以, 爾, 只(이상 '紙'운, 상성), 利, 賜, 事, 次(이상 '寘'운, 거성)'] 중의 하나이다. 이 14개 향찰들 중에서, 10개의 한자들['知, 伊, 支, 是, 理, 里, 以, 利, 爾, 只' 등]은 그 운이 과거나 지금이나 '이'라는 점에서, 이 한자들을 이용하여 음차자/음독자로 만든 향찰들의 해독은 어렵지 않다. 왜냐하면 이 향찰들은 '디(知), 이(伊), 기/디(支), 시(是), 리(理), 리(里), 이(以), 이(爾), 기(只), 리(利)' 등의 한자음으로 읽으면 되기 때문이다. 그러나 그 일부['史, 賜, 事, 次' 등]는 과거음과 현대음이 달라 해독에서 의견의 일치를 보지 못하여 왔다. 그런데 이 중에서 '史'와 '賜'는, 그 음으로 읽는 경우에, 1970년대부터 '시'로 읽는 해독이 확대되면서 1990년대에 이르러는 '시'로 읽는 것이 거의 확정되었다. 그리고 '事'도 음으로 읽을 경우에 '시'로 읽어야 한다는 주장이 힘을 얻고 있다. 이에 이 글에서는 아직도 통일을 보이지 못하는 나머지 향찰 '次'의 해독을 변증하고 보완하고자 한다.

향찰 '次'는 '枝次, 蓬次叱, 次肹伊遣, 次弗' 등에서 나온다. '枝次'의 '次'는 'ᄌ, 지, 자, ᄌᆞ, 디' 등으로 읽혀 오는 가운데, '지'로 의견이 수렴되는 것 같다. '蓬次叱'의 '次'는 해독의 근거가 모호한 '밭', 훈으로 읽은 '새, 짓, 집', 음 또는 유사음으로 읽은 '츠, 치, 지, ᄎ, ᄎᆞ, ㅅ, 재, ᄌ' 등으로 다양하게 읽혀 오는 가운데, '지'로 의견이 수렴되는 것 같다. 이 '枝次, 蓬次叱' 등의 '次'를 '지'로 읽을 수 있는 논거는 어휘 '가지'와 '디보지'(◊다 봊)와, 이두의 '次/지'에 두고 있다. 그리고 한자 '次'의 당시음이 '지'일 것이라는 추정은 외국학자들이 추정한 중국 고음에 의존하고 있다. 그러나 한자 '次'의 신라 당시의 한자음이 '지'라는 사실의 예증에는 이르지 못하고 있다.

'次肹伊遣'의 '次'는 '저, 즈, 차, ᄌ, 자' 등의 음으로 읽는 것들에서, '앚, 멈, 머뭇, 버그' 등의 훈으로 읽는 것들로 거의 이동된 상태에 있다. '次弗'의 '次' 역시 '저, ㅅ, ᄌ, 자, 치, 지' 등의 음으로 읽는 것들에서, '멈, 집, 버거, 버그' 등의 훈으로 읽는 것들로 거의 이동된 상태에 있다. 이 훈으로 읽은 해독들은 간혹 주목을 받기도 하지만, 철저한 변증이 없어 그 확고한 위치가 확인되지 않은 상태에 있다.

이렇게 향찰 '次'에 대한 선행 해독들을 보면, 거의 상당수가 철저한 변증을 거치면서 조금만 보완하면, 그 해독이 거의 완결될 것 같은 것들이 대부분이다. 이에 선행 해독들을 철저하게 변증하면서 보완을 하고자 한다.

변증은 미시적인 측면도 고려하지만, 거시적인 측면을 중시하려 한다. 첫째로, 개별 향찰보다는 '지'섭 3등에 속한 한자음 전체라는 측면에서, '次'의 음을 변증하려 한다. 둘째로, 선행 해독들이 예증하지 못한 한국 한자음을 『동문선』과 『동국이상국집』에서 압운자에 사용한 '次'와 그 해성자(형성자)들을 통하여 예증하고자 한다. 셋째로, 훈주음종, 간훈미음, 의주음조 등과 같은 향찰 운용법의 차원에서 변증하고자 한다.

2. 어말의 '次/지'

이 장에서는 '枝次, 蓬次(叱)' 등의 어말에서 나온 향찰 '次'의 해독을 검토 정리하려 한다.

2.1. 향찰 '枝次'의 '次'

이 절에서는 향찰 '枝次'의 '次'에 대한 선행 해독들을 먼저 변증하고, 이어서 미흡점을 보완하고자 한다.

2.1.1. 선행 해독의 변증

'枝次'(「찬기파랑가」)의 '次'에 대한 선행 해독들은 다음과 같이 음으로만 읽었다.

(1) 가. 가지(오구라 1929, 유창선 1936b, 양주동 1942, 정열모 1947, 1965, 지헌영 1947, 홍기문 1956, 김선기 1967c, 김상억 1974, 전규태 1976, 김완진 1980, 금기창 1993, 유창균 1994, 황패강 2001, 류렬 2003)

　　 나. 갖아(이탁 1956), 가자(김준영 1964, 1979), 가ᅎ(정창일 1987, 신재홍 2000)

　　 다. 갖(서재극 1975, 최남희 1996)

　　 라. 가즈(강길운 1995)

(1)에서 보듯이, '枝次'에 포함된 '次'의 해독은 음으로만 읽고 있다. 그리고 '자, 즈, ㅈ, 즈' 등으로 읽은 경우들도 있지만, '지'로 읽은 (1가)가 주류를 이루며, 이 해독들은 '지'가 '次'의 신라음이라는 것을 찾아가는 과정이라고 할 수 있다. 이 과정은, 그 해독의 근거로 보면, 한자음에서 쉽게 이해된 것이 아니라, 세 단계를 거치면서, '次'가 '지'의 표기라는 사실이 확정되는 것 같다. 이를 단계별로 보자.

첫 번째 단계는 해당 어휘 '枝次/가지' 또는 문맥에 맞춘 '次/지'의 해독이다. 이는 오구라, 유창선, 양주동 등등의 해독에서 보인다. "次(音츠)の 字を下に加へで지なる音を繰返したものである"에서와 같이 오구라(1929:179)는 '次'의 음을 '츠'로 보고, '枝/가지'의 '지'를 반복[繰返]한 표기로 읽었다. 이는 어휘 '가지'와 문맥에 맞춘 해독이다. 이렇게 어휘와 문맥에 맞추어 '次'를 '지'로 읽은 것은 유창선(1936b:153)의 "次는 「가지」의 「지」에 當 유하는 것이다."와, 양주동(1942:365)의 통음차에서도 보인다.

두 번째 단계는 이두 '次/지'의 예증에 의한 향찰 '次'의 해독이다. 정열모(1965:267)는 '次'의 신라음이 '지'라는 사실을 『향약구급방』의 '道羅次/도라지'와 '阿次叱加伊/아지ㅅ가리'의 '次/지'에서 찾았다. 예증을 하였다는 점에서 논리적이다. 이 자료의 '도라지'를 '도랒'으로 보면서, '枝次'를 '갖'으로 읽은 해독도 나왔다.

세 번째 단계는 칼그렌과 여타 외국학자들이 재구한 중국 고음에 의지해 향찰 '次'가 '지'의 표기라고 본 해독이다. 이 해독은 세 분의 해독에서 보인다. 김선기(1967c:307)는 "次의 六세기 발음은 '지'이다."에서와 같이 '次'의 6세기 음을 '지'로 정리하였다. 정확한 서지사항은 보이지 않으나, 김선기가 그 당시의 논문에서 인용한 책들로 보아, B. Kalgren 의 *Philology and Anciente china*(Oslo, 1926)와 *Analytic Dictionary of Chinese and Sino-Japanese*(1923, Paris; 1970, Taipei)에 나온 중국 고음에 의지한 것으로 추정된다. 그리고 이돈주(1990:80-81)는 '賜'자와 동류인 치음자들['賜, 史, 此, 次, 事, 死, 四, 辭, 使, 慈, 紫, 自']이 보이는, 중국 고음, 동음, 오음, 한음, 일본음 등을 열거하고, 이어서 향찰 '史'와 '次'가 들어간 향찰 단어를 인용한 다음에, "'史'는 '시'로 '次'는 '지'로 읽힐 가능성이 높을 것으로 생각된다."고 보았다. '史'와 '次'가 들어간 향찰 어휘를 구체적으로 해독한 것은 아니다. 유창균(1994:243)은 외국학자들이 정리한 한자 '次'자의 중국 고음들[ts'ied(T.), ts'iər/ts'i(K.), ts'jier/ts'iɪi(C.)]을 인용하고, 상고음과 중고음 사이에 현저한 차이가 있음을 설명한 다음에, '次'를 중고음[ts'i] '지'로 읽었다.

이렇게 '枝次'(가지)의 '次'는 '지'로 읽는 것이 거의 확정되고 있지만, '次'의 당시 한자음이 '지'라는 점을 예증하지는 못하고 있다.

2.1.2. 선행 해독의 보완

'次'의 그 당시음이 '지'라는 점을 두 측면에서 보완하면 다음과 같다.

첫째는 '止'섭 3등에 속한 한자들의 향찰들이 모두 그 운을 '이'로 한다는 측면이다. '지'섭 3등에 속한 한자들의 향찰로는 13개['知, 伊, 支(이상 '支'운, 평성), 史, 是, 理, 里, 以, 爾, 只(이상 '紙'운, 상성), 利, 賜, 事(이상 '寘'운, 거성)']가 있다. 이 향찰들은 모두가 그 운을 '이'로 한다. 이런 사실은 같은 '지'섭 3등에 속한 향찰 '次'의 한자음 역시 그 운을 '이'로 하는 '지'임을 말해준다.

둘째는 압운자 '次'와 그 해성자(諧聲字)로 보아 '次'의 그 당시음이 '지'라는 측면이다. 이규보는 「곡이학사(백전)시박학사[哭李學士(百全)示朴學士]」(『동국이상국후집』 권제6)에서 '지'로 쓴 '次'를 보여준다. 즉 32구로 된 고율시에서 각구의 끝글자들['士, 死, 年, 位, 此, 意, 存, 祀, 時, 里, 旬, 未, 俎, 事, 婦, 次, 月, 始, 公, 備, 別, 醉, 悲, 淚, 中, 理, 難, 志, 作, 子, 亡, 鼻]'을

보면, 제16구말에서 '次'를 '지'로 압운하였다. 그리고 '次'의 해성자들['姿, 恣, 咨']을 '지'로 압운한 한시들이 발견된다. 김극기(金克己, 고려 명종조)는 「용만잡흥(龍灣雜興, 5수)」(『동문선』 권지4)의 제2수에서 '次'의 해성자인 '恣'를 '지'로 압운하였다. 즉 18구로 된 오언고시에서 각구의 끝글자들 ['城, 奇, 地, 遲, 境, 恣, 塞, 追, 濶, 陂, 窟, 離, 感, 飛, 菊, 蓺, 馥, 期']을 보면, 제6구말에서 '次'의 해성자인 '恣'를 '지'로 압운을 하였다. 최해(崔瀣)는 「이 십일제야(二十一除夜)」(『동문선』 권지4)에서 '次'의 해성자인 '咨'를 '지'로 압운을 하였다. 즉 48구로 된 오언고시에서 각구의 끝글자들['夜, 帷, 夕, 詩, 苦, 思, 孩, 知, 一, 師, 五, 涯, 子, 隨, 官, 眉, 恃, 爲, 束, 卮, 華, 遲, 乖, 私, 冠, 慈, 腸, 追, 子, 咨, 彎, 彌, 遊, 辭, 顧, 誰, 神, 洏, 臭, 垂, 大, 時, 聞, 兒, 過, 麼, 夜, 悲']을 보면, 제30구말에서 '次'의 해성자인 '咨'를 '지'로 압운을 하였다. 그리고 김흔(金訢)은 「정희왕후만장(貞熹王后挽章)」(『속동문선』 권지6)에서 '次'의 해성자인 '姿'를 '지'로 압운을 하였다. 즉 32구로 된 오언배율에서 각구의 끝글자들['慶, 姿, 正, 施, 似, 熹, 恤, 基, 穀, 維, 育, 慈, 石, 飴, 偏, 宜, 輂, 池, 駐, 追, 隱, 欽, 閉, 垂, 暗, 悲, 日, 時, 嗣, 虧, 事, 辭']을 보면, 제2구말에서 '次'의 해성자인 '姿'를 '지'의 압운자로 사용하였다.

이상과 같이, '枝次'의 '次'는 어휘 '가지', 이두 '次/지', 외국학자들에 의해 재구된 중국 고음 '지' 등에 의거해 '지'로 읽은 해독들이 설득력을 얻고 있다. 그러나, '次'의 당시음이 '지'라는 점을 예증하지는 못하고 있다. 이 미흡점은 '지'섭 3등에 속한 한자들의 향찰들이 '이'운의 음을 가진 다는 점과, '次'와 그 해성자들['恣, 姿, 咨']이 한시에서 '지'음으로 압운된 예들이 발견된다는 점 등으로 보완된다.

2.2. 향찰 '蓬次叱'의 '次'

이 절에서는 향찰 '蓬次叱'의 '次'에 대한 선행 해독들을 먼저 변증하고, 이어서 미흡점을 보완하고자 한다.

2.2.1. 선행 해독의 변증

'蓬次叱'의 해독들은 '蓬'의 어휘를 '다봇, 다보지' 등으로 읽은 해독과 그렇지 않은 해독으로 나눌 수 있다. 설명을 쉽게 하기 위하여, 후자의 해독들을 먼저 보자.

(2) 가. 뿍질(오구라 1929)
    나. 띠ㅅㅅ(지헌영 1947)
    다. 쑥밭(정열모 1947)
    라. 거칫(정열모 1965)
    마. 부진(김선기 1967b)
    바. 북샛(김선기 1993)
    사. 달짓(유창균 1994)

(2가)에서는 '蓬'을 '뿍'으로 읽었는데, '次'의 해독이 매우 모호하다. 즉 '뿍질'의 '질'을 '次(ㅊ)+叱(질)〉질'(오구라 1929:153)로 설명하면서, 그 설명이 모호하다. (2나)에서는 '蓬'을 '띠'로 읽고, '次'를 'ㅅ'으로 읽었다. '띠'와 'ㅅ'의 해독에도 문제가 있지만, '띠+ㅅ(次)+ㅅ(叱)'에서 보이는 'ㅅ'의 중복 표기에도 문제가 있다.

(2다)에서는 '蓬次叱'을 '쑥밭'으로 읽었는데, '次叱'과 그 해독인 '밭'이 대응하지 않는다. (2라)에서는 '蓬次叱'을 '거칫'으로 읽었다. 어떤 점에서 '蓬'을 '거치'로 읽은 것인지에 대한 설명이 없어, 그 구체적인 이유를

알 수 없다. 그리고 '蓬'에 '거치'의 의미가 없다는 점에서, '次'를 '치'로 읽은 것까지도 믿기 어렵다. (2마)에서는 '次'의 6세기음을 '資四切' 또는 '津私切'에 근거하여 [tsï]로 보면서, '부짇'으로 읽었다(김선기 1967c:294). 중국 운서와 칼그렌이 재구한 중국 고음 '지'에 따라 '次'를 '지'로 본 것은 정확한 것으로 판단된다. 그러나 '蓬'을 '부지'로 읽은 근거에서 문제가 발견된다.

(2바)에서는 '蓬次叱'을 '북샛'으로 읽었다. '次'를 '茨'와 같은 글자로 보고, '다북'(蓬)의 '북'과 '납가새'(茨)의 '새'를 연결한 '북새'로 읽은 것이다. '茨'를 직접 쓰지 않고 '次'를 썼다는 주장과 '다북납가새'의 '북새'라는 설명에 문제가 있는 것 같다. (2사)에서는 '蓬次叱'을 '달짓'으로 읽고, '달짓'을 '달집'(草家, 草屋, 유창균 1994:243-244)의 선행형으로 보았다. 이 '짓〉집)'은 금기창(1993)의 해독에서 처음으로 나온 해독이다. 그런데 이 '달짓'의 해독은 '蓬'의 훈에도 없는 '달'의 어휘로 읽은 점과, 향찰에서 보이는 확인첨기까지도 고려하지 않은 문제를 보인다.

이렇게 '蓬'을 '다봊, 다보지' 등의 어휘가 아닌, 다른 어휘로 본 (2)의 해독들은 모두가 문제를 보인다.

이번에는 '蓬'을 '다봊, 다보지' 등등의 어휘로 본 해독들을 보자.

(3) 가. 다봊ㅅ(양주동 1942, 이탁 1956, 김상억 1974, 서재극 1975, 전규태 1976, 강길운 1995, 황패강 2001), 다봊(ㅅ)(정연찬 1972), 다봊ㆆ(최남희 1996)

　　나. 다봊ㅊ(김준영 1964)

　　다. 다봇ㅅ(유창선 1936a)

　　라. 다봊짅(금기창 1993)

　　마. 다보잿(김준영 1979)

　　바. 다보귯(신석환 1987, 신재홍 2000)

사. 다봊짖(홍기문 1956), 다보짖(유창선 1936a, 김완진 1980, 양희철 1997, 류렬 2003)

(3)의 해독들은 '蓬'을 '다봊, 다봋, 다봈' 등과 관련된 훈으로 읽고, '次'를 'ㅈ, ㅊ, ㅅ, 집, 재, ᅐ, 지' 등으로 읽었다. 이 해독들은 세 유형으로 나눌 수 있다. 이를 차례로 보자.

첫째는 '蓬'의 중세어 '다봊, 다봋, 다봈' 등을 살리려는 해독들(11가, 나, 다, 라)의 유형이다. 이 유형에 속한 해독들은 '蓬'을 '다봊, 다봋, 다봈, 다보지' 등의 어휘로 읽을 수 있는 방향을 열었다. 그러나 '다봊, 다봋, 다봈' 등의 말음인 'ㅈ, ㅊ, ㅅ' 등은 중화되어 'ㅅ'로 표기하는 것이 일반적인데, 이를 벗어난 '次'로 표기했다는 주장에 문제가 있어 보인다. 그리고 '다봋ㅊ'(3나)과 '다봈ㅅ'(3다)은 '次'와 'ㅅ'을 모두 'ㅊ'으로 읽거나 'ㅅ'으로 읽은 문제를 보인다. (3라)의 경우는 '다봊집'[蓬戶, 蓬室]으로 읽었는데, '次'의 벽훈인 '집'을 이용한 문제와, '집'의 표기에 흔히 쓰는 '室, 家' 등을 쓰지 않은 문제를 보인다.

둘째는 '枝次, 蓬次叱, 次肹伊遣, 次弗' 등의 '次'들을 하나의 음이나 유사음들로 통일한 해독들의 유형이다. 이 유형에 속하는 (3마, 바)의 해독들은 중국 운서들의 반절표기들['七四切, 資四切, 津私切']을 '자, ᅐ' 등으로 읽거나, 이 '자, ᅐ' 등이 문맥에 적합하지 않자, 유사음 '재'로 읽으면서, '枝次, 蓬次叱, 次肹伊遣, 次弗' 등의 '次'를 'ᅐ, 자' 등으로 통일하려는 양상을 보인다. 즉 김준영(1964, 1979)은 '枝次/가자, 蓬次叱/다보잿, 次肹伊遣/ᅐ홀이고, 次弗/자블' 등에서와 같이 '자, ᅐ' 또는 유사음 '재'로 읽었다. 신석환(1987, 1991)은 '蓬次叱/다보좃, 次弗/자블'에서와 같이 'ᅐ, 자' 등으로 읽었다. 신재홍(2000)은 '枝次/가ᅐ, 蓬次叱/다보좃, 次肹伊遣/ᅐ글이고, 次弗/ᅐ비' 등에서와 같이 'ᅐ'로 읽었다. 이렇게 (3마,

바)의 해독들은 '次'를 'ㅈ, 자' 등으로 통일하여 읽으려는 양상을 보인다.

그런데 이 (3마, 바)의 해독들은 세 가지 문제를 보인다. 하나는 당시음이 아닌 근현대음으로 읽은 문제이다. 지금까지 검토해온 바와 같이 '지'섭 3등에 속한 한자들의 향찰들은 그 운이 '이'이다. 사정이 이런데도 '次'를 '자, ㅈ' 등으로 읽는 것은 중국 운서의 반절표기를 표기 당시의 음으로 읽지 않고, 한국의 근현대음에 가깝게 읽은 문제를 보인다. 다른 하나는 말음절첨기가 명확한 '枝次'의 '次'까지도 '자, ㅈ' 등으로 읽은 문제이다. 또 다른 하나는 해독과 그 현대역이 연결되지 않는 문제이다. '가자'(가지가)와 '가ㅈ'(가지)에서 알 수 있듯이, 해독과 괄호 안의 현대역이 연결되지 않는다.

셋째는 '枝次'(가지)의 '次(지)'를 '蓬次叱'의 해독에서 살리려는 해독 (3사)의 유형이다. 홍기문(1956)은 '蓬(다봋)+次(지)+叱(ㅅ)'으로 해독을 하면서, '蓬'의 중세어 '다봋'과 '枝次/가지'의 '次/지'를 모두 취하였다. 그런데 문제는 '다봋지'의 형태가 가능할까 하는 문제이다. 이 문제는 김완진(1980)에 의해 보완되었다. 즉 중세어의 '다봋'은 신라어 '다보지'의 축약이라는 설명이다. 이런 설명은 '栢史'의 해독과 같은 형태이다. 중세어의 '잣'이 향찰에서 '栢史/자시'로 나타나듯이, 중세어의 '다봋'이 향찰에서는 '蓬次/다보지'로 나타난다는 것이다. 이는 똑같은 음절의 축약이다. '다보지'는 유창선(1936a)의 해독에서도 보이는데, 설명이 없어 김완진과 같이 설명한 것인지는 알 수 없다.

이렇게 '蓬次'(다보지)의 '次'는 '지'로 읽는 것이 거의 확정되고 있지만, '次'의 당시음이 '지'라는 점을 예증하지는 못하고 있다.

2.2.2. 선행 해독의 변증

앞에서 살핀 바와 같이 '蓬次'의 '次'는 어휘 '다보지(〉다봋)'는 물론, 바로 앞의 '枝次'의 '次'에서 살핀 바와 똑같이, 이두 '次/지', 외국학자들에 의해 재구된 한자 '次'의 중국 고음 '지' 등에 의거해 '지'로 읽은 해독들이 설득력을 얻고 있다. 그러나 '次'의 당시음이 '지'라는 점을 예증하지는 못하고 있다. 이 미흡점은 '枝次'의 '次'에서와 같이, '지'섭 3등에 속한 한자들의 향찰들이 보이는 운이 '이'라는 점과, '次'와 그 해성자인 '恣, 姿, 咨' 등이 '지'음으로 압운된 한시들이 발견된다는 점 등으로 보완된다.

3. 어두의 '次/버ㄱ'

이 장에서는 '次肹伊遣, 次弗' 등의 어두에 나온 향찰 '次'의 해독을 검토 정리하려 한다.

3.1. 향찰 '次肹伊遣'의 '次'

이 절에서는 '次肹伊遣'의 '次'에 대한 선행 해독들을 먼저 변증하고, 이어서 문제를 보완하고자 한다.

3.1.1. 선행 해독의 보완

'次肹伊遣'(「제망매가」)의 '次'에 대한 선행 해독들을 보면, 음으로 읽을 수 있는 방법을 거의 모두 검토한 후에, 훈으로 읽을 수 있는 방법을 검토하면서, 그 해독이 점차 정리되는 것 같다. 이 과정을 차례로 보자.

먼저 '次肹伊遣'의 '次'를 음으로 읽은 해독들을 보자.

(4) 가. 저히고(오구라 1929, 양주동 1942, 홍기문 1956, 김상억 1974, 황패강 2001, 성호경 2008), 저흘이고(정열모 1947, 류렬 2003)

나. 즈홀이고(지헌영 1947)

다. 차리고(신태현 1940)

라. 즈홀이고(김준영 1964, 1979, 전규태 1976), 즈글이고(신재홍 2000)

마. (마이)자깔이고(김선기 1969a)

바. 지홀이고(지헌영 1954;1991), (메)지홀 지견(정열모 1965), (미)지깔이
겨(김선기 1993)

사. 즈홀이고(유창균 1994)

(4)의 해독들은 세 유형으로 나누어 정리할 수 있다.

첫째는 '次'를 '저'나 '즈'로 읽은 (4가, 나)의 유형이다. '저히고'(두려워지
고)의 경우는 '次(츠)+肹(힐)+伊(이)+遺(고)'와 같이 개별 향찰을 읽고는, 전
체 향찰을 '저히고'로 종합을 하였다(오구라 1929:210). 이 종합에서는 논리적
인 근거도 없이 '츠'를 '저'로, '힐+이'를 '히'로 바꾼 문제가 발견된다. 일종
의 '완서(宛書)'로 본 것이다. 이런 문제의 사정은 통음차(양주동 1942:543)
라는 용어에서도 발견된다. 이 해독은 외국인인 오구라가 '두렵다'는 의미
의 '저히다'를 염두에 두고, 이에 맞추어 '次肹伊遺'을 읽은 것으로 짐작된
다. 이 '저히고'의 문제를 일부 해결한 것은 '저홀이고'(무서운지고)의 해독
이다. 이 '저홀이고'는 '힐+이'를 '히'로 바꾼 문제를 일부 해결하였다. 그
러나 오구라와 같이 '次'의 한자음을 '츠'라고 하면서 '저'를 표기한 것으로
해석하고, 이를 통음차로 설명한 것은 여전히 문제이다. 특히 '저'의 음을
정확하게 보여주는 '著, 貯, 低, 這' 등등의 한자들이 있는데도, 이 한자들
을 이용하지 않고, 비슷한 음을 가진 한자를 이용한 통음차를 했다는 설명
에는 이해가 가지 않는다. '즈홀이고'[("生"의 理가 있어 이 娑婆에) 낳고]의
'즈' 역시 '츠, 차' 등을 통음차로 읽은 것인데 이 역시 문제를 피할 수는
없다. 그리고 이 해독들은 훈주음종 또는 의주음조에서와 같이, 어두에서
한자의 훈이나 뜻을 이용하여 표기하지 않은 문제도 보인다.

둘째는 '次'를 '차, 즈, 자' 등으로 읽은 (4다, 라, 마)의 유형이다. 이에 속한 해독으로는 '차리고, 즈홀이고[친근하고(1964), 죽고(1979)], 즈글이고, 마이자깔이고(멈칫거리고, 머므적걸이고, 미적거리고)' 등이 있다. 이 유형의 해독들은 앞의 첫째 유형의 해독들이 '次肹伊遣'의 '次'를 논리적 증거도 없이 '저'로 읽은 문제를 해결하기 위하여, '次'의 근현대음('차')과 그 유사음('즈, 자)으로 읽었다. 이 해독들이 '次'의 음을 살려서 읽으려 한 노력은 인정되지만, 신라음이 아닌 근현대음으로 읽었다는 문제를 보인다. 이 때문에 '枝次'(가지)에서 볼 수 있는 '次'까지도 '지'로 읽지 않고 '차, 즈, 자' 등으로 읽는 문제를 발생시켰다. 또한 이 해독들은 그 의미가 문맥에 잘 맞는 것도 아니다.[1]

셋째는 '次'를 '지, 즈' 등으로 읽은 유형이다. 이에 속한 해독으로는 (4 바, 사)의 '지홀이고(탄생하고), '메지홀지견(-할 적에는), 미지깔이겨, 즈홀이고' 등이 있다. 이 해독들은 '次'의 신라음으로 추정되는 '지, 즈' 등으로 읽었다.[2] 그러나 이 해독들은 두 차원에서 문제를 보인다. 하나는 이 해

---

1) "이곧애 이사매 차리고"는 문맥이 통하지 않는다. "이의 잇사메 즈흘리고"는 그 현대역 "人間이 公道이매 서로 男妹間으로 태어나"(김준영 1964:83-84)나 "이에 있으매 죽고"(김준영 1979:149)와 연결되지 않으며, "예 이사매 즈흘이고"는 그 현대역 "이에 있으매(인간의 公道이므로) 서로 살붙이가 되고(남매간으로 태어나)"(전규태 1976:76, 83)와 통하지 않는다. '즈글이고'는 그 의미를 '애긇이거늘'로 보았는데(신재홍 2000: 222), 해독과 현대역의 연결에 문제가 있는 것 같다. "어긔 잇아 마이자깔이고"는 그 현대역 "여기 있어 멈칫거리고"(김선기 1969a:353, 361)와 잘 통하지도 않는다.
2) 지헌영(1954;1991:28-30)은 '古次, 忽次, 枝次' 등의 '次'가 '지'일 수 있다는 점에서 '지'로 읽었다. 정열모(1965:267)는 '次'의 신라음이 '지'라는 사실을 『향약구급방』의 '道羅次/도라지'와 '阿次肹加伊/아지ㅅ가리'의 '次/지'에서 찾았다. 김선기(1993:318)는 칼그렌이 재구한 '次'의 음[tshjər/tshi/tshï], 강화의 지명표기인 '穴口=甲比古次'에서 볼 수 있는 '口=古次=華'(고지, '口'의 일본말 '구지')의 측면에서 '次'를 '지'로 읽었다. 유창균(1994:712-713) 역시 '次'의 신라음이 '지, 즈' 등이라는 사실을 칼그렌을 포함한 외국인들이 재구한 '次'의 중국 고음에서 찾았다. 그리고 남풍현(2000:165)은 「남성신성비명」의 인명에 나오는 접미사 '次'들을 周法高가 재구한 중국 고음을 참고하여 '지'로 읽었다. 이렇게 이 해독들은 '次'의 음을 '지, 즈' 등으로 정확하게 정리하였다.

독들은 어두에서 '米'나 '次'를 훈으로 읽는 훈주음종이나 의주음조를 벗어난 문제를 보인다. 다른 하나는 해독별 문제이다. 이를 차례로 보자. '지홀이고(탄생하고)'는 '지홀이다〉지리다'의 변화를 전제로 하는데, 이를 인정하는 것이 쉽지 않고, '지리다'를 '탄생하다'로 보는 것도 그렇게 쉽지는 않다. '메지홀지견'은 '米(메)+次(지)+肹(홀)+伊(지)+遣(견)'으로 읽고, '메지'를 '종말, 결말'의 의미로, '홀(肹)'을 '할'의 의미로, '지견'을 '적에는'의 의미로 보아, 전체 의미를 '종말할 적에는'으로 보았다. 해독과 현대역의 연결에서 많은 문제를 보인다. '미지깔이겨'(머므적거리고, 미적거리고)는 해독과 현대역이 잘 연결되지 않을 뿐만 아니라, "생사 길은 여기 있어 멈칫거리고"의 문맥이 어색하다. 끝으로, '즈홀이고/지홀이고'('부처님께 의지하고')의 해독은, 중세어 '지혜다/지히다'에 앞서는 시기의 형태로 생각한 것으로, '즈홀이-〉즈희-〉즈히-〉지히-'의 형태 변화를 추정하였다. 그런데 이 해독이 보인 변화를 모두 인정하여도, '즈홀이고/지홀이고'를 '부처님께 의지하고'의 의미로 보기는 어렵다. 왜냐하면, '지혜다/지히다'를 인정해도 '의지하다'의 의미만 있고, '부처님께'의 의미는 향찰은 물론, 작품 전체의 문맥에서도 발견할 수 없기 때문이다.

이렇게 '次肹伊遣'의 '次'를 음으로 읽는 데는 한계가 있어, 이탁이 '次'를 훈으로 읽을 수도 있다는 가능성을 제시한 이래, '次'를 훈으로 읽는 해독들이 점점 늘어났다. 이를 차례로 보자.

(5) 가. 어줄잇고(이탁 1956)
나. 멈흐리견(서재극 1975), 멈홀이고(금기창 1993), 멈흐리고(최남희 1996)
다. 머뭇그리고(김완진 1980)
라. 버글이고(김준영 1964, 양희철 1989, 강길운 1995), 버글이곤(양희철 2013b)
마. 버그홀이고(양희철 1997)

(5가)에서는 개별 향찰들을 '次(앚)+肹(올)+伊(이)+叱(ㅅ)+遣(고)'의 괄호 안에서와 같이 읽은 다음에, 이를 '앚올잇고'로 묶고, '앚올잇고〉아ᄌ릿고〉어줄잇고'의 변화를 통하여 '어줄잇고'(어찌릿고)로 읽었다. '엊'을 이끌어 내는 과정과 '肹'을 '올'로 읽은 점에 문제가 있고, '어찌'의 표기에 '何'를 이용하지 않은 이유를 쉽게 설명할 수 없다.

(5나, 다)는 비슷한 의미를 보여 함께 설명하려 한다. (5나)의 '멈흐리견 (머물리거니와), 멈홀이고(머물게 하고), 멈흐리고' 등은 '次(멈)+肹(홀)+伊(이)-'와 같이 읽고, '머물게 하-'의 의미로 본 해독들이다. 이 해독들은 세 가지 문제를 보인다. 첫째로 '次'의 벽훈 '멈'을 이용한 점, 둘째로 '머물다'의 고어 형태가 이 해독들에서 보이는 '멈홀다'가 아니라는 점, 셋째로 현대역의 '머물게 하-'가 문맥에 잘 맞지 않는다는 점 등의 문제이다. (5다)에서는 '次肹伊遣'을 '머뭇그리고'(머뭇거리고)로 읽었다. 이는 '次'의 훈인 '머뭇거리다'를 '머뭇글다'로 보고, 개별 향찰을 '次(머뭇글)+肹(글)+伊(이)+遣(고)'로 읽은 것이다. 이 해독은 벽훈의 문제, '머뭇거리다'와 '머뭇글다'의 차이점 등등에서 문제를 보인다. 그리고 (5나, 다)는 두려움과 관련된 머물게 하거나 머뭇거리는 의미를 가진 해독들인데, 이 해독들은 두려움이 없이 죽음에 임하여 미타찰에 가게 하려는 작품의 문맥에 맞지 않는 문제도 보인다.

3.1.2. 선행 해독의 보완

앞의 (5라)에서는 '次肹伊遣'을 '버글이고, 버글이곤' 등으로 읽었다. 김준영(1964)은 '버글이고'(동생이고)의 가능성을 언급[3]했고, 양희철(1989)

---

3) 김준영(1964:85)은 '次肹伊遣'을 "이와 같이 그 語幹은 「벅, 버그」니 「버글이고」로 읽는다면 그 뜻은 「다음이고」 즉 「동생이 되고」라는 말인지. …… 「동생이고」라는 말은 古語로 「버글이고」가 될 것이다."에서와 같이, 'ᄌ홀이고'로 읽으면서, '버글이고'로도 읽힐 수 있는 가능성을 열어 놓았다. 이 가능성은 전규태(1976:78)에서 거의 그대로 수용되었다.

과 강길운(1995)은 그 의미를 수정하여 '버글이고'(다음이고)로 읽었으며, 양희철(2013b)은 다시 '버글이곤'(다음이니, 다음이므로)으로 읽었다. 이 '버글이곤/버글이고'의 해독들은 형태소 'ㄹ'의 해석과 그 현대역만을 보완하면, 다음의 다섯 측면에서 그 가능성을 가장 많이 보여준다.

첫째로 '버그'는 '次'의 훈이다.

둘째로 이 해독은 훈주음종, 간훈미음, 의주음조 등에 부합한다.

셋째로 '버그'(次 어간)+'글'[肹 글: 그(말음)+ㄹ(미래시제의 동명사형어미)]+'이'(伊 계사)+'곤/고'(遣 연결어미)에서와 같이 'ㄹ'의 형태소를 다시 해석하면 앞의 해독과 그 연결이 문법적이다.

넷째로 해독 '버글이고(ㄴ)'는 'ㄹ'을 미래시제의 동명사형어미로 수정하여 읽으면, 이 해독을 그 현대역 '다음일 것이니'(또는 '다음일 것이므로), 다음일 것이고' 등으로 옮기는 데 문제가 없다. 선행 해독들은 '버글'을 '다음'의 의미로 보았는데, '버그+ㄹ' 또는 '벅+을'은 '다음'의 의미가 될 수 없어, 'ㄹ/을'을 미래시제의 동명사형어미로 보고, 그 현대역을 '-ㄹ 것'으로 수정한 것이다.

다섯째로 "생사로(:중유의 생사로)는 이(:사십구재)에 있으므로 다음일 것이니(또는 다음일 것이고)"의 문맥에 문제가 없다.

'遣'의 해독은 좀더 검토해 보아야 하겠지만, 앞의 다섯 측면들로 보아, '次肹伊遣'은 '버글이곤'으로, '次'는 '버그'로 읽은 해독이 타당성을 가장 많이 보인다고 정리할 수 있다.

3.2. 향찰 '次弗'의 '次'

이 절에서는 '次弗'의 '次'에 대한 선행 해독들을 먼저 변증하고, 이어서 미흡점을 보완하고자 한다.

3.2.1. 선행 해독의 변증

'次弗'은 "次弗 □史 內於都 還於尸 朗也"(「우적가」)의 문맥에서 나온다. '次弗' 다음에 빠진 글자4)가 있어, 오구라(1929)는 해독하지 않았고, 나머지 해독자들은 상당히 다양하고 모호하게 해독을 하였다. 이 중에서 '次'를 음으로 읽은 해독들을 먼저 보자.

(6) 가. 저플(양주동 1942, 김상억 1974, 황패강 2001), 저불(정열모 1947, 류렬
　　　　 2003), 저홀(홍기문 1956), 저블(정열모 1965, 유창균 1994), -ㅅ불(지
　　　　 헌영 1947), ᄌᆞ블(이탁 1956, 최남희 1996), ᄌᆞ비(신재홍 2000), 자블-
　　　　 (김준영 1964), 자블(전규태 1976), 자블(줏)(김선기 1969c), 자볼(신석
　　　　 환 1991)
　　 나. 치블(서재극 1975)
　　　　 지블(이)(김선기 1993)

(6)에서는 '次'를 '저, ㅅ, ᄌᆞ, 자, 치, 지' 등으로 읽었다. 그런데 지금까지 검토해온 바에 따르면, '지'섭 3등에 속한 14개 한자의 향찰들['知, 伊, 支(이상 '支'운, 평성), 史, 是, 理, 里, 以, 爾, 只(이상 '紙'운, 상성), 利, 賜, 事,

---

4) 이 빠진 글자는 '□, 兒, 至/到, 伊, 有, 乎, 无, 再/覆' 등의 8종류로 재구 또는 정리되어
　 있다. 이 빠진 글자를 그대로 둔 해독에는 '□史'(오구라 1929), '□시'(정열모 1965,
　 최남희 1996), '□ᄉ'(전규태 1976) 등이 있다. '兒'로 재구한 해독에는 'ᄌᆞ새'(양주동
　 1942), '즛'(정열모 1947, 김선기 1969c), '줏아'(이탁 1956), 'ᄌᆞ세'(홍기문 1956), 'ᄌᆞ
　 새'(김상억 1974), 'ᄌᆞ세'(금기창 1993, 황패강 2001), 'ᄌᆞ시'(유창균 1994), 'ᄌᆞᄉ'(강길
　 운 1995), '지시'(류렬 2003) 등이 있다. '至, 到'로 재구한 해독에는 '니ᄉ누어'(이르러
　 서, 지헌영 1947)가 있다. '伊'로 재구한 해독에는 '자블이사'(김준영 1979)와 '지불이
　 시나오도'(김선기 1993)가 있다. 김준영(1964)에서는 '자블이사'로 읽으면서, '伊'를 명
　 확하게 제시하지 않았다. '有'로 재구한 해독에는 '잇ᄂ오도'(서재극 1975)와 '이시ᄂ어
　 도'(신석환 1991, 양희철 1997)가 있다. '乎'로 재구한 해독에는 '머믈오시ᄂ늘'(머물게
　 하신들, 김완진 1980)이 있다. 이 해독은 '弗'도 '物'의 오자로 보았다. '无'로 재구한
　 해독에는 '업시'(신재홍 2000)가 있다. '再/覆'로 재구한 해독에는 '다시'(양희철 2008)
　 가 있다.

次(이상 '眞'운, 거성)']은 음으로 읽을 때에, 그 운은 모두 '이'이다. 특히 '枝次'와 '蓬次'의 '次' 역시 '지'이다. 이런 점을 감안하면, 이 운을 벗어난 (6가)의 해독들은 일차로 믿기 어려운 것들로 판단된다. 이에 비해 (6나)에서는 '次'를 '치, 지' 등으로 읽었다는 점에서, 일단은 신라음에 접근한다. 그러나 '치블'이 어떤 점에서 '처량함'의 의미인지 알 수 없고, '지블(이)'은 그 의미가 명확하지 않다. 게다가 (6) 전체는 훈주음종이나 의주음조의 측면에서, 왜 어두에서 훈독자를 쓰지 않았느냐 하는 물음에 답하기도 어렵다.

이번에는 '次'를 훈으로 읽은 해독들을 보자.

(7) 가. 머믈오시ᄂᆞ눌(김완진 1980)
나. 집ㅂ릴(금기창 1993)
다. 버거블(강길운 1995)
라. 버그볼(양희철 1997, 2008)

(7)의 해독들은 '次'를 훈으로 읽었다. 그런데 이 해독의 변증에서 꼭 필요한 것은 해당 문맥이다. 특히 해당 문맥을 어떻게 끊고, 향찰 '內'를 어떻게 읽느냐 하는 문제와 깊게 연결되어 있다. 이를 보기 위해, 앞의 해독들을 "次弗口史內於都"의 떼어 읽기와 함께 보자.

(7가)의 해독은 해당 문맥을 "머믈오시ᄂᆞ눌 도도랄(都還於尸) 랑여"로 읽고, 그 의미를 "머물게 하신들 놀라겠습니까"로 보았다. 이 해독은 '弗'을 '物'로 수정하고, 누락자를 '乎'로 보충하였다. '弗'을 '物'로 수정한 것은 이 수정을 하지 않으면, '次'를 '멈'으로 읽고, '弗'과 연결할 수 없는 문제를 해결하기 위한 것이다. 그러나 이 수정에 쉽게 동의하기가 어렵다. 그리고 이로 인해 '次'를 '멈'으로 읽는 것에도 쉽게 동의하기가 어렵고, '멈'은 '次'의 벽훈이란 점도 문제이다.

(7나)의 해독은 해당 문맥을 "(님)집 ㅂ릴 즈세 ㄴ외 도 도롤 ㅂ졺여"로 읽고, 그 의미를 "부처님 집(涅槃) 버릴 짓에 다시 또 돌아올 快活함이여"로 보았다. '次'를 '집'으로 읽은 것과, '弗'을 'ㅂ리'로 읽은 것이 모두 벽훈을 이용했다는 문제를 보인다. 그리고 '님집'을 '부처님의 집' 곧 열반으로 보는 것이 쉽지 않아 보인다. 게다가 문맥에서 '史'를 '세'로, '內於'를 'ㄴ외'로, 각각 읽은 것 역시 그 이해가 쉽지 않다.

(7다)의 해독은 해당 문맥을 "버거블 즈스 내어두 도르혈 랑여"로 읽고, 그 의미를 "버겁을 모습을 내어도(=다루기 힘드는 위협적인 태도를 보여도) 그 위협에 굴복하여 그들을 선도하여 불자를 만들려는 내마음을 돌이킬 것이랴 천만예요!"의 의미로 보았다. 이 해독은 '次'의 훈 '버그'를 벗어난 '버거'로 본 문제와, '버거블'과 그 현대역 '다루기 힘드는'의 연결이 어려운 문제를 보인다. 후자는 해독의 '-을'을 현대역의 '-는'으로 해석할 수 없는 문제이다. 또한 '內於都 還於尸'를 '내어두 도르혈'(=내어도 돌이킬)로 읽은 것이 어려워, 그 앞의 '즈스' 역시 쉽게 동의하기 어렵다. 즉 '내어두'의 '내-'는 '出-'의 의미인데, 이런 어휘를 한자 '出-'로 표기하지 않고, '內'로 음차하였다고 보기 어렵고, '還(도르혀)+於(어)'에서와 같이 '還'을 '돌'이 아닌, '도르혀'로 읽는 것이 어렵다.

(7라)는 해당 문맥을 "버그불 이시ㄴ어도 돌얼 朗(볼금, 낭:郎)야"로 읽고, 다시 "버그볼 다시 드리어도 돌얼 朗(볼금, 낭:郎)야"로 수정하여 읽었다. 이 해독들은 '弗'의 음 '블, 불' 등을 '볼'로 읽은 문제를 보인다.

3.2.2. 선행 해독의 보완

향찰 '次'의 훈은 '버그'이고, 향찰 '弗'의 음은 '블'이다. 이에 따라 '次弗'을 '버그블'로 다시 읽을 수 있다. '버급다'가 '버겁다'의 '겁'이 '급'으로 변한 '버겁다'의 이형태이듯이, 이 '버그블'은 '버거블'(버겁을)의 '거'가 '그'

로 변한 '버거블'의 이형태로, '버거울 것'의 의미를 가진 동명사이다. 이렇게 다시 읽으면 다음의 다섯 가지 측면에서 그 타당성을 보인다.

첫째, '버그'는 '次'의 훈이고, '블'은 '弗'의 음이다.

둘째, '次'를 '버그'로 읽으면 훈주음종 또는 의주음조에 부합한다.

셋째, '버그블'은 '버급을'의 연철로, '버급'(〈버겁, 어간)+'을'(동명사형어미)의 연결이 문법적이다.

넷째, 해독 '버그블'을 그 현대역 '버거울 것'(〈버거울 것)으로 연결하는데 문제가 없다.

다섯째, 작품의 해당 부분은 '버그블 다시 드리어도 돌얼 朗(/郎)야'로 읽히고, 그 의미는 '버거울 것 다시 드리어도 돌을 밝음여(/낭여)'가 되어 문맥이 잘 통한다. 이 경우에 '口史'에서 누락된 글자는 '再' 또는 '更'으로 본 것이다.

이상과 같은 점들로 보아, '次'는 '버그'로, '次弗'은 '버그울 것'(〈버거울 것)의 의미인 '버그블'(〈버거블)로 각각 읽는 것이 바람직하다고 판단한다.

4. 결론

지금까지 향찰 '次'에 대한 선행 해독들을 변증하면서, 부분적인 보완을 하였다. 그 중요한 것들을 요약하는 것으로 결론을 대신하려 한다.

1) '枝次'의 '次'는 '지, 자, ㅈ, ㅈ' 등으로, '蓬次叱'의 '次'는 'ㅊ, ㅈ, 재, ㅅ, ㅈ, ㅊ, 밭, 집, 치, 새, 지' 등으로 다양하게 읽는 가운데, 어휘 '가지'와 '다보지'(〉다봋), 이두 '次/지', 외국학자들이 재구한 '次'의 중국 고음 '지' 등에 따라, '지'로 읽은 해독들이 설득력을 얻고 있다. 그러나 '次'의 신라음 또는 과거의 한국 한자음이 '지'라는 점을 논증하지 못한 문제를 안고 있는데, 이 문제는 다음의 2)-4)와 같은 점들로 보완할 수 있다.

2) '次'와 함께 '止'섭 3등에 속한 한자들의 13개 향찰들['知, 伊, 支(이상 '支'운, 평성), 史, 是, 理, 里, 以, 爾, 只(이상 '紙'운, 상성), 利, 賜, 事(이상 '寘'운, 거성)']이 모두 '이'운이라는 사실은, '次' 역시 향찰 당시에는 '이'운이었다는 점에서, '次'의 당시음이 '지'일 수 있음을 보여주면서, '枝次'와 '蓬次叱'의 '次'를 '지'로 읽은 해독의 타당성을 보여준다.

3) 「곡이학사(백전)시박학사」(이규보)에서 '次'가, 「용만잡흥」(김극기), 「이십일제야」(최해), 「정희왕후만장」(김흔) 등에서 '次'의 해성자들['咨, 姿, 恣']이, 각각 '지'음으로 압운되었다는 사실은, '次'의 과거음이 '지'임을 보여주면서, 枝次'와 '蓬次(叱)'의 '次'를 '지'로 읽은 해독의 타당성을 보여준다.

4) 어미에 온 '枝次'와 '蓬次(叱)'의 '次'를 '지'로 음독한 해독은, 훈주음종이나 의주음조에 부합한다는 점에서, 해독의 타당성을 보여준다.

5) '次肹伊遣'의 '次'를 음독한 해독에는 '저, 차, 자, 지, 즈' 등이 있고, '次弗'의 '次'를 음독한 해독에는 '저, ㅅ, 즈, 자, 치, 지' 등이 있다. 그런데 '止'섭 3등의 한자에 속한 14개의 향찰들은 음독할 때에, 그 운이 모두 '이'라는 점에서, '지, 치, 즈' 등의 해독들만이 일단 해독의 타당성을 확보하지만, 이 해독들마저도 어두에서 훈주음종이나 의주음조에 따라 '次'를 훈독하지 않은 문제를 보인다.

6) '次肹伊遣'의 '次'를 훈독한 해독에는 '(앚))엋, 멈, 머뭇글, 버그' 등이 있다. '엋'의 경우는 '次'를 '앚'으로 읽고 '엋'으로 바꾸는 과정과 '肹'을 '올'로 읽은 점에 문제가 있고, '어찌'의 표기에 '何'를 이용하지 않은 이유를 쉽게 설명할 수 없는 문제도 보인다. '멈'의 경우는 '次'의 벽훈 '멈'을 이용한 점, '머물다'의 고어 형태가 이 해독들에서 보이는 '멈홀다'가 아니라는 점, 현대역의 '머물게 하-'가 문맥에 잘 맞지 않는다는 점 등의 문제를 보인다. '머뭇글'의 경우는 벽훈을 이용한 문제와, '머뭇거리다'와 '머뭇

글다'가 다르다는 문제를 보인다.

7) '次肹伊遣'의 '次'를 '버그'로 훈독한 해독들('버글이곤, 버글이고')은 형태소 'ㄹ'의 해석과 현대역만을 수정 보완하면 다음의 다섯 가지 사실에서 그 타당성을 보인다. 첫째로, '버그'는 '次'의 훈이다. 둘째로, 이 해독은 어두에서 훈으로 읽어 훈주음종 또는 의주음조에 부합한다. 셋째로, '버그'(次 어간)+'글'[肹 글: 그(말음)+ㄹ(미래시제의 동명사형어미)]+'이'(伊 계사)+ '곤/고'(遣 연결어미)로 분석을 일부 수정하면 해석과 연결이 문법적이다. 넷째로, 현대역을 '다음일 것이니' 또는 '다음일 것이고'로 수정하면 해독과 현대역이 자연스럽게 연결된다. 다섯째로, 이 해독은 "생사로(:중유의 생사로)는 이(:사십구재)에 있으므로 다음일 것이니(또는 다음일 것이고)"의 문맥에 부합한다.

8) '次弗'의 '次'를 훈독한 해독에는 '멈, 집, 버거, 버그' 등이 있다. '멈'의 경우는 벽훈이란 문제와 '弗'을 '物'로 수정해야 하는 문제를 보인다. '집'의 경우는 벽훈이란 문제, '님집'을 '부처님의 집' 곧 열반으로 보는 것이 쉽지 않은 문제, '史'를 '세'로 '內於'를 'ㄴ외'로 각각 읽는 문제 등을 포함하고 있다. '버거'의 경우는 '次'의 훈 '버그'를 벗어난 문제와 '버거블'과 그 현대역 '다루기 힘드는'의 연결이 어려운 문제를 보인다. '버그(블)'의 경우는 '弗'을 '블'로 읽은 문제를 보인다.

9) '次弗'을 '버그블'로 수정하여 다시 읽었다. 이 '버그블'은, '버거블'(버겁을)의 '-거-'가 '-그-'로 변한 '버거블'의 이형태로, '버거울 것'의 의미인 동명사이다. 이렇게 수정하여 다시 읽으면 다음의 다섯 가지 측면에서 그 타당성을 보인다. 첫째, '버그'는 '次'의 훈이고, '블'은 '弗'의 음이다. 둘째, '次'를 '버그'로 읽으면 훈주음종 또는 의주음조에 부합한다. 셋째, '버그블'은 '버급을'의 연철로, '버급'(〈버겁, 어간)+'을'(동명사형어미)의 연결이 문법적이다. 넷째, 해독 '버그블'을 그 현대역 '버그울 것'(〈버거울

것)으로 연결하는 데 문제가 없다. 다섯째, 해당 문맥은 '버그블 다시 드리어도 돌얼 朗(/郞)야'로 읽히고, 그 의미는 '버거울 것 다시 드리어도 돌을 밝음여(/낭여)'가 되어 문맥이 잘 통한다.

이상을 다시 종합하면, '枝次, 蓬次叱' 등의 '次'는 어미에서 음 '지'로, '次肹伊遣, 次弗' 등의 '次'는 어두에서 훈 '버그'로, 그 해독이 각각 귀결된다.

五. 향찰 '處, 爾, 尔'

1. 서론

이 글에서는 향찰 '處, 爾, 尔(=尒)' 등에 대한 선행 해독들을 변증하고, 그 미흡점들을 보완하는 데 연구의 목적이 있다.

이 세 향찰들에 대한 선행 해독들을 간단하게 정리하면 다음과 같다.

향찰 '處'는 3회 나온다. '咽嗚爾處米'(「찬기파랑가」)의 '處'는 '곧, ᄇ라, 바라, 處, 치, 쳐/쵸, 티, 즈' 등으로 읽혀 오고 있다. '秋察羅波處也'(「청전법륜가」)의 '處' 역시 '디, 곧, 치, 티, 쵸, ㅈ, 디' 등으로 읽혀 오고 있다. 이렇게 다양한 해독들 중에서 어느 것을 택할 것인가는 문제로 남아 있다. 그리고 '치, 티, 디' 등으로 읽은 해독들은 "炤知(一云毗處)麻立干"(『삼국사기』)과 "厭觸(或作異次·或云伊處)譯云厭也"(『삼국유사』)의 '處'가 보이는 '處=知, 處=次' 등의 대응에 의지하여 '치, 티, 디' 등으로 읽고 있지만, '處'의 음이 어떻게 이 음들이 되었을까 하는 문제도 문제로 남아 있다. '去奴隱處'(「제망매가」)의 '處'는 '곧, 곳, 디, 처' 등으로 읽혀 왔는데, 어떤 측면에서 어느 해독을 따를 것인지는 문제로 남아 있다.

향찰 '爾'는 3회 나온다. '爾處米'(「찬기파랑가」)의 '爾'는 'ㄹ, 은, ㅅ, 지,

곰, 이, ㅣ, 너, 뎌, ㄱ, 니' 등으로, '爾屋攴'(「원가」)의 '爾'는 '이, 니, 스, 곰, 니, 글오, 너, 갓가, 갓갑' 등으로 각각 다양하게 읽혀 오고 있다. 어느 해독을 따를 것인지는 문제로 남아 있다. '八切爾'(「혜성가」)의 '爾'는 '스, 비(爾)雨), 리, 이' 등으로 읽혀 오는 가운데, '이'의 해독이 유력해 보인다.

향찰 尒(=厼)은 '鳴良尒'(「청불주세가」)에서 한번 나오는데, '니, 이, 여, 며, 금, 곰' 등으로 읽혀 오고 있다. 이 중에서 '금, 곰' 등의 해독이 유력해지고 있다. 그리고 尒(=厼)은 어떤 글자를 기반으로 하였는가 하는 문제에서는 '今, 錦, 彌' 등의 글자들이 언급되고 있는데, 좀더 검토를 요한다.

이렇게 향찰 '處, 爾, 尒(=厼)' 등에 대한 선행 해독은 그 해독에서 적지 않은 미흡점들을 보여준다. 이에 이 향찰들에 대한 선행 해독들을 변증하면서, 그 과정에서 발견되는 미흡점들을 보완하고자 한다.

2. 어중의 '處/지/치'와 어두의 '處/곧'

향찰 '處'는 3회 나오는데, 음으로 읽는 것과 훈으로 읽는 것을 차례로 정리하고자 한다.

2.1. '爾處米'의 '處'

'爾處米'(「찬기파랑가」)의 '處'는 "咽嗚 爾處米"의 문맥에 나온다. 이 절에서는 이에 대한 선행 해독들을 변증하고 보완하려 한다.

2.1.1. 선행 해독의 변증

선행 해독은 훈과 한자로 읽은 경우와 음으로 읽은 경우로 나누어 정리하면 다음과 같다.

(1) 가. 곧 : 울월은 곧애(유창선 1936b)

　　나. ᄇ라/바라 : 늣겨곰 ᄇ라매(김완진 1980), 목몌 바라미(신재홍 2000)

　　다. 處 : 咽嗚 爾處며(정창일 1987)

(1가)에서는 '處'를 그 훈인 '곧'으로 읽었다. 향찰 '處' 자체만을 보면 가능한 해독이다. 그러나 이 '곧'의 앞에 있는 '爾'를 '-은'으로 읽기 어려운 문제를 보인다.

(1나)의 '늣겨곰 ᄇ라매'(흐느끼며 바라보매)에서는 '處'의 고훈을 '바라'로 보고, 다시 이 '바라'를 'ᄇ라'(望)로 바꾸었다. '處'의 고훈이 '바라'인가는 논거를 보완해야 할 것 같다. '목몌 바라미'에서는 '처하다'가 '곁에 하다'의 의미라는 점에서 '바라미'로 읽었다. 역시 '處'의 훈이 '바라'라는 논거를 보완할 필요가 있다.

(1다)의 '咽嗚 爾處며'에서는 '處'를 한자로 두고, '爾處'를 '爾前'의 의미로 보았는데, 이해가 되지 않는다.

이번에는 '處'를 음으로 읽은 선행 해독들을 보자.

(2) 가. 치 : 열치매(오구라 1929, 양주동 1942:322, 지헌영 1947, 김상억 1974), 울워리치미(홍기문 1956, 황패강 2001), 목몌(?)치매(서재극 1975), 열오이치매(전규태)

　　나. 치 : 열어 너치매(정열모 1947), 열어 뎌치미(정열모 1965), 열오 이치매(김준영 1979), 울오 이치매(이임수 1992), 인오 이치매(금기창 1993), 울오 지치매(강길운 1995)

　　다. 처/쵸 : 열오이쳐메(구름이 열리매, 김준영 1964), 욜쵸매(김선기 1967c), 울오 니쵸매(김선기 1993)

　　라. 티 : 咽嗚이 티미-(권재선 1988), 우루리 티미(류렬 2003)

　　마. 즈 : 울오ㅅ즘(이탁 1956), 목며울 이즈며(유창균 1994), 목몌 외지미(최남희 1996)

바. 그/니 : 嗚咽 그치미/니지미(양희철 1997)

(2가, 나)에서는 '處'를 '치'로 읽었다. 그 논거에서 명확하지 않은 점을 보인다. 먼저 (2가)를 보자. '열치매'의 해독을 이끈 오구라(1929:173-174)는 "處は字音쳐であるが, 此處치(打つ)なる語に宛て."라는 설명을 하면서, '咽嗚爾處米'의 개별 향찰을 '열(咽)+오(嗚)+ㄹ(爾)+치(處)+매(米)'로 읽고, 전체를 '열치매'로 읽었다. '열+오+ㄹ'를 '열-'로 통합하는 과정과, '爾'를 宛書로 보아 'ㄹ'로, '處'를 '치'로 각각 읽은 논리에서 문제를 보인다. 이 문제를 해결하고자, 양주동(1942:322)은 '爾'를 'ㄹ'을 표기한 通音畧借로, '處'를 '쳐'의 상반음 '치'를 표기한 약음차로 설명을 하였다. 통음약차라는 말은 '爾'가 '리'음과 통한다고 보고, 이 '리'로 'ㄹ'을 표기했다는 설명인데, 상당히 힘든 설명이다. 그리고 '處'를 '치'의 표기로 설명하는 과정에서 인용한 자료는 그 후의 해독에서 중요한 자료가 되었으며, 왜 '處'를 '치'로 읽어야 하는가를 설명한 내용은 그 당시 표기의 비교라는 차원에서는 설득력을 얻었지만, 왜 한자 '處'의 음이 '치'가 되는지는 설명을 하지 못하고 있다. 즉 인용한 자료는 "炤知(一云毗處)麻立干"(『삼국사기』)과 "厭髑(或作異次·或云伊處)譯云厭也"(『삼국유사』)이다. 이 자료를 인용한 다음에 "「炤知·毗處」는 「빛치」(光), 「厭髑·異次頓·伊處」는 「잊치」, 「厭」의 古訓 「잊」"으로 해석하고, '치'를 동사강세첨미어로 해석하였다. 즉 인용에서 '知=處, 次=處'의 대응을 보고, '處'를 '치'로 읽은 것이다. 해독을 좀더 발전시켰지만, 한자 '處'의 음이 '치'냐 하는 문제와, '知'와 '次'의 음이 '치'냐 하는 문제가 보인다. '울워리치미'(우러러 보니)에서는 '咽嗚'를 '嗚咽'로 수정하고, '爾'를 '이'로 읽었다. 그러나 '處'의 해독에서는 오구라와 양주동이 읽은 '치'를 다른 설명 없음이 수용하면서 같은 문제를 보인다. '목몌(?)치매'(목메어 우니까)와 '열오이치매'(열치고)의 해독들은 해독

과 현대역이 형태소의 측면에서 일치하지 않는다.

(2나)에서도 '處'를 '치'로 읽었다. 즉 '열어 너치매'(열오젖히매, '爾'는 훈 '너'), '열어 뎌치미'(열고 바라보니, '爾'는 훈 '뎌'), '울오 이치매', '인오 이치 매'(북소리 노래소리가 떨어 울리매) 등으로 읽으면서, '處'를 '치'로 읽었으나, 오구라와 양주동의 해독을 따르면서 구체적인 설명이 없다. '열오 이치 매'(약하여 시달리매)에서는 향가의 용례나 고대 차자의 '處'로 보아 '치'로 읽었다. 해독과 현대역의 대응에 문제가 있다. '울오 지치매'의 경우에는 '處'를 다음과 같이 정리하였다.

(3) '處'는 중국중고음이 [tsjʼo]〈칼그렌〉·[tsio]〈FD〉를 인용이고, 동
     운은 '쳐'인데 신라시대 인명·지명에서는 다음과 같이 '지~치'로 반
     사되어 나타난다.
         예) 炤知(一云毗處)麻立干〈삼사 신라기3〉─知[디]·處[지]
             厭觸(或作異次·或云伊處)譯云厭也─次[츠]·處[츠]
             …(중간 생략)…
             龍曰稱〈계림유사〉……치-숫다(上)·龍(칭)·處[치]
     따라서 '處'는 여기서 '치'를 표기한 것으로 보고자 한다.(강길운
1995:254-255)

(3)에서는 외국 학자들이 재구한 '處'의 중국 고음과 동운을 인용한 다 음에, 문헌에서 '處'에 대응된 '知, 次, 龍' 등을 '디, 츠, 칭' 등으로 읽으면 서, '處'를 '츠, 치' 등으로 보았다. 동시에 '爾'는 'ㅅㅣ'로 읽은 다음에 '지'로 바꾸면서, '咽嗚爾處米'를 '울오 지치매'(울어 지치매)로 보았다. 중국 한자 음과 한국의 표기음이 쉽게 연결되지 않으며, '處'를 '치'로, '爾'를 'ㅅㅣ〉지' 로 읽은 것이 합당한가 하는 문제도 보인다.

(2다)에서는 '處'를 '쳐'와 '쵸'로 읽었다. '열오이쳐몌'(구름이 열리매)에서

는 '處'를 '쳐'로 읽었는데, 그 기능을 알 수 없다. '욜쿄매'(열치매)와 '울오
니쿄매'(울다울다 넋어 버리매)에서는 '處'를 외국 학자들이 재구한 중국의 6
세기 고음을 인용하여 '쿄'로 읽었다. 이 '쿄'를 빼면 (2가, 나)의 해독과
같다. 이 (2다)의 해독들은 재구된 중국음보다 우선하는 "炤知(一云毗處)
麻立干"(『삼국사기』)과 "厭觸(或作異次 · 或云伊處)譯云厭也"(『삼국유사』)의 '處'
를 참고하지 않은 문제를 보인다.

(2라)의 '咽嗚이 티미-'와 '우루리 티미'(우러러 보는데)에서는 '咽嗚爾處
米'를 '咽嗚爾 處米'로 끊고, '處'를 '티'로 읽었다. 주격어미에 '是, 伊' 등
을 흔히 쓴다는 문제를 보인다.

(2마)의 '울오ㅅ즘'과 '목며울 이즈며'에서는 '處'를 '즈'로 읽었다. '울오
ㅅ즘'(우러러 볼 즘에)에서는 '울(咽)+오(嗚)+ㅅ(爾)+즈(處)+ㅁ(米)'로 읽었는
데, 해독과 현대역이 대응하지 않으며, '處'를 '즈'로 읽은 증거를 제시하
지 않았다. '목며울 이즈며'에서는, 외국 학자들이 재구한 '處'의 중국 고
음들(T. t̂eʼiəg, K. t̂ʼjo/tsʼi̯wo, C. t̂ʼja/tsʼio)을 인용하고, 다음과 같이 '處'의
음을 '즈'로 정리를 하였다.

(4) …… '處'는 다음과 같이 再構될 수 있다.

	上古	前漢	後漢	魏晉	南北	中古
處	t̂jag	t̂jag	t̂jag	tśjo	tśjo	tśwo

初期의 代用音은 t̂ʼjag이 기준이 된 것으로, 이것은 '다'를 가정할
수 있다. 中期의 代用音은 魏晋의 tśjo가 기준이 되나, 이 段階를 갖
추지 않았으므로 '즈'나 '저'를 가정할 수 있으나, '저'는 다분히 -ja-
를 취하는 경향이 있으므로 '즈'로 보고자 하는 것이다.(유창균 1994:
435-436)

(4)는 외국 학자들이 재구한, '處'의 중국 고음을 바탕으로 재구한 신라

음이다. 그러나 이 설명만으로는 '處'의 신라음을 '(저〉)즈'라고 보기 어렵다. 그리고 이 해독은 '이즈며'를 '缺, 闕' 등의 의미로 보면서, '목며울 이즈며'(슬픔을 지우며)로 읽었는데, 해독과 현대역이 대응하지 않는다. '목몌외지민'의 해독에서는 '嗚爾'를 '외'로 읽는 것이 어렵다.

(2바)의 '嗚咽 니지민/그치민'(잊으매/그치매)에서는 '處'를 '지, 치'로 읽었다. 선행 해독들이 취한 '爾'의 음 '니'와, '處'의 음 '지'와 '치'를 취하고, 이에 '爾'의 훈 '그'(彼)를 더한 해독이며, '爾處米'를 향찰문학이 보이는 중의의 표현 표기로 보았다.

이상과 같이 선행 해독들은 『삼국유사』와 『삼국사기』에서 '處'의 표기에 대응된 '知, 次' 등으로 보아, '處'를 '디, 지, 치' 정도의 표기로 보고 있다. 그런데 이를 제외하고는, 한자 '處'의 음이 '디, 지, 치' 등이었다는 점을 정리하지 못하고 있다.

2.1.2. 선행 해독의 보완

2.1.1.의 문제를 보완하면서 '咽嗚爾處米'를 다시 검토해 보자.

(5) 處 : [廣韻]昌與切 [集韻][正韻]敞呂切 音杵 語上聲 chuu
　　　　 [廣韻][集韻]昌據切 御去聲 chuu
　　　　 [集韻]居御切 音據 御去聲 jiuh

(5)는 『중문대사전』의 '處'조에서 그 음과 운을 정리한 것이다. 이에 따르면, 한자 '處'의 중국음은 '추, 쥬' 정도이고, 한국음은 '처, 저' 정도이며, '디, 지, 치' 등을 확인하는 것은 어렵다. 그런데 '處'의 음이 '디, 지, 치' 등이었을 가능성은 두 측면에서 검토할 수 있다. 그 하나는 聲符와 諧聲字들을 통한 검토이다. 다른 하나는 전설모음화의 검토이다.

한자 '處'자의 聲符는 '夂'이다. 이 '夂'자는 '뒤져서 올 치'로 그 음이 '치'이다. 그리고 이 '夂'를 포함한 '處'자의 해성자인 '致, 緻' 등의 음도 '치'이다.

(6) 夂 : [廣韻]豬几切 [集韻]展几切 音止 紙上聲
    致 : [廣韻][集韻]陟利切 音躓 寘去聲
    緻 : [廣韻][集韻][韻會]直利切 音稚 寘去聲

(6)의 성부 '夂'의 음과 해성자들의 음으로 보면, '處'자는 '止'섭에 속하며, 그 과거음도 '디, 지, 치' 등이라고 정리할 수 있다.

'處'자의 중국음 'chuu, jiu' 등의 'u'는 전설모음화 되면, 'i'가 된다. 이런 사실은 향찰 '喩'가 'diu〉di'의 표기로 바뀌었음에서도 알 수 있다. 그리고 이런 현상은 중국의 경우에 "客家語와 吳音에서 精, 莊系字를 開口의 i 혹은 ī로 읽고, 이것은 자연 聲母의 영향을 받아 후에 이루어진 결과인 것이다."(동동화 1981:168)로 정리되어 있다.

이런 두 가지 사실로 보아 '處'자가 '디, 지' 등의 표기에 쓰인 것은, 한자 '處'자의 고음 또는 오음을 이용한 표기로 판단한다. 특히 '處=知, 處=次'에서 '處'에 대응된 '知, 次' 등의 '次'들('枝次', '蓬次叱')이 음으로는 '지'로 읽힌다는 점(양희철 2014b:170-176)에서, '處'는 '디, 지' 등의 표기로 본다.

그리고 '爾'는 '니'와 '그'로 읽는다. '니'는 '爾'의 고음을 취한 것이고, '그'는 '爾時'(그때)의 '爾'에서와 같이 훈을 취한 것이다. 이 경우에 '니'와 '그' 중에서 어느 하나만을 취하지 않은 것은, 향가를 향찰문학으로 볼 때에, 이 '爾'는 향찰을 이용한 중의('그/니')의 표현이기 때문이다.

이런 점들로 보아, '咽鳴爾處米'를 '咽鳴 爾處米(그지미/니지미)'로 수정

하여 읽는다. '그지미'(그치매)는 '긏+이매'로 본 것이고, '니지미'(잊게 되매)
는 '닞+이(사동)+매'로 본 것이다.

2.2. '秋察羅波處也'의 '處'

'秋察羅波處也'(「청전법륜가」)는 "覺月 明斤 秋察 羅波處也"의 문맥에
나온다. 이 절에서는 이에 대한 선행 해독들을 변증하고 보완하려 한다.

2.2.1. 선행 해독의 변증

선행 해독들을 '處'자를 훈으로 읽은 것과 음으로 읽은 것으로 나누어서
차례로 검토해 보자.

(7) 가. 디/處 : ᄀᆞ술 라븏디여(김완진 1980), ᄀᆞ술 고로 바둘이라(유창균
　　　　　 1994), 가술 羅波處여(김지오 2012), ᄀᆞ술 羅波 處여(박재민 2013b)
　　 나. 곧 : ᄀᆞ술라ᄫᆞᆫ 곧야(신재홍 2000)

(7가)에서는 '處'를 '디'로 읽거나, 이 '디'와 연결시켜 읽거나, '處'로 읽
었다. 'ᄀᆞ술 라븏디여'(가을 즐겁도다)에서는 '處'를 '디'로 읽으면서, '羅波'
을 '라븏'로 읽고, '나은, 라은'의 관형사형으로 보았다. '라븏'를 '나은, 라
은'의 관형사형으로 보는 데 문제가 있는 것 같다. '고로 바둘이라'(비단같
이 넘실거리는 바다로구나, 황금같은 물결에 출렁이는 바다로구나)에서는 '바둘〉
바디'를 염두에 두고 '波處'를 '(바롤〉)바디'로 읽은 것이다. 한자 '海'자를
이용하여, '海處'로 표기할 수 있다는 점에서 문제를 보인다. '羅波處여'
는 "아직 해결하기 힘든 음역 표기 정도"로 보았다. '羅波 處여'에서는 '청
량한 곳이여'의 의미로 보았는데, 큰 문맥에서는 이해가 갈 수 있지만, 해
독과 현대역을 연결할 수 있는 설명이 요청된다.

(7나)의 'ᄀᆞᄉᆞᆯ라ᄇᆞᆫ 곧야'(가을 같은 곳이여, 가을다운 곳이여)에서는 '處'를 '곧'으로 읽었다. 이 '處/곧' 자체에는 문제가 없다. 그러나 '羅波'를 '라바〉라반'으로 정리하는 데 문제가 있는 것 같다.

'處'를 음으로 읽은 해독들은 다음과 같다.

(8) 가. ᄀᆞᄉᆞᆯ올 밧치요(오구라 1929), ᄀᆞᄉᆞᆯ 받치라(신태현 1940), ᄀᆞ슬 깁바치라(정열모 1965), 가줄 바쳐(김준영 1964), ᄀᆞᄉᆞᆯ 바치여(황패강 2001)

　　나. ᄀᆞᄉᆞᆯ 바티(/치)여(양주동 1942), ᄀᆞᄉᆞᆯ 바티여(지헌영 1947), 가술 펴티여(홍기문 1956), 가잘 바티여(김상억 1974), ᄀᆞᄉᆞᆯ 바티여(전규태 1976), ᄀᆞᄉᆞᆯ 바텨(김준영 1979), 고슬 밭이여(강길운 1995), 가을 밭일러라(정열모 1947)

　　다. 가찰 받쵸라(김선기 1975a), 가살래 바쵸라(김선기 1993)

　　라. 가줄 밫여(이탁 1956), ᄀᆞᅀᆞ라 바디라(류렬 2003)

(8가)에서는 '處'를 '치'로 읽었다. 오구라의 宛書 '치'와 양주동의 '쳐'의 상반음 '치'로 본 것을 따른 해독들이다. 그리고 '羅'를 오구라는 '올'로 읽었고, 정열모는 '깁'으로 읽었으며, 나머지 해독들은 '-ㄹ'로 읽었다. '올'의 해독은 '羅'의 음을 벗어났고, '-ㄹ'의 해독은 'ㄹ'의 표기에 'ㄸ, 乙' 등을 쓰는 운용을 벗어났다. 이 문제를 해결하려고 나온 것이 '깁'의 해독인데, 'ᄀᆞ슬 깁바치라'(가을 비단밭이니)의 의미가 문맥에 맞는지는 좀더 두고 보아야 할 것 같다.

(8나)에서는 '處'를 '티/치, 티' 등으로 읽었다. 이는 '쳐/텨'의 상반음 '치/티'로 본 해독들이다. 이 해독들은 모두가 '羅'를 '-ㄹ'로 읽었는데, '-ㄹ'의 해독은 'ㄹ'의 표기에 'ㄸ, 乙' 등을 쓰는 운용을 벗어났다.

(8다)에서는 '處'를 '쵸'로 읽었다. 이는 외국 학자들이 재구한 중국 중고음에 의지한 해독이다. 『삼국사기』와 『삼국유사』에서 '知, 次' 등에 대

응된 '處'를 무시하였다. 그리고 '羅'를 '-ㄹ'로 읽었다가 '래'로 읽었는데, '羅'의 음을 벗어났다.

(8라)에서는 '處'를 'ㅈ, 디' 등으로 읽었다. '가줄 밫여(가을 밭이어)의 경우에는 'ㅈ' 표기에 '處'가 쓰인 예가 없다는 문제를 보이며, 'ㄱᅀᆞ라 바디 라'(가을 밭이라)의 경우에는 '羅'를 읽은 '-라'의 '-아'에 대한 설명이 없어 그 기능이 모호하다

2.2.2. 선행 해독의 보완

(7, 8)에 대한 지금까지의 검토에서 볼 수 있듯이, '秋察羅波處也'의 해독에서 문제가 되는 것은 '羅'자와 '波'자이다. 이 문제를 해결하기 위하여, '가을 비단 밭이여'와 같이 '秋察羅波處也'를 세 명사(가을, 비단, 밭)의 나열로 볼 수도 있으나, 격어미의 생략이 심한 것 같다. 이에 '秋察羅波處也'의 개별 향찰을 'ㄱ술(秋)+술(察)+라(羅) 바(波)+치(處)+여(也)'로 읽고, 전체를 '가을에 밭이여'의 의미인 'ㄱᅀᆞ라 바치여'로 정리한다. '處'를 '디, 지'가 아닌 '치'로 쓰인 것은 『삼국유사』 향가와 『균여전』 향가의 차이로 보이며, '羅/라'는 'ㄱ술'의 '-ㄹ'과 처소부사격 '-아'의 결합이다. 특히 이 작품의 내용인 無明土와 煩惱熱로 구성된 衆生의 밭[田]을 法雨로 적혀 善芽의 싹이 나고 커서 菩提의 열음이 잘 익게 되는 곳은 가을에 중생의 밭이란 점에서, '秋察羅波處也'는 '가을에 밭이여'의 의미인 'ㄱᅀᆞ라 바치 여'로 해독해야 할 것 같다.

2.3. '去奴隱 處'의 '處'

'去奴隱 處'(「제망매가」)는 "去奴隱 處 毛冬乎丁"의 문맥에 나온다. 이에 대한 선행 해독들을 이 절에서 간단하게 변증하고 보완하고자 한다. '去奴隱 處'의 '處'는 훈으로만 읽고 있다. 이를 정리하면 다음과 같다.

(9) 가. 곤 : 곤(오구라 1929, 양주동 1942 등등), 곤깐(김선기 1993)

나. 곳 : 곳(정열모 1947, 김준영 1964), 곶 : 곶(이탁 1956)

다. 디 : 디(지헌영 1947, 정창일 1987, 양희철 1997)

라. 처 : 처(신태현 1940)

(9)의 해독들은 어느 것을 따라도 그 의미는 같다. 그러나 '곤'이나 '곳'을 취할 경우에 그 음상이 '디'나 '처'보다 강한데, 문맥상 강한 강조의 의미를 필요로 한다는 점에서, '곤'의 해독을 따른다. (9가)의 '곤깐'은 '處干'의 해독으로 이 '干'은 본문에 없는 문자이다.

3. 어두의 '爾/그/니/갓갑'과 어말의 '爾/이'

향찰 '爾'는 '咽嗚爾處米'(「찬기파랑가」), '爾屋攴'(「원가」), '八切爾'(「혜성가」) 등에서 세 번 나온다.

3.1. '爾處米'의 '爾'

'爾處米'(「찬기파랑가」)의 '爾'는 "咽嗚 爾處米"의 문맥에 나온다. 이 '爾'에 대한 선행 해독들을 이 절에서 변증하고 보완하고자 한다.

먼저 음이나 훈으로 이해하기 어려운 것들을 보자.

(10) 가. ㄹ : 열치매(오구라 1929, 양주동 1942, 지헌영 1947, 김상억 1974), 욜쵸매(김선기 1967c)

나. 은 : 울월은 곤애(유창선 1936b)

ㅅ : 울오ㅅ즘(이탁 1956)

지 : 울오 지치매(강길운 1995)

다. 곰 : 늣겨곰 ㅂ라매(김완진 1980)

爾 : 咽鳴 爾處뎌(정창일 1987)

(10가)에서는 '爾'의 음을 '이' 또는 'ㄹ'로 보았다. 오구라는 '이'로 읽고 양주동은 통음약차로 보았다. 즉 '이'의 통음 '리', '리'의 약음 'ㄹ'로 본 것이다. 통음약차라는 용어는 정확한 해독이 아니라는 문제를 잘 보여준다.

(10나)에서는 '爾'를 '은, ㅅ, ㅅl>지' 등으로 읽었다. '은'과 'ㅅl>지'는 '爾'의 음도 훈도 아니다. 그리고 'ㅅ'은 '爾'를 '璽/ㅅ'로 보고, 'ㅅ'에서 'ㅅ'을 이끌었다. '爾=璽/ㅅ'의 근거가 없다.

(10다)에서는 '爾'를 '곰, 爾' 등으로 보았다. '곰'의 경우는 '爾'를 '尒'로 본 것이다. 이는 가능한 가정이지만, '咽鳴'를 '늣겨'로 읽는 것과, '處'를 '바라>ㅂ라(望)'로 읽는 것이 쉽지 않다. '爾'의 경우는 '爾處'를 '爾前'으로 보았는데, 이해가 되지 않는 해독이다.

이번에는 '爾'를 '이, ㅣ' 등으로 읽은 해독들을 보자.

(11) 가. ㅣ : 목뎌(?) 치매(서재극 1975), 목뎌 외지미(최남희 1996), 목뎌 바라미(처하다>곁에 하다, 곁하매, 신재홍 2000)

나. 이 : 울워리치미(홍기문 1956, 황패강 2001), 열오이처뎌(김준영 1964), 열오이치매(전규태 1976)

다. 이 : 咽鳴이 티미-(권재선 1988), 우루리 티미(류렬 2003)

라. 이 : 열오 이치매(김준영 1979), 인오 이치매(금기창 1993), 목며울 이즈며(유창균 1994)

(11가)에서는 '爾'를 'ㅣ'로 읽었다. 즉 '목뎌'의 'ㅣ'와 '외'의 'ㅣ'로 읽은 것이다. '목뎌(?)'가 보여주듯이, 해독을 하면서도 스스로 물음표를 찍은 해독이다. 이렇게 반절하자로, 그것도 중모음의 일부로 읽는 해독은 해독

초기에만 인정되었고, 현재는 인정되지 않는다.

(11나)에서는 '咽嗚爾處米'를 하나의 어휘로 보면서 '爾'를 '이'로 읽었다. 이 '이'의 기능이 모호하다. 이런 사실은 이 해독들이 보인 '울워리치미'(우러러 보니), '열오이쳐몌'(열리매), '열오이치매'(열치고) 등에서와 같이 해독과 현대역이 형태소의 측면에서 일치하지 않는 문제를 보인다.

(11다)에서는 '咽嗚爾處米'를 '咽嗚爾 處米'로 분리하고, '爾'를 '이'로 읽었다. 주격어미에 '是, 伊' 등을 쓴다는 문제를 보인다. 그리고 이 해독들 역시 '咽嗚이 티미-[오열이 치미(ㄹ)]'와 '우루리 티미(우러러 보는데)에서와 같이 해독과 현대역이 형태소의 측면에서 일치하지 않는다.

(11라)에서는 '咽嗚爾處米'를 '咽嗚 爾處米'로 분리하고, '爾'를 '이'로 읽었다. 어두에서 훈주음종이나 의주음조에 따라, '困(이치-), 缺(잊-), 闕(잊-)' 등의 훈을 이용하지 않은 문제를 보인다. 그리고 '열오 이치매'(약하여 시달리매), '인오 이치매'(북소리 노래소리가 떨어 울리매, 금기창 1993), '목며울 이즈며'(슬픔을 지우며) 등에서와 같이 해독과 현대역이 형태소의 측면에서 일치하지도 않는다.

이번에는 '爾'를 훈('너, 뎌, 그')과 음('니')으로 읽은 해독들을 보자.

(12) 가. 너/뎌 : 열어 너치매(열오젖히매, 정열모 1947), 열어 뎌치미(열고 바라보니, 정열모 1965)
　　　나. 니 : 울오 니쵸매(김선기 1993)
　　　다. 그/니 : 咽嗚 그치미/니지미(양희철 1997)

(12가)에서는 '爾'를 '너'와 '뎌'로 읽었다. 이는 '爾'의 의미인 '너'(你)와 '뎌'(彼)의 훈으로 읽은 것이다. 그런데 이 해독들은 '열어 너치매'(열오젖히매)와 '열어 뎌치미'(열고 바라보니)의 해독과 현대역이 그 형태소의 측면에

서 일치하지 않는 문제를 보인다.

(12나)에서는 '爾'를 그 음 '니'로 읽었다. 어두에서 '忘'과 같은 한자의 훈을 이용하지 않은 문제를 보인다. 그리고 '울오 니쵸매'(울다울다 닞어 버리매)에서와 같이 '處'의 신라음이 '쵸'인가 하는 문제를 보인다. 즉『삼국사기』와『삼국유사』에서 '處'에 대응시킨 '知, 次' 등의 음을 참고하지 않은 문제를 보인다.

(12다)에서는 '爾'를 그 음 '니'와 그 훈 '그'를 동시에 이용한 중의의 표현으로 읽었다. '嗚咽 니지민, 嗚咽 그치민'에서와 같이 그 가능성을 보인다. '그'는 '爾時/그때'의 '그'이다. 이를 '그지민/니지민'(그치매/잊게 되매)로 수정하여 읽는다.

3.2. '爾屋攴'의 '爾'

'爾屋攴'(「원가」)의 '爾'는 "秋察尸 不冬 爾屋攴 墮米"의 문맥에서 나온다. '爾屋攴'의 '爾'는 음으로 읽은 경우와 훈으로 읽은 경우로 나눌 수 있다. 전자를 먼저 보자.

(13) 가. 이 : 이우리(양주동 1942, 전규태 1976), 이울이(김상억 1974), 이옷
　　　　　(김준영 1964), 이옹(김준영 1979), 이오기(유창균 1994), 이보리(홍기
　　　　　문 1956), 이브러(정창일 1987), 이볼히/니볼히(류렬 2003)
　　　나. 이 : 안드리옷디매(지헌영 1947), 아니되 움기(정열모 1947), 겨르리
　　　　　움기 디메(정열모 1965)
　　　다. 니 : 니오(가서, 김선기 1967e), 니오디(갓는 데, 김선기 1993), 니위
　　　　　(잇대어, 금기창 1993), 니옵(이울워, 양희철 1997), 니르기(이르러, 신
　　　　　재홍 2000)
　　　라. 스/곰 : 스올아(이탁 1956), 안둘곰 ᄆᆞᆯ디매(김완진 1980)

(13가)에서는 '爾'를 '이'로 읽으면서, '屋攴'을 각각 다르게 읽었다. 그러나 '爾屋攴'을 '이올어/이울어' 즉 '시들어'의 의미로 보고 있다. 어두에서 '萎'나 '枯'와 같은 한자들의 훈을 이용하지 않고, '爾'의 음 '이'를 이용했다고 본 문제를 보인다. 그리고 이 해독들은 '이울/이올-'에 맞추기 위하여 '屋'을 '오/우'로 읽고 '올/울'로 정리하거나, '屋'을 그 음훈에도 없는 '볼'로 읽은 문제도 보인다. 게다가 '秋察尸' 다음에 '에'를 첨가해야만 의미가 통하는 문제도 보인다.

(13나)에서도 '爾'를 '이'로 읽었다. 그런데 이 '이'는 그 기능이 모호하다. 이런 사실은 '안ᄃ리옷디매'(떨어지지 아니하고), '아니되 움기'(아닌데 빛이), '겨르리 움기 디메'(때 생기를 잃었네) 등의 해독에서와 같이 해독과 그 현대역이 형태소의 측면에서 일치하지 않는 문제로 들어난다.

(13다)에서는 '爾'를 음 '니'로 읽었다. 그리고 '니오'(가서), '니오디'(갓는데), '니위'(잇대어), '니웁'(이울워), '니르기'(이르러, 屋〉尸至) 등의 의미로 읽었다. 왜 어두에서 '行, 去, 繼, 續, 萎/枯, 至' 등과 같은 한자의 훈을 이용하여 표기하지 않았느냐 하는 문제를 보인다.

(13라)에서는 '爾'를 '스'와 '곰'으로 읽었다. '스'의 경우에는 '스(爾=璽)+온(屋)+ᄋ(攴)'로 읽고, 다시 '스온ᄋ〉스올아〉이울어'의 변화로 해석을 하였다. '爾'를 '璽'로 보는 것이 어렵고, 나머지 향찰의 해독에도 문제가 발견된다. '곰'은 '爾'를 '尒'로 보면서, 해당 부분을 '안둘곰 ᄆᆞᆮ디매'(말라 떨어지지 아니하매)로 읽었다. '마르다'를 '乾'이 아닌 '屋'으로 표기했다고 보기가 어렵다.

이번에는 '爾'를 훈으로 읽은 해독들을 보자.

(14) 가. 글오 : 글오히(서재극 1975, 황패강 2001)

　　나. 너 : 너오히(최남희 1996)

다. 갓가/갓갑 : 갓가오어(오구라 1929), 갓가봇(강길운 1995)

(14가)에서는 '爾'의 의미 '然'(그러, 그러하-)를 '그르다'와 연결하고, 다시 '글오히'(그릇되이, 枯凋)로 해석하였는데, 이해가 잘 되지 않는다.

(14나)에서는 '爾'를 '니'로 읽었다. 현대역이 없어 '너오히'가 무엇을 뜻하는지 알 수 없다.

(14나)에서는 '爾'를 '邇'로 보고, '갓가-'와 '갓갑-'의 훈으로 읽었다. 그리고 개별 향찰을 '갓가(爾)+오(屋)+어(支)'과 '갓갑(爾)+오(屋)+지정문자(支)'로 읽었다. '爾'는 '邇'로도 쓰인다는 점에서, '爾'를 '邇'로 본 데는 문제가 없다. 그러나 '갓가오어'의 경우는 '갓가(爾)'와 '어(支)'의 해독에서, '갓갑오'(갓가와)의 경우에는 '지정문자(支)'와 'ㅏ'의 첨가에서 각각 문제를 보인다.

이 해독들이 보인 문제는 조금만 수정하면 해결된다. 개별 향찰들을 '갓갑(爾)+오(屋)+ㅂ(支)'으로 읽고, '갓갑옵〉갓갑어〉갓가버〉갓가워〉가까워'의 변화에 따른 '가까워'의 의미로 정리한다. 이때 '-옵'은 '-어'에 해당하는 부동사형어미이다. 이렇게 읽을 때에, "物叱 好支 栢史 / 秋察尸 不冬 爾屋支 墮米 / 汝於多支 行齊 敎因隱 / 仰頓隱 面矣 改衣賜乎隱 冬矣也"는 "물이 좋기(에), 잣이 가을 가까워 지지 아니하므로, 우러러 보든 얼굴의 고치시온 겨울이라"의 의미이다. "秋察尸 不冬 爾屋支 墮米"는 이 구만을 보면 "가을 아니 가까워 지매"로 읽을 수도 있으나, 이렇게 읽으려면, "物叱 好支 栢史"의 '好支'를 억지로 관형사형으로 읽어야 하는 문제를 보인다. 이런 점들에서 '爾屋支'을 '갓갑옵'으로, '爾'를 '갓갑'으로 읽는다.

3.3. '八切爾'의 '爾'

'八切爾'(「혜성가」)의 '爾'는 "月置 八切爾 數於將來尸 波衣"의 문맥에 나온다. 이에 대한 선행 해독들은 다양하다. 먼저 '爾'의 음이나 훈을 벗어 난 해독들을 간단하게 보자.

(15) 가. ㅅ/비 : 불긋ㅅ(이탁 1956), 여멸비(정창일 1987)

나. 리 : 쌜리(유창선 1936e), 불기리(정열모 1965)

(15가)에서는 '爾'를 'ㅅ'와 '비'로 읽었다. 'ㅅ'는 '爾'를 '璽'로 본 해독으 로 이해가 가지 않는다. 그러나 '불긋ㅅ〉불긋ㅇ〉발긋이'로 이끈 '발긋이' 는 시사하는 바가 있다. '비'는 '爾'를 '雨'로 바꾼 해독으로, 수정의 합당 한 이유가 제시되어 있지 않다.

(15나)에서는 '爾'를 '리'로 읽었는데, '리'는 '爾'의 훈도 음도 아니다. 이번에는 '爾'를 '니'와 '이'로 읽은 해독들을 정리해 보자.

(16) 가. 발써(오구라 1929)

나. ᄇ질이(양주동 1942), 바지리(김상억 1974, 김선기 1993, 류렬 2003), ᄇ즈리(지헌영 1947, 금기창 1988), 브즈리(홍기문 1956), ᄇ즐이(김준영 1964, 1979), 바즈리(김선기 1967a, 전규태 1976, 최남희 1996), 바디리(신재홍 2000), 바질니(강길운 1995)

다. 발근이(정열모 1947), 바치(서재극 1975), ᄀᄅᄀ싀(김완진 1980), 불기(황패강 2001)

라. 불긋이(유창균 1994, 양희철 1997, 2008)

(16가)에서는 '八'을 '발'로, '切'을 '썰'의 '써'로, '爾'를 '이'로 읽고, '발 써'로 종합하면서, '이'의 처리가 명확하지 않다.

(16나)에서는 '八'을 'ㅂ, 바' 등으로, '切'을 '질, 즐' 등으로, '爾'를 '이, 니' 등으로 읽고, 그 표기는 조금씩 다르지만, '부지런히'의 의미로 보았다. 이 해독을 이끈 양주동은 '切'을 "切也火郡 本永州"에 근거해 '딜/질'로 읽었다. '딜/질'이 '切'의 음인지 훈인지를 설명하지 않은 문제를 보인다. '永'은 그 훈 '길'에 근거해 '딜/질'로 볼 수 있으나, 이 '딜/질'을 '切'의 음훈에서는 정리하기가 어렵다.

(16다)에서는 '爾'를 '이, ㅣ' 등으로 읽었다. 그런데 '발근이'(밝게)에서는 '근'을 '切'(긇다)에서 이끄는 것이 어렵고, '바치'(바삐)에서는 '切'을 '치'로 읽을 수 없고, '爾'를 'ㅣ'로 보는 것도 어렵다. 'ᄀᆞᆯ그싀'(갈라 그어)에서는 개별 향찰을 '八(ᄀᆞᆯ)+切(긎)+爾(이)'로 읽을 수는 있으나, '긎이'를 '그어'의 의미로 보기는 어렵다. '블기'(밝게)는 '八(블)+切(그)+爾(이)'로 읽고 '블긔>발기'로 정리한 해독이다. 향찰에서는 반절식 표기를 하지 않는다는 문제를 보인다.

(16라)에서는 '볼긋이'(밝게)로 보았다. '볼긋이'는 이탁의 해독에서 본 의미와 같은 것으로 이 해독이 제일 무난한 것으로 판단한다.

4. 어말의 '尒(=尔)/금'

'鳴良尒'(「청불주세가」)의 '尒(=尒)'에 대한 선행 해독들을 정리하면 다음과 같다.

(17) 가. 니 : 울니니(오구라 1929), 우러니(정열모 1965, 류렬 2003), 우라니
　　　　　(김선기 1975a)
　　나. 이 : 울이(양주동 1942, 김상억 1974), 오랑이(정열모 1947), 울안이
　　　　　(이 탁 1956)

다. 여 : 올여(지헌영 1947)

라. 며 : 울아며(홍기문 1956, 김선기 1993), 오라며(김준영 1979), 우라며
　　　(신재홍 2000)

마. 금 : 울이아금(신태현 1940), 울여금(양주동 1965), 올아금(전규태 1976),
　　　울어금/울어곰(김완진 1980), 울어곰(김지오 2012)

바. 곰 : 우라곰(유창균 1994), 울야곰(강길운 1995), 울어곰(황패강 2001),
　　　우러곰(박재민 2013b)

(17가)에서는 '爾'를 '니'로 읽었다. 이 해독에서는 '尒'를 "「爾」로 보고,
音借「이」이나 '니'로 읽는다."(오구라 1929:118)고 하였다. 이 해독은 '爾'를
읽은 '니'와 음 '이'가 괴리된 문제를 보인다. 이 문제를 양주동은 다음의
인용에서 일단 극복한다.

> (18) 鳴 音借「오」, 良 畧音借「ㄹ」, 尒「爾」의俗字, 音借「이」「鳴良尒」는
> 「올이」. 動詞「上」의訓「오ᄅ」의 使役形.
> ……
> 「올이」(鳴良 尒)는 他動詞로서 本條엔 副詞로 仍用되야 次句의「止」
> (머물우)를 修飾한다. 副詞形은「動詞+이」이나「올이」는 末音「ㅣ」는
> 省略되기 때문이다.(양주동 1942:805-806)

(18)에서와 같이, '尒'를 「爾」의 俗字로 보고, 音借 '이'로 보았다. (17
나)의 '오랑이'와 '울안이'는 이 '이'를 따른 것인데, 해독과 현대역의 연결
이 잘 되지 않는다. 즉 '오랑이'는 '올리니'의 의미로, '울안이'는 '우럴으
니'의 의미로 보았는데, 각각 해독과 그 현대역이 잘 연결되지 않는다.

(17다)의 해독에서는 '尒'를 '여'로 읽었는데, 그 이유를 설명하지 않았다.

(17라)에서는 '尒'를 '며'로 읽었다. 이 해독을 시작한 것은 홍기문이다.
홍기문과 김선기의 글을 보면 다음과 같다.

(19) 가. 《㳯》는 《彌》의 반자나 여기서는 《尓》를 그릇 쓴 것이라고 추정된
다. 《尓》는 《旀》라는 리두자의 반자이니 즉 현대어 《며》에 해당
한 음이다. 구결의 략자가 언제부터 사용되였는지는 미상하나 여
기서는 그렇게 보는 편이 유리하다. 물론 그 당시 략자가 있었다
는 증거도 없지마는 없었다는 반증도 있는 것은 아니다.

…(중간 생략)…

이것은 《울아며》로 읽을 것이다. 곧 소리를 낸다는 뜻이다. 《울
다》는 자동사인데 어떻게 《손을》의 직접 보어와 결합할 수 있느
냐고 의심할 사람이 있을 것이다. 현대어에 비추어 볼 것 같으면
그 의심도 물론 당연한 것이다.(홍기문 1956:386)

나. …… '鳴良'은 '우라=울아', '㳯'는 '며'이니까 '鳴良㳯'는 '울아며'가
된다. '㳯'는 '旀'를 줄여 '㳯'로 적은 것이다. 오늘날 말로는 '울며'
이지만 옛적에는 '울아며'라 한 것이 분명하다. 글자로 '鳴良㳯'를
'우라며'로 적어 놓았는데 오구라 박사는 '울니'로, 무애는 '울이'
로 읽는 것은 아모리 생각하여도 억지 해석으로 들린다. …… '㳯'
는 '你'의 '尓'를 떼어 쓴 것이요, '你'('弥'의 오자로 보인다. 필자주)
는 '彌'에서 온 것을 우리는 알고 잇다.(김선기 1993:628-629)

(19가)에서 '㳯'는 '彌'의 반자, 즉 '彌'의 약체 '弥'의 반자 '㳯'인데, 이
'㳯'는 '旀'의 반자 '尓'의 오자로 보고 있다. 이 주장에는 두 가지 문제가
있는 것 같다. 하나는 '彌〉弥/㳭〉旀/尓'의 변화 과정을 무시한 것이고, 다
른 하나는 '㳯'와 '尓'가 같은 글자라는 것을 이해하지 못한 것이다.

(19나)에서는 전반부의 주장과 후반부의 주장이 다르다. 전반부에서는
(19가)와 같이 '㳯'를 '旀'의 '尓'로 보아 '며'로 읽었다. 이는 홍기문과 같은
주장으로 같은 문제를 보인다. 후반부에서는 你'(=儞)와 '弥'(=彌)를 혼동
하면서, '㳯'를 '你'의 '尓'로 보고 있다. 만약 '㳯'가 '你'의 '尓'라면, 이 '㳯'
는 '你'의 음인 '니'에 따라 '며'를 표기하는 문자가 되지 못하는 문제를 보

인다. 이는 '弥'를 '你'로 잘못 쓴 것에 기인한 것으로 판단한다.

(19마)에서는 'ㅆ'를 '금'으로 읽었다. 이 해독을 시작한 것은 신태현이다. 이 주장은 연구사에서 거의 언급된 적이 없다. 이를 인용하면 다음과 같다.

(20)「鳴良爾」……. 余は之れを울이아금 ……. 「儒胥必知」, 「典律通補」に「是良㭆」を이아금と讀み, 前者に「爲白良㭆」をㅎ솖아금, 後者に「望白良㭆」をバラ솖아금と讀ませである. 「良㭆」は시러곰, 써곰, 히야곰等といふ곰と同じく動詞の下に附しで語意を强ある作用をなす助詞と考へられるが, 「㭆」は「尒」と同じく「爾」の異體であるから, 「良爾」は아금と讀まねばならぬ. (신태현 1940:105)

(20)에서 보면, '㭆'를 '爾'의 이체 '尒'와 같은 글자로 보고, 『儒胥必知』와 『典律通補』의 '-良㭆'에 병기된 '-아금'에 근거하여 '㭆'를 '금'으로 읽으면서, 후대의 강조사 '곰'과 같은 것임을 보여주고 있다. 왜 '㭆'를 '금'으로 읽었는지에 대한 해명은 없지만, 문헌에 근거해 '㭆'를 '금'으로 읽고, 그 의미를 강조사 '-곰'으로 본 것은 가치 있는 검토로 판단한다.

이를 이어서 '㭆'을 '금'으로 읽거나 읽을 수 있는 가능성을 제시하면서 그 本字를 추적한 것은 김준영, 김완진, 남풍현 등이며, '㭆'를 '곰'으로 읽으면서 그 본자를 추적한 것은 양주동, 김완진, 유창균, 강길운 등이다. 이를 차례로 보자.

(21) 㭆 ─ 吏讀 며. '旀'의 誤字나 略字로 본다. 吏讀에서 '㭆'는
　　是良㭆=이아금(이두편람)
　　是良旀=이아금(吏讀─書名)
　　是良爾=이아금(羅麗吏讀)

望白良厼=ㅂ라숣아금(吏讀), ㅂ라옳아금(이두편람, 이문), 바라올
아금(유서필지)

爲白良厼=ㅎ숣아금(유서필지)

是去是良厼=이거이아금(유서필지)

등과 같이 쓰여 '厼=금'으로 읽고 본시는 '하여금'의 뜻으로 쓰였던
것인데 後代에는 '하여, 것은, 일은, 일로써' 등의 뜻으로도 쓰였다.

또 '厼'를 '旀, 爾' 등과 混用한 것은 그것이 漢字도 아니고 吏讀로
서도 僻字이기 때문에 字形의 相似에서 '旀'나 '爾'(厼, 厼)로 誤記되
기도 하였다. 그런데 여기서도 '厼=금'으로 읽어 '오라금' 즉 '올려금'
의 뜻으로 볼 수도 있겠으나 차라리 '旀'의 誤記나 略字로 보는 것이
順便하겠다.(김준영 1979:218-219)

(21)에서 보면, 김준영은 '鳴良厼'의 '厼'를 '旀'의 오기나 약자로 보아
'며'로 읽으면서도 '厼'가 '금'일 수도 있다는 가능을 보여준다. 이 가능성
은 신태현의 해독과 같은 것이다. 그러나 왜 '厼'가 '금'으로 읽히는지는
설명하지 않았다.

김완진은 '厼'을 '금'으로 읽은 경우도 있으나, 뒤에 볼 '곰'에서 함께 설
명하려 한다.

'厼'을 '곰'이 아닌 '금'으로 읽으면서, 그 이유를 '厼'가 '彌'의 약자라는
차원에서 설명한 것은 남풍현이다.

(22)가. 이 "厼"는 "금〉곰"으로 읽히는 것으로 機能上 15세기의 語末添
辭 "-곰"과 일치한다. 이는 "彌"의 略體이다. "彌"는 음으로서는
"며"로 읽히고 훈으로서는 動詞 "금다"로 읽혔던 것으로 推定된
다. 같은 漢字의 音略과 訓體이 借用되는 例는 借字表記法에서
흔히 볼 수 있는 것이다. "厼"는 "彌"字의 後尾部를 딴 것으로
"彌"의 俗字 "弥"는 이 造成記에도 나타나고 있어서 이 事實을

뒷받침해 준다.(남풍현 1981:197)

나. 訓假字 가운데 '尒'은 '彌'字에서 변한 略體字로 생각되는 것이
다. 즉 '彌→弥→尒'의 과정을 거친 것이다. '彌'字에는 '그치다'
는 뜻이 있어 그 古代 訓이 '금다'였을 것으로 믿어지는 것이다.
(남풍현 1986b:52)

다. 散尒의 散은 訓讀字로 '빙-'의 표기이다. 尒은 이 용례가 最古의
것이긴 하지만 이 이후의 차자표기에선 자주 나타나 근대의 이두
에서도 그 용례를 흔히 볼 수 있다. '금'음을 나타내는데 여기서는
15세기의 '-아/어곰'에 대응한다. 이 차자는 자형상 爾의 초서체
인 彌자의 약체자 斾의 뒷부분을 딴 것이다. 彌에는 '終, 止, 息'
등의 뜻이 있어 이것이 동사 '금-'과 대응됨으로써 그 훈이 된 것
이다. 이것은 이 당시의 토표기에서 약체자가 쓰였음을 보여주는
점에서도 차자표기의 발달사상 매우 중요한 의미를 갖는다.(남풍
현 2000:215)

(22)에서는 '彌'의 속자 '弥'를 그 음에 따라 音略 '며'로 읽고, '彌'의 약
체자 '弥'(또는 '斾/)의 후미부를 딴 '尒'는 '彌'의 훈인 '그치다'(終, 止, 息)에
기반을 두고 '금다'의 '금'으로 읽었다. 그리고 그 이유를 같은 한자가 음략
(약음자/음반자)과 훈체(훈독자)로 동시에 쓰인 예는 흔히 볼 수 있다고 주장
하였다. 이 해독에서 보이는 '금다'는 '終, 止, 息' 등의 의미가 아니라, '끊
다' 즉 '絶, 斷'의 의미라는 문제를 보인다. 즉 "어믜 병의 손ᄀ락을 금다
(母病斷指)"〈신속孝三 31〉에서와 같이 '금다'는 '絶, 斷'의 의미이다.

'尒'을 '곰'으로 읽으면서 그 근거를 처음으로 추정한 것은 양주동이다.

(23) 鳴良尒. 「尒」를 「爾」의 俗字로 보아 「울이」로 읽었다(八〇五項). 「울
이」는 他動詞로서 副詞로 仍用되었다고 볼 수 있으나, 語感上 다소
不安이 있다. 「尒」가 吏讀에 「금」으로 읽혀짐에 鑑하여, 이를 「울여

곰」을 읽을 수 있을듯. 「尒」이 「금」으로 읽혀지는 까닭은 未詳이나,
혹 「今」의 俗書일 듯.(양주동 1965:873)

(23)에서와 같이 양주동은 「청불주세가」의 '鳴良尒'에서 '尒'을 '爾'의 속
자로 보아 '올이'로 읽었다. 그러나 다시 補遺에서 이두의 '금'으로 보아
이를 '울여곰'으로 읽었다. 그리고 '尒'가 '금'으로 읽혀지는 까닭은 未詳이
나 혹 '今'의 속서일 듯하다는 견해를 피력하였다.

이와 비슷하게 설명한 것은 김완진이다.

(24) 가. '咽鳴'를 '咽鳴'로 살리면서 읽는 길을 著者는 '늣기' 또는 '흐늣
겨'에 찾는다. 漢字語로는 '鳴咽'이 正常的이지만, 漢字語로 읽
힐 것을 염려해서의 倒置일가. 그 다음의 '爾'字를 著者는 '尒'의
轉訛로 본다. …… 吏讀에서 '금'으로 읽히는 '尒'은 '錦'字의 偏旁
'帛'의 草體에 緣由하는 것이 아닐까 싶은데, 本來 '흐아곰', '시
러곰' 등에서 보는 형태소 '-곰'의 記寫를 위한 것이었을 것 같
다.(김완진 1980:82)
나. 그 끝에 가서 梁柱東은 '「尒」이 「금」으로 읽혀지는 까닭은 未詳
이나, 혹 「今」의 俗書일듯'이라는 견해를 적고 있다. 그가 말한
'今'의 俗書라는 것, 다시 말하여 그것을 흘려 쓴 것을 아래에 보
거니와, 그것은 '爾'의 俗字로서의 '尒'에 흡사하다.(김완진 1985b:
9-10)

(24)에서 보면, '尒'를 '錦'자의 편방 '帛'의 초서로 보다가, '今'을 흘려
쓴 것과 '爾'의 속자 '尒'가 흡사하다는 주장을 한다. 이는 결국 '尒'가 '금'
으로 읽히는 것은 '今'에 있다고 본 것이다. 이 해석은 양주동과 더불어
'금'이 '곰'으로 변했다는 것을 증명하지 않은 문제를 보인다.

(17바)에서는 '尒'을 '곰'으로 읽었다. 그 이유를 보자.

(25) 가. 기존 해독에서 '尒'는 '爾'의 俗字로 보는 見解와 '旀'의 속자 '尒'
로 보는 두 見解가 있다. 前者에 있어서는 小倉進平과 梁柱東을
代表로 한다. 小倉進平은 아예 '尒'를 '爾'로 고쳐 '니'로 읽었고,
梁柱東은 '爾'의 속자라 하고 '이'로 읽었다. 홍기문과 金俊榮도
後者에 따른다. 홍기문은 '尒'는 '弥'를 잘못 쓴 것으로 보고, '며'
로 읽었고, 金俊榮도 '旀'의 誤記나 略字로 보고, '며'로 읽었다.
그러면서도 金俊榮은 '尒=금'으로도 볼 수 있다고 했고, 金完鎭
은 '尒'을 '爾'로 보고 '금'으로 읽는다고 했다. 이상과 같이 '尒'에
대한 解讀에 차이를 보이고 있으나, 筆者는 이것을 '금'으로 읽은
金完鎭의 見解는 評價할만한 것으로 보고자 한다. 中世 이래의
吏讀에 '-良尒'과 같은 例가 보이는데 이는 그 형태가 本項의 그
것과 一致한다고 봐야할 것이다.

　…(『대명률』의 '-良尒', 『유서필지』와 『전률통보』의 '-良尒, -아금' 인
용 생략)…

　'-良尒'이 '-아금'으로 읽혀진 것은 매우 흥미 있는 일이다. '-
아금'은 '아(語尾)+금'이다. '곰'에서 발달한 이 형태로 強勢接尾
辭이다.

　…(중세의 '우러곰'과 '제여곰'의 인용 생략)…

　'尒를 '弥'의 誤記라는데 同意한다. 辭典에도 '尒'와 같은 字는
올라 있지 않다. '尒'는 '爾'의 俗字로 辭典에 올라 있다. '尒'가 韓
國俗字 '旀'의 略字라는 증거는 없다. 따라서 '尒'가 '곰'을 나타
내는 독특한 俗字로 쓰인 것으로 본다.

　'鳴良尒'은 위의 西京別曲의 '우러곰'과 같은 형태이다. 따라서
'良'은 부사형 어미 '아/어'에 해당하는 것임도 알 수 있다. 여기에
서는 이것이 '良'로 표기된 점에서 '라'로 읽는다. 이상에서 '手乙
寶非鳴良尒'은 '손을 보비 우라금'으로 '두 손을 비비고 소리나게
울려쳐서'라는 뜻이 된다.(유창균 1994:1009~1011)

　나. '尒'는 이두에서 '금'으로 읽혀왔으나 그 옛꼴은 강조보조사 · 반
복형어미의 '곰'이었다(예 : 爲白良尒'ᄒ올아금' · 是良尒'이아금', 羅

麗吏讀 ……). 따라서 '鳴良尒'는 '울아곰'(=울려울려. '소리내어'의 강
조형)으로 읽을 수 있다.(강길운 1995:446-447)

(25)의 설명들을 보면, '尒/尔'를 '곰'으로 읽었다. 그리고 (25가)에서 유
창균은 '尒'가 '旀'의 약자라는 증거가 없다는 사실을 지적하였다. 그러나
(25가, 나)의 두 인용 모두 왜 '尒'가 '곰'이 되는가에 대한 설명은 없다.
  이렇게 보면, '尒'이 '금' 또는 '곰'으로 읽히는 이유를 제시한 것은 양주
동, 남풍현, 김완진 등으로 정리된다. 즉 양주동은 '今'의 속서로 보아 '금'
으로 읽고 '곰'을 유추하였다. 김완진은 '錦'의 편방 '帛'의 초서, 또는 '今'
의 초서로 보아 '금'으로 읽고 '곰'을 유추하기도 했다. 남풍현은 '尒'(=
'彌, 弥, 旀')의 훈인 '그치다'에 기반한 '금다'에 따라 '금'으로 읽었다. 이
세 경우는 모두 '爾'의 약자 내지 속자인 '尒'와 혼동될 수 있는 글자인 '今'
의 속서(또는 초서)를 썼을까 하는 문제와 '금다'(絶, 斷)는 '彌'의 훈이 아니
라는 문제를 보인다.
  이렇게 선행 해독들의 설명에는 아직도 문제가 있는 것 같아, 다른 제
안을 하나 하려 한다. 먼저 조선조 중후기의 이두집들에서 '旀/尒'들을
'금'으로 읽은 경우들을 보자.

  (26) 是去有良旀/이거이시아금(『語錄解』)
      是去有良旀/이거이신아금(『羅麗吏讀』)
      是去有良旀/이거잇아금(『語錄辯證說』)
      是去是良旀/이거이신아금(『儒胥必知』)

  (26)의 자료들을 살려서 '尒'(=爾)를 '금'으로 읽을 수 있는 근거를 '彌'의
훈으로 본 것이 남풍현의 해독으로 추정된다. 그런데 앞에서 살폈듯이,
'彌'에는 '그치다'(終)의 의미는 있어도, '금다'(斷, 絶)의 의미는 없다. 이에

앞의 자료를 다른 측면에서 검토해 보려 한다.

'彌'와 '旀, 㫆'는 다른 글자처럼 보인다. 그러나 이 글자들은 '彌〉弥/㳽〉旀/㫆'의 변화 과정을 거친 동일한 글자들이다(양희철 2013a:325-337). 이런 변화에 끼어 들 수 있는 글자가 하나 있다. 특히 '금다'의 의미를 가진 '殄'의 속자 '殀' 또는 '殀'이다. 이 한자 '殄'자는 '殄行, 殄滅' 등에서 많이 쓰이며, 그 의미를 보면, '盡也, 絶也, 死也, 病也, 善也' 등이 있다. 이 중에서 '絶也'는 '끊다'의 의미로 고어 '금다'에 해당한다. 게다가 이 '殄'자의 '㐱'이 '尒/尓/尔'로 쓰인다는 사실은 너무 흔하여 설명할 필요도 없다('珍, 眕, 趁, 診, 砃, 聄' 등등의 속자들에서 보인다.). 그리고 '彌'의 '弓'변과 '方'변, '歹'변 등은 (반)초서로 쓸 때에 그 모양이 비슷하다. 이로 인해 '殀, 殀, 殀' 등을 '旀, 㫆' 등으로 잘못 옮겨 쓴 것이 (25)의 '㫆/금'이라고 판단한다.

이렇게 본다면, '鳴良尒'(「청불주세가」)의 '尒'은 '殄'자의 훈 '금-'(斷, 絶)을 그 속자 '殀, 殀, 殀' 등의 '尒'(=尓, 尔)으로 표기한 글자로 정리하고, '鳴良尒'는 '우라금'으로 읽은 해독이 정확하다고 판단할 수 있다.

5. 결론

지금까지 향찰 '處, 爾, 尒(=尓, 尔)' 등에 대한 선행 해독들을 변증하면서, 그 과정에서 발견되는 미흡점들을 보완해 보았다. 그 중요한 것들을 요약하는 것으로 결론을 대신하면 다음과 같다.

먼저 향찰 '處'에 대한 선행 해독들을 변증하고 보완한 내용은 다음과 같다.

1) '咽鳴爾處米'(「찬기파랑가」)의 '處'는 '곧, ᄇ라, 바라, 處, 치, 쳐/쵸, 티, 즈' 등으로, '秋察羅波處也'(「청전법륜가」)의 '處' 역시 '디, 곧, 치, 티,

쵸, ㅈ, 디' 등으로 읽혀 오고 있다. '處'의 음훈과 그 앞뒤의 향찰들로 보아, '치, 티, 디' 등이 가장 많은 가능성을 보인다.

2) '치, 티, 디' 등은 "炤知(一云毗處)麻立干"(『삼국사기』)과 "厭觸(或作異次·或云伊處)譯云厭也"(『삼국유사』)의 '處'가 보이는 '處=知, 處=次' 등의 대응에 의지하여 읽은 것인데, '處'의 음이 어떻게 이 음들('치, 티, 디)이 되는가 하는 문제를 보인다.

3) '處'의 음이 '치, 티, 디' 등일 수 있는 가능성은 '處'의 聲符 '夂'의 음이 '치'라는 점과, '處'의 해성자인 '致, 緻' 등의 음이 '치'라는 점에서 발견된다.

4) '處'가 보이는 '處=知, 處=次' 등의 대응과, '次'의 신라음이 '枝次, 蓬次叱'의 '次'에서와 같이 '지'라는 점에서, '咽嗚爾處米'의 '處'는 '지'로, '秋察羅波處也'의 '處'는 '치'로 읽었다.

5) '去奴隱 處'(「제망매가」)의 '處'는 '곧, 곳, 디, 처' 등으로 읽혀 왔는데, 문맥상 강한 강조의 의미를 필요로 한다는 점에서, '곧'의 해독을 따랐다.

향찰 '爾'에 대한 선행 해독들을 변증하고 보완한 내용은 다음과 같다.

1) '爾處米'(「찬기파랑가」)의 '爾'는 'ㄹ, 은, ㅅ, 지, 곰, 이, ㅣ, 너, 뎌, ㄱ, 니' 등으로 읽혀 왔는데, '爾'의 음훈과 앞뒤의 향찰로 보아, '그지미/니지미'의 '그/니'로 읽었다.

2) '爾屋支'(「원가」)의 '爾'는 '이, 니, ㅅ, 곰, 니, 글오, 너, 갓가, 갓갑' 등으로 읽혀 왔는데, '爾'의 음훈과 앞뒤의 향찰로 보아, '갓갑웁'의 '갓갑'으로 읽었다.

3) '八切爾'(「혜성가」)의 '爾'는 'ㅅ, 비(爾)雨), 리, 이' 등으로 읽혀 오는 가운데, '爾'의 음훈과 앞뒤의 향찰로 보아, '불긋이'의 '이'를 따랐다.

향찰 '尒(=亦)'에 대한 선행 해독들을 변증하고 보완한 내용은 다음과 같다.

1) '鳴良尒'(「청불주세가」)의 '尒'(=厼)은 '니, 이, 여, 며, 금, 곰' 등으로 읽혀 오는 가운데, '금, 곰' 등의 해독이 우세하다.

2) '尒'(=厼)을 '금, 곰' 등으로 읽는 기본 논거는 『儒胥必知』와 『典律通補』의 '-良尒'에 병기된 '-아금'에 있다.

3) '尒'(=厼)을 '금'으로 읽을 수 있게 하는 '尒'(=厼)을, '今'을 흘려 쓴 것, '錦'자의 편방 '帛'의 초서, '금다'('終, 止, 息')의 의미를 가진 '彌, 弥, 旀' 등의 약체 '厼' 등으로 보고 있으나, 명확하지 않다. 특히 고어의 '금다'는 '絶, 斷' 등의 의미이지, '彌'에 포함된 '終, 止, 息' 등의 의미가 아니다.

4) 조선조 중후기의 이두집들에서 '旀/旀'들과 '尒'(=厼)들을 '금'으로 읽은 경우가 있는데, 이 '旀/旀'들은 '금다'('絶也')의 의미를 가진 '殄'의 속자 '殀, 殀, 殀' 등을 잘못 옮겨 쓴 것으로 판단하고, '尒'(=厼, 厼)는 '殄'의 속자 '殀, 殀, 殀' 등의 약자로 판단하였다.

5) 4)에 따라 '鳴良尒'는 '우라금'으로 읽은 해독이 정확하다고 판단하였다.

제3부
'臻'섭 한자의 향찰

一. 향찰 '根, 斤'

1. 서론

이 글은 향찰 '根'과 '斤'을 해독한 선행 해독들을 변증하고, 미흡점을 보완하는 데 연구의 목적이 있다.

향찰 '根'과 '斤'에 대한 선행 해독들을 구체적으로, 그리고 철저하게 변증하는 것은 본론으로 돌리고, 해독사를 간단하게 정리해 보자.

향찰 '根'은 음으로 읽는 경우에, '昆'과 함께 문맥에 맞게 '곤'으로 읽은 것이 지배적이다. 그런데 이 해독음 '곤'은 한자 '根'의 중세음 '근'이나 근대음 '근'과 다르다. 이로 인해, '근, 견, 건, 고, 큰, 근, 론, 깐, 흔' 등의 해독들이 나왔는데, 이 해독들은 각각 다양한 문제들을 보인다. 이런 문제를 해결하고자 다시 등장한 해독이 '곤'이다. 이 해독은 그 논거를 한자 '根'의 일본음이 '곤'이란 사실과 이숭인의 한시에서 한자 '根'을 '곤'의 압운자로 쓴 하나의 예가 있다는 사실에 두었다. 이 주장의 논거가 미흡해서 그런지, 이 주장에도 불구하고, 향찰 '昆'과 '根'이 같은 작품인 「수희공덕가」에서 함께 '곤'의 표기로 쓰였을까 하는 회의가 대두되기도 했다. 이 회의가 맞는지, 아니면 '곤'의 주장이 맞는지는 중국음-신라음/고려음-일본음의 맥락에서 좀더 보완이 필요하고, 한자 '根'의 고려음이 '곤'인지 아닌지도 좀더 많은 예증이 필요하다. 향찰 '根'을 훈으로 읽은 경우에는 '부리, 심, 근(根), 부루, 불휘, 불회' 등으로 다양하게 읽고 있지만, '불휘' 가 가장 유력해 보인다.

향찰 '明斤'(「청전법륜가」)의 '斤'을 선행 해독들은 '긴, 오, 간, 긴, 근' 등 으로 읽었는데, '긴'과 '근'의 해독이 우세하다. 이 우세한 '긴'과 '근' 중에 서 어느 것을 어떤 측면에서 선택할 것인가? 아니면 다르게 읽을 것인지? 그리고 '근'의 경우에는 외국 학자들이 재구한 중국 고음이 [kjən] 또는 [kɪən]이고 동음이 '근'이란 점에서 이를 취하고 있지만, 중국의 고음 [kjən] 또는 [kɪən]이 어떻게 한국음 '근'으로 연결되는지는 좀더 자세한 설명을 요한다.

이런 연구 현황으로 보면, 향찰 '根'과 '斤'의 해독들은 어느 것이 주종 을 이루느냐에 관계없이, 해당 한자의 신라음 또는 고려음이 문제가 되어 있다. 이 문제를 중국음-신라음/고려음-일본음의 차원에서 보완하면서, 향찰 '根'과 '斤'에 대한 선행 해독들을 변증하고자 한다. 그리고 향찰 '根' 의 신라음 또는 고려음을 확정하는 데 필요한 음의 예는 『균여전』과 『동 문선』에 수록된 한시의 압운자들을 이용하고자 한다.

2. 어말의 '根/곤'

향찰 '根'은 '見根'(「수희공덕가」), '行根'(「총결무진가」), '根古'(「맹아득안가」) 등에서 3회 나온다. 그런데 '見根'과 '行根'의 '根'은 어미에서 음으로 읽 게 되고, '根古'의 '根'은 어두에서 훈으로 읽게 되므로, 전자는 이 장에서, 후자는 다음 장에서 각각 변증하고자 한다.

향찰 '見根'에 대한 선행 해독들을 정리해 보자.

(1) 보곤(오구라 1929, 신태현 1940, 양주동 1942, 지헌영 1947, 홍기문 1956, 김
    상억 1974, 전규태 1976, 김준영 1979, 김완진 1980, 김선기 1993, 유창균
    1994, 강길운 1995, 황패강 2001, 류렬 2003)
    보근(이탁 1956, 신재홍 2000)
    보견(정열모 1965)
    보고(김선기 1975a)

(1)에서 보면, 향찰 '根'을 '곤, 근, 견, 고' 등으로 읽고 있다. 이렇게 향
찰 '根'을 읽은 것은 '行根'에서도 거의 같다.

(2) 녀곤(오구라 1929, 신태현 1940, 양주동 1942, 지헌영 1947, 홍기문 1956, 김
    상억 1974, 김선기 1975a, 전규태 1976, 김준영 1979, 김완진 1980, 유창균
    1994, 황패강 2001), 니곤(김선기 1993), 녈곤(강길운 1995)
    녀근(이탁 1956), 녈근(신재홍 2000)
    녀견(정열모 1965)
    니건(류렬 2003)

(2)에서는 향찰 '根'을 '곤, 근, 견, 건' 등으로 읽었다. (1)의 '고'가 빠지
고, '건'이 더 들어간 것만이 다르다.

(1)과 (2)에서 보인 향찰 '根'의 해독은, '곤, 근, 견, 건, 고' 등으로 정리
할 수 있다. 이 해독들이 제시한 논거를 검토하면서, 이 해독들을 뒤에서
부터 변증해 보자.

향찰 '根'을 '고'로 읽은 해독은 '고'가 한자 '根'의 음이나 훈 어느 것에
근거를 두고 있는지를 알 수 없는 해독이다. 향찰 '根'을 '건'으로 읽은 해
독은 '건'이 한자 '根'의 음이라는 사실을 논증할 수 없는 문제를 보인다.
향찰 '根'을 '견'으로 읽은 해독은 나름대로 그 근거를 제시하고 있다. 즉
"《根》은 음차. 본음《근》외에《經天切 音堅》이 있다."(정열모 1965: 398)

고 그 논거를 제시하였다. 그러나 이 음이 한국음에서 쓰인 예를 볼 수
없는 문제를 보인다. 향찰 '根'을 '근'으로 읽은 해독들은 『동국정운』의 음
을 이용하였다. 그러나 이 음은 문맥에 맞지 않는 문제와, 이 음이 신라음
과 고려음이란 것을 논증하지 못하는 문제를 보인다.

　이렇게 향찰 '根'을 '고, 건, 견, 근' 등으로 읽은 해독들은 다양한 문제
들을 보인다. 그런데 이 '고, 건, 견, 근' 등의 해독들이, 문맥에 맞는 '곤'
의 해독 다음에 나온 것은, '곤'의 해독이 명확한 논거를 제시하지 못했기
때문이다. 이 문제를 검토한 다음에 향찰 '根'이 '곤'으로 읽히는 이유를
보완해 보자.

　향찰 '根'을 '곤'으로 읽기 시작한 것은 오구라이다.

> (3) 見根の「見」は볼といふ.「根」は音근(古音ㄹ)であるが, 此の字を使用
> した例は, 鄕歌第十一に「此如趣可伊羅行根」とある. 之は곤なる助
> 詞を表はもので.「であるがら」・「であるるに」等の義を有し. 鄕歌第
> 五(8)にある「昆」と同一語である.(오구라 1929:96)

　(3)에서 보면, 한자 '根'의 고음을 'ㄹ'으로, 음을 '근'으로 본 다음에, 향
찰 '根'을 '昆'의 동일어로 보면서 '곤'으로 읽었다. 이런 설명은 다른 곳(오
구라 1929:103-104)에서도 보인다. 이 설명은 한자 '根'의 음으로 설정한
'근, ㄹ' 등과 문맥에서 본 '곤'이 일치하지 않는 문제를 보인다.

　양주동도 오구라와 거의 같게 읽으면서 같은 한계를 보인다.

> (4) 가. …… 根 通音借「곤」.「根」音「ㄹ」(七・十・4根)이나 本條와 및
> 　　　　左例는 接續詞「고+ㄴ」의「곤」곧 本條의「見根」은 處容歌의
> 　　　　「見昆」과 同一한「보곤」이다.(양주동 1942:766)
> 　　나. 根 通音借「큰」.「根」의 近古擬漢音「ㄹ」이나 原音은 亦是「근」이

다. …… 그러나 「곤」으로 쓰여짐은 轉音借요 …… (양주동 1942:484)

(4가)에서는 한자 '根'의 음을 '건'으로 보고, 이를 문맥에서는 '곤'으로 보면서, '건'으로 '곤'을 설명할 수 없어, '통음차'라는 용어로 이를 설명하였다. (4나)에서는 통음차라는 용어는 물론 전음차라는 용어도 썼다. 두 용어 중에서 어느 것을 쓰든 논리적으로 정확한 설명은 아니다.

이렇게 오구라와 양주동이 향찰 '根'을 문맥에 맞추어 '곤'으로 읽으면서, 이 '곤'이 한자 '根'의 고음이라는 사실을 논리적으로 논증하지 못하자, 앞에서 변증한 '고, 건, 견, 근' 등의 해독들이 나오기도 했었다. 그러나 이 해독들은 앞에서 변증한 바와 같이 문제를 보인다. 이런 문제를 인식하고, 이 문제를 풀려고 시도한 것은 유창균과 강길운이다.

(5) '根'의 東國正韻音은 '건'이다. 中世漢字音에서는 '건'으로 된 예도 있고, '근'으로 된 예도 있다. 기층음으로는 '건'이나, 俗音에서는 '근'으로도 통용됐는데 이 경향이 일찍부터 있었던 것이다. 그러나 여기서는 아무래도 '건'으로는 적절하지 않다. 統辭的으로는 連結語尾의 '고'에 主題格助詞의 'ㄴ'이 결합한 '곤'이 옳을 것이다. 이것은 기층음이나 現實音에서 벗어나는 것인데, 'ㆍ'로써 '오'에 代用시킨 결과가 된다. 그 당시에 이 'ㆍ'와 '오'가 混同되는 경향이 있었는지도 모르겠다.(유창균 1994:964)

(5)에서는 문맥에 맞는 '곤'이 한자 '根'의 기층음도 현실음도 아니라는 문제를 정확하게 인식하고, 혹시 그 당시에 '오'를 'ㆍ'로 대용하거나, 'ㆍ'와 '오'의 혼동이 있었지 않았나 하는 추측을 해 보고 있다.

강길운은 다음의 (6)에서 '根'의 음을 '곤'으로 추정하였다.

(6) (4) 「尋只見根」은 '찾악보곤'(=찾아보니)로 재구하여 둔다.
    '見'은 '보-(見)'로 ……. '根'은 중국중고음이 [kən]⟨칼그렌·FD⟩이고
동운은 '근'이고 일본한자음이 [kon]이나 다음의 시운(詩韻)으로 미루
어 보아서 고대음은 '곤'이었을 것으로 추정된다.
    赤葉明村巡 淸泉漱石根 地僻車馬少 山氣自黃昏⟨居村. 李崇仁
작⟩ cf.昏(혼. 동운)(강길운 1995:412)

(6)에서는 향찰 '根'의 고대음이 '곤'일 수 있는 가능성을 두 가지 사실
에서 보여준다. 하나는 한자 '根'의 일본음이 '곤'이라는 것이다. 다른 하
나는 여말선초의 이숭인의 시에서 이 한자가 '곤'으로 쓰였다는 점이다.
    이 설명이 나온 이후에도, 향찰 '根'을 '곤'으로 읽는 것에 대한 회의[1]가
나타나기도 했다. 이렇게 회의적인 평가를 받기도 하면서, 앞의 해독 '곤'
이 설득력을 얻지 못한 것은, 중국음-신라음/고려음-일본음의 선상에서
의 설명이 아니라, 일본음에서만의 설명이라는 점과, 한자 '根'이 '곤'으로
쓰인 예를 하나만 제시한 데 그 이유가 있는 것 같다.
    그런데 앞의 설명을 두 측면에서 보완 보충하면, 한자 '根'의 신라음과
고려음을 '곤'으로 정리할 수 있다. 하나는 중국음-신라음/고려음-일본
음의 선상에서 '根'의 신라음과 고려음이 '곤'이라는 설명을 보완하는 측
면이다. 다른 하나는 여말선초는 물론 좀더 윗대에 나온 한시들에서 한자
'根'이 '곤'으로 쓰인 예들을 보충하는 측면이다. 이를 차례로 보자.

---

1) 2000년대 들어와서 "'-根'과 '-昆'이 같은 연결어미라면 왜 한 노래에서 이렇게 다르게
표기하였는가 하는 문제"가 제기되기도 했다. 그런데 「수희공덕가」의 제1-8구를 보면,
"迷悟同體叱 / 緣起叱 理良 尋只 見根 / 佛伊 衆生 毛叱所只 / 吾衣身 不喩仁 人 有叱下
呂 // 修叱賜乙隱 頓部叱 吾衣 修叱孫丁 / 得賜伊馬落 人米 無叱昆 / 於內 人衣 善陵等
沙 / 不冬 喜好尸 置乎理叱過"이다. 이 작품의 제2구말에서는 '根'을, 제6구말에서는
'昆'을 쓰고 있다. 이는 제1-4구와 제5-8구를 단위로, 각 단위의 전반부 끝에서 같은
운인 '곤'을 반복한 것으로, 한시의 압운에서 같은 운을 쓰되 같은 글자를 반복하지
않는 측면으로 보면, 이해가 가능할 수 있다.

먼저 '根'자와 그 해성자2)들을 『중문대사전』에서 보자.

(7) 根 : [集韻]古痕切 元平聲
　　跟 : [廣韻][集韻][韻會][正韻]古痕切 音根 元平聲
　　痕 : [廣韻]戶恩切 [集韻][韻會][正韻]胡恩切 音艱 元平聲
　　　　[集韻]五斤切 音垠 元平聲

(7)에서 보듯이, 한자 '根'은 물론 같은 성부 '艮'을 가진 '跟'과 '痕' 등은 현대음으로 보면, '山'섭 3등의 '元'운에 속한 글자이고, 반절하자('痕')의 고음으로 보면, '臻'섭 1등의 '痕'운에 속한 글자이다. 이런 사실을 보기 위해, '臻'섭을 아래 (8)의 정리(董同龢 1981:170)에서 보자

(8)

	開　口		合　口	
一等	痕很恨-- -ən,	[紇]-- -ət	魂混悶- -uən,	沒-- -uət
二等	臻…… -(j)en,	櫛-- -(j)et		
三等	眞軫震(1類) …… -- -jen,	質(1類) …-- -jet	諄準椁(1類) ……-- -juen,	術(1類) …-- -juet
	眞軫震(2類) …… -- -jĕn,	質(2類) …-- -jĕt	諄準椁(2類) ……-- -juĕn,	術(2類) …-- -juĕt
	欣隱焮- -jən,	迄-- -jət	文吻問-juən,	物-- -juət

(8)에서 보면, '根'의 반절하자인 '痕'은 '臻'섭 1등의 '痕'운에 속하고, 그 운은 '-ən'으로 재구되어 있다. 그런데 이 '臻'섭 1등 '痕'운의 '-ən'은, '山'섭 3등 '元'운의 '-ən'과 더불어 오음에서 '-on'으로 수용된 특성을 보

---

2) '跟'과 '痕'은 칼그렌이 '산'섭 3등의 '元'운에 속한 한자들과 '臻'섭 1등의 '痕'운에 속한 한자들이 오음과 일본음에서 '온'의 운을 갖는다는 사실을 설명한 글자들(이돈주 1985:61, 69)이므로 함께 인용하였다.

인다. 이런 사실을 칼그렌의 글에서 보자.

(9) 우리는 위의 표 N(臻攝)에서 日本漢字音은 漢音, 吳音을 물론하고
중고음 ə를 규칙적으로 o로 반영하였음을 보았다. 〈예〉跟, 중고음
kən, 일본음 kon(p.61 참조). 또 吳音은 9(元)韻을 kon, gon에서처럼
-on으로 반영하고 있는데(10 月韻 koti, 35 嚴韻 kon, 36 業韻 gopu), 이
는 매우 암시적이다. 더욱 중요한 사실은 〈切韻〉의 운목 차례(大英博
物館 소장의 敦煌切韻本에 의함)가 9(元韻)를 기타의 a-ä류운(1 寒 -än,
5 山 -an, 7 仙 -jän, 11 先 -ien)과 나란히 배열하지 않고, 痕 -ən(表)
앞에 두었다는 사실이다. 이것은 일면 ə의 방향을 지시하는 셈이지
만, 9는 단순히 -iən은 아니었다. 만약 -iən이었다면 表 N-O(臻攝)
의 開合 운모와 상충될 뿐더러 韓國, 漢音, 越南音에서 -en으로 반
영될 까닭이 없다. 그렇지만 그것은 필시 ə의 성질을 지녔거나 短音
弛緩性의 ə와 매우 상사하였기에 吳音의 차용자들은 이를 o로 반영
하였을 것이다.(칼그렌 1954, 이돈주 역 1985:69)

(9)에서 보면, '山'섭 3등의 '元'운과 '臻'섭 1등의 '痕'에 포함된 '-ən'은
吳音과 일본음에서 '-on'으로 수용되었다. 이런 사실은 향찰에 쓰인 한자
'根'의 고음을 '곤'으로 읽을 수 있게 한다.

이번에는 한자 '根'이 신라와 고려의 한시들에서 '온'의 운으로 쓰였다
는 사실을 보자.

(10) 가. 聖凡眞妄莫相分 同體元來普法門
　　　生外本無餘佛義 我邊寧有別人論
　　　三明積集多功德 六趣修成少善根
　　　他造盡皆爲自造 憶堪隨喜憶堪尊(崔行歸의 「隨喜功德頌」)
　　나. 亭依松麓斷 東望海無門

境靜仙踪在 沙明鳥篆存
碑心苔暈綠 石面雨痕昏
一鞠泉無濁 源乎天地根(李茂芳의 「次寒松亭韻」)
다. 林子我之從 師嚴而道尊
柳子作一家 吾孫卽若孫
孫子眞拂土 呼我爲恩門
相將歷嶇嵌 遂至三家村
朴子頗醇愨 儇然看弟昆
殺鷄且釃酒 班荊坐樹根
渚驅不驚避 江水可俯捫
請我開一麈 欲割芊栗園
雖無會心處 厚意難具論(金宗直의 「十二月初四日……」)

(10가)의 『균여전』에 수록된 한시의 압운자 '分, 門, 論, 根, 尊' 등에서 '根'의 음이 '곤'이란 것을 추정하는 데는 어려움이 없다. 그 앞뒤의 '論'과 '尊'이 '온'의 운을 보여주기 때문이다. 그리고 (10나)의 『동문선』(권지10 오언율시)에 수록된 한시의 압운자 '門, 存, 昏, 根' 등에서 '根'이 '곤'으로 쓰였다는 것을 추정하는 데도 어려움이 없다. 이렇게 '根'을 '곤'으로 압운한 시들은 앞의 예들 외에도 적지 않다.3) 게다가 (10다)의 한시(「십이월초

---

3) 『동문선』에서 '根'자를 '곤'으로 압운한 8수의 작품(작가)과 그 압운자들을 정리하면 다음과 같다. 「贈梓谷蘭若獨居僧」(崔致遠): 根(제2구), 痕(제4구). 「謝圓上人惠躑躅桂杖」(釋天因): 源(제2구), 昏(제4구), 根(제6구), 存(제8구), 痕(제10구), 勤(제12구), 恩(제14구), 村(제16구), 坤(제18구), 奔(제20구). 「題邊山蘇來寺」(鄭知常): 根(제1구), 捫(제2구), 門(제4구), 猿(제6구), 喧(제8구). 「曉遇僧舍」(柳方善): 門(제2구), 根(제4구), 村(제6구), 昏(제8구). 「次李由之賀生女」(陳澕): 門(제2구), 盆(제4구), 根(제6구), 垠(제8구), 門(제10구), 盆(제12구), 根(제14구), 垠(제16구). 「賀陳翰林澕生女」(李由之): 門(제2구), 盆(제4구), 根(제6구), 垠(제8구). 「次李居士穎詩」(釋眞靜): 根(제2구), 溫(제4구), 孫(제6구), 言(제8구). 「聖居山元通寺」(權漢功): 軒(제2구), 昏(제4구), 根(제6구), 門(제8구).

사일……」)에서는 한자 '昆'과 '根'을 그 고음인 '곤'의 압운자로 함께 사용하였다.

이상과 같은 사실들로 보아, 한자 '根'의 음 '곤'은 중국 오음('곤')-신라음/고려음('곤')-일본음('곤')으로 이어지는 선상에서, 중국 오음이 신라음/고려음으로 들어온 것이라고 정리할 수 있다. 그리고 이에 따라 향찰 '見根'은 '보니'의 의미인 '보곤'[보(어간)+곤(원인이나 근거를 나타내는 '-니' 의미의 연결어미)]'으로, 향찰 '行根'은 '가니'의 의미인 '녀곤'[녀(行, 어간)+곤(원인이나 근거를 나타내는 '-니' 의미의 연결어미)]'으로 읽는다는 점에서, 이 두 '根'은 '곤'으로 읽은 것이 가장 적합하다고 판단할 수 있다.

3. 어두의 '根/불휘'

향찰 '根古'(「맹아득안가」)의 '根'은 음으로 읽은 경우와 훈으로 읽은 경우로 나뉜다. 전자를 먼저 보자.

(11) 큰고(오구라 1929, 신태현 1940, 양주동 1942, 지헌영 1947, 김상억 1974, 전규태 1976, 김완진 1980, 금기창 1987)
근고(이탁 1956, 김준영 1964, 김준영 1979, 최남희 1996, 양희철 1997)
론고(유창선 1936d)
깐고(김선기 1968c, 1993)
흔고(유창균 1994)

(11)의 해독들은 향찰 '根'을 '큰, 근, 론, 깐, 흔' 등으로 읽었다. 이 해독들을 차례로 변증해 보자.

오구라(1929:198)는 향찰 '根'을 '큰'의 완서(宛書)로 보았다. 양주동(1942:

484)은 "根 通音借 「큰」. 「根」의 近古擬漢音 「ㄹ」이나 原音은 亦是 「근」
이다."라고 설명하였다. 이 설명에서 보면, 한자 '根'의 원음을 '근'으로 보
고, 이를 통음차로 보아 '큰'으로 읽은 것이다. 이에 포함된 '근'을 살린 것
이 '근고'의 해독이다. '론'은 한자 '根'의 음을 '근'으로 읽고, 이를 다시
'론'으로 바꾸었는데, 바꾼 이유에 대한 설명이 없다. 그리고 '큰'의 또 다
른 표현을 살린 것이 '흔'의 해독이다. '깐'은 그 당시에는 'ㅇ'가 없었다는
점에서 'ㄹ'을 '간'으로 보고, 이것을 자기식 표기로 바꾼 것이다.

이렇게 설명되는 '큰, 근, 론, 깐, 흔' 등의 해독들은 모두가, 향찰 '見
根'(「수희공덕가」)과 '行根'(「총결무진가」)의 '根'이 '곤'으로 읽히며, 한자 '根'
의 신라음과 고려음이 '곤'이란 사실을 살리지 못한 문제를 보인다.

이번에는 향찰 '根古'의 '根'을 훈이나 뜻으로 읽은 해독들을 보자.

(12) 가. 자비라 부리고(자비라 부를고, 정열모 1965)
    나. 慈悲야 심고[慈悲인지라 심구(소서), 서재극 1975]
    다. 慈悲야 根고(자비와 근본은 어디에 있나요, 정창일 1987)
    라. 즈비라 부루고(자비심의 뿌리로고, 류렬 2003)
    마. 자비에 불휘예(자비의 근본이올시라, 정열모 1947)
    바. 자비야 불휘고(자비심 뿌리로 되오리, 홍기문 1956, 자비야말로 뿌리
       되오리라, 황패강 2001)
    사. 慈悲야 불휘고(자비의 뿌리일까, 신재홍 2000)
    아. 慈悲의 불회고(자비의 뿌리인고, 뿌리로구나, 강길운 1995)
    자. 慈悲의 불휘고(자비의 뿌리인고, 박재민 2012)

(12가-라)에서는 향찰 '根'을 '부리, 심, 根, 부루' 등으로 읽었는데 다
음과 같은 문제들을 보인다. (12가)에서는 한자 '根'의 훈을 '부리'로 읽고
'부를'의 의미로 보았다. 한자 '根'의 고려 훈이 '부리'가 아니고, '부리'를

'부를'로 볼 수 없는 문제를 보인다. (12나)에서는 한자 '根'의 훈을 '심-'으로 읽었다. 한자 '根'에 '뿌리 내리다'의 의미는 있어도, '심다'의 의미가 없다는 문제를 보인다. (12다)에서는 한자 '根'을 '根'으로 읽고 '근본'의 의미로 보았는데, 문맥에 잘 맞지 않는다. (12라)에서는 한자 '根'의 훈을 '부루'로 읽었는데, 그 근거가 모호하다.

(12마-사)의 해독들은 한자 '根'의 훈을 '불휘'로 읽었다. 차이는 '也'와 '古'의 해독에 있다. (12마)에서는 '也'를 '에'로 '古'를 '예'로 읽고, 전체를 '자비에 불휘예'(자비의 근본이올시라)로 보았는데, 향찰의 일반적인 사용을 너무 벗어났고, 해독과 현대역이 연결되지 않는 문제를 보인다. (12바, 사)의 해독은 해독과 현대역의 연결에서 문제를 보인다.

(12아)에서는 '자비의 불희고'로 읽었다. '也'의 음을 'je'로 보고, 이 'je'로 '의'[i]를 대충한 표기로 본 것이다. 이 대충표기는 오구라의 '완서(宛書)', 양주동의 '통음차' 또는 '전음차' 등과 함께 문제를 포함한 해독이다. 특히 '의'에 흔히 쓰이는 '衣'나 '矣'를 왜 사용하지 않았나 하는 문제에 답하기가 어렵다.

(12자)에서는 '慈悲의 불휘고'로 읽었다. 이 해독은 불경의 '慈悲根'이란 표현들을 살리기 위하여 '也'를 '의'로 읽었는데, (12아)에서와 같은 문제를 포함하고 있다.

이 향찰 '根古'는 '불휘고'로 읽은 해독들이 타당성을 가지며, 문제가 되고 있는 향찰 '慈悲也'는 '자비(慈悲)야?'의 표기로, '자비(慈悲)의 불휘고?'의 의미를 '자비야? 불휘고?'로 표현한 것이 아닌가 추정한다.

4. 어말의 '斤/근'

향찰 '斤'은 "明斤 秋察羅 波處也"(「청전법륜가」)의 문맥에서 나온다. 이

'斤'에 대한 선행 해독들에서는 다음과 같이 '근, 온, 간, 긴, 근' 등으로 읽어 왔다.

(13) 가. 근 : 붉은(오구라 1929, 신태현 1940), 볼근(양주동 1942, 지헌영 1947, 홍기문 1956, 정열모 1965, 전규태 1976, 김완진 1980, 정창일 1987, 신재홍 2000, 황패강 2001, 류렬 2003, 김지오 2012, 박재민 2013b)
　　　나. 온 : 볼온(이탁 1956)
　　　다. 간 : 밝안(김선기 1975a)
　　　라. 긴 : 밝인(김선기 1993)
　　　마. 근 : 밝은(김준영 1964, 1979), 발근(김상억 1974), 볼근(유창균 1994), 벌근(강길운 1995)

(13)에서 보면, '斤'을 '근, 온, 간, 긴, 근' 등으로 읽고 있다. 어떤 근거로 이렇게 다양하게 읽었는가를 차례로 검토해 보자.

(13가)에서 오구라와 양주동은 '斤'의 음을 '근'이라고 설명한 다음에, '明斤'을 '붉은/볼근'으로 읽으면서 '근'을 '근'으로 바꾸었다. 이는 모음조화의 측면에서 '붉'에 맞추어, '근'을 '근'으로 바꾼 것으로 이해된다. 그리고 (13가)의 나머지 해독들은 이 오구라와 양주동의 해독을 따른 것으로 보이며, 전규태(1976:177)는 '斤'의 음을 '근~근'이라고 하면서 '근'으로 읽었다.

(13나)에서는 '볼온'으로 읽고 현대역에서는 '밝은'으로 보았는데, '斤'을 '온'으로 읽은 이유와 근거를 알 수 없다. '온'은 '근'의 오자일 가능성이 있다.

(13다)의 '밝안'에서는 선행 해독들의 '근'을 '간'으로 바꾼 것인데, '斤'을 '간'으로 읽는 것이 쉽지 않아 보인다.

(13라)의 '밝인'에서는 '斤'을 '긴'으로 읽으면서, "'斤'과 '期'는 모두 [ki]

인 것에 일본발음에서 눈을 멈추어 본다."(김선기 1993:621)고 설명을 하였다. 한자음과 문맥의 차원에서 '밝인'이 가능한가는 좀더 검토해 보아야할 것 같다.

(13마)의 '밝은'과 '발근'에서는 '斤'의 음을 '근'으로 보면서 별다른 설명을 하지 않았다. 이에 비해 '붉근'과 '벌근'에서는 '斤'을 '근'으로 읽으면서그 이유를 다음과 같이 설명하였다.

(14) 가. '明斤'은 '붉근/붉곤'이니, '斤'은 '붉근'의 '근'을 나타내는 音借가된다. '斤'은 그 본래의 기층음이 'kjən'임으로 '근'에 代用된 것이다.(유창균 1994:999)
    나. '明'을 신라향가에서는 이조어 '붉-'의 소급형은 쓰이지 않았으나, '斤'[근](斤 …… 중국중고음[kjən]〈칼그렌〉·[kɪən]〈FD〉이고, 동운이 '근'임)을 말음으로 하는 말은 '붉-'밖에 없으니 그것의 소급형은 '붉-'으로 추정된다.(강길운 1995:438)

(14가, 나)에서는 외국 학자들이 재구한 중국 중고음이 [kjən] 또는[kɪən]이고 동음이 '근'이란 점에서 '斤'을 '근'으로 읽었다. 이 설명들은좀더 구체적으로 설명되어야 할 것 같다.

한자 '斤'과 그 해성자들인 '近, 欣, 焮, 訢' 등을 『중문대사전』에서 보자.

(15) 가. 斤 : [廣韻][集韻][韻會]擧欣切 音筋 文平聲
        [廣韻][集韻][韻會]居焮切 音靳 問去聲
    나. 欣 : [廣韻][集韻][韻會][正韻]許斤切 音訢 文平聲
    다. 焮 : [廣韻][集韻][韻會]香靳切 問去聲
    라. 訢 : [廣韻][集韻]許斤切 音欣 文平聲

(15)에서 보듯이, '斤'과 그 해성자들은 현대 중국어로 보면, '臻'섭 3등 합구음의 '文'운(평성)과 '問'운(거성)에 속하며, 반절하자로 보면 '斤'은 '臻'섭 3등 개구음의 '欣'운(평성)과 '焮'운(거성)에 속한다. 그리고 '文'운과 '問'운의 운은 '-juən'으로, '欣'운과 '焮'운의 운은 '-jən'으로 재구되었는데, 이에 포함된 '-ən'은 오음과 일본음에서 '-on'으로 수용되었다(칼그렌, 1954, 이돈주 역 61, 69). '欣'의 일본음은 '긴'과 '곤'인데, '곤'의 음은 '欣求' (곤구)에서 발견된다.

이런 '臻'섭 3등운의 특성을 그대로 한국음에 적용하면, '斤'을 '곤'으로 읽을 수도 있다. 그러나 한국 한시에서 '斤'이 '곤'의 음으로 정확하게 쓰인 예를 찾기는 어렵다. '곤'보다는 '군'의 음을 보여준다. 이를 말해주는 두 작품을 보자. 『동국이상국집』(제10권 고율시)에 수록된 「次韻崔相國詵謝奇平章贈熨石」(이규보, 1168-1241)의 압운자들을 보면, "分(제2구), 欣(제4구), 熏(제6구), 勤(제8구)" 등이다. 이에 나타난 '欣'(제4구)은 나머지 압운자들의 운으로 보아, 그 음을 '훈'으로 추정할 수 있다. 그리고 『동문선』 (권지11의 5언 排律)에 수록된 「東征頌」(釋圓鑑, 1226-1292)의 압운자들을 보면, "勛(제2구), 垠(제4구), 文(제6구), 群(제8구), 分(제10구), 聞(제12구), 君(제14구), 軍(제16구), 濆(제18구), 雲(제20구), 勳(제22구), 焚(제24구), 云 (제26구), 曛(제28구), 紛(제30구), 耘(제32구), 斤(제34구), 欣(제36구), 氛(제38구), 熏(제40구)" 등이다. 이에 나타난 '斤'(제34구)과 '欣'(제36구)은 나머지 압운자들의 운으로 보아, 그 음을 '군'과 '훈'으로 추정할 수 있다. 이 추정은 '斤'과 '欣'의 음이 '군〉근'과 '훈〉흔'으로 변했음을 말해준다. 게다가 고려 구결들을 보면, 'ㅕ'은 '날'과 '근'으로 읽고 있다.

이런 사실들로 보아, '明斤'의 '斤'은 그 음을 '근'으로 읽고, '斤'의 한자음은 중국 고음인 [kjən]이 오음과 일본음에서 [kon]으로 수용되고, 이것이 한국 고음에서 [kon/kun〉kin]으로 변하여 균여의 향찰 '明斤'의 '斤'에서는 '근'이 되었다고 정리할 수 있다.

5. 결론

지금까지 향찰 '根'과 '斤'에 대한 선행 해독들을 변증하면서 부분적인
보완을 해 보았다. 그 중요한 것들을 요약하여 결론을 대신하면 다음과
같다.

1) 향찰 '根'은 음으로 읽는 '見根'(「수희공덕가」)과 '行根'(「총결무진가」)의
경우에, '곤'의 해독이 가장 우세하지만, '곤'의 논거를 한자 '根'의 중세음
'ㄹ'이나 근세음 '근'으로 설명하지 못하여, 'ㄹ, 견, 건, 고' 등의 해독들이
나오기도 했다. 그리고 최근에는 향찰 '根'이 '곤'인 논거를 일본음 '곤'과
한시에서 압운한 한 예로 보완하기도 하였으나, 향찰 '昆'과 '根'이 함께
한 작품에서 같은 '곤'의 표기에 쓰였을까 하는 회의가 다시 대두되기도
했다.

2) 한자 '根'과 이 한자가 속한 '山'섭 3등의 한자들과 '臻'섭 1등의 한
자들은 오음에서는 '온'의 운을 가지며, 이 음이 신라음과 고려음에 들어
온 사실이 향찰에서 발견된다는 점에서, 1)의 문제는 중국 오음(곤)-신라
음/고려음(곤)-일본음(곤)으로 이어지는 한자 '根'의 고음의 선상에서 해
결된다.

3) 한자 '根'을 고운인 '온'운으로 압운한 한시들(「수희공덕송」, 「차한송정
운」 등등)이 발견되고, 「십이월초사일……」의 경우는 한자 '昆'과 '根'을 모
두 고음 '곤'의 압운자로 사용하였다는 점에서도, 1)의 문제는 해결된다.

4) 향찰 '見根'은 '보니'의 의미인 '보곤'으로, 향찰 '行根'은 '가니'의 의
미인 '녀곤'으로 각각 읽히며, '보-'와 '녀-'는 어간이고, 두 '-곤'은 원인

이나 근거를 나타내는 '-니' 의미의 연결어미이다.

5) 향찰 '根古'(「맹아득안가」)의 '根'은 '큰, 근, 론, 깐, 흔' 등의 음으로 읽기도 하나, 한자 '根'의 신라음과 고려음이 '곤'이란 점에서 부정되고, '부리, 심, 根, 부루, 불휘' 등의 훈이나 한자로 읽은 경우가 있는데, '불휘' 정도로 정리된다.

6) '明斤'(「청전법륜가」)의 '斤'은 선행 해독들에서 'ᄀ, ᄋ, 간, 긴, 근' 등으로 읽었는데, 'ᄀ'과 '근'의 해독이 우세하다.

7) 한자 '斤'은 현대어로 보면 '臻'섭 3등 '文'운과 '問'운에, 반절하자로 보면 '欣'운에 속한다.

8) '臻'섭의 '-ən'은 오음과 일본음에서 '-on'으로 수용되며, '欣'의 일본음의 하나는 '곤'이다.

9) 7)과 8)로 보아, '斤'의 한국음은 '곤〉군〉근'으로 변했으며, 고려 구결에서 'ᄂ'을 '날'과 '근'으로 읽고 있어, '明斤'의 '斤'은 '근'으로 읽어야 한다고 보았다.

二. 향찰 '叱'(1)

1. 서론

이 글은 향찰 '叱'자 해독의 변증 일반(一斑)으로, 용언에서 '(-)시-'나 '(-)실(-)'을 표기한 향찰 '叱'자들에 대한 선행 해독들을 변증하고, 그 과정에서 발견되는 미흡점들을 보완하는 데 연구의 목적이 있다.

향찰 '叱'자는 용언에서 많이 나온다(31회). 그런데 이 중의 상당수는 'ㅅ'으로 읽으면 문제가 거의 없다. 이에 속한 '叱/ㅅ'은 두 종류이다. 한 종류는 '折叱可, 修叱如良' 등등에서 어간의 일부인 'ㅅ'을 표기한 것들(9회)[1]이고, 다른 한 종류는 '吾下於叱古, 去內尼叱古' 등등에서 어미의 'ㅅ'을 표기한 것들(3회)[2]이다. 이 두 종류를 제외한 것들(19회)은, 그 해독에서 문제를 보이는데, 다음과 같이 분류할 수 있다.

1) 어간의 말음 '-叱/시-': 有叱下是, 有叱下呂(2회), 伊叱等邪, 無叱昆,

---

1) '折叱可'(「헌화가」), '惱叱古音'(「원왕생가」), '修叱如良'(「풍요」), '奪叱良乙'(「처용가」), '毛叱所只'(「예경제불가」), '毛叱色只'(「광수공양가」), '毛叱所只'(「수희공덕가」), '頓叱喜賜以留也'(「항순중생가」), '頓叱進良只'(「청전법륜가」) 등의 '叱'들이다.

2) '吾下於叱古'(「처용가」), '去內尼叱古'(「제망매가」), '置乎理叱過'(「수희공덕가」) 등의 '叱'들이다.

修叱賜乙隱

2) 어간의 말음과 어미의 '-叱/싈-': 有叱故, 有叱多, 居叱沙

3) 어간의 '叱/시-': (內乎)叱等邪, (乞白乎)叱等耶, (沙毛)叱等耶, (好)叱
等耶, (來)叱多, (內乎留)叱等耶

4) 어간과 전성어미의 '叱/싈': (太平恨音)叱如, (友伊音)叱多, (出隱伊音)叱
如支

[이외에 어간의 말음과 전성어미(관형사형어미)가 결합된 '-叱/싈'이 '修叱孫丁'에
서 발견되는데, '修'와 '孫'에 대한 많은 논의가 필요하여, 이 곳에서 논의하지 않고
제4부 「四. 향찰 '孫'(2)」로 돌렸다.]

이 '叱'자들에 대한 선행 해독들을 구체적으로 변증하는 것은 본론으로
돌리고, 연구사를 간단하게 정리해 보자. 1)의 향찰 '叱'들은 'ㅅ, ㅅ(촉음),
ㄷ, ㅂ, 시, 싀, ᄰ' 등으로 읽어 왔다. 이 중에서 한자 '叱'의 고음인 '싈'[3]

---

3) 이두에서 '叱'은 'ㅅ'으로 읽힌다. 이는 한자 '叱'의 한국음 '즐, 질' 등으로 설명할 수
없는 문제를 보인다. 이 문제를 해결하고자, 양주동(1942:85-88)은 '尼叱今或作尼斯
今'(『삼국유사』), '尼師今・尼叱今'(『삼국사기』), 『일본서기』의 신라인명에 나오는
'叱'(シ) 등을 근거로 '叱'이 'ㅅ'의 표기임을 논증하였다. 그 후에 이 문제는 두 방향에서
논의되어 왔다.
  한 방향은 향찰과 이두의 '叱'이 한자 '叱'이 아니라 다른 글자라는 주장들이다. 이
주장은 김준영, 김완진, 오정란 등에서 보인다. 김준영(1979:62, 1990:124)은 "'叱'은
'꾸짖을 즐'字가 아니라 입구(口)字에 'ㅅ'받침 發音 때의 혀 모양인 ㄴ를 붙인 것인데
그것이 漢字가 되지 못하므로 劃을 添加한 것"이란 주장을 하였다. '叺'은 한자에서 '새소
리 알 : 鳥聲'이란 점에서 문제를 보인다. 김완진(1985:6)은 '叱'을 '時'의 초서로 보았다.
구결의 경우에는 本字의 어느 한 부분을 이용하는데, '時'에서는 구결 'ㄴ'의 형태를
발견할 수 없다는 점에서, 좀더 검토를 해 보아야 할 것 같다. 오정란(1988:24)은 '叱'을
진언에서와 같이 '口'자를 앞에 붙여서 음을 표시한 '嗯'의 약자로 보았다. 향찰이나
구결에서는 진언에서 글자를 만드는 방법을 이용하지 않는다는 문제를 보인다.
  다른 한 방향은 양주동의 주장을 좀더 발전시켜서, 한자 '叱'의 음을 '싈'로 추정한
주장들이다. 한자 '叱'의 고음이 '싈'이란 주장은 정연찬, 김홍곤, 김동소 등에서 보인
다. 정연찬(1972:72-73)은 "이른바 齒音 次淸 漢字는 日本漢字音 경우의 「s」를 反影하
고 있는 것으로 보아, 「叱」字의 羅代音이 「싈」일 可能性은 多分히 있는 것으로 보인다."
고 '叱'의 고음이 '싈'일 가능성을 설명하였다. 김홍곤(1977:168-172)은 일본 한자음과
이두들을 통하여 한자 '叱'의 고음을 '슫(sit), 슬/싈(sil/sil)' 등으로 설정하고, 이를
'六叱, 多叱, 叱郞' 등으로 예증하였다. 유창균(1994:142-149)은 한자 '叱'의 음을 '슬'

의 'ㅅ'과 '시'로 읽은 해독들이 객관적이다. 그러나 이 중에서 어느 것을 취할 것인가는 아직도 문제로 남아 있다. 2)의 향찰 '叱'들은 'ㅅ, ㄷ, ㄹ, (ㄹ))르, (ㄹ))른, ㅭ, 시, 싀, 싫, 실, 슬' 등으로 다양하게 읽어 왔다. 그런데 이 중에서 한자 '叱'의 고음인 '실'의 'ㅅ'과 '시'를 살려 읽은 해독들은 의문이나 감탄의 문맥적 의미에 맞지 않는 문제를 보인다. 3)의 향찰 '叱' 들은 'ㅅ(촉음, 입성), ㄷ, ㄹ, 시, 싄' 등으로 읽어 왔다. 이 중에서 한자 '叱' 의 고음인 '실'의 'ㅅ'을 살려서 읽은 해독들은 그 기능이 명확하지 않고, 한자 '叱'의 고음인 '실'의 '시'를 살려서 읽은 해독들은 형태소 연결에서 비문법적인 문제를 보이거나 문맥에 맞지 않는다. 4)의 향찰 '叱'들은 'ㅅ (촉음, 입성, 음편상의 삽입), ㅅ, ㄷ, ㄹ, 시, 싀' 등으로 다양하게 읽어 왔다.

(초기), '시/ㅅ'(중기), '즐/ㅈ'(후기) 등으로 보았는데, 왜 중기음에서는 '실'을 인정하지 않고 '시'만 설정하였는지 의심스럽다. 김동소(1998:37, 44-47)는 "앞에서 '叱'의 고대음을 *si(r)로 추정한 바 있는데, 이는 '尼叱今・尼師今・齒叱今' 등의 혼용과 '城叱'(중세한국어 '잣', 고대일본어 *sasi 또는 *tsasi), 有叱(잇-・이시-) 등에서 그렇게 본 것이다."라고 설명하고, '叱'의 음이 [sir]에서 [tsir]로 완전히 바뀐 것은 『향약구급방』부터로 정리를 하였다.

이렇게 한자 '叱'의 고음은 '실'로 거의 굳어지고 있는데, 한 가지만 보완하고자 한다. 한자 '叱'은 "[廣韻]昌栗切 [集韻][韻會][正韻]尺栗切 音翅 質入聲"(『중문대사전』)에서 알 수 있듯이, '臻'섭 3등의 개구음인 '眞(평성), 軫(상성), 震(거성), 質(입성)' 중에서 입성의 '質'운에 속한다. 이 사전의 정리를 보면, '실'의 운모인 '일'은 쉽게 이해할 수 있으나, 성모 'ㅅ'은 쉽게 이해할 수 없다. 그러나 앞에서 보았듯이, 선행 해독들이 인용한 자료를 보면 이 성모 'ㅅ'도 이해할 수 있다. 게다가 이 성모 'ㅅ'은 그 당시에 'ㅅ'과 'ㄷ(〉ㅈ)'이 혼용되었다는 사실에서도 알 수 있다. 이런 현상은 같은 聲符를 가진 한자들의 음과, 당시 표기의 예들에서도 알 수 있다. 같은 성부를 가진 한자가 '시'와 '디(〉지)'의 음을 가진 예는 다음과 같다. 시(侍, 時):디(〉지, 持), 시(氏):디(〉지, 祇, 泜), 시(跂, 翅):디(〉지, 支), 시(矢):디(〉지, 知, 智), 시(是):디(〉지, 禔), 실(失):딜〉질(迭, 軼), 실(室):딜〉질(窒) 등이다. 당시 표기의 예들을 『삼국유사』와 『삼국사기』에서 보면 다음과 같다. 먼저 『삼국유사』의 예로, '孝照一作昭'(권3 '대산오만진신'조)의 소(照):도(〉조, 昭), '仇史郡……屈自郡'(권3, '남백월이성'조)의 시(史):디(〉지, 自), '李俊……李純'(권5, '신충괘관'조)의 둔(〉준, 俊):순(純) 등을 들 수 있고, 『삼국사기』의 예로, '成忠……淨忠'(권 28, '의자왕'조)의 성(成):뎡(〉정, 淨), '比斯伐一云比自火'(권 37, '지지'조)의 시(斯):디(〉지, 自) 등등을 들 수 있다. 이런 사실들로 보아도, 한자 '叱'의 고음은 '실'로 정리할 수 있다.

이 중에서 한자 '叱'의 고음인 '실'의 'ㅅ'을 살려서 읽은 해독들은, 촉음, 입성, 음편상의 삽입 등으로 설명을 하였는데, 촉음, 입성, 음편상의 삽입 등의 표기가 용언에서 필요한가 하는 문제를 보인다. 또한 '-音叱(多/如)' 을 '-ㅁㅅ(다), -ㅁㅅ(다)' 등으로 읽은 해독들과, '-音叱(多/如)'을 그대로 옮긴 경우에는, 구결에서와 같이 그 의미를 '……함이 마땅하다'나 '당연히 …… -ㄹ 것이다', '응당, 가능, 화자의 의지' 등등의 의미나, '-하고 있다' 의 상적 의미 등으로 보았다. 그런데, 이 의미들은 문맥적 의미를 '-ㅁㅅ (다), -ㅁㅅ(다), -音叱(多/如)' 등에 부여한 것이지, '-ㅁㅅ(다), -ㅁㅅ(다), -音叱(多/如)' 등의 형태소들이 보여주는 의미는 아니다. 그리고 한자 '叱' 의 고음인 '실'의 'ㅅ'를 살려서 읽은 해독들은 그 해독과 현대역이 전혀 연결되지 않는 문제를 보인다.

이렇게 1)-4)에 속한 향찰 '叱'들은 그 해독에서 미흡점들을 보인다. 이 미흡점들이 발생한 이유를 생각하면, 크게 두 가지로 정리할 수 있다. 첫 째 이유는 '叱'로 표기한 음을 'ㅅ'에 거의 한정하여 왔다는 점이다. 향찰 '叱'을 '시'로 읽은 해독은 1960년대부터, 몇 분의 글에서 드물게 보인다. 1)의 '叱'들을 '시'로 읽은 해독은 정열모(1965), 정연찬(1972), 천소영(1985), 금기창(1993), 최남희(1996), 류렬(2003) 등의 일부 해독에서만 보인다. 그 리고, 3)의 '叱'들을 '시'로 읽은 해독은 천소영(1985), 류렬(2003), 황국정 (2004) 등의 일부 해독에서만 보인다. 게다가 2)와 4)의 '叱'들을 '실'로 읽 은 해독은 보이지 않으며, '有叱故'의 '叱'을 '슬'(유창균)과 '싫'(류렬 2003) 로, '居叱沙'의 '叱'을 '슬'(유창균 1994)과 '설'(정창일 1987)로 각각 읽은 것 들이 '실'에 가장 가까운 해독들이다. 둘째 이유는 용언에 나온 향찰 '叱' 들을 해독하면서, '叱'은 물론 그 전후의 향찰들로 표기한 형태소들의 연 결을 문법적으로 철저하게 계산하지 않았다는 점이다. 만약 해독한 형태 소들의 연결을 문법적으로 철저하게 검토하였다면, 선행 해독들은 그 검토 과정에서 형태소들의 연결이 비문법적이란 점에서, 잘못된 해독을 파악하고, 수정할 수 있었을 것이다.

이 미흡점들을 해결하기 위하여, 이 글에서는 용언에서 '시'나 '실'을 표기한 향찰 '叱'들에 대한 선행 해독들을 철저하게 변증하고, 그 과정에서 발견되는 미흡점들을, '叱'의 음역에 속한 '시'와 '실'의 차원과, 형태소 연결의 문법적 차원에서, 보완하고자 한다. 그런데 향찰 '叱'에 대한 선행 해독들은 대단히 많아, 변증의 대상을 두 측면에서 축소하려 한다. 첫째는 최근에 선행 해독들이 보인 측면으로, 그 가능성이 거의 없다고 보는 'ㄷ, ㄹ, 싀, 싄' 등의 해독들을 변증의 대상에서 제외하려 한다. 둘째는 논의를 간단하게 하는 측면으로, 한자 '叱'의 고음인 '실'의 'ㅅ, 시, 실' 등으로 읽은 해독들 중에서도 논의 진행에 필요한 것들에 한정하려 한다.

2. 어간의 말음 '叱/시'

이 장에서는 어간의 말음 '-시-'를 표기한 '-叱-'들에 대한 선행 해독들을 변증하여, '有叱下是'(「모죽지랑가」), '有叱下呂'(「수희공덕가」, 「보개회향가」), '伊叱等邪'(「혜성가」) 등의 경우에는 가장 유력한 해독을 선별하고, '無叱昆'(「수희공덕가」)의 경우에는 변증 과정에서 발견되는 미흡점들을 보완하고자 한다.['修叱賜乙隱'(「수희공덕가」)의 '叱'도 이 어간말음의 '시'에 속하나, '修'에 대한 설명이 좀더 필요하여 제4부 「四. 향찰 '孫'(2)」로 돌린다.]

2.1. '有叱下是'와 '有叱下呂'의 '叱'

'有叱下是'와 '有叱下呂'의 '叱'을 선행 해독들에서는 'ㅅ, ㄷ, 시, 싀, ㅿ' 등으로 읽었다. 이 중에서 유력한 것은 'ㅅ'과 '시'이다. 이 해독들만을 정리하면 다음과 같다.

(1) 가. 有叱下是 : 잇이리(오)(오구라 1929), 잇알이(정열모 1947) 등등
　　　　有叱下呂 : 잇이리오(오구라 1929), 잇알아료(정열모 1947) 등등
　　나. 有叱下是 : 이시리(양주동 1942, 유창선 1936a 등등), 이시아리(홍기
　　　　문 1956), 잇시리(전규태 1976) 등등
　　　　有叱下呂 : 이시리(양주동 1942, 신태현 1940 등등), 이샤리(김완진
　　　　1980) 등등
　　다. 有叱下是 : 이시아리(정열모 1965, 금기창 1993), 이시하이(정연찬
　　　　1972), 이시-(천소영 1985), 이시하리(류렬 2003)
　　　　有叱下呂 : 이시아리(정열모 1965), 이시-(천소영 1985), 이시하리
　　　　(류렬 2003)

(1가)에서는 '有叱'을 '잇/읻'으로 읽고, '잇이리(오)'의 경우는 '잇'과 '리'
사이에 '이'를 첨가하였다. (1나)에서는 '有叱'을 '잇'으로 읽고, '이시리, 이
시아리, 잇시리' 등의 경우에는 '잇'과 '리' 사이에 '이'를 첨가하였다.

(1다)에서는 '有'를 '이시'로, '叱'을 '시'의 말음첨기로, 각각 읽었다. 이
렇게 '叱'을 '시'의 말음첨기로 읽은 것은 정열모(1965:247)가 처음이다.

이상과 같이 '有叱'은, 중세어 '있다'와 '이시다'로 보아, '잇'과 '이시'로
읽은 것들이 가장 유력하다. 그런데, 다음 절에서 볼 '有叱故, 有叱多' 등
의 '有'들을 '이시'로 읽어야 한다는 점에서, 이 '有叱' 역시 '이시'로, '叱'
은 '시'로, 각각 읽은 해독들을 따르고자 한다.

2.2. '浮去 伊叱等邪'의 '叱'

'浮去 伊叱等邪'(「혜성가」)의 '叱'을 선행 해독들은 'ㅅ, ㄷ, 시, 싀' 등으

로 읽었다. 이 중에서 가장 유력한 'ㅅ'과 '시'의 해독들은 다음과 같다.

(2) 가. 펴갓더라(오구라 1929), 펴갯더라(양주동 1942, 금기창 1993), 펴갯ᄃ
야(김완진 1980) 등등
나. 펴가 잇드라(유창선 1936e, 서재극 1975, 강길운 1995), 떠가 잇드라
(정열모 1947), 펴가 잇ᄃ야(정열모 1965) 등등
다. 뗘개시다라(천소영 1985), 펴가 이시ᄃ라(쳐남희 1996), 부터가 이
시다라(류렬 2003)

(2가)에서는 '伊'를 읽지 않거나 'ㅣ'로 읽으면서 '叱'을 'ㅅ'으로 읽었다.
그리고 (2나)에서는 '伊'를 '이'로 읽으면서 '叱'을 'ㅅ'으로 읽었다. 이에
비해 (2다)에서는 '叱'을 '시'로 읽었다.
이렇게 (2)의 '叱'은 'ㅅ'과 '시' 중에서 어느 것으로도 읽을 수 있다. 그
런데 뒤에 볼 「혜성가」의 '有叱故'와 '有叱多'의 '有'가 '이시'로 읽힌다는
점에서, 이 '叱'을 말음첨기의 '시'로 읽은 해독을 따르고자 한다.

2.3. '無叱昆'의 '叱'

'無叱昆'(「수희공덕가」)의 '叱'은 그 해독에서 아직도 문제를 보이고 있
다. 선행 해독들을 정리하면 다음과 같다.

(3) 가. 업곤(오구라 1929, 양주동 1942, 김선기 1993 등등), 업고(홍기문 1956),
업ᄀᆞᆫ(이탁 1956)
나. 없곤(신태현 1940, 유창균 1994 등등)
다. 업ㅅ곤(김준영 1964;1979, 전규태 1976), 음ㅅ건(정열모 1965)
라. 업싀곤(정창일 1987), 업시곤(류렬 2003)

(3가)에서는 '叱'을, '업'과 '곤' 사이의 촉음적 현상(오구라 1929:103), 촉음(양주동 1942:773), 내파음(implosive) 'ㅂ'의 표기(김선기 1993:588) 등으로 해석하거나 해독하였는데, 이해가 되지 않는 해석과 해독이다.

(3나)에서는 현대 표기와 같이 '없-'의 'ㅅ'으로 '叱'을 해독하였다. 이 '叱/ㅅ'은 말음이 아니라 끝표기라는 점에서 말음첨기로 해석할 수 없는 문제를 보인다.

(3다)에서, 해독의 이유를 설명한 김준영(1979:20)은, '無叱'은 '업'이 '엇'으로 발음된 것을 표기한 것으로 보았다. 그러나 '없곤'은 '엇곤'으로 발음되지 않는다.

(3라)에서는 '叱'을 '싀'와 '시'로 읽었다. '싀'는 '叱'의 음훈과 거리가 멀다. '시'는 다른 '叱'들과 함께 '시'로 읽으면서 "《업곤》으로는 《叱》자를 풀길이 없고"(류렬 2003:415)라는 언급만을 하고 있어, 해독의 논거를 알 수 없다.

이상과 같은 미흡점들을 보완하기 위하여, 홍기문이 암시한 '叱/시'의 가능성[4]을 참고하면서, '無叱昆'을 류렬과 같이 '업시곤'으로 읽으려 한다. 왜냐하면, '있다'의 이형태가 '이시다'이듯이, 과거에는 '없다'의 이형태가 '업시다'일 수 있는데, 이 '업시다'의 형태를 구결이 보여주기 때문이다. 즉 『화엄경소』(권35), 『구역인왕경』(권상), 『합부금광명경』(권3) 등의 구결에서는 '無ㄴㅋ'(업시며)들과 '無ㅋ'(업시며)들을 통하여 '업시-'의 형태를 보여준다. 이런 점에서 '無叱昆'의 개별 향찰을 '無(업시)+叱(시)+昆(곤)'으로 읽고, 전체를 '업시곤'으로 읽으면서, '叱'을 어간의 말음 '-시-'의 말음첨기로 읽는다.

---

4) "……《없다》는 본래 단음절이 아니요 또 《ㅂ》의 끝소리로서 끝나지 않은 것만은 명확한 바다. 《無叱》의 《叱》은 《없다》의 고형인 《어브시》 내지 류사한 말의 끝 음절이나 마지막의 끝소리를 표시한 것임이 틀림이 없다."(홍기문 1956:370)

3. 어간의 말음과 어미의 '叱/실'

이 장에서는 어간의 말음 '-시-'와 어미 '-ㄹ고, -ㄹ가, -ㄹ사' 등의 '-ㄹ-'이 합친 '-실-'을 표기한 '-叱-'들을 정리하려 한다. 이런 '-叱/실-'은 '有叱故, 有叱多'(「혜성가」) 등과 '居叱沙'(「모죽지랑가」)에서 보인다.

3.1. '有叱故'와 '有叱多'의 '叱'

'有叱故'와 '有叱多'의 '叱'을 선행 해독들은 다양하게 읽었다. 이 중에서 'ㄷ'의 해독을 제외하고 나머지를 정리하면 다음과 같다.

(4) 가. 有叱故 : 잇고(오구라 1929, 유창선 1936e 등등), 잇ᄃ?(이탁 1956), 잇닷(신재홍 2000)

　　　有叱多 : 잇다(오구라 1929, 양주동 1942 등등)

　　나. 有叱多 : 이시다(천소영 1985, 류렬 2003)

　　다. 有叱故 : 이실꼬(양주동 1942, 금기창 1993), 이실고(홍기문 1956, 김상억 1974, 전규태 1976, 천소영 1985), 이싫고(정열모 1965, 류렬 2003), 이슬고(유창균 1994)

　　　有叱多 : 이싫다(정열모 1965), 이슬다(정창일 1987)

(4가)에서는 '叱'을 'ㅅ'으로 읽었다. '잇고'는 '있고'의 표기로, '有叱故'의 문맥적 의미인 의문을 나타내지 못하고, 연결어가 되는 문제를 보인다. 이 문제를 해결하고자 '잇ᄃ?'(있나?)와 '잇닷'(있는 탓)의 해독이 나오기도 했다. 어미의 위치에서 '故'를 'ᄃ?'나 '탓'으로 읽는 것이 어려워 보인다. 그리고 '잇다'는 '有叱多'의 문맥적 의미인 의문에 맞지 않는 문제를 보인다.

(4나)에서는 '叱'을 '시'로 읽었는데, '이시다'는 문맥적 의미인 의문에

맞지 않는다.

(4다)의 해독들은 비교적 사실에 접근하나, 그 설명이 정확하지 않다. 특히 외형상 '叱'을 '실'로 읽은 것 같이 보이는 것들이 있으나, 실제로는 '실'로 읽은 것이 아니어서, 구체적으로 자세히 검토하려 한다.

'이실쬬/이실꼬'의 해독들에서는, 개별 향찰을 '이실(有)+ㅅ(촉음, 叱)+고(故)'(양주동, 금기창)로 보았다. '이실고'의 해독에서는, 개별 향찰을 '이실(有)+ㄹ(叱)+고(故)'(홍기문, 김상억, 전규태, 천소영)로 보았다. 이 해독들에서는 '有'를 '이실'로 읽은 문제와 '叱'을 '尸, 乙' 등으로 표기한 'ㄹ'로 읽은 문제를 보인다.

정열모는 '이싫고'의 해독에서는, 개별 향찰을 '이시(有)+ㅭ(叱)+고(故)'로 보았다. 그리고 '이싫다'의 해독에서는, 개별 향찰을 '이시(有)+ㅭ(叱)+다(多)'로 읽었다. 이 해독들에서는 '叱'을 'ㅭ'(叱)로 읽은 문제를 보인다. 류렬은 '이싫고'의 해독에서는, 개별 향찰을 '이싫(有)+싫(叱)+고(故)'로 읽고, 이를 15세기의 정밀표기법을 따른 표기로는 '이실고'라고 보았다. 이 해독에서는 '有'를 '이싫'로 읽은 문제와 '叱'을 '싫'로 읽은 문제를 보인다.

유창균은 '이슬고'로 해독을 하였다. 이는 본문에서 '잇고'로 읽은 것을, 모두의 정리에서 다르게 제시한 것이다. 이 해독은 '잇+(으)ㄹ고'에 기반한 '이슬고'로 읽으면서, '叱'을 '슬'로 읽은 것으로 추정되는데, '叱'의 고음 '실'을 벗어난 문제를 보인다. 정창일은 '이슬다'(분이 있는가?)로 읽었다. '叱'(슳다·싫다)에서 '슬'을 이끌어 내는 과정에 문제가 있다.

이렇게 '有叱故'와 '有叱多'의 해독에는 아직도 문제가 포함되어 있다. 이 문제들을 보완하면 다음과 같다.

'有叱故'의 경우는 개별 향찰을 '이시(有)+실(叱)+고(故)'로 읽고, 전체를 '있을꼬?'의 의미인 '이실고'로 읽는다.

'有叱多'의 경우는 개별 향찰을 '이시(有)+실(叱)+다(多)'로 읽고, 전체를 '있겠느냐?'의 의미인 '이실다'로 읽는다. '이실다'의 '-ㄹ다'는 '-겠느냐'의 의미를 가진 의문형이다.

이렇게 '有叱故'와 '有叱多'를 읽을 때에, 이에 포함된 '叱'들은 어간의 말음(-시-)과 어미('-ㄹ고, -ㄹ가, -ㄹ사' 등의 '-ㄹ-')가 합친 '-실-'의 표기로 이해된다.

3.2. '居叱沙'의 '叱'

'(毛冬) 居叱沙'(「모죽지랑가」)의 '叱'을 선행 해독들은 'ㅅ, ㄷ, ㄹ, 스, 시, 즈, 설, 슬' 등으로 다양하게 읽었다. 이 중에서 '叱'을 'ㄷ, ㄹ' 등으로 읽은 해독들을 제외하고, 나머지만 정리하면 다음과 같다.

(5) 가. 것이사(오구라 1929), 것사(양주동 1942), 것애(정열모 1947), 곳(정열모 1965), 것사(김상억 1974, 전규태 1976)

나. 거스사(정연찬 1972), 거시사(천소영 1985), 사설사(정창일 1987), 겨시샤(금기창 1993), 거슬사(유창균 1994), 거즈사(강길운 1995)

다. 잇사(지헌영 1947, 김준영 1964, 신재홍 2000), 앗사(서재극 1975), 안ㅅ사(양희철 2000), 기스샤(김완진 1980)

(5가)의 해독들은 '居叱'을 '것/곳'으로 읽으면서 '叱'을 'ㅅ'으로 읽었다. 이 해독들은 '毛冬'을 '모둘'의 부정 부사가 아니라 '모든'의 관형어로 읽으면서, '居叱'을 명사 '것/곳'으로 읽은 것들이어서, 믿기가 어렵다.

(5나)에서는 '叱'을 '스, 시, 즈, 설, 슬' 등으로 읽었다. 이 해독들은 (5가)의 문제를 해결하기 위하여 '毛冬'을 부정 부사로 읽고, '居叱沙'를 어간과 어미의 결합으로 보았다. 어미는 '-사'와 '-ㄹ사'로 갈린다. 그런데 아직도 이 (5나)에서, '사설사'를 제외한 나머지 해독들은 '居'를 어두에서 훈주음종이나 의주음조에 따라 훈으로 읽지 않고 음으로 읽었는데, 그 이

유를 명확하게 제시하지 않은 문제를 보인다. '사실사'의 경우에는 '실'을 '슳다'나 '싫다'에서 이끌어 내는 것이 어렵다.

(5다)에서는 (5가, 나)의 문제를 해결하고자, '居'를 '잇-, 앗-, 안ㅅ-, 깃-' 등의 훈으로 읽었다. 그러나 '叱'을 '居'의 훈 '잇-, 앗-, 앉, 깃-' 등의 'ㅅ'으로 보고, 이 어간에 이상하게도 명사에 붙는 강조사 '-사(沙)'가 붙었다고 읽은 문제를 보인다.

이 문제들을 해결하고자, '居叱沙'를 '안질사'의 이표기인 '안실사'로 읽는다. 이 '안실사'는 현대어 '앉을사'에 해당하는데 약간의 설명을 요한다. 즉 현대어 '앉다'의 과거 형태 또는 이형태는 '안지다'이며, 이 '안지다'의 이표기가 '안시다'인데, 이 '안시다'의 '안시-'와 '-ㄹ사'를 결합한 것이 '居叱沙/안실사'라는 것이다. '앉다'의 이표기가 '앉다'라는 사실은 중세어(앉다: 『한청문감』 198, 『동문유해』 29, 『역어유해』 상 40 등등)에서 확인된다. 그리고 '앉다, 앉다' 등의 과거 형태 또는 이형태가 '안지다, 안시다' 등이라는 추정은 '있다, 이시다'와 '없다, 업시다'의 이형태들을 통하여 가늠할 수 있다. 이렇게 볼 때에, '居叱沙'의 '叱'도 어간의 말음과 어미가 결합한 '-실-'의 표기로 이해된다.

4. 어간의 '叱/시'

이 장에서는 어간의 '시-'를 표기한 '叱-'을 '(古只內乎)叱等邪'(「맹아득안가」), '(乞白乎)叱等耶'(「청전법륜가」), '(沙毛)叱等耶'(「예경제불가」), '(好)叱等耶'(「항순중생가」), '(來)叱多'(「혜성가」), '(內乎留)叱等耶'(「항순중생가」) 등에서 정리하고자 한다.

4.1. '內乎叱等邪, 乞白乎叱等耶, 沙毛叱等耶, 好叱等耶'의 '叱'

'(古只)內乎叱等邪, 乞白乎叱等耶, 沙毛叱等耶, 好叱等耶' 등은 같은 어형이란 점에서 함께 변증하려 한다. 선행 해독들은 이 '叱'들을 'ㄹ, ㄷ, ㅅ, 시, 싄' 등으로 읽었다. 이 중에서, 그 가능성이 많은 'ㅅ'과 '시'로 읽으면서, 그 기능을 설명한 것들을 주로 정리하면 다음과 같다.

(6) 가. 고티누옷다라[고치올러라(양주동 1942)], 고지ᄂ오쓰라[꽂고 있더라(서재극 1975)], 나옷ᄃ야[피고 있습니다(정열모 1965)], 놓드라[내어 놓더라(강길운 1995)], 드롯ᄃ라[드리는도다(신재홍 2000)], 드리옷다야[여쭈옵다아(양희철 2008a)] 등등

나. 비슬봇다라[비웁더라(양주동 1942)], 비ᄉ옷 ᄃ야[빌 것이다(김지오 2012)], 빌ᄉ옷드라[비옵더라(이건식 2012)], 비ᄉ오ᄯ야[빌리라(박재민 2013b)] 등등

다. ᄉ못다라[사무치다(양주동 1942)], 사못ᄃ라[이루고자 하노이다(유창균 1994)], 사못ᄃ야[삼는구나(정재영 2001)], 사못 ᄃ야[삼을 것이다(김지오 2012)], 사모ㅅᄃ야[삼으리라(박재민 2013b)]

라. 훗다라[하더라(양주동 1942)], 홋ᄃ야[할 것이다, 하여야 한다(정열모 1965), 하리라(박재민 2013b)], (고맛)훗 ᄃ야[공경할 것이다(김지오 2012] 등등

양주동은 (6)에서 이 '-ㅅ-'을 촉음으로 해석하였다. 촉음의 표시가 올 필요가 있는가 하는 의문이 든다. 서재극은 (6가)의 '고지ᄂ오쓰라'[꽂고 있더라)에서 '叱等邪/쓰라'를 '존재사의 어미화'로 설명을 하면서 이목을 끌었지만, 더 이상의 설명이 없어, 이해하기가 어렵다.

정열모는 (6가)의 '나옷ᄃ야'에서 '-叱-'을 '-ㅅ-'으로 읽고 "ᄚ"에 대응하는 'ㅅ'으로 해석을 하였는데, 이해가 잘 되지 않는다. 유창균은 (6

다)의 '사못ᄃ라'에서 'ᄉᄃ'를 강세의 선어말어미로 보고, 이에 포함된 'ᄃ'가 의존명사에 기원하며, 'ᄉ'은 'ᄅ'이 된다고 설명하면서, 'ᄉᄃ라'의 의미를 '-을 하고자 하는 것이다'로, 다시 '이루고자 하나이다'로 바꾸었다. 'ᄉ'이 'ᄅ'이 된다는 설명은 이해가 되지 않는 주장이며, 해독과 현대역의 거리가 너무 먼 문제를 보인다. 강길운은 (6가)의 '놓드라'에서는 '느(內)+오(乎)+ᄉ(叱)+더(等)+라(邪)'와 같이 이해하기 어려운 해독을 하면서, 'ᄉ'을 'ㆆ' 종성의 중화로 말미암은 입성 'ᄉ'으로 해석을 하였다. 입성 'ᄉ'의 표기라는 해석이 석연치 않다. 또한 강길운은 (6나)의 '비소봇드라'에서 '옷'을 강조형 선어말어미로 보았는데, 이 역시 정확한 해석은 아닌 것 같다.

정재영은 (6다)의 '사못ᄃ야'의 해독에서, 현대역을 '삼는구나'로 달았는데, 형태소의 측면에서, 해독과 현대역의 연결이 잘 되지 않는다. 김지오는 (6나, 다, 라)의 '비습옷 ᄃ야', '사못 ᄃ야', '홋 ᄃ야' 등의 해독에서, '叱等耶'를 동명사형 어미 '-ㄹ'의 부분 표기인 '叱'에, 의존명사 'ᄃ', 계사, 종결어미 '-아' 등이 결합한 형태로 보고, 그 의미를 '-ㄹ 것이다'로 풀었다. 동명사형어미 다음에 의존명사가 바로 왔다고 보기가 어렵고, 해독과 현대역이 형태소 측면에서 대응하지 않는다. 이건식은 (6나)의 '빌습옷드라'(비옵더라)의 해독에서 '빌+습+오(의도법)+ᄉ(감동법)+드(과거시제)+라(서술형 종결어미)'로 풀었다. 문맥상 이 어휘는 현재에 해당하는데, 과거로 읽은 문제를 보이며, 해독과 현대역이 형태소의 측면에서 대응하지 않는 문제도 보인다. 박재민은 (6나, 다, 라)의 '비습오ᄊ야, 사모ᄉᄃ야, 홋 ᄃ야' 등의 해독에서, '叱等耶'를 'ᄉᄃ야'로 읽고, 화자의 의지를 표현한 '-리라'로 현대역을 달았다. 해독과 현대역이 형태소의 측면에서 연결되지 않는다.

이렇게 (6)에서 '叱'을 'ᄉ'으로 읽은 해독들은 그 기능의 설명이나 해당 어휘의 해독에서 문제를 보인다.

(7) 가. 고티누오시다라[현대역 미제시(천소영 1985)], 고디ᄂ호시다라[고쳐
　　　주시옵소서(류렬 2003)]
　　나. 사ᄆ시더라[삼았더라(류렬 2003)]
　　다. 비술보시다라[빌어 사뢰였더라(류렬 2003)]
　　라. 호시다라[하였더라(류렬 2003)]

(7)에서는 '叱'을 '시'로 읽었는데, 각각 문제를 보인다. (7가)의 '고티누
오시다라'에서는 '-시-'를 주체존대로만 설명하고 나머지를 설명하지 않
았는데, 의미가 명확하지 않다. (7가)의 '고디ᄂ호시다라'에서는 '-시-'의
기능이 모호하고, (7나, 다, 라)의 '사ᄆ시더라 비술보시다라, 호시다라'
등에서는 '-ᄋ시/오시-'를 '-았/였-'으로 보았는데, 이해가 잘 되지 않는
다. 그리고 이 해독들은 해독과 현대역이 형태소의 측면에서 잘 연결되지
않는다.

이상의 (6, 7)에서 살핀 바와 같이, '(古只)內乎叱等邪, 乞白乎叱等耶,
沙毛叱等耶, 好叱等耶' 등의 해독에는 아직도 미흡한 점들이 있다. 이를
차례로 보완하면 다음과 같다.

'內乎叱等邪'(「맹아득안가」)의 경우에는 개별 향찰을 '드리[內: 드릴 납
(納)]+오(乎) 시(叱)+ᄃ(等)+야(邪, 화자의 말을 듣는 상대에 대하여 다정한 정서
를 나타내는 어미)'로 읽고, 전체를 '드리고 있다야'의 의미인 '드리오 시ᄃ
야'로 읽는다. 이렇게 읽을 때에 기원하는 현장의 현장성을 살리고, 형태
소들의 문법적인 연결을 살릴 수 있다.

'乞白乎叱等耶'(「청전법륜가」)의 경우에는 개별 향찰을 '빌(乞)+사뢰
(白)+오(乎) 시(叱)+ᄃ(等)+야(耶)'로 읽고, 전체를 '빌어사뢰고 있다야'의
의미인 '빌사뢰오 시ᄃ야'로 읽는다. 이렇게 읽을 때에, 문맥상의 현재(진

행)를 살리고, 형태소들의 문법적인 연결을 살릴 수 있다.

'沙毛叱等耶'(「예경제불가」)의 경우에는 개별 향찰을 '사(沙)+모(毛) 시(叱)+ᄃ(等)+야(耶)'로 읽고, 전체를 '삼고 있다야'의 의미인 '(삼오〉)사모 시ᄃ야'로 읽는다. 이렇게 읽을 때에, 문맥상의 현재(진행)를 살리고, 형태소들의 문법적인 연결을 살릴 수 있다.

'好叱等耶'(「항순중생가」)의 경우에는 개별 향찰을 '호(好) 시(叱)+ᄃ(等)+야(耶)로 읽고, 전체를 '하고 있다야'의 의미인 '(ᄒ오〉)호 시ᄃ야'로 읽는다. 이렇게 읽을 때에, 중생을 항상 따르려는 시간인 현재(진행)를 살리고, 형태소들의 문법적인 연결을 살릴 수 있다.

이상과 같이 해독할 때에, '內乎 叱等邪', '乞白乎 叱等耶', '沙毛 叱等耶', '好 叱等耶' 등은 '-고 있-'의 공통된 의미를 가지며, 이에 포함된 '叱-'들은 모두가 어간의 '시-라고 정리할 수 있다.

4.2. '來叱多'의 '叱'

'來叱多'(「혜성가」)의 설명은 앞의 '好叱等耶'와 비슷하지만, 그 변증에 소용되는 자료가 다르기 때문에, 절을 나누었다. 이 '來叱多'에 대한 선행 해독들은 문제가 없어 보이지만, 적지 않은 문제를 포함하고 있다.

(8) 가. 왓다(오구라 1929, 유창선 1936e 등등)
나. 옷다(양주동 1942, 홍기문 1956 등등)
다. 왯다(김완진 1980), 옰다(강길운 1995)
라. 오시다(천소영 1985, 류렬 2003), 오 시다(황국정 2004)

(8가)에서는 '來叱多'를 '왓다'로 읽었다. 이에 대해 (8나)에서는 'ㅏ'의 출처를 문제로 삼으면서 '옷다'로 읽었다. 이에 대해 '옷/옰-'의 형태로 사

용된 예가 없다는 문제가 제기되었다.

(8다)에서는 '來叱'을 '왯, 옰' 등으로 읽었다. '왯다'는 '와 있다'의 의미로, 'ㅏ'의 의미를 첨가한 문제를 보인다. 그리고 '옰'(오도다)은 '來'의 훈 '오'를 벗어난 문제를 보인다.

이렇게 (8가, 나, 다)에서 문제를 보이자, 이번에는 (8라)에서 '叱'을 음절로 읽은 해독들이 나왔다. 천소영은 '오시다'로 읽으면서, '오+시(주체존대)+다(서술형어미)'로 보았는데, 이 문장의 주어가 왜군이란 점에서 주체 존대의 '-시-'를 쓸 수 없는 문제를 보인다. 그리고 류렬은 '오시다'로 읽으면서 '왔다'의 옛 형태로 보았는데, 음절의 축약을 인정해도, 'ㅏ'의 의미를 첨가한 문제를 보인다. 황국정은 "'오-(來)'와 존재동사 '시-'가 비통사적으로 결합했을 가능성"을 염두에 두고, '오 시다'로 읽으면서 '왯다'의 해독과 같이 '와 있다'의 의미로 보았다. 이 해독 역시 'ㅏ'의 의미를 첨가한 문제를 보인다.

이렇게 '來叱多'에 대한 선행 해독들은 각각 문제를 보일 뿐만 아니라, 전체적으로도 또 다른 문제를 보인다. 바로 '來叱多'를 해독한 '왔다' 또는 '와 있다'의 의미와 작품의 상황이 두 측면에서 맞지 않는다는 점이다. 한 측면은 봉수는 적이 접근하고 있을 때, 즉 오고 있을 때 올리느냐? 아니면 적이 도착했을 때, 즉 왔을 때 올리느냐? 하는 측면이다. 적어도 봉수는 적이 접근할 때, 즉 오고 있을 때부터 올린다는 점에서, '來叱多'를 '왔다' 또는 '와 있다'의 의미로 해독한 데는 문제가 있다. 다른 한 측면은 '來叱多'를 '왔다' 또는 '와 있다'와 같이 과거나 완료의 시제로 읽고나면, 배경 설화의 "융천사가 노래를 지어 이를 불렀더니 성괴(星怪)가 즉시 사라지고, 일본 병사도 제 나라로 돌아갔다"를 쉽게 설명할 수 없다는 것이다. 즉 「혜성가」를 지어 부르고 나니, '왔던' 또는 '와 있던' 일본 병사가 금방 환국했다고 보기는 어렵다. 이보다는 「혜성가」를 지어 부르고 나니, '오고 있던' 일본 병사가 금방 환국했다고 보는 것이 훨씬 설득력을 얻는다.

이런 문제들을 해결하고자, 개별 향찰을 황국정과 같이 '오(來) 시(叱)+다(多)'로 읽지만, 그 의미는 '와 있다'가 아니라, '오고 있다'로 정리한다. '오' 다음에는 '-고'의 의미인 연결어미 '-오'가 생략되었는데, 이는 '오' 음의 반복을 피하기 위한 생략으로 생각한다. 이렇게 볼 때에, '來叱多'의 '叱' 역시 어간의 '시-'로 이해된다.

4.3. '內乎留叱等耶'의 '叱'

'內乎留叱等耶'의 '叱'은 '不冬萎玉內乎留叱等耶'(「항순중생가」)에서 나오는데, 끊어 읽기는 물론, 해독이 엇갈리는 '內' 및 '留'와도 관련되어 있다. 앞에서와 같이 'ㄷ, ㄹ, 신' 등으로 읽은 해독들을 제외하고, 나머지 선행 해독들 중에서 주목되는 몇몇을 정리하면 다음과 같다.

> (9) 가. (不冬)이우누올ㅅ다라[이울들 아니 하겠더라(양주동 1942)], (不冬)이 브로ㄴ오롯ㄷ라[시들지 못하게 하도다(유창균 1994)], (不冬)이우ㄴ 오니롯다야[이울지 않는 것이로구나(이용 2007)], 이울오누오롯 ㄷ야 [시들게 할 것이다(김지오 2012)], 이우리오롯ㄷ야[시들게 하오리라(박재민 2013b)] 등등
>
> 나. (不冬)이보루 누홋다라[시들지 않고 자라너니라(홍기문 1956)], 시들 놋ㄷ야[이울더라(정열모 1965)], (不冬)이부루 누후시다라[이울지 않으시더라(류렬 2003)]
>
> 다. 시들옥 노룻드라[시들어 노룻하더라(강길운 1995)], (不冬)이보록 드료롯ㄷ라[아니 이울어 들었도다(신재홍 2000)], (不冬)이옥 드리오롯 ㄷ야[아니 이울어 들게 하였다야(양희철 2008a)]

(9가)에서는 '-叱-'을 '-ㅅ-'으로 각각 읽었는데, 그 기능이 명확하지

않다. 그리고 이 해독들에서 '흐누올'을 '흐ᄂ'의 아어연체형(양주동)이라고 하였는데, 그 의미를 정확하게 이해하기 어렵다. '이우ᄂ오니롯다야'(이용)에서는 '乎叱'을 '옷'의 감탄으로 보면서 나머지를 설명하지 않았고, 해독과 현대역이 형태소의 측면에서 대응하지 않는다. 나머지 부분들과 함께 다시 검토해 보아야 할 것 같다. '이울오누오롯 ᄃ야'(김지오)에서는 '叱'을 동명사형어미 '- ㅭ'의 부분음으로, '等'을 의존명사 'ᄃ'로 보았는데, 동명사형어미 다음에 바로 의존명사가 왔다는 설명에 문제가 있고, 해독과 현대역이 형태소의 측면에서 대응하지 않는 문제도 보인다. '이우리오롯ᄃ야'(박재민)에서는 '叱等耶'를 화자의 의지를 나타내는 '-리라'에 해당하는 'ㅅᄃ야'로 읽었는데, 해독과 현대역의 연결을 다시 검토해 보아야 할 것 같다.

(9나)에서는 '萎玉 內乎留叱等耶'에서 '留'의 위치를 '萎玉留 內乎叱等耶'로 수정하여 해독을 하였다. 이 수정은 이해하기 어려운데, 이를 인정해도 다음과 같은 문제들을 보인다. '이보루 누홋다라'(홍기문)에서는 '누홋다라'(자라너니라)의 의미가 명확하지 않으며, 해독과 현대역이 연결되지 않는다. '시들놋ᄃ야'(정열모)에서는 '노'를 '항구성의 지속'으로 설명하고 있는데, 좀더 자세한 설명이 요구된다. '이봉루 누후시다라'(류렬)에서는 '內乎'를 '누후'로, '叱'을 존칭 '시'로, 각각을 읽기가 어려운 문제를 보인다.

(9다)에서는 '萎玉 內乎留叱等耶'로 끊어서 '內-'의 문제를 해결하려 하였다. '시들옥 노룻드라'(강길운)의 해독에서는 '內(ᄂ)+乎(오)⋯⋯'에서와 같이 '內'를 'ᄂ'로 읽은 문제를 보인다. 나머지 두 해독은 '內-'를 '드리-'로 본 점에서 주목을 끈다. 그러나 '留'와 '叱'의 문제는 해결하지 못했다.

이상과 같이 '不冬萎玉內乎留叱等耶'의 해독은 다각도로 검토되었지만, 아직도 문제를 보인다. 이 문제를 해결하고자, '不冬 萎玉 內乎留 叱 等耶'로 끊고, '안둘 이옥 드리올루 시ᄃ야'로 읽으면서, '이울어(/시들어)

늘어트리지 않을 것으로 있다야'의 의미로 정리한다. '不冬'은 '안둘'로, '萎玉'는 '이옥'으로, '內乎留'는 '드리(內=納)+올(乎)+루(留)'로, '叱等耶' 는 '시ᄃ야'로 각각을 읽은 것이다. '안둘 이옥 드리올루'를 '시들어 늘어트 리지 않을 것으로'로 옮긴 것은, '內'로 표기한 '드리-'가 '納/드리-'의 훈 독이 아니라 '垂/드리-'의 훈차(또는 훈가)로 '늘어트리-'의 의미를 가지며, '-올-'의 'ㄹ'이 동명사형어미이기 때문이다. 이렇게 '叱-'을 어간 '시-'로 읽을 때에, '萎玉 內乎留 叱等耶'의 해독은 형태소들의 연결에서 문법적 이며, 문맥이 명확하게 된다.('內乎留'의 '乎'에 대한 좀더 구체적인 정리는 제5 부의 「一. 향찰 '乎'」와 「四. 향찰의 誤寫와 唱詞의 생략표현」 참조)

5. 어간과 전성어미의 '叱/실'

이 장에서는 어간과 전성어미가 결합한 '叱/실'을, '太平恨音叱如'(「안 민가」), '友伊音叱多'(「상수불학가」), '出隱伊音叱如支'(「참회업장가」) 등에 서 검토하고자 한다.

이 향찰들에 포함된 '叱'의 선행 해독들은 네 유형으로 나눌 수 있다. 첫째는 '叱'을 음편상의 삽입 또는 입성의 표기로 본 경우이다. 둘째는 '(音) 叱'을 '(이/이)ㅅ, ㄹ, (미)ㅅ, ㄷ' 등으로 읽은 경우이다. 셋째는 '叱'을 '시, 싀' 등으로 읽은 경우이다. 넷째는 '音叱'을 '음ㅅ, 임ㅅ, ㅁㅅ, ㅁ'ㅅ' 등으로 읽은 경우이다. 이 중에서 '(音)叱'의 음 또는 음훈을 살린 해독들은 '시, 음ㅅ, 임ㅅ, ㅁㅅ, ㅁ'ㅅ' 등이므로 이 해독들만을 차례로 변증하려 한다.

(10) 가. 太平훈소리시다[태평한 소리가 있다(금기창 1993)], 태평훈이시다[태
평하리이다(류렬 2003)]

나. 조초ᄒ홈이시다[좇아 할 마음이 있다(류렬 2003)]
다. 나니이시다[나옵니다(류렬 2003)]

(10)에서는 '叱'을 '시'의 음절로 읽었다. 그러나 이 해독들은 해독과 그 현대역이 형태소의 측면에서 거의 일치하지 않는 문제를 보인다. 단지 '太平ᄒ 소리 시다'만이 그 현대역 '태평한 소리가 있다'와 일치한다. 그러나 문제는 이 해독이 제9, 10구의 문맥에 맞지 않는다는 것이다. 즉 '爲內尸等焉'의 가정 다음에 '있다'의 현재가 오는 것이 문제이다. 그리고 다른 향찰과 구결에서도 보이는 '音叱如/ㅎᆮㅣ'를 '소리 시다'로 읽을 수 없는 문제도 보인다.

이번에는 '音叱'을 '음ㅅ, 임ㅅ, ㅁㅅ' 등으로 읽으면서, 그 기능을 설명한 해독들을 정리하려 한다. 구결 'ㅎᆮㅣ'의 해독을 원용한 해독들은 뒤로 돌린다.

(11) 가. 태평한음셔[태평 아무 거침 없으리(정열모 1965)], 太平ᄒ짜[태평하리다(서재극 1975), 태평합니다(김준영 1979)], 태평ᄒ임짜[太平할 것이로다(유창균 1994)], 태평헌임ㅅ져[태평한 것입니다(강길운 1995)]

나. 축, 호우 이음ㅅ다[逐(:側) 好友 잇다(정열모 1965)], 조초우림짜[좇으오리라(김준영 1979)], 조초 사고임짜[따라 벗삼을지로다(유창균 1994)]

다. 나ᄂ니 음ㅅ돋뎌[못 드는 법 없다네(정열모 1965)], 나님ㅅ다기[나타나듯(유창균 1994)], 난임ㅅ져[난 것입니다(강길운 1995)], 난임ᄯᆞ디[나타나는 것이듯(양희철 2013a)]

정열모는 (11가, 다)의 '태평한음셔'와 '나ᄂ니 음ㅅ돋뎌'에서는 '음ㅅ-'을 '없-'의 표기로 보고, (11나)의 '축, 호우 이음ㅅ다'에서는 'ㅅ'을 사이소리로 보았다. '없-'은 '음-'으로 발음할 수 있으나 'ㅅ'이 살아서 발음되었다고 보기는 어렵다. 그리고 사이 소리의 경우는 사이 소리가 들어갈 곳이 아니라는 문제를 보인다. 서재극은 (11가)의 '太平흠짜'에서 '-叱如/짜'를 '존재사의 어미화'로 해석하였으나, 더 이상의 언급이 없어 이해하기 어렵다. 유창균은 (11가, 나)에서 '-叱如/짜'를 감탄형어미로 보았는데, 명사형 '-ㅁ' 다음에 감탄형어미가 왔다고 보기가 어렵다. 강길운은 (11가, 다)의 '태평헌임ㅅ겨'와 '난임ㅅ겨'에서 'ㅅ'을 입성으로 보았다. 입성 표기를 인정하는 것이 어렵다. 나머지 해독들은 '叱'을 해독한 'ㅅ'의 기능을 설명하지 않았다.

이렇게 (11)의 해독들은 '叱'을 'ㅅ'으로 읽었지만, 그 기능의 설명에서 명확하지 않은 문제를 보인다. 그리고 이 해독들은 거의가 해독과 현대역이 형태소의 측면에서 연결되지 않는 문제도 보인다.

이번에는 구결 '-ㆆ� ㅣ'의 해독5)을 원용하여 향찰 '-흠叱-'을 읽은 해독들을 보자.

---

5) 남풍현(1993:143)은 구결 '-ㆆ ㅌ-'을 '-ㅁㅅ-'으로 읽고, 應자의 훈인 '······함이 마땅하다', '······함이 당연하다'의 뜻으로 보았다. 이 주장은 그 후 구결의 해독에서 많은 영향을 주었다. 참고로 후대 논의를 간단하게 정리하면 다음과 같다. 이승재(1995:246)는 '-ㆆ ㅌ-'을 '-음ㅅ-'으로 읽고, 남풍현의 해독을 인용 정리한 다음에, 그 구체적인 의미에 대한 논의를 뒤로 미루었다. 박진호(1997:137-139, 1998:171-172)는 '-ㆆ ㅌ-'을 '-ㅁㅅ-'로 읽고, 그 의미를 화자의 의지, 당위, 의무, 가능성, 능력 등으로 정리를 하였다. 이 해독을 남성우·정재영(1998:235)은 인용하였다. 장윤희(1999:170)는 『구역인왕경』의 구결 'ㆆ ㅌ ㅣ'를 '읋다'로 읽고, "······해야 하는 법이다", 또는 "······함이 마땅하다" 정도의 '당위적 의미(당위성)', "······함이 마땅하다"는 표현을 쓴 '화자의 의지', "···해야 ···할 수 있다"는 '가능성 표현' 등의 의미로 보았다. 황국정(2004:41)은 『구역인왕경』의 구결 'ㆆ ㅌ ㅣ'를, '가능의 의미', '당위나 명제적 사실의 확인' 등으로 보면서, 『유가사지론』의 구결 'ㆆ ㅌ ㅣ'에서는 구결 'ㅌ'의 존재상적인 의미를 살려서, 지속이나 상태의 의미로 보았다.

김양진(1997:748)은 "즉 'ㆆ'은 동사 어간에 붙어서 그 동사를 명사화하는 동명사화의 기능을 갖는 語末語尾로 규정하고 거기에 따라 나오는 'ㅌ'이 반드시 종결어미 '-다(如, 多, 구결에서는 ㅣ)'를 수반한다는 사실에 비추어, 이 요소를 어떤 화용적 내용을 드러내는 초분절 음소가 문자로 실현된 것으로 본다."고 설명하고, 이 초분절음소를 "당위(當爲)와 같은 화용론적 의미를 드러내"는 것으로 보았다.

(12) 가. 太平흠ㅅ다[태평함이 마땅하다, 당연히 太平해 질 것이다(남풍현 1993)],
　　　太平ㅎ늡ㅅ다[현대역 미제시(박진호 1998)], 태평함ㅅ다[나라가 태평할
　　　것이다(박재민 2003)], 太平ㅎ늀다[太平할 수 있다(황선엽 2008)]

　　나. 조초임ㅅ다[逐하리라(逐해야 한다)(박재민 2003)], 逐호임ㅆ[따르리라
　　　(박재민 2013b)], 좇호 ᄠᄅ(ㄴ)임ㅅ다[좇아 따름직하다, 따르는 것이
　　　마땅하다(김지오 2012)]

　　다. 넘어 나님ㅅ다[현대역 미제시(박재민 2003)], 남옥 난임ㅆ[넘쳐 나려
　　　합니다(박재민 2013b)], 남옥 난ㅆ다[넘어 남(생김)직하다(김지오 2012)

　남풍현은 (12가)의 '太平흠ㅅ다'에서 '-ㅁㅅ(다)'을 '…… 함이 마땅하다'
와 '당연히 …… -ㄹ 것이다'의 의미[6]로 보았다. 박진호는 (12가)의 '太平
ㅎ늡ㅅ다'에서 '-ㅁㅅ-'을 '가능' 또는 '능력'의 의미[7]로 보았다. 박재민은
(12가, 나, 다)의 '태평함ㅅ다, 조초임ㅅ다, 넘어 나님ㅅ다' 등에서는 '-ㅁㅅ
다'를 "-할 것이다, -리라, -려 합니다" 등의 의미[8]로 보았다. 황국정은
해독의 표기음을 제시하지 않고, '-音叱多(/如)'를 '-하고 있다'의 상적 의

---

6) 남풍현(1993:144)은 구결 '-ㅎ ㅌ-'을 '-ㅁㅅ-'으로 읽은 결과를 처음으로 향찰 '-音叱
如'의 해독에 적용하면서 다음과 같이 설명하였다. "이들은 三國遺事의 鄕歌에 나타난
예들인데 종래 그 해석을 바르게 할 수 없었던 것이다. 이 구결에 쓰인 '-ㅎ ㅌ/音叱-'의
예로 볼 때 ㄹ)은 '獻호림ㅅ다'나 '받오림ㅅ다'로 읽고 '바치옴이 마땅하다', '당연히
바치어야 한다'로 해석해야 한다. 또 ㅁ)은 '나라 太平흠ㅅ다'로 읽고 '나라가 태평함이
마땅하다', '나라가 당연히 太平해 질 것이다'로 해석해야 한다. 이 예는 均如의 普賢十
願歌에도 두 번 나타나는데 위와 같은 뜻을 살려 해석해야 한다." 이 설명에는 두 가지
문제가 포함되어 있다. 하나는 「헌화가」의 경우에 작품의 기사에 없는 '叱'자를 넣고
해독한 것이다. 다른 하나는 해독의 형태소를 현대역의 형태소로 옮기는 데 문제가
있다는 것이다.
7) 박진호(1998:171)는 「안민가」의 '太平恨音叱如'를 '太平ㅎ늡ㅅ다'로 읽고, '-音叱如'를
가능 내지 능력으로 보았다. 그리고 「헌화가」의 경우에는 작품의 기사에 없는 '叱'자를
넣고, '-읋다'로 읽으면서 화자 주어의 의지로 보았다.
8) 박재민(2003:167-171)은 구결 'ㅎ ㅌ ㅣ'와 향찰 '音叱多(/如)'를 비교한 다음에, 향찰
'音叱多(/如)'를 '임ㅆ'로 읽고, "'音叱多'은 '應當'에 호응하는 모든 어말어미로 판단된
다."고 보았다. 이 논지는 2013a('음ㅆ')와 2013b('임ㅆ')의 설명에서도 변하지 않으나,
2013b의 현대역을 보면, 이 논지를 살리지 않고 있다.

미9)로 보았다. 황선엽(2008:229)은 (12가)의 '太平ᄒᆞᆫ다'에서 '-ㅭ(音叱)-'
을 당위 내지 가능성의 의미를 가진 선어말어미로 보았다.

이 (12)의 해독들은 하나의 공통된 문제를 가지고 있다. 즉 형태소의 측
면에서, 해독된 형태(황국정의 경우는 향찰)와, 문맥적 의미에 기반한 그 현
대역이 연결되지 않는다는 문제이다. 이 문제는 '-音叱(多/如)'을 '-ㅁㅅ
(다)'나 '-ㅭ(다)'로 읽거나10) 해독하지 않은 '-音叱(多/如)'로 놓고, 이것
들에 앞의 해독들이 제시한 문맥적 의미에 기반한 현대역을 부여하였기
때문에 발생한 것으로 판단된다. 이에 대해 그 논리적 근거를 구결 '-ᅘᅳ ㅣ'
로 돌릴 수도 있다. 그러나 향찰 '-音叱(多/如)'에 대한 (12)의 해독늘에
서 발견된 이 문제는 구결 '-ᅘᅳ ㅣ'의 해독에서도 그대로 발견된다. 즉 구
결 '-ᅘᅳ ㅣ'의 해독인 '-ㅁㅅ다'나 '-ㅭ다'의 형태소들에는 이 해독들이
제시한 '당연, 가능, 능력, 응당, 당위' 등등의 의미가 없다는 것이다. 이 의
미들은 문맥에서 파악한 문맥적 의미이지, 구결 '-ᅘᅳ ㅣ'를 해독한 '-ㅁ
ㅅ다'나 '-ㅭ다'의 형태소들이 보여주는 의미가 아니다.

이상과 같이 '太平恨音叱如, 逐好友伊音叱多, 出隱伊音叱如支' 등의
해독에는 아직도 미흡점들이 포함되어 있다. 이를 보완하면 다음과 같다.

'太平恨音叱如'(「안민가」)에서는 개별 향찰을 '태평(太平)+흔(恨)+임(音)
실(叱)+다(如)'로 읽고, 전체를 '태평한 것임(이) 있을 것이다'의 의미인 '태
평흔임 실다'로 읽는다. 이 경우에 '흔(恨)'의 'ㄴ', '임'의 'ㅁ', '실'의 'ㄹ'
등은 동명사형어미이며, '다(如)'는 서술형어미 또는 계사 '-(이)다'이다.

---

9) 황국정(2004:33-35)은 '音叱多(/如)'가 포함된 세 어휘들에 대한 선행 해독들을 검토하
면서, 특히 '당위(성)의 의미'일 수 없음을 비판하고, '叱'이 '지속(성)의 의미'를 보인다
는 점에서, '-音叱多(/如)'를 '-하고 있다'의 상적 의미로 보았다.
10) 이 해독들은 '뵈윲다'(『삼강행실도』 충신 6)의 'ㅭ다'를 향찰 '音叱多'와 구결 'ᅙ ㅌ ㅣ'의
화석으로 보고 읽었다. 귀중한 자료이지만, 유일한 예로 예증성이 떨어진다. 그리고 어떤
논거에서 'ㅭ다'가 향찰 '音叱多'와 구결 'ᅙ ㅌ ㅣ'의 화석인지, 곧바로 화석화된 것인지,
아니면 변화를 거치면서 화석화된 것인지 등은 좀더 검토를 요하는 것 같다.

'逐好友伊音叱多'(「상수불학가」)에서는 개별 향찰을 '좇(逐)+호(好) 벋(友)+이(伊)+임(音) 실(叱)+다(多)'로 읽고, 전체를 '좇기에 벗됨(이) 있을 것이다'의 의미인 '좇호 벋이임 실다'로 읽는다.

'出隱伊音叱如支'(「참회업장가」)에서는 개별 향찰을 'ㄴ(出)+ㄴ(隱)+이(伊)+임(音) 실(叱) 돌(如)+디(支)'로 읽고, 전체를 '(남아) 나오게 된 것임(이) 있을 듯이'의 의미인 'ㄴ이임 실 ᄃ디'로 읽는다. 'ᄃ디'는 현대어 '듯/드시'에 해당하는 중세어 'ᄃ시'의 이표기(양희철 2013a:452)이다.[11]

위에서와 같이 해독할 때에, '太平恨音 叱如', '友伊音 叱多', '出隱伊音 叱 如支' 등의 해독은 형태소들의 연결에서 문법적이고, 문맥적 의미에도 부합한다. 특히 '叱如/叱多/실다'의 '있을 것이다'의 의미는, 구결 'ㅡᇂㄴㅣ'를 읽으면서 부여해 온 '당연, 가능, 능력, 응당, 당위' 등등의 문맥적 의미에 상당히 부합한다.

이상과 같은 사실들로 볼 때에, '太平恨音 叱如', '友伊音 叱多', '出隱伊音 叱 如支' 등의 '叱'들은, 어간 '시-'와 전성어미(동명사형어미, 관형사형어미) '-ㄹ'이 결합한 '실'의 표기로 이해된다.

6. 결론

지금까지 용언에서 '(-)시-'나 '(-)실(-)'을 표기한 향찰 '叱'자들에 대한 선행 해독들을 변증하고, 그 과정에서 발견되는 미흡점들을 보완하였다.

---

11) 이런 '-ㄹ(ア) ᄃ디/돌(如支)'의 예는 『화엄경』 뿐만 아니라, 『合部金光明經』(卷三, 02:02-15)에서도 발견된다. "第二 發心ㅣ 譬ㅅㄱ 大地ㅣㅣ 一切 (法)事ㅡノアㄹ 持ア 如支ﾂﾉㄱㅅㅡ 故ノ 是ㄹ 名下 尸波羅蜜因ㅡノㅏﾠ"(02:01-02), "譬 七寶 樓觀ﾋ十 四階道 有ㅌㅣㄱ 淸凉之風ㅣㅣ 來ﾂㅏ冸 四門ㄹ 吹ア 如支"(02:06-07), "(譬) 大富商 主ㅣ 能 一切 心願ㄹ 滿足 令ㅣㅣア 如支"(02:10-11), "譬 轉輪聖王ㅓ 主兵寶臣ㅣ 意ㄹ 如ﾍ 處分ﾂﾉ ア 如支"(02:14-15) 등에서 보인다.

그 중요한 것들을 요약 정리하는 것으로 결론을 대신하려 한다.

첫째로, 어간의 말음 '-시-'로 읽은 '叱'은 다음과 같다.

1) '有叱下是, 有叱下呂, 浮去伊叱等邪' 등의 '叱'은 'ㅅ, ㄷ, 시, 싀, 싀' 등으로 읽혀 왔는데, 'ㅅ'과 '시'가 가장 유력하고, '有叱故, 有叱多' 등의 '有'들이 '이시'로 읽힌다는 점에서, 이 '有叱, 伊叱' 등은 '이시'로, '叱'은 어간의 말음 '-시-'로 각각 읽은 해독들을 따랐다.

2) '無叱昆'의 '叱'은 '촉음, ㅅ, ㅂ, 시, 싀' 등으로 읽혀 왔는데, '없다'의 이형태 '업시다'를 보여주는 구결 '無七ㅿ'(업시며)들과 '無ㅿ'(업시며)들로 보아, '無(업시)+叱(시)+昆(곤)'로 읽고, 전체를 '업시곤'으로 읽으면서, '叱'을 어간의 말음 '-시-'의 말음첨기로 읽었다.

둘째로, 어간의 말음과 어미가 결합된 '-실-'로 읽은 '叱'은 다음과 같다.

1) '有叱故'와 '有叱多'의 '叱'은 'ㅅ, ㄷ, ㄹ, ㅀ, 싀, 시, 싫, 슬, 실' 등으로 읽혀 왔는데, '叱'의 음과 해당 문맥으로 보아, '-실-'로 읽었다. 즉 '有叱故'의 경우는 개별 향찰을 '이시(有)+실(叱)+고(故)'로 읽고, 전체를 '있을꼬?'의 의미인 '이실고'로 읽으면서, '叱'을 어간의 말음('-시-')과 어미('-ㄹ-')가 결합된 '-실-'로 읽었다. 그리고 '有叱多'의 경우는 개별 향찰을 '이시(有)+실(叱)+다(多)'로 읽고, 전체를 '있겠느냐?'의 의미인 '이실다'로 읽으면서, '叱'을 어간의 말음('-시-')과 어미('-ㄹ-')가 결합된 '-실-'로 읽었다.

2) '居叱沙'의 '叱'은 'ㅅ, ㄹ, (ㄹ>)르, (ㄹ>)ᄅᆞ, 스, 시, 즈, 싈, 슬' 등으로 읽혀 왔는데, 훈주음종 또는 의주음조, 해당 문맥, '居'자 훈의 변화 추정(안지다/안시다>앉다/앉다), '叱'의 음의 변화(실>질) 등으로 보아, '-실-'로 읽었다. 즉 '居叱沙'를 '안질사'[안지(>앉)+ㄹ사]의 이표기인 '안실사'(안시+ㄹ사)로 읽고, 이에 포함된 '叱'을 어간의 말음('-시-')과 어미('-ㄹ-')가 결합된 '-실-'로 읽었다.

셋째로, 어간의 '시-'로 읽은 '叱'은 다음과 같다.

1) '(古只)內乎叱等邪, 乞白乎叱等耶, 沙毛叱等耶, 好叱等耶' 등의 '叱'들은 'ㄹ, ㄷ, ㅅ, 시, 싄' 등으로 읽혀 왔는데, 문맥과 형태소들의 문법적 연결로 보아, 어간 '시-'로 읽었다. 즉 '內乎叱等邪'에서는 개별 향찰을 '드리(內=納)+오(乎) 시(叱)+ᄃ(等)+야(邪)'로 읽고, 전체를 '드리고 있다야'의 의미인 '드리오 시ᄃ야'로 읽으면서, '叱'을 어간 '시-'로 읽었다. '乞白乎叱等耶'에서는 개별 향찰을 '빌(乞)+사뢰(白)+오(乎) 시(叱)+ᄃ(等)+야(耶)'로 읽고, 전체를 '빌어사뢰고 있다야'의 의미인 '빌사뢰오 시ᄃ야'로 읽으면서, '叱'을 어간 '시-'로 읽었다. '沙毛叱等耶'에서는 개별 향찰을 '사(沙)+모(毛) 시(叱)+ᄃ(等)+야(耶)'로 읽고, 전체를 '삼고 있다야'의 의미인 '(삼오))사모 시ᄃ야'로 읽으면서, '叱'을 어간 '시-'로 읽었다. '好叱等耶'에서는 개별 향찰을 '호(好) 시(叱)+ᄃ(等)+야(耶)로 읽고, 전체를 '하고 있다야'의 의미인 '(ᄒ오))호 시ᄃ야'로 읽으면서, '叱'을 어간 '시-'로 읽었다.

2) '來叱多'의 '叱'은 'ㅅ, ㄷ, 시, 싀' 등으로 읽혀 왔는데, 문맥과 형태소들의 문법적 연결로 보아, 어간 '시-'로 읽었다. 즉 '來叱多'의 개별 향찰을 '오(來) 시(叱)+다(多)'로 읽고, 전체를 '오고 있다'의 의미인 '오 시다'로 읽으면서, '叱'을 어간 '시-'로 읽었다. '오'는 그 다음에 '-고'의 의미인 '-오'가 같은 음 '오' 다음에 생략된 형태이다.

3) '內乎留叱等耶'의 '叱'은 'ㄹ, ㅅ, ㄷ, 시(선어말어미), 싄' 등으로 읽혀 왔는데, 문맥과 형태소들의 문법적 연결로 보아, 어간 '시-'로 읽었다. 즉 '不冬萎玉內乎留叱等耶'를 '不冬 萎玉 內乎留 叱等耶'로 끊어, '안둘 이옥 드리(內=納)+올(乎)+루(留) 시ᄃ야'로 읽고, 그 의미를 '이울어 늘어트리지 않을 것으로 있다야'로 읽으면서, '叱'을 어간 '시-'로 읽었다. '올(乎)'의 '-ㄹ'은 동명사형어미이다.

넷째로, 어간과 전성어미가 결합된 '실'로 읽은 '叱'은 다음과 같다.

'太平恨音叱如, 逐好友伊音叱多, 出隱伊音叱如支' 등의 '叱'들은 '음편상의 삽입, ㅅ, ㄷ, ㄹ, 시, 싀' 등으로 읽혀 왔는데, 문맥과 형태소들의 문법적 연결로 보아, 어간과 전성어미(동명사형어미, 관형사형어미)가 결합된 '실'로 읽었다. 즉 '太平恨音叱如'에서는 개별 향찰을 '태평(太平)+혼(恨)+임(音) 실(叱)+다(如)'로 읽고, 전체를 '태평한 것임(이) 있을 것이다'의 의미인 '태평혼임 실다'로 읽으면서, '叱'을 어간과 동명사형어미가 결합된 '실'로 읽었다. '逐好友伊音叱多'에서는 개별 향찰을 '좇(逐)+호(好) 벋(友)+이(伊)+임(音) 실(叱)+다(多)'로 읽고, 전체를 '좇기에 벗됨(이) 있을 것이다'의 의미인 '좇호 벋이임 실다'로 읽으면서, '叱'을 어간과 동명사형어미가 결합된 '실'로 읽었다. '出隱伊音叱如支'에서는 개별 향찰을 'ㄴ(出)+ㄴ(隱)+이(伊)+임(音) 실(叱) 둗(如)+디(支)'로 읽고, 전체를 '(남아) 나오게 된 것임(이) 있을 듯이'의 의미인 'ㄴ이임 실 ᄃ디'로 읽으면서, '叱'을 어간과 관형사형어미가 결합된 '실'로 읽었다.

용언 외의 어휘에서 '시'와 '실'을 표기한 향찰 '叱'자는 다음의 「三. 향찰 '叱'(2)」에서 다루고자 한다.

三. 향찰 '叱'(2)

1. 서론

이 글은 용언 외의 어휘에서 '시'나 '실'을 표기한 것으로 보이는, 향찰 '叱'자들에 대한 선행 해독들을 변증하고, 그 과정에서 발견되는 미흡점들을 보완하는 데 연구의 목적이 있다.

향찰 '叱'은 용언에서 나오는 것들(31회)과, 용언 외의 어휘에서 나오는 것들(59회)로 나눌 수 있다. 후자에 속한 것들 중에서, 그 해독이 거의 굳어진 것들로는 세 종류가 있다. 첫째는 '蓬次叱, 窟理叱' 등의 명사(+처소부사격) 아래 온 속격(/소유격)의 '叱/ㅅ'들(36회)[1]이다. 둘째는 '一等下叱,

---

1) '蓬次叱巷中'(「모죽지랑가」), '窟理叱大肹'(「안민가」), '川理叱磧惡希, 栢史叱枝次'(「찬기파랑가」), '千隱手□叱千隱目肹'(「맹아득안가」), '汀叱, 倭理叱軍置, 彗叱只'(「혜성가」), '淵之叱行尸浪'(「원가」), '行尸浪阿叱沙矣, 世理都□之叱'(「원가」), '吾音之叱恨隱'(「우적가」), '佛體叱刹亦(「예경제불가」)', '辯才叱海等, 一毛叱德置'(「칭찬여래가」), '淨戒叱主留'(「참회업장가」), '迷悟同體叱緣起, 緣起叱理良, 嫉妬叱心音'(「수희공덕가」)' '法界惡之叱佛會, 菩提叱菓音'(「청전법륜가」), '大悲叱水'(「항순중생가」), '佛體叱海等, 宅阿叱宝良'(「보개회향가」), '佛體叱事'(「총결무진가」), '千手觀音叱前良中'(「맹아득안가」), '物北所音叱彗'(「혜성가」), '功德叱身乙'(「칭찬여래가」), '法叱供乙留'(「광수공양가」), '十方叱佛體'(「참회업장가」), '衆生叱田乙'(「청전법륜가」), '難行苦行叱願乙'(「상수불학가」), '衆生叱海惡中, 法性叱宅'(「보개회향가」), '衆生叱邊衣, 普賢叱心音'(「총결무진가」) 등이다. 이 36개의 '叱'들은 'ㅅ, ㄷ, ㅈ, ㅊ, ㅅ, ㄹ, ㅅ, 실, ㅎ,

兒史沙叱' 등의 강세접사의 '叱/ㅅ'들(4회)[2]이다. 셋째는 '乃叱, 然叱' 등의 부사의 부분음 '叱/ㅅ'들(4회)[3]이다. 이 외의 것들(15회)은 그 해독에서 문제를 보이는데, 다음과 같이 나눌 수 있다.

1) 명사의 말음 '叱/시'(4회) : 城叱肹良, 際叱肹, 物叱, 塵塵虛物叱
2) 명사의 말음과 격어미의 '叱/실'(2회) : 兵物叱沙, 周物叱
3) 접미사의 '叱/실'(7회) : 命叱, 辭叱都, 敬叱 頓部叱(4회)
4) 부사의 말음 '叱/실'(2회) : 丘物叱 丘物叱

이 향찰 '叱'들에 대한 선행 해독들을 구체적으로 변증하는 것은 본론으로 돌리고, 간단하게 문제만을 정리해 보자. 1)의 명사의 말음 '叱/시'에 속한 '叱'들은 'ㅅ, ㄷ, ㄹ, 도('ㄹ'의 오자), 을, 술, 시, 싀, 즈' 등으로 읽어 왔다. 이 중에서 '叱'의 고음인 '실'[4]의 'ㅅ'과 '시'가 유력하지만, 어느 것을 취할 것인가는 문제로 남아 있다. 2)의 명사의 말음과 격어미의 '叱/실'에 속한 '叱'들은 'ㅅ, ㄷ, ㆆ, ㄹ, (ㄹ))르, 을, 시, 싀, 슬' 등으로 읽어 왔다. 이 해독들은 '物' 다음에 '叱'을 'ㅅ, ㄷ, ㆆ, 시, 싀' 등은 물론, 'ㄹ, (ㄹ))르, 을, 슬' 등으로 읽을 수 없는 문제를 보인다. 3)의 접미사 '叱/실'에 속한 '叱'들은 '불필요한 문자, ㄱ, ㅅ, ㄷ, ㄹ, (ㄹ))으르, 로, 르, 을, 올, 롤, 싀, 시' 등으로 다양하게 읽어 왔다. 이 해독들은 자음으로 끝난 명사 다음에 '叱'을 '불필요한 문자, ㄱ, ㅅ, ㄷ' 등은 물론, 'ㄹ, (ㄹ))으르,

---

시' 등으로 다양하게 읽히고 있으나, 거의 대다수의 해독자들이 'ㅅ'을 취하고 있다.
2) '一等下叱'(「맹아득안가」), '兒史沙叱'(「원가」), '法供沙叱'(「광수공양가」), '伊留叱'(「총결무진가」) 등이다. 이 4개의 '叱'들은 '하, 사, 루' 등의 모음 아래 왔다는 점에서 'ㅅ'으로 읽는 데 거의 문제가 없다.
3) '乃叱'(「모죽지랑가」), '然叱'(「상수불학가」, 「상수불학가」, 「보개회향가」) 등이다. 이 4개의 '叱'들은 '곧(乃), 그렇게'의 과거형 '곳, 그럿' 등에서와 같이 'ㅅ'으로 읽는 데 거의 문제가 없다.
4) 앞의 「二. 향찰 '叱'(1)」의 각주 3) 참조.

로, 르, 을, 올, 롤' 등으로 읽을 수 없는 문제를 보인다. 4)의 부사의 말음 '叱/실'에 속한 '叱'들은 'ㅅ, ㄷ, ㄹ, 루, 설' 등으로 읽어 왔다. 이 중의 'ㅅ, ㄷ, 설' 등의 경우는 그 기능이 명확하지 않은 문제를 보이고, 'ㄹ, 루' 등은 '叱'을 이렇게 읽을 수 없는 문제를 보인다. 이렇게 1)-4)의 '叱'들은 그 해독에서 적지 않은 문제들을 보인다.

이런 문제들이 발생한 이유를 생각하면, 크게 두 가지로 정리할 수 있다. 첫 번째 이유는 '叱'의 표기를 'ㅅ'에 거의 한정하여 왔다는 것이다. '叱'이 처음에는 '시'의 표기에도 사용되었을 것이라는 가정은 정연찬 (1972:72)에서 보이고, '叱/시'를 인정한 것은 얼마 되지 않으며, 소수의 의견이었다. 1)의 경우에 '叱'을 '시'로 읽은 해독은 천소영(1985), 유창균 (1994), 류렬(2003) 등의 해독 일부에서만 보인다. 그리고 2), 3), 4) 등의 경우에, '叱'을 '실'로 읽은 해독은 하나도 보이지 않는다. 단지 '兵物叱沙'의 '叱'을 '슬'(유창균 1994)로 읽은 것이 가장 가까운 예이다. 두 번째 이유는 1)-4)에 나온 '叱'들을 해독하면서, '叱'은 물론 해독한 표기의 기능을 명확하게 계산하지 않았다는 것이다. 만약 해독한 표기의 기능을 철저하게 검토하였다면, 선행 해독들은 그 검토 과정에서 해독한 표기들의 연결이 비합리적이란 점에서, 잘못된 해독을 파악하고, 수정할 수 있었을 것이다.

이런 문제들을 해결하기 위하여, 이 글에서는 용언 외의 어휘에서 '시'나 '실'을 표기한 것으로 보이는 향찰 '叱'들에 대한 선행 해독들 중에서, '叱'의 고음과 연결될 수 있는 'ㅅ, 시, 싟, 슬, 실' 등의 해독들을 중심으로 철저하게 변증하고, 그 과정에서 발견되는 미흡점들을, '叱'의 음역에 속한 '시'와 '실'의 차원과, 해독된 표기의 기능 차원에서, 보완하고자 한다.

2. 명사의 말음 '叱/시'

명사의 말음 '叱/시'는 '城叱肹良'(「혜성가」), '物叱'(「원가」), '塵塵虛物叱'(「칭찬여래가」) 등에서 보인다. '城叱肹良, 物叱' 등의 '叱/시'는 선행 해독의 일부에서 이미 주장되고 있기 때문에 간단하게 정리하려 한다.

2.1. '城叱肹良'의 '叱'

'城叱肹良'(「혜성가」)의 '叱'은 'ㅅ'으로 읽은 해독들이 대다수인 가운데, '시, 싁, 즈' 등으로 읽은 해독들도 보인다. 이 해독들은 모두가 한자 '叱'의 고음 '싈'과 연결될 수 있다.

(1) 가. 잣올난(오구라 1929 등등), 잣홀란(양주동 1942 등등), 자슬랑(김완진 1980)
나. 자시홀랑/자슬란(천소영 1985), 자시홀랑(유창균 1994), 자시ㅎ란 (류렬 2003)
다. 자싁흐러(정창일 1987)
라. 자즈글랑(강길운 1995)

(1가)에서는 '城'을 '잣'으로 읽고, '叱'을 '잣'의 말음첨기 'ㅅ'으로 보았다. 그런데 이 (1가)의 해독들은 '肹'을 '올'과 '홀'로 읽은 차이를 보인다. 오구라는 '肹'의 음을 '홀, 힐' 등으로 보고, '올'의 표기로 정리하였다. 양주동은 '肹良'을 '홀란'으로 읽고, 이를 '乙良'(올란)의 'ㅎ助詞形'이라고 하였다. 김완진(1980:129)은 '肹'은 'ㅎ'말음 명사의 곡용형에 기인한 것으로 보면서도, 이 곳에서는 "'ㅎ'을 고지식하게 反映하지는 않는 態度"로 임하였다.

(1나–라)에서는 '城'을 '자시, 자싁, 자즈' 등의 2음절로 읽고, '叱'을 '시,

싀, 즈' 등의 말음첨기로 읽었다. 이 해독들이 취한 '城'의 고훈 '자시, 자 싀, 자즈' 등은 양주동(1942:570)이 『日本書紀』(680-720)에서 찾아 정리한, 한반도 소재의 과거 지명에 나온 '城'의 訓記 '사시(サシ), 사기(サキ, 射岐)' 에 근거를 두고 있다. 이 자료는 '城'의 중세훈 '잣'보다 선행한 삼국시대의 훈에 가까우며, 한국어에서 '城'의 고훈이 '자시'일 수 있음을 암시한다.

이 일본 자료를 한국 자료로 보강을 할 수만 있다면, '城'의 한국 고훈을 '자시'로 확정할 수 있다. 그런데 '城'의 중세훈인 '잣'(『훈몽자회』(중) 8, 『類合』(상) 18 등등)과 '재'(『使用吏文』)의 어원은, 앞의 자료를 보강하여, '城'의 고훈을 '자시'로 추정할 수 있게 한다. 왜냐하면, '잣'과 '재'는 '자시〉잣'과 '자시〉자싀〉자이〉재'에서 볼 수 있듯이 '자시'가 변한 것들로 추정되기 때문이다. 이렇게 '城'의 중세훈 '잣'과 '재'가 '자시'에 기원하고, 『일본서기』에서 한반도 소재의 과거 지명에 나온 '城'을 '(자시〉)사시'로 訓記하고 있다는 점에서, '城'의 고훈은 '자시'라고 정리할 수 있다.

이 고훈 '자시'로 보면, '城叱'의 '叱'은 (1나)에서와 같이 명사 '城/자시'의 말음 '시'를 첨기한 '시'로 읽은 해독들이 타당성을 지닌 것으로 이해된다.

이렇게 향찰 '叱'이 이 절은 물론 다음 절에서와 같이 '시'로 읽힌 예는 '有叱下是, 有叱下呂, 伊叱等邪, 無叱昆' 등의 '叱'들, '內乎 叱等邪', '乞白乎 叱等耶', '沙毛 叱等耶', '好 叱等耶', '來 叱多', '內乎留 叱等耶' 등의 '叱'들(앞의 「二. 향찰 '叱'(1)」 참조, 양희철 2014d), 조선초기의 語中의 이두 '叱'들(이승재 1997) 등에서도 보인다. 그리고 구결에서 'ᄼ'이 '시'를 포함한 음절로 읽힐 수 있음은 남풍현(1993)의 언급[5]과 다른 구결자료들[6]

---

5) "…… '有ᄼ ㄱ/이슨', '有ᄼ 5/이스며'에서는 'ᄉ'음이 표기에 쓰인 것으로 보인다. 'ᄼ (叱)'이 'ᄉ'음의 표기에 쓰이기까지는 'ᄉ'음의 단계를 거쳤을 것으로 믿어지지만 이것을 대표음으로 보면 체계가 복잡해지므로 대표음 'ᄉ'이 전용된 것으로 보아야 한다." (남풍현 1993:134). 이 인용에서 'ᄉ'로 읽은 'ᄼ(叱)'은 '이시-'의 '-시-'를 첨기한 것으로 보아도 하등의 문제가 없다.

에서도 보인다.

2.2. '物叱'의 '叱'

'物叱'(「원가」)의 '叱'을 선행 해독들은 다음과 같이 'ㅅ, ㄷ, ㄹ, 싀, 시' 등으로 읽었다.

(2) 가. 것(오구라 1929), 갓(홍기문 1956, 김완진 1980 등등), 믌(김준영 1964, 서재극 1972, 강길운 1995), 빗(유창균 1994)

나. 묻(정열모 1947, 1965), 돋(이탁 1956), 몯(양주동 1965), 갇(김선기 1967b), 맏(김상억 1974)

다. 믈(양주동 1942), 들(지헌영 1947), 물(전규태 1976), (物)ㄹ(천소영 1985)

라. 가싀(정창일 1987), 가시(류렬 2003)

(2가, 나, 다)에서는 '物叱'을 일음절로 읽으면서 '叱'을 'ㅅ, ㄷ, ㄹ' 등으로 읽고, (2라)에서는 '物叱'을 이음절로 읽으면서 '叱'을 '싀, 시' 등으로 읽었다. 이 '物叱'의 해독과 "物叱 好支 栢史"의 문맥으로 보면, '叱'을 'ㅅ'과 '시'로 읽은 해독들이 모두 가능하다. 그리고 향찰 해독사에서 알 수 있듯이, '栢, 星, 蓬' 등이 향찰에서는 '자시(栢史), 벼리(星利), 다보지 (ㅅ)[蓬次(叱)]' 등으로 쓰이다가 15세기에는 '잣, 별, 다봊' 등으로 음절의 축약을 보였다는 점에서도, 앞의 '叱'은 'ㅅ'과 '시' 어느 것으로도 읽을 수 있다. 그러나 3장에서 검토할 '兵物叱沙'(우적가)와 '周物叱'(「광수공양가」) 의 '物叱'들을 '갓'이 아닌, '가싈'[가시(物)+싈(叱)]로만 읽어야 한다는 점에

---

6) 구결 'ㄷ'가 '시'로도 읽힐 수 있음은 구결 '無ㄷ ㅣ'(업시며)의 'ㄷ'에서도 보인다. 이에 해당하는 예들로, 無ㄷㄱㅅ ─(『화엄경소』 01:05), 無ㄷ ㅣ(『화엄경소』 01:05), 無ㄷㅔ ㅣㅓㅏㅅㄷ(『화엄경소』 11:15, 12:05), 無ㄷㄱ(『화엄경소』 15:18) 등등을 들 수 있다.

서, 이 '物叱'의 '物'을 '가시'로, '叱'을 '가시'의 '시'를 첨기한 것으로 읽은 해독이 타당한 것으로 이해한다. 향찰 '叱'이 '시'로 읽힌 예는 앞 절인 '城叱肹良'의 '叱'에서와 같다.

2.3. '塵塵虛物叱'의 '叱'

'塵塵虛物叱'(「칭찬여래가」)의 '叱'을 선행 해독들은 다음과 같이 '을, ㄹ, ㄷ, 도, ㆆ, 싀, 시' 등으로 읽었다.

(3) 가. 塵塵虛物을(오구라 1929), 塵塵虛物(신태현 1940), 진진(塵塵) 허물 (虛物)(홍기문 1956), 딘딘수믈(정열모 1965), 塵塵虛物ㄹ(천소영 1985)

나. 塵塵虛物ㅅ(양주동 1942, 김준영 1979 등등), 塵塵돌들ㅅ(지헌영 1947), 진진허물ㅅ(김상억 1974), 塵塵 헛갓(강길운 1995, 신재홍 2000, 김지호 2012), 塵塵虛갓(박재민 2013b)

다. 塵塵몯둔(이탁 1956), 띤띤교뭃ㄷ(김선기 1993), 띠끌허믈도(김선기 1975b), 塵塵虛物ㆆ(최남희 1996)

라. 塵塵虛거싀(정창일 1987), 딘딘허믈시(류렬 2003)

(3가)의 해독들은 '叱'을 '을, ㄹ' 등으로 읽었다. 문제는 '을, ㄹ' 등의 표기에 '乙, 尸' 등을 쓴다는 점이다. 이 문제를 해결하고자, (3나)에서는 '叱'을 'ㅅ'으로, (3다)에서는 '叱'을 'ㄷ, 도, ㆆ' 등으로 각각 읽었는데, 그 기능이 모호한 문제를 보인다. 양주동의 경우에는 'ㅅ'을 주격조사 '이' 대신으로 설명하고 있으나, 이해가 되지 않는다. '도'는 '띠끌허믈도'의 현대역인 '티끌같은 헛된 것'으로 보면 'ㄹ'의 오자로 보이는데, 이 역시 '叱'을 이렇게 읽을 수 없는 문제를 보인다. (3라)에서는 '塵塵虛物叱'을 '塵塵虛거싀'(진진 헛것)와 '딘딘허믈시'(세상 헛것)로 읽었는데, '叱'을 읽은 '싀'와 '시'의 기능이 모호하다.

이 '塵塵虛物叱'의 '物'은 '塵塵虛物叱' 자체와 "塵塵虛物叱 邀呂白乎隱"의 문맥만으로는 '物'의 훈을 '갓'과 '가시' 어느 하나로 확정할 수 없다. 그러나 3장에서 검토할 '兵物叱沙'(우적가)와 '周物叱'(「광수공양가」)의 '物叱'들을 '갓'이 아닌, '가실'[가시(物)+실(叱)]로만 읽어야 한다는 점에서, '塵塵 허(虛)+가시(物)+시(叱)'로 개별 향찰들을 읽고, 전체를 '塵塵 虛物(이)'의 의미인 '塵塵 허가시'로 읽는다. 이렇게 읽으면, 物의 훈 '가시', '叱'의 음 '(실))시', '塵塵虛物叱'의 주어의 위치 등을 충실하게 살릴 수 있다. 물론 주격어미 '이'는 주어의 '이' 모음 아래에서 생략되었다.

3. 명사의 말음과 어미의 '叱/실'

명사의 말음 '시'와 목적격어미 'ㄹ'이 결합된 '叱/실'의 표기는 '兵物叱沙'(우적가)와 '周物叱'(「광수공양가」)의 '叱'에서 보인다.

3.1. '兵物叱沙'의 '叱'

'兵物叱沙'(「우적가」)의 '叱'을 선행 해독들은 '을, ㄹ, ㄷ, 르, ㅅ, 시, 싀, 슬' 등으로 읽었다.

(4) 가. 兵物을사(오구라 1929), 잠굴ᅀᅡ(양주동 1942), 잠갈사(김선기 1969c, 류렬 2003), 잠글사(김상억 1974), 잠길사(전규태 1976), 잠갤 사-(천소영 1985), 보믈 사-(정열모 1965)

나. 잠갯사(정열모 1947, 김준영 1964, 양희철 1997, 황패강 2001), 잠갓사(신석환 1990, 강길운 1995, 신재홍 2000), (이)돌들ㅅ 사-(지헌영 1947), 도족무릿 사-(금기창 1993), 자본 가시ᅀᅡ(김완진 1980)

다. 본둔 몬-(이탁 1956), 병물ㄷ사(김선기 1993)

라. 잠개르사(홍기문 1956)

마. (兵物)시사(천소영 1985), 兵거싀사(정창일 1987), 잠가슬사(유창균 1994)

(4가)의 해독들은 "此 兵物叱沙 過乎"의 문맥에서, '兵物叱沙'가 목적어의 위치라는 점에서 목적격어미 '-을, -ㄹ' 등을 해독에 반영하였다. 그런데 문제는 '叱'을 '을, ㄹ' 등으로 읽을 수 없다는 것이다. 이 문제를 해결하고자, (4나)에서는 '叱'을 'ㅅ'으로 읽었다. 이 (4나)의 '자본 가시아'는 외형상 '叱'을 '시'로 읽은 것 같이 보이지만, 실제에서는 'ㅅ'으로 읽은 것이다. 즉, '物叱/갓'과 '沙/사' 사이에 '이'를 보입하고 읽은 '시'이다. (4다)에서는 '叱'을 'ㄷ'으로 각각 읽었다. 이 (4나, 다)에서의 'ㅅ, ㄷ' 등은 그 기능이 모호한 문제를 보인다. (4라)에서는 '叱'을 '르'로 읽으면서 해독의 어떤 설명이나 어떤 해명도 보이지 않은 문제를 보인다. (4마)에서는 '叱'을 '시, 싀, 슬' 등으로 읽었다. 이 '시'와 '싀'의 경우는 목적어의 위치를 살리지 못한 문제를 보인다. 혹시 목적격어미의 생략을 생각할 수 있으나, '-사' 앞에 온 목적격어미는 생략할 수 없다는 문제를 보인다. 그리고 '슬'로 읽은 '잠가슬사'(기물들은)의 경우는 '叱'의 해독음 '슬'의 의미가 '들'이 아니라는 문제를 보인다.(서재극은 '잠개사'로 읽어 '叱'을 모호하게 처리했다.)

이렇게 선행 해독들은 미흡점을 보인다. 특히 '此 兵物叱沙 過乎'의 문맥에서 '兵物叱沙'의 목적어를 살리지 못하고 있다. 이 미흡점을 보완하기 위하여, 개별 향찰들을 '잠(兵)+가시(物)+실(叱)+사(沙)'로 읽고, 전체를 '잠가시(兵物)+ㄹ(목적격어미)+사(강조사)'의 의미인 '잠가실사'로 읽으려 한다. 이렇게 읽으면, 物의 훈 '가시', '叱'의 음 '실', '兵物叱沙'의 목적어의 위치 등을 충실하게 살릴 수 있다. 이는 (4가)의 해독들이 살려 읽고 싶어 했던 목적격어미를, '叱'을 '실'로 읽으면서 만족시킨 것이다. 이 '叱/실'은

'兵物'에 포함된 '物'의 고훈이 '가시'이고, '叱/실'이 명사 '가시'의 말음 '시'와 목적격어미 '-ㄹ'의 결합임을 말해준다.

이 '叱'은 물론 이하에서와 같이 향찰 '叱'이 '실'로 읽힌 예는 이 장과 4장과 5장에서 읽을 '叱'들은 물론, '有叱故, 有叱多, 居叱沙', '太平恨音 叱如', '逐好 友伊音 叱多', '出隱伊音 叱 如支' 등의 '叱'들(바로 앞의 「二. 향찰 '叱'(1)」 참조)에서도 보인다.

3.2. '周物叱'의 '叱'

'周物叱'(「광수공양가」)의 '叱'을 선행 해독들은 '을, ㄹ, ㅅ, ㄷ, ㅎ, 싀, 시' 등으로 읽었다.

(5) 가. 周物을(오구라 1929), 한물(정열모 1965), 周物ㄹ(천소영 1985)
　　나. 드믓(양주동 1942, 이탁 1956), 周物ㅅ(신태현 1940, 김준영 1979), 들들ㅅ(지헌영 1947), 두루 굿(홍기문 1956), 다맛(김상억 1974), 다믓(전규태 1976), 온갓(김완진 1980, 강길운 1995 등등), 온가짓(유창균 1994), 두루 物ㅅ(박재민 2013b)
　　다. 주물ㄷ(김선기 1975b), 주믏(김선기 1993), 周物ㅎ(최남희 1996)
　　라. 周거싀(정창일 1987), 두루가시(류렬 2003)

(5가)의 해독들은 "佛佛 周物叱 供爲白制"(「광수공양가」)의 문맥에서, '周物叱'이 목적어에 해당한다는 점에서, 목적격어미 '-을, -ㄹ' 등을 해독에 반영하였다. 그러나 이 해독은 '을, ㄹ' 등의 표기에 '乙, 尸' 등을 쓴다는 문제를 보인다. 이 문제를 해결하고자, (5나)에서는 '叱'을 'ㅅ'으로 읽었다. '周'는 '두루'로 '物'을 '굿'으로 읽은 해독들만이 이해가 가능하다. 그런데 이것들도 '두루 굿'에서는 '굿'을 '바로, 곧' 등의 의미로 보아 그 이해가 어렵고, '두루 物ㅅ'의 경우는 'ㅅ'을 속격으로 보고 있어 좀더 검토

를 해보아야 할 것 같다. (5다)에서는 '叱'을 'ㄷ, ㆆ' 등으로 각각 읽었는데, 그 기능이 모호한 문제를 보인다. (5라)에서는 '周物叱'을 '周거싀'와 '두루 가시'로 읽었다. '叱/싀'를 첨기로 보기는 어렵고, '叱/시'를 '가시'의 첨기로 본 것까지는 이해가 간다. 그러나 목적어의 위치를 살리지 못한 문제를 보인다.

이렇게 선행 해독들은 '周物叱'을 목적어로 하는 문맥을 살리지 못한 미흡점을 보인다. 이 미흡점을 보완하기 위하여, 개별 향찰을 '두루(周) 가시(物)+실(叱)'로 읽고, 전체를 '두루 가시(物)를'의 의미인 '두루 가실'로 읽는다. 이렇게 읽으면, 物의 훈 '가시', '叱'의 음 '실', '物叱'의 목적어의 위치 등을 충실하게 살릴 수 있다.

이 절에서 검토 정리한 바와 같이, '兵物叱沙'(우적가)와 '周物叱'(「광수공양가」)의 '叱'들을 '실'로 읽으면, '物'의 훈 '가시'와 '叱'의 음 '실'을 살리면서, '兵物叱沙'와 '周物叱'의 목적어의 위치를 충실하게 살릴 수 있다는 점에서, 이 해독들은 그 타당성을 확보한다.

4. 접미사의 '叱/실'

이 장에서는 접미사의 '실'을 표기한 것으로 보이는 '叱'들을 '命叱, 敬叱, 辭叱都, 頓部叱' 등에서 정리하기 위하여, 이 '叱'들에 대한 선행 해독들을 변증하고, 그 미흡점들을 보완하고자 한다.

4.1. '命叱, 敬叱'의 '叱'

'命叱'과 '敬叱'의 '叱'을 선행 해독들에서는 다음과 같이 '을, ㄹ, ㅅ, 불필요한 문자, ㄷ, ㆆ, 싀, 르, 로' 등으로 읽었다.

(6) 가. 命叱 : 命을(오구라 1929, 유창선 1936, 신태현 1940), 命ㄹ(천소영 1985)

　　　敬叱 : 敬ㄹ(천소영 1985), 고말(류렬 2003)

　　나. 命叱 : 命ㅅ(양주동 1942, 지헌영 1947 등등), 시김ㅅ(정열모 1965), 명
　　　ㅅ(김상억 1974), 목숨ㅅ(강길운 1995), 시깃(양희철 1997)

　　　敬叱 : 敬ㅅ(양주동 1942, 지헌영 1947 등등), 경ㅅ(홍기문 1956, 정열
　　　모 1965, 김상억 1974), 고맛(김완진 1980, 강길운 1995, 신재홍 2000)

　　다. 命叱 : 명ㄷ(김선기 1969b, 1993), 命ㅎ(최남희 1996)

　　　敬叱 : 敬ㅎ(최남희 1996)

　　라. 命叱 : 목싀(정창일 1987)

　　　敬叱 : 敬싀(정창일 1987)

　　마. 命叱 : 명(정열모 1947), 명으르(홍기문 1956), 부리로(류렬 2003)

　　　敬叱 : 삼가(오구라 1929), 공경(신태현 1940), 경(김선기 1975a), 고
　　　마(김선기 1993)

　(6가)에서는 '叱'을 '을, ㄹ' 등으로 읽었다. 이는 '命叱'과 '敬叱'이 각각 "直等隱 心音矣 命叱 使以惡只"(「도솔가」)와 "佛體 爲尸如 敬叱 好叱等耶"(「항순중생가」)의 문맥에서 목적어의 위치에 있다는 점을 살리려 한 것 같다. 그러나 '叱'을 '을, ㄹ' 등으로 읽을 수 없는 문제를 보인다. (6나, 다)에서는 '叱'을 'ㅅ, ㄷ, ㅎ' 등으로 각각 읽었다. 그리고 'ㅅ'의 기능을 "助詞省略이 意識되는때 (本條에선 이를테면 目的格助詞 「을」) 形式的으로 添加되는 「ㅅ」"(양주동 1942:536)이나 촉음(양주동 1942:840)으로 보거나, "사이소리 'ㅅ'이며 이것은 대격조사처럼 구실한다"(강길운 1995:200)고 보기도 하였다. 명확하게 이해되는 설명들이 아니다. (8라)에서는 '叱'을 '싀'로 읽었는데, 그 기능을 전혀 설명하지 않았다. (8마)에서는 '叱'을 무시하거나, 필요 없는 문자(오구라 1929:135)로 보기도 하고, '(으)르'나 '로'로 읽었는데, 이는 '叱'의 음훈을 완전히 벗어난 해독들이다.

　이렇게 선행 해독들은 미흡점을 보이는데, 이 미흡점을 보완하기 위하

여, '命叱'의 경우는 개별 향찰을 '시기(또는 ᄒᆡ이)(命)+실(叱)'로 읽고, 전체를 '시킴의 일' 또는 '시키는 일'의 의미인 '시기실'(또는 'ᄒᆡ이실')로 읽으려 한다. 그리고 '敬叱'의 경우는 개별 향찰을 '경(또는 고마)(敬)+실(叱)'로 읽고, 전체를 '경의 일' 또는 '경하는 일'의 의미인 '경실'(또는 '고마실')로 읽으려 한다.

'시기실'(또는 'ᄒᆡ이실')과 '경실'(또는 '고마실')의 '-실'은, 중세어의 접미사 '-실'이 현대어의 '-질'에 해당한다는 점에서, 접미사 '-질'의 선행형으로 판단된다. "靜이 아리 사오나온 그위실ᄋᆞᆯ 因ᄒᆞ야 接足을 親히 받ᄌᆞ오니"(『선종영가집언해』 서:13), "그위실 ᄒᆡ이와"(『능엄경언해』 3) 등등에 나오는 '그위실'은 장소('관아')를 뜻하는 명사 '그위'와 '일'을 뜻하는 접미사 '실'의 결합이다. 이런 결합은 현대어 '마당질'과 '포청질'에서도 발견된다. '마당'과 '포청'은 장소를 나타내는 명사이다. 그리고 '질'은 '일'의 이미를 가진 접미사이다. 이런 '그위실, 마당질, 포청질' 등으로 볼 때에, '-실'과 '-질'은 '일'을 의미하는 접미사로, '-실>-질'의 변화를 보여준다. 이에 따라 '-실'은 명사에 붙어서 '일'(事)의 의미를 보여주는 접미사로 파악한다. 특히 '시킴의 일'이나 '시키는 일'의 의미를 가진 '시기실'(또는 'ᄒᆡ이실')과 같은 유형의 어휘로는 '부림질'과 '시킴질'이, '경의 일'이나 '경하는 일'의 의미인 '경실'(또는 '고마실')과 유사한 유형의 어휘로는 '흠모질, 훼방질, 사랑질, 으름질, 존대질' 등이 현재도 쓰이고 있다. 이런 점에서 '命叱'을 '시기실'(또는 'ᄒᆡ이실')로, '敬叱'을 '경실'(또는 고마실)로 읽는다. 이렇게 읽으면, '叱'의 음 '실'을 살릴 수 있고, 형태소들의 연결도 문법적이다. 물론 목적격어미 '-을'은 접미사 '-실'의 '-ㄹ' 아래서 생략되었다.

4.2. '辭叱都'의 '叱'

'辭叱都'(「제망매가」)의 '叱'을 선행 해독들에서는 다음과 같이 'ㅅ, ㄷ, ㄹ, ᅀ, ㄱ, ㆆ' 등으로 읽었다.

(7) 가. 맔도(오구라 1929, 양주동 1942 등등), 말쏘(서재극 1975), 말숪두(강길운 1995), 맔 아모(신재홍 2000), 말ㄷ도(김선기 1993)

나. 말도(유창선 1936, 홍기문 1956 등등), 辭ㄹ都(천소영 1985)

다. 말ᅀ 다(정창일 1987), 말ㆆ도(최남희)

라. 하딕도(박재민 2013a)

(7가)에서는 '叱'을 'ㅅ' 또는 'ㄷ'으로 읽고, 촉음, 첨사, 사이시옷 등으로 보았다. 이 자리가 촉음, 첨사, 사이시옷 등을 필요로 하는 위치인가는 의문이다. 이 문제를 해결하고자 (7나)에서는 '叱'을 'ㄹ'로 읽었는데, '叱'을 'ㄹ'로 읽을 수 없는 문제를 보인다. (7다)에서는 '叱'을 'ᅀ, ㆆ' 등으로 읽었다. '叱'의 음훈을 벗어난 해독들이다. (7라)에서는 '辭'를 '하딕'으로 읽고, '叱'을 'ㄱ'으로 읽었다. '叱'의 음으로 보아, 좀더 철저한 검토를 요한다.

이렇게 선행 해독들은 미흡점을 보이는데, 이 미흡점을 보완하기 위하여, '叱'의 고음 '실'과, 중세어 '그위실'의 '실'과 현대어 '말질, 욕질, 웃음질, 하품질' 등의 '질'에서 보이는 '실〉질'의 변화로 보아, '辭叱都'를 '말실도'로 읽고, 그 의미는 '말하는 일도'로 정리한다. 이렇게 읽으면, '叱'의 음 '실'을 살릴 수 있고, 형태소들의 연결도 문법적이다. 특히 '辭/말(명사)+叱/실('일'의 의미를 가진 접미사)+都/도(조사)'의 해독은 그 형태소들의 연결에서 문법적이다.

4.3. '頓 部叱'의 '叱'

'頓 部叱'의 '叱'은 「참회업장가」, 「수희공덕가」, 「상수불학가」, 「보개
회향가」 등에서 나온다. 이 '頓 部叱'에 대한 구체적인 논의는 제1부의
'頓'에서 자세히 보완하였으므로, 이해에 필요한 일부만을 옮긴다.

이 '叱'을 선행 해독들에서는 다음과 같이 'ㅅ, 올, 롤, 르, ㄹ, ㄱ, ㅎ,
싀, 시' 등으로 읽었다. (한 해독자의 해독들에서도 통일되지 않은 경우에는, 대
표적인 해독을 앞에 제시하고, 다른 해독은 괄호 안에 기입하였다. 그리고 괄호 안의
작품명은 첫 자로 축약하여 제시하였다.)

(8) 가. 頓올[오구라 1929(頓ㅅ(참), 頓部롤(보))], 돈부르[홍기문 1956(돈붗
(참))], 頓部르(천소영 1985), –들(신태현 1940)

나. 頓部ㅅ(양주동 1942;1965, 지헌영 1947, 황패강 2001), 돈붗[김상억
1974, 전규태 1976(頓部ㄹ(상)), 김준영 1964, 1979, 강길운 1995(돔붗
(참)), 김영만 1997, 김지오 2012, 박재민 2013b], 돈주빗(정열모 1965),
頓주빗(유창균 1994)

다. 돈북(김선기 1975), 돈북[김선기 1993(듬뿍(수))], 頓部ㅎ(최남희 1996)

라. 頓部싀(정창일 1987), 돈부시[류렬 2003(돈부리(상))]

마. 드뭊(이탁 1956), ㅂ근붗(김완진 1980), 모롯(신석환 1988)

바. 무저봊(신재홍 2000), 무주빗(양희철 2011a)

(8가)에서는 목적격어미를 의식하면서 해독을 하였다. '頓部叱'의 위치
를 인식하는 것은 바람직하지만, '叱'을 '올, 롤, 르, ㄹ' 등으로 읽을 수
없는 문제를 보인다.

(8나)에서는 '叱'을 'ㅅ'으로 읽었는데, 그 기능의 설명에서 문제를 보인
다. '頓部叱'(「참회업장가」)의 '叱'은 그 다음에 오는 '懺悔'로 보아, 오구라
와 양주동 이래로 속격 또는 소유격의 'ㅅ'으로 읽은 해독이 설득력을 얻

어 왔다. 그러나 이 「참회업장가」의 '頓部叱'을 제외한 나머지 '頓部叱'의 '叱'자를 'ㅅ'으로 읽으면서, 그 기능의 설명에서 문제를 보인다. 즉 해독한 'ㅅ'의 의미를 '-를'(「수회공덕가」, 「보개회향가」)과 '-로'(「상수불학가」)로 보면서, "助詞省略대신 添用된 「ㅅ」"(양주동 1942:771), "助詞省略대신에 添用한 「ㅅ」", "目的格助詞省略대신의 促音"(양주동 1942:771, 820, 845) 등으로 설명을 하였다. 이해가 되지 않는 해석들이다. 이 문제 때문에 그 이후의 해독들은 이 해석을 조금씩 바꾸어 보기도 하였으나, 결정적인 해석은 없어 보인다(양희철 2011a).

(8다)에서는 '叱'을 음도 훈도 아닌 'ㄱ, ㅎ' 등으로 읽고 있어, 이해하기 어렵다. (8라)에서는 '叱'을 '싀'나 '시'로 읽기만 하였을 뿐, 별다른 설명이 없어, 이해하기 어렵다.

(8마, 바)에서는 '叱'을 'ㅅ'으로 읽었다. 그런데 (8마)에서는 '頓部叱'을 음훈의 측면에서 어떻게 'ᄃ못'(모다), 'ᄇᄅ봇'(바로 곧), '모롯'(문득) 등으로 읽고, 괄호 안의 현대역으로 연결하였는지를 이해하기 어렵다. 이 문제를 해결하기 위하여, (8바)의 해독들에서는 '頓'을 훈으로 읽었다. 그런데 문제는 '무저봇'[頓(묻+업)무접)+部(부)+叱(ㅅ)]의 경우에 이 해독이 어떤 측면에서 '무턱대고'의 의미가 되는지를 이해할 수 없다는 것이다. 그리고 '무주빗/무저빗'(무더기는, 무더기를)의 경우는 "일천 거시 혼 무들기만 ᄀᆺ디 못ᄒ니"[千零不如一頓, 『老乞大諺解(下)』 7]의 '무들기'(頓)와 "일천 뽄 거시 혼 무저비만 ᄀᄐ니 업스니라"[千零不如一頓, 『朴通事諺解(上)』(초간본) 13]의 '무저비'(頓)로 보아, '무주비/무저비'를 '무더기'로 이해할 수 있으나, 'ㅅ'의 의미를 양주동이 해석한 '-는, -를' 등을 따르면서 같은 한계를 보인다.

이렇게 미흡점들을 보이고 있는 '頓部叱'의 해독을 다시 한번 보완해 보자. '頓部叱'의 '頓'은 그 훈의 하나인 '못'(貯)을 이용한 훈차 또는 훈가로 보아 '못'(수효가 아주 많은)으로, '部'는 훈 '주비'로, '叱'은 음 '실'로 각각 읽어, '頓 部叱'을 '뭇 주비실'로 읽으려 한다. 그리고 그 의미는 '그위실'의 '-실'과 '백성질, 군중질, 대중질, 중생질, 무리질' 등의 '-질'로 보아, '뭇 주비의 일'(수효가 아주 많은 무리의 일)과 '뭇 주비의 일'[수효가 아주 많은 부류(:더미)의 일]로 읽으려 한다.

이렇게 읽을 때에, 격어미를 문제로 삼을 수도 있으나, 한국어에서 주제격어미와 목적격어미가 종종 생략된다는 점에서 문제가 되지 않을 것 같다.

(9) 가. 今日 部 頓 部叱[뭇 주비실(뭇 무리의 일)] 懺悔 / 十方叱 佛體 閟
    遣只賜立
  나. 修叱賜乙隱 頓 部叱[뭇 주비실(뭇 부류의 일은)] 吾衣 修叱孫丁
  다. 難行 苦行叱 願乙 / 吾焉 頓 部叱[뭇 주비실(뭇 부류의 일을)] 逐好
    友伊音叱多
  라. 皆 吾衣 修孫 / 一切善陵 頓 部叱[뭇 주비실(뭇 부류의 일을)] 廻
    良只

(9)에서 보듯이, '頓 部叱'(뭇 주비실)의 끝에는 한국어에서 흔히 생략하는 주제격어미와 목적격어미가 생략되어 있으며, 그 보충은 그 바로 앞뒤에 온 어휘들의 격어미에 의해 쉽게 결정된다. 즉 (9가)의 '頓 部叱'의 끝에는 그 다음에 온 '懺悔'에서와 같은 목적격어미('-을')가 '-ㄹ'로 끝난 '주비실' 다음에 생략되어 있다. (9나)의 '頓 部叱'의 끝에는 그 앞에 온 '修叱賜乙隱'에서와 같은 주제격어미가 생략되어 있다. (9다)의 '頓 部叱'의 끝에는 그 앞에 온 '願乙'에서와 같은 목적격어미('-을')가 '-ㄹ'로 끝난 '주비실' 다음에 생략되어 있다. (9라)의 '頓 部叱'의 끝에는 그 앞에 온 '一切善陵'에서와 같은 목적격어미('-을')가 '-ㄹ'로 끝난 '주비실' 다음에 생략되어 있다. 이렇게 그 앞뒤에 온 어휘의 격어미와 같은 격어미들을 생략한

(9)의 '頓 部叱'들은, 생략된 격어미들을 염두에 둘 때에, 형태소들의 연결과 문맥에 문제가 없다. 이런 점들로 보아. '頓 部叱'은 '믓 주비실'로 읽고, 그 '叱'은 '일'의 의미를 가진 접미사 '실'로 읽으려 한다.

5. 부사의 말음 '叱/실'

부사의 말음 '실'을 보여주는 '叱'은 '丘物叱丘物叱'(「항순중생가」)에서 발견된다. 이 '叱'을 선행 해독들에서는 다음과 같이 'ㅅ, ㄹ, ㄷ, 루, 실' 등으로 읽었다.

(10) 가. 丘物ㅅ(오구라 1929), 구믈ㅅ(김준영 1979, 김완진 1980 등등), 구물ㅅ
      (유창균 1994), 구묤(이용 2007, 김지오, 2012), 돍들ㅅ(지헌영 1947)
    나. 구믈(양주동 1942, 홍기문 1956 등등), 구물(신태현 1940), 丘物ㄹ(천
      소영 1985)
    다. 구믇(이탁 1956), 구물ㄷ(김선기 1993), 구무루(류렬 2003)
    라. 구무실(정창일, 1987)

(10가)에서는 '叱'을 'ㅅ'으로 읽었다. 문제는 그 기능이다. '丘物ㅅ(지격)丘物ㅅ(목적격)'의 지격과 목적격(오구라 1929:134, 유창균 1994:1055), 입성의 'ㅅ'(강길운 1995:483) 등의 설명이 있으나, 설득력이 없어 보인다. (10나)에서는 '丘物'의 말음 'ㄹ'을 '叱'로 표기했다고 보았다. 문제는 '叱'을 'ㄹ'로 해독하는 것이 어렵다는 것이다.

(10다)에서는 '叱'을 'ㄷ, 루' 등으로 읽었다. '구믇〉구물'의 경우는 'ㄷ'의 표기로 보았는데, '구믇〉구물'의 변화와 'ㄷ'음을 끌어내기가 어렵다. '구물ㄷ'의 경우는 멈칫거리게 하는 'ㄷ'(김선기 1993:664)으로 보았는데, 역

시 이해하기 어렵다. '구무루'에서는 '叱'을 '루'로 읽었는데, '叱'의 음도 훈도 아니다. (12라)에서는 '구무실'로 읽고 그 뜻을 '구무럭'으로 보았는데, 해독과 현대역이 상응하지 않는 문제를 보인다.

이렇게 '丘物叱'에 대한 선행 해독들은 미흡점을 보이는데, 이를 보완하고자, 개별 향찰을 '구(丘)+므/무(物)+실(叱)'로 읽고, 전체를 '구므실(/구무실)'로 종합한다. 이 '구므실구므실(/구무실구무실)'은 의태어 '굼실굼실'의 과거 형태로 추정된다. 이렇게 읽을 때에, '叱'의 고음 '실'을 살릴 수 있고, "法界 居得 丘物叱丘物叱(구므실구므실/구무실구무실)"의 문맥에도 부합한다.

6. 결론

지금까지 용언 외의 어휘에서 '시'나 '실'을 표기한 것으로 보이는, 향찰 '叱'자들에 대한 선행 해독들을 변증하고, 그 과정에서 발견되는 미흡점들을 보완해 보았다. 그 결과를 요약 정리하는 것으로 결론을 대신하려 한다.

첫째로, 명사의 말음 '시'로 읽은 '叱'은 그 설명이 다음과 같이 요약 정리된다.

1) '城叱肹良'(「혜성가」)의 '城'은 '잣, 자시' 등으로, '叱'은 'ㅅ, 시, 싀, 즈' 등으로, 각각 읽혀 왔는데, 한반도 소재의 과거 지명에 나온 '城'을 『日本書紀』(680-720)에서 '사시(サシ), 사기(サキ, 射岐)'로 訓記하였고, '城'의 중세훈 '잣'과 '재'는 '자시〉잣, 자시〉자싀〉자이〉재'에서와 같이 각각 '자시'에 기원한다는 점에서, '城'의 삼국시대 훈을 '자시'로 정리하며, 이 '자시'를 '城(자시)+叱(시)'로 표기하였다는 점에서, '城叱'의 '叱'은 명사 城/자시'의 말음 '시'를 표기한 것으로 읽은 해독이 타당하다고 이해하였다.

2) '物叱'(「원가」)의 '叱'은 'ㅅ, ㄷ, ㄹ, 싀, 시' 등으로 읽혀 왔는데, 이 '物叱'의 해독과 "物叱 好支 栢史"의 문맥으로 보면, '叱'을 'ㅅ'과 '시'로 읽은 해독들이 모두 가능하지만, '物叱'(「원가」)이 주어의 위치에 있고, '兵物叱沙'(「우적가」)와 '周物叱'(「광수공양가」)의 '物叱'들을 '가실'로만 읽어야 한다는 점에서, '物/가시'의 말음을 첨기한 '시'로 읽은 해독이 타당하다고 이해하였다.

3) '塵塵虛物叱'(「칭찬여래가」)의 '叱'은 '을, ㄹ, ㄷ, 도('ㄹ'의 오자), ㅎ, 싀, 시(기능 미상)' 등으로 읽혀 왔는데, '塵塵虛物叱' 자체와 "塵塵虛物叱 邀呂白乎隱"의 문맥으로 보면, '物'의 훈은 '갓'과 '가시'의 어느 것으로도, '叱'은 'ㅅ'과 '시'의 어느 것으로도 가능하지만, '塵塵虛物叱'이 주어의 위치에 있고, '兵物叱沙'(「우적가」)와 '周物叱'(「광수공양가」)의 '物叱'들을 '가실'로만 읽어야 한다는 점에서, '物/가시'의 말음을 첨기한 '시'로 해독하였다.

4) 1)-3)에서와 같이 '叱'이 '시'의 표기에 쓰인 예는 '有叱下是, 有叱下呂, 伊叱等邪, 無叱昆' 등의 '叱'들과 '內乎 叱等邪', '乞白乎 叱等耶', '沙毛 叱等耶', '好 叱等耶', '來 叱多', '內乎留 叱等耶' 등의 '叱'들, 조선 초기의 語中의 이두 '叱'들, 구결의 일부 'ㄴ'들 등에서 확인된다.

둘째로, 명사의 말음과 격어미가 결합된 '실'로 읽은 '叱'은 그 설명이 다음과 같이 요약 정리된다.

1) '兵物叱沙'(「우적가」)의 '叱'은 '을, ㄹ, ㄷ, 르, 시, 싀, 슬' 등으로 읽혀 왔는데, 物의 훈 '가시', '叱'의 고음 '실', '兵物叱沙'의 목적어의 위치 등을 충실하게 살릴 수 있게, '兵物叱沙'의 개별 향찰들을 '잠(兵)+가시(物)+실(叱)+사(沙)'로 읽고, 전체를 '잠가실사'(잠가시+ㄹ+사)로 종합하여, '叱'을 명사의 말음과 목적격어미가 결합된 '실'로 보완하여 읽었다.

2) '周物叱'(「광수공양가」)의 '叱'은 '을, ㄹ, ㅅ, ㄷ, ㅎ, 싀, 시' 등으로 읽

혀 왔는데, 物의 훈 '가시', '叱'의 고음 '실', '周 物叱'의 목적어의 위치 등을 충실하게 살릴 수 있게, '周 物叱'를 '두루 물건을'의 의미인 '두루 가실'(가시+ㄹ)로 읽고, '叱'을 명사의 말음과 목적격어미가 결합된 '실'로 보완하여 읽었다.

3) 앞의 1)과 2)는 물론 이하에서와 같이 '叱'이 '실'의 표기에 쓰인 예는 '有叱故, 有叱多, 居叱沙', '太平恨音 叱如', '逐好 友伊音 叱多', '出隱 伊音 叱 如支' 등의 '叱'들에서 확인된다.

셋째로, 접미사의 '실'로 읽은 '叱'은 그 설명이 다음과 같이 요약 정리된다.

1) '命叱'(「도솔가」)과 '敬叱'(「항순중생가」)의 '叱'은 '을, ㄹ, ㅅ, ㄷ, ㆆ, 밝, 불필요한 문자, 르, 로' 등으로 읽혀 왔는데, 중세어 '그위실'의 '-실'과 현대어 '부림질, 시킴질' 및 '흠모질, 훼방질, 사랑질, 미움질' 등의 '-질', '叱'의 고음 '실', 문맥 등으로 보아, '命叱'을 '시킴의 일' 또는 '시키는 일'의 의미를 가진 '시기실'(또는 'ㅎ이실')로, '敬叱'을 '경하는 일'의 의미인 '경실'(또는 '고마실')로, '叱'을 '일'의 의미인 접미사 '실'로, 각각 보완하여 읽었다.

2) '辭叱都'(「제망매가」)의 '叱'은 'ㅅ, ㄷ, ㄹ, 밝, ㄱ, ㆆ' 등으로 읽혀 왔는데, 중세어 '그위실'의 '-실'과 현대어 '말질, 욕질, 웃음질, 하품질' 등의 '-질', '叱'의 고음 '실', 문맥 등으로 보아, '辭叱都'를 '말하는 일도'의 의미인 '말실도'로, '叱'을 '일'의 의미인 접미사 '실'로, 각각 보완하여 읽었다.

3) '頓部叱'(「참회업장가」, 「수희공덕가」, 「상수불학가」, 「보개회향가」)의 '叱'들은 'ㅅ, 올, 롤, 르, ㄹ, ㄱ, ㆆ, 밝, 시' 등으로 읽혀 왔는데, 중세어 '그위실'의 '-실'과 현대어 '백성질, 군중질, 대중질, 중생질, 무리질' 등의 '-질', '叱'의 고음 '실', 문맥 등으로 보아, '頓 部叱'을 '뭇 주비[수효가 아주

많은 무리/부류(:더미)]의 일'의 의미인 '뭇 주비실'로, '叱'을 '일'의 의미인 접미사 '실'로, 각각 보완하여 읽었다. 이 '頓 部叱' 다음에는 격어미들이 생략되어 있는데, 생략된 격어미들은 그 앞뒤에 온 명사들의 격어미와 같은 격어미들이다.

넷째로, 부사의 말음 '실'로 읽은 '叱'은 그 설명이 다음과 같이 요약 정리된다.

'丘物叱丘物叱'(「항순중생가」)의 '叱'은 'ㅅ, ㄹ, ㄷ, 루, 실' 등으로 읽혀왔는데, '叱'의 고음 '실'과 부사의 위치로 보아, '丘物叱丘物叱'은 의태어 '굼실굼실'의 과거 형태로 추정되는 '구므실구므실(/구무실구무실)'로, '叱'은 부사의 말음 '실'로, 각각 보완하여 읽었다.

지금까지 향찰 '叱'이 'ㅅ'은 물론 '시'와 '실'의 표기에도 사용되었음을 정리해 보았다. 이 과정에는 접미사 '-실'의 예로 어휘 하나만을 제시한 미흡점과, 구결 'ㄴ'을 자세하게 검토하지 못한 미흡점이 포함되어 있다. 그리고 향찰 '叱'의 일부를 '시'와 '실'로 읽은 결과는 일부 향가의 표현과 주제, 나아가 향가의 시학에 영향을 주게 되는데, 이 문제도 다루지 못했다. 이 미흡점들과 문제에 대한 보완과 논의는 후고로 미룬다.

'山'섭 한자의 향찰

一. 향찰 '遣'

1. 서론

이 글은 한자 '遣'의 신라음을 추정하고, 고려 이두 '遣'의 음을 검토한 다음에, 이 음들에 근거하여 향찰 '遣'을 해독하는 데 연구의 목적이 있다.

먼저 향찰 '遣'에 대한 선행 해독들을 세 유형으로 나누어 간단하게 정리해 보자.

첫째는 향찰 '遣'을 '고'로 읽은 유형이다. 이 유형에 속한 해독들은 많은 분들의 해독에서 나타나며, 『유서필지』를 비롯한 조선 후기의 이두집에서 '遣'을 '고'로 읽었다는 점(오구라 1929 등등)에 그 해독의 근거를 두고 있다. 그러나 향찰 '遣'을 '고'로 읽는 차제자 원리의 측면에서는 서로 엇갈리는 해석들을 보인다. 양주동(1942)은 '遣'(겨)를 포함한 '겨오'가 '고'로 변했다고 보았다. 유창균(1994)은 '遣'(겨)'를 포함한 '겨온'이 '곤'과 '고'로 변했다고 보았다. 김승곤(1992)과 강길운(1995)은 한자 '遣'의 훈 또는 의가 '고'라고 보았다. 이승재(1990)는 향찰 '-遣只賜-'와 구결 '-ㅁハㄴ-'를 견주어, 향찰 '遣'이 '고'의 표기라고 보았다. 박재민(2009)은 향찰 '遣'이 신라 고유 표기의 방언('고')일 수 있고, 향찰 '遣'('-遣只賜-')이 구결 'ㅁ'('-ㅁ

ㄱㄷㅡ')와 호환성을 보이고, 향찰 '遣'('捨遣只')이 구결 'ㅁ'('捨ㆍㅁㅅ, 棄ㆍ
ㅁㅅ, 離ㅊㅁㅅ') 및 언해의 '고'('ㅂ리곡, 여희옥')와 호환성을 보인다는 점에
서, 향찰 '遣'을 '고'로 보았다.

둘째는 향찰 '遣'을 '고, 겨, 견' 등으로 읽은 유형이다. 이 유형에 속한
해독들은 두 분의 해독들에서 보인다. 정열모(1965)는 향찰 '遣'을 '고, 겨,
견' 등으로 읽었다. 김선기(1967-1975a, 1993)는 향찰 '遣'을 '고, 겨' 등으로
읽었다. 이 해독들이 취한 '고'는 초기의 해독(오구라, 양주동)을 따른 것이
고, '겨, 견' 등은 한자 '遣'의 중세음 '견'에 그 근거를 두고 있다.

셋째는 향찰 '遣'을 '겨, 견, 겻' 등으로 읽은 유형이다. 이 유형에 속한
해독들은 다섯 분의 해독들에서 보인다. 서재극(1972, 1975)은 향찰, 고려
이두, 『대명률직해』의 이두 등에 나온 '遣'을 '겨, 견' 등으로 읽었다. 신석
환(1986, 1988)도 향찰 '遣'을 '겨, 견' 등으로 읽었다. 정창일(1987)은 향찰
'遣'을 '겨, 견, 겻' 등으로 읽었다. 황선엽(2002b, 2006)은 향찰 '遣'을 '겨,
견' 등으로 읽었다. 장윤희(2005)는 향찰 '遣'을 '겨'로 읽었다. 이 해독들은
해독의 근거를 한자 '遣'의 중세음 '견'에 두고 있다. 그리고 황선엽과 장
윤희는 해독의 근거를 한자 '遣'의 중세음 '견'은 물론, 향찰 '-遣只賜-'와
구결 '-ナㄱㄷㅡ-'에 나타난 '遣'과 'ナ'의 대응에도 두고 있다.

이렇게 해독되어온 향찰 '遣'은 아직도 다음의 두 문제들을 해결하지 못
한 듯하다.

첫째는 향찰 '遣'을 '고'로 읽은 경우에, 이두집에 함께 표기된 '고'를 제
외하면, 그 논거가 명확하지 않다는 문제이다. 이 문제는 셋째 유형의 해
독들(황선엽 2002b:4, 장윤희 2005:124)에서 지적되었다.

둘째는 향찰 '遣'을 '겨, 견' 등으로 읽은 경우에, 그 일부만이 문맥에
맞는다는 문제이다. 이 문제는 첫째 유형의 해독들(유창균 1994:663-664,
강길운 1995:43-45, 남풍현 2010:23)에서 지적되었다.

이런 문제들을 보이는 향찰 '遣'의 해독을, 다음의 두 측면들을 검토한 다음에, 이에 근거하여 다시 시도해 보려 한다.

첫째로, 한자 '遣'의 신라음을 다시 검토하고자 한다. 선행 연구의 일부에서는 외국 학자들이 재구한 한자 '遣'의 중국 상고음(西周시대에 쓰인 河南 일대의 언어)과 중고음(唐나라의 중심어가 된 서기 600년 경의 장안방언)을 향찰 '遣'의 해독에 이용하려고 검토하였으나, 결국에는 이용하지 못하고, 한자 '遣'의 한국 중세음 '견'을 주로 이용하였다.[1] 그런데 이 '견'은 외국 학자들이 재구한 한자 '遣'의 중고음들(kien, kʼjän, kʼiæn, kʼiɛn 등등)과 일치하지 않는다. 그리고 이 중세음 '견'이 신라음이라는 것을 구체적으로 검토한 적도 없다. 또한 제2장에서 보겠지만, 한자 '遣'의 신라음은 중세음 '견' 외에 다른 음일 수도 있다. 이런 점들을 감안하여, 한자 '遣'의 신라음을 『설문해자』, 운서, '山'섭 3등에 속한 한자들의 한국음 등을 통하여 다시 검토하고자 한다.

둘째로, '거(ㄴ)-고(ㄴ)-겨(ㄴ)'의 표기체계에 쓰인 고려 이두와 고려 구결의 비교를 통하여 고려 이두 '遣'의 음을 검토하고자 한다. 선행 해독들은 향찰 '遣'과 구결 'ㅁ'의 대응(또는 호환성)이나, 향찰 '遣'과 구결 'ナ'의 대응만을 검토하였지, '거(ㄴ)-고(ㄴ)-겨(ㄴ)'의 표기체계에 쓰인 고려 이두와 고려 구결을 비교한 적이 없다. 이 비교를 통하여, 고려 이두 '遣'이

---

1) 김선기(1967f:313)는 "遣의 六세기 발음은 [kʼiän[KAD #382]이다. 그리고 그 신라화한 음은 [kjen]이었으리라고 생각할 수 있다."고, B. Karlgren이 재구한 중고음을 인용한 다음에, 신석환(1988:43)은 "'遣'의 上古音은 'kian', 北京音은 'kien'이므로 '고'音의 根據를 提示할 수 없다."고 재구음을 인용한 다음에, 유창균(1994:76)은 kʼiän(董同龢), kʼjɑn/kʼjän(B. Karlgren), kʼjian/kʼiæn(周法高) 등을 인용한 다음에, 각각 외국 학자들이 재구한 음들을 향찰 '遣'의 해독에 이용하지 않고, 한국의 중세음 '견'을 향찰 '遣'의 해독에 이용하였다. 그리고 강길운(1995:43)은 "'遣'의 중국중고음은 [kʼiɛn]〈칼그렌〉・[kʼiɛn]〈FD:藤堂明保〉이고 동운은 '켠'이며 현실음은 '견'인데, ……"에서와 같이 재구음을 인용한 다음에, 이 음들을 이용하지 않고, '遣'을 사동의 의미 '고'로 보고 이것을 향찰 해독에 이용하였다.

표기한 음을 추정해 보고자 한다.

2. 한자 '遣'의 신라음

이 장에서는 『설문해자』, 운서, '山'섭 3등에 속한 한자들의 한국음 등을 통하여, 한자 '遣'의 신라음을, 다시 검토해 보고자 한다.

2.1. 『설문해자』와 한국음으로 추정한 한자 '遣'의 신라음('곤')

이 절에서는 한자 '遣'의 聲符를 『설문해자』에서 찾고, 그 성부의 한국음을 검토하는 방법으로, 한자 '遣'의 신라음이 '곤()견)'일 수 있음을, 정리해 보려 한다.

컴퓨터에 없는 (고)문자들이 있어, 이 (고)문자들에 다음의 (1)과 같이 문자1, 문자2, 문자3 등등의 번호를 부여하여 설명하고자 한다.

(1)

문자1	문자2	문자3	문자4	문자5	문자6	문자7
𠁢	𦥯	虫	𦥑	曰	𦥑	𠦄

문자8	문자9	문자10	문자11	문자12	문자13	문자14
𦥯	电	申	坤	臾	與	兒

『설문해자』를 보면, '遣'은 '辶(착)'자와 문자1의 결합이다. 이 중에서 '辶(=辵)'은 '彳(척)'과 '止'의 결합으로 '遣'의 음과는 관계가 없다. '遣'의 음과 관련된 부분은 문자1이다. 이 문자1을 『설문해자』에서 보면, 문자3으로 바꾸어 쓴 문자4와, 문자5로 바꾸어 쓴 문자6이 합친 문자2로 되어

있다. 이 중에서 문자6('阜'자의 古字)은 그 음이 '부'로 '遣'의 음과는 관계가 없다.

다음으로 문자4('臾'자의 古字와 문자7을 통합한 글자로 추정됨[2])를 『설문해자』에서 보면, '문자7을 좇는다'(從문자7)고 하였다. 이 문자7을 『설문해자』에서 보면, 古文과 주문(籀文)에서 문자7이라고 하면서, 이 문자가 들어간 한자들의 음으로 세 종류를 보여준다. 하나는 '神, 呻, 胂, 魅, 紳' 등의 문자들이 보여주는 '신'의 음이고, 다른 하나는 '電'자가 보여주는 '전'의 음이며, 마지막 하나는 '坤'자의 古字인 문자11이 보여주는 '곤'의 음이다.(금하연·오채금 2006:398) 이렇게 문자7에 여러 음이 포함되어 있는 것은 세 한자들(문자8, 문자9, 문자10)이 문자7로 바뀌었기 때문이다. 문자8이 문자7로 바뀐 사실은, 문자8을 소전(小篆)에서 문자7로 개작하였다는 『설문해자』의 설명으로 알 수 있다. 그리고 문자9와 문자10을 문자7로 바꾼 것은, 문자4와 문자6을 비슷하면서도 쓰기가 간편한 문자3과 문자5로 바꾼 것과 같은 측면에서 이해된다.

이 세 음들 중에서 이 글의 관심사인 '곤'의 음만을 좀더 보자. 이 '곤'의 음은 문자7에 포함된 성부 'ㅣ'(뚫을 곤)의 한국음이다. 특히 '坤'자와 같은 글자로 문자12와 13이 있다. 『중문대사전』에서, 문자12에는 『초씨필승(焦

---

2) 문자4는 '臾'자의 古字만이 아니라, '臾'의 古字와 문자7을 통합한 글자로 추정된다. 『중문대사전』에서 '臾'자를 찾아보면, 그 음이 '勇, 匱, 庾, 余' 등으로 되어 있다. 이 음들 중에서 '勇'은 '臾'에 포함된 '臼'가 '舂, 椿, 踳, 憃' 등의 한자음에서 보이는 음이다. '匱'의 음은 『설문해자』의 설명에 나온 '古文匱字'의 '匱'의 음과 같다. '庾'의 음은 '臾'와 같은 음이다. 이 '臾'의 음 '유'는 '遣'자가 잘 보여준다. '余'는 '臾'의 음이 전설모음화가 되면서 '유〉여'의 변화에 따라 발생한 음으로 볼 수 있다. 이렇게 '臾'의 음만을 『중문대사전』에서 보면, 문자1·2와 '遣'의 중세음과 현대음인 '견'의 근원을 찾을 수가 없다. 즉 문자1·2를 구성한 문자3-6에서는 '견'(kiən)의 음은 물론, 이와 관련된 'ㄱ-ㄴ'(k-n)의 음도 발견할 수가 없다. 이에 비해 문자7로 보면 '遣'의 음과 관련된 'ㄱ-ㄴ'(k-n)의 음을 발견할 수가 있다. 이런 점에서 문자4는 '臾'의 古字와 문자7을 통합한 글자로 추정된다. '臾'와 같은 문자인 문자14도 참조할 수 있다.

氏筆乘)』의 '一卽坤字'라는 설명을 인용하고, 문자13에는 『集韻』의 '坤古作-'이라는 설명을 인용하였다. 이 문자11-13에 포함된 '丨'이 '坤'자와 '遺'자의 성부이다.

이 성부 '丨'은 이 성부를 포함한 '遺'자, 문자1, 문자2 등의 한국음이 '곤'이었음을 추정할 수 있게 한다. 특히 이 음 '곤'을 제외하고 보면, '遺'자, 문자1, 문자2 등과, 문자2를 구성한 문자3·4·5·6에서는 '遺'의 한국 중세음인 '견'은 물론 이와 관련된 'ㄱ-ㄴ(k-n)'의 음을 전혀 발견할 수 없다는 점에서, 이 한자들('遺'자, 문자1, 문자2 등)의 과거 한국음이 언젠가는 '곤'이었음을 추정하게 한다. 그리고 이 한자들('遺'자, 문자1, 문자2 등)의 음이 '곤'일 수 있다는 사실은, '遺'자가 중세 이후에 '山'섭 4등의 '銑'운에 속한다는 것과 관련시키면, '遺'이 '丨'의 운인 '山'섭 3등의 '阮'운에서 '山'섭 4등의 '銑'운으로 변했다는 사실도 어느 정도 가늠하게 한다.

그런데 이 '遺'의 음으로 추정한 '곤'은 외국인들이 재구한 중국의 중고음들(kien, k'jän, k'iæn, k'iɛn)과도 다르고, 한국의 중세음 '견'과도 다르다. 이 다른 이유를 설명하지 않으면, '곤'의 음을 받아들이기가 어렵다. 이 문제를 해결하기 위하여, 한자 '遺'의 성부인 '丨'과 이 성부를 포함한 해성자(諧聲字)들('坤, 遺, 譴, 繾')이 어느 韻에 속하는가를 『중문대사전』에서 먼저 보자.

(2) 丨 : [廣韻][集韻]古本切 阮上聲
　　坤 : [廣韻]苦昆切 [集韻][韻會][正韻]枯昆切 元平聲
　　遺 : [廣韻][集韻]去演切 [正韻]驅演切 音繾 銑上聲
　　　　 [廣韻]去戰切 [集韻][韻會][正韻]詰戰切 霰去聲
　　譴 : [廣韻]去戰切 [集韻][韻會][正韻]詰戰切 音繾 霰去聲
　　繾 : [廣韻][集韻]去演切 音遺 銑上聲
　　　　 [廣韻]去戰切 霰去聲

(2)에서 보듯이, 'ㅣ'은 '山'섭 3등의 '阮'(上聲)운에, '坤'은 '山'섭 3등의 '元'(平聲)운에, '遣, 譴, 繾' 등은 '山'섭 4등의 '銑'운과 '霰'운에 각각 속 한다.

이제 '견'과 '곤'의 음은 어디에 근원을 두고 있는가를 보자. 그 근원은 이 한자들이 속한 '山'섭 3등과 4등의 중국음을 한국에서 수용하는 과정에 서 그 음이 변했다는 사실에 있다. '山'섭 4등에 속한 '遣, 譴, 繾' 등의 중국 중고음은 'kien'(/kʼjän, kʼiæn, kʼiɛn 등등) 정도로 재구되어 있으며, 한 국음은 'kiən'이다. 그런데 이 음들은 이 한자들의 반절표기('去演切, 驅演 切, 去戰切')를 중국음('졘')과 한국음('견')으로 읽은 것과 같다. 그리고, '山' 섭 3등에 속했던 것으로 추정한 '遣'의 중국 중고음은 'ㅣ'의 반절표기('古 本切')로 보아 'ken/겐' 정도이고, 한국 중고음은 'ㅣ'의 반절표기('古本切') 로 보면 'kon/곤'이다. 이는 '山'섭 3등의 운이 한국음에서 '-on'으로 수용 되었음을 의미하는데, 이런 현상은 칼그렌에 의해 吳音과 日本音에서 정 리된 바가 있다.(칼그렌 1954, 이돈주 역주 1985:68) 그리고 자료들을 자세히 보면, 오음과 일본음만 그런 것이 아니라, 한국음의 일부에서도 이런 현 상이 발견된다.

(3) 昆 : [廣韻]古渾切 [集韻][韻會][正韻]公渾切 音鯤 元平聲

　　　[集韻]戶袞切 音混 阮上聲

　　　[集韻]胡昆切 音魂 元平聲

　　坤 : [廣韻]苦昆切 [集韻][韻會][正韻]枯昆切 元平聲

　　孫 : [廣韻]思渾切 [集韻][韻會][正韻]蘇昆切 元平聲

　　　[集韻]蘇困切 音巽 願去聲

　　尊 : [廣韻][韻會]祖昆切 [集韻][正韻]租昆切 元平聲

　　村 : [廣韻]此尊切 [集韻]麤尊切 元平聲

(3)의 한자들('昆, 坤, 孫, 尊, 村')은 『동문선(東文選)』에 수록된 한시의 押韻字들 중에서, '山'섭 3등에 속하고, 그 중세음은 물론 현대음의 운이 '-on'인 것들의 일부이다. '存, 寸, 昏, 婚' 등도 앞의 (3)에 속하는데, 인용을 생략하였다. 이 한자들의 중국음의 운은 '-en'(중국음 중에서 呉音의 운은 '-on') 정도이고, 한국음의 운은 '-on'이다.

그러면 이 한국음의 운인 '-on'은 어느 때부터 쓰인 것일까? 그 시기는 최소한 신라까지 올라간다. 왜냐하면 이 한자들 중에서, '昆, 孫, 尊, 村' 등은 향찰에서 확인되고, '村'은 신라의 지명에서 예증되기 때문이다.

(4) 昆 : 見昆(「처용가」)

　　　　無叱昆(「수희공덕가」)

　　孫 : 白孫(「칭찬여래가」)

　　　　修叱孫丁(「수희공덕가」)

　　　　修孫(「보개회향가」)

　　　　禮爲白孫隱(「보개회향가」)

　　尊 : 尊衣(「원왕생가」)

　　寸 : 惡寸(隱)(「참회업장가」)

　　村 : 閼川楊山村, 突山高墟村, 觜山珍支村, 茂山大樹村, 金山加利村, 明活山高耶村

(4)에서 보듯이, 향가의 향찰에서 '昆, 孫, 尊' 등이 '곤, 손, 존' 등의 음으로 쓰이고 있다. 그리고 '尊'자의 성부인 '寸'을 가진 '寸, 村' 등이 '존, 촌' 등으로 쓰일 개연성을 보인다. 이런 사실은 '山'섭 3등에 속한 한자들이 신라에 들어오면서 '-on'의 운으로 수용되었음을 말해준다.

이렇게 '山'섭 3등에 속한 한자들은 신라에 들어오면서 '-on'의 운으로 수용되었다는 사실과, 'ㅣ'의 반절표기 '古本切'(『廣韻』과 『集韻』)의 한국음

'곤', 'ㅣ'의 한국 근현대음 '곤' 등으로 보아, '山'섭 3등에 속한 'ㅣ'은 신라 부터 현재까지 그 음이 '곤'이었다고 할 수 있다. 그리고 이에 따라 'ㅣ'자를 성부로 포함한 해성자('形聲字'라고도 함) '遣'의 신라음도 '곤'이었다고 볼 수 있다.

이 경우에 그 논거가 문제되는데, 두 가지를 들 수 있다. 하나는 제3장과 제4장에서 보겠지만, 앞에서 추정한 한자 '遣'의 신라음 '곤'으로, 향찰과 이두 '遣'을 '곤, 고' 등으로 읽으면, 그 해독이 문맥에 맞을 뿐만 아니라, 해독과 그 현대역(또는 문맥적 의미)의 연결에 거의 문제가 없다는 것이다. 특히 이전의 해독들('고, 겨, 견')은 그 현대역(또는 문맥적 의미)인 '-니, -이므로, -고는' 등과의 연결에서 문제를 보이지만, '-곤'의 해독은 그 현대역인 '-니, -이므로, -고는' 등과의 연결에서 문제를 보이지 않는다. 다른 하나는 앞에서 추정한 한자 '遣'의 신라음 '곤'은 조선후기의 이두집들에서 '遣'을 '고'로 읽는 것을 쉽게 이해할 수 있게 한다는 것이다. 즉한자 '遣'의 신라음을 '곤'으로 보면, 조선후기의 이두 '遣/고'는 약음차로쉽게 이해할 수 있다. 이런 두 가지 사실로 보아, '遣'의 신라음은 '곤'이었다고 볼 수 있다. 그리고 이에 따라 'ㅣ'자를 聲符로 포함한 '遣, 譴, 繾' 등의 해성자들 모두가 그 신라음은 '곤(〉견)'이라고 추정할 수 있다.

2.2. 운서와 한국음으로 추정한 한자 '遣'의 신라음('곤')

『설문해자』와 한국음을 통하여 추정할 수 있었던 한자 '遣'의 신라음 '곤'은, 그 가능성을 韻書와 한국음의 두 측면에서도 어느 정도 추정할 수 있다.

첫째로, 운서와 사전에서 성부 'ㅣ'을 포함한 한자들(諧聲字들)과 함께, 같은 음(곤, 견), 같은 운(온, 연), 같은 분포('山'섭 3등과 4등) 등을 보여주는,

성부 '玄'을 포함한 해성자들은 '山'섭 3등의 음과, 3등에서 4등으로 변한 음의 반영을 보여주는데, 이 변한 음의 반영에 나타난 두 음의 변화는 '遣'의 추정음 '곤'('山'섭 3등의 '阮'운)에서 중세음 '견'('山'섭 4등의 '銑'운)으로의 변화와 일치한다는 점에서, '遣'의 신라음을 '곤()견'으로 추정할 수 있다. 이런 사실을 보기 위해, 먼저 성부 '玄'을 가진 해성자들 중에서 '山'섭 3등에 속한 것들을 『중문대사전』과 『대한한사전(大漢韓辭典)』에서 보자.

(5) 絃(=綩) : [廣韻][集韻][正韻]古本切 音袞 阮上聲
    骹 : (곤)[集韻]古本切 阮上聲
    舷 : (곤)「骹」과 같음3)

(5)의 세 한자들은 '山'섭 3등의 '阮'운에 속하고, 그 한국음은 '곤'이다. 이 한자들의 음('곤')·운('온')은 한자 '遣'의 성부인 'ㅣ'의 음('곤')·운('온')과 완전히 일치한다. 또한 이 '絃, 骹, 舷' 등에서 보이는 성부 '玄'과 이 글자를 포함한 나머지의 상당히 많은 해성자들은, 성부 'ㅣ'을 포함한 '遣'과 함께, '山'섭 4등의 '先, 銑, 霰' 등의 운('언/연')에서 발견된다. 이런 사실은 다음의 한자들에서 알 수 있다.

(6) 가. 玄 : [廣韻][集韻][韻會][正韻]胡涓切 音縣 先平聲
       鉉 : [廣韻]胡畎切 [集韻]胡犬切 音泫 銑上聲
       弦 : [廣韻]胡田切 [集韻][韻會]戶千切 [正韻]戶田切 音賢 先平聲
       眩 : [集韻]熒絹切 音繘 霰去聲
   나. 牽 : [廣韻]苦堅切 [集韻][韻會]輕煙切 音汧 先平聲
       [廣韻]苦甸切 [集韻]輕甸切 音俔 霰去聲
       縴 : [廣韻]苦堅切 [集韻]輕煙切 音牽 先平聲

---

3) '骹'과 '舷'은 『대한한사전』(장삼식, 진현서관, 1979, 1382, 1748면)에서 인용한 것임.

詙 : [廣韻]姑泫切 [集韻][韻會][正韻]古泫切 音畎 鉉上聲

呟 : [集韻]古泫切 音畎 鉉上聲

　(6가)에 '炫, 泫, 玹' 등도 포함되는데, 글을 간단하게 하기 위하여 인용은 생략하였다. 이 (6)에서 보듯이, '玄'과 이 글자를 성부로 포함한 상당수의 해성자들은, 성부 'ㅣ'을 포함한 '遣'과 함께, '山'섭 4등의 '先, 銑, 霰' 등의 운에 속한다. 그리고 (6나)의 한자들은 그 음이 '견'으로 '遣'의 중세음 '견'과는 그 음과 운에서도 일치한다.

　이렇게 성부 'ㅣ'과 '玄'을 포함한 해성자들은 같은 음(곤, 견), 같은 운(온, 연), 같은 분포('山'섭 3등과 4등) 등을 보여주는데, 이를 표로 다시 정리하면 (7)과 같다.

(7)

성부	'山'섭 3등의 '阮, (元)'운		'山'섭 4등의 '銑, (先, 霰)'운	
	해당 한자	한국음	해당 한자	한국음
玄	鮌(=鯀), 骹, 觥	곤	鉉, 炫, 泫, (玄, 弦, 眩, 玹)	현
			詙, 呟, (牽, 縴)	견
ㅣ	ㅣ, (坤)	곤	遣, 繾, (譴)	견

　(7)에서 보듯이, 성부 '玄'과 성부 'ㅣ'을 가진 해성자들은 '견'이 변한 '현'을 제외하면, 그 음(곤, 견), 운(온, 연), 분포('山'섭의 3등과 4등) 등에서 일치한다.

　이제 성부 '玄'을 포함한 해성자들이 '山'섭 3등에서 4등으로 변화할 수 있다는 사실을 보자. 앞의 (5)와 (6)에서 보면, 성부 '玄'자를 포함한 소수의 해성자들[鮌(=鯀), 骹, 觥]만이 '山'섭 3등의 '阮'운에서 명맥만을 잇고, 성부 '玄'자를 포함한 대다수의 해성자들('玄, 鉉, 弦, 炫, 眩, 泫, 玹, 牽, 縴, 詙, 呟')은 '山'섭 4등의 '先, 銑, 霰' 등의 운에 속한다. 그리고 '鮌(=鯀)'자는 禹王 아버지의 이름으로, 그 음이 잘 변하지 않는 고유명사의 음이다.
이런 사실은 성부 '玄'자를 포함한 해성자들의 상당수가 '山'섭 3등에서 4
등으로 변화하였음을 어느 정도 가늠하게 한다.

그러나 앞의 (7)만으로는 '곤〉견'의 변화를 설명하는 데 한계가 있다.
왜냐하면 (7)만으로 보면, 두 가지 문제를 보여주기 때문이다. 하나는 앞
의 변화만을 놓고 보면, 같은 성부를 가지더라도 고대에 음이 달랐을 가능
성이 있다는 문제이다. 다른 하나는 3등과 4등의 음들이 애초에는 같은
음이었다면 왜 일부의 한자들은 음이 변하지 않고 '곤'으로 남아 있으며
일부는 '견'으로 변화했는지를 설명하지 않았다는 문제이다. 이 두 문제를
차례로 보자.

먼저 앞의 변화만을 놓고 보면, 같은 성부를 가지더라도 고대에 음이
달랐을 가능성이 있다는 문제를 보자. 이 가능성은 앞에서 정리한 한자들
이 같은 성부들('ㅣ, 玄')을 가진 해성자들이라는 점에서 부정된다. 해성자
들은 해당 한자의 음을 정확하게 알 수 있게 그 음을 가진 성부을 포함시
켜서 만든 글자들이다. 이로 인해 같은 성부를 가진 한자들의 음이 다른
것은, 그 중에서도 '곤'과 '견'의 두 음과 같이 모음만 다르거나, 인접한 등
운(等韻)의 것들은, 처음부터 음이 다른 것이 아니라, 처음에는 음이 같았
지만, 후대에 그 음들이 다르게 변한 것으로 이해하게 된다. 이런 점에서,
같은 성부를 가지더라도 고대에 음이 달랐을 가능성은 부정된다.(이런 해
성자들의 특성 때문에 한자의 고대음을 정리하는 학자들이 이 해성자에 포함된 성부
를 이용한다.)

이번에는 왜 일부의 한자들은 음이 변하지 않고 '곤'으로 남아 있으며 일
부는 '견'으로 변했는가 하는 문제를 보자. 이 문제는 두 측면, 즉 개별 한자
들의 측면과 부류적 측면에서 설명될 수 있는데, 전자는 매우 복잡하고 하
나하나를 다 알 수도 없어, 후자의 측면만을 간단하게 정리하려 한다.

우선 (7)의 '곤〉견'은 '곤'의 음이 '견'의 음으로 변한 것인지, 아니면 적
층음의 변화(음의 교체)인지를 보기 위해, 전자를 먼저 보자. '곤'이 '견'으
로 변할 가능성은 매우 희박하다. 왜냐하면, '곤〉견'의 변화는 음운 변화
의 차원에서 쉽게 설명할 수 없기 때문이다.

이렇게 되면, '곤'의 일부는 '곤'으로 남고, 일부는 '견'으로 변화한 사실
을 설명할 수 있는 방법으로는, 한국에서 수용된 두 적층음이 다를 수 있
다는 것만이 남는다. 이를 계산하여 정리한 (8)을 보자.

(8)

구분	'山'섭 3등	'山'섭 4등
중국음 ↓ 신라음	ken/겐 ken/겐 → ↓(kon/곤) kon/곤	kien/겐 ↓ kiən/견

(8)에서 신라음 'kon/곤'은 중국음인 'ken/겐'의 吳音인 'kon/곤'을 수
용한 것이고, 신라음 'kiən/견'은 중국음 'kien/겐'에서 후행모음 'i/ㅣ'를
탈락시켜서 수용한 것이다. 이 둘은 앞장에서 설명한 바가 있다. 즉 성부
'ㅣ'과 '玄'을 포함한 해성자들 중에서 三等에 속한 한자들의 반절표기인
'古本切'을 중국음으로 읽으면 'ken/겐'과 'kon/곤'(吳音)이 되고, 한국음
으로 읽으면 'kon/곤'이 된다. 그리고 四等에 속한 한자들의 반절표기인
'去演切 去戰切 苦堅切 姑甸切' 등등을 중국음으로 읽으면 'kien/겐'[4])이

---

4) 三等과 四等의 차이를 介音 '-i-'로 구분하는 것이 일반적이다. 그러나 칼그렌에 따르
면, 介音 '-i-'는 四等에서 더 강하다는 것이지 반드시 그런 것은 아니다. 즉 三等에는
짧고 종속적인 子音性의 '-i-'(정확한 음성기호를 찾을 수 없어 대신함)가, 四等에는
긴 母音性의 '-i-'(정확한 음성기호를 찾을 수 없어 대신함)가 介音으로 쓰인 것으로
재구되었다.

되고, 한국음으로 읽으면 'kiən/견'이 된다. 이로 인해 성부 'ㅣ'과 '玄'을 포함한 해성자들에 나타난 음 '곤'과 '견'은 '곤'이 '견'으로 변한 것이 아니라, 두 적층음의 교체로 정리할 수 있다.

이렇게 성부 'ㅣ'자와 '玄'자를 포함한 해성자들의 상당수가 '山'섭 3등에서 4등으로 변화하였음을 어느 정도 가늠하는 데 방해가 될 수 있었던 두 문제(앞의 변화만을 놓고 보면, 같은 성부를 가지더라도 고대에 음이 달랐을 가능성이 있다는 문제와, 3등과 4등의 음들이 애초에는 같은 음이었다면 왜 일부의 한자들은 음이 변하지 않고 '곤'으로 남아 있으며 일부는 '견'으로 변화했는지를 설명할 수 없다는 문제)를 정리하고 보면, 성부 'ㅣ'자와 '玄'자를 포함한 해성자들의 신라음에서 보이는 '곤〉견'은 두 적층음의 교체로 해석된다. 그리고 이 적층음의 교체로 인해, 성부 'ㅣ'자와 '玄'자를 포함한 해성자들의 신라음은 '山'섭 3등의 음과 3등에서 4등으로 변화한 음의 반영으로 정리할 수 있다.

이렇게 운서와 사전에서 성부 'ㅣ'을 포함한 해성자들과 함께, 같은 음(곤, 견), 같은 운(온, 연), 같은 분포('山'섭 3등과 4등) 등을 보여주는, 성부 '玄'자를 포함한 해성자들은 '山'섭 3등의 음과, 3등에서 4등으로 변한 음의 반영을 보여준다. 그런데 이 변한 음의 반영에 나타난 두 음의 변화는 '遣'의 추정음 '곤'('山'섭 3등의 '阮'운)에서 중세음 '견'('山'섭 4등의 '銑'운)으로의 변화와 일치한다는 점에서, '遣'의 신라음을 '곤〈〉견'으로 추정할 수 있다.

이런 사실은 4장에서 구체적으로 정리하겠지만, 신라 중기까지 나온 향가들에서는 '곤'의 표기에 '遣'이 쓰이다가, 후기 향가인 「처용가」와 「수희공덕가」에서는 '곤'의 표기에 '遣'을 쓰지 않고, '昆'을 섰다는 사실에서 확인할 수 있다. 즉 '遣'의 적층음이 '곤'에서 '견'으로 바뀌면서, '곤'의 표기가 '遣'에서 '昆'으로 바뀌는 것이다. 이런 표기자의 교체는 한자 '遣'의 신라음이 '곤()견'이라는 앞의 정리를 뒷받침한다.

둘째로 '山'섭 4등의 '銑'운에 속한 한자 '錢'('던〉젼〉전')의 또 다른 음이 '돈'이었다는 사실도, '遣'의 신라음을 '곤()견'으로 추정할 수 있게 한다. '錢'자를 『중문대사전』에서 보자.

(9) 錢 : [廣韻]昨仙切 [集韻]財仙切 [正韻]才先切 音前 先平聲
         [廣韻]卽淺切 [集韻][韻會]子淺切 [正韻]子踐切 音煎 銑上聲
         [集韻]在演切 音踐 銑上聲

(9)에서 보면, 이 '錢'은 '遣'과 함께 '銑'운에 속한다. 그런데 우리는 '錢'을 '돈'이라고도 한다. 이는 '錢'('던〉젼〉전')의 또 다른 음을 '돈'으로 추정할 수 있게 하고, '錢'의 음이 '돈〉던〉젼〉전'으로 변했음을 의미한다.

이렇게 현재 '山'섭 4등의 '銑'운에 속한 '錢'이 '돈〉던〉젼〉전'으로 변해왔는데, 이 변화는 현재 '山'섭 4등의 '銑'운에 속한 '遣'도 '곤〉견'으로 변해왔다는 사실을 추정할 수 있게 하고, 동시에 '遣'의 신라음을 '곤()견'으로 추정할 수 있게 한다.

이상과 같은 두 측면에서도, 한자 '遣'의 신라음은 '곤()견'으로 추정할 수 있다.

3. 고려 표기체계상의 'ㅁ(ㄱ)'와 '遣'

이 장에서는 고려 구결에 나타난 'ㅊ(ㅣ)-ㆍ(ㅣ)-ㅁ(ㅣ)'의 표기체계와 고려 이두에 나타난 '去(隱)-在-遣'의 표기체계를 비교하여, 고려의 이두 '遣'은 물론 향찰 '遣'이 '고(ㄴ)'의 표기일 수 있는 가능성을 정리하고자 한다.

이렇게 표기체계의 비교를 통하여, 고려의 이두 '遣'은 물론 향찰 '遣'이 '고(ㄴ)'의 표기일 수 있는 가능성을 정리하려는 이유는, 선행연구들이 가지고 있는 한계를 극복하기 위한 것이다. 선행연구들 중에서 고려의 이두 '遣'을 이용하여 향찰 '遣'을 연구한 경우는 대단히 부분적이고, 그 영향이 그렇게 크지 않다. 이에 비해 고려 구결 'ㅁ, ナ' 등을 이용하여 향찰 '遣'을 해독한 경우는 그 영향이 적지 않은데, 세 유형으로 나뉜다.

첫째는 『구역인왕경』의 구결 '-ㅁ(^ = -)'로 보아, 향찰 '-遣(只賜-)'은 '고'의 표기라는 주장이다(이승재 1990:445, 양희철 1997:320).

둘째는 구결 '-ナ(^ = -)'로 보아, 향찰 '遣'은 '겨, 견' 등의 표기라는 주장이다. 황선엽(2002b:20-21)은 『구역인왕경』과 『금광명경』의 구결에 나온 '-ㅁ(^ = -)'와 '-ナ(^ = -)'의 표기를 근거로 이 주장을 하였다. 그리고 장윤희(2005:130-133)는 『금광명경』, 『구역인왕경』, 『화엄경』 등의 구결에 나온 '-ㅁ(^ = -)', '-ナ(^ = -)', '-亠(^ = -)', '-ㅌ(^ = -)' 등의 표기를 근거로 이 주장을 하였다. 이 두 연구에서는 그 이전의 연구가 '-ㅁ(^ = -)' 만을 보고, '-ナ(^ = -)'도 있음을 보지 못했다고 비판하고, 향찰 '-遣(只賜 -)'을 '-ナ(^ = -)'와 같은 표기로 보아, '遣'을 '겨, 견' 등으로 읽었다.

셋째는 향찰 '遣'과 구결 'ㅁ'(古)가 호환성을 보인다는 점에서 향찰 '遣'을 '고'의 표기로 본 주장이다(박재민 2009a:207-209). 이 연구가 보인 호환성은 둘이다. 하나는 구결 '-ㅁㅅ=-'(이 연구자는 ' = '를 '賜'로 표기하였다.)와 향찰 '-遣只賜-'에 나타난 구결 'ㅁ'와 향찰 '遣'의 호환성이다. 다른 하나는 '捨遣只'(「안민가」)의 향찰 '遣', '捨ㅣㅁㅅ, 棄ㅣㅁㅅ, 離ㅎㅁㅅ' 등의 구결 'ㅁ', 'ㅂ리곡, 여희옥' 등의 언해에 나타난 '고' 등에 나타난, '遣, ㅁ, 고' 등의 호환성이다. 이 셋째 연구는, 둘째 연구의 입장에서 보면, 둘째 연구의 타당성을 주장할 수도 있는 논리를 보인다. 즉 둘째 연구의 입장에서 보면, 향찰 '遣', 구결 'ナ', 언해의 '-겨-' 등은 호환성을 보인다고 주장할 수도 있다. 특히 이 중에서 향찰 '遣'과 구결 'ㅓ'이 같은 표기라는 주장은 이미 둘째 연구에서 주장한 것이다.

이렇게 선행연구들은 고려 구결 'ㅁ, ㅓ' 등을 이용하여 향찰 '遣'을 해독하면서도, '遣'의 해독을 '고'와 '겨, 견' 중에서 어느 한 쪽으로 확정하지 못하고 있다. 이는 향찰 '遣'의 해독에 구결 'ㅁ'나 'ㅓ'만을 이용하였지, 향찰 '遣'의 해독에 고려 구결의 표기체계와 고려 이두의 표기체계를 이용하지 않았기 때문이라고 생각한다. 이런 점에서 고려의 이두와 구결이 보인 '거(ㄴ)-겨(ㄴ)-고(ㄴ)' 등의 표기체계에서 이두 '遣'을 해독하고, 이것으로 향찰 '遣'의 해독 가능성을 검토하려 한다.

3.1. 고려 구결의 'ㅊ(ㄱ)-ㅓ(ㄱ)-ㅁ(ㄱ)'

이 절에서는 고려 구결이 '거(ㄴ)-겨(ㄴ)-고(ㄴ)'의 표기체계에서 보이는 'ㅊ(ㄱ)-ㅓ(ㄱ)-ㅁ(ㄱ)'를 정리하고자 한다. 먼저 『화엄경』과 『금광명경』의 자료를 구체적으로 보자.(자료 정리에서 『화엄경』은 '화'로, 『금광명경』은 '금'으로 표기하였다.)

(10) 가. 永ㅊ(화 2:24, 화 3:11)

故ㅊ(금 14:1)

所ㅣㅊㅓㅎㄴ(화 8:18)

災難ㅣㅊㅌㄴ(화 17:22)

應ㄴㄴㅊㅣㄱ(금 6:13)

나. 捨ㄴㅊㄱ(화 3:6)

出家ㄴㅊㄱ(화 3:13)

如ㅊㄴㅊㄱㅅ…(금 2:2)

詰難ㄴㅊㄱㄴ(금 5:20)

(10가)의 '亠'는 어미와 선어말어미의 '거'이다. (10나)의 '亠'는 연결어미나 동명사형어미 또는 어미 등의 '亠ㄱ'(건)에 들어 있는 '거'들이다. 이『화엄경』과『금강명경』의 구결에서는 'ㅅ亠ハニㄱ-'(ㅎ격신-)의 '亠'(거)는 보이지 않는다.

(11) 가. 或ナㅣ(화 15:11)

　　　有ヒナㅣ(금 3:22)

　　　令Ⅱナㅏ(화 18:1)

　　　誦ㅅㅎㅅナ于ㅣ(금 14:1)

　　나. 有ナハ勿ㄱ支ㆍ(화 15:10)

　　　中ㅏ十ㅅナハニ亠(금 13:18)

　　다. 善ナㄱ(화 2:10)

　　　聽聞ㅅ白ロナㄱ(금 13:23)

　　　講宣亽白ロナㄱ矢亠(금 15:5)

　　　多ナㄱ入ㄴㆍㆍ(화 2:11)

　　　發心ㅅナㄱⅡㅏ(화 9:13)

　　　發心亠ノ于ナㄱⅡㅣ(금 8:25)

　　　無ㅎㅅナㄱㆍ(화 14:17)

　　　未Ⅱㅎㅅナㄱㄱ(금 14:3)

(11가)의 'ナ'는 선어말어미의 '겨'이다. (11나)의 'ナ'는 '有ナハ勿ㄱ-'(有격시혼-)과 'ㅅナハニ亠'(ㅎ격시여)의 '겨'이다. (11다)의 'ナ'는 관형사형어미, 선어말어미, 동명사형어미 등을 표기한 'ナㄱ'(견)의 '겨'이다.

『화엄경』과『금광명경』의 구결에서 보이는 'ロ(ㄱ)'의 표기 일부를 인용하면 다음과 같다.

(12) 가. 觀察ソ口(화 17:20)
斷ソ口(금 3:3)
等口亽(화 14:8)
令刂口ㅌ(화 14:24)
希有難量ノ矛ニ口丨(금 13:20)
나. 捨ソ口ハ(화 3:1)
見白ノ矛口ハニ丨(금 15:1)
다. 善勿口ㄱ(화 9:2)
無七口ㄱ(금 13:16)
如支ソ口ㄱㄴ(화 18:12)
其塔刂ニ口ㄱ入灬亠(금 15:11)
證ソニ口ㄱ刂罒(금 13:8)

(12가)의 '口'는 연결어미와 선어말어미의 '고'이다. (12나)의 '口'는 '-口ハ(곡)-'의 '고'이다. (12다)의 '口'는 연결어미, 선어말어미, 동명사형어미 등에 사용된 '口ㄱ'(곤)의 '고'이다.

이상의 (10, 11, 12)로 보아, 『화엄경』과 『금광명경』의 구결에서는 '거(ㄴ)-겨(ㄴ)-고(ㄴ)'의 표기체계에 '去(ㄱ)-ナ(ㄱ)-口(ㄱ)'의 표기가 쓰였음을 정리할 수 있다. 그리고 『화엄경』과 『금광명경』의 구결에서는 향찰과 이두에서 보이는 '遣'이나 이 '遣'자를 구결로 만든 글자는 보이지 않는다는 것을 정리할 수 있다.

이 결과에 『구역인왕경』, 『화엄경소』, 『유가사지론』 등의 구결을 더하여 계산해도 결과는 마찬가지이다. 이로 인해 고려 구결에서는 '거(ㄴ)-겨(ㄴ)-고(ㄴ)'의 표기체계에 '去(ㄱ)-ナ(ㄱ)-口(ㄱ)'가 공통으로 쓰였다는 사실을 일반화할 수 있다. 그리고 고려 구결에서는 향찰과 이두에서 보이는 '遣'이나 이 '遣'자를 구결로 만든 글자는 보이지 않는다는 것[5]도 고려 구결의 성격으로 일반화할 수 있다.

3.2. 고려 이두의 '去-在-遣'

이 절에서는 고려 이두가 '거-겨(ㄴ)-고(ㄴ)'의 표기체계에서 보이는 '去-在-遣'을 정리하고자 한다. 먼저 「정도사조탑형지기」와 「상서도관첩」의 구체적인 자료를 보자.(자료 정리에서 「정두사조탑형지기」는 '정'으로, 「상서도관첩」은 '상'으로 표기한다.)

    (13) 가. 身病以 遷世爲去在乙(정 8)

          人主之柄 不屬私門爲去乙(상 7)

          不冬 爲去乙(상 83)

      나. 成是 不得爲 犯由白去乎等 用良(정 15)

          右 味乙 傳出納爲 置有去乎等 用良(상 100)

      다. 西班是去等 校尉爲等如(상 57)

          東班是去等 九品(상 69)

---

5) 왜 이두 '遣'자 또는 이 '遣'자를 이용하여 만든 구결자를 쓰지 않고, 구결 'ㅁ(ㄱ)'로 바꾸어 썼느냐 하는 문제를 제기할 수도 있다. 이에 대한 대답은 다음과 같다.

하나는 '遣'자의 부분들은 이미 다른 구결로 쓰고 있어, 중복하여 쓸 수 없었기 때문이다. 구결의 차(제)자 원리는, '在'자를 'ㅓ'자로 간단하게 바꾸듯이, 전체를 부분으로 바꾸어 간단하게 표기하는 것이다. 그런데 '遣'은 이미 이를 따를 수 없는 환경에 있다. '遣'자의 부분으로는 'ㅁ, ㅣ, ㅏ, 문자5('以'의 古字), 辶(彳+止)' 등이 있다. 그런데 이 글자들은 이미 구결에서 'ㅁ(古), ㅣ(多), ㅏ(中), 〜(문자5), 彳(徐), ㅼ(止)' 등으로 존재한다. 이로 인해 '遣'자의 어느 한 부분도 구결로 사용할 수 없어, 구결에서는 '遣'을 이용한 구결자를 만들지 않고, 'ㅁ(ㄱ)'로 대체하였다고 생각한다.

다른 하나는 '遣'자의 획순에서 처음에 나오는 'ㅁ'(구)와 구결 'ㅁ'(古)의 모양이 비슷하고, 이 이두 '遣'과 구결 'ㅁ'(=古)가 표기하는 음이 반은 같기 때문에 '遣'을 'ㅁ'로 대체했다는 것이다. 이두 '遣'은 '고, 곤' 등을 표기한다. 이에 비해 구결 'ㅁ'는 '고'만을 표기한다. 이로 인해 '遣'에 포함된 'ㅁ'(구)와 모양이 비슷한 구결 'ㅁ'로 '遣'을 대체하여도, '고'를 표기하는 데는 문제가 없고, 단지 '곤'만을 직접 표기할 수 없다. 그러나 이 '곤'도 'ㅁ'에 'ㄱ'을 첨가하면 그 표기가 충분하다. 이런 점에서도 이두 '遣'은 구결 'ㅁ(ㄱ)'로 대체되었다고 정리할 수 있다.

(13가)의 '去'들은 선어말어미의 '거'들이다. (13나)의 '去'들로 선어말어미의 '거'인데, '오' 앞에 온 선어말어미들이다. (13다)의 '去'들은 어미 '거든/거둔'에 들어 있는 '거'들이다.

(14) 가. 定爲在乎 事是等以(정 26)
　　　　　無在如亦中(상 49)
　　　　　參外員沙 爲在乃(상 71)
　　　나. 讓出納爲乎 事亦 在乙(정 12)
　　　　　陪到爲賜乎 事亦 在等以(정 29)
　　　다. 身病以 遷世爲去在乙(정 8)
　　　　　教是如乎 事是去有在乙(상 19)
　　　라. 米伍拾肆石乙 准受 令是遣 在如中 加于 物業乙 計會爲(정 17)
　　　마. 右如付良 有在等以(정 24)
　　　　　教事是去有在等以(상 43)
　　　　　色掌員別定爲 責役各別爲在 外民乙 用良(상 26)
　　　　　其時 同心謀事爲在 同生弟 崔忠粹等矣(상 78)
　　　바. 右別將金仁俊 同心衛社爲白在(상 51)
　　　　　此亦中 父祖 別爲 所 有在(상 59)

(14가)의 '定爲在乎, 無在如亦中, 爲在乃' 등의 '在'는 선어말어미의 '겨'들이다.

(14나)의 '在乙'과 '在等以'의 '在'는 어간 '겨-'와 어미 'ㄴ'이 결합된 '견'의 표기들이다.

(14다)의 '-在乙'의 '在'는, '乙'을 '늘'로 보면 선어말어미 '겨'의 표기이고, '乙'을 '을'로 보면 선어말어미 '겨'와 어미 'ㄴ'이 결합된 '견'의 표기이다.

(14라)의 '令是遣 在如中'의 '在'는 동명사형 '견'으로 읽을 수 있다.

(14마)의 '有在等以'의 '在'는 선어말어미 '겨'와 어미 'ㄴ'이 결합된 '견'의 표기이다. 그리고 '責役各別爲在 外民乙'과 '其時 同心謀事爲在 同生弟'의 '在'는 선어말어미 '겨'와 관형사형어미 'ㄴ'이 결합된 '견'의 표기이다.

(14바)의 '同心衛社爲白在'과 '有在'의 '在'는 선어말어미 '겨'와 조건형어미 'ㄴ'이 결합된 '견'의 표기이다.

「정도사조탑형지기」와 「상서도관첩」에 나타난 이두 '遣'의 일부를 인용하면 다음과 같다.

(15) 가. 國家大體乙 想只 不得 爲遣 唯只 家行耳亦 邊行爲(상 35)
    나. 石塔 伍層乙 成是白乎 願 表爲遣 成是 不得 爲乎 天禧二年歲次壬戌五月初七日 身病以 遷世爲去在乙(정 8)
       幷以 石乙良 第二年春節已只 了兮齊遣 成是 不得爲 犯由 白去乎等 用良(정 14-15)
    다. 崔沆亦 …… 國家理亂廢瘼乙良 不願爲遣 恣行殺戮 政令無視爲㫆(상 22-24)
    라. 准受 令是遣 在如中(정 10)
       一旦良中 掃蕩爲遣(상 11)
       數多誅殺流竄 令是遣(상 25)
       施行敎是遣(상 47)

(15)의 '遣'들은 '겨(ㄴ)'로 읽을 수 없고, '고(ㄴ)'로 읽어야 하는데, 그 세 가지 이유를 먼저 보자.

첫째 이유는 만약 '遣'을 '겨(ㄴ)'로 읽으면, (14)에서 '在'들로 표기한 것이 확실한 '겨(ㄴ)'와 겹치기 때문이다. 특히 고려 구결이 '겨(ㄴ)-고(ㄴ)'의 표기체계에 'ナ(ㄱ)-ㅁ(ㄱ)'의 표기를 쓴 것에 상응하여, 고려 이두에서

는 '겨(ㄴ)-고(ㄴ)'의 표기체계에 '在-遣'의 표기를 보인다는 점에서, '遣'은 '겨(ㄴ)'로 읽을 수 없고, '고(ㄴ)'로 읽어야 한다.

둘째 이유는 '-고(ㄴ)'가 있어야 해당 문맥의 의미가 통하는데, 구결에서 '고(ㄴ)'의 표기에 사용된 'ㅁ(ㄱ)'는 물론 '고(ㄴ)'를 표기할 수 있는 고려 이두가 '遣'을 제외하고는 발견되지 않기 때문이다. '昆'은 후기 향가(「처용가」, 「수회공덕가」)와 『대명률직해』에서만 각각 1회씩 나온다.

셋째 이유는 '遣'의 신라음으로 추정된 '곤'에 따라 (15)의 '遣'들을 '고(ㄴ)'로 읽으면 문맥이 잘 통하기 때문이다. 조선 후기의 이두집들에서 '遣'을 '고'로 읽은 것도 이 신라음 '곤'으로 읽은 것의 잔영으로 판단한다.

이제 (15)의 이두들을 해독해 보자. (15라)의 '遣'은 선행 해독들에서와 같이 '고'로 읽히는 것으로 구체적인 설명이 필요치 않다. 이에 비해 (15가, 나, 다)의 '遣'들은 '곤'과 '곤/고'로 새롭게 읽어야 할 것들이므로 다시 해독해 보자.

(15가)는 "國家大體ㄹ 생각지 모딜 ㅎ곤 오딕 家行쑌이 遵行다뵈"로 읽히며, "國家大體ㄹ 생각지 못 하니(하므로) 오직 家行만이 遵行되어"의 의미이다. 이에 포함된 '遣'은 이유를 나타내는 '-니'의 의미인 '곤'이다. 만약 이 '遣'을 '고'나 '겨'로 읽으면, 문맥이 잘 통하지 않는다.

(15나)의 '遣'들은 '-고는'의 의미인 '-곤'으로 해독된다. 왜냐하면 (15나)의 두 문장들은 '遣'을 전후한 내용이 반대라는 점에서 '-고'로 연결할 수 없기 때문이다. 이에 따라 (15나)에서 앞에 있는 이두(정 8)는 "석탑 오층을 이리솖올 願(을) 表ㅎ곤 이리 몯딜 ㅎ온 天禧二年歲次壬戌五月初七日 身病으로 遷世ㅎ거거늘"로 읽히며, 그 의미는 "석탑 오층을 이루올 願(을) 表하고는[6] 이루지 못한 天禧二年歲次壬戌五月初七日 身病으로 遷

---

6) 이 '表爲遣'(表ㅎ곤)의 현대역인 '表하고는'에 포함된 '-고는'의 의미는 "발원하고선"(황선엽 2002b:10, 2002a:168)의 '-고선'과 거의 일치한다.

丗하거늘"이다. 그리고 (15나)에서 뒤에 있는 이두(정 14-15)는 "아ᄫ로 돌을랑 第二年春節가지 <u>몿히져곤</u> 일이 몯딜 ᄒᆞᆯ 犯由 숢거온돌쓰아"로 읽히며, 그 의미는 "아울러 돌은 第二年春節까지 <u>마치게 하뎌 하고는</u>7) 이루지 못 할 犯由(:事由)를 보고하였으므로"이다. 이렇게 전후가 반대인 의미를 '-고'로 연결할 수 없다는 점에서, (15나)의 '遣'들은 '-고는'의 의미인 '곤'으로 읽는다.

(15다)는 "崔沆이 …… 國家理亂廢瘼을랑 <u>不願ᄒ고/ᄒ곤</u> 恣行殺戮 政令無視ᄒ며"로 읽혀, '不願爲遣'은 '不願ᄒ고'나 '不願ᄒ곤'의 어느 것으로도 읽을 수 있다.

이렇게 볼 때에, (15)의 '遣'들은 '고(ㄴ)'의 표기이며, 「정도사조탑형지기」와 「상서도관첩」의 이두에 나타난 '去-在-遣'은 '거-겨(ㄴ)-고(ㄴ)'의 표기체계라고 정리할 수 있다.

이런 표기체계는 고려 이두에서 일반적이다. 고려 이두로는 「정도사조탑형지기」와 「상서도관첩」 외에도, 「송광사 노비문서」, 「장성백암사첩」, 「장성감무관첩」, 「남씨노비문서」, 「장전소지」 등이 있다. 그런데 이 글들에서도 '거-겨(ㄴ)-고(ㄴ)'의 표기체계에 '去-在-遣'이 공통으로 쓰였고, '古(隱), 昆' 등은 전혀 쓰이지 않는다. 이런 사실들로 보면, 고려 이두에서는 '거-겨(ㄴ)-고(ㄴ)'의 표기체계에 '去-在-遣'이 공통으로 쓰였고, '古(隱), 昆' 등이 전혀 쓰이지 않았다는 것8)을 일반화해도 좋을 것 같다.

---

7) 이 '了兮齊遣'(몿히져곤)의 현대역인 '마치게 하뎌 하고는'에 포함된 '-고는'의 의미는 "마치겠다고 아뢰고는"(황선엽 2002b:10, 2002a:168)의 '-고는'에서도 보인다.

8) 이두에서 '고(ㄴ)'의 표기에 간단하면서도 쉬운 구결의 'ㅁ(ㅣ)' 또는 이것의 이두에 해당하는 '古(隱)'을 왜 쓰지 않았느냐 하는 의문을 할 수도 있다. 이에 대한 답은 다음과 같다. 우선 이두는 구결과 같이 한자의 부분들(古〉ㅁ, 隱〉ㅣ)을 이용하지 않는다. 다음으로 '곤'의 표기에 한자 두 자인 '古隱'을 쓰면 '곤'과 '고은'을 구별하기 어렵고, 한자 한 자인 '遣'을 쓰는 것보다 비경제적이다. 이런 점들에서 이두에서는 구결 'ㅁ(ㅣ)' 또는 이것의 이두에 해당하는 '古(隱)'를 쓰지 않았다고 판단한다.

지금까지 앞의 두 절을 통하여 검토한 바와 같이, 고려 이두 '去-在-遣'과 고려 구결 'ㅊ(ㄱ)-ㅕ(ㄱ)-ㅁ(ㄱ)'가 '거(ㄴ)-겨(ㄴ)-고(ㄴ)'의 표기체계에서 상응한다는 점에서, 고려 이두 '遣'은 '고(ㄴ)'의 표기라고 정리할 수 있다. 이런 사실은 제2장의 내용을 좀더 보강하면서, 제2장의 결과와 더불어, 향찰 '遣'을 '고(ㄴ)'로 읽을 수 있는 가능성을 좀더 보여준다.

4. 향찰 '遣'의 해독

이 장에서는 향찰 '遣'의 해독을, '-니' 의미의 '遣'(곤), '-고는' 의미의 '遣'(곤), '只'(ㄱ) 앞의 '遣'(고) 등으로 나누어 정리하려 한다.

4.1. '-니' 의미의 '遣'(곤)

'-니'의 의미를 가진 '遣'(곤)은 '去賜里遣'과 '次肹伊遣'에서 나타난다.

첫째로, '去賜里遣'(「원왕생가」)을 보자. 이 '去賜里遣'의 개개 향찰들을 '가(去)+시(賜)+리(里)+곤(遣)'으로 읽고, 전체를 '가시리곤'으로 읽는다. 이 '가시리곤'의 의미는 '가시리니'(가실 것이니)[9]이다. '念丁'을 어떻게 읽느냐에 따라 해당 문맥인 '西方 念丁 去賜里遣'의 해독은 다소 유동적이지만, '去賜里遣'을 '가시리곤'으로 읽는 데는 큰 문제가 없다. 그리고 이 경우에 나타난 '-곤'이 '-니'의 의미라는 것은 예증을 하지 않아도, 중세어에서 잘 알려져 있는 사실이다. 이런 점들에서 '去賜里遣'를 '가시리곤'으로 읽고, 그 의미를 '가시리니'(가실 것이니, 가실 것이므로)로 정리한다.

둘째로, '次肹伊遣'(「제망매가」)을 보자. 이 '次肹伊遣'의 개개 향찰을

---

9) 이 해독 '가시리곤'의 의미인 '가시리니'(가실 것이니)는, 기왕의 해독인 '가시리겨'(가실 것이니, 장윤희 2005:130)와 '가시리견'(가실 것이니, 황선엽 2006:197-198)의 괄호 안에서도 보이는 의미이다.

'버글(次)+글(肹)+이(伊)+곤(遣)'으로 읽고, 전체를 '버글이곤'으로 읽는다. 이 '버글이곤'은 '다음이니'의 의미이다. 이 경우에도 현대역의 '-니'는 해독의 '-곤'이 가지고 있는 의미이다. '次肹-'에 대한 기왕의 해독이 상당히 엇갈리고 있지만, '-伊遣'을 '-이곤'으로 읽고, '-이니'(이므로)의 의미로 보는 데는 큰 문제가 없을 것 같다.

4.2. '-고는' 의미의 '遣'(곤)

'-고는'의 의미를 가진 '遣'(곤)은 '置遣, 放教遣, 白遣 賜立, 成遣 賜立(〈去), 云遣, 過出 知遣, 去遣 省如, 抱遣 去如' 등의 여덟 개의 '遣'들에서 발견된다.

첫째로, '置遣'(「원왕생가」)을 보자. '置遣'의 개개 향찰을 '두(置)+곤(遣)'으로 읽고, 전체를 '두곤'으로 읽는다. 의미는 '두고는'[10]이다. 이 '두고는'의 '-고는'은 해독된 '-곤'이 가진 의미이다. 그리고 이렇게 읽을 때에, '阿邪 此 身 遣也 置遣'은 '아라 이 몸 기탸 두곤'(아- 이 몸 남겨 두고는)으로 정리된다. 이런 점들에서 '置遣'을 '두곤'으로 읽고 '두고는'의 의미로 정리한다.

둘째로, '放教遣'(「헌화가」)을 보자. '放教遣'의 개개 향찰을 '놓(放)+이시(教)+곤(遣)'으로, 전체를 '놓이시곤'으로 각각 읽고, 그 의미를 '놓게 하시고는'[11]으로 본다. 이 '놓게 하시고는'의 '-고는'도 해독된 '-곤'이 가진 의미이다. 그리고 '放教遣'을 '놓이시곤'으로 읽은 해독을 문맥에 적용하

---

10) 이 해독이 보이는 '-고는'의 의미와 거의 같은 '-고서'나 '……한 채, ……한 상태에서' 등의 의미로 본 해독들도 있다. 즉 '두견'(두고서, 서재극 1975:32, 35, 신석환 1986:85), '-겨'(……한 채, ……한 상태에서, 장윤희 2005:129) 등의 해독들은 괄호 안에 쓴 현대역 또는 문맥적 의미에서 '-고는'과 거의 같은 의미를 보인다.
11) 이 '-고는'의 의미와 비슷한 의미인 '……한 채'나 '놓게 하시고서/하신 다음에'의 의미로 본 해독들도 있다. 즉 '遣'을 '겨'로 읽고, 해당 문맥의 의미를 "잡은 손 놓게 하신 채"나 "잡은 손 놓게 하시고서/하신 다음에"(장윤희 2005:126)로 본 해독이다.

면, '執音乎 手 母牛 放敎遣'은 '잡으몬 손 암쇼 놓게 하시고는'으로 해독되어, 문맥에 큰 문제가 없다. 이런 점들에서 '放敎遣'을 '놓이시곤'으로 읽고, '놓게 하시고는'의 의미로 정리한다.

셋째로, '白遣 賜立'(「원왕생가」)을 보자. 이 '白遣 賜立'의 개개 향찰을 '솗(白)+곤(遣) 시(賜)+셔(立)'로, 전체를 '솗곤 시셔'로 각각 읽고, 그 의미를 '사뢰고는 있으셔?'[12)]로 본다. 이 '사뢰고는'의 '-고는'은 해독된 '-곤'이 가진 의미이고, '시-'는 '있-, 이시-' 등의 이형태이다.

이 해독의 '-곤 시-'가 국어사 자료에서 보이지 않는다는 점에서 문제가 제기될 수 있다. 이 문제는 좀더 검토해 보아야 하겠지만, '-고(ㄱ) 시-'가 '가고신딘'(「쌍화점」)과 구결 '-ㅁ(ㅅ) ㅋ-'에서 확인된다는 점에서 그 가능성을 개진할 수 있을 것 같다. '가고신딘'(「쌍화점」)과 구결 '-ㅁ(ㅅ) ㅋ-'는 '-고(ㄱ) 시-'의 존재를 확인시켜준다. 그리고 한국어(이 글에서 다루고 있는 향찰 '-遣/곤'도 포함)에서 정감성이 강한 '-곤'의 표현이 종종 보인다. 이런 두 가지 사실을 함께 생각하면, 정감성을 강하게 부각시킬 필요가 있는 향가에서는 '-곤 시-'를 쓰지 않았을까 하는 추정을 해본다. 이런 사실은 '白遣 賜立', '成遣 賜立(〈去)', '去遣 省如' 등의 '-遣'을 '-곤'으로 읽을 때에 드러나는 것 같다. 이런 점에서 '-곤 시-'는 국어사 자료에서 발견되지 않지만, 그 가능성이 많다 생각한다. ('-곤 시-'의 '시/賜-'에 대한 좀더 구체적인 논의는 제2부의 「三. 향찰 '賜'」 참조)

넷째로, '成遣 賜立(〈去)'(「원왕생가」)를 보자. 이 '成遣 賜立'의 개개 향찰을 '이루(成)+곤(遣) 시(賜)+셔(立)'로, 전체를 '이루곤 시셔'로 각각 읽고, '이루고는 있으셔?'의 의미로 본다. 이 '이루고는'의 '-고는'은 해독된 '-곤'이 가진 의미이다. 그리고 이 해독은 '四十八大願 成遣 賜立(〈去)'의

---

12) 이 해독의 의미와 매우 유사한 경우도 있다. 즉 '솗 겨샤셔'(말씀하고 있으셔, 김선기 1993:302)의 해독에서 보여준 괄호 안의 '말씀하고 있으셔'이다.

문맥에서도 큰 문제를 보이지 않는다. 이런 점들에서, '成遣 賜立'를 '이루곤 시셔'로 읽고, 그 의미를 '이루고는 있으셔?'로 정리한다.

다섯째로, '云遣'(「제망매가」)을 보자. 이 '云遣'의 개개 향찰을 '니ᄅ(云)+곤(遣)'으로, 전체를 '니ᄅ곤'으로 각각 읽고, 그 의미를 '이르고는'13)으로 본다. 이 '이르고는'의 '-고는'은 해독된 '-곤'의 의미이다. 그리고 이 해독 '니ᄅ곤'을 '毛如 云遣 去內尼叱古'의 문맥에 대입하면, '毛如'를 어떻게 읽을 것인가에 따라 달라질 수 있지만, '니ᄅ곤 가나닛고'의 문맥에는 문제가 없다. 이런 점들에서 '云遣'을 '니ᄅ곤'으로 읽고, 그 의미를 '이르고는'으로 정리한다.

여섯째로, '過出 知遣'(「우적가」)을 보자. 이 '過出 知遣'의 개개 향찰을 '디나(過)+나(出) 알(知)+곤(遣)'으로, 전체를 '디나 알곤'으로 각각 읽고, 그 의미를 '지나 알고는'14)으로 본다. 이 '알고는'의 '-고는'은 해독된 '-곤'의 의미이다. 이 '過出 知遣' 앞에는 결자가 있어 이 해독이 문맥에 잘 맞는지를 명확하게 판단할 수는 없다. 그러나 '過出 知遣'만의 해독에는 문제가 없는 것 같다. 이런 점들에서, '過出 知遣'을 '디나 알곤'으로 읽고, 그 의미를 '지나 알고는'으로 정리한다.

일곱째로, '去遣 省如'(「우적가」)를 보자. 이 '去遣 省如'의 개개 향찰을 '가(去)+곤(遣) 쇼(省)+다(如)'로, 전체를 '가곤 쇼다'로 각각 읽고, 그 의미를 '가고는 있오다'로 본다. 이 해독을 '今呑 藪未 去遣 省如'의 문맥에 넣어 보면, '이제 숲에 가고는 있오다'가 되어 문맥에 문제가 없는 것 같

---

13) 이 '이르고는'의 의미와 비슷하거나 같게 파악한 경우도 있다. 즉 '니ᄅ견'(이르고선, 서재극 1975:39, 이르고는, 신석환 1986:85) 해독의 괄호 안에서 보이는 현대역(또는 문맥적 의미) '이르고선'과 '이르고는'이다.

14) 이 '지나 알고는'의 '-고는'과 비슷한 의미로 본 경우도 있다. 즉 '디나티견'(지나쳐선, 지나가 버리고선, 서재극 1975:49, 51, 신석환 1986:85) 해독의 괄호 안에서 보이는 현대역(또는 문맥적 의미)의 '-어선/고선'이다.

다. 이런 점들에서 '去遣 省如'를 '가곤 쇼다'로 읽고, 그 의미를 '가고는 있오다'로 정리한다.

여덟째로, '抱遣 去如'(「서동요」)를 보자. 이 '抱遣 去如'의 개개 향찰을 '안(抱)+곤(遣) 가(去)+다(如)'로, 전체를 '안곤 가다'로 각각 읽고, 그 의미는 '안고는 가다' 또는 '종종 안고는 가다'로 본다. 이렇게 해독할 때에, '夜矣 夘乙'을 어떻게 해독하느냐에 따라 '夜矣 夘乙 抱遣 去如'의 문맥은 달라질 수 있지만, '抱遣 去如'의 해독 자체에서는 문제가 보이지 않는다. 이런 점들에서, '抱遣 去如'를 '안곤 가다'로 해독하고, 그 의미를 '안고는 가다' 또는 '종종 안곤 가다'로 정리한다.

이상에서는 '遣'을 '곤'으로 읽었다. 이 해독들을, 후기 향가에 나오는 '昆'[('見昆'(「처용가」), '無叱昆'(「수회공덕가」)]을 들어서, 부정할 수도 있다. 그러나 앞의 절과 이 절에서 해독한 '遣'들은 후기 향가(「처용가」와 「수회공덕가」)를 제외한 전기 향가에 나온 '遣'들이란 점에서 문제가 되지 않는다. 왜냐하면, 향찰 '昆'이 「처용가」부터 나온다는 사실은 이 무렵부터 한자 '遣'의 음에서 '곤'이 소멸되면서 '곤'의 표기에 한자 '遣'을 쓰지 못하고, '昆'을 쓰기 시작한 것을 추정[15]할 수 있게 하기 때문이다.

4.3. '只'(ㄱ) 앞의 '遣'(고)

이 절에서는 '只'(ㄱ) 앞에서 '고'로 읽히는 '遣'들을 간단하게 정리하려 한다. 이에 속한 '遣'은 '捨遣只, 乃遣只, 閼遣只 賜立' 등에서 보인다.

첫째로, '捨遣只'(「안민가」)를 보자. 이 '捨遣只'의 개개 향찰을 'ㅂ리(捨)+고(遣)+ㄱ(只)'으로 읽고, 전체를 'ㅂ리곡'으로 읽는다. 그리고 그 의

---

15) 이런 사실은 '昆'의 경우에는 『廣韻』에서 '곤'으로 읽히는 '山'攝 三等의 '元'운(古渾切)을 보여주지만, '遣'의 경우에는 이미 『廣韻』에서 '견'으로 읽히는 '山'攝 四等의 '銑'운(去演切)만을 보여준다는 점에서도 간접적으로 이해할 수 있다.

미는 '바리고'의 강세형으로 본다. 이와 같은 해독은 양주동(1942) 이래 많은 해독들에서 보인다. 그런데 이 해독들과의 차이는 '遣'의 중세음 '견'에 근거한 것이 아니라, '遣'의 신라음 '곤'에 근거한다는 것이다. 그리고 이 '遣'은 '古'와 함께 나오지만, '只' 앞에서만 '고'로 쓰인 제한성을 보인다. 이는 '곡'의 표기에 '遣只'가 굳어진 표기가 되어, 이 '고'의 표기인 '遣'만이 '古'와 함께 나온 것으로 판단한다. 이런 점들에서 '捨遣只'의 '遣'은 '고'로 읽는다.

둘째로 '乃遣只'(「참회업장가」)를 보자. 이 '卜以支 乃遣只'에 대한 기왕의 해독들에는 아직도 적지 않은 문제가 있다. 이를 해결하기 위하여 기왕의 해독들을 변증해 보자. 먼저 '卜以支乃遣只'를 한 단위의 의미로 본 경우를 보자.

(16) 가. 디니누곡(지니고, 양주동 1942)
　　　 디니누곡(지키오니, 김상억 1974)
　　　 디니누곡(저내고, 전규태 1976)
　　　 디니나곡(지니고, 황패강 2001)
　　 나. 디니ㅅ누고아(지니어, 지헌영 1947)
　　 다. 디니ㄴ곡(지니고, 김완진 1980)

(16)의 해독들은 '以'를 '니'로 읽었는데, 모두가 '以'의 음에 '니'가 없다는 문제를 보인다. 이 외에도 이 해독들은 또다른 문제들도 보인다. 이를 차례로 보자. (16가)에서는 '支'를 허자로 본 문제, '乃'를 그 음을 벗어나 '누'로 본 문제, '지'(卜=負)를 '지(負)-'가 아닌 '지니(持)-'의 '지-'로 본 것도 문제 등도 보인다. (16나)는 '支, 乃, 只' 등을 각각 그 음에도 없는 'ㅅ, 누, 어' 등으로 읽은 문제들도 보인다. (16다)에서는 '支'를 지정문자로 본 문제도 보인다.

이번에는 '卜以支乃遣只'를 '卜以 支乃遣只'로 끊어 읽은 해독들을 보자.

(17) 가. 디아 디나겨디(지어 지나고, 김선기 1975)

　　　나. 디아 디나격(지어 지나고, 김선기 1993)

　　　다. 디니 뼈나겨져(삼아 떠나리라, 정열모 1965) 디니〉삼아

　(17가, 나)의 해독들은 '以'를 그 음에도 없는 '니'로 읽은 문제를 피하기 위하여 '以'를 '아'로 읽었다. 이는 '以'를 한자에서와 같이 연결어로 본 것이다. 그리고 이 해독들은 '支乃-'를 '디나-'로 읽었는데, 왜 '過出-'과 같이 한자의 훈을 이용해 표기하지 않았느냐 하는 문제도 보인다. (17다)의 해독은 '以'를 '니'로 읽은 문제, '支乃-'를 '디나-'로 읽은 문제, '支'를 '떠나-'로 볼 수 없는 문제 등을 보인다.

　이번에는 'ﾄ以支乃遣只'를 'ﾄ以支 乃遣只'로 읽은 해독들을 보자.

(18) 가. 디어내고(戴くことを完全に行ふにいふ, 오구라 1929:90)

　　　나. 디니(〉디녀)내곡(유지하여 내고서, 강길운 1995)

　　　다. 디녀내고(戴き出して, 신태현 1940)

　　　라. 지니어내오ᄃ(지니어 내고져, 이탁 1956)

　　　마. 디니디 나고기(지니어 지나도록, 홍기문 1956)

　　　바. 디니디 나고기(지녀 나도록, 류렬 2003)

　　　사. 디닛내곡(저 내고, 김준영 1964), 디니△내곡(저 내고, 김준영 1979)

　　　아. 디니기 나곡(태어 나서, 유창균 1994)

　　　자. 디니기 닉곡(견디어 내고는, 신재홍 2000)

　　　차. 디닙 나곡(디니어 나곡, 양희철 2008)

　(18가)는 '以'를 '어'로 '支'를 무의미한 글자로 본 문제를, (18나)는 '支'를 지정문자로 본 문제를, (18다, 라)는 '支'를 '어'로 해독한 문제를 각각 보인다.

　(18마, 바)는 '支'를 '디'로, (18사)는 '支'를 'ᆺ'과 '△'으로, (18아, 자)는

'支'를 '기'로 각각 다르게 읽었지만, 이 '디, ㅈ, ㅿ, 기' 등을 모두 그 현대역에서는 연결어미 '-어'로 보았다. 이 해독들은 해독된 형태 '디, ㅈ, ㅿ, 기' 등이 현대역의 '-어'로 연결될 수 없는 문제도 보인다.

(18차)에서는 'ㅂ'이 고대 돌궐어와 한국의 중세어에서 보이는 연결어미라는 점에서 문제를 보이지 않는다. 물론 이 해독은 '支'를 '攴'으로 수정한 해독이다. 이 연결어미는 다른 해독들이 해독에서 발견할 수 없는 연결어미의 기능을 현대역에서 보여준 점에서 확인할 수 있다. 그러나 이 해독역시 수정할 것이 있다. 즉 'ㅏ以'를 양주동이 읽은 '디니'를 따랐는데, '以'가 '니'가 될 수 없다는 점에서, '디입 내곡'으로 수정하고, '(책임을) 지어 내고'의 의미로 본다. 이 해독은 '惡寸習 落臥乎隱 三業 淨戒叱 主留 ㅏ以攴 乃遣只'의 문맥에 잘 맞는다. 즉 '악한 習性(에) 떨어지온 삼업(을) 淨戒의 主로 (책임을) 지어 내고'에 잘 어울린다.

이런 점에서 'ㅏ以攴 乃遣只'은 '(책임을) 지어 내고'의 의미인 '디입(/딥) 내곡'으로 읽고, 이에 포함된 '遣'은 '고'로 읽는다.

셋째로 '閼遣只 賜立'(「참회업장가」)를 보자. 이 '閼遣只 賜立'의 개개 향찰을 '알(閼)+고(遣)+ㄱ(只) 시(賜)+셔(立)'로 읽고, 전체를 '알곡 시셔'로 읽으며, 그 의미는 '알고 있으셔?'의 自問으로 본다. 선행 해독들은 시적 청자를 '부처'나 누구인지 알 수 없는 타인으로 보았다. 전자는 오구라 이래 많은 해독들이 취한 것이고, 후자는 지헌영 이래 네 해독들이 취한 것이다. 그러나 이 부분은 『보현행원품』 '懺除業障者'의 일부분('我今悉以淸淨三業 遍於法界極微塵刹 一切諸佛菩薩衆前 誠心懺悔 後不復造')을, 균여가 시적 화자에 맞게 바꾼 부분이다. 이런 점에서, 시적 화자가 스스로에게 묻는 自問으로 읽어야 할 것 같다. 그리고 이렇게 자문으로 읽을 때에, '閼遣只 賜立'의 '閼'을 어떻게 읽을 것인가는 다소 유동적이지만, 이 해독은 '(今日 部 頓部叱) 懺悔 十方叱 佛體 閼遣只 賜立'['(今日 部 頓部叱) 참회를 시방의 부처(께서) 알고 있으셔?']의 문맥에서, 그렇게 큰 문제를 보이지 않는다. 특히 '-遣只 賜立'을 '-곡 시겨?'로 읽는 데는 문제가 없다. 이런 점에서 '-遣只 賜立'을 '-곡 시셔?'로 읽고, 이에 포함된 '遣'을 '고'로 읽는다.(이 '閼遣只 賜立'에 대한 좀더 구체적인 논의는 제2부의 「三. 향찰 '賜'」참조)

5. 결론

지금까지 한자 '遣'의 신라음을 추정하고, 고려 이두 '遣'의 음을 검토한 다음에, 이 음에 근거하여 향찰 '遣'의 해독을 시도해 보았다. 그 중요한 것들을 요약하여, 결론을 대신하려 한다.

먼저 한자 '遣'의 신라음을 다음과 같은 점들에서 '곤'으로 추정하였다.

1)『설문해자』에서 '遣'을 보면 그 성부가 '丨'이고, 이 성부 '丨'을 포함한 한자로는 '山'섭 3등('元, 阮' 등의 운)에 속한 '坤, 丨' 등과 '山'섭 4등('銑, 霰' 등의 운)에 속한 '遣, 譴, 繾' 등이 있다. 그런데 성부 '丨'이 3등에 속한 것으로 보아, 그리고 운서와 한국음에서 '山'섭 3등에서 4등으로 변한 한자들이 발견되는 것으로 보아, '遣'도 과거에는 3등에 속했던 것으로 추정하고, 그 신라음을 '곤'으로 추정하였다. 특히 '山'섭 3등에 속한 한자들(昆, 坤, 敦, 孫, 溫, 存, 尊, 樽, 村, 昏, 魂)의 한국운이 '-on'이고, 이 한자들의 일부인 '昆, 孫, 尊' 등이 향가 향찰에서 발견되며, '尊'자의 성부인 '寸'을 가진 '寸, 村' 등이 향찰과 신라지명에서 '존, 촌' 등으로 쓰일 개연성을 보인다는 점에서, '遣'의 신라음을 '곤'으로 추정하였다.

2) 운서들과 한국음의 두 측면에서 '遣'의 신라음을 '곤'으로 추정하였다. 첫째로, 운서와 사전에서 성부 '丨'을 포함한 한자들과 함께, 같은 음(곤, 견), 같은 운(온, 연), 같은 분포('山'섭 3등과 4등) 등을 보여주는, 성부

'玄'을 포함한 해성자들은 '山'섭 3등의 음과, 3등에서 4등으로 변한 음의 반영을 보여주는데, 이 변한 음의 반영에 나타난 두 음의 변화는 '遣'의 추정음 '곤'('山'섭 3등의 '阮'운)에서 중세음 '견'('山'섭 4등의 '銑'운)으로의 변화와 일치한다는 점에서, '遣'의 신라음을 '곤○견'으로 추정할 수 있다. 둘째로, 현재 '山'섭 4등의 '銑'운에 속한 '錢'의 음이 '돈〉뎐〉젼〉전'으로 변해온 것으로 추정하는데, 이 변화는 현재 '山'섭 4등의 '銑'운에 속한 '遣'도 '곤〉견'으로 변해왔음을 추정하게 한다는 점에서, '遣'의 신라음을 '곤○견'으로 추정하였다.

이번에는 고려 표기체계상의 구결 'ㅁ(ㄱ)'와 이두 '遣'을 통해 정리한 '遣'의 음을 요약해 보자.

1) 고려 구결은 '거(ㄴ)-겨(ㄴ)-고(ㄴ)'의 표기체계에서 '厺(ㄱ)-ㅕ(ㄱ)-ㅁ(ㄱ)'의 표기를 보이며, 향찰과 이두에서 보이는 '遣'이나 이 '遣'자를 구결로 만든 글자는 보여주지 않는다.

2) 고려 이두는 '거-겨(ㄴ)-고(ㄴ)'의 표기체계에서 '去-在-遣'의 표기를 보이며, 후기 향가(「처용가」와 「수희공덕가」)에서 각각 1회씩 보이는 향찰 '昆'은 보여주지 않는다.

3) 1)과 2)는 고려 이두 '遣'을 '겨(ㄴ)'로 읽을 수 없고, '고(ㄴ)'로 읽어야 하는 세 가지 이유를 말해준다. 첫째 이유는 만약 '遣'을 '겨(ㄴ)'로 읽으면, '겨(ㄴ)'의 표기인 '在'와 겹치기 때문이다. 둘째 이유는 '-고(ㄴ)'가 있어야 해당 문맥의 의미가 통하는데, 구결에서 '고(ㄴ)'의 표기에 사용된 'ㅁ(ㄱ)'는 물론 '고(ㄴ)'를 표기할 수 있는 이두가 고려 이두에서 '遣'을 제외하고는 발견되지 않기 때문이다. 셋째 이유는 '遣'의 신라음으로 추정된 '곤'에 따라 고려 이두 '遣'들을 '고(ㄴ)'로 읽으면 문맥이 잘 통하기 때문이다. 조선 후기의 이두집들에서 '遣'을 '고'로 읽은 것도 이 신라음 '곤'으로 읽은 것의 잔영으로 판단하였다.

제2장에서 추정한 한자 '遣'의 신라음 '곤'과, 제3장에서 정리한 고려 이두 '遣'의 음 '고(ㄴ)'에 근거해 검토한 향찰 '遣'의 해독은 다음과 같이 요약된다.

1) '去賜里遣'(가시리곤)과 '次肹伊遣'(버글이곤)의 '遣'들은 '-니'의 의미를 가진 '곤'으로 해독된다.

2) '置遣(두곤), 放敎遣(놓이시곤), 白遣 賜立(솗곤 시셔?), 成遣 賜立(이루곤 시셔?), 云遣(니르곤), 過出 知遣(디나 알곤), 去遣 省如(가곤 쇼다), 抱遣 去如(안곤 가다)' 등의 '遣'들은 '-고는'의 의미를 가진 '곤'으로 해독된다.

3) '捨遣只(ᄇ리곡), 乃遣只(내곡), 閼遣只 賜立(알곡 시셔)' 등의 '遣'들은 '只'(ㄱ) 앞에서 '고'로 해독된다.

4) 후기 향가(「처용가」, 「수희공덕가」)에 각각 1회씩 '昆'이 나오는데, 이는 한자 '遣'의 신라음 '곤'이 소멸되면서, '곤'의 표기에 한자 '遣'을 쓰지 못하고, '昆'을 쓰기 시작한 것을 의미하는 것으로 판단하였다.

지금까지 향찰 '遣'이 '고(ㄴ)'로 읽힐 수 있는 가능성을 검토해 보았다. 논의 과정에는 미처 충분하게 논증하지 못한 부분들도 있고, 문학적으로 충분하게 다루지 않은 부분들도 있다. 이 부분들은 차후에 차차 보완하고자 한다.

二. 향찰 '昆, 寸, 反'

1. 서론

이 글에서는 향찰 '昆, 寸, 反' 등에 대한 선행 해독들을 변증하면서, 그 과정에서 발견되는 미흡점들을 보완하고자 한다.

향찰 '昆'은 '見昆'(「처용가」)과 '無叱昆'(「수희공덕가」)에서 2회 나온다. 이 '昆'을 선행 해독들은 '곤, 니, 근, 건' 등으로 읽었는데, '곤'으로 읽는 것이 지배적이다. 이렇게 읽을 때에 큰 문제는 거의 발생하지 않는다. 그러나 '昆'의 음 '곤'은 외국 학자들이 재구한 중국 고음([kwən, kuən])과의 연결이 잘 되지 않는 문제를 보인다. 그리고 이 '곤'의 해독은 '곤'으로 읽히는 향찰 '根, 遣' 등과의 관계가 정리되지 않았다.

향찰 '寸'은 '惡寸'(「참회업장가」, 「보개회향가」)과 '惡寸隱'(「참회업장가」) 등에서 3회 나온다. 이 '寸'을 선행 해독들은 '딘, 즌, 돈, 존' 등으로 읽었는데, '딘'과 '즌'이 우세하다. 그러나 이 음들은 한자 '寸'이 '인'운과 '은'운을 보여주는 '臻'섭의 한자가 아니라 '山'섭의 한자라는 점에서, 다시 검토할 필요성을 느낀다. 그리고 '존'의 경우에는 외국 학자들이 재구한 한자 '寸'의 중국 고음 [ts'uən](남북, 중고)과 한국음 '촌'을 연결하여 설명하고 있으나, 그 설명이 다소 모호하다.

향찰 '反'은 '哀反'(「풍요」), '白反也'(「혜성가」), '仍反隱'(「청전법륜가」), '烏乙反隱'(「청전법륜가」), '迷反'(「청불주세가」, 「보개회향가」) 등에서 6회 나온다. 이 '反'을 선행 해독들에서는 '외, 야, 인, 온, 도로, 돌, ㅂ, ㄴ(反)乃), 볼, 별, 반, 바, 빤, 밚, 븐, ㅂ, 븐, 븟, 버, 번, 븐, 브, 본, 봊, 미해독' 등으로 각각 읽었는데, 가장 우세한 '반, 번, 븐, 본' 등의 해독들도 문제를 보인다. 즉 '반'과 '번'의 경우에는 한자 '反'의 음 '반'과 '번'에 기초한 장점을 가지나 '아'와 '어'의 기능이 모호하고, '븐'과 '본'의 경우는 이 음이 한자 '反'의 음이라는 사실을 논증하지 못하여, 통음차 또는 대충(표기)로 설명하거나, 외국 학자들이 재구한 중국 고음 [piwan]으로 '븐'을 설명하고 있으나, 미흡점을 보인다.

이렇게 정리되는 미흡점들을 보완하기 위하여, 다음과 같은 연구 방법을 사용하고자 한다. 첫째로, 향찰 '寸'의 해독에서 미흡한 점은, 한자 '寸'이 '인'운과 '은'운을 보여주는 '臻'섭에 속한 한자가 아니라는 점과, '山'섭 3등의 한자 일부가 오음, 백제음, 신라음, 일본음 등에서 '온'운으로 수용되었다는 점에서 보완하고자 한다. 둘째로, 향찰 '反'의 해독에서 미흡한 점은, 향찰에서 쓰인 한자 '反'의 음이 '반'이나 '번'이 아니라 '분'이란 사실을, 한국 한시의 압운자에서 '反'자, '反'자의 해성자, '反'자와 같은 반절하자를 가진 한자 등이 '분'으로 사용되었다는 점과, '山'섭 3등의 한자 일부가 오음, 백제음, 신라음, 일본음 등에서 '온/운'운으로 수용되었다는 점을 규명하고, 이를 통하여 보완하려 한다.

2. 어말의 '昆/곤'

향찰 '昆'은 '見昆'(「처용가」)과 '無叱昆'(「수희공덕가」)에서 2회 나온다.

그런데 이 두 '昆'은 선행 해독들에서 모두 음으로 읽었다. 먼저 '見昆'(「처용가」)의 '昆'을 보자.

(1) 가. 곤 : 보곤/po-kon(가나자와 1918, 아유가이 1923, 오구라 1929, 마에마 1929, 유창선 1936c, 신태현 1940, 양주동 1942, 정열모 1947, 지헌영 1947, 홍기문 1956, 김준영 1964, 김선기 1967h, 김상억 1974, 서재극 1975, 전규태 1976, 김완진 1980, 정창일 1987, 금기창 1993, 유창균 1994, 강길운 1995, 최남희 1996, 양희철 1997, 신재홍 2000, 황패강 2001, 류렬 2003)
　　나. 니 : 보니(권덕규 1923, 신채호 1924)
　　다. ㄹ : 보ㄹ(이탁 1956)
　　라. 건 : 보건(정열모 1965)

(1)에서 보면, 향찰 '昆'을 '곤, 니, ㄹ, 건' 등으로 읽고 있다. 이렇게 향찰 '昆'을 읽은 것은 '無叱昆'(「수희공덕가」)에서도 거의 같다.

(2) 가. 곤 : 업곤(오구라 1929, 양주동 1942, 지헌영 1947, 홍기문 1956, 김상억 1974, 김선기 1975a, 김완진 1980, 황패강 2001), 없곤(신태현 1940, 전규태 1976, 김준영 1979, 유창균 1994, 강길운 1995, 신재홍 2000), 업시곤(류렬 2003, 양희철 2014)
　　나. ㄹ : 압잇ㄹ(이탁 1956)
　　다. 건 : 음ㅅ건(정열모 1965)

(2)에서는 향찰 '昆'을 '곤, ㄹ, 건' 등으로 읽었다. (1)의 '니'가 **빠졌다**. (1)과 (2)에서 보인 향찰 '昆'의 해독은, '곤, 니, ㄹ, 건' 등으로 정리할 수 있다. 이 해독들이 제시한 논거를 검토하면서, 이 해독들을 뒤에서부터 변증해 보자.

'근'과 '건'은 '昆'의 음이 아니다. 그리고 '니'는 고어에서 연결어미 '-곤'의 의미인 '-니'를 보여주지만, '昆'의 음과는 거리가 멀다. 이런 사실들로 보아, '昆'의 음으로 읽은 '곤'의 해독이 정확하다고 할 수 있다. 왜냐 하면 이 '곤'은 '昆'이면서, 그 의미인 '-니'와 '-므로'는 주어진 문맥에 맞기 때문이다. 즉 "入良沙 寢矣 見昆(보곤=보니)"와 "得賜伊馬落 人米 無叱昆(업시곤=없으므로)"의 문맥에 맞기 때문이다. 이런 점에서 '昆'은 '곤'으로 읽은 해독이 맞다고 정리할 수 있다.

이렇게 '곤'으로 읽는 데 거의 문제가 없는 향찰 '昆'을 이 장에서 정리한 것은, 한자 '昆'의 음이 왜 '곤'인가를 정리하고, 이 '昆/곤'과 '根/곤, 遣/곤' 등의 관계를 정리려는 데도 목적이 있다.

한자 '昆'의 한국음은 고음이나 현대음이나가 모두 '곤'이다. 이로 인해 향찰 '昆'을 '곤'으로 쉽게 읽을 수 있었다. 그러나 외국 학자들이 재구한 중국 고음과 관련지우면, 그 연결이 그렇게 쉽지만은 않다. '昆'의 중국 고음을 董同龢는 [kwən]으로, 칼그렌은 [kwən/kuən]으로, 周法高는 [kwən/kwən]으로 각각 재구하였다. 이 재구음을 한국음 '곤'으로 연관시키면, 그 연결이 그렇게 쉽지는 않다. 이 연결의 설명에 필요한 '昆'의 음을 운서에서 보기 위하여, 『중문대사전』의 정리를 인용하면 다음과 같다.

(3) 昆 : [廣韻]古渾切 [集韻][韻會][正韻]公渾切 音錕 元平聲 kuen
　　　[集韻]戶袞切 音混 阮上聲 huenn
　　　[集韻]胡昆切 音魂 元平聲 hwen

(3)으로 보면, '昆'은 '山'섭 3등의 '元, 阮' 등의 운에 속한다. 이 '山'섭 3등에 속한 한자들은, 칼그렌에 따르면, 吳音과 日本音에서 '-on'운으로 수용되었다(칼그렌 1954, 이돈주 역주 1985:68). 이런 사실을 계산하면, '昆'

의 한국음 '곤'은 중국 고음 [kwən, kuən]이 오음에서 '곤'으로 수용되고, 이 오음이 백제음/신라음/고려음으로 수용된 것이라고 정리할 수 있다.

이렇게 '곤'으로 읽히는 '昆'은 앞에서 정리한 '根/곤, 遣/곤' 등의 표기들과 함께 '곤'을 표기하였다. 그러면 이 세 향찰들은 어떤 관계에 있는가를 정리하기 위하여, 세 향찰들의 분포를 정리하면 다음과 같다.

(4)

순서	작품명	遣	昆	根
1	「원왕생가」	去賜里遣, 白遣賜立, 置遣, 成遣賜去		
2	「헌화가」	放敎遣		
3	「제망매가」	次肹伊遣, 云遣		
4	「안민가」	捨遣只		
5	「우적가」	知遣, 去遣 省如		
6	「서동요」	抱遣 去如		
7	「처용가」		見昆	
8	「참회업장가」	乃遣只, 閼遣只		
9	「수희공덕가」		無叱昆	見根
10	「총결무진가」			行根

(4)에서 보듯이 '遣'은 신라 후기의 작품인 「서동요」까지만 '곤'으로 쓰이고, 「서동요」이후부터 조선조 이두에 이르기까지 '고'로만 쓰인다. 게다가 균여 향가에서 '遣'이 '고'로 쓰여서 그런지, 『삼국유사』의 향가에서 '고'의 표기에 쓰이던 '古'가 균여 향가에서는 전혀 쓰이지 않는다. 그리고 「처용가」에서부터 나타나기 시작한 '昆'은 '根'과 함께 쓰인다. 이런 사실은 신라말에 '遣'의 음이 '곤'에서 '견'으로 바뀌면서, '곤'의 표기에 '昆'과 '根'이 쓰이기 시작했음을 의미한다. 그리고 '昆'과 '根'을 함께 쓴 것은 한시에서 압운에 같은 한자를 쓰기도 하지만, 같은 운에 속한 글자들을 쓰는

것과 같은 차원에서 쓴 것으로 판단한다.

3. 어말의 '寸/존'

향찰 '寸'은 '惡寸(隱)'의 형태로 3회 나온다. 편의상 '惡寸'과 '惡寸隱'을 분리하여 정리하려 한다.

3.1. '惡寸'의 '寸'

'惡寸'은 "惡寸 習 落臥乎隱 三業"(「참회업장가」)과 "懺爲如乎仁 惡寸業置"(「보개회향가」)의 문맥에서 나온다. 이 향찰 '寸'을 선행 해독에서는 다음과 같이 '딘, 즌, 돈, 존' 등으로 읽었다.

(5) 가. 딘 : 모딘(오구라 1929, 신태현 1940, 양주동 1942, 홍기문 1956, 김상억
    1974, 김선기 1975a, 1993, 전규태 1976, 류렬 2003)
    나. 즌 : 머즌(지헌영 1947, 김준영 1964, 1979, 김완진 1980, 신재홍 2000,
    황패강 2001)
    다. 즌 : 궂은(이탁 1956), 구즌(강길운 1995, 김지오 2012)
    라. 돈 : 악돈(정열모 1965)
    마. 존 : 구존(유창균 1994)
    바. 촌 : 아촌(박재민 2013b)

(5가, 나, 다)에서는 '寸'을 '딘, 즌' 등으로 읽었다. 이 '딘, 즌' 등은 우리가 알고 있는 '寸'의 음도 아니고, 중국 운서에서 발견할 수 있는 '寸'의 발음도 아니다. 만약 '寸'이 '臻'섭의 개구음에 속한 글자라면, 이 '딘, 즌' 등의 해독들은 정확한 것들이라고 할 수 있다. 그러나 '寸'은 다음의 (6)에

서와 같이 '臻'의 글자가 아니다.

(6) 寸 : [廣韻][集韻]倉困切 [韻會][正韻]村困切 願去聲 ts'uen(『중문대사전』)

(6)에서 보듯이, '寸'은 '山'섭 3등의 '願'운에 속한 글자로, '臻'섭의 글자들처럼 읽을 수 없다. 이런 사실들을 구체적으로 (5가, 나, 다)에서 차례로 보자.

(5가)에서 오구라는 '惡寸'을 '모딘'으로 읽으면서 '寸'을 자세히 설명하지 않았다. 양주동은 '惡'의 훈을 '모딜, 멎, 궂' 등으로 들고, '惡寸'을 '모딘'으로 읽으면서 '寸'을 전음차 '딘'으로 읽었다. 좀더 구체적인 설명은 없으나, '촌'으로 '딘'을 표기한 전음차로 본 것 같다.

(5나)에서 '寸'을 '즌'으로 읽기 시작한 지헌영은 그 이유를 설명하지 않았고, 김준영은 어감상 이 '머즌'이 좋을 듯하다고 '寸'을 '즌'으로 읽었다. 김완진은 지헌영의 것을 따른다고 했다.

(5다)에서 이탁은 설명 없이 '寸'을 지헌영과 같이 '즌'으로 읽었다. 강길운(1995:398)은 "중국중고음이 [c'uən]〈칼그렌·FD〉이고 동운은 '촌'이고 일본음은 sïn이니 고려초음은 '촌~존'이었을 것으로 추정"하였다.

(5라)에서는 '寸'을 '든'으로 읽었는데, 그 근거를 알 수 없다.

(5마)에서는 '惡寸'을 '구존'으로 읽었다. 이 해독은 '寸'의 중세음 '촌'을 제시하고, 외국 학자들이 재구한 '寸'의 중국 고음으로 [ts'ən](상고, 전한, 후한, 위진)과 [ts'uen](남북, 중고)을 든 다음에, 위진음을 기준으로 하면 '촌'이 되고, 남북조음을 기준으로 하면 '촌'이 되는데, 그 당시는 유기음이 변별되지 않았기 때문에, '존'과 '쫀'이 된다고 하였다. 그리고 '궂+오(인칭법)+ㄴ'의 '존'을 표기한 것으로 정리를 하였다. 이 설명은 다른 해독들에 비해 비교적 문제를 적게 보인다. 그러나 해결하지 못한 문제도 보인

다. 어떻게 [ts'uən]이 '촌, 존' 등으로 연결되는가 하는 문제이다.

(5바)에서는 『신증유합』과 『훈몽자회』의 '아쳐 오'(惡)에 근거를 두고, '싫음, 나쁨' 등의 의미를 모두 포함한 '아쳔'으로 '惡寸'을 추정하여 읽었다. '아쳐'로 '아쳔'을 설명하는 데 필요한 형태소의 분석과 형태소의 가감을 좀더 구체적으로 정리할 필요가 있다.

이 '寸'의 해독은 '山'섭 3등의 한자들이 오음과 일본음에서 '온'운으로 수용되었고, 백제와 신라의 한자음 일부도 그렇다는 점에서 이해된다. 이는 앞에서 본 '根, 遣, 昆' 등에서 정리한 바와 같다. 이를 계산하면서 유창균의 주장을 수정하여 수용하면, '寸'을 '존'으로 쉽게 이해할 수 있다. 즉, 그 당시에는 유기음이 변별되지 않았고, '山'섭 3등의 한자들의 일부는 오음, 백제음, 신라음, 일본음 등에서 '온'운으로 수용되었다는 점에서, '山'섭 3등에 속하는 '寸'의 당시음은 '존'이라는 것이다. 그리고 이에 따라 '惡寸'은 '머존' 또는 '구존'으로 읽을 수 있다. 참고로 '寸'의 일본음은 '(준))순'이고, '村'의 일본음은 '(존))손'이다.

3.2. '惡寸隱'의 '寸'

'惡寸隱'은 "造將 來臥乎隱 惡寸隱"(「참회업장가」)의 문맥에 포함되어 있다. 이 '寸'을 선행 해독에서는 다음과 같이 '딘, 즌, 돈, 존' 등으로 읽었다.

(7) 가. 딘 : 모딘는(오구라 1929), 모딘은(신태현 1940, 홍기문 1956, 김상억 1974, 전규태 1976), 모디는(양주동 1942), 모딘(김선기 1975a, 1993), 모딘온(류렬 2003)

나. 즌 : 머즌은(지헌영 1947, 김준영 1964, 1979), 머즈는(김완진 1980, 황패강 2001), 머즌(신재홍 2000)

다. 즌 : 궂은(이탁 1956), 구즌은(강길운 1995, 김지오 2012)

라. 돈 : 악드는(정열모 1965)

마. 존 : 구존은(유창균 1994)

바. 촌 : 아촌온(박재민 2013b)

(7)에서 '寸'을 읽은 것은 (5)의 '寸'과 같다. 다른 것은 '머존'이나 '구존'의 '-ㄴ'이 관형사형이 아니라, 동명사형이라는 점이다. 이를 계산하여 '惡寸隱'을 읽으면, '머존 것은' 또는 '궂은 것은' 등의 의미인 '머존은' 또는 '구존은' 등으로 읽게 된다.

4. 어중·어말의 '反/분'과 '及'의 오자

향찰 '反'은 '哀反(2회), 白反也, 仍反隱, 烏乙反隱, 迷反(2회)' 등에서 7회 나온다. 이 '反'들에 대한 선행 해독들을 이 장에서 변증하려 한다. 특히 지금까지 검토해온 '根, 遣, 寸' 등의 음들은 '反'자의 음을 다시 한번 검토하게 하는데, 이 한자들과 같은 차원에서 '反'자의 음을 검토하면서 선행 해독들을 변증하려 한다.

4.1. '哀反'의 '反'

'哀反'는 "來如 哀反 多羅 哀反 多 矣徒良"(「풍요」)에서 두 번 나오는데, 그 해독은 같아, 전자만을 검토하려 한다. 이 '反'을 선행 해독들에서는 다음과 같이 '외, 이, 도로, 돌, ㅂ, 봇, ㅂ, 브, 버, 반, 번, 븐, 본' 등으로 읽었다.

(8) 가. 외/이 : 서러외더라(오구라 1929), 설이 하라(이탁 1956)

나. 도로/돌 : 시름 도로 하라(정열모 1947), 애돌 하나(정열모 1965)

다. ㅂ : 셔럽다라(양주동 1942, 지헌영 1947, 김준영 1964, 김상억 1974),
　　서럽더라(유창선 1936e)
라. 보/ㅂ/브/버 : 셜보더라(홍기문 1956), 셜ㅂ다라(김준영 1979), 셜브
　　더라(정창일 1987), 서러버다라(류렬 2003)
마. 반/번 : 이반다라(아유가이 1923), 슬반 까라(김선기 1968a), 셟안 까
　　라(김선기 1993), 셟반 하라(양희철 1997), 셜번 해라(김완진 1980)
바. 븐/본 : 셜븐 하라(서재극 1975, 전규태 1976, 유창균 1994, 최남희
　　1996), 셜븐 해라(황패강 2001), 셜본 하라(금기창 1993, 강길운 1995),
　　셜본 다라(신재홍 2000)

(8가)에서는 '反'을 '외'와 '(ㄷ비)〉이'로 읽었다. 향찰과 해독이 음훈의
차원에서 쉽게 연결되지 않는다.

(8나)에서는 '反'을 '도로, 돌' 등으로 읽었다. '시름 도로 하라'(시름이 도
로 많다)에서는 '反'을 '도로'로 읽는 것이 어렵고, '애돌 하나'(번뇌 많으나)
에서는 '애돌'을 '번뇌'로 보는 데 한계가 있다.

(8다)에서는 '反'을 'ㅂ'으로 읽었다. '反'의 초성으로 'ㅂ'을 표기했다는
이 자체의 논리로만 보면 문제가 없다. 그러나 'ㅂ'의 표기에는 '支'자가
사용된다는 점에서, 문제를 보인다.

(8라)에서는 '反'을 '보, ㅂ, 브, 버' 등으로 읽었다. 양주동이 제시한
'反'의 음 '번, 븐' 등으로 보면, 우선 '버, 브' 등은 이해가 되고, '보'는 모
음 사이를 의식한 순경음화로 보면 이해가 된다. 그러나 '反'의 한자음은
일단 '번'만이 인정된다는 점에서, '버'의 해독만이 가능할 수 있다. 그런
데, 이 '버'를 포함한 '서러버-'의 경우는 이런 형태가 확인되지 않는다는
점에서 문제를 보인다.

(8마)에서는 '反'을 '반'과 '번'으로 읽었다. 이에 포함된 '-아-'와 '-어-'
의 기능에 문제가 있는 것 같다.

(8바)에서는 '反'을 '븐'이나 '본'으로 읽었다. '본'은 주어진 환경에서의 순경음화를 의식한 것이지만, '反'의 음은 아니다. 그리고 이 해독들 역시 하나의 문제를 가지고 있다. 즉 '反'의 음을 어떻게 '븐'이나 '본'으로 설명할 수 있을까 하는 문제이다. '反'을 '븐'이나 '본'으로 읽으면서 그 근거를 제시한 양주동, 서재극, 유창균, 강길운 등의 글을 차례로 보자.

(9) …… 反 通音借「븐」. 「反」이 뭉音借「ㅂ」, 通音借「븐」임은 旣注(八 · 二 · 2哀反). 「反」은 元來 「翻」의 通字(反切反翻切)임으로 借字用例는 모다 「번 · 븐」에 該當한다. …… 「新反」은 곧 「新繁」, 舊名「新分」, …… 宣桑縣 本辛分縣 景德王改名 今新繁縣 (三國史三十四, 地理一)
……
「反」이 「븐」에 通借됨은 左의 類例로써도 알 수 있다.
眞德王立 名勝曼 眞平王母弟國飯 一云國芬 葛文王之女也 (三國史卷五·羅記五· 眞德王) (양주동 1942:594-595)

(9)에서 보면, '反'을 '븐'으로 읽을 수 있다고 제시한 근거는, '反'의 음 '번, 뷘' 등으로 이 음과 통하는 '븐'의 표기에 통음차를 했다는 것이다. 그러나 '新反'(『경상도속지지』)과 "宣桑縣 本辛分縣 景德王改名 今新繁縣" (『삼국사기』 「지리1」)에 나타난, '反(번, 반), 分(분), 繁(번)' 등은 괄호 안의 음으로 읽을 때에 결코 유사한 음들이 아니다. 그리고 "眞德王立 名勝曼 眞平王母弟國飯 一云國芬 葛文王之女也"(『삼국사기』「본기5」)에 나타난, '飯(반), 芬(분)' 등도 괄호 안의 음으로 읽을 때에 결코 유사한 음들이 아니다. 이 (9)에서 인용한 자료들은 매우 중요한 것들이지만, 앞의 설명만으로는 '反(번, 반), 飯(반), 繁(번)' 등이 '븐' 또는 '분(分, 芬)의 표기라는 주장을 설득시키기에는 미흡한 점이 너무 많다. 한자 '反, 飯, 繁' 등의 한국 고음을 좀더 검토하여 보완을 해야 할 것 같다.

서재극은 '븐'으로 읽은 이유를 제시하지 않았다.

유창균은 "筆者가 생각하는 土着化音의 體系에서 귀납했을 때, 中古音 pįwɑn을 기층으로 하면 '븐'이 된다. 이것이 冠形詞形이라는 입장에서 보면 上古音의 '번'을 취하기보다는 中古音의 '번'이나 '븐'을 취할 만한 것이다."(유창균 1994:630)라고 주장하였다. '븐'을 이끌어 내는 과정이 명확하지 않다.

강길운(1995:81)은 외국 학자들이 재구한 '反'의 중국 고음([pjʷʌn]〈칼그렌〉·[pɪuʌn]〈FD〉)을 인용하고 동운의 '빤'을 인용한 다음에 다음과 같이 설명을 하였다.

> (10) …… 신라시대의 차용문자로서는 '븐~본'으로만 쓰이었다. 한자음에 '븐·본'이 없으니까 '反'(반)을 가지고 대충하였던 것으로 추정된다.
> 　眞平王母弟國飯一云國芬葛文王之女也
> 　위에서 '反'을 가진 형성자(形聲字) 즉 쉽게 말하면 反과 같은 발음을 가진 글자인 '飯'이 '芬'(분)과 유사한 발음이었던 것으로 추정된다. 따라서 '反'이 '븐'의 유음이었던 것으로 믿어진다. 한편 향가에서도 모두 '븐~본'으로 읽어야 할 자리에만 쓰였다.(강길운 1995:91)

(10)의 주장에서 보이는 대충(표기)은 양주동의 통음차와 비슷한 것으로 같은 문제를 보인다. 즉 통한다고 본 것이나 대충했다고 본 것이 거의 같은 의미이다. 좀더 구체적으로 문제를 보면, '反'(반)으로 '븐~본'을, '飯'으로 '분'(芬)을 대충 표기하였다는 것인데, 논리적인 설득력을 얻지 못한다. 양주동에서와 같이, 한자 '反, 飯' 등등의 한국 고음에 '븐, 분' 등에 가까운 음들이 있나를 좀더 검토해서 보완해야 할 것 같다.

이제 '哀反'의 '反'을 다시 검토하기 위하여, '反'자와 그 관련 한자들을 『중문대사전』에서 먼저 보자.

(11) 가. 反 : [廣韻]府遠切 [韻會][正韻]甫遠切 阮上聲

　　　　　[廣韻][集韻][韻會]孚袁切 元平聲

　　　　　[廣韻]孚艱切 刪平聲

　　나. 販 : [廣韻][集韻][韻會]方願切 願去聲

　　다. 飯 : [廣韻]符万切 [集韻][韻會]扶萬切 音煩去聲 願去聲

　　라. 板 : [廣韻]甫綰切 [集韻][韻會]補綰切 潸上聲

　　마. 版 : [廣韻]布綰切 [集韻][韻會][正韻]補綰切 潸上聲

　　바. 翻 : [廣韻][集韻]孚袁切 [韻會]浮袁切 音番 元平聲

　　　　　[正韻]浮艱切 刪平聲

　　사. 幡 : [廣韻][集韻][韻會]孚袁切 元平聲

　　　　　[廣韻]孚艱切 音翻 刪平聲

(11가)의 '反'을 보면, 두 가지 음을 보여준다. 이 두 가지 음의 성격을
보기 위해 '山'섭을 간단하게 정리해 보자.

(12)

	開　口		合　口	
一等	寒旱翰-- -ɑn,	曷-- -ɑt	桓緩換-- -uɑn,	末-- -uɑt
二等	刪潸鍊 (반절 '姦' '板' '晏'류)-- -an, 山産襉 ……	鎋 (반절 '鎋'류) -- -at 黠 ……	刪潸鍊 (반절 '還' '綰' '患'류)-- -uan, 山産襉 ……	鎋 (반절 '刮'류) -- -uat 黠 ……
三等	仙獮線(1, 2류) …… 元阮願 (반절 '言' '偃' '憲'류)-- -jən,	薛(1, 2류) …… 月 (반절 '竭'류) -- -jɛt	仙獮線(1, 2류) …… 元阮願 (반절 '袁' '遠' '願'류)-- -juən,	薛(1, 2류) …… 月 (반절 '月'류) -- -juɛt
四等	先銑霰 ……	屑 ……	先銑霰 ……	屑 ……

(11)의 한자들은 두 가지 음을 보인다. 하나는 현대음으로 보면, (11)의
한자들은 '山'섭 3등의 '元, 阮' 등의 운에 속한 경우로, 반절하자를 '遠,

袁' 등으로 하면서, '번'의 음에 대응하는 경우이다. 이 음 '번'은 '元, 阮' 등의 운과 함께 '山'섭 3등에 속한 '願'운을 보이는 (11나, 다)에서 확인되며, '元'운을 보이는 (11바, 사)의 앞부분에서도 확인된다. 다른 하나는 '山'섭 2등의 '刪'운에 속한 경우로, 반절하자를 '艱'으로 하면서, '반'의 음에 대응하는 경우이다. 이 음 '반'은 '刪'운과 함께 '山'섭 2등에 속한 '濟'운을 보이는 (11라, 마)에서 확인되며, '刪'운을 보이는 (11바, 사)의 뒷부분에서도 확인된다. 이렇게 운서들로 보면, '反'의 한국음은 '반, 번' 등이었다고 할 수 있다. 그런데 이 '反'의 두 음('반, 번')은 향찰 '反'의 해독에 거의 도움을 주지 못했디. 이 때문에 '反'의 음을 '븐'으로 보려는 해독들이 나오기도 했지만, 이 음의 근거를 찾을 수 없는 문제를 보였다.

한자 '反'의 음으로 '반'과 '번' 이외에 다른 한국음은 없었을까? 이에 실마리를 제공하는 것은 한국 한시에서 압운된 '反'자와 그 해성자들이다. 이를 보기 위해 두 작품의 각구에서 끝에 나온 글자들을 정리하면 다음과 같다.

(13) 가. 「送曹伸得本字」: 皷, 返, 滿, 遠, 弟, 墾, 資, 反, 討, 蓑, 笓, 婉, 餘, 楗, 鳴, 苑, 沛, 婉, 信, 輓, 材, 琬, 天, 遯, 車, 飯, 綸, 建, 美, 衰, 風, 穩, 使, 本, 險, 忖, 陸, 阪, 油, 狼, 馬, 偃, 士, 晚, 譽, 損, 渥, 圈, 孝, 綣(金宗直, 『속동문선』 권지 3)

나. 「寄和叔豊德山寺」: 台, 晚, 根, 阪, 水, 巘, 淸, 遠, 業, 挽, 書, 楗, 收, 本, 原, 闐, 尊, 穩, 功, 苑, 學, 返, 我, 遁, 疎, 損, 有, 滿, 轍, 悗(南孝溫, 『속동문선』 권지 3)

(13)의 두 작품은 오언고시이다. (13가)를 보면, 제8구말에서 '反'자로 압운을 하였고, 제2, 26, 38구말에서 각각 '反'자의 해성자인 '返, 飯, 阪' 등으로 압운을 하였다. 그리고 (13나)를 보면, 제4, 22구말에서 각각 '反'

자의 해성자인 '阪, 返' 등으로 압운을 하였다. (13)의 정리에서 압운자에 해당하는 짝수번째 글자들을 보면, '안, 언, 원, 온, 운' 등의 운을 압운자로 사용한 것 같이 보인다. 그러나 이 압운자들의 '안, 언, 원' 등의 운은 오음에서 '온'으로 수용되었다는 점을 계산하면, 이 두 작품은 '온(蓑, 袞, 本, 忖, 損, 尊 등등)/운(遜, 遁 등등)'운을 압운자로 사용하였고, 이에 따라 '反'의 음은 '본/분'이었다고 볼 수 있다.

이 두 작품이 고시라는 점에서, 앞의 설명에 의심이 갈 수도 있다. 이를 보완하기 위하여, 한국 한시에서 압운된 '山'섭 3등의 한자들 중에서도, '反'자와 같은 반절하자를 가진 '幡, 繁, 藩, 飜, 翻' 등이 압운자로 쓰인 작품들을 보자.

(14) 가. 「出守春州和人贈別」: 恩, 門, 日, 源, 業, 魂, 淚, 幡(崔淪, 『동문선』 권지 12)

나. 「次李密直學士宴詩」: 聞, 門, 獻, 存, 馥, 繁, 說, 孫(趙簡, 『동문선』 권지 14)

다. 「益齋李學士榮親宴次尊公東菴韻」: 聞, 門, 貴, 存, 露, 繁, 史, 孫(權溥, 『동문선』 권지 14)

라. 「主上除太傅瀋陽王」: 門, 藩, 誓, 恩, 界, 園, 暇, 尊(白元恒, 『동문선』 권지 15)

마. 「谷口驛」: 岸, 根, 逈, 飜, 意, 魂, 過, 園(홍귀달, 『속동문선』 권지 6)

바. 「閏八月十九日直廬偶吟」: 論, 恩, 燭, 樽, 窄, 翻, 沒, 魂(김종직, 『속동문선』 권지 7)

(14마)는 8구로 구성된 5언율시이고, 나머지는 모두가 8구로 구성된 7언율시이다. 그리고 작품별로 제시한 한자들은 각구의 끝에 온 한자들을 정리한 것인데, 제1, 2, 4, 6, 8자들이 압운자들이다. 이 압운자들을 보면, '臻'섭 1등과 '山'섭 3등의 운자들을 이용하여 '온/운'운을 압운하고 있다.

이 중에서도 '幡, 繁, 藩, 飜, 翻' 등의 음은 그 전후에서 압운된 '魂, 存, 孫, 樽, 恩' 등의 글자들과, '門, 源, 園' 등의 글자들로 보아, '반'이나 '번'이 아니라, '본/분'으로 압운되어 있음을 보여준다.

이는 한국 한시에서 '幡, 繁, 藩, 飜, 翻' 등이 '본/분'의 음으로 쓰였음을 보여주면서, 동시에 이 한자들과 같은 '山'섭 3등에 속하면서 같은 반절하자를 가지고 있는 '反' 역시 '본/분'으로 읽혔음을 시사한다. 참고로 '反'의 일본음은 '(본>)혼'과 '(반>)한'이며, '翻'의 일본음도 '(본>)혼'이다.

이렇게 볼 때에, 한자 '反'의 신라음과 고려음은 '본/분'이었디고 추정할 수 있다. 그리고 이런 사실은 양주동이 인용한 중요한 자료의 해석을 다시 하게 한다. 즉 '新反'(『경상도속지지』)과 "宣桑縣 本辛分縣 景德王改名 今新繁縣"(『삼국사기』「지리1」)에 나타난, '反'과 '繁'은 그 고음이 중근세음 '반'과 '번'이 아니라 '분'이라는 것이다. 이 '분'(反, 繁)의 음은 '分(분)'과 일치한다. 그리고 "眞德王立 名勝曼 眞平王母弟國飯 一云國芬 葛文王之女也"(『삼국사기』「본기5」)에 나타난, '飯' 역시 그 고음이 중근세음 '반'이 아니라 '분'이라는 것이다. 이 '분'(飯)의 음 역시 '芬(분)'의 음과 일치한다. 이런 사실은 향찰에서 '反'을 '분'으로 읽을 수 있게 한다.

이제 이 '反'의 음 '분'으로 '哀反 多(羅)'를 해독해 보자, '哀反 多(羅)'를 '서러운 것(이라)'의 의미인 '셜분 하(라)'로 읽는다. 이 해독 '셜분'의 '-우-'는 흔히 주체 표시 '-우/오-'[1]라고 하는 것이다.

---

1) 이 주체 표시 '-우-'가 들어간 예문을 일부 인용하면 다음과 같다.
　元良을 무우리라 垂象으로 하ᄉ봣니 庸君이신들 天性은 볼ᄀ시니 僞姓을 구튜리라 親朝를 請ᄒᆞᄉ봣니 聖主ㅣ 실씨 帝命을 아르시니(『용비어천가』 71장)
　魔王이 怒ᄒᆞ들 道理 거츨씨 無數흔 軍이 淨兵을 몯무우니(『월인천강지곡』 상:26)
　내太子를 셤기ᅀᆞᆸ보ᄃᆡ 하늘 셤기ᅀᆞᆸ듯 ᄒᆞ야 흔 번도 디만흔 일업수니(『석보상절』 6:4)
　지블 占卜ᄒᆞ야 예롤 조차셔 늘구리니 녀름지ᅀᅵ슈메나라ᄒᆞᆯ 버으리와다쇼미 머도다(『분류두공부시언해』(초간본) 7:5)

4.2. '白反也'의 '反'

'白反也'는 "彗星也 白反也 人是 有叱多"(혜성가)의 문맥에서 나온다. 이에 나온 '反'을 선행 해독들에서는 다음과 같이 '외, 볼, 별, ᄋᆞ, 본, ᄫᅩᆫ, 본, 븐, 브, 바, 반' 등으로 읽었다.

(15) 가. 외/볼/별/ᄋᆞ : 술욀(오구라 1929), 살볼예(정열모 1947), 술벼리라 (정열모 1965), 술ᄋᆞ이(이탁 1956)

나. 본/ᄫᅩᆫ/본 : 술본여(양주동 1942, 지헌영 1947, 김준영 1979, 금기창 1993), 술본 녀니(서재극 1975), 술ᄫᅩᆫ녀(황패강 2001), 술ᄫᅩᆫ야(홍기문 1956), 술ᄫᅩᆫ란(신재홍 2000), 술본여(김준영 1964), 술본야(전규태 1976, 양희철 1997), 술ᄇᆞ니라(유창균 1994), 술본 넌기(최남희 1996)

다. 븐/브 : 슯은(유창선 1936e), 살븐여(김상억 1974), 솔본(강길운 1995), 술브안(정창일 1987)

라. 바/반 : 살바란(김선기 1967a, 김선기 1993), 살바라(류렬 2003), 술 바녀(김완진 1980)

(15가)에서는 '反'을 '외, 볼, 별, ᄋᆞ' 등으로 읽었다. 이해가 거의 되지 않는다. 게다가 '술욀'에서는 '也'를 'ㄹ'로 읽은 문제도 보인다.

(15나, 다)에서는 '反'을 '본, ᄫᅩᆫ, 본, 븐, 브' 등으로 읽었는데, 앞에서 살폈듯이, '反'의 음이 아니다.

(15라)에서는 '反'을 '바, 반' 등으로 읽었다. '反'의 음 중에 '반'이 있다는 점에서는 이해가 된다. 그러나 그 기능이 다소 모호하다.

이런 문제들을 보완하기 위하여, '白反也'를 '술분야'로 읽는다. 이 경우에 '야'는 강조사이고, '술분'은 관형사형 '슯은'에 '-우-'가 들어간 형태이다.

4.3. '仍反隱'의 '反'

'仍反隱'은 "彼 仍反隱"(「청전법륜가」)의 문맥에 나온다. 이에 포함된 '反'을 선행 해독들에서는 다음과 같이 '야, ㄴ(乃), 돌, 븐, 븐, 반, 빤, 본' 등으로 읽었다.

> (16) 가. 야/ㄴ/돌 : 지ᄌ야ᄂ(오구라 1929), 지즐ᄂ(김완진 1980), 이도론(정열
> 　　　 모 1965)
> 　　 나. 븐/븐/반/빤/본 : 너븐(양주동 1942, 신태현 1940, 지헌영 1947, 김상
> 　　　 억 1974, 전규태 1976, 황패강 2001, 김지오 2012, 박재민 2013b), 넙ᄋ
> 　　　 (이탁 1956), 느븐(김준영 1979), 나반(김선기 1975a), 노빤(김선기
> 　　　 1993), 너본(신재홍 2000)
> 　　 다. 븐 : 잇븐(홍기문 1956), 이븐(류렬 2003)
> 　　 라. 븐 : ᄌᄌ븐(유창균 1994), 골븐(강길운 1995)

(16가)에서는 '反'을 '야, ㄴ, 돌' 등으로 읽었다. '지ᄌ야ᄂ'(위하여)의 경우는 '反'을 '외'로 읽고 이 '외'를 '야'로 바꾸었다. '야'의 한자가 없어서 '야'를 '反/외'로 썼다고 보기는 어렵다. '지즐ᄂ'(잇따르는)에서는 '反'을 '乃'(너)로 수정하고 'ㄴ'로 읽었다. '이도론'에서는 '反'을 '돌'로 읽었는데, '이'를 '仍'으로 표기했다고 보는 것이 쉽지 않다.

(16나)에서는 '反'을 '븐, 븐, 반, 빤, 본' 등으로 읽었다. '반, 빤' 등을 제외한 나머지는 '反'의 음이 아니다. 그리고 이 해독들은 '넓은'의 의미로 보고 있는데, '仍'의 음에 '너'가 없고, 'ㄴ, 느' 등은 '넓은'의 '너'와 거리가 있다는 문제를 보인다.

(16다)에서도 '反'을 '븐'으로 읽었다. 물론 '븐'은 '反'의 음이 아니다. 게다가 '仍'으로 '잇븐'(수고로운)이나 '이븐'(수고로운)의 '잇, 이' 등을 표기했다고 보기는 쉽지 않다.

(16라)에서도 '反'을 '븐'으로 읽었다. 역시 '븐'은 '反'의 음이 아니다. 'ㅈㅈ븐'(빈번한)에서는 '仍(즛)+反(브, 형용사성 접미사)+隱(ㄴ)'으로 개별 향찰들을 읽고 'ㅈㅈ븐'(빈번한)으로 정리를 하였다. 형용사에 형용사성 접미사가 다시 왔다고 보기는 어렵다. '골븐'(거듭된, 잇대인)에서는 고어 '굴ㅍ-'에서 '골브-'형을 설정하여 읽었다.

이렇게 '仍反隱'에 대한 해독은 아직도 미흡점을 보인다. 이 미흡점들을 보완하기 위하여, '거듭다'의 어형을 설정하고, '仍反隱'을 해독하고자 한다. '仍'의 의미에는 '거듭'과 '거듭하다'가 있다. '거듭하다'를 보면, 그 이전에는 '거듭-'의 형용사가 있었던 것 같다. 그리고 고중세어에서 용언의 어간이 부사와 명사가 되는 경우가 있다. 예로, '새롭(다), 곧(다), 답(다)' 등의 어간을 들 수 있다. 이런 예들로 보아, '거듭하다'는 그 이전에는 '거듭다'의 형태로 쓰였다고 볼 수 있다. 이에 바탕을 두고, '仍反隱'을 해독하면, '거듭하는'의 의미인 '거듭운〉거드분'으로 읽을 수 있다. 이 해독을 "彼 仍反隱 法界惡之叱 佛會阿希 吾焉 頓部 進良只"의 문맥에 넣어 보아도 문맥에 큰 무리 없다. 이런 점들에서, '仍反隱'을 '거듭하는'의 의미에 주체 표시의 '-우-'가 들어간 '거드분'으로 읽으려 한다.

4.4. '迷反'의 '反'

향찰 '迷反'은 "道尸 迷反 群良 哀呂舌"(「청불주세가」)와 "迷反 群 無史 悟內去齊"(「보개회향가」)에서 나온다. 이 '反'을 선행 해독들에서는 다음과 같이 '외, 본, 븐, 번, 빤, 반, 본, 밫' 등으로 읽었다. 선행 해독들 중에서, 같은 형태로 해독한 경우는 하나만 제시하고, 다른 형태로 해독한 경우는 '/'의 전후에 함께 제시한다.

(17) 가. 외 : 왼(오구라 1929)

　　나. 본 : 이본(양주동 1942, 지헌영 1947, 홍기문 1956, 강길운 1995, 신재홍
　　　　2000, 황패강 2001, 류렬 2003, 박재민 2013b)

　　다. 븐/븐 : 이븐(신태현 1940), 입은(이탁 1956), 이븐(김상억 1974, 전규
　　　　태 1976, 김지오 2012), 입온(이탁 1956), 이븐(김준영 1979), 이븐/이
　　　　븐(정열모 1965, 유창균 1994)

　　라. 빤/반 : 이빤/이반(김선기 1975a), 이반(김선기 1993)

　　마. 븐/반 : 이븐/이반(김완진 1980)

　(17가)에서는 '외(迷)+외(反)+ㄴ'로 읽었다. '迷'를 '외'로 읽고, 'ㄴ'을 첨가한 문제를 보인다.

　(17나, 다, 라, 마)에서는 '反'을 '본, 븐, 븐, 빤, 반, 반' 등으로 읽었다. 이 중에서 '反'의 음에 맞는 것은 '반'뿐인데, '-안'의 기능이 명확하지 않다.

　이런 미흡점들을 보완하기 위하여, '迷反'의 개별 향찰을 '迷(입)+反(분)'으로 읽고, 전체를 '이분'으로 읽는다.

　이 '迷反/이분'의 해독은 '迷火隱乙'(「항순중생가」)의 해독과 연결되어 왔다. 후자는 '(이븐을>)이브늘'(양주동 1942)과 '(이블은을>)이브른을'(유창균 1994)로 읽는 것이 대표적이다. '迷'의 훈이 '입다'인가 '이블다'인가의 차이인데, 전자로 판단되므로, '이브늘'로 본다. 이 '迷火隱乙/이브늘'의 '迷火隱-/이븐-'과 '迷反/이분'을 많은 해독들에서 같은 '이븐'의 표기로 보아 왔으나, '火隱'(븐)과 '反'(분)은 '-우-'의 유무에 따른 별개의 표기로 보아야 할 것 같다.

4.5. '烏乙反隱'의 '反'

　'烏乙反隱'은 "(後言)菩提叱 菓音 烏乙反隱 覺月 明斤 秋察羅 波處

也"(「청전법륜가」)의 문맥에서 나온다. 이에 포함된 '反'을 선행 해독들은 다음과 같이 '야, 이, 돌, ㄴ, 미해독, 뵌, 븐, 반, 븐, 본' 등으로 읽었다.

(18) 가. 야/이/돌/ㄴ/미해독 : 열니얀[熟してこそ(오구라 1929)], 올인[어린 (이탁 1956)], 가물 도룐[많은 들은(정열모 1965)], 오올ㄴ[온전해지는 (김완진 1980)], 미해독(김선기 1975a)

나. 뵌/븐/반/븐/본 : 오올뵌[온전한(양주동 1942), 완전한(지헌영 1947), 성숙한(홍기문 1956, 황패강 2001), 온전한(영그는, 김지오 2012, 박재민 2013b)], 오술뵌[좋은(류렬 2003)], 오올븐[滿てる(신태현 1940)], 오알븐[온전한(김상억 1974)], 오올븐[온전하면(결실하면, 전규태 1976)], 오을븐[결실하면(김준영 1979)], 욜반(현대역 미제시, 김선기 1993), 올븐[완전한(영근, 유창균 1994)], 오을본[온전하게 한(강길운 1995)]

다. 뵌 : 올뵌[익은(신재홍 2000)]

(18가)에서는 '反'을 '야, 이, 돌, ㄴ' 등으로 읽거나, 해독하지 않았다. '열니얀'에서는 '反'을 '외'로 읽고, '야'로 바꾸었으며, '올인'(어린)에서는 '反'을 훈약차 '이'로 읽었는데, 이해가 잘 되지 않는 해독들이다. 그리고, '가물 도룐'(많은 들은)에서는 '反'을 '돌'로 읽었는데, 해독과 현대역이 잘 연결되지 않는다. '오올ㄴ'(온전해지는)에서는 '反'을 '乃'(니)로 수정하고 'ㄴ'로 읽었는데, 역시 해독과 현대역이 잘 연결되지 않는다.

(18나)에서는 '反'을 '뵌, 븐, 반, 븐, 본' 등으로 읽었다. 앞에서 살폈듯이, 이 중에서 '反'의 음을 살린 것은 '반' 정도이다. 그리고 이 해독들은 '全, 完' 등의 의미인 '오술ㅸ-, 오올ㅸ-, 오을ㅸ-, 올브-()올오-), 오을봉-' 등의 어간에 형용사형어미 또는 사동접미사 '뵹'()우·오)(강길운 1995:437)가 결합된 어휘로 '烏乙反隱'을 해독하였다. 이 의미의 해독들이 주종을 이루지만, 두 가지 문제를 보인다. 하나는 어두의 '烏'를 훈주음종이나 의주음조에 따라 훈으로 읽지 않으면서, 음으로 읽은 이유를 명확하

게 설명하지 않아, 그 이해가 어렵다는 것이다. 다른 하나는 〈보리수 열매가 온전하다/완전하다/온전하게 되다〉의 표현이 문맥상 자연스럽지 못하다는 것이다. 물론 '온전하다/완전하다/온전하게 되다'가 아닌 다른 의미로 본 경우들은 해독과 현대역이 잘 연결되지 않는 문제를 보인다.

(18다)에서는 '反'을 '본'으로 읽고, '올본'을 '익은'의 의미로 보았다. 문맥의 의미로 보면 어느 정도 자연스럽다. 그러나 '올본'(익은)이 검증되지 않은 가설이고, '烏'를 어두에서 훈으로 읽지 않은 문제는 여전히 해결하지 못하고 있다.

'烏乙 反隱'을 '烏乙 及隱'으로 수정하여, '검을 믿()밑)은'으로 읽으려 한다. 이렇게 수정하여 읽을 때에, 문맥의 의미가 자연스럽고, 훈주음종이나 의주음조를 살릴 수 있다. 향찰 '烏'는 9회 나오는데, 『삼국유사』 향가와 『균여전』 향가에서 그 쓰임이 다른 것 같다. 『삼국유사』의 향가에서는, '賜烏隱, 逢烏支'(「모죽지랑가」), '逸烏, (持以支)如賜烏隱'(「찬기파랑가」), '脚烏伊'(「처용가」), '遊烏隱, 見賜烏尸'(「혜성가」), '逸烏隱'(「원가」) 등에서와 같이, 어두에 나온 적이 없어, 이 '烏'들을 '오'로 읽는 데 거의 부담을 느끼지 않는다. 이에 비해 『균여전』의 향가에서는 '烏乙反隱'(「청전법륜가」)의 '烏'만이 한번 어두에서 나온다. 이런 어두의 '烏'을 『삼국유사』의 향가에서와 같이 '오'로 읽을 수는 없고, '검-'으로 읽을 때에, 훈주음종이나 의주음조에 부합한다. 그리고 보리수의 익은 열매는 '빨간 색'을 띠는 경우도 있지만, '검은 자주빛'이나 '검붉은 색'을 띤다고 한다. 후자의 '검은 자주빛'이나 '검붉은 색'을 띠는 경우에, 보리수 열매가 익을 때, 또는 그 바로 직전을, '세밑'에서와 같이, 〈보리 열매 검을 밑〉이라고 표현했다고 보면, 이 문맥은 보리수 열매가 익을 바로 직전의 의미를 전달하는 데 자연스럽다. 이 경우에 '反'을 '及'의 오자 또는 마모로 본 것은 '間王冬'의 '王'이 '毛'의 마모인 것과 같은 논리이다. 이런 점에서, '烏乙 反隱'을 '烏

乙 及隱'으로 수정하고, '검게 아주 잘 익을 직전은'의 의미를 가진 '검을 믿()밑)은'으로 읽고자 한다.

5. 결론

지금까지 향찰 '昆, 寸, 反' 등에 대한 선행 해독들을 변증하면서, 그 과정에서 발견되는 미흡점들을 보완해 보았다. 그 중요한 것들을 요약 정리하는 것으로 결론을 대신하려 한다.

1) 향찰 '昆'은 '見昆'(「처용가」)과 '無叱昆'(「수희공덕가」)에서 나타나며, 선행 해독들은 '곤, 니, 근, 건' 등으로 읽었는데, '곤'으로 읽는 것이 지배적이다.

2) 한자 '昆'의 음 '곤'은 외국 학자들이 재구한 중국 고음([kwən, kuən])과의 연결이 잘 되지 않는데, 이는 중국 고음([kwən, kuən])이 오음에서 '곤'으로 수용되고, 이 오음 '곤'이 백제음/신라음/고려음으로 이어지는 한자 '昆'의 고음의 선상에서 이해된다.

3) '見昆'은 '보니'의 의미인 '보곤'으로, '無叱昆'는 '없으므로'의 의미인 '업시곤'으로 각각 해독된다.

4) '곤'을 표기한 향찰로 '昆, 根, 昆' 등이 있는데, 신라 후기의 작품인 「서동요」까지만 '遣/곤'으로 쓰이고, 「처용가」에서부터 나타나기 시작한 '昆/곤'은 '根/곤'과 함께 쓰였다. 이런 사실은 신라말에 '遣'의 음이 '곤'에서 '견'으로 바뀌면서, '곤'의 표기에 '昆'과 '根'이 쓰이기 시작했음을 의미하며, '昆'과 '根'을 함께 쓴 것은 한시에서 압운에 같은 한자를 쓰기도 하지만, 같은 운에 속한 다른 글자들을 쓰는 것과 같은 차원에서 이해된다.

5) 향찰 '寸'은 '惡寸'(「참회업장가」, 「보개회향가」)과 '惡寸隱'(「참회업장가」)

에서 나타나며, 이 '寸'을 선행 해독들은 '딘, 즌, 돈, 존' 등으로 읽었고, 이 중에서 '딘'과 '즌'이 우세하지만, '寸'이 '인'운과 '은'운을 보여주는 '臻' 섭의 한자가 아니라 '山'섭의 한자라는 점에서 부정된다.

6) 향찰 '寸'의 한자음은 외국 학자들이 재구한 중국 고음 [tsʼuən](남북, 중고)으로부터 '존'이 추정되고 있으나, 설명이 다소 모호하다. 이보다는 '山'섭 3등의 한자 일부가 오음, 백제음, 신라음, 일본음 등에서 '온'운으로 수용되었다는 점에서, 향찰 '寸'의 한자음은 '존'으로 추정된다. '寸'의 일본음은 '(쥰))슌'이고, '村'의 일본음은 '(죤))숀'이다.

7) 향찰 '寸'의 한자음 '존'으로 보아, '惡寸'은 '머존' 또는 '구존'으로 읽고, '惡寸隱'은 '머존은'(머즌 것은) 또는 '구존은'(궂은 것)으로 읽었다. 이 경우에 '-존'의 '-오-'는 선어말어미이다.

8) 향찰 '反'은 '袞反'(「풍요」), '白反也'(「혜성가」), '仍反隱'(「청전법륜가」), '烏乙反隱'(「청전법륜가」), '迷反'(「청불주세가」, 「보개회향가」) 등에서 6회 나오며, 이 '反'을 선행 해독에서는 매우 다양하게 읽었고, 그 중에서 '반, 번, 븐, 본' 등이 우세하다. 그러나 '반'과 '번'의 경우에는 한자 '反'의 음 '반'과 '번'에 기초한 장점을 가지나 '아'와 '어'의 기능이 모호하고, '븐' 과 '본'의 경우는 이 음이 한자 '反'의 음이라는 사실을 논증하지 못하여, 통음차 또는 대충(표기)로 설명하거나, 외국 학자들이 재구한 중국 고음 [piwɑn]으로 '븐'을 설명하고 있으나, 미흡점을 보인다.

9) 한자 '反'자, '反'자의 해성자들('返, 飯, 阪' 등), '反'자와 함께 같은 반절하자를 가진 한자들('幡, 繁, 藩, 飜, 翻' 등) 등은 한국 한시의 압운에서 '본/분'의 음을 보여준다. 그리고 이 중의 '反/분'의 음은 '新反'(「경상도속지」)과 "宣桑縣 本辛分縣 景德王改名 今新繁縣"(『삼국사기』 「지리1」)에 나타난, '反=繁=分'의 대응에서 확인되고, "眞德王立 名勝曼 眞平王母弟國飯 一云國芬 葛文王之女也"(『삼국사기』 「본기5」)에 나타난, '飯=芬'의

대응에서도 확인되어, 향찰 '反'을 '분'으로 읽을 수 있게 한다.

10) 향찰 '反'의 한자음으로 추정된 '분'으로 보아, '哀反'은 '셜분'으로, '白反也'는 '술분야'로, '仍反隱'은 '거드분'(거듭운)으로, '迷反'은 '이분'으로, 각각 읽고, '反/분'에 포함된 '우'는 선어말어미로 보았다.

11) '迷火隱乙/이브늘'(「항순중생가」)의 '迷火隱-/이븐-'과 '迷反/이분'을 많은 해독들에서 같은 '이븐'의 같은 표기로 보아 왔으나, '火隱'(븐)과 '反'(분)은 '-우-'의 유무에 따른 별개의 표기로 판단하였다.

11) '烏乙反隱'을 '烏乙 及隱'으로 수정하여, '검게 아주 잘 익을 밑(직전)은'의 의미를 가진 '검을 믿(◊밑)은'으로 읽었다. 그 이유는 세 가지이다. 첫째로, 어두에서 유일하게 나온 이 '烏'를, 어중이나 어말에서 나온 '烏'들(『삼국유사』의 향가에서 8회)과 같이 음 '오'로 읽을 만한 이유가 없기 때문이다. 둘째로, 이 '烏'를 '오'로 읽은 '오을-, 오올-, 올-' 등등의 해독이 보이는 〈보리수 열매가 온전하다/완전하다/온전하게 되다〉의 표현이 문맥상 자연스럽지 못하기 때문이다. 셋째로, 보리수의 익은 열매는 '검은 자주빛'이나 '검붉은 색'을 띤다는 점에서, 〈보리수 열매 검을 밑〉의 표현은, 보리수가 검게 잘 익을 바로 직전의 의미를 전달하는 데 자연스럽기 때문이다.

三. 향찰 '孫'(1)

1. 서론

향찰 '孫'이 포함된 어휘로는 '白孫, 禮爲白孫隱, 修叱孫丁, 修孫' 등이 있다. 이 중에서 '白孫'과 '禮爲白孫隱'에 대한 선행 해독들을 변증하고 미흡점을 보완하는 것이 이 글의 목적이다.

향찰 '白孫'과 '禮爲白孫隱'의 해독에서 가장 문제가 되는 것은 '白'과 '孫'이다. 이 두 향찰의 해독 양상과 문제를 각각 정리하면 다음과 같다.

먼저 향찰 '白'은 '술, 살, 숣(/삷/솗)+을(/오/알/올), 삷, 숣' 등으로 다양하게 해독되어 왔다. 이 중에서 나름대로 해독의 논거를 제시한 것은 둘이다. 하나는 實訓 '숣'으로 읽은 것이고, 다른 하나는 관형사형의 讀訓인 '숣(/삷/솗)+을(/오/알/올)'로 읽은 것이다. 이 둘 중에서 어느 해독이 맞을까? 일반적으로 향찰 해독에서 이용하는 훈은 實訓이다. 그리고 일부 연구자들의 일부 해독에서는 독훈이 이용되기도 한다. 이 독훈의 이용은 향찰에서 허용되는 것인가 아닌가 하는 문제가 이 '白'의 해독에도 연결되어 있다.

향찰 '孫'은 '온, 오, 올, 손, 숀' 등으로 해독되어 왔다. 이 중에서 확실한 논거를 가진 것은 '손'이다. 그런데 이 '손'의 해독은 두 측면에서 모호하다. 첫째 측면은 '손'의 '소'에 대한 해독, 현대역, 설명 등이 일치하지 않는 문제이다. 어떤 경우에는, 해독에는 '소'가 있으나, 현대역에는 이에 상응하는 것이 없으며, 이에 대한 설명도 없다. 다른 경우에는 해독의 '소'에 대응하는 현대역이 없으나, 설명에서는 의존명사라고 하여, 이중적인 태도를 보인다. 또 다른 경우에는 해독의 '소'를 현대역에서도 그대로 쓰면서 이에 대한 설명이 없다. 이 세 경우들은 모두가 해독의 '소', 현대역, 설명 등이 일치하지 않거나, 어느 하나나 둘이 빠진 문제를 보인다. 둘째 측면은 '손'의 형태소 분석에서 합일점을 찾지 못한 문제이다. 어떤 경우에는 '손'을 의존명사로 보았다. 그리고 다른 경우에는 '손'의 '소'를, 명령형의 종결어미 '-소', 의존명사 'ㅅ'의 아어형·변형·경어형·장중형, 의존명사 'ㅅ'와 인칭법의 선어말어미 '오'의 결합 등으로 보았다. 이렇게 '손'이나 '소'의 형태소 분석에서 합일점을 찾지 못한 것은 '손'이나 '소'의 형태소 분석이 명확하지 않기 때문이다.

이 문제들을 보완하기 위하여, 다음의 네 측면에서 향찰 '白孫'과 '禮爲白孫隱'의 선행 해독들을 변증하고자 한다. 첫째는 차제자 원리의 측면이다. 향찰의 차제자 원리는 한자의 음과 훈을 이용하는 것이기에, 한자의 음훈을 벗어나지 말아야 한다. 둘째는 이표기의 측면이다. 이 측면은 향찰 해독에서 중요하게 인식되어 온 것이 아니다. 그러나 '소'의 형태소 해석에서는 상당히 중요한 것으로 보인다. 셋째는 형태소 연결에서의 문법적 측면이다. 넷째는 문맥의 측면이다.

2. '孫'의 형태소

'孫'은 이 글에서 다루려는 두 향찰('白孫, 禮爲白孫隱')에 모두 포함되어 있다. 이에 '孫'의 형태소를 먼저 정리하여 제3・4장에서의 논의를 간편하게 하려 한다.

'손'과 그 이표기인 '손'의 형태소들은 이론상 다음의 네 종류로 정리할 수 있다.

1) 영탄법의 선어말어미(소)+관형사형어미(ㄴ)
2) 의존명사(ㅅ)+서술격(이)+의도법의 선어말어미(오)+관형사형어미(ㄴ)
3) 어간(시)+의도법의 선어말어미(오)+관형사형어미(ㄴ)
4) 존경법의 선어말어미(시)+의도법의 선어말어미(오)+관형사형어미(ㄴ)

이 중에서 향찰 '孫'의 실제 분석에 소용되는 것은 1)과 2)이므로, 3)과 4)는 빼고, 1)과 2)를 차례로 정리하려 한다.

2.1. 영탄법의 선어말어미(소)를 포함한 '손'

영탄법의 선어말어미(소)를 포함한 '손'은 '영탄법의 선어말어미(소)+관형사형어미(ㄴ)'의 형태를 취한다. 향찰 해독에서 이 형태를 직접 언급한 경우는 없다. 단지 다음의 글이 이를 암시하는 정도이다.

(1) 가. 이 '손'의 말덜을 너무도 갑자기 찾아내려는 것보다 차라리 뜸을 들이어 더 찾아보는 것이 좋을 듯하다. 그리하여 알타이 비교 언어학의 증거를 찾아낼 때까지 판단을 중지하여 둠이 슬기롭지 아니 할까 생각한다. 다만 '손'의 구실은 힘줌(emphatic) 구실을 함만은 틀림없다. 따라서 이 붓은 '白孫'을 '삷알손'이라 읽는다.(김선기 1993:495-496)

　　나. '修孫'은 '닦손'으로 읽어도 좋다. '孫'은 갓곶이니 힘줌(emphatic form)이라 할 수 잇다. 늣거움갓곶이라 하여도 좋다.(김선기 1993: 672)

(1가, 나)의 인용에서는 '손(孫)'을 힘줌 또는 늦거움의 '갓곶'으로 보고 있다. 이 '갓곶'이란 말은 관형사형어미를 포함한 어미로 볼 수 있다. 그런데 이것이 힘줌 또는 감탄의 기능을 한다고 할 때에, 이는 선어말어미가 포함되어 있음을 암시한다.

이렇게 암시된 선어말어미의 가능성을 '孫'에서 보자. '소'는 이미 중세어 문법에서 허웅(1975:953-955)에 의해 설정되어 있다. 즉 '5) 강조-영탄법'의 '(7) 「-소, 亽-」계'에서 다음과 같이 영탄법의 선어말어미로 설정되어 있다.

> (2) 1. 앞에 나온 여러 강조-영탄의 씨끝들('-아/어-, -거-, -도-, -노-, -다-, -샤-' 등의 계통을 지시함:인용자 주)과 연결하여 그 뜻을 한층 강화하는 효과를 나타내는 <u>「-소-」, 「-亽-」는 단독으로도 영탄의 뜻을 나타내는 데 쓰인다</u>.
>   …(중간 생략)…
> 2. 이상 「-소-」를 포함한 모든 예문들은 모두 1-인칭월임이 주목되는 데, 「-소-」는 다시 1-인칭 안맺음씨끝인 「-다-」(→p.788), 「-다-」(→p.796)를 앞세울 수 있다.
>   …(중간 생략)…
> 3. 이상에 보인 예문들에 나타나는 「-소-」의 특색을 간추려 보면:
>   ㄱ. 맺음씨끝 「-다」, 「-으니」 앞에서 쓰여서 모두 1-인칭 임자말에 응하고 있다.
>   ㄴ. 「-다」를 「-라」로 변동 시키고 있는데, 이것은 「-오/우-」의 경우와 한가지다.
>   ㄷ. 1-인칭의 안맺음씨끝 「-다-」, 「-과-」와 연결되어서 1-인칭 임자말에 응하고 있다.
>   이런 점으로 보면 「-소-」는 다음에 나오는 「-亽-」에 1-인칭의 안맺음씨끝 「-오-」가 연결된 것으로 볼 수 있다. (그리고

어원적으로는 분명히 그랬으리라 생각한다.)

4. 그러나 「-소-」는 영탄의 안맺음씨끝 「-도-」, 「-노-」와 연결되어 「-도소-」, 「-노소-」로써 영탄의 뜻을 한층 더 강조하는 일이 있는데, 이 경우에는 임자말의 인칭에는 관련이 없다.(밑줄 필자)

(2)에서 보듯이, 영탄법의 선어말어미 '-소-'는 밑줄을 친 부분과 여타 부분에서 이미 정리되어 있다. 그리고 이에 속한 예들도 풍부하게 정리되어 있다. 예로 넷만 보면 다음의 (3)과 같다.

(3) 모딘 중싱이 므싀업도소니(『석보상절』六 19)
다 睿斷을 듣줍소니(『금강경언해』跋 2)
患亂하매 便安히 사디 몯ᄒ소라(『두시언해(초간본)』八 43)
恭敬ᄒ야 供養ᄒᅀᄫᅡᅀᅡ ᄒ리로소이다(『월인석보』九 52)

(3)의 인용들에서 보는 바와 같이, 이 선어말어미는 선어말어미 '-도/로-'와 '-이-'의 사이에 온다. 이 영탄법의 선어말어미 '-소-'에 관형사형어미 '-ㄴ'이 붙으면 '-손'이 되는데, 이 '-손'은 향찰 '孫'으로 표기될 수 있어, '孫'의 해독에서 반드시 검토되어야 할 것으로 판단한다.

2.2. 의존명사('ᄉ')와 서술격('이')을 포함한 '손'

의존명사('ᄉ')와 서술격('이')을 포함한 '손'은 '의존명사(ᄉ)+서술격(이)+의도법의 선어말어미(오)+관형사형어미(ㄴ)'의 '손'이 단모음화된 형태이다. 이 형태와 유사한 해석들은 향찰 '孫'에 대한 선행 해독에서 적지 않다. 선행 연구들이 보이는 한계를 먼저 검토하고, 이어서 보완하려 한다.

2.2.1. 선행 해석의 변증

먼저 선행 연구들이 보이는 미흡점들을 보자. 이 형태와 관련된 언급은 오구라(小倉進平)에서부터 보인다.

(4) 그렇다면, 「孫」의 어원은 무엇일까? 우리들은 오늘날 속어에 있어서

그럴손가(그리홀손가)(그러하련가)

그럴소냐(그리홀소냐)(그러하련가)

같은 독어적 영탄적인 구를 사용한다. 이 경우의 '-손가・-소냐'는 무엇인가를 말하면, 이것은 '-소인가・-소이냐'이어서, 명령형 '-소'에 '-인가・-이냐'(「-인가」의 의미)가 붙은 것이다. 그리해서 '-손가・-소냐'의 위에는 '-홀'이라고 하는 것 같이 동사의 '-ㄹ'형을 붙인다. 이곳에 있는 「孫」(손)과 같은 것도 내 생각으로는 '소인'(「-인 바의」의 의미)의 음역으로, 연체형을 나타낸 것이라고 생각한다. 따라서 위에 있는 동사의 형태는 「白孫」(숣을손 또는 숣을손)・「吾衣修孫」(나의닥글손)・「禮爲白孫」(절ᄒ숣을손 또는 절ᄒ올손)과 같이 '-ㄹ'을 붙여서 말해야 할 것이라고 믿는다. '그럴손가・그럴소냐'의 '손'이 독어적인 것처럼, 「白孫」・「吾衣修孫」・「禮爲白孫」 등에 있어서 「孫」을 제1인칭에 관계해서 독어적으로 사용하고 있다. 그 증거로는 「修叱孫」 위에는 어느 것이나 「吾衣」라는 말은 쓰여 맞추고 있는 것에서도 알 수 있다.

(然らば「孫」(손)の語原は何であらうか. 吾人は今日の俗語に於て

그럴손가(그리홀손가)(さうだらうか)

그럴소냐(그리홀소냐)(さうだらうか)

の如き獨語的詠嘆的の句を使用する. 此の場合の손가・소냐は何者であるかといふに、 こは소인가・소이냐であつて、命令形소に인가・이냐(「であるか」の義)の附いたものである. 而して손가・소냐の上には홀といふ如く動詞のㄹ形を附する. 玆にある「孫」(손)の如きも余の考では소인(「である所の」の義)の音譯で、連體形を表はしたものと思ふ. 從つて上にある動詞の形は「白孫」(숣

을손又술올손)·「吾衣修孫」(나의닥글손)·「禮爲白孫」(절ㅎ숣을손又절ㅎ올
손)の如くㄹを附していふべきものと信する. それる손가·それ소냐の손が獨語
的であると同じく, 「白孫」·「修孫」·「爲白孫」等に於ける「孫」を第一人稱に
關して獨語的に使用せられて居る. 其の證據には「修叱孫」の上には何れも「
吾衣」なる語を冠せしあて居るのでも知られる.)(오구라 1929:58-59)

(4)의 핵심 내용은 다음의 다섯으로 정리된다. 차례로 보면 다음과 같다.

첫째, '-孫'을 '-소인'의 음역으로 보고 있다. 이 설명의 '소+인'은 '쇤'
이 되어, '손'이 되기 어렵다는 문제를 보인다. 이 문제는 다음의 둘째로
이어진다.

둘째, '-손가, -소냐'를 명령형 '-소'와 서술격어미+의문형종결어미인
'-인가, -이냐'의 결합으로 보고 있다. 이 해석에는 우선 '-손가, -소냐'
의 '-소'가 명령형의 종결어미가 아니라는 문제가 포함되어 있다. 만약 이
해석이 맞는다면, '손'에서 의존명사 '바'나 '것'을 이끌어 낼 수가 없다. 다
음으로 '-소+인가'와 '-소+이냐'의 결합은 '-쇤가'나 '-쇠냐'가 되지, '-손
가'나 '-소냐'가 되지 않는 문제도 보인다. 이 문제는 '손(孫)'의 형태소를
정확하게 설정하지 못했다는 것을 의미한다.

셋째, '-孫'을 '-인 바의'(である所の)의 의미로 보고 있다. 이 해석은 '-
손'을 분석적으로 설명하지 않은 문제를 보인다. 그러나 '-손'에 의존명사
가 포함되어 있다는 것을 지적한 것은 의미가 있다.

넷째, '-손'이 '-인 바의'의 의미라는 점에서, 「白孫」(숣을손 또는 술올
손)·「吾衣修孫」(나의닥글손)·「禮爲白孫」(절ㅎ숣을손 또는 절ㅎ올손)과 같
이 '孫' 앞의 향찰들은 '-ㄹ'이 붙은 형태로 읽어야 한다고 보고 있다. 이
해석은 이 '孫'의 앞부분 또는 전체가 의존명사일 때는 당연한 주장이다.
그러나 이 '孫'의 앞부분 또는 전체가 의존명사라는 사실을 확증하지 못하
면, 오히려 억지 주장이 된다. 이는 뒤에 보겠지만, '-ㄹ 손(-)'의 형태를

이 형태의 通例로 보면 그럴 듯하지만, 분석적으로 보면 문제를 보인다. 즉 '-ㄹ'을 표기한 향찰이 없는데도, 이 '-ㄹ'을 첨가시켜서 읽는 문제를 보인다.

다섯째, '-손'을 獨白으로 보고 있다. 그 근거로 그 앞에 공통으로 나온 1인칭의 '吾衣'를 들었다. 이 근거는 앞에서 허웅이 보인 1인칭 임자말에 응하는 것과 통하지만, 이것이 독백을 확정하게 하는 것은 아니다.

이렇게 밝힌 것보다 많은 문제를 보인 오구라의 설명은 양주동에 의해 다시 해석되었다.

> (5) 「孫」은 곧 「홀손・홀소나」等 抽象名詞 「소」의 雅語連體形 「손」인
> 데, 老人獻花歌앤 「手」로 訓借되엿다(二・二・2手). …(중간 생략)… 但
> 本條 「白孫」이 調音素 「으」와 連體助詞 「ㄹ」의 表示를 缺하엿음으
> 로 이를 單히 逐字讀 「솖손」으로 읽어도 큰 無理는 없다(三・二・2愛
> 賜尸). 「손」은 이와 같이 古語法에선 或 動詞基本形下에 直結된 듯
> 하며, 乃至 連用形下에도 承接되야 「ㅎ야손」形을 構成한 例가 잇다.
> 　　이렁공 더렁공ㅎ야 나즈란 디내와손뎌 오리도 가리도 업슨 바
> 　　　므란 쏘엇디호리라 (樂章歌詞・靑山別曲)
> 　「손」이 이와 같이 (1)動詞基本形下(ㅎ손), (2)連用形下(ㅎ야손), (3)
> 連體形下(ㅎ손・홀손)에 모다 連結될 수 잇음은 「소」의 本體 「소」의
> 特徵에 依한 것이니, 「소」는 저 「ㄷ」와 같이 動詞基本形 및 連用形(1・
> 2) 밑헤선 助詞的, 連體形(3) 밑헤선 抽象名詞的으로 使用되는 까닭
> 이다(二・二・2手).(양주동 1942:705-706)

(5)는 두 측면에서 '-소-'의 해석을 보여준다. 하나는 '소'를 의존명사 (추상명사) '소'의 雅語連體形인 '손'의 '소'로 해석한 것이다. 다른 하나는 '소'의 출현 환경과 사용법을 해석한 것이다. 즉 '動詞基本形下(ㅎ손)'인

동사의 어간 다음에 온 조사적 사용, '連用形下(ᄒ야손)'인 연결어미 다음에 온 조사적 사용, '連體形下(호손·홀손)'인 관형사형어미 다음에 온 의존명사적 사용 등이다. 이 중에서 가운데 것은 그 예로 든 '디내와손뎌'가 '-소-'의 예가 아니라 '디내왓온뎌'의 과거완료와 관련된 것이라는 점에서 부정되었다(정열모 1965:458-459). 그리고 동사기본형 아래에서 조사적으로 해석한 '손'은 '손' 자체가 조사가 아니라, '-ㄴ'만이 조사라는 문제를 보인다.

단지 의존명사적 해석만이 의미를 갖지만 문제도 보인다. 의미를 갖는 것은 '손'의 '소'를 의존명사 'ᄉ'와 연결시킨 것이다. 이 해석은 오구라의 해석에서 모호했던 의존명사를 분석적으로 설명한 발전된 해석이다. 그러나 '소'가 'ᄉ'의 아어형인가 하는 문제를 보인다. '손'이 'ᄉ'의 아어연체형이고, '-ㄴ'이 연체형이므로, '소'는 의존명사 'ᄉ'의 아어형이라고 할 수 있다. 그런데 의존명사에서 아어형과 비아어형이 구분된다고 설명하는 것은 어려워 보인다.

이 문제는 그 후에도 다양하게 설명되지만, 명확하게 정리되지 않고 있다. 즉 이탁(1956:48)은 '孫/손'의 '소'를 의존명사인 불완전명사 'ᄉ'의 변형인 '소'로 해석하였다. 전규태(1976:144, 206)는 "추상 대명사 「ㅅ」의 敬語形으로 「소」가 되고"와 "「손」(추상 대명사)"으로 보았다. 김준영(1979:186)은 "孫-音讀 손, 形式名詞 '바'의 뜻"이라고 하여, '손'을 의존명사로 보았다. 유창균(1994:873)은 "'손'은 'ᄉ+오+ㄴ'과 같은 세 形態素의 결합이다. 'ᄉ'는 不完全名詞, '오'는 인칭법의 선어말어미, 'ㄴ'은 冠形格助詞이다."라고 보았다. 류렬(2003:487)은 "《孫》은 불완전명사 《ᄉ》의 정중형 《소》에 도움토 《~ㄴ》이 붙은 《손》"이라고 보았다.

이런 설명들을 다시 정리하면 다음과 같다. 우선 그 용어를 어느 것으로 하든, 의존명사를 'ᄉ'(전규태의 추상 대명사 'ㅅ'도 'ᄉ'의 오자로 보인다)나

'손'으로 보고 있다. 이 중에서 '손'은 '소+ㄴ'으로 분석되어 의존명사가 아님을 알 수 있다. 다음으로 '소'에 대한 설명은 두 부류로 정리되며, 다음과 같은 문제를 보인다. 하나의 부류는 'ᄉ'의 변형(이탁), 'ᄉ'의 경어형(전규태), 'ᄉ'의 정중형(류렬) 등으로 설명한 것들이다. 이것들은 '소'가 어떤 점에서 'ᄉ'의 변형, 'ᄉ'의 경어형, 'ᄉ'의 정중형 등이 되는가를 설명하지 않은 문제를 보인다. 다른 한 부류는 '소'를 'ᄉ'(불완전명사)와 '오'(인칭법의 선어말어미)의 결합형(유창균)으로 설명한 것이다. 이 경우는 불완전명사(의존명사)에 선어말어미가 직접 연결될 수 없다는 문제를 보인다.

이런 문제들로 볼 때에, '손'의 설명에서 의존명사 'ᄉ'로부터 '소'를 이끌어내는 과정에, 말을 바꾸면 '손'의 형태소 분석에, 아직도 문제가 있다고 정리할 수 있다.

2.2.2. 선행 해석의 보완

의존명사와 관련된 '손'의 해석에서는 '손'이 '숀'의 이표기라는 전제가 필요하다. 이를 먼저 정리하고, 의존명사와 관련된 '손'을 보자.

'-ㄹ손가'와 '-ㄹ소냐'는 '손'의 형태소 분석에서 주로 이용되어 왔다. 그런데 이 '-ㄹ손가'와 '-ㄹ소냐'는 '-ㄹ숀가'와 '-ㄹ쇼냐'의 이표기로도 나타난다. 이 이표기는 대수롭지 않은 것 같지만, '-소/쇼-'의 형태소 분석에서 결정적일 수 있어, 그 예를 보면 다음의 (6)과 같다. 이 예들은 심재완의 『定本時調大全』(1984)에서 뽑았으며, 괄호 안에는 작품 번호와 장을 기입하였다.

(6) 산천도 변ᄒᆞ거든 낸들 아니 늙을쇼냐(84 중장)
　　渭水風煙이야 古今에 다를쇼냐(488 중장)
　　노리라 불러오며 解弽이라 켜닐쇼냐(563 중장)

······ 놉고 놉픈 華崇과 河海하 흔들 慈恩과 갓틀손가(661 중장)

(6)의 인용들과 같은 '-ㄹ쇼냐'의 형태는 '아닐쇼냐'(883 중장), '놉흘쇼냐'(905 중장), '츠질쇼냐'(1176 종장), '그럴쇼냐'(1346 중장), '다를쇼냐'(1569 중장) 등에서도 발견된다. 이 인용에 나타난 '-ㄹ쇼냐'와 '-ㄹ숀가'는 다른 표기에서는 '-ㄹ소냐'나 '-ㄹ손가'로 나타난다. 이런 사실에서 '-ㄹ소냐'와 '-ㄹ손가'의 '소-'는 최소한 '쇼-'의 이표기라고 정리할 수 있다.

이제 의존명사와 관련된 '손'을 정리해 보자. 이 '손'은 바로 앞에서 정리했듯이, '숀'의 이표기이다. 이 이표기 '숀'은 '의존명사의 서술격(시)[←의존명사(ᄉ)+서술격(이)]+의도법 선어말어미(오)+관형사형어미(ㄴ)'로 분석된다. 이 중에서 '의존명사(ᄉ)+서술격(이)'은 '시-'로 나타나는 동시에 '시-'로 나타나는데, 후자의 예들은 다음 (7)과 같다.

(7) 人天에 낪간 날 시오(『원각경언해』 序 6)
　　三惡道에 뼈딜 시라(『원각경언해』 序 56)
　　懺홀 시니(『육조법보단경언해(상)』 25)
　　爲頭홀 시라(『내훈』 序 3)
　　됴ᄒ실 시언뎡(『월인석보』 卄― 216)

(7)의 '시-'들은 '것이-'의 의미로, 'ᄉ+이-'에 해당한다. 이 '시-'와 '의도법의 선어말어미(오)+관형사형어미(ㄴ)'가 결합하면 '숀'이 되고, 이 '숀'이 단모음화가 되면 '손'이 된다. 이 '손/숀'의 의미는 '바이온/것이온'이다. '-ㄹ 손가'와 '-ㄹ 소냐'의 '손'은 이 '손'에 해당한다.

3. '白孫'의 '孫/손'

'白孫'은 "南無佛也 白孫 舌良衣"(「칭찬여래가」)의 문맥에 전한다. 이 향찰에 대한 선행 해독들을 변증하고 보완하면 다음과 같다.

3.1. 선행 해독의 변증

선행 해독들은 다음의 세 경우로 정리할 수 있다. 첫째는 '白孫'의 음훈을 벗어난 해독의 경우이다. 둘째는 형태소의 설명이 모호한 해독의 경우이다. 셋째는 문맥이 통하지 않는 해독의 경우이다.

3.1.1. '白孫'의 음훈을 벗어난 해독

이에 속한 해독은 다음의 셋이다.

> (8) 가. 술온(사뢰는 이탁 1956)
> 나. 살손(살온, 김선기 1975b)
> 다. 술봊(부르라, 정열모 1965)

(8가)의 '술온'과 (8나)의 '살손'에서는 '白'을 '술'과 '살'로 읽었다. 이 해독들은 '白'의 훈이 중세어에서 '숣'이나 'ᄉᆞ로'라는 점에서 문제를 보인다. 그리고 (8가)의 '술온'과 (8나)의 '술봊'에서는 '孫'을 '온'과 'ᄋᆞ'로 읽었다. 전자는 한자의 반절하자와 같이 본 것이다. 그런데 이런 반절하자는 불경 자역과 향찰에서는 쓰지 않는다는 문제를 보인다. 그리고 후자는 다음의 (9)와 같이 해독을 설명하고 있다.

> (9) 《孫》은 그 훈차인 《올》에서 《ㄹ》이 탈락된 《ᄋᆞ》로 읽은 것.
> 《孫》을 《ᄋᆞ촌 아ᄃᆞᆯ》이라 하는바 《ᄋᆞ촌》은 《올촌》에서 《ㄹ》이 탈락된

것이요 《올》은 아들이란 뜻인데 《ㅇ촌》은 아들 같은 이란 뜻이니 여기
서는 《올》에서 《ㄹ》이 탈락된 《ㅇ》를 차용한 것이다.(정열모 1965: 362)

(9)의 설명은 "孫曰了寸了姐"(『鷄林類事』)의 '了寸了姐'을 '아촌아들'(양
주동 1942:105)로 읽은 선상에 있다. 그러나 '올'이 '아들'이란 의미의 근거
를 알 수 없다.

3.1.2. 형태소의 설명이 모호한 해독

형태소의 설명이 모호한 해독은 주로 '孫/손'에서 나타나며, 둘로 나눌
수 있다. 하나는 형태소의 설명이 없는 경우이고, 다른 하나는 형태소의
설명이 이중적인 경우이다.

먼저 전자에 속한 경우를 보자.

(10) 숣손(唱へまつる, 唱해 모시는, 신태현 1940)
숣손[사뢴(지헌영 1947), 부르는(홍기문 1956)]
삶알손[사뢰는(김상억 1974), 현대역 미제시(김선기 1993)]
살손(살온 김선기 1975b)
술볼손[사뢰는(김완진 1980, 황패강 2001), 부르는(류렬 2003)]

(10)의 해독들은 '孫'을 '손'으로 읽었지만, 괄호 안의 현대역에서는 해
독의 '소'를 어떻게 처리한 것인지를 보여주지 않는다. 그리고 그 기능을
별도로 설명하지도 않았다. 이런 점에서 이 해독들은 '손'의 형태소 설명
에서 모호함을 보인다.

이번에는 후자에 속한 경우를 보자. 이에 속한 해독들은 불명확한 처리
와 의존명사의 이중적인 모호함을 보인다. 이에 해당하는 해독들은 다음
과 같다.

(11) 숣을손(唱へまつりし, 唱하시옵는, 오구라 1929)

　　술볼손[사뢴(전규태 1976), 여쭈옵는(유창균 1994)]

　　숣손[사뢴(신재홍 2000)]

　(11)의 해독들은 괄호 안에 기입한 현대역으로 보면, '소'의 처리가 불명
확하다. 왜냐하면 해독의 '소'가 현대역에서 어느 것으로 처리되었는지를
알 수 없기 때문이다. 최소한 현대역으로 보면, 해독의 '소'는 의존명사가
아니다. 왜냐하면 현대역에 의존명사 '소'를 현대역으로 바꿀 때에 나타나
는 '바'나 '것'이 보이지 않기 때문이다.

　그러나 아래 (12)의 설명들로 보면, 이 해독들의 '소'에는 의존명사가 포
함되어 있다.

　　(12) 가. 그리해서 '-손가 · -소냐'의 위에는 '-홀'이라고 하는 것 같이 동
　　　　　사의 '-ㄹ'형을 붙인다. 이곳에 있는 「孫」(손)과 같은 것도 내 생
　　　　　각으로는 '소인'(「-인 바의」의 의미)의 음역으로, 연체형을 나타낸
　　　　　것이라고 생각한다. 따라서 위에 있는 동사의 형태는 「白孫」(숣
　　　　　을손 또는 술올손) · 「吾衣修孫」(나의닥글손) · 「禮爲白孫」(절ᄒ숣을
　　　　　손 또는 절ᄒ올손)과 같이 '-ㄹ'을 붙여서 말해야 할 것이라고 믿는
　　　　　다.(而して孫가 · 소냐の上には홀といふ如く動詞のㄹ形を附する. 玆に
　　　　　ある「孫」(손)の如きも余の考では소인(「である所の」の義)の音譯で, 連體
　　　　　形を表はしたものと思ふ. 從つて上にある動詞の形は「白孫」(숣을손又술
　　　　　올손) · 「吾衣修孫」(나의닥글손) · 「禮爲白孫」(절ᄒ숣을손又절ᄒ올손)の
　　　　　如くㄹを附していふべきものと信する.)(오구라 1929:59)

　　　　나. 文勢로 보아 「손」은 추상 대명사 「ㅅ」의 敬語形으로 「소」가 되고
　　　　　(전규태 1976:144)

　　　　다. '손'은 'ㅅ+오+ㄴ'과 같은 세 形態素의 결합이다. 'ㅅ'는 不完全
　　　　　名詞, '오'는 인칭법의 선어말어미, 'ㄴ'은 冠形格助詞이다.(유창

균 1994:873)

라. 《보현시원가》 단계에서 '숣'의 'ㅂ'이 약화되어 '술'로 발음되었기
때문에 따로 관형사형 어미를 표기하지 않고서도 바로 '-손'에 연
결시킬 수 있지 않았을까 추정해 본다.(신재홍 2000:330)

이렇게 (12)의 설명들은 '소'에 의존명사의 기능을 부여하고 있다. 그런
데 이 의존명사 기능의 부여는, 바로 앞에서 본 의존명사의 기능을 부여하
지 않은 현대역의 불명확한 처리와 상충된다. 이런 점에서 이 해독들은
현대역에서의 불명확한 처리와 해석에서의 의존명사 처리라는 이중성의
모호함을 보인다고 정리할 수 있다.

3.1.3. 문맥이 통하지 않는 해독

이에 속한 해독들은 '白'을 관형사형(-ㄹ)으로 읽거나, '白'에 관형사형
의 의미를 부여하고, '孫'에 의존명사가 포함된 것으로 보고 있다. 이에 속
한 대표적인 해독은 다음과 같다.

(13) 술볼손(현대역 미제시, 양주동 1942)
　　솔볼손(사뢰는 바인, 강길운 1995)
　　숣손(사뢴 바, 김준영 1979)

(13)의 해독들은 '白(숣/솗)'과 '孫(손)' 사이에 '-올/올-'을 첨가하거나,
'숣'에 관형사형의 의미를 부여하고 있다. 이는 '-손' 앞을 관형사형으로
만들어서, '-ㄹ 소-'의 형태에 맞추려는 의도이다. 이 의도는 오구라와 양
주동에 의해 합리화가 시도되었지만, 합리화가 될 수 없는 설명이다.

오구라의 모호한 설명을 좀더 논리적으로 검토한 양주동의 설명을 보자.

(14) 白 義字, 訓讀 「솗」(九 · 四 · 4白遺), …(중간 생략)…「손」은「ㄹ손」乃
至「ㄴ손」과 같이 連體形 밑헤 붙음이 通例임으로, 本條「白孫」은
亦是 그에 仿하야「솗올손」으로 읽음이 順坦하겟다.「白」의 實訓은
「솗」이나 讀訓은「솗올」임으로「白」字를「솗올」로 읽어도 毋妨하기
때문이다.(양주동 1942:705)

(14)에서 보면, '白'을 '솗올'로 읽은 이유는 둘이다. 첫째 이유는 '손'이
'-ㄹ 손' 및 '-ㄴ 손'에서와 같이 관형사형인 연체형(-ㄹ, -ㄴ) 다음에 오는
것이 通例이므로, '白孫'의 '白'을 '솗올'로 읽는 것이 순탄하다는 것이다.
둘째 이유는 '白'의 實訓은 '솗'이나 讀訓은 '솗올'이므로 '白'을 '솗올'로
읽어도 무방하다는 것이다. 이 두 이유는 상당히 그럴 듯하다. 이로 인해
그 후의 상당수 해독들은 이를 따랐다. 그러나 용납되기 힘든 두 문제를
포함하고 있다.

첫째 이유에서, '손'이 관형사형(-ㄹ, -ㄴ) 다음에 오는 것이 通例인 것
과, '白孫'의 '白'을 '솗올'로 읽는 것은 별개의 문제이다. 앞의 통례는 빈
도의 문제이다. '-ㄹ손/-ㄹ쏜, -ㄹ소냐/-ㄹ쏘냐, -ㄹ손고, -ㄹ쏜가' 등
에서 볼 수 있듯이, '-손' 앞에 '-ㄹ'이 많이 오는 것은 사실이다. 그러나
이것들을 분석적으로 보면, '-손' 앞에 '-ㄹ'형이 오는 것은 통례가 아니
라, '손'에 '-ㄹ'형이 형용하는 의존명사가 포함되어 있기 때문이다. 이런
점에서, '손' 앞의 향찰을 해독할 때에는 문맥상 '손'에 의존명사가 포함되
어 있느냐를 검토할 일이지, 통례를 따를 일은 아니라고 본다.

둘째 이유에서, 讀訓을 해독에 이용해도 무방하다고 주장한다. 매우 그
럴 듯하지만, 문제를 포함하고 있다. 이두에서는 관형사형어미인 '-ㄴ, -ㄹ,
-은, -을' 등등이 포함된 讀訓이 사용되기도 한다. 그러나 향찰 해독에서
이 讀訓을 인정할 것인가 하는 문제는 지금까지 문제화가 되지 않았지만,
언제인가는 누구인가에 의해 검토되어야 할 문제이다. 이 문제는 두 측면

에서 부정적이다. 첫째로, 이 독훈은 향찰 전반에서 모든 연구자들에 의해 논의되는 것이 아니라, 일부의 향찰에서 일부의 연구자들에 의해 논의되는 것이라는 점에서 부정적이다. 둘째로 이 독훈은 '손'에 의존명사가 포함되어 있다는 것을 전제로 하는데, 이어서 보겠지만, 이를 인정하고 문맥을 다시 쓰면, 문맥이 비문법적이라는 점에서 부정적이다.

바로 앞에서 언급한 비문법성을 구체적으로 보자. 제2장에서 언급하였듯이, '白孫'을 관형사형과 의존명사가 포함된 형태로 본 해독들에는 문제가 있다. 특히 의존명사 'ᄉ'로부터 '소'나 '손'을 이끌어 내는 과정, 또는 '손'의 형태소 분석에 문제가 있었다. 이는 제2장에서 언급하였듯이, 'ᄉ+이+오+ㄴ'의 분석으로 해결된다. 게다가 '손/숀(孫)'을 'ᄉ+이+오+ㄴ'으로 분석하고, 이 'ᄉ'에 기왕의 해독들이 부여한 의미인 '것(사물/현상/성질)'과 '바(일/방법)'를 넣어도 문맥이 통하지 않는 문제가 발생한다. 먼저 '바(일/방법)'의 의미를 문맥에 넣어 보자.

(15) 사뢰는 바(일/방법)이온 혀에
    사뢴 바(일/방법)이온 혀에
    사뢸 바(일/방법)이온 혀에

(15)에서와 같이 '소/쇼'를 'ᄉ(바)+이+오'로 보고, 이 '바'에 그 의미인 '일'이나 '방법'을 넣어보면, 그 다음에 온 '혀'와 문맥이 통하지 않는다. 이는 '사뢰는(/사뢴/사뢸) 일(/방법)'과 '혀'를 연결한 '-이온'으로 보면, '사뢰는(/사뢴/사뢸) 일(/방법)'과 '혀'는 동일한 것이 되어야 하는데, 실제 의미에서는 동일한 것이 아니기 때문에, 문맥의 의미가 통하지 않는 것이다.

이번에는 '것(사물/현상/성질)'의 의미를 문맥에 넣어 보자.

(16) 사뢰는 것(사물/현상/성질)이온 혀에

　　사뢴 것(사물/현상/성질)이온 혀에

　　사뢸 것(사물/현상/성질)이온 혀에

　(16)에서와 같이 '소/쇼'를 '亽(것)+이+오'로 보고, 이 '것'에 그 의미인 '사물(/현상/성질)'을 넣어보아도, 그 다음에 온 '혀'와 문맥이 통하지 않는다. 이는 사뢰는 대상인 '사뢰는(/사뢴/사뢸) 사물(/현상/성질)'과 사뢰는 주체인 '혀'를 연결한 '-이온'으로 보면, '사뢰는(/사뢴/사뢸) 사물(/현상/성질)'과 사뢰는 주체인 '혀'는 동일한 것이 되어야 하는데, 실제 의미에서는 동일한 것이 아니기 때문에, 문맥의 의미가 통하지 않는 것이다.

　이렇게 '白孫'의 '孫'에 포함된 '소/쇼'를 의존명사가 포함된 것으로 해석하면, 문맥이 통하지 않는다. 이런 사실은 '白孫'을 관형사형어미와 의존명사가 포함된 형태로 본 해독들이 문맥에 맞지 않으며, '白'의 해독은 독훈의 형태가 아니라 實訓인 '숣-' 또는 '스로-'를 택해야 하며, '孫'의 해독은 의존명사가 포함되지 않은 것이 되어야 함을 말해준다.

3.2. 선행 해독의 보완

　앞의 세 절에서 살폈듯이, '白孫'에 대한 선행 해독들에는 문제가 있다. 이 문제들을 보완하기 위하여, '白孫'을 다시 해독하면 다음과 같다.

　'白孫'을 '스로손/스뢰손', 즉 '스로/스뢰(어간)+소(영탄의 선어말어미)+ㄴ(관형사형어미)'으로 해독하는 것이다. 이 해독은 다음의 세 측면에서 상당한 설득력을 확보한다.

　첫째로, 차제자 원리의 측면이다. 향찰의 차제자 원리는 한자의 음과 훈을 이용하는 것이다. 이 측면을 앞의 '스로손/스뢰손'은 살린다. 즉 '스로/스뢰'와 '손'이 '白'의 훈과 '孫'의 음을 벗어나지 않았다는 것이다.

둘째로, 형태소 연결의 문법적 측면이다. '〈로/〈뢰(어간)+소(영탄법의 선어말어미)+ㄴ(관형사형어미)'에 나온 형태소의 연결은 문법적이다. 즉 어간, 영탄법의 선어말어미, 관형사형어미 등의 순서는 문법적이다.

셋째로, 문맥의 측면이다. 이 해독은 문맥에 맞는다. '〈로/〈뢰(어간)+소(영탄법의 선어말어미)+ㄴ(관형사형어미)'의 '〈로손/〈뢰손'은 '사뢴'('사뢴'에는 영탄의 의미가 포함되어 있으나 현대어에서는 이 선어말어미를 쓰지 않아 현대어로는 옮길 수 없음)의 의미이다. 이 의미를 "南無佛也 白孫 舌良衣"의 문맥에 넣어보면, "나무불여 사뢴 혀에"가 되는데, 이 문맥에는 문제가 없다.

이런 점에서 '白孫'은 '사뢴'('사뢴'에는 영탄의 의미가 포함되어 있으나, 현대어에서는 이 선어말어미를 쓰지 않아 현대어로는 옮길 수 없음)의 의미인 '〈로손/〈뢰손'으로 해독하여야 한다고 생각한다.

4. '禮爲白孫隱'의 '孫/손'

'禮爲白孫隱'은 "病吟 禮爲白孫隱 佛體刀"(「보개회향가」)의 문맥에 전한다. 이 향찰에 대한 선행 해독들을 변증하고 보완하면 다음과 같다.

4.1. 선행 해독의 변증

선행 해독들이 보이는 문제를 앞의 장에서와 같은 순서로 변증하면 다음과 같다.

4.1.1. '白'과 '孫'의 훈을 벗어난 해독

다음의 해독들은 '白'과 '孫'의 훈을 벗어나 있다.

(17) 가. 禮ᄒ 술손(禮하올 것은, 이탁 1956)

　　 나. 멸까살손(절 하실손, 김선기 1975b)

　　 다. 禮ᄒ 삷손(예경할손, 전규태 1976)

　　 라. 례ᄒ 술볼(모시고 위하는, 정열모 1965)

(17가, 나, 다)의 세 해독들은 각각 '白'의 훈인 '솗'이나 '스로'를 벗어난 '술, 살, 삷' 등으로 읽었다. 이는 향찰이 한자의 음훈을 이용한 문자라는 점에서 문제를 보인다. 그리고 마지막의 해독인 (17라)는 '孫'을 '올'로 읽고, 해당 문맥을 "아으 례ᄒ 술볼 부텨도(아아 모시고 위하는 부처도)"로 해독하였다. 그런데 앞장에서 정리했듯이, '孫'에는 '올'의 의미가 없다. 이런 점들에서 (17)의 해독들은 '白'과 '孫'의 훈을 벗어난 문제를 보인다고 정리할 수 있다.

4.1.2. 형태소의 설명이 모호한 해독

이에 속한 해독들은 설명이 없는 경우와, 설명이 이중적인 경우로 나눌 수 있다. 전자에 속한 해독들을 보자.

(18) 절ᄒ 솗손(をろがみまつる, 받들어 모시는, 신태현 1940)

　　 례ᄒ 솗손[례(禮)하는(홍기문 1956)]

　　 禮ᄒ 솗손[禮敬하옵는(지헌영 1947), 예하옵는(신재홍 2000)]

　　 예하삷을손(예경하올, 김상억 1974)

　　 절ᄒ 술볼손(절하옵는, 김완진 1980)

(18)의 해독들은 '孫'을 '손'으로 읽었다. 그러나 그 현대역에서는 이 '손'에 포함된 '소'의 기능이나 의미가 무엇인지 알 수 없고, 이에 대한 설명도 없어, 모호함을 보인다.

이번에는 이중적인 모호함을 보이는 해독들을 보자.

(19) 절ᄒ遉을손(をるがみまつる, 받들어 모시는, 오구라 1929)
禮ᄒ遉손(禮하시웁는, 유창균 1994)
례ᄒ遉손(모시고 받드는, 류렬 2003)

(19)의 해독들은 해독에서 보인 '소'를 현대역에서는 의존명사로 처리하지 않을 뿐만 아니라, 어떻게 처리한 것인지를 알 수 없다. 그러나 해독을 설명한 부분의 글에서는 의존명사로 처리하고 있다. 즉 오구라(1929:59)는 "소인(「-인 바의」의 의미)"으로, 유창균(1994:893)은 "'손'은 '스+오+ㄴ'과 같은 세 形態素의 결합이다. '스'는 不完全名詞, '오'는 인칭법의 선어말어미, 'ㄴ'은 冠形格助詞이다."로, 류렬(2003:487)은 "《孫》은 불완전명사《스》의 정중형 《소》에 도움토 《~ㄴ》이 붙은 《손》"으로 각각 설명하였다.

이렇게 이 해독들은 의존명사를 포함하지 않은 불명확한 현대역과 의존명사의 해석을 이중으로 모순되게 보여준다. 그리고 이 설명에 포함된 의존명사의 해독은 바로 이어서 보겠지만 문맥에 맞지도 않는다.

4.1.3. 문맥이 통하지 않는 해독

이에 속한 예들을 보면 다음과 같다.

(20) 가. 禮ᄒ술볼손[현대역 미제시(양주동 1942), 禮하웁는 바(황패강 2001)]
나. 禮허소볼손(禮敬하웁는 바인, 강길운 1995)
다. 禮ᄒ遉손(禮敬하시웁는 바, 김준영 1979)

(20가)는 '白'을 '-遉-' 다음에 관형사형 '-올-'을 첨가한 '술볼'로, (20나)는 '白'을 '-숩-' 다음에 관형사형 '-을-'을 첨가한 '소볼'로 각각 해독

하였다. 그리고 (20다)는 '-숣-' 자체를 관형사형으로 해석하고 있다. 이 (20)의 해독들은 '-ㄹ 소-'를 의식하고, 이에 맞춘 결과이다. (20다)는 '숣'에 관형사형의 의미가 없다는 문제를 보인다. 그리고 (20나, 다)는 향찰 해독에서 讀訓의 이용 여부를 인정할 것인가 하는 문제와 관련되어 있다. 이 독훈은 일부의 해독자들에 의해 일부 향찰에 대해서만 언급되었고, 이 독훈은 앞의 절에서 살핀 '白孫'의 해독에서는 인정되지 않는다. 그리고 이어서 보겠지만, '孫'은 의존명사를 포함한 어휘로 해독되지 않는다는 점에서, 관형사형인 '-숣을/숣올/삷을/숩을'의 유형으로 해독하는 것은 불가능해 보인다.

이 독훈을 이용한 해독들은 물론, '白'을 '술/살'로 보려는 해독, '숣'에 관형사형의 의미를 부여하려는 해독 등은 모두가 '손'에 의존명사가 포함된 것으로 해석한다. 이에 속한 해독들은 두 부류로 정리할 수 있다. 한 부류는 해독의 '소'를 현대역에서도 그대로 사용한 것들이고, 다른 한 부류는 해독의 '소' 또는 '손'을 현대역에서 '바'나 '것'으로 명확하게 옮긴 것들이다.

(21) 가. 뎔까살손(절 하실 손, 김선기 1975a)
　　　 禮ᄒ삷손(예경할 손, 전규태 1976)
　　나. 禮ᄒ술손(禮하올 것은, 이탁 1956)
　　　 禮ᄒ숣손(禮敬하시옵는 바, 김준영 1979)
　　　 禮허소볼손(禮敬하옵는 바인, 강길운 1995)
　　　 禮ᄒ술볼손(禮하옵는 바, 황패강 2001)

(21가)의 것들은 의존명사 '소'를 해독과 현대역에서 보여준 해독들이다. 이에 비해 (21나)의 것들은 해독들의 '소'나 '손'을 현대역에서 의존명사 '것'이나 '바'로 옮긴 해독들이다. 이는 '소'나 '손'을 의존명사로 해독한

것임을 명확하게 보여준다. 이 중에서 이탁은 '孫'의 '소'를 의존명사인 불완전명사 'ㅅ'의 변형으로 해석하였다(이탁 1956:48).

이렇게 (21)의 해독들은 '소'나 '손'을 의존명사로 해석하였다. 그런데 이 해석들은 다음과 같은 두 문제를 보인다. 하나는 '소'나 '손'이 의존명사의 형태인가 하는 문제이고, 다른 하나는 '소'나 '손'을 '바'나 '것'을 의미하는 의존명사로 보면, 문맥이 통하지 않는다는 것이다.

전자의 문제는 제2장에서 정리한 바와 같이 'ㅅ+이+오+ㄴ'의 '숀'이 다시 '손'으로 변한 것이다. 이런 점에서 '소'나 '손'은 의존명사가 아니라, 'ㅅ(의존명사)+이(서술격)+오(선어말어미)'의 '쇼'가 단모음화된 것이거나, 'ㅅ(의존명사)+이(서술격)+오(선어말어미)+ㄴ(관형사형어미)'의 '숀'이 단모음화된 것이다. 이로 인해 (21)의 해독들은 '소'나 '손'을 의존명사로 볼 수 없는 문제를 피할 수 없다. 의존명사는 'ㅅ'이다.

후자의 문제는 '손'에 의존명사 'ㅅ'의 의미인 '바(일/방법)'나 '것(사물/현상/성질)'을 "病吟 禮爲白孫 佛體刀(吾衣身 伊波 人 有叱下呂)"의 문맥에 넣어보면 알 수 있다.

(22) 아그 예ㅎ숣(올/은) 것(사물/현상/성질)이온 부처도 (吾衣身 伊波 人 有叱
下呂)

아그 예ㅎ숣(올/은) 바(일/방법)이온 부처도 (吾衣身 伊波 人 有叱下呂)

(22)의 문맥에서 보듯이, '孫'에 의존명사가 포함된 것으로 해석하면 위와 같이 문맥이 통하지 않는다. 이는 '-이온'으로 보면, 의존명사인 '것(사물/현상/성질)'이나 '바(일/방법)'는 그 의미상 부처님이 되어야 하는데, 실제 문맥의 의미에서는 '것(사물/현상/성질)'이나 '바(일/방법)'의 의미와 부처님은 전혀 별개이기 때문에 문맥이 통하지 않는 것이다.

이렇게 문맥으로 볼 때에, '禮爲白孫'의 '孫'을 의존명사 또는 의존명사
가 포함된 향찰로 해독할 수 없다. 그리고 이로 인해 '白'을 관형사형(-ㄹ,
-ㄴ)인 독훈으로 해독할 필요도 없다.

4.2. 선행 해독의 보완

4.1.에서와 같이, '禮爲白孫隱'에 대한 선행 해독들 중에는 맞는 것이
없는 것 같다. 단지 새로운 해독의 출발점을 보여주는 것들은 둘이다. 하
나는 '白'을 '숣'으로 읽은 것(신태현 1940, 지헌영 1947 등등)이고, 다른 하나
는 '소'에 선어말어미의 가능성을 부여한 것(김선기 1993:672)이다. 이 둘에
서 출발하여 새로운 해독을 하면, '禮爲白孫隱'은 '예ㅎ(어간)+숣(겸양법의
선어말어미)+소(영탄법의 선어말어미)+ㄴ(관형사형어미)'의 한 형태만이 가능
하다. 이 해독은 다음의 세 측면에서 상당한 설득력을 갖는다.

첫째로, 차제자 원리의 측면이다. '禮爲(예ㅎ)+白(숣)+孫(손)+隱(ㄴ)'에
서, 괄호 안의 해독들은 해당 한자의 음이나 훈이므로, 이 해독들은 향찰
의 차제자 원리에 맞는다.

둘째로, 형태소 연결의 문법적 측면이다. 이 해독에 나타난 '어간(예
ㅎ)+겸양법의 선어말어미(숣)+영탄법의 선어말어미(소)+관형사형어미(ㄴ)'
의 형태소들은 그 연결의 순서에서 문법적이다.

셋째로, 문맥의 측면이다. 이 해독은 "아그 예ㅎ숣손(예하옵는/예하온, 영
탄은 현대어에서 사용하지 않는 선어말어미이므로 현대어로 표기할 수 없음) 부처
도 (吾衣身 伊波 人 有叱下呂)"의 문맥에서 문제가 없다.

이런 점에서 '禮爲白孫隱'은 '영탄법의 선어말어미(소)+관형사형어미
(ㄴ)'를 포함한 '예ㅎ숣손'으로 해독하는 것이 바람직해 보인다.

5. 결론

지금까지 '孫'의 형태소를 먼저 정리하고, 이어서 향찰 '白孫'과 '禮爲白孫隱'에 대한 선행 해독들을 변증해 보았다. 그 결과를 서론에서 제시한 네 측면에서 요약하여 결론을 대신하면 다음과 같다.

1) '白孫'은 'ᄉ로/ᄉ뢰(白)+손(孫)'으로, '禮爲白孫隱'은 '禮(禮)+ᄒ(爲)+ᄉ(白)+손(孫)+ㄴ(隱)'으로 각각 해독되는데, 해독된 형태는 괄호 안의 한 자가 가진 음훈의 범위 안에 있다. 이는 서론에서 언급한 차제자 원리의 측면에 부합한다.

2) '-ㄹ손가, -ㄹ소냐'의 이표기로 '-ㄹ손가, -ㄹ쇼냐'가 있다. 이 '-소-'의 이표기 '-쇼-'로 분석할 때에, '-쇼-'의 형태소는 '의존명사(ᄉ)+서술격(이)+의도법의 선어말어미(오)+관형사형어미(ㄴ)'에서 보이는 '의존명사(ᄉ)+서술격(이)+의도법의 선어말어미(오)'로 확인된다. 이 'ᄉ+이+오'는 '시+오〉쇼〉소'로 변하였다. 이는 서론에서 언급한 이표기의 측면으로, '孫'의 '소'나 '손'을 쉽게 의존명사로 처리할 수 없다는 사실을 보여준다.

3) '白孫'은 'ᄉ로/ᄉ뢰(어간)+소(영탄법의 선어말어미)+ㄴ(관형사형어미)'의 결합인 'ᄉ로손/ᄉ뢰손'으로, '禮爲白孫隱'은 '禮ᄒ(어간)+ᄉ(겸양법의 선어말어미)+소(영탄법의 선어말어미)+ㄴ(관형사형어미)'의 결합인 '禮ᄒᄉ손'으로 각각 해독되는데, 이 결합에 나타난 어간, 겸양법의 선어말어미, 영탄법의 선어말어미, 관형사형어미 등의 순서는 서론에서 언급한 형태소 연결의 문법적 측면에 부합한다.

4) 'ᄉ로손/ᄉ뢰손(白孫)'의 의미는 '사뢴'(영탄법의 선어말어미 '소'는 현대어에서 사용하지 않아 현대역에 반영하지 못함)이며, '禮ᄒᄉ손(禮爲白孫隱)'의 의미는 '예하옵는'(영탄법의 선어말어미 '소'는 현대어에서 사용하지 않아 현대역에 반영하지 못함)인데, 이 두 의미를 "나무불여 사뢴 혀에(南無佛也 白孫 舌

良衣)"와 "아그 예하옵는 부처도(病吟 禮爲白孫隱 佛體刀)"의 문맥에 넣으면, 문맥이 잘 통한다. 이는 서론에서 언급한 문맥의 측면에 부합한다.

5) '白孫'과 '禮爲白孫隱'의 '白'을 독훈인 관형사형으로 보고, '孫(손)'에 의존명사 'ㅅ'가 포함된 것으로 본 구문은 "나무붙여 사릴(사뢴) 사물(/현상/성질/일/방법)이온 혀에(南無佛也 白 孫 舌良衣)"와 "아그 예하옵는/예하옵을 사물(/현상/성질/일/방법)이온 부처도(孫隱 佛體刀)"이다. 이 두 구문들의 문맥은 통하지 않는다. 이는 '白孫'과 '禮爲白孫隱'의 '白'을 관형사형의 독훈으로 읽을 수 없으며, '孫'을 의존명사가 포함된 향찰로 읽을 수 없음을 의미한다.

이 글에서는 향찰에서 '독훈'식 해독을 인정할 것인가 하는 문제를 두 향찰에 한정하여 언급하였다. 이 문제의 해결에는 다른 향찰들의 검토도 필요하다. 이 문제는 후고에서 보완하고자 한다.

四. 향찰 '孫'(2)

1. 서론

향찰 '孫'은 '白孫, 禮爲白孫隱, 修叱孫丁, 修孫' 등에서 나타난다. 이 중에서 '修叱孫丁'과 '修孫'의 '孫'에 대한 선행 해독들을 변증하고 보완하는 것이 이 글의 목적이다.

향찰 '修叱孫丁'과 '修孫'의 해독에서 문제가 되는 향찰들은 '修, 孫, 丁' 등이다. 이 세 향찰의 해독 양상과 문제를 각각 정리하면 다음과 같다.

먼저 향찰 '修'는 '닷, 닦, 닷골, 닷글, 닭, 닥(을), 다술, 닷ㄱ, 다시, 다스리' 등으로 다양하게 해독되어 왔다. 이 중에서 나름대로 해독의 논거를 제시한 것들은 '닷, 닦, 닷골, 닷글' 등이다. '닷'과 '닦'은 '修'의 實訓으로 읽은 것들이고, '닷골'과 '닷글'은 관형사형의 讀訓[닦+을(을)]으로 읽은 것들이다. 이 넷 중에서 어느 해독이 맞을까? 이는 '修'의 해독이 직면한 문제이다.

향찰 '孫'은 '온, ᅌ, 손' 등으로 해독되어 왔다. 그리고 '丁'은 '뎡, 뎌, 져, 자, 댕' 등으로 해독되어 왔다. '孫'의 해독들 중에서 음이나 훈을 살린 것은 '손'이다. 그런데 이 '손'에 대한 해석은 다양한데, 그 양상은 크게 보아 세 부류로 나눌 수 있다. 첫째는 '손'을 어떻게 해석한 것인지 알 수 없는 부류이다. 둘째는 '손'을 의존명사(손), '소+언(뎡)', '시+언(뎡)' 등으로 해석한 부류이다. 셋째는 '손'의 '소'를 의존명사(소=바/것/지), '亽+오', '것이' 등으로 해석한 부류이다. 이렇게 '손'은 그 자체의 해석에서도 문제를 보이지만, 다양한 해독을 보인 '丁'과 결합된 '孫丁'의 해독과 해석에도 문제를 보인다.

이상의 문제들을 보완하기 위하여, 다음의 세 측면에서 향찰 '修叱孫丁'과 '修孫'을 변증하고자 한다. 첫째는 차제자 원리의 측면이다. 향찰의 차제자 원리는 한자의 음과 훈을 이용하는 것이기에, 한자의 음훈을 벗어나지 말아야 한다. 둘째는 형태소의 연결이 문법적이어야 한다는 측면이다. 이는 설명할 필요도 없다. 셋째는 해독된 의미가 문맥에 맞아야 한다는 측면이다. 이 역시 설명을 요하지 않는 측면이다.

2. '修'의 훈

향찰 '修'는 '修叱如良'(「풍요」), '修良'(「제망매가」), '修叱賜乙隱'(「수희공덕가」), '修叱孫丁'(「수희공덕가」), '修將'(「상수불학가」), '修孫'(「보개회향가」) 등에서 여섯 번 나온다. 이 '修'들은 모두가 훈으로 읽힌다. 그리고 이 '修'의 훈은 '닭'으로 정리되는 것이 일반적인데, '修叱賜乙隱'과 '修叱孫丁'의 경우, 또는 '修叱賜乙隱, 修叱孫丁, 修孫' 등의 경우에, 그 훈으로 '닷'이 논의되기도 한다. 왜 다른 '修'들에서는 '닷'이 논의되지 않는데, 유독이 경우들에는 '닷'이 논의되는가와, '닷'의 설정이 가능한가를 이 장에서 정리하고자 한다.

2.1. 향찰 '修(닷/다시)'의 환경

'修'를 포함한 여섯 향찰들은 '修' 다음에 나온 향찰들에 따라 다음의 네 경우들로 나눌 수 있다.

(1) 가. 修叱如良(「풍요」)
　　나. 修良(「제망매가」), 修將(「상수불학가」)
　　다. 修叱賜乙隱(「수희공덕가」), 修叱孫丁(「수희공덕가」)
　　라. 修孫(「보개회향가」)

(1가)의 경우는 '닭'의 'ㅅ'과 'ㄱ'이 모두 실현된 향찰들이 '修' 뒤에 왔다. 즉 '修叱如良'은 '닷(修)+ㅅ(叱)+가(如)+아(良)'로 해독되면서, '닭'의 'ㅅ'과 'ㄱ'이 '叱(ㅅ)'과 '如(가)'에서 실현된 것을 알 수 있다. 이로 인해 '修'의 훈을 '닭'으로 확정하는 데 문제가 없다.

(1나)의 경우에도 '닭'의 'ㅅ'과 'ㄱ'이 모두 실현된 형태로 '修'를 보게 하는 향찰들이 뒤에 왔다. '修良'은 '닭(修)+아(良)'로, '修將'은 '닭(修)+아(將)'(양희철 2008c; 2013:264-266)로 각각 해독되면서, '닭'의 'ㅅ'과 'ㄱ'이 모두 발음이나 표기에서 실현된다. 이로 인해 '修'의 훈을 '닭'으로 확정하는 데에 문제가 없다. 게다가 뒤에 볼 '닷'과 '다시'의 훈으로 보아도 문제가 발생하지 않는다.

(1다)의 경우는 '닭'의 'ㅅ'만이 실현된 '다시'(>닷)의 형태로 '修'를 보게 하는 향찰 '叱'(시, 실)이 뒤에 왔다. '叱'을 'ㅅ'으로 읽으면, '修叱賜乙隱'은 '닷(修)+ㅅ(叱)+시(賜)+ㄹ(乙)+은(隱)'에 근거한 '닷실은'(닦으실 것은)이 되고, '修叱孫丁'은 '닷(修)+ㅅ(叱)+손(孫)+뎌(丁)'에 근거한 '닷손뎌'가 된다. 그런데 이렇게 '叱'을 'ㅅ'으로 읽고 나면, '닷손뎌'의 의미가 모호하고, 해당 문맥에서 문제를 보인다. 즉 "修叱賜乙隱 頓部叱 吾衣 修叱孫丁"의

문맥에서, '修叱孫丁'는 미래시제를 동반해야 하는데, '修叱'을 '닷'으로 읽으면, 이 미래시제를 발견할 수 없는 문제를 보인다.

이 문제의 해결에 도움을 주는 것으로 두 가지 사실이 있다. 하나는 향찰 '叱'이 '시'와 '실'로도 쓰였다는 점(양희철 2014d)이고, 다른 하나는 '닦-'의 이형태인 '닷-'의 선행형으로 추정되는 '다시-'의 형태이다. 이 두 가지 사실을 고려하면, '修叱賜乙隱'은 '다시(修)+시(叱)+시(賜)+ㄹ(乙)+은(隱)'에 근거한 '다시실은'(닦으실 것은)으로, '修叱孫丁'은 '다시(修)+실(叱)+손(孫)+뎌(丁)'에 근거한 '다실손뎌'(닦을 것이구나)로 해독된다. 그리고 이 해독들을 해당 문맥에 넣어 보면, [다시(修)실은 뭇 주비실 나의 다실손뎌](닦으실 것은, 수많은 부류의 일은, 나의 닦을 것이구나)가 된다. 이런 점들로 보아, 이 문맥에 나온 '修'의 훈은 '닷'의 선행형으로 추정되는 '다시'로 보게 된다. 이 '닷'과 '다시'의 존재는 뒤에 좀더 설명할 것이다. 그리고 이 '修叱'은 구결 '修ㄴㅊㄱㅣ十ㄱ'[『화엄경』(권14) 04:02]와 '修ㄴㅌㄴ'[『화엄경』(권14) 09:06]에서 '修ㄴ'로 나타난다.

(1라)의 경우는 외형상으로만 보면, '修'를 (1나)와 (1다) 중에서 어느 것으로도 볼 수 있는 것 같지만, 자음충돌을 계산하면 (1다)에서와 같이 '修'를 '다시'로 읽어야 할 것 같다. '修'는 '닦, 닷, 다시' 등으로 읽을 수 있으며, 이에 따르면, '修孫'은 '닦손, 닷손, 다시손' 등으로 읽을 수는 있다. 그러나 '닦손'과 '닷손'은 자음충돌을 보여서, '다시손'만이 가능하다고 볼 수 있다. 이것을 따르면서, "皆 吾衣 修孫 一切 善陵 頓部叱 廻良只"(「보개회향가」)의 문맥을 참고하면, '修孫'의 '修'는 '다시'의 훈으로 쓰였다고 정리할 수 있다.

2.2. '닷/다시'의 존재

'修叱-'을 '닷-'으로 읽은 해독들은 다음과 같다.

(2) 가. 닷손뎡(修めにして, 닦은 바로써, 신태현 1940)

　　나. 닷온뎌(닦을지로다, 이탁 1956)

　　다. 닷손뎌(닦건만, 홍기문 1956)

　　라. 닷손댕(현대역 미제시, 김선기 1993)

　　마. 닷손뎌(닦을지나, 신재홍 2000)

(2)의 해독들은 '修叱-'을 '닷-'으로 해독하였다. 이 해독들은 '修叱-' 다음에 "'ㄱ' 또는 '굴'이 생략된 粗略한 표기"(김완진 1980:182)나 "'닭-'에서 'ㄱ'이 표기상 무시된 것"(신재홍 2000:362)로 볼 수도 있어, 이 해독들이 제시한 논거들을 검토하려 한다.

먼저 (2가)의 신태현(1940:103)은 '修'의 훈을 '닷ㄱ'으로 설정하고, 이것의 발음은 '닷'과 통한다고 보고, 세 예문들을 『월인석보』에서 들었다. 예문들에서 보이는 어휘는 '닷가, 닷ᄂᆞᆫ, 닷ㄱᄂᆞ니ᄂᆞᆫ' 등이다. 이 중에서 '닷가'와 '닷ㄱᄂᆞ니ᄂᆞᆫ'은 '닭아'와 '닭ᄋᆞ이ᄂᆞᆫ'의 연철로 적합한 예는 아니다. 이에 비해 '닷ᄂᆞᆫ'("功德 닷ᄂᆞᆫ 내 몸이 正覺나래 마조보리어라.")은 '닷-'의 정확한 예라 할 수 있다. 양주동(1942:464-464)은 '修叱'을 '修(닷)+叱(ㅅ)'로 읽으면서, '修'를 훈독 '닷'으로 보았다. 이를 주장하면서 예증한 자료는 다음과 같다.

(3) 功德 닷ᄂᆞᆫ 내모미 正覺나래 마조보리어다　　(月印第八·其二四四)

　　水關을 닷놋다(修水關)　　(杜諺第十·二七)

　　됴ᄒᆞᆫ일 닷ㄱᄂᆞ니라　　(月印第一·四六)

　　나ᅀᅡ 닷ㄱ옴ᄋᆞᆯ미(進修)　　(永嘉集下·一〇六)

　　福닷가 布施혼 다시라　　(月印第廿一·二八)

(3)의 인용에서 보면, '닷(修)-'이 쓰인 어휘로 '닷ᄂᆞᆫ, 닷놋다, 닷ㄱᄂᆞ니라, 닷ㄱ옴ᄋᆞᆯ미, 닷가' 등을 들었다. 이 예들은 현대어의 '닦-'이 중세에는 '닭-'과

'닷-'으로 쓰였다는 것을 예증하기 위한 것이다. '修'의 훈이 '닷-'도 됨은, 양주동, 신태현, 홍기문(1956:368) 등이 제시한 '닷논, 닷놋다'의 두 예들과, 다음의 예들로 보아 명확하다.

(4) 極樂國에 나고져 ᄒᆞ야 戒香ᄋᆞᆯ 퓌워 닷논 사ᄅᆞ민 ……(『월인석보』八 57)
   圓과로 닷게 ᄒᆞ시며(修)(『원각경언해』序 60)
   몸닷기 모ᄅᆞᆫ돌 슬펴너기니(『월인천강지곡』182)
   거우루 닷다 니ᄅᆞ시나 (『원각경언해(상)』二之二 40)
   샹녜 梵行 닷도소니(常修梵行)(『법화경언해』114)
   ᄒᆞ다가 닷디옷 아니ᄒᆞ먼(『목우자수심결』44)

(4)의 인용에서 보이는 '닷논, 닷게, 닷기, 닷도소니, 닷디옷' 등의 '닷-'은 모두가 자음 앞에 나온다. 그리고 이 '닷-'은 의미상 '닭-'과 같다. 이런 점에서 이 '닷(修叱)-'은 '닭(修)-'의 이형태라고 정리할 수 있다.

이와 같은 현상은 현대어 '밖'의 중세어 '밝'에서도 나타난다. 먼저 '밝'이 '밧'으로 실현된 예들을 보자.

(5) 外道ᄂᆞᆫ 밧 道理니(『월인석보』一 9)
   城郭 밧 뉘 지븨(郭外誰家)[『두시언해(초간본)』卄三 25]
   밧도 이어도 뮈디 아니ᄒᆞ리니(『몽산화상법어략록언해』43)
   얼구를 밧만 녀겨 死生ᄋᆞᆯ 니저(『월인석보』十八 32)

(5)의 예들에서 보면, 현대어 '밖'의 중세어 '밝'이 '밧'으로 실현된 것을 알 수 있다. 특히 '밝'이 단독으로 쓰였거나, 자음으로 시작된 음절 앞에서는 '밧'으로 실현된 것을 알 수 있다. 이어서 '밧ㄱ-'으로 실현된 (6)의 예들을 보자.

(6) 城 밧긔 브리 비취여(『용비어천가』 69)

　　밧긔 나아 걷니더시니(『석보상절』 六 20)

　　몸 밧글 向ᄒ야(『몽산화상법어략록언해』 上 43)

　　牢落ᄒᆫ 西ㅅ녁 ᄀᆞ롬 밧기오(牢落西江外)[『두시언해』(초간본) 七 17]

(6)의 예들에서 보면, 현대어 '밖'의 중세어 '밨'은 모음 앞에서 '밧ㄱ-'
으로 실현되었다.

이렇게 현대어 '닦-'과 '밖'의 중세어 '닭-'과 '밨'은 중세에, 홀로 쓰이
거나 자음 앞에서는 '닷'과 '밧'으로 실현되고, 모음 앞에서는 '닷ㄱ-'과
'밧ㄱ-'으로 실현되었다.

이런 '닷'의 형태는 향찰 '修叱'을 먼저 '닷/다시'로 읽게 하였다. 그런데
이 '닷'은 앞에서 살폈듯이, '修叱賜乙隱, 修叱孫丁, 修孫' 등의 '修(叱)'들
에 적용할 수 없다. 단지 이 '닷'의 선행형으로 추정되는 '다시'만이 가능하
다. 이에 따라 '修'의 고훈을 '다시'(〉닷)로 설정한다.

3. '修叱孫丁'의 '孫/손'

'修叱孫丁'은 "修叱賜乙隱 頓部叱 吾衣 修叱孫丁"(「수희공덕가」)의 문
맥에서 보인다. 이 향찰에 대한 선행 해독들을 먼저 변증하고, 이어서 이
를 보완하려 한다.

3.1. 선행 해독의 변증

선행 해독들의 문제를, '修叱孫丁'의 음훈을 벗어난 해독과, 형태소의
설명이 모호한 해독으로 나누어 변증하고자 한다.

3.1.1 '修叱孫丁'의 음훈을 벗어난 해독

먼저 '修叱'의 음훈을 벗어난 해독들과 이에 따른 문제를 보면 다음과
같다.

(7) 가. 닥(을)손뎡(修ㅁ를を, 닦을 것인데, 오구라 1929)
　　나. 닷ㄱ손겨(닦으리로다, 지헌영 1947), 닷ㄱ손뎌(닦을 것이여, 김준영
　　　　1979)
　　다. 닷ㄱ자(닦자, 정열모 1965), 닭손댕(닦을 양이면, 김선기 1975)
　　라. 닷ㄹ손뎡(현대역 미제시, 양주동 1942), 닷ㄹ손뎡(닦을진저/닦을지언
　　　　저, 전규태 1976), 닷ㄹ손뎌(닦음인서, 심완진 1980), 닷ㄹ손뎌(닦을
　　　　것이로다/닦음인저, 황패강 2001)
　　마. 닷글손뎡(닦을지니:닦을 것이니, 김상억 1974)
　　바. 닷글손뎡(닦을 것이라면, 강길운 1995)
　　사. 다술손뎌/다시손뎌(닦을 것인저, 류렬 2003)

(7가)에서는 '修叱'을 '닥'으로 읽었는데, '修'의 훈이 '닥'이 아니라는 문
제와, '叱'을 살리지 못한 문제를 보인다. (7나)에서는 '修'를 '닷ㄱ'로 읽었
는데, '修'의 훈이 '닷ㄱ'가 아니라는 문제를 보인다. 또한 '닷ㄱ'은 '닦을'
의 의미가 아니다. 그리고 '닷ㄹ'이 '닷ㄱ'으로 發音된 것(김준영 1979:208)
이라고 보지만, 이해가 되지 않는다. (7다)에서는 '修'의 훈인 '닭'의 '-ㅅ
-'을 '-叱-'로 표기했다면, '-ㄱ'을 해독에 반영할 수 있는 방법이 없다.
그리고 '닭'이 '닦을'의 의미가 될 수 없는 문제도 보인다. (7라, 마)에서는
'修'의 훈인 '닭'의 '-ㅅ-'을 '-叱-'로 표기했다면, '-ㄱ'을 해독에 반영할
수 있는 방법이 없다. 이는 讀訓의 사용 여부와 관련된 매우 중요한 사실
을 말해준다. 즉 관형사형의 讀訓인 '닷글/닷ㄹ'을 이 '修叱'에서는 쓸 수
없다는 사실이다. 왜냐하면, '修叱(닷)'의 '叱(ㅅ)'이 '修'를 그 讀訓인 '닷글

/닷굴'로 읽는 것을 허용하지 않기 때문이다. (7바)에서는 '奴'를 첨가해야 하는 문제를 보인다. (7사)에서는 '修叱'을 '다스, 다시, 다술' 등으로 다양하게 해독한 문제를 보인다. '다스'는 '修叱賜乙隱'의 해독인 '다스실은'에서, '다술'은 〈옛날말로 읽오 본 노래〉 부분에서 각각 보이며, '다시'까지도 '修叱孫丁'의 해독인 '다시손뎌'에서 혼효시킨 문제를 보인다.

이번에는 '孫丁'의 음훈을 벗어난 해독들을 보자.

(8) 가. 닷ㄱ자(닭자, 정열모 1965)
  나. 닷온뎌(닦을지로다, 이탁 1956)
  다. 닭손댕(닦을양이면, 김선기 1975a)
  라. 닷손댕(현대역 미제시, 김선기 1993)

(8가)의 '닷ㄱ자'에서는 '孫'을 'ㅇ춘 ㅇ둘'의 'ㅇ'로, '丁'을 '자'로 각각 보았는데, 해독이 해독의 상식을 넘어선다. (8나)의 '닷온뎌'에서는 '孫'을 '온'으로 읽었는데, 이는 반절하자로 불경자역과 향찰에서는 피하는 차제자이다. 그리고 (8다)의 '닭손댕'과 (8라)의 '닷손댕'에서는 '丁'을 '댕'으로 읽었는데, 이 음의 출처를 알 수 없다.

3.1.2. 형태소의 설명이 모호한 해독

먼저 '修叱'의 의미 해석에서 이중성을 보이면서 모호한 경우를 보자.

(9) 다스릿손뎌(닦아야할 것이로다 하물며/닦고자 하는 바의 것이로다, 유창균 1994)
  다술손뎌/다시손뎌(닦을 것인저, 류렬 2003)

(9)의 중세어 해독에서는 '다스리-/다술-'(治, 理)의 형태를 취하였고,

현대역에서는 '닦-'의 형태를 취하였다. 이 '다스리-/다술-'과 '닦-'은 같은 의미가 아니라 별개의 의미이다. 그런데도 이를 구분하지 않은 것은 이 해독이 모호한 것임을 말해준다. 게다가 '다스릿'은 '닦아야할'이나 '닦고자 하는'과 같은 관형사형이 아니라는 문제도 보인다.

이번에는 '손(孫)'의 처리가 모호한 해독들을 보자.

> (10) 닷곳손져(닦으리로다, 지헌영 1947)
>   닷손뎌(닦건만, 홍기문 1956)
>   닷ㄹ손뎌(닦음인저, 김완진 1980, 황패강 2001)
>   닷손댱(현대역 미제시, 김선기 1993)

이 해독들의 현대역에서는 해독의 '소'를 어떻게 처리한 것인지가 명확하지 않다. 이 해독들은 '손'에 대한 구체적인 설명이 없을 뿐만 아니라, 괄호 안의 현대역에서도 그 설명을 보여주지 않아, 해독의 모호함을 피할 수 없다.

이번에는 '孫'의 '손'이나 '소'의 처리에 문제가 있는 경우들을 보자. 이에 속한 것들은 다음의 10유형으로 정리할 수 있다.

> (11) 가. 불일치하는 대응 : 닷온뎌(닦을지로다:닦을 것이로다, 이탁 1956), 닭손댱(닦을 양이면, 김선기 1975), 닷ㄹ손뎌(닦음인저, 김완진 1980, 황패강 2001), 닭손뎌(닦을 것인데, 김지오 2012), 닷손뎌(닦을 것이로다, 박재민 2013b)
>   나. 경계가 불명확한 대응 : 닷손뎡(修めにして, 닦은 바로써, 신태현 1940), 닷글손뎡(닦을지니:닦을 것이니, 김상억 1974), 닷손뎌(닦을지나:닦을 것이나, 신재홍 2000)
>   다. '손'의 의존명사설 : 닷곳손뎌(닦을 것이여, 김준영 1979)

라. '손'의 '소+언(뎡)'설 : 닥(을)손뎡(修むるを, 닦을 것인데, 오구라 1929)

마. '소'의 의존명사설과 '손'의 '시+언(뎡)'설 : 닷귤손뎡(현대역 미제시, 양주동 1942)

바. '소'의 의존명사설 : 닷귤손뎌(닦을 것이로다, 황패강 2001)

사. '손'의 '시+언(뎡)'설 : 닷글손뎡(닦을 것이라면, 강길운 1995)

아. '소'의 '지'설과 '손'의 '시+언(뎡)'설 : 닷귤손뎡(닦을진저/닦을지언저, 전규태 1976)

자. '소'의 '스+오'설 : 다스릿손뎌(닦아야할 것이로다 하물며/닦고자 하는 바의 것이로다, 유창균 1994)

차. '소'의 '것이'설 : 다술손뎌/다시손뎌(닦을 것인저, 류 렬 2003)

(11가)에 속한 주장들은 해독과 현대역이 일치하지 않는다. '닷온뎌'에서 해독의 '오'가 현대역의 '것'에, '닭손댕'에서 해독의 '소'가 현대역의 '양'에, '닷귤손뎌'에서 해독의 '올소'가 현대역의 '음이'에 각각 대응하는데, 그 대응의 논거를 알 수 없다. '닭손뎌'와 '닷손뎌'에서는 '닭'과 '닷'이 '닦을'과 대응하지 않는다.

(11나)에 속한 주장들은 형태소의 대응에서 어느 것이 어느 것에 대응하는 것인지가 불명확하다. '닷손뎡'(닦은 바로써)에서의 '손뎡'과 '-은 바로써', '닷글손뎡'(닦을지니)'에서의 '손뎡'과 '지니', '닷손뎌'(닦을지나)의 '손뎌'와 '지나' 등이 각각 이런 상황을 말해준다.

(11다)에 속한 주장은 '손'을 의존명사(김준영 1979:208)로 보았다. 그러나 'ᄉ'가 의존명사라는 점에서, 이 주장은 이해하기 어렵다.

(11라)에 속한 주장은 '손'을 '소+언(뎡)'으로 설명하였다. 이 해독을 이끈 오구라는 그 이유를 다음과 같이 설명하였다.

(12) ······ 그렇다면 「孫丁」은 어떻게 읽어야 할까? 「孫」은 '손'으로 읽고, 동사의 어떤 의미의 연체형을 만드는 것이지만, 이곳에서는 위에서 서술한 바와 같은 「···지만」·「···인데」의 의미를 지닌 「丁」과 서로 합해서 '손뎡'이라는 하나의 조사를 형성하는 것이다. 오늘날 속어로 사용하는 '그럴소냐·그럴손가'의 어원이 '-소이냐·-소인가'인 것은 「孫」의 조목(향가 제2 참조)에 서술한 대로이지만, 활용의 종지형을 나타내는 그 '소'에, 위에서 서술했던 「······지만」·「······인데」의 뜻인 '-언뎡'이 붙어서 '-소언뎡'으로 되어, 그것이 변하여서 '손뎡'(또는 '선뎡')으로 되어 ······(然らば「孫丁」は如何に讀むべきか. 「孫」は손と讀み, 動詞の或る意味の連體形を作るものであるが(鄕歌第二(2)參照), 此處では上述の如き「けれども」·「のに」の意味を有する「丁」と相合して손뎡なる一つの助詞を形成したのである. 今日俗語に用ひる그럴소냐·그럴손가の語原は소이냐·소인가であることは「孫」の條(鄕歌第二(2)參照)に述べ通りであるが, 活用の終止形を表はす其の소に, 上に述べた「けれども」·「のに」の義の언뎡が着いて소언뎡となり, それが轉じて손뎡(又は선뎡)となり ······.)(오구라 1929:102-103)

(12)의 핵심은 '-孫丁'을 '-손뎡'으로 읽고, '-소'를 종결어미로, '-언뎡'을 양보의 종결어미로 보고, '소+언뎡'이 '손뎡' 또는 '선뎡'으로 변했다고 본 것이다. 이 해석에는 우선 -손뎡'의 '-소'가 명령형의 종결어미가 아니라는 문제가 포함되어 있다. 만약 이 해석이 맞다면, '손'에서 의존명사 '바'나 '것'을 이끌어 낼 수가 없다. 다음으로 '-소+언뎡'의 결합은 '-손뎡' 또는 '-선뎡'이 되기 어렵다는 문제도 보인다. 이 음운 결합이 맞지 않는다는 것은 '손(孫)'의 형태소를 정확하게 설정하지 못했다는 것을 의미한다.

(11마)에 속한 주장은 양면성을 보인다. 우선 '소'를 의존명사 '亽'의 아어형으로 해석하였다.

(13)「修叱孫丁」은「닷굴손뎡」. …… 「뎡」은 혼히 連體助詞「ㄴ」 밑혜 連接되야「ㄴ뎡」形을 構成하는데, 「ㄴ뎡」우에 助動詞「ㅅ」의 雅語形「소」가 冠用된 것이 곧「손뎡」이다.(양주동 1942:771)

(13)의 "助動詞「ㅅ」의 雅語形「소」가 冠用된 것이 곧「손뎡」이다."를 그대로 보면, 무엇을 의미하는지를 알 수 없다. 그러나 "「孫」은 곧「홀손·홀소냐」等 抽象名詞「ㅅ」의 雅語連體形「손」인데"(양주동 1942:705)를 염두에 두면, 인용의 '助動詞'가 '추상명사'의 잘못임을 알 수 있다. 이를 수용한 것이 (11마)의 해석이다. 그런데 의존명사에서 아어형 비아어형을 나누는 것이 이상하다. 이에 속한 해석은 동시에 '손'을 '시+언(뎡)'의 '시언'이 변한 것으로 보기도 하였다. 이 해독들을 이끈 양주동은 이를 다음과 같이 설명하였다.

(14) 上例에서「언뎡」은「ㅣ」音下의「건뎡」의 轉이오, 「홀선뎡」은「홀ㅅ」의 敍述格「홀시」와「건뎡」의 轉音「언뎡」과의 결합이니, 現行語「ㄹ지언정」은 其實「ㄹ·ㄷ·ㅣ·거·ㄴ」과「뎡」과의 結合이다. …(중간생략)… 換言하면「ㄴ뎌」形이 主로 單純한 感歎形으로서 或 讓步의 義로 轉用됨에 反하야, 「ㄴ뎡」形은 完全히 讓步의 義만에 使用되게 된 것이다.(양주동 1942:303-304)

(14)에서 양주동은 두 가지를 정리하였다. 하나는 의존명사 'ㅅ'의 서술격 '시-'와 '-언뎡'의 결합으로 '손뎡'을 설명하였다. 그러나 '시+언뎡'은 '션뎡'이 되어도 '손뎡'이나 '숀뎡'은 되지 않는다는 문제를 보인다. 다른 하나는 '-ㄴ뎌'의 기능(감탄형, 양보)과 '-ㄴ뎡'의 기능(양보)을 정리한 후에 후자를 주장하였다. 이는 그 후의 해독들이 문맥에 맞지 않는 해독들을 양산하게 하였다.

양주동의 해석에서 드러난, '시+언뎡'은 '션뎡'이 되어도 '손뎡'이나 '숀뎡'은 될 수 없다는 문제를, (11사)에서 강길운은 다음과 같이 인지하였다.

(15) '孫丁'은 양보형어미 '-(ㄹ)손뎡'으로 다룬다. 따라서 '修叱奴孫丁'은 '닷글손뎡'(닦을 것이라면)으로 읽을 수 있다. 여기서 '-ㄹ손뎡'은 이조어 '-ㄹ션뎡'과 문맥상으로 보아서 같은 기능을 가진 것으로 추정되므로 이들은 같은 형태의 이표기인 것으로 추정된다. 즉 '-ㄹ션뎡'으로 써야 할 것을 '-ㄹ손뎡'으로 부정확하게 표기한 것으로 믿어진다. (예: 오직 아바닚 病이 됴ᄒ실시언뎡 모몰 千百디위 ᄇ려도 어렵디 아니ᄒ니, 월석21-216). 그러나 '-ㄹ뿐뎡'(예: 죠히 오ᄅᆞᆨ뿐뎡 어즈리디 말며, 법화 7-118)은 '-ㄹ(관형사형)+뿐(형식명사)+ㄴ뎡(상반형)'의 구조를 가진 것인데 '-ㄹ손뎡'도 꼭 같은 구조 [-ㄹ+소(〈ᄉ·형식명사)+ㄴ뎡]를 가졌으니 이조 초에는 벌써 사어가 되었으나 고려 초에는 실존하였을 개연성이 크다.(강길운 1995:416-417)

(15)의 전반부에서는 양주동에서 문제가 된 '시+언뎡'은 '션뎡'이 되어도, '손뎡'이 될 수 없음을 알고, 이 문제를 이표기 내지 부정확한 표기로 돌렸다. 즉 '손뎡'은 '션뎡'의 이표기 내지는 부정확한 표기로 정리하였다. 그러나 '-손뎡'과 '-션뎡'은 그 형태소의 구성이 달라, 이렇게 처리하는 것이 어렵다. 이에 비해 인용의 후반부에서는 다른 해석을 보인다. 즉 '손뎡'을 의존명사 'ᄉ'가 변한 '소'와 '-ㄴ뎡'의 결합으로 보고 있다. 이 경우에 '소'를 명사로 본 것은 확실하나 더 이상의 설명이 없어, 그 내용을 알 수 없다. 그러나 '손/숀'과 '선/션'은 그 형태소의 결합이 다른 것이라는 문제를 보인다.

(11아)에 속한 주장도 양면성을 보인다. '닷글숀뎡(닦을진저)'에서 보면 '쇼'는 '지(것이)'에 대응하고, '닷글숀뎡(닦을지언저)'에서 보면 '숀'은 '지언'

에 대응한다. '쇼'와 '지(것이)'에서는 대응을 이해하기 어렵고, '숀'과 '지언'에서는 '숀'와 '젼'은 그 형태소의 결합이 다른 것이라는 문제를 보인다.

(11자)에 속한 주장은 '소'를 'ᄉ+오'(의존명사+인칭법의 선어말어미)로 설명한 것인데, 의존명사 다음에 선어말어미가 온다는 설명에 문제가 있어 보인다.

(11차)에 속한 주장은 '다술손뎌/다시손뎌(닦을 것인져)'에서 보듯이, '소'를 '것이'로 보았다. '것이'의 중세어는 'ᄉ+이'의 '시'라는 점에서, '소'를 '것이'로 해석한 근거를 이해할 수 없다.

이상과 같이 '修叱孫丁'의 '孫'에 대한 선행 해독들은 모두가 문제를 보인다.

이번에는 이어서 '-(孫)丁'에 대한 선행 해독들이 보이는 형태소의 문제를 보자. 앞에서 보았듯이, '-孫丁'을 오구라는 '소+언뎡'으로, 양주동은 '시+언뎡'과 '소+ㄴ뎡'으로 해석하였다. 그런데 이 해석들의 일부와 이를 따른 해독들은 그 해독과 현대역에서 다음과 같이 차이를 보인다.

(16) 가. 닷굴숀뎡(닦을지언져/닦을 바이언정, 전규태 1976)

　　나. 닥(을)손뎡(修むるを, 닦을 것인데, 오구라 1929)

　　다. 닷손뎡(修めにして, 닦은 바로써, 신태현 1940)

　　라. 닷글손뎡(닦을 것이라면, 강길운 1995)

　　마. 닷손댕(현대역 미제시, 김선기 1993)

　　바. 닭손댕(닦을양이면, 김선기 1975a)

(16가)에서는 양주동이 주장한 '-언뎡'을 수용한다. 그러나 '숀뎡(시+온뎡)'과 '시+언뎡'은 다른 형태이다. 그리고 나머지 해독들(16나-바)도 '-언뎡'을 취하지만, 그 의미로는 '-ㄹ지언정'이 아니라, '-이지만, -인데, -이라면, -이면' 등을 취하였다. 이 의미들은 '-언뎡'의 의미가 아니라, '-ㄴ

댄, -ㄴ덴, -ㄴ디면' 등의 의미들이다.

이렇게 해독의 형태와 그 현대역이 다른 것은 다음의 예들에서도 보인다.

(17) 닷글손뎡(닦을지니:닦을 것이니, 김상억 1974)
　　　닷ㄱㅈ손져(닦으리니, 지헌영 1947)
　　　닷손뎌(닦건만, 홍기문 1956)
　　　닷손뎌(닦을지나:닦을 것이나, 신재홍 2000)

(17')에서는 '-孫丁'을 '-손뎡, -손져, -손뎌' 등으로 해독하고, 그 현대역을 '-지니, -리니, -건만, -지나' 등으로 하였다. 심한 경우에는 해독의 형태와 현대역의 형태를 대응시키는 것까지도 어렵다. 이만큼 이 해독들은 형태소의 해석에서 모호하다.

3.2. 선행 해독의 보완

지금까지 앞 절에서 정리한 것들 중에서, '修叱孫丁'의 해독에 도움을 주는 것들로 둘이 있다. 이를 다시 정리하면 다음과 같다.

첫째로, '修叱'은 '다실'로 읽히며, 다른 해독을 불허한다. 특히 관형사형인 '닷글/닷ㄱㅈ'의 讀訓을 불허한다. 이는 '修叱'의 '叱'를 '실'로도 읽을 수 있다는 최근의 논의(양희철 2014d)에 기인한 것으로, '修叱'을 '닦+을/올'과 같이 독훈으로 읽을 필요가 없음을 말해준다.

둘째로, '孫丁'은 감탄형 종결어미를 포함 어휘로 읽게 한다.

이 두 조건을 만족시킬 수 있는 '修叱孫丁'의 해독은 '修(다시)+叱(실)+孫(손)+丁(뎌)'에 기반한 '다실손뎌'이다. 이 '다실손뎌'는 '다시(어간)+ㄹ(관형사형어미)+소['ᄉ'(의존명사)+'이'(서술격어미)+'오'(선어말어미)〉쇼〉소]+ㄴ져

(감탄형종결어미)'이며, 그 현대역은 '닭을 것이구나'이다. 이 '다실손뎌'의
해독은 다음의 세 측면에서 그 논리성을 확보한다.

첫째로, 한자의 음과 훈을 이용한 향찰의 차제자 원리에 부합한다. '다
시'는 한자 '修'의 훈이고, '실, 손, 뎌' 등은 한자 '叱, 孫, 丁' 등의 음이다.
이 한자의 훈과 음을 이용한 것은 향찰의 차제자 원리에 부합한다.

둘째로, '다시(어간)+ㄹ(관형사형어미)+ㅅ['ㅅ'(의존명사)+'이'(서술격어미)+
'오'(선어말어미)〉쇼〉소]+ㄴ뎌(감탄형종결어미)'에서, 이에 포함된 형태소들의
연결 순서는 각각 문법적이다. 이는 해독된 형태소들의 연결이 문법적이
어야 한다는 측면에 부합한다.

셋째로, '다실손뎌'의 의미인 '닭을 것이구나'는 주어진 문맥에서 문제
를 보이지 않는다. 왜냐하면, '다실손뎌'(닭을 것이구나)는 [다시실은(닦으실
것은), 수많은 부류의 일(은), 나의 닭을 것이구나](修叱賜乙隱 頓部叱 吾衣
修叱孫丁)의 문맥에서, '다시실은'(닦으실 것은)이 요구하는 미래시제를 포
함하여, 문제를 보이지 않게 되기 때문이다.

이런 세 측면으로 보아, '修叱孫丁'은 '닭을 것이구나'의 의미인 '다실손
뎌'로 해독해야 한다고 판단한다.

4. '修孫'의 '孫/손'

'修孫'은 "皆 吾衣 修孫 一切 善陵 頓部叱 廻良只"(「보개회향가」)의 문
맥에서 보인다. 이 '修孫'에 대한 선행 해독들을 변증하고 보완하면 다음
과 같다.

4.1. 선행 해독의 변증

선행 해독들을 '修孫'의 음훈을 벗어난 해독, 형태소의 설명이 모호한 해독, 문맥이 통하지 않는 해독 등으로 나누어 변증하려 한다.

4.1.1 '修孫'의 음훈을 벗어난 해독

먼저 '修'의 훈을 벗어난 해독들은 다음과 같다.

(18) 닥 : 닥손[修むる, 닦은(오구라 1929), 닦은(김선기 1975)]

　　닷굴 : 닷굴손[현대역 미제시(양주동 1942), 닦은 바(김준영 1979, 황패강 2001), 닦을손(김완진 1980)]

　　닷글 : 닷글손[닦은 바(김상억 1974, 전규태 1976), 닦은 바인(강길운 1995)]

　　닷ㄱ : 닷ㄱ손(닦는 바는, 홍기문 1956)

　　다스리 : 다스리손(닦은 것은, 유창균 1994)

　　다술 : 다술손(닦는 것은, 류렬 2003)

(18)의 해독들이 '修'의 훈을 벗어났다는 사실은 거의가 앞의 절에서 언급했으므로, 간단하게 보자. '닥, 닷굴, 닷글, 닷ㄱ' 등은 '닦, 닷, 다시' 등과 비교하면 다른 점들을 보인다. 이 다른 점이 곧 '修'의 훈을 벗어난 점이다. 그리고 '다스리'와 '다술'은 '修'의 훈이나 '닦다'의 의미가 아니며, 이를 선택하면, "皆 吾衣 修孫 一切 善陵 頓部叱 廻良只"의 문맥에서, '내가 다스린 一切善陵'의 이상한 문맥을 보이게 된다.

이번에는 '孫'의 음훈을 벗어난 해독들을 보자.

(19) 닷굴(닦을, 정열모 1965)

　　닷온(닦은, 이탁 1956)

(19)의 해독들은 '孫'을 '올'과 '온'으로 읽었다. 이 '올'과 '온'은 제3장에서 살폈듯이, '孫'의 음도 훈도 아니다.

4.1.2. 형태소의 설명이 모호한 해독

형태소의 설명이 없어서 모호한 경우를 보자.

(20) 가. 닷귿손(현대역 미제시, 양주동 1942)
　　나. 닦손(현대역 미제시, 김선기 1993)
　　다. 닷ㄱ손(닦는 바는, 홍기문 1956)
　　라. 다스리손(닦은 것은, 유창균 1994)
　　마. 닷손[닦는(지헌영 1947), 닦은(신재홍 2000)]

(20가)의 '닷귿손'과 (20나)의 '닦손'에서는 현대역도 설명도 없어, 어떤 형태소로 본 것인지가 모호하다. (20가)의 '닷귿손'은 '-ㄹ-'로 보면, '소+ㄴ'을 아어형의 의존명사와 관형사형어미로 본 것 같다. 이것이 맞는다면, 이는 뒤에 보겠지만, 문맥이 통하지 않는다. (20다)의 '닷ㄱ손'과 (20라)의 '다스리손'에서는 '닷ㄱ'를 '닦는'으로, '다스리'를 '닦은'으로 현대역을 달았는데, 해독에서 현대역을 어떻게 이끈 것인지를 알 수 없다. 특히 해독에서 볼 수 없는 관형사형어미를 어디에 근거해 현대역에서 첨가한 것인지를 알 수 없다. (20마)의 '닷손'에는 '소'의 설명도, 이에 해당하는 현대역도 없어, 해독이 모호하다.

이번에는 이중적인 태도를 보인 경우를 보자.

(21) 닥손(修むる, 닦은, 오구라 1929)

(21)의 오구라는 전문의 정리에서는 '修'를 '닥'으로 처리하였고, 구체적

인 설명에서는 '修'를 '닥글'로 보았다(修は닥글と讀む. 오구라 1929:136-137).
결국 '닥-'과 '닥글'의 이중적인 태도를 취한 것이다. 그리고 이 부분의 현
대역에서는 '소'를 의존명사로 처리하지 않았다. 그러나 이와 관련된 설명
에서는 '손' 즉 '소인(「-인 바의」의 의미)'과 같이 의존명사로 처리하였다(오
구라 1929:59). 이 역시 이중적인 태도로 모호한 해독이다.

4.1.3. 문맥이 통하지 않는 해독

문맥이 통하지 않는 해독들 중에서, '孫'을 의존명사와 관련시켜 해독한
경우들을 해당 문맥인 "皆 吾衣 修孫 一切善陵"(「보개회향가」)에서 먼저
보자.

(22) 가. 皆 吾衣 닷ㄱ손(닦는 바는) 一切善陵 頓部叱 廻良只(홍기문 1956)
　　　나. 皆 吾衣 다스리손(닦은 것은) 一切善陵 頓部叱 廻良只(유창균 1994)
　　　다. 皆 吾衣 다술손(닦는 것은) 一切善陵 頓部叱 廻良只(류렬 2003)
　　　라. 皆 吾衣 닷글손(修めし, 닦은 바) 一切善陵 頓部叱 廻良只(신태현
　　　　　1940)
　　　마. 皆 吾衣 닷글손(닦은 바) 一切善陵 頓部叱 廻良只(김상억 1974, 전
　　　　　규태 1976)
　　　바. 皆 吾衣 닷ᄀᆶ손(닦은 바) 一切善陵 頓部叱 廻良只(김준영 1979, 황
　　　　　패강 2001)
　　　사. 皆 吾衣 닷글손(닦은 바인) 一切善陵 頓部叱 廻良只(강길운 1995)

(22)의 해독들 중에서 문맥이 제일 거친 것은 '닦는 바는, 닦은 것은,
닦는 것은' 등의 현대역을 취한 (22가, 나, 다)의 세 해독들이다. 이 해독
들에서 '修孫'은 '닦는/닦은 바는/것은'의 주어이다. 그러면 이 주어의 서
술어가 이 해독들의 문맥에서 무엇이냐를 물으면, 이에 대답을 할 수가

없다. 왜냐하면, '修孫' 다음에 온 '一切善陵 頓部叱 廻良只'에는 '修孫'의 서술어가 없기 때문이다.

이 문제를 해결하기 위하여 '닦은 바(인)'의 현대역을 단 해독들(22라-사)이 나왔다. 이 해독들은 '닦은 바'와 '一切善陵'을 동격으로 보면서, 앞의 해독들이 보인 문제를 해결하려 한다. 이 해독들은 앞의 해독들('修孫'을 '닦는/닦은 바는/것은'으로 읽고 주어로 본 해독들)이 보인 문제를 해결하지만, 두 가지 근본적인 문제를 여전히 가지고 있다. 하나는 앞에 인용한 해독들 전체가 가진 문제로, '修孫'의 '修'는 4.1.1.에서 살폈듯이 앞의 해독들이 보인 형태들과 현대역들[닧ㄱ(닦는), 다스리(닦은), 다술(닦는), 닧글(닦은), 닧쿨(닦은)]로 읽을 수 없다는 것이다. 다른 하나는 '닦은 바(인)'로 본 해독들이 가진 문제로, '孫'은 '바(인)'의 현대역에 해당하지 않는다는 것이다. 만약 '孫'을 의존명사를 포함한 형태로 본다면, 이 '孫'은 '숀'이 단음화된 형태이며, '시[의존명사의 서술격, 스(의존명사)+이(서술격)]+오(의도법의 선어말어미)+ㄴ(관형사형어미)'으로 분석된다. 이로 보면, '孫'은 앞의 해독들에서와 같이 '바(인)'에 해당하지 않는다. 이렇게 '孫'에 의존명사가 포함된 것으로 본 해독들에는 두 가지 문제가 있다. 이는 또다른 문제에도 영향을 준다. 즉 '修'를 '닧글'이나 '닧쿨'과 같이 讀訓으로 읽을 필요가 없다는 것이다. 이 해독들이 취한 독훈은 그 목적이 '孫'을 의존명사가 포함된 것으로 보려는 데 있다. 그러나 '孫'이 의존명사를 포함한 것으로 볼 수 없다. 이런 점에서 이 '修' 역시 '修叱孫丁'의 '修'와 같이 독훈으로 읽을 수 없다.

이상과 같은 점에서 '孫'을 의존명사와 관련시킨 해독들은 모두가 문제를 보인다고 정리할 수 있다.

이번에는 '孫'을 의존명사와 관련시키지 않은 해독들을 해당 문맥인 "皆吾衣 修孫 一切善陵"(「보개회향가」)에서 먼저 보자. 이 정리에서는 현대역을 달지 않거나 그 설명이 명확하지 않은 '닷굴손'(양주동 1942), '닷굴손'[닦을손(김완진 1980)], '닦손'(김선기 1993) 등은 논외로 하려 한다.

(23) 皆 吾衣 닥손(修ㅁ른, 닦은) 一切善陵 頓部叱 廻良只(오구라 1929)
　　 皆 吾衣 닷손(닦는) 一切善陵 頓部叱 廻良只(지헌영 1947)
　　 皆 吾衣 닷온(닦은) 一切善陵 頓部叱 廻良只(이탁 1956)
　　 皆 吾衣 닥손(닦은) 一切善陵 頓部叱 廻良只(김선기 1975)
　　 皆 吾衣 닷손(닦은) 一切善陵 頓部叱 廻良只(신재홍 2000)
　　 皆 吾衣 닷굴(닦을) 一切善陵 頓部叱 廻良只(정열모 1965)

(23)에서, 괄호 안의 현대역들을 보면, 이 해독들은 '닷굴'(닦을)의 미래 시제를 제외하면 문맥에 맞는다. 그러나 앞에서 살핀 바와 같이 '소'의 기능 내지 의미를 현대역에 반영시키지도, 설명을 하지도 않은 문제를 보인다. 그러면 왜 '소'를 의존명사와 관련시키지 않았을까? 이 문제는 문맥에 맞추기 위한 것이라고 판단한다.

4.2. 선행 해독의 보완

4.1.을 통하여 얻은 결과는 다음의 두 조건들이다.

첫째로, '修'는 '다시'로 읽히며, 다른 해독을 불허한다. 특히 관형사형인 '닷글/닷굴'의 독훈을 불허한다. 왜냐하면, '修' 다음에 자음으로 시작하는 '孫'이 오고, '孫'을 의존명사가 포함된 어휘로 보면 문맥이 통하지 않기 때문이다.

둘째로, '孫'은 의존명사가 포함된 어휘가 아니라, 선어말어미와 관형사형어미로 해독하여야 한다. 왜냐하면 '孫'을 의존명사가 포함된 어휘로 보면 문맥이 통하지 않기 때문이다.

이 두 조건을 만족시킬 수 있는 '修孫'의 해독은 '다시손'이다. 이 '다시손'은 '다시(어간)+소(영탄법의 선어말어미)+ㄴ(관형사형어미)'로 분석되며, 그 현대역은 '닦은'(영탄법의 선어말어미 '소'는 현대어에서 사용하지 않아 현대역으로 옮기기 어려움)이다. 이 '다시손'의 해독은 다음의 세 측면에서 그 논리성을 확보한다.

첫째로, 한자의 음과 훈을 이용한 향찰의 차제자 원리에 부합한다. '다시'(〉닷)는 한자 '修'의 훈이고, '손'은 한자 '孫'의 음이다. 이 한자의 훈과 음을 이용한 것은 향찰의 차제자 원리에 부합한다.

둘째로, '다시(어간)+소(영탄법의 선어말어미)+ㄴ(관형사형어미)'에서, 어간, 영탄법의 선어말어미, 관형사형어미 등의 연결 순서는 문법적이다. 이는 해독된 형태소들의 연결이 문법적이어야 한다는 측면에 부합한다.

셋째로, '다시손'의 의미인 '닦은'(영탄법의 선어말어미 '소'는 현대어에서 사용하지 안하 현대어역으로 옮기기 어려움)은 주어진 문맥에 맞는다. 해당 문맥인 "皆 吾衣 修孫 一切善陵 頓 部叱 廻良只"의 대략적인 의미는 "모두 내 修孫(닦은) 一切善陵(을), 수많은 부류(를), 돌리어" 정도이다. 이 문맥에서 보이는 '修孫(닦은)'은 앞의 해독에서 본 '다시손'의 현대역인 '닦은'(영탄법의 선어말어미 '소'는 현대어에서 사용하지 않아 현대어역으로 옮기기 어려움)과 거의 일치한다.

이런 세 측면들로 보아, '修孫'은 '닦은'(영탄법의 선어말어미 '소'는 현대어에서 사용하지 않아 현대어역으로 옮기기 어려움)의 의미를 가지며, '다시(어간)+소(영탄법의 선어말어미)+ㄴ(관형사형어미)'으로 분석되는 '다시손'으로 해독하는 것이 바람직해 보인다.

5. 결론

지금까지 '修叱孫丁'과 '修孫'에 대한 기왕의 해독들을 변증하면서, 그 미흡점을 보완해 보았다. 그 결과를 요약하는 것으로 결론을 대신하면 다음과 같다.

1) '修叱孫丁'은 '다시'(어간)+'실'(어간의 말음 '시'와 관형사형어미 'ㄹ')+'소'[의존명사('ㅅ')+서술격어미('이')+선어말어미('오')]+'ㄴ뎌'(감탄형 종결어미)로 분석되며, 현대어역 '닦을 것이구나'에 해당하는 '다실손뎌'로 해독된다.

2) '修孫'은 '다시'(어간)+'소'(영탄법의 선어말어미)+'ㄴ'(관형사형어미)으로 분석되며, 현대어역 '닦은'(영탄법의 선어말어미 '소'는 현대어에서 사용하지 않아 현대어역으로 옮기기 어려움)에 해당하는 '다시손'으로 해독된다.

이 해독들은 다음의 세 측면에서 그 논리성을 확보한다.

1) 한자의 음과 훈을 이용한 향찰의 차제자 원리에 부합한다. '다시'는 한자 '修'의 훈이고, '시/실, 손, 뎌' 등은 한자 '叱, 孫, 丁' 등의 음이다. 이 한자의 훈과 음을 이용한 것은 향찰의 차제자 원리에 부합한다.

2) '다시'(어간)+'실'(어간의 말음 '시'와 관형사형어미 'ㄹ')+'소'[의존명사('ㅅ')+서술격어미('이')+선어말어미('오')]+'ㄴ뎌'(감탄형 종결어미)의 연결 순서에서 형태소들의 연결 순서는 각각 문법적이다. 이는 해독된 형태소들의 연결이 문법적이어야 한다는 측면에 부합한다.

3) '다실손뎌'의 의미인 '닦을 것이구나'는 주어진 문맥에 맞다. 왜냐하면, '닦을 것이구나'는, [닦으실 것은, 수많은 부류(는) 나의 닦을 것이구나](修叱賜乙隱 頓部叱 喜衣 修叱孫丁)에서, '닦으실 것은'이 요구하는 미래 시제를 보여주기 때문이다. 그리고 '다시손'의 의미인 '닦은'(영탄법의 선어말어미 '소'는 현대역으로 옮기기 어려움)도 주어진 문맥에 맞다. 왜냐하면 이 해독 '다시손'은 해당 문맥의 대략적인 의미인 "모두 내 닦은 一切善陵

(은), 수많은 부류의 일(은), 돌리어"(皆 吾衣 修孫 一切善陵 頓 部叱 廻良只) 의 "修孫(닦은)"에서 어떤 문제도 발생시키지 않기 때문이다.

　이런 세 측면으로 보아, '修叱孫丁'(「수희공덕가」)은 '다실손뎌'로, '修孫'(「보개회향가」)은 '다시손'으로 해독하여야 할 것 같다. 그리고 '修叱孫丁'(「수희공덕가」)와 '修孫'(「보개회향가」)의 '修'가 '다시'의 훈을 보인다는 점에서, 같은 균여의 향가에 나온 '修將'(「상수불학가」)의 '修' 역시, '다시'로 읽힐 가능성이 많다고 본다.

제5부

'遇'섭 외 한자의 향찰

一. 향찰 '乎'

1. 서론

이 글은 향찰 '乎'자들(31개) 중에서, 비교적 문제가 많이 되고 있는 '乎'자들(13개)에 대한 선행 해독들을 변증하고, 그 미흡점들을 보완하는 데 연구의 목적이 있다.

향찰 '乎'자들의 해독 중에서, 문제가 비교적 적게 제기되면서, 그 해독이 거의 완결된 것으로 보이는 것들은, 세 유형으로 정리할 수 있다. 첫째는 '巴寶白乎隱'(「도솔가」), '改衣賜乎隱'(「원가」) 등등에서와 같이 뒤에 관형사형어미 '隱'을 수반하면서 '-온' 또는 '-오-'로 읽히는 '乎'의 유형(9개)[1]이다. 둘째는 '懺爲如乎仁'(「보개회향가」), '行乎尸'(「모죽지랑가」), '作乎下是'(「모죽지랑가」) 등에서와 같이 선어말어미의 '-오-'로 읽히는 '乎'의 유형(7개)[2]이다. 셋째는 '毛乎攴'(「맹아득안가」), '岩乎'(「헌화가」)에서와

---

1) '巴寶白乎隱'(「도솔가」), '改衣賜乎隱'(「원가」), '慕呂白乎隱'(「예경제불가」), '拜內乎隱'(「예경제불가」), '邀里白乎隱'(「예경제불가」), '邀呂白乎隱'(「칭찬여래가」), '盡良白乎隱'(「칭찬여래가」), '造將來臥乎隱'(「참회업장가」), '落臥乎隱'(「참회업장가」)(이상 9개)
2) '懺爲如乎仁'(「보개회향가」), '向乎仁'(「총결무진가」), '行乎尸'(「모죽지랑가」), '乃乎尸'(「찬기파랑가」), '作乎下是'(「모죽지랑가」), '獻乎理音如'(「헌화가」), '置乎理叱過'(「수희공덕가」)(이상 7개)

같이 어간이나 어기의 말음절 '-호-'로 읽히는 '乎'의 유형(2개)이다.

이상의 '乎'자들(18개)을 제외한 나머지는 13개이다. 이 13개의 '乎'자들은 선행 해독들에서 상당히 엇갈리는 문제를 보이거나, 통일된 해독에 문제가 포함되어 있기도 하다. 이를 간략하게 정리하면 다음과 같다.

첫째는 연결어미 또는 종결어미의 '오'로 읽으려는 '乎'자들이다. 전자(연결어미)에는 '花乎'(「원왕생가」), '內乎(叱等耶)'(「맹아득안가」), '乞白乎(叱等耶)'(「청전법륜가」) 등의 '乎'자들이 속한다. '花乎'의 '乎'는 '오, 호, 고' 등으로 그 해독이 갈리고 있다. 그리고 '內乎(叱等耶)'와 '乞白乎(叱等耶)'의 '乎'는 그 기능이 모호한 선어말어미로 읽어오고 있다. 후자(종결어미)에는 '逢乎'(「제망매가」), '非乎'(「우적가」), '過乎'(우적가) 등의 '乎'자들이 속한다. 이 '乎'자들은 '오'로 읽은 경우도 있지만, 이에 못지않게 '逢乎'의 '乎'는 '올'로, '非乎'와 '過乎'의 '乎'는 선어말어미로 읽은 해독들도 많다. 이로 인해 이 '乎'자들의 해독은 철저한 변증을 요하고 있다.

둘째는 선어말어미('오')와 전성어미('-ㄴ, ㄹ', 관형사형어미, 동명사형어미)가 합친 '온'이나 '올'로 읽으려는 '乎'자들이다. 전자(선어말어미+관형사형어미)에는 '執音乎'(「헌화가」)의 '乎'자가 속한다. 이 '乎'자는 '온, 오, 온, 올, 혼' 등으로 그 해독이 엇갈리고 있으며, '乎'의 훈이 '오'인가 '온'인가하는 근본적인 문제와도 연결되어 있다. 후자(선어말어미+동명사형어미)에는 '都乎隱以多'(「우적가」)와 '內乎留'(「항순중생가」)의 '乎'자들이 속한다. 이 '乎'자들은 선행 해독들에서 선어말어미로 읽어왔는데, 이렇게 읽으면, 같은 작품에서 '尼'로 표기한 '니'를 '隱以'와 같이 반절식으로 표기했다고 보는 문제를 보이고, '留'를 제대로 설명하지 못하는 문제를 보인다.

셋째는 선어말어미('오')와 종결어미('-ㄴ뎌, -ㄴ다, -ㄴ드니, -ㄴ드야')의 'ㄴ'이 합친 '온'으로 읽으려는 '乎'자들이다. 이에는 '毛冬乎丁'(「제망매가」), '內乎多'(「맹아득안가」), '內乎呑尼'(우적가), '白乎等耶'(「청불주세가」) 등의

'乎'자들이 속한다. '毛冬乎丁'과 '內乎呑尼'의 '乎'는 '온'을 포함한 다양한 형태로 읽히고 있어 변증을 요하며, '內乎多'와 '白乎等耶'의 '乎'는 선어말어미 '오'로 읽어 왔는데, 이 '오'는 종결어미들('丁, 呑, 等' 등)과의 직접 연결이 가능할까 하는 문제를 보인다.

이렇게 향찰 '乎'자들 중에서 앞의 13개는 그 해독이 엇갈리고 있거나, 문제를 포함하고 있다. 이에 이 향찰들에 대한 선행 해독들을 철저하게 변증하고, 그 과정에서 발견되는 미흡점들을 보완하고자 한다.

2. 연결(/종결)어미의 '乎/오'

이 장에서는 연결어미로 읽히는 '-乎/-오'와 종결어미로 읽히는 '-乎/-오'를 변증하고 보완하고자 한다.

2.1. 연결어미의 '-乎/-오'

이 절에서는 '花乎'(「원왕생가」), '內乎'(「맹아득안가」), '乞白乎'(「청전법륜가」) 등의 '乎'에 대한 선행 해독들을 변증하고 보완하고자 한다.

2.1.1. '花乎'의 '乎'

'花乎'(「원왕생가」)는 "兩手 集刀 花乎 白良"의 문맥에 나온다. 이에 대한 선행 해독들을 정리하면 다음과 같다.

> (1) 가. 모도와(오구라 1929), 모도호(유창선 1936f, 양주동 1942, 신태현 1940,
> 지헌영 1947, 김상억 1974, 서재극 1975)
> 나. 고조(정열모 1947, 김준영 1964, 전규태 1976, 김완진 1980, 금기창

1993, 유창균 1994, 최남희 1996, 신재홍 2000), 곳오(이탁 1956), 고소
(류렬 2003), 고즈로(박재민 2013a)

다. 고초(정열모 1965), 고초(홍기문 1956), 곱호(정창일 1987), 곳호(황패
강 2001), 굴호(강길운 1995), 곳호(양희철 1997)

라. 곧고(김선기 1968b), 곳고(김선기 1993)

(1가)에서는 '孚'를 '오'로 읽었지만, 전후 향찰들의 해독과 연결하는 차
원에서 문제를 보인다. 즉 '모도와'의 경우에는 '花'를 '화'로 읽고 이를 다
시 '와'로 바꾸면서, 이 '와'의 '오'를 '孚'로 표기한 것이라고 설명하고 있
는데 이해가 되지 않는다. '모도호'의 경우에는 '花'를 'ㅎ'으로 '孚'를 '오'
로 읽고, 이를 반절식으로 결합하여 '호'의 표기로 보았다. 역시 이해하기
어렵다.

(1나)에서는 '花'를 모두 실훈으로 읽었다. 단지 '고즈로'만이 '고줄'의
독훈으로 읽었다. 독훈의 가능성은 좀더 검토를 요한다. 그리고 '孚'를 (1
나)에서는 '오'로, (1다)에서는 '호'로, (1라)에서는 '고'로 각각 읽었다. '孚'
를 '고'로 읽기는 어렵다.

향찰 '花'는 '곳'과 '곶'이 모두 가능하고 향찰 '孚'도 '오'와 '호'가 모두
가능하여 향찰 '孚'를 연결어미 '-오'로 읽는다.

2.1.2. '內孚'의 '孚'

'內孚'(「맹아득안가」)는 "一等沙隱 賜以古只 內孚 叱等邪"의 문맥에서
나온다. 이에 대한 선행 해독들을 보면 다음과 같이 다양하다.

(2) 가. 고티올더라(고치소서, 오구라 1929), 쥬시과져 흣올드라(쥬시기를 願
望한다, 유창선 1936d), 고티올드라(고치올지라, 신태현 1940), 곧ᄋᄂ
올ᄃ라(고치올지라, 이탁 1956)

나. 고티누웃다라[고치올러라(양주동 1942), 고치시는도다, 고치는 것이더
라(김상억 1974), 고치옵더이다(전규태 1976), 고칠네라(황패강 2001)],
고티누훗다라(고칠네라, 홍기문 1956), 곡ㄴ웃드라(고쳐 주옵소서, 고
치옵더이다, 김준영 1964), 고디ㄴ웃드라(고쳐 주옵소서, 고치옵소서,
김준영 1979), 고티누오시다라(현대역 미제시, 천소영 1985)

다. 예누웃다라(나리어 주시옵더이다, 지헌영 1947), ㄴ리ㄴ웃ㄷ야(매달
리누나, 김완진 1980), 고지ㄴ오쓰라(꽂고 있더라, 서재극 1975), 고기
ㄴ웃ㄷ라(괴어주시기 바라나이다, 유창균 1994), 고기ㄴ웃ㄷ야(몹시
언짢아지게 하고 있다야, 양희철 1997)

라. 지내웃드라(사는 것이외다, 정열모 1947), 나웃ㄷ야[피고 있습니다(정
열모 1965)], 놋더라[놓더라(금기창 1993)], 놓드라(내어 놓더라, 강길운
1995), ㄴ오ㅅ다야(-ㅅ다야:-리라, 박재민 2013a), 드룻ㄷ라(드리는
도다, 신재홍 2000), 드리옷다야(여쭈옵다야, 양희철 2008a)

마. 디나끋따라(지나겠더라, 김선기 1968c), 디나곧도라(지나겠더라, 김선
기 1993)

바. 고디ㄴ호시다라(고쳐주시옵소서, 류렬 2003), 호쉰 ㄷ사(하오신 다
냐, 하시느냐, 정창일 1987)

사. 드리오 시다야(드리고 있다야, 양희철 2014d)

(2가)에서는 '푸'를 선어말어미의 '-오-'로 읽었다. 그러나, 대다수가
'-內-'를 읽지 않은 문제와 '-叱-'을 '-ㄹ-'로 읽은 문제를 보인다. 그리
고 이 해독을 인정하여도, 상당수의 해독들이, 형태소의 측면에서, 해독
과 괄호 안의 현대역이 연결되지 않는 문제를 보인다.

(2나)에서도 '푸'를 선어말어미의 '-오-'로 읽었다. 그러나 '-古只'를
어간 '고치-'로 읽은 문제를 보인다. 그리고 이 해독을 인정하여도 이 해
독들은 형태소의 측면에서 해독과 괄호 안의 현대역을 연결할 수 없다는
문제를 보인다.

(2다)에서는 '-古只'를 '고치-'로 보기 어렵다는 점에서, '古只-'를 다르게 읽었다. 그러나 '-古只'를 살리지 못한 것은 (2나)와 같다.

(2라)에서는 '內乎叱等邪'의 '內乎叱-'을 '나옷-, 놋/놓-, ㄴ오ㅅ-, 드리옷-' 등으로 읽으면서 '-古只'의 분리에 성공한다. 특히 '드롯ᄃ라'와 '드리옷다야'의 경우는 다른 해독들('나옷-, 놋/놓-, ㄴ오ㅅ-)에 비해 '內'(=納)을 훈으로 읽으면서 훈주음종이나 의주음조의 원리에 부합한다. 그러나 이 해독들은 아직도 해독과 그 현대역이 형태소의 측면에서 정확하게 일치하지 못하는 문제를 보인다.

(2마)에서는 '-乎叱-'을 '-겠-'의 의미인 '-꼳-, -곧-' 등으로 읽었다. 이해하기 어려운 해독이다.

(2바)에서는 '-乎-'를 '-호-'와 '호-'로 읽었다. 전자는 그 기능에서 후자는 훈주음종이나 의주음조의 차원에서 문제를 보인다.

(2사)에서는 (2가-바)의 문제를 보완하기 위하여, '內乎叱等邪'를 '內乎 叱等邪'로 분리하고, 개별 향찰을 '드리(內=納)+오(乎) 시(叱)+ᄃ(等)+야(邪)'로 읽고, 전체를 '드리오 시ᄃ야'로 종합하였다. 그 의미는 '드리고 있다야'이다. 이 경우에 쓰인 '內乎'의 '-乎'는 '-고'의 의미인 연결어미의 '-오'이다.

2.1.3. '乞白乎'의 '乎'

'乞白乎'(「청전법륜가」)는 "法雨乙 乞白乎 叱等耶"의 문맥에서 나온다. 이에 대한 선행 해독들을 보면 다음과 같다.

(3) 가. 비쇼올더라[비옵더라(오구라 1929)], 비쇼올드라[乞ひまつらん(신태현 1940)], 빌술올ᄃ라[비올 것이다(이탁 1956)]

나. 비술봇다라[비옵더라(양주동 1942), 빌었더라(홍기문 1956), 빌었더라

(황패강 2001)], 비삷옷더라[빕일러라(정열모 1947)], 비삷옷다라[빌
었더니라(김상억 1974)], 비숣옷ᄃ라[빌어사뢰리(김준영 1964), 빌어사
뢰리로다(김준영 1979), 기원하옵겠노라(유창균 1994)], 비술봇ᄃ라[비
옵는도다(신재홍 2000)], 비숣옷다라[비으옵드라(지헌영 1947), 빌어
사뢰오리라(전규태 1976)], 비소봇드라[성심껏 빌었다(강길운 1995)],
비술봇ᄃ야[빌었어라(정열모 1965)], 비술봇ᄃ야[빌었느니라(김완진
1980)], 비술보시다라[빌어 사뢰였더라(류렬 2003)], 비습오ᄯ야[빌리
라(박재민 2003b)], 비습옷 ᄃ야[빌 것이다(김지오 2012)], 빌습옷드
라[비옵더라(이건식 2012)]

다. 비리삽곤돌아[비삽겠더라(김선기 1975a)], 빌삷곤도라[빌어사뢰겠더
라(김선기 1993)]

라. 비습호신 ᄃ냐[빌어서 말하드냐(정창일 1987)]

마. 빌사뢰오 시ᄃ야(양희철 2014d)

(3가, 나)에서는 '-乎-'를 '-오-'로 읽었다. 이 해독들의 공통된 문제는
해독과 현대역이 형태소의 측면에서 일치하지 않는다는 것이다. 이 (3가,
나)의 상당수는 (2가, 나, 다, 라)의 해독과 같은 것들로 그 설명을 생략한
다. 다른 것은 (3나)의 끝에 있는 세 해독들인데, 이 해독들이 가진 문제만
보자. '비습오ᄯ야'에서는 '-(乎)叱等耶'를 '-(오)ᄯ야'로 읽고 화자의 의지
로 보고, 그 현대역을 '빌리라'로 달았다. 해독과 현대역이 형태소상에서
대응하지 않는다. '비습옷 ᄃ야'에서는 '叱'을 동명사형 어미 '-ㅭ'의 부분
표기로, '等'을 의존명사 'ᄃ'의 표기로, '耶'를 계사와 종결어미 '-아'가 결
합한 형태로 각각 읽고, 그 의미를 '-ㄹ 것이다'로 풀었다. 동명사형어미
다음에 의존명사가 바로 왔다고 보기가 어렵다. '빌습옷드라'에서는 '乞白
乎叱等耶'를 '빌+습+오(의도법)+ㅅ(감동법)+드(과거시제)+라(서술형 종결어
미)'로 풀었다. 문맥상 이 어휘는 현재에 해당하는데, 과거로 읽은 점과 이

에 따른 다른 문제를 보인다.

(3다)에서는 '-乎叱-'을 '-겠-'의 의미인 '-곧-'으로 읽었다. 이해하기 어렵다.

(3라)에서는 '-乎'-로 읽고 '말하-'의 의미로 보았다. 이해하기 어려운 해독이다.

이런 문제들 외에도 (3)의 해독들은 작품의 문맥과 거의 일치하지 않는다. 즉 거의 대다수의 해독들이 과거시제 또는 미래시제로 보고 있는데, 법우를 비는 현재 내지 현재 진행과 괴리된 문맥이다.

(3사)에서는 (3가-라)의 문제들을 보완하고자, '乞白乎叱等耶'를 '乞白乎 叱等耶'로 분리하고, '빌어사뢰고 있다야'의 의미인 '빌사뢰오 시ᄃ야'로 해독하였다.

이상에서 살핀 바와 같이, '花乎'(「원왕생가」), '內乎'(「맹아득안가」), '乞白乎'(「청전법륜가」) 등의 '-乎'는 '-고'의 의미인 연결어미 '-오'로 정리할 수 있다.

2.2. 종결어미의 '-乎/-오'

이 절에서는 '逢乎'(「제망매가」), '非乎'(「우적가」), '過乎'(우적가) 등의 '乎'에 대한 선행 해독들을 변증하고 보완하고자 한다.

2.2.1. '逢乎'의 '乎'

'逢乎'(「제망매가」)는 "阿也 彌陁刹良 逢乎 吾"의 문맥에 나온다. '逢乎 吾'에 대한 선행 해독들을 정리하면 다음과 같다.

(4) 가. 맛나온 나(오구라 1929), 맛보온 나(김준영 1964, 1979), 맞온 우리
    (김선기 1969a), 맞온 나(김선기 1993), 맞본 나(유창균 1994), 마존 나

(최남희 1996)

나. 맛ᄂ올 나(유창선 1936e), 맛보올 내(양주동 1942, 지헌영 1947, 전규
태 1976), 만나올 내(정열모 1947), 맛보올 내(김상억 1974), 맛보올
나(김완진 1980, 신재홍 2000, 황패강 2001), 맛보올 나(만날 나를, 성
호경 2008), 맞볼 나(강길운 1995)

다. 맞홀 나(정창일 1987), 마소나홀 나(류렬 2003)

라. 맛보호 내(만날 것이니 내, 홍기문 1956)

마. 맛나오 나(만나오 나, 신태현 1940), 맞오 내(만나올까 내길, 이탁 1956),
마조 나[함께/같이 만나(정열모 1965), 만나도록 내(서재극 1975)], 마지
하오 내[정토에 맞이하오 내(금기창 1993)], 맛보오 나(만나오 내, 양희
철 1997)

(4가)에서는 '-乎'를 '-온'으로 읽었다. 훈을 살려 읽었다는 장점이 있
다. 그러나 앞으로 만나보기를 기약하는 문맥에 '-온'의 시제가 맞지 않는
문제를 보인다.

(4나)에서는 '-乎'를 독훈 '-올'로 읽었다. 특히 이 해독을 주도적으로
이끈 양주동(1942:559)의 경우에 그 근거를 「정도사오층석탑조성형지기」
와 『대명률직해』에 두었는데, 이에 대한 비판은 다음과 같다.

(5) 이 해독은 그 근거를 〈정도사오층석탑조성형지기〉와 『대명률직해』에
서 찾고 있다. 그런데 이 두 글들은 문제의 향찰 '호(乎)'의 해독에서
『삼국유사』 자체의 향찰보다는 그 논증성이 떨어지는 자료들이다. 『삼
국유사』의 향찰 '호(乎)'는 양주동의 경우에 이 해독을 제외하고는 '올'
로 읽은 것이 없고, '호(乎)'의 속훈 '온'과 의반자 '오'로 읽고 있다. 그
리고 『삼국유사』의 향찰에서는 '올'을 '호시(乎尸)'(〈찬기파랑가〉)로 쓰
고 있다. 게다가 '맛보올'로 보면 작품의 결속성(coherence)이 파괴된
다. 뒤에 보겠지만, 제1~4행과 제5~8행에서 시적 자아는 죽은 누이

로 하여금 중유에서 생사를 사십구재에 초연하게 맡기고, 그리고 미타행의 목적을 세우고, 죽어가라고 요구하고 있다. 즉 죽은 누이로 하여금 미타행의 대원을 이룰 도를 닦게 하기 위한 기반을 확립하게 하는 것이다. 그런데 만약 '호(乎)'를 '올'로 읽고 '봉호(逢乎)'를 '맛보올'로 읽으면, 이 작품은 제9, 10행에 와서 갑자기 죽은 누이로 향하던 진술이, 그것도 죽은 누이를 위한 사십구재에서, 월명사 자신으로 향하는 괴리를 보이게 된다. 이는 선학에 의해서 지적되었듯이, "전8구와 결사부분의 단절"이라는 피할 수 없는 현상을 일으키는 결속성의 파괴를 보이는 것이다.

이런 점에서, '호(乎)'를 '내일 만나오!'의 '오'와 같은 청유형 종결어미 '오'로 읽어, '봉호(逢乎)'를 '맛보오!'로 읽는다.(양희철 2002:111)

(5)에서 보듯이 '-乎'를 '-올'로 읽으면, 『삼국유사』의 향찰 '乎'가 보이는 용법을 벗어날 뿐만 아니라, 작품의 문맥에도 맞지 않는다. 이런 점에서 '-乎'를 '-올'로 읽는 것은 재고를 요한다. 특히 '乎'가 '올'로 읽히는 것은 고려의 「정도사오층석탑조성형지기」에서부터 나타난다는 점에서 신라 향가에 적용하는 것은 어렵다.

(4다)에서는 '-乎'를 '-홀'로 읽었다. '-호-'의 기능이 모호하고, (4나)와 같은 문제를 보인다.

(4라)에서는 '-乎'를 '-호'로 읽었다. '-호'의 기능이 모호한 문제를 보인다.

(4마)에서는 '-乎'를 '-오'로 읽었다. 그런데, '마지하오'는 '逢乎'의 해독으로 보기 어렵다. 그리고 해독과 현대역이 형태소 차원에서 대응하는 여부로 보면, 상당수의 해독들이 일치하지 않고, '맛나오 나'와 '맛보오 나'만이 일치한다. 이 '-오'는 청유형이다.

이상과 같은 점에서 '逢乎'의 '-乎'는 '-오'로 읽는 것이 바람직하다. 특히 작품성을 파괴할 수 있는 해독과 작품성을 살릴 수 있는 해독이 모두 가능할 때에, 우리는 후자를 택하게 된다. 이는 문학 작품의 유기체설이 작품의 완결성을 전제로 하는 것과 같은 것이다. 이런 점에서도 '逢乎'의 '-乎'는 '-오'로 읽는 것이 바람직하다.

2.2.2. '非乎'의 '乎'

'非乎'(「우적가」)는 "但 非乎 隱焉 破□主"의 문맥에 나온다. 이 중에서 '(但)非乎 隱焉'에 대한 선행 해독들을 보면 다음과 같다.

(6) 가. 미해독(오구라 1929)
　　나. 외온(양주동 1942, 김상억 1974, 황패강 2001), 드비온(이탁 1956), 비온(금기창 1993), 다믄 외욘(서재극 1975)
　　다. 다위온온(지헌영 1947), 단비오는(정열모 1947), 돈비오논(정열모 1965), 외오논(김완진 1980), 외온온(신재홍 2000)
　　라. 외혼(홍기문 1956, 류렬 2003), 외호ㄴ연(정창일 1987)
　　마. 단비고 숨안(김선기 1969c), 단비고 솜안(김선기 1993)
　　바. 외오 숨언(김준영 1964, 양희철 1993), 외오 숨은(전규태 1976, 유창균 1994), 외오 수믄(강길운 1995, 최남희 1996), 그르오 숨언(양희철 1997)

(6가)에서는 '破□主'에 빠진 글자가 있다는 점에서 해독을 하지 않았다.

(6나)에서는 '-乎隱焉'을 '-온' 또는 '-욘'으로 읽었다. 한 음절의 표기에 세 글자를 사용했다고 보기는 너무 어렵다. 특히 '-隱焉'을 '-ㄴ'로 읽는 것이 어렵다.

(6다)에서는 (6나)의 문제를 해결하려 하였으나, '焉'의 음이 '언'이란 점에서, '-乎隱焉'을 '-온온, -오는, -오논' 등으로 읽는 것이 어렵다.

(6라)에서는 '乎'를 '호'로 읽었는데, '외혼'의 경우는 '-乎隱焉'을 '-혼'

으로 읽을 수 없는 문제를, '외호ㄴ언'의 경우는 '-乎隱焉'을 '-호ㄴ언'으로 읽을 수 없는 문제를 각각 보인다.

(6마)의 경우는 '但 非乎'를 '但非乎'로 묶고 '단비고'로 읽었는데, '但'과 '非'를 모두 음으로 읽고, '乎'를 '고'로 읽은 문제를 보인다.

(6바)에서는 (6나)와 (6다)의 문제를 해결하려고 노력하였다. 그런데 아직도 '破□主'의 빠진 글자를 어떤 글자로 볼 것이냐 하는 문제가 남아 있다. (6바)의 거의 모든 해독들은 '破戒主'를 따르고, 양희철만이 '破邪主'로 정리를 하였다. 문맥의 흐름과 작품의 골계성으로 보아 후자로 보는 것이 타당할 것 같다.

이렇게 볼 때에, '非乎'는 '외오'의 표기로 읽고, 이 '乎'를 종결어미로 본 해독들이 타당하다고 판단한다.

2.2.3. '過乎'의 '乎'

'過乎'(우적가)는 "此 兵物叱沙 過乎 好尸 日沙也 內乎呑尼"의 문맥에 나온다. 설명을 쉽게 하기 위하여 '過乎 好尸 日'에 대한 선행 해독들을 정리하면 다음과 같다.

(7) 가. 디나오어 말(오구라 1929), 허믈오홀 날(황패강 2001), 사괴홀 니-(지헌영 1947), 사괴홀 가라(금기창 1993)

　나. 디내온 됴홀 날(양주동 1942, 김준영 1964, 1979), 지나온 조흘 날(정열모 1947), 디내온 됴할 날(김상억 1974), 디나온 됴홀 날(전규태 1976), 디나온 됴홀 이-(신재홍 2000), 몯가온 됴홀 눈(이탁 1956), 넘온 됴홀 날(유창균 1994), 글온 됴홀 ㄱ롭(서재극 1975)

　다. 過혼 됴힌 날(정창일 1987), 디나혼 됴홀 날(류렬 2003)

　라. 디나호 됴홀 날(홍기문 1956), 디나고 긷갈 날(김선기 1969c), 디나고 깃골 날(김선기 1993)

마. 새나오 홀 날[시들하게 여기는 날(정열모 1965)], 말오 즐길 法[마다하고 즐길 법(김완진 1980)], 허믈오 됴홀 이바구[허물인가? 좋을 이야기(강길운 1995)], 그르오 됴홀 ᄀᄅ(최남희 1996), 디나오 됴홀 ᄀᄅᆷ(지나오, 좋을 말씀사, 양희철 1997)

(7가)에서는 '過乎 好尸'를 '過乎好尸'로 묶고, '-乎好尸'를 '-오어, -오홀, -홀' 등으로 읽었다. '-오어'의 경우는 '어'에 대응하는 향찰이 없는 문제를 보이고, '-오홀'의 경우는 그 문법적 기능에서 문제를 보이며, '-홀'의 경우는 한 음절의 표기에 세 향찰을 사용했다고 볼 수 없는 문제를 보인다.

(7나)에서는 '乎'를 '온'으로 읽었다. 그러나 문맥이 통하지 않아, 거의 대다수의 해독들이 '曰'자를 '日'로 바꾼 문제를 보인다. 그리고 이를 인정하여도 문맥이 잘 통하는 것은 아니다.

(7다)에서는 '乎'를 '혼'으로 읽었다. 그 의미가 명확하지 않으며, (7나)에서와 같이, '曰'자를 '日'로 바꾼 문제를 보인다.

(7라)에서는 '乎'를 '호'와 '고'로 읽었다. 그 의미가 명확하지 않으며, (7나)에서와 같이, '曰'자를 '日'로 바꾼 문제도 보인다.

(7마)에서는 '乎'를 '오'로 읽었다. '새나오 홀 날'(시들하게 여기는 날)의 경우는 '-오'의 기능이 명확하지 않다. '말오 즐길 法'(마다하고 즐길 법)에서는 해독과 현대역이 잘 연결되지 않는다. '허믈오 됴홀 이바구'(허물인가? 좋을 이야기)에서는 '-오'를 의문형으로 보았는데, 역시 해독과 현대역이 잘 연결되지 않는다. '그르오 됴홀 ᄀᄅ'의 경우는 설명과 현대역이 없어, 정확하게 이해하기가 어렵다. 특히 같은 작품에서 '그르다' 즉 '외다'를 '非乎'로 표기했다는 점에서 이 해독은 어렵다. '디나오 됴홀 ᄀᄅᆷ'(지나오, 좋을 말씀사)에서는 '-오'를 종결어미로 보고, '됴홀 ᄀᄅᆷ'을 반어법으로

보았다. 문맥상 이 해독이 맞는 것 같다.

3. 선어말어미와 전성어미의 '乎/온/오(ㄹ)'

이 장에서는 선어말어미('오')와 전성어미('-ㄴ, ㄹ', 관형사형어미, 동명사형어미)가 합친 '-온, -오(ㄹ)' 등의 표기에 쓰인 '乎'자들을, '執音乎'(「헌화가」), '都乎隱以多'(「우적가」), '內乎留'(「항순중생가」) 등에서 검토 정리하려 한다.

3.1. '執音乎'의 '乎'

'執音乎'(「헌화가」)는 "執音乎 手 母牛 放教遣"의 문맥에 나온다. 이에 대한 선행 해독들을 보면 다음과 같다.

(8) 가. 오 : 잡온 손(유창선 1936c)

나. 오 : 잡오 손(신태현 1940), 자ᄇ모 손(홍기문 1956), 올 : 잡올 손(이탁 1956)

다. 혼 : 쥐옴혼 手(정창일 1987), 자ᄫ혼 손(류렬 2003), 곤 : 심곤 손(박재민 2009)

라. 온 : 잡온 손(오구라 1929, 김선기 1967g, 김준영 1979, 금기창 1993, 김선기 1993), 자ᄇ온 손(양주동 1942, 지헌영 1947, 전규태 1976, 황패강 2001), 잡으온 손(정열모 1947, 김준영 1964), 자부온 손(정연찬 1972), 자브온 손(김상억 1974),

마. 온 : 지몬 손(정열모 1965), 거몬 손(서재극 1975), 자ᄇ몬 손(김완진 1980), 줌온 손(유창균 1994), 자브몬 슌(강길운 1995), 쥐몬 손(최남희 1996), 자보몬 슈(양희철 1997), 움온 손(신재홍 2000)

(8가)에서는 '-홉乎'가 '-온'에 대응하는데, '홉'과 '乎'의 음에서 '오'을 끌어내기가 어렵다.

(8나)에서는 '-乎'를 '-오, -올' 등으로 읽었는데, 문자적으로는 가능한 해독이지만, 문맥이 통하지 않는다.

(8다)에서는 '-乎'를 '-혼/곤'으로 읽었는데, '-혼'에 포함된 'ㅎ'의 출처를 알 수 없거나, '乎'를 '곤'으로 읽을 수 없는 문제를 보인다. 특히 '심곤'은 '執'의 훈을 '심기다'로 보고, '執홉(심)+乎(곤) 手(손)'으로 읽었는데, 말음첨기의 처리에서 문제가 발견된다.

(8라)에서는 '-乎'를 '-온'으로 읽었으나, '홉'자의 음을 살려서 읽지 못하였다.

(8마)에서도 '-乎'를 '-온'으로 읽으면서, (8라)의 한계를 극복하려고, '홉'의 음을 살려서 읽으려 하였다. 그런데 '홉'을 'ㅁ'으로 읽은 것은 공통이지만, 대다수가 '몬'(몰+온>모론>몬)의 'ㅁ'을 표기한 것으로 보았다. 즉 '몬'을 '홉+乎'로 표기한 것으로 보았다. 이는 반절식 표기로 향찰에서 취한 방법이 아니다. 만약 '몬'을 향찰식으로 표기했다면, '毛隱' 정도로 표기하였을 것이다. 이 문제를 극복하려고 노력한 해독은 '거몬'과 '움온'이다. 이 중에서 전자를 취한다. 즉 '執(검-)+홉(ㅁ)+乎(온)'으로 해독한 것이다.

이렇게 '執홉乎'의 '-乎'를 선어말어미와 관형사형어미의 결합인 '-온'으로 읽는 데는 큰 문제가 없다.

그런데 아직도 명확하게 할 것이 하나 남아 있다. 즉 '온'은 '乎'의 훈인가, 아니면 '乎'의 음 또는 훈 '오'에 관습적으로 '-ㄴ'이 붙은 것인가 하는 문제이다. 이 문제에 대한 선행 해독들의 견해를 차례로 검토해 보자.

오구라(1929:40-42)는 『천자문』과 『주해천자문』의 "乎온호"와 이두에서 '온'으로 읽히는 예들을 들어서, 훈을 '온'으로 보았다.

양주동은 한자 '乎'의 속훈을 '온'으로 설명하고, 이를 『석봉천자문』에서 보인 한자 '乎'의 훈 '온'을 제시한 다음에, 향찰 '乎'를 다음의 (9가)와 같이 설명하였다.

(9) 가. 「乎」를 「온」으로 訓함은 이字가 흔히 雅語連體形 「온」에 借用되기 때문이다. …… 그러나 元來 「乎」는 音「호」에 依하야 「호」에 音借되는 一方 主로「오」로 省音借되는것임으로, 「온」은 其實「乎隱」이라야 할 것인데 「乎」로써 「온」이라 읽음은 「乎隱」의 畧體로서의 「乎」이다.(양주동 1942:167)

나. 鄕歌나 吏讀에서 '오'에 借用되었다. 그러나 본시 原音 '호'를 借用하였던 섯이 말이 바뀜에 따라 '오'로 읽게 되고 다시 訓讀하게 되어 '온'으로 읽었거나 '오→온'의 音韻變化에 의하여 '온'으로 읽었을 것이다.(김준영 1979:86)

다. 그런데 '執音乎'의 경우는 '乎'의 아래에 '隱'이 생략되었다. 이것은 '乎, 乎隱'과 같은 것임을 뜻하는 것이다. …(중간생략)… 그런데 冠形詞形의 경우, 이 '乎'의 아래에 連結되는 '隱'이 省略된 경우가 있다. 이 경우는 '乎'가 '온'으로 새겨지고 있으나, 이것은 '乎'가 '온'의 音借를 나타내는 것이 아니라, 冠形詞形의 경우는 그 아래에 반드시 冠形詞形의 'ㄴ'이 連結된다는 慣習에 따라 편의적으로 'ㄴ'이 생략표기 된 것이라고 봐야할 것이다. 그러므로 '乎'의 표음은 '오'로 새겨져야 하는 것이다.(유창균 1994:223-224)

(9)의 해석들은 거의 비슷하다. 이 해석들은 '乎'의 훈 '온'을 무시하고, '乎'의 음 '호'로 '오'를 표기한 省音借로 보았다. 그리고 (9가, 다)에서는 '乎'로 '온'을 표기한 것은 사실은 앞의 '乎'가 '乎隱'에서 '隱'이 생략된 형태라고 보고 있다. 이에 비해 (9나)에서는 '乎'로 '온'을 표기한 것은 '乎'를 독훈으로 읽은 것으로 보았다.

김선기는『천자문』의 '온'과 포페 교수가 인용한『원조비사』와 그 설명을 인용한 다음에, (9가)에 대해 다음과 같은 비판을 하였다.

(10) 이 [un/ün]은 '까닭에'의 뜻으로 쓰혓다. 가라말은 '온', '공자 갈온'의 경우도 이와 같다. '온'이 단순한 갓겿으로 생각한 것이 무애의 생각이다. 그러나 이런 말씨는 오뉘말에도 훌륭히 잇다. 그러니까 '온'은 '乎'의 뜻사김으로 알아야 된다. 이렇게 되면 '오'는 '온'에서 'ㄴ' 소리가 진 것에 지나지 않는다. '온'은 '오'에서 'ㄴ'을 덧붙여 소리 낸 것이라고 한 것은 사실과는 정반대일 것 이다.(김선기 1993:141–142)

이 비판과 설명으로 보아, '온'은 '乎'의 훈독이며, '오'는 약훈으로 정리할 수 있다. 특히 '乎/호'로 '오'를 표기하는 반절식 표기는 향찰에서 쓰지 않는다는 점에서 더욱 그렇다.

3.2. '都乎隱以多'의 '乎'

'都乎隱以多'(「우적가」)는 "潃陵 隱安支 尙宅 都乎隱以多"의 문맥에서 나온다. 이에 대한 선행 해독들은 다음과 같다.

(11) 가. 두오니이다(오구라 1929), 드오니다(정열모 1965), 수ᄅ오니다(지헌영 1947), 모도니다(서재극 1975, 금기창 1993), 살오니다(유창균 1994), 아모니다(신재홍 2000)

나. 드외니다(양주동 1942, 홍기문 1956, 전규태 1976), 도외니다(김상억 1974)

다. 다 호ᄂ이다(정창일 1987), 모도호니이다(황패강 2001), 도호니이다(류렬 2003)

라. (틱)도 업스니다(김완진 1980)

마. 도고 숨은이다(김선기 1969c), 도고 쇼이다(김선기 1993)

바. 모도 수믄이다(강길운 1995)

사. 도온이다(더한 것이다. 정열모 1947, 두고 있는가 (하는) 그것이다. 이탁
1956, 김준영 1964, 됩니다 1979), 모돈이다(최남희 1996), 都(모도,
도)-ㄴ이다(돌온/모은 것이다. 양희철 1997)

(11가, 나, 다, 라)에서는 '乎'를 '오, 외, 호' 등으로 읽었다. '외'는 '乎'
이 음이 아니라 'ㄷ외다/도외다'의 '외'에 맞춘 해독이다. 그리고 이 (11가,
나, 다, 라)에서는 '隱以'를 '니(이)'로 읽었는데, 세 가지 문제를 보인다.
첫째는 같은 작품에서 '니'를 '尼'로 표기하였는데, 이를 'ㄴ(隱)+ㅣ(以)'로
표기했다고 보기가 어렵다는 문제이다. 둘째는 'ㄴ(隱)+ㅣ(以)'와 같은 반
절표기는 향찰에서 사용하지 않는다는 문제이다. 셋째는 존칭법과 관련된
'-니(이)다'가 올 위치가 아니라는 문제이다. 이 어휘의 상대는 도적들로,
존칭의 대상이 아니며, 이 작품에서 도적들을 대상으로 존칭법을 쓴 적이
없다. (11라)에서는 '乎'를 '无'로 수정하여 읽었다. 수정을 하지 않아도 해
독이 가능하다는 문제를 보인다.

(11마)에서는 '乎'를 연결어미 '-고'로 읽고, '隱'을 '숨은' 또는 '쇼'로 읽
었다. '숨은'은 '隱'의 독훈이란 문제를 보이고, '쇼'는 "'隱'을 뜻글자로 사
겨 읽어 '쇼이다'로 읽었다"는 설명만 있어 이해하기 어렵다.

(11바)에서는 '乎'를 '오'로 읽고, '隱'을 (11마)에서와 같이 '수믄'(숨어 있
는 것)으로 읽었는데, 역시 독훈으로 읽은 문제와, 해독과 현대역이 연결
되지 않는 문제를 보인다.

(11사)에서는 '乎'를 '온'으로 읽었는데, 'ㄴ'의 해석은 서로 다르다. 정열
모의 경우는 현대역 '다한 것이다'로 보아, 'ㄴ'을 동명사형어미로 본 것은
확실하다. 그러나 '도온'이 '다한'이라고 보기는 어렵다. 이탁과 김준영의
경우는 현대역을 '두고 있는가 (하는) 그것이다'와 '됩니다'로 달고 있어,
해독과 현대역이 대응하지 않는 문제를 보인다. 최남희는 현대역을 달지

않았다. '都(모도, 도)-ㄴ이다'의 경우는 현대역을 '돌온 것이다'와 '모돈 것
이다'로 달았다. 중의적 표현으로 본 것이다.

이 '都乎隱以多'(「우적가」)의 '乎'는 뒤에 '隱'이 왔다는 점에서 '온'이나
'오' 어느 것으로 읽어도 결과는 같다. 즉 '乎隱'은 결국 '온'이 된다. 편의
상 '乎'를 '온'으로 읽고, '隱'을 말음첨기 'ㄴ'으로 보며, '온'의 '-ㄴ'은 동
명사형어미로 본 해석을 따른다.

3.3. '內乎留'의 '乎'

'內乎留'(「항순중생가」)는 "不冬 萎玉 內乎留 叱等耶"의 문맥에 나온다.
이에 대한 선행 해독들을 정리하면 다음과 같다.

> (12) 가. 이우올더라(-게 하시더라, 오구라 1929), 이우올쩌라(萎えざらしめ給
> へぞかし, 신태현 1940)
> 나. 이우누올ㅅ다라[이울 것이러라, 이울들 아니 하겠더라(양주동 1942),
> 이울었나이까(전규태 1976)], 시들내옰더라(하더라, 정열모 1947), 이
> 옥ᄂᆞ올ᄃᆞ라(하는 것이다, 이탁 1956), 이울누올ㅅ다라(시들도다, 김상
> 억 1974), 이오누올ㅅ다라(시들어지도다, 지헌영 1947, 황패강 2001),
> 이옥ᄂᆞ오루ㅅᄃᆞ라(시들지 않도록 하셨나리라, 김준영 1964), 시들놋
> ᄃᆞ야[이울더라(정열모 1965), 시들오리로다(김준영 1979)], 이볼ᄂᆞ오롯
> ᄃᆞ야(이울지 아니하는 것이더라, 김완진 1980), 이브로ᄂᆞ오롯ᄃᆞ라(시
> 들지 못하게 하도다, 유창균 1994), 이오누올다라(현대역 미제시, 천소
> 영 1985), 이우리오롯ᄃᆞ야(시들게 하오리라, 박재민 2003b), 이우ᄂᆞ
> 오니롯다야(이울지 않는 것이로구나, 이용 2007), 이울오누오롯 ᄃᆞ야
> (시들게 할 것이다, 김지오 2012)
> 다. 이볼루 누홋다라(시들지 않고 자라너니라, 홍기문 1956), 이브나 호루
> 션ᄃᆞ냐(이우러진다고 하시드냐, 정창일 1987), 이불루누후시다라(이
> 울어졌더라, 류렬 2003)

라. 이오나기 마묻다라(마르고 머물더라, 김선기 1975a), 이오나고 머물
　　도라(마르고 머물더라, 김선기 1993)
마. 시들옥 노롯드라(시들어 노롯하더라, 강길운 1995), 이보록 드됴롯드
　　라(아니 이울어 들었도다, 신재홍 2000), 이옥 드리오롯드야(이울어
　　들게 하였다야, 양희철 2008a), 이옥 드리올로 시드야(시들어 늘어트
　　리지 않을 것으로 있다야, 양희철 2014d)

(12가, 나)에서는 '菱玉 內乎留 叱等耶'를 '菱玉內乎留叱等耶'의 한 어
휘로 묶고, '乎'를 '오'로 읽었다. 그런데 (12가)에서는 '內'를 읽지 않은 문
제와, '乎留叱'의 해독과 그 현대역이 명확하지 않은 문제를 보인다. (12
나)에서도 역시 '乎留叱'의 해독과 그 현대역이 명확하지 않은 문제를 보
인다. (12나)의 뒤에 있는 세 해독들은 이 문제를 해결하려고 하였으나,
역시 명확하지 않다. '이우리오롯드야'의 경우에, '乎留叱等耶'를 '오롯드
야'로 읽고 '-오리라'의 의미로 보았는데, 해독과 현태역이 형태소의 측면
에서 상응하지 않는다. '이우느오니롯다야'의 경우는 '乎'를 '오니'로 읽는
것이 어렵고, 해독과 현태역이 형태소의 측면에서 상응하지 않는다. '이울
오누오롯 드야'의 경우에는 '叱'을 동명사형어미 '냈'로 '等'을 의존명사
'드'로 읽었는데, 동명사형어미와 의존명사가 직접 연결된다고 보기가 어
려우며, 해독과 현대역이 형태소의 측면에서 상응하지 않는다.

(12다)에서는 '乎'를 '호'로 읽었다. '乎/호'의 기능이 명확하지 않은 문
제를 보인다. '이보루 누홋다라'의 해독에서는 '留'의 문제를 해결하고자,
'菱玉 內乎留叱等耶'에서 '留'의 위치를 '菱玉留 內乎叱等耶'로 바꾸어
해독을 하였다. '內乎(留)叱等耶'를 '菱玉'으로부터 분리하는 데는 성공하
지만, 해독에서는 아직도 '內'를 '누'로 읽은 문제를 보인다.

(12라)에서는 (12다)에서 풀려고 했던 '留'의 문제를 해결하려고, '乎'를
'-기, -고'로 읽고 '留'를 분리하여, '마묻, 머물' 등으로 읽었다. '乎'를

'기, 고' 등으로 읽을 수 없는 문제를 보인다.

(12마)에서는 '萎玉 內乎留叱等耶'로 끊어서 '內-'의 문제를 해결하였다. 그러나 '시들옥 노릇드라'에서는 '內(느)+乎(오)'로 '노'를 표기했다고 본 문제와, '留'를 해결하지 못한 문제를 보인다. '이봇록 드됴롯드라'와 '이옥 드리오롯드야'에서는 '內-'를 '드리'로 본 점에서 주목을 끌지만, 역시 '留'의 문제를 해결하지는 못했다.

이 '留'의 문제를 해결한 것이 (12마)의 마지막에 있는 '이옥 드리올로 시드야'의 해독이다. 이 해독에서는 '不冬 萎玉 內乎留 叱等耶'로 끊고, '안둘 이옥 드리올로 시드야'로 읽으면서, '이울어 늘어트리지 않을 것으로 있다야'의 의미로 정리를 하였다. '不冬'은 '안둘'로, '萎玉'는 '이옥'으로, '內(=納)乎'는 '드리올'로, '留'는 '로'로, '叱等耶'은 '시다야'로 각각을 읽은 것이다. 뒤에 보겠지만, '留'가 '루'라는 점에서 '드리올로'를 '드리올루'로 수정한다('叱等耶'에 대한 구체적인 설명은 제3부의 「二. 향찰 '叱'」참조). '안둘 드리올루'를 '늘어트리지 않을 것으로'로 옮긴 것은 '드리다'에 '늘어트리다'의 의미가 있고, '乎/올'의 'ㄹ'은 동명사형어미이기 때문이다.

이렇게 읽고 나면, 이 '乎'를 '올'로 읽는 해독은 일단 완결된다. 그러나 이렇게 '乎'를 '올'로 읽을 때에, 한 가지가 문제가 대두된다. '乎'를 '올'로 읽을 수 있는 이유가, '尸/乙(ㄹ)'의 누락인지, '尸/乙(ㄹ)'의 생략표기인지, 'ㄹ'을 첨가해서 읽는 이두식 표기인지, 시가의 唱詞에서 보이는 'ㄹ(尸/乙)'의 생략표현인지 등에서 어느 것이냐 하는 문제이다. 이에 '드리올'을 일단 '드리오(ㄹ)'로 정리하고, 이 문제의 구체적인 논의는 제5부의 「四. 향찰의 誤寫와 唱詞의 생략표현」으로 돌린다.

4. 선어말어미와 종결어미의 '乎/온'

이 장에서는 선어말어미('오')와 종결어미('-ㄴ뎌, -ㄴ다, -ㄴ다니, -ㄴ다야')의 'ㄴ'이 합친 '-온-'을 '毛冬乎丁'(「제망매가」), '內乎多'(「맹아득안가」), '內乎吞尼'(우적가), '白乎等耶'(「청불주세가」) 등의 '乎'자들에서 검토 정리하려 한다.

4.1. '毛冬乎丁'의 '乎'

'毛冬乎丁'(「제망매가」)은 "去奴隱 處 毛冬乎丁"의 문맥에서 나온다. 이에 대한 선행 해독들을 정리하면 다음과 같다.

> (13) 가. 몰으온뎡(오구라 1929), 모딜온뎡(신태현 1940), 모ᄃ론뎡(서재극 1975, 최남희 1996), 몰온땡(김선기 1969a)
>
> 나. 몬ᄒ온뎌(유창선 1936e), 모ᄃ온뎌(양주동 1942, 지헌영 1947), 모다온뎌(김상억 1974, 신재홍 2000), 모돌온뎌(김준영 1964, 금기창 1993, 유창균 1994, 양희철 1997), 모ᄃ론뎌(김완진 1980), 모들온뎌(강길운 1995), 몬온돈(이탁 1956), 모ᄅ온뎌(전규태 1976, 황패강 2001)
>
> 다. 모도오리(정열모 1947), 모도자(정열모 1965), 몰오댕(김선기 1993)
>
> 라. 모돌혼뎌(홍기문 1956), 마겨 혼뎡(정창일 1987), 모ᄅ혼뎌(류렬 2003)

(13가, 나)에서는 '乎'를 '온'으로 읽었다. 이 해독은 정확한 것으로 판단한다. 왜냐하면 '乎丁'은 '-ㄴ뎌, -ㄴ뎡'을 포함한 표기이기 때문이다. 문제는 전후 향찰들의 해독이다. 다른 곳들에서 '毛冬'이 '모돌' 정도로 읽힌다는 점에서, '모돌'이 '몬'으로 축약되는 과정에서 '몬(不)'과 '올(知)'이 축약된 '모돌' 정도로 본다. 이에 따라 '모돌온뎌'로 이해하고, '乎'는 선어말어미 '오'와 종결어미의 '-ㄴ뎌'의 '-ㄴ'이 결합한 '온'으로 읽는다.

(13다)에서는 '乎'를 '오'로 읽었는데, 문맥이 맞지 않는다.

(13라)에서는 '乎'를 '혼'으로 읽었는데, '호'의 기능이 모호하다.

이상과 같은 점에서 '毛冬乎丁'은 '모돌온뎌'로 해독하고, '乎'는 선어말어미 '오'와 종결어미의 '-ㄴ뎌'의 '-ㄴ'이 결합한 '온'으로 읽어야 한다고 판단한다.

4.2. '內乎多'의 '乎'

'內乎多'(「맹아득안가」)는 "祈以攴 白屋尸置 內乎多"의 문맥에 나온다. 이에 대한 선행 해독들을 정리하면 다음과 같다.

(14) 가. 두오다(오구라 1929, 유창선 1936d), 도다(신태현 1940)
　　나. 두누오다(양주동 1942, 지헌영 1947, 김상억 1974, 전규태 1976), 두내
　　　　오다(정열모 1947), 도ᄂ오다(이탁 1956), 두ᄂ오다(김준영 1964, 정
　　　　열모 1965, 서재극 1975, 김준영 1979, 김완진 1980, 금기창 1987, 유창균
　　　　1994, 최남희 1996, 양희철 1997), 두노다(강길운 1995)
　　다. 두나꼬다(김선기 1968c), 도나고다(김선기 1993), 두누호다(홍기문
　　　　1956, 황패강 2001, 류렬 2003), 두나 혼다(정창일 1987)
　　라. (술볼)두 드료다(신재홍 2000), 드리오다(양희철 2002;2008a)

(14가, 나)에서는 '乎'를 선어말어미 '-오-'로 읽었다. (14가)와 (14나)의 차이는 '內'를 음으로 읽거나 읽지 않은 것이다.

(14다)에서는 '乎'를 선어말어미 '-꼬/고/호-'로 읽거나 어간 '혼-'으로 읽었다. 그 기능이 모호하다.

(14라)에서는 '內'를 '納'의 약자로 보고, '드리-'로 읽었다.

(14) 전체는 하나의 문제를 인식하지 못하고 있다. 즉 '-다'와 '-ㄴ다'의 차이이다. 전자는 부정시제이고, 후자는 현재시제이다. (14)의 해독들을

보면, (14다)의 '두나 혼다'에서만 현재시제를 쓰고, 나머지 전체에서는 부정시제를 쓰고 있다. 이는 작품에서 이 위치가 부정시제를 쓸 수 없는 곳이란 점을 인식하지 못한 것이다.

이 문제를 해결하고자, '內乎多'를 '드리온다'로, '-乎-'를 '-온-'으로, 각각 읽는다. 이렇게 읽을 때에, "祈以攴 白屋尸置 內乎多"(비롭 스릴도 드리온다)는 '빌어 사릴 것도 드리온다'의 의미로, 현재시제에 잘 부합한다.

4.3. '內乎呑尼'의 '乎'

'內乎呑尼'(우적가)는 "好尸 曰沙也 內乎呑尼"의 문맥에 나온다. 이에 대한 선행 해독들을 정리하면 다음과 같다.

(15) 가. 몰나 온단이(여)(오구라 1929), 사야나온다니(김선기 1969c, 1993), 이아ㄴ온ᄃ니(서재극 1975), 여논 단이(강길운 1995), 이아ㄴ온ᄃ니 (최남희 1996)

나. 새누옷다니(양주동 1942, 김상억 1974), 사여ㄴ오ᄯ니(김준영 1964), 사야누오ᄯ니(전규태 1976), 새누오짜니(황패강 2001)

다. 니사어누오다니(지헌영 1947), 몯ㄴ오돈이(이탁 1956), 사여ㄴ오ᄃ니(김준영 1979), 듣ㄴ오다니(김완진 1980), 사라ㄴ오ᄃ니(유창균 1994), 야ㄴ오ᄃ니(양희철 1997)

라. 몰에 너호트니(정열모 1947), 믈여누호다니(홍기문 1956), 호습니(정창일 1987), 사히누호다니(류렬 2003)

마. 날 새롸 내오ᄃ니(정열모 1965), 가라사여 나오더니(금기창 1993), 이사야 드료ᄃ니(신재홍 2000), 가람사야 드리오ᄃ니(양희철 2002; 2008a)

(15가)에서는 '-ㄴᄃ니'에 맞게 '-呑尼'를 '-ᄃ니'로, '-乎-'를 '-온-'

으로 읽었다. 그러나 바로 앞에 나온 향찰들('沙也內')의 해독에 문제가 있어, 주목을 받지 못하고 있다.

(15나)에서는 '-乎-'와 '-呑尼' 사이에 '叱'을 보충하여 읽었다. 이렇게 보충을 하여 읽어도 '-옷ᄃ니/오ᄯ니'의 의미가 명확하지 않다.

(15다)에서는 '-乎-'를 '-오-'로 읽었는데, '-ᄃ니/ᄃ이' 앞에 '-ㄴ'이 없는 '오'가 올 수 있을까 하는 문제를 보인다.

(15라)에서는 '-乎-'를 '-호-'로 읽었는데, 그 기능이 명확하지 않다.

(15마)에서는 '曰沙也內乎呑尼'를 '曰沙也 內乎呑尼'로 띄어 읽었다. 이는 (15라)의 '너호트니'의 해독에서도 취했던 띄어 읽기로, 해당 향찰의 읽기에서 중요한 전환으로 생각한다. 그런데 '내오ᄃ니'와 '나오더니'의 해독에서는 '內'의 의미를 정확하게 읽지 못한 것 같고, '드료ᄃ니'와 '드리오ᄃ니'에 이르러 '內'(=納)의 의미를 살려 읽었다고 판단한다. 그러나 이 (15마)의 해독들은 '-乎-'를 '-오-'로 읽어 '-ᄃ니'와의 연결에서 문제를 보인다.

이상과 같은 문제들을 보완하기 위하여, '內乎呑尼'를 '드리온ᄃ니'로, '-乎-'를 '-온-'으로 각각 읽는다. 이렇게 읽을 때에, '-ㄴᄃ니'의 어미를 살릴 수 있고, 작품의 현장성도 살아난다.

4.4. '白乎等耶'의 '乎'

'白乎等耶'(「청불주세가」)는 "世呂中 止以 友 白乎等耶"의 문맥에서 나온다. 이에 대한 선행 해독들을 정리하면 다음과 같다.

(16) 가. ᄒ숣오더라(오구라 1929), 받삼오드라(신태현 1940), 숣오더라(전규태 1976)

　　나. 솔봉다라(양주동 1942, 홍기문 1956, 황패강 2001, 류렬 2003), 숣오다

라(지헌영 1947), 술보ᄃ야(정열모 1965), 솖오다라(김상억 1974), 솖
오돈라(김준영 1979), 술봊ᄃ라(김완진 1980, 신재홍 2000), 솖오ᄃ라
(유창균 1994)

다. 술올ᄃ라(이탁 1956)

라. 솖곤다라(김선기 1975a), 솖곧도라(김선기 1993)

마. 그치밷조봇드라(강길운 1995)

(16가)에서는 '-乎-'를 '-오-'로 읽고, '-等耶'를 '-더라, -드라' 등으
로 읽었다. 문맥상 과거시제가 올 자리가 아니라는 점에서 '-乎-'의 해독
도 믿기 어렵다.

(16나)에서도 '-乎-'를 '-오-'로 읽고, '-等耶'를 '-다라, -ᄃ라, -돈
라' 등으로 읽었다. '-다/ᄃ/돈-'의 시제를 알 수 없다. 만약 과거라면,
(16가)에서와 같이 문맥상 과거시제가 올 자리가 아니라는 점에서 '-乎-'
의 해독도 믿기 어렵다.

(16다)에서는 '-乎-'를 '-올-'로 읽고, '-等耶'를 '-ᄃ라'로 읽었다. 문
맥상의 의미가 명확하지 않다.

(16라, 마)에서는 '叱'을 보충한 '-乎叱-'을 '-곤-'과 '-옷-'으로 읽었
다. 이 보충을 인정하여도 그 의미가 명확하지 않다.

이런 문제들을 보완하기 위하여, '止以友白乎等耶'를 '止以 友 白乎等
耶'로 띄우고(제1부 「二. 향찰 '友」 참조), '白乎等耶'를 '사뢰오+ㄴ다+야'의
의미인 'ᄉ뢰온ᄃ야'로, '-乎-'는 '-온-'으로 각각 읽는다. 이렇게 읽을
때에, 현재의 현장성이 살아난다.

이 장에서는 '毛冬乎丁'(모둘온뎌, 「제망매가」), '內乎多'(드리온다, 「맹아득
안가」), '內乎呑尼'(드리온ᄃ니, 우적가), '白乎等耶'(사뢰온ᄃ야, 「청불주세가」)
등의 '乎'를 선어말어미 '오'와 어미 '-ㄴ뎌, -ㄴ다, -ㄴᄃ니, -ㄴᄃ야' 등
의 '-ㄴ'이 결합한 '온'으로 읽었다. 이 중에서 뒤에 있는 셋의 경우는 '-

ㄴ'을 살리면서 현재의 현장성을 살리는 효과를 보여준다.

5. 결론

지금까지 해독이 엇갈리고 있거나, 문제를 포함하고 있는 향찰 '乎'자들 (13개)에 대한 선행 해독들을 변증하고, 그 과정에서 발견되는 미흡점들을 보완하였다. 그 결과를 요약 정리하는 것으로 결론을 대신하려 한다.

첫째로 연결어미 '오'로 읽은 '乎'를 정리하면 다음과 같다.

1) '花乎'(「원왕생가」)의 '乎'는 선행 해독들에서 '오, 호, 고' 등으로 읽어 왔는데, '花'의 훈으로 '곳'과 '곶'이 모두 가능하여 '乎'를 '오'와 '호' 어느 것으로 읽을 수 있으나, 연결어미로 본 '오'를 따랐다.

2) '內乎'(「맹아득안가」)의 '乎'는 선행 해독들에서 선어말어미 '오, 꼬/ 고, 호'나 어간 '호'로 읽었는데, '乎'의 훈 '온'과 문맥으로 보아, '內乎'를 '드리오'로 읽고, '乎'를 연결어미 '-고'의 의미인 '-오'로 읽었다.

3) '乞白乎'(「청전법륜가」)의 '乎'는 선행 해독들에서 선어말어미 '오, 고, 호' 등으로 읽었는데, '乎'의 훈 '온'과 문맥으로 보아, '乞白乎'를 '빌사뢰 오'로 읽고, '乎'를 연결어미 '-고'의 의미인 '-오'로 읽었다.

둘째로 종결어미 '오'로 읽은 '乎'를 정리하면 다음과 같다.

1) '逢乎'(「제망매가」)의 '乎'는 선행 해독에서 '온, 올, 오, 홀, 호' 등으로 읽어 왔는데, 문맥과 작품성으로 보아, '逢乎'를 '맛보오'로, '乎'를 종결어 미 '-오'로 읽었다.

2) '非乎'(「우적가」)의 '乎'는 선행 해독에서 '미해독, 오, 호, 고' 등으로 읽어 왔는데, 문맥과 '乎'의 훈으로 보아, '非乎'를 '외오'로, '乎'를 종결어 미 '오'로 읽었다.

3) '過乎'(우적가)의 '乎'는 선행 해독에서 '온, 혼, 호, 고, 오' 등으로 읽어 왔는데, 문맥과 '乎'의 훈으로 보아, '過乎'를 '디나오'로, '乎'를 종결어미 '오'로 읽었다.

셋째로, 선어말어미('오')와 전성어미('-ㄴ, ㄹ', 관형사형어미, 동명사형어미)가 합친 '온, 올' 등으로 읽은 '乎'를 정리하면 다음과 같다.

1) '執音乎'(「헌화가」)의 '乎'는 선행 해독에서, '온, 오, 혼, 온' 등으로 읽어 왔는데, 문맥과 형태소의 문법적 연결로 보아, '乎'는 '執(검-)+音(ㅁ)+乎(온)'에서와 같이 '온'으로 읽었다.

2) '온'은 '乎'의 훈인가, 아니면 '乎'의 음 또는 훈 '오'에 관습적으로 '-ㄴ'이 붙은 것인가, 즉 독훈인가 하는 문제에서, '乎'의 음 '호'에서 반절표기로 '오'를 썼다는, 즉 省音借라는 주장이 향찰의 제자 원리에서 어렵다는 점에서, '온'은 '乎'의 훈으로, '오'는 약훈으로, 각각 판단하였다.

3) '都乎隱以多'(「우적가」)의 '乎'는 선행 해독에서 '오, 외, 고, 온, 无' 등으로 읽어 왔는데, 문맥과 '乎'의 훈으로 보아, '온'으로 읽었다.

4) '內乎留'(「항순중생가」)의 '乎'는 '오, 호, 기, 고' 등으로 읽어 왔는데, 문맥과 형태소의 문법적 연결로 보아, '內乎留'를 '드리오(ㄹ)'로, '乎'는 '오(ㄹ)'로 읽었다.

넷째로, 선어말어미('오')와 종결어미('-ㄴ뎌, -ㄴ다, -ㄴ드니, -ㄴ드야')의 'ㄴ'이 합친 '온'으로 읽은 '乎'를 정리하면 다음과 같다.

1) '毛冬乎丁'(「제망매가」)의 '乎'는 선행 해독에서 '온, 오, 혼' 등으로 읽어 왔는데, 형태소의 문법적 연결로 보아, '毛冬乎丁'을 '모둘온뎌'로 '乎'를 '온'으로 각각 읽었다.

2) '內乎多'(「맹아득안가」)의 '乎'는 선행 해독에서 선어말어미 '오, 꼬, 고, 호' 등과 어간과 어미가 결합한 '혼'으로 읽어 왔는데, 문맥과 형태소의 문법적 연결로 보아, '內乎多'를 '드리온다'로, '乎'를 '온'으로 읽었다.

3) '內乎吞尼'(우적가)의 '乎'는 선행 해독에서 '온, 오, 호' 등으로 읽어 왔는데, 문맥과 형태소의 문법적 연결로 보아, '內乎吞尼'를 '드리온ᄃ니'로, '乎'를 '온'으로 각각 읽었다.

4) '白乎等耶'(「청불주세가」)의 '乎(叱)'을 선행 해독에서 '오, 오(ㄹ), 고(ㄷ), 오(ㅅ)' 등으로 읽어 왔는데, 문맥과 형태소의 문법적 연결로 보아, '白乎等耶'를 'ᄉ뢰온ᄃ야'로, '乎'를 '온'으로 각각 읽었다.

二. 향찰 '烏, 屋, 玉'

1. 서론

이 글에서는 향찰 '烏, 屋, 玉' 등에 대한 선행 해독들을 변증하고, 그 과정에서 발견되는 미흡점들을 보완하는 데 연구의 목적이 있다.

먼저 향찰 '烏, 屋, 玉' 등에 대한 선행 해독들을 간단하게 보자.

향찰 '烏'는 총 9회 나오는데, 『삼국유사』에서 8회 나온다. 즉 '逢烏支'(「모죽지랑가」), '遊烏隱'(「혜성가」), '逸烏隱'(「원가」), '見賜烏尸'(「혜성가」), '(乃叱好支)賜烏隱'(「모죽지랑가」), '(持以支)如賜烏隱'(「찬기파랑가」), '逸烏'(「찬기파랑가」), '脚烏伊'(「처용가」) 등에서 8회 나온다. 이 '烏'들은 그 해독이 명확하지 않은 미상의 경우를 포함하여, '오, 온, ♡, 어, 감/곰, 호' 등으로 읽혀 오는 가운데, '오'의 해독이 우세하다. 또한 향찰 '烏'는 『균여전』에서 '烏乙反隱'(「청전법륜가」)의 형태로 1회 나오는데, 이 '烏'를 선행 해독들에서는 '오, 요, 감' 등으로 읽었다. 이 중에서 '오'의 해독이 우세하지만, 어두에서 훈주음종이나 의주음조에 따라 훈을 이용한 향찰을 쓰지 않은 이유를 이해할 수 없는 문제를 보인다. 그리고 '烏'를 '오, 요, 감' 등으로 읽은 선행 해독들은, 문맥이 잘 통하지 않거나, 해독과 현대역이 형태소의 측면에서 일치하지 않는 문제도 보인다.

향찰 '屋'은 5회 나온다. '白屋尸置'(「맹아득안가」)와 '向屋賜尸'(「청불주세가」)의 '屋'을 선행 해독들에서는 '어(屋尸), 오, 브, 움, 미상, ᄋ, 짓, 올, 아' 등으로 읽었는데, '오'의 해독이 우세하다. 그리고 '哭屋尸以'(「모죽지랑가」)와 '用屋尸'(「맹아득안가」)의 '屋'을 선행 해독들은 '오, 우, 옴, 움, 아(屋尸), ᄆᆞᆯ, 브' 등으로 읽었는데, '오'와 '우'가 우세하다. 또한 '爾屋攴'(「원가」)의 '屋'을 선행 해독들은 '오, 우, 올, 블, 움, 르기(屋〉尸至), ᄆᆞᆯ' 등으로 읽었는데, '오'와 '우'가 우세하고, '그렇(然), 곰(ᄉᆞ), 갓갑-(邇)' 등을 제외한 거의 모든 해독들이 '爾'를, 어두에서 훈주음종이나 의주음조에 따라 훈으로 읽지 않고 음으로 읽은 문제와 연결된 문제를 보인다.

향찰 '玉'은 2회 나온다. '餘音玉只'(「참회업장가」)의 '玉(只)'을 선행 해독들은 해독이 모호한 경우들을 포함하여, '들옥, 오, 옥' 등으로 읽었는데, '남옥'의 '옥'(玉, 玉只)으로 읽은 해독이 우세하다. '菶玉'(「항순중생가」)의 '玉'을 선행 해독들에서는 '우, 오, 옥' 등으로 읽었는데, '옥'으로 읽은 해독이 우세하지만, 전후의 향찰들을 어떻게 읽을 것인가 하는 문제와 복잡하게 얽혀 있다.

이렇게 향찰 '烏, 屋, 玉' 등에 대한 선행 해독들을 보면, 세 가지 경우를 보인다. 세 경우에 포함된 문제와 그 해결 방법을 보자. 첫째는 '오'나 '옥'의 해독이 우세한 경우이다. 이 경우에는 그 우세한 것이 어떤 점에서 우세한가를 정리하고, 그 해독을 확정할 필요가 있다. 이를 위하여, '烏, 屋, 玉' 등의 한자음, 형태소들의 문법적 연결 등을 변증의 기준으로 삼고자 한다. 둘째는 '오'와 더불어 '우'의 해독이 우세한 경우이다. 이 경우에도 '屋, 玉' 등의 한자음, 형태소들의 문법적 연결 등은 물론, 향찰에서 '우'를 표기한 용자 등을 변증의 기준으로 삼고자 한다. 셋째는 문제의 향찰이나, 그 인접 향찰들의 해독에서 문제를 보이는 경우이다. 이 경우에 속한 향찰로 '烏乙反隱', '爾屋攴', '婁玉內乎留叱等耶' 등이 있다. 이 경우에도 '屋, 玉' 등의 한자음, 형태소들의 문법적 연결 등은 물론, 훈주음종 또는 의주음조 등을 변증의 기준으로 삼고자 한다.

2. 어중·어말의 '烏/오'와 어두의 '烏/검'

향찰 '烏'는 9회 나온다. 그런데 그 성격과 선행 해독들의 논의 진행으로 보아, 다섯 유형으로 나눌 수 있다. 즉 '逢烏支, 遊烏隱, 逸烏隱, 見賜烏尸' 등의 '烏', '賜烏隱, 如賜烏隱' 등의 '烏', '逸烏'의 '烏', '脚烏伊'의 '烏', '烏乙反隱'의 '烏' 등이다. 이에 따라 정리하면 다음과 같다.

2.1. '逢烏支, 遊烏隱, 逸烏隱, 見賜烏尸'의 '烏'

'逢烏支'(「모죽지랑가」), '遊烏隱'(「혜성가」), '逸烏隱'(「원가」), '見賜烏尸' (「혜성가」) 등의 '烏'에 대한 선행 해독들은 비슷한 양상을 보인다. '오, 감/곰, 호' 등으로 읽고 있다. 먼저 '감/곰, 호' 등으로 읽은 경우들을 보자.

(1) 가. 마조 감기, 놀아 가몬, 가몬 데라, 보리 ᄀ몰(이상, 정열모 1965),
　　　가몬더라(류렬 2003)
　　나. 놀혼, 보시홀(류렬 2003)

(1가)에서는 '逢烏支, 遊烏隱, 逸烏隱, 見賜烏尸' 등의 '烏'를 '감/곰'으로 읽었다. 이렇게 읽으려면, '마조 감기'나 '놀아 가몬'에서처럼 연결어미 '-오, -아' 등을 첨가해야 하는 문제를 보인다. 그리고 이렇게 읽을 때에 문맥이 자연스러운 것도 아니다.

(1나)에서는 '遊烏隱, 見賜烏尸' 등의 '烏'를 '호'로 읽었다. 'ㅎ'의 출처

가 명확하지 않은 해독이다.

이번에는 '逢烏支, 遊烏隱, 逸烏隱, 見賜烏尸' 등의 '烏'를 '오'로 읽은 해독들을 보자.

(2) 가. 맛나오어(오구라 1929), 맛보읍디(양주동 1942), 맛보디(홍기문 1956), 맛보기(김완진 1980) 등등
　　나. 맛나아(유창선 1936a)
　　다. 노은(오구라 1929), 논(유창선 1936e), 노론(양주동 1942), 놀온(정열모 1947) 등등
　　라. 지즐온(오구라 1929), 아쳐론뎨여(양주동 19424), 일온(정열모 1947) 등등
　　마. 일온뎨여(지헌영 1947)
　　바. 보샤올(오구라 1929, 유창선 1936e, 양주동 1942), 보시올(서재극 1975, 김완진 1980) 등등

(2가, 다, 라, 바)에서는 '逢烏支, 遊烏隱, 逸烏隱, 見賜烏尸' 등의 '烏'를 '오'로 읽었는데, 한자 '烏'의 음 '오'는 물론, 형태소들의 연결에서도 문제가 없다. 이런 점에서 이 해독들은 오구라가 '오'로 읽은 해독이 정확한 것임을 말해 주면서, 그 해독이 제일 먼저 확정된 '烏'들이다. 단지 (2나, 마)에서는 '烏'를 '오'로 읽은 다음에, 이 '오'를 '아' 또는 'ᄋ'로 바꾸었는데, 별다른 의미가 없어 보인다. 특히 '烏'는 『중문대사전』의 정리에 의하면, "[廣韻]哀都切 [集韻][正韻]汪胡切 音汚 虞平聲"에서와 같이 '遇'섭 3등의 합구음인 '虞'운에 속한 글자로, '아'나 'ᄋ'로 바꿀 수 있는 글자가 아니다.

2.2. '賜烏隱, 如賜烏隱'의 '烏'

'(乃叱好支)賜烏隱'(「모죽지랑가」)과 '(持以支)如賜烏隱'(「찬기파랑가」)의 '烏'는 '오, 감, 호' 등으로 읽어 왔다. 먼저 '감, 호' 등으로 읽은 경우를 보자.

    (3) 가. (즐기리) 가믄, (녀리) 가믄(정열모 1965)
        나. 나시ㅎ기시혼(류렬 2003)

(3가)에서는 '烏'를 '감'으로 읽으면서, 바로 앞의 '賜'를 '리'로 읽은 문제를 보인다.

(3나)에서는 '烏'를 '오'로 읽고, 근거 없는 'ㅎ'을 첨가한 문제를 보인다.

이번에는 '(乃叱好支)賜烏隱'과 '(持以支)如賜烏隱'의 '烏'를 '오'로 읽은 해독들을 보자.

    (4) 가. 됴화ㅎ샨(오구라 1929), 날호샨(유창선 1936a)
        나. 괴여샨(오구라 1929)
        다. 나토샤온(양주동 1942), 즐기샤온(정열모 1947), 난호시온(정연찬 1972),
            주시온(양희철 1997, 양희철 2003) 등등
        라. 디니다샤온(양주동 1942), 답샤온(홍기문 1956), 깓샤온(김선기 1967c),
            같샤온(김선기 1993), ㄱ트시온(유창균 1994), 가시온(양희철 1997)
            등등

(4가, 다)는 '(乃叱好支)賜烏隱'을 읽은 것이고, (4나, 라)는 '(持以支)如賜烏隱'을 읽은 것이다. 그런데 (4가, 다)에서는 '烏'를 '오'로 읽은 다음에, 그 앞의 '賜'를 '샤'로 읽고, '샤+오'를 '샤'로 처리하면서 문제를 보인다. 즉 '오'가 있으나마나 한 결과를 낳았다.

(4가, 다)의 문제를 해결한 것이 (4나, 라)의 해독이다. 이 해독들은 '샤(賜)+오(烏)'를 '샤'로 보지 않고, '샤오'로 보면서, '烏'의 음 '오'를 살려서 읽었다. 물론 '샤'는 그 후에 '시'로 수정된다. 이 해독을 주도한 것은 양주동으로, 앞 절의 '烏'들 다음에 그 해독이 확정된 것들이다.

2.3. '逸烏'의 '烏'

'逸烏'의 '烏'는 "逸烏 川理叱 磧惡希"(「찬기파랑가」)의 문맥에 나오는데, '온, 으, 오, 감' 등으로 읽어 왔다.

    (5) 가. 온 : 일온(오구라 1929, 김선기 1993), 을온(이탁 1956), 逸온(정창일 1987)

        나. 으 : 이륵(지헌영 1947)

        다. 감 : 일감(정열모 1965)

        라. 오 : 일로(양주동 1942), 이로(유창선 1936b), 일오(정열모 1947) 등등

(5가)에서는 '烏'를 독훈 '온'으로 읽었다. 그런데 9번 나온 '烏'를 보면, 독훈으로 읽은 경우가 없다는 점에서, 이 해독은 객관성을 얻지 못한다.

(5나)에서는 '烏'를 '오'로 읽은 다음에, 이 '오'를 다시 '으'로 바꾸어 읽었다. 바꾼 논리가 약하다.

(5다)에서는 '烏'를 다른 부분에서와 같이 '감'으로 읽었다. '감'으로 읽어야 할 만한 이유가 없어 보인다.

(5라)에서는 '烏'를 '오'로 읽었다. 이 해독이 정확한 것 같다. 이 해독 역시 2.1.절의 '烏'에 이어서 그 다음에 해독이 확정된 '烏'이다.

2.4. '脚烏伊'의 '烏'

'脚烏伊'의 '烏'는 "脚烏伊 四是良羅"(「처용가」)의 문맥에 나오는데, '미상, 오, 어' 등으로 읽어 왔다.

(6) 가. 미상 : 가롤이(오구라 1929, 유창선 1936c), 가ᄅᆞ리(지헌영 1947, 전규태 1976, 황패강 2001), 가ᄃᆞ리(최남희 1996)

　　나. 오 : 가로ㅣ(마에마 1929), 갈오이(정열모 1947, 유창균 1994), 가로이(김준영 1964, 김준영 1979, 신재홍 2000), 갈외(서재극 1975), 가뢰(금기창 1993)

　　다. 오 : 가로리(양주동), 가로리(홍기문 1956, 김상억 1974, 김완진 1980), 가롤이(김선기 1967h, 김선기 1993, 류렬 2003), 가롯이(정창일 1987)

　　라. 어 : ᄃᆞ리 어이(정열모 1965)

　　마. 오 : 허튀(신태현 1940, 박창원 1987), 허되(이탁 1956), 허토이(남광우 1962, 강길운 1995), 허토-이(양희철 1997)

(6가)에서는 '烏'의 처리가 명확하지 않다. 이에 속한 해독들이 보인 '가롤이, 가ᄅᆞ리' 등은 『악학궤범』의 '가ᄅᆞ리'에 근거한 것으로, '脚烏伊'를 충실하게 읽은 것은 아니다.

(6나)의 해독들은 (6가)의 문제를 해결하고자 '가ᄅᆞ리'의 제2음절인 'ᄅᆞ'를 '로'로 바꾸고, 제3음절인 '리'를 '이'로 바꾸었다. 논리성이 없다.

(6다)에서는 '가로리'로 읽고 '烏'를 '오'로 읽었다. 그런데 문제는 '가로리(脚)+오(烏)+이(伊)'가 '가로리'의 표기라고 주장하기에는 논리상 비약이 포함된 것 같다.

(6라)에서는 '烏'를 '어'로 보았다. 'ᄃᆞ리(脚) 어(烏)+이(伊)'로 읽었는데, '烏'를 '어'로 읽는 것이 어렵다.

(6마)에서는 '허튀, 허되(〉허튀), 허토이' 등으로 읽었다. '脚(허토이)+烏

(오)+伊(이)'와 같이, '烏(오)+伊(이)'를 말음첨기로 볼 수 있어, '허토이'가 가장 무난해 보인다. 향찰 '烏'를 '오'로 읽는 해독 중에서 가장 늦게 확정된 '烏'이다.

2.5. '烏乙反隱'의 '烏'

'烏乙反隱'의 '烏'는 "後言 菩提叱 菓音 烏乙反隱"(「청전법륜가」)의 문맥에 나오는데, '오, 요, 감' 등으로 읽어 왔다.

(7) 가. 오/요 : 열니안(熟してこそ, 오구라 1929), 율반(현대역 미제시, 김선기 1993)

나. 오 : 오올본[온전한(양주동 1942), 완전한(지헌영 1947), 온전한(영그는, 김지오 2012, 박재민 2013b)], 오알븐(온전한, 김상억 1974), 오올본[온전하면(결실하면, 전규태 1976)], 올븐[완전한(영근, 유창균 1994)], 오을본(온전하게, 강길운 1995)

다. 오 : 오올븐(滿てる, 신태현 1940), 오올본(성숙한, 홍기문 1956, 황패강 2001), 오을본(결실하면, 김준영 1964, 1979), 오을브는(영그는, 정창일 1987), 올본(익은, 신재홍 2000), 오술본(좋은, 류렬 2003)

라. 오 : 올인(어린, 이탁 1956), 오올는(온전해지는, 김완진 1980)

마. 감 : 가물 도론(많은 들은, 정열모 1965)

(7가)에서는 '烏'를 '오'와 '요'로 읽었다. '열니안'에서는 '烏'를 '오'로 읽고, '乙'을 '을'로 읽은 다음에, '오을'을 '열'로 바꾸었다. '오을'이 '열'이 된다고 보기 어렵다. '율반'에서는 '烏'를 '요'로 읽었다. 이해하기 어려운 해독이다.

(7나)에서는 '烏'를 모두 '오'로, '反'을 '븐, 본, 븐, 본' 등으로 읽었다. 그리고 이 해독들은 '全, 完' 등의 의미인 '오올봇-, 오알브-, 오올ㅂ- 올

브-, 오을보-' 등과 같이 어간에 형용사형어미 또는 사동접미사 '봋'(〉우·오, 강길운 1995:437)가 결합된 어휘로 '鳥乙反隱'을 해독하였다. 이 의미의 해독들이 주종을 이루지만, 두 가지 문제를 보인다. 하나는 어두에서 '鳥'를 훈주음종이나 의주음조에 따라 훈으로 읽지 않고, 음으로 읽은 이유를 명확하게 이해할 수 없다는 것이다. 다른 하나는 〈보리수 열매가 온전하다/완전하다/온전하게 되다〉는 표현이 문맥상 자연스럽지 못하다는 것이다.

(7다)에서는 '鳥'를 모두 '오'로, '反'을 '븐, 봔, 본' 등으로 읽었다. 그리고 이 해독들은 '反'을 읽은 '븐, 봔, 본' 등의 'ㅂ' 또는 '브, 봉' 등을 형용사형어미로 보았다. 이 해독들의 기본은 (7나)와 같으나, 그 의미를 '온전하다, 완전하다, 온전하게 되다' 등으로 보지 않고, 괄호 안의 현대역으로 보았다. 이 해독들 역시 두 가지 문제를 보인다. 하나는 어두에서 '鳥'를 훈주음종이나 의주음조에 따라 훈으로 읽지 않았고, 음으로 읽은 이유를 명확하게 이해할 수 없다는 것이다. 다른 하나는 〈보리수 열매가 온전하다/완전하다/온전하게 되다〉는 표현이 문맥상 자연스럽지 못하다는 문제를 극복하지만, 해독과 현대역이 대응하지 않는 문제를 보인다.

(7라)에서도 '鳥'를 '오'로 읽고, '反'을 '이'와 'ㄴ'로 읽었다. 이 해독들은 우선 공통의 문제를 보인다. 바로, 어두에서 '鳥'를 훈주음종이나 의주음조에 따라 훈으로 읽지 않고, 음으로 읽은 이유를 명확하게 이해할 수 없다는 것이다. 그리고 이 해독들은 개별적으로도 문제를 보인다. 즉 '올인'(어린)에서는 '反'을 훈약차 '이'로 읽었는데, 이해가 잘 되지 않는다. 그리고 '오올ᄂ'(온전해지는)에서는 '反'을 '乃'(너)로 수정하고 'ㄴ'로 읽었는데, 이 수정을 인정해도 〈보리수 열매가 온전해지는 ……〉의 표현이 문맥상 자연스럽지 못하다는 것이다.

(7마)에서는 '감(鳥)+올(乙) 돌(反)+온(隱)'으로 개별 향찰을 읽고, 전체를 '가몰 도론'으로 정리하면서, 그 의미를 '많은 들은'으로 정리를 하였다.

어두에서 훈주음종이나 의주음조에 따라 '烏'를 훈으로 읽은 장점을 보이지만, 해독과 현대역이 형태소의 측면에서 일치하지 않는 문제를 보인다.

이렇게 선행 해독들은 아직도 문제를 보인다. 이 문제를 해결하기 위하여, '烏乙 反隱'을 '烏乙 及隱'으로 수정하여, '검을 믿()밑)은'으로 읽으려 한다.(이하는 제4부 「향찰 '昆, 寸, 反」의 해독에서 설명한 내용과 같아 그대로 옮긴다.) 이렇게 수정하여 읽을 때에, 문맥의 의미가 자연스럽고, 훈주음종이나 의주음조를 살릴 수 있다. 향찰 '烏'는 9회 나오는데,『삼국유사』향가와『균여전』향가에서 그 쓰임이 다른 것 같다.『삼국유사』의 향가에서는, '賜烏隱, 逢烏支'(「모죽지랑가」), '逸烏, (持以攴)如賜烏隱'(「찬기파랑가」), '脚烏伊'(「처용가」), '遊烏隱, 見賜烏尸'(「혜성가」), '逸烏隱'(「원가」) 등에서와 같이, 어두에 나온 적이 없어, 이 '烏'들을 '오'로 읽는 데 거의 부담을 느끼지 않는다. 이에 비해『균여전』의 향가에서는 '烏乙反隱'(「청전법륜가」)의 '烏'만이 한번 어두에서 나온다. 이런 어두의 '烏'을『삼국유사』의 향가에서와 같이 '오'로 읽을 수는 없고, '검-'으로 읽을 때에, 훈주음종이나 의주음조에 부합한다. 그리고 보리수의 익은 열매는 '빨간 색'을 띄는 경우도 있지만, '검은 자주빛'이나 '검붉은 색'을 띈다고 한다. 후자의 '검은 자주빛'이나 '검붉은 색'을 띄는 경우에, 보리수 열매가 익을 때, 또는 그 바로 직전을, '세밑'에서와 같이, 〈보리 열매 검을 밑〉이라고 표현했다고 보면, 이 문맥은 보리수 열매가 익을 바로 직전의 의미를 전달하는 데 자연스럽다. 이 경우에 '反'을 '及'의 오자 또는 마모로 본 것은 '間王冬'의 '王'이 '毛'의 마모인 것과 같은 논리이다. 이런 점에서, '烏乙 反隱'을 '烏乙 及隱'으로 수정하고, '검게 아주 잘 익을 직전은'의 의미를 가진 '검을 믿()밑)은'으로 읽고자 한다.

3. 어중의 '屋/오'

향찰 '屋'은 '哭屋尸以'(「모죽지랑가」), '白屋尸置'(「맹아득안가」), '用屋尸'(「맹아득안가」), '爾屋攴'(「원가」), '向屋賜尸'(「청불주세가」) 등에서 5회 나온다. 이 '屋'들에 대한 선행 해독들을 보면, 일부 해독들에서 '屋'을 '우'로 읽은 해독이 있느냐 없느냐로 나눌 수 있다. '白屋尸置'(「맹아득안가」)와 '向屋賜尸'(「청불주세가」)의 '屋'에 대한 선행 해독들에서는 '우'가 발견되지 않는다. 이에 비해 '哭屋尸以'(「모죽지랑가」), '用屋尸'(「맹아득안가」), '爾屋攴'(「원가」) 등의 '屋'에 대한 선행 해독들에서는 '우'가 발견된다. 이런 차이를 감안한 순서로 변증하면 다음과 같다.

3.1. '白屋尸置'의 '屋'

'白屋尸置'의 '屋'은 "祈以攴 白屋尸置 內乎多"(「맹아득안가」)에서 나오며, '어(屋尸), 오, 브, 움' 등으로 읽어 왔다.

(8) 가. 어(屋尸) : 빌어 숨어(유창선 1936d), 브 : 비니러 술블히(정창일 1987)

　　나. 오 : 빌어 숨오어(願言申す, 오구라 1929), 비숨올(祈り申し上ぐ, 신태현 1940), 비숨볼(비숨을)관형어/목적어, 양주동 1942), 비ㅅ술볼(기도를, 지헌영 1947), 빌이디 술볼(축원의 말씀을, 홍기문 1956), 빌어 술올(빌어 아룀을, 이탁 1956), 비이ㅈ숨을(빌어 사룀을, 김준영 1964), 빌이디 솖올(빌어 사뢰, 김선기 1968c), 비살볼(비옴을, 김상억 1974), 비히술볼(비옴을, 서재극 1975, 최남희 1996), 비ㅅ볼(빌어 사뢰, 전규태 1976), 비이숨올(옴을, -ㄹ이면서 명사, 김준영 1979), 비술볼(祈求의 말씀, 김완진 1980, 빌어 사룀을, 황패강 2001), 비리디 솖올(축원의 말씀을, 김선기 1993), 빌ㅅ숨오올(뵘의 말씀을, 금기창 1993), 비로기

숣올(빌어 사뢰올 말씀을, 유창균 1994), 비로 솔볼(빌어 사룀, 강길운
1995), 비룹 숣올(빌어 사뢸 것, 양희철 1997), 비기 술볼두[빌어 사룀
(기도의 말씀)도, 신재홍 2000], 비리기 살볼(빌어 사뢸 말씀, 류렬
2003), 비룹 숣올두(빌어 사뢸 것도, 양희철 2008)

다. 움 : 빌기삶움을(비는 말씀을, 정열모 1947), 마지기 술부믈(여쭘을
정열모 1965)

(8가)에서는 '屋尸'를 '어'로, '屋'을 '브'로 각각 읽었는데, 그 이해가 어
렵다.

(8나)에서는 '屋'을 '오'로 읽었다. 이 '白屋尸置'의 '屋'에서는 '우'로 읽
은 해독이 없다는 점에서, '오'로 읽는 것이 거의 확정된 것 같다. 그리고
이 해독들의 상당수는 '尸'를 'ㄹ'로 읽고, 그 기능을 관형사형으로 명사형
또는 목적어의 기능을 한다고 설명을 하다가, 동명사형어미로 정리가 되
었다. 그런데 여기에서 하나 문제가 되는 것은 동명사형어미 '-ㄹ'을 그
현대역에서 동명사형어미 '-ㅁ'의 의미로 처리한 것이다. 즉 해독의 '-ㄹ'
을 현대역에서 '-ㅁ'으로 바꾼 문제이다. 그렇다고 동명사형어미 '-ㄹ'을
살려서 현대역을 '-ㄹ 것'으로 옮겨 놓으면, 그 의미가 모호한 문제를 보
인다.

(8다)에서는 '屋'을 '握'으로 보고 '움'으로 읽었다. 이 움으로 읽으면,
'尸'를 동명사형어미로 읽었을 경우의 문제를 해결할 수 있지만, '尸'를
'올'로 읽을 수 없는 문제를 보인다.

이상과 같이 볼 때에, '屋'은 '오'로 읽는 것이 우세하지만, '白屋尸置'는
좀더 검토를 요한다고 정리할 수 있다.

3.2. '向屋賜尸'의 '屋'

'向屋賜尸'의 '屋'은 "向屋賜尸 朋知良 闃尸也"(「청불주세가」)의 문맥에 나온다. 이 '屋'을 선행 해독들은 '미상, 오, ㅇ, 짓, 올, 아' 등으로 읽었다.

(9) 가. 오 : 아오샤(오구라 1929), 아오샬(신태현 1940, 지헌영 1947, 김선기 1975a, 김준영 1979, 황패강 2001), 아오실(김선기 1993, 신재홍 2000), 아소실(강길운 1995), 안오술(이탁 1956), 알오실(유창균 1994), 안오실(양희철 2008a)

나. 오〉ㅇ : 아ㅇ샬(양주동 1942)

다. 짓(〉집) : 안지샬(정열모 1965),

라. 올 : 아올샬(전규태 1976)

마. 아/미상 : 아아샬(김상억 1974), ㅂ라샬(홍기문 1956), ㅂ라실(류렬 2003), 아ㅇ실(김완진 1980)

(9가)에서는 '屋'을 '오'로 읽었다. 행위 주체를 부처님과 보살님들로 하고, '向'의 의미에, '안-'의 의미인 '對面'이 있다는 점(양희철 2008:47-53)에서, '向屋賜尸'을 '안오실'로 '屋'을 '오'로 읽은 해독이 가장 타당해 보인다.

(9나)에서는 '屋'을 '오'로 읽은 다음에, 다시 이 '오'를 'ㅇ'로 바꾸었는데, 별다른 의미가 없어 보인다.

(9다)의 '안지샬'은 '안(向)+짓(屋)+샤(賜)+ㄹ(尸)'로 읽은 해독이다. '屋'의 훈이 '짓(〉집)'일 수는 있으나, 문맥에 잘 맞지 않는다.

(9라)의 '아올샬'은 '아ㅇ(向)+올(屋)+샤(賜)+ㄹ(尸)'로 읽은 해독이다. '屋'을 '올'로 읽기 어려운 문제와 '아ㅇ+올'을 '아올'로 축약하기 어려운 문제를 보인다.

(9마)에서는 '屋'을 '아'도 또는 모호하게 처리를 하였다. '아아샬, ㅂ라

샬, ㅂ라실' 등에서는 '屋'을 '아'로 읽었는데, 이 '아'는 '屋'의 음이나 훈에
서 끌어낼 수 있는 음이 아니다. '아ᇢ실'에서는 개별 향찰을 '아ᇢ(向)+옥
(屋)+시(賜)+ㄹ(尸)'로 읽고, 전체를 '아ᇢ실'로 읽으면서 '屋'을 어떻게 처
리한 것인지 명확하지 않다.

　이상과 같이 볼 때에, '向屋賜尸'은 '안(向)+오(屋)+시(賜)+ㄹ(尸)'로,
'屋'은 '오'로 읽어야 할 것 같다.

3.3. '哭屋尸以'의 '屋'

　'哭屋尸以'의 '屋'은 "毛冬 居叱沙 哭屋尸以 憂音"(「모죽지랑가」)의 문
맥에 나오는데, '오, 우, 옴, 움, ㅁ륵, ㅂ' 등으로 읽어 왔다.

> (10) 가. 옴/움 : 울옴으로(정열모 1947), (새)우르믈뼈(정열모 1965)
> 　　나. ㅁ륵/브 : 울ㅁ롤 이(김완진 1985a), 웃브힐뼈(정창일 1987)
> 　　다. 우 : 우리(양주동 1942, 홍기문 1956, 김상억 1974), 울어(유창선 1936a,
> 　　　　이탁 1956), 울이(전규태 1976, 황패강 2001)
> 　　라. 오 : 울오어(오구라 1929), 울올 이(지헌영 1947, 김준영 1964, 김선기
> 　　　　1967b, 금기창 1993, 강길운 1995), 우올이(로)(정연찬 1972), 우롤이
> 　　　　(서재극 1974, 류렬 2003), 우롤 이(김완진 1980, 최남희 1996, 신재홍
> 　　　　2000), 울올이(김선기 1993)
> 　　마. 오 : 울올로(유창균 1994, 양희철 1997, 2000)

　(10가)에서는 '屋'을 '握'와 같이 보고, '옴, 움' 등으로 읽었다. 이 해독
은 '哭屋尸'이 명사에 해당한다는 점에서 이를 살리기 위하여 이렇게 읽은
것으로 추정된다. 그러나 '哭屋尸'이 동명사형어미 '-尸'를 통하여 명사가
된다는 사실을 이해하지 못한 것 같다. 그리고 'ㅁ'의 표기에는 '音'을 쓴
다는 문제를 보인다.

(10나)에서는 '屋'을 'ᄆᆞᆯ, 브' 등으로 읽었다. '울ᄆᆞᆯ 이'에서는 '屋'을 'ᄆᆞᆯ'로 읽었는데, 좀더 검토를 해 보아야 할 것 같다. '웃브힐뼈'에서는 '屋'을 '브'로 읽은 근거를 알 수 없다.

(10다)에서는 '屋'을 '우'로 읽었다. 이 해독을 주도한 양주동(1942:92)은 '우'와 '오'를 모두 인정하면서, 이 '屋'을 '울'의 '우'를 장음 즉 상성으로 표기한 것으로 읽었다. 그런데 이 해독에는 세 가지 문제가 있어 보인다.

첫째로, 개별 향찰의 해독들을 '우리'로 연결하기가 어렵다는 문제이다. 이 해독의 설명을 따르면, '울(哭)+우(屋)+이(以)'로 '우리'를 표기했다는 것이 된다. 이 해독에서와 같이 '울(哭)'의 'ㄹ'을 사이에 두고, '우(屋)'로 '울(哭)'의 '우'가 장음임을 표기할 수 있을까 하는 의문이 든다. 이 문제 때문에 이 해독과 이를 따른 해독들은 어려워 보인다.

둘째로, 한자 '屋'에서 '우'의 음을 끌어내기가 어렵다는 문제이다. '屋'은 『중문대사전』의 정리에 따르면, "[廣韻][集韻][韻會][正韻]烏谷切 屋 入聲"에서와 같이 '通'섭 1, 3등의 입성인 '屋'운에 속한 '옥'에서 '오'를 취한 향찰이다. 이런 점에서 '屋'은 '우'로 읽는 것이 어렵다.

셋째로, 향찰에서 '우'의 표기에는 '于'를 사용한다는 점이다. 이런 예는 '逐于'(좇우, 「찬기파랑가」), '必于'(빌우, 「청불주세가」), '阿于波'(아우바, 「총결무진가」) 등의 '于'에서 알 수 있다.

(10라, 마)에서는 '屋'을 '오'로 읽고, '以'를 '어, 이, 로' 등으로 읽은 차이를 보인다. '어'는 '以'가 연결어미로 쓰인다는 점에서 '어'로 읽은 것이고, '이'는 '以'의 음으로, '로'는 '以'의 훈으로 각각 읽은 것이다. 이 중에서 '-尸'를 동명사형어미로 본 것은 (10마)이다. 유창균(1994:169)은 "그리하여 '哭屋尸以'는 '울올로'가 되고, 이것은 '울올+로'와 같다. '울올'은 '울'에 선어말어미가 介在한 冠形詞形인데, 이 경우에는 冠形詞形이 名詞的으로 쓰인 것이다."로 설명을 하였다. 이 설명은 '울올'의 'ㄹ'이 동명

사형어미라는 사실을 돌려서 설명하고 있는데, 'ㄹ'을 동명사형어미로 설명하는 것이 명확해 보인다. 이상과 같이 볼 때에, '哭屋尸以'의 '屋'은 '오'로 읽은 해독이 타당하다고 판단한다.

3.4. '用屋尸'의 '屋'

'用屋尸'의 '屋'은 "於(←放)冬矣 用屋尸 慈悲也 根古"(「맹아득안가」)의 문맥에서 나오는데, '오, 우, 아(屋尸)' 등으로 읽어 왔다.

> (11) 가. 오 : 쓰오아(오구라 1929, 신태현 1940), 쓰올(지헌영 1947, 김선기
> 1968c, 서재극 1975, 김완진 1980, 금기창 1987, 김선기 1993, 강길운
> 1995, 최남희 1996, 신재홍 2000, 황패강 2001), 쓰올(정열모 1947, 김준
> 영 1964, 김준영 1979, 유창균 1994), 쓰옷(이탁 1956), 스올(양희철
> 1997)
>
> 나. 우 : 뿔(양주동 1942, 홍기문 1956, 전규태 1976), 쓿(김상억 1974), 부
> 술(류렬 2003)
>
> 다. 아(屋尸)/움/브 : 뻐아(유창선 1936d), 움 : 뿌믈(정열모 1965), 브 :
> 뻐블힐(정창일 1987)

(11가)에서는 '屋'을 '오'로 읽었는데, 이는 앞에서 살핀 근거에서 정확한 해독으로 보인다. 이에 나머지만을 변증하고자 한다.

(11나)에서는 '屋'을 '우'로 읽었다. 특히 이를 주도한 양주동은 '屋'을 '오, 우'로 읽고, '뿔'로 읽으면서, 이런 예를 '뿔꺼슬'(「상원사권선문」)의 '뿔'로 들었다. 철저하게 논증을 하였다. 예를 하나만 든 문제를 보이는 듯하지만, 적지 않은 예들이 발견된다. 즉 "내이 무숨과 누늘 뿌이다"(『능엄경언해』 1:45), 뿌디(『월인석보』 序:20, 『능엄경언해』 9:73, 『금강경언해』 87), 뿜도(『석보상절』 9:12), 뿌메(『훈민정음언해』), 뿔(『능엄경언해』 1:19, 『석보상절』 9:12) 등

등에서 발견된다. 그러나 앞에서 언급했듯이, '屋'은 '옥'에 기반한 '오'라는 점에서, 이 '屋' 역시 '오'로 읽어야 할 것 같다.

(11다)에서는 '屋'을 모호하게 읽었다. '뻐아'에서는 '屋尸'를 '아'로, '뿌믈'는 '屋'을 '움'으로, '뻐블힐'에서는 '屋'을 '브/블'로 각각 보았는데, 향찰과 해독이 정확하게 대응하지 않는다.

3.5. '爾屋攴'의 '屋'

'爾屋攴'의 '屋'은 "秋察尸 不冬 爾屋攴 墮米"(「원가」)의 문맥에서 나온다. 먼저 '爾'의 음으로 읽고, '屋'을 '오, 우, 올, 블, 움, 르기(屋)尸至)' 등으로 읽은 해독들을 보자.

(12) 가. 오 : (안둘)이옷디매(떨어지지 아니하고, '옷':강조사, 지헌영 1947), 이옷(시들어, 김준영 1964), 이옷(이울어, 김준영 1979), 이오기(시들어, 유창균 1994)

　　나. 오 : 니오(가서, 김선기 1967e), 니오디(갓는 데, 김선기 1993), 너오히(현대역 미제시, 최남희 1996), 니옵(이울워, 양희철 1997)

　　다. 우 : 이우리(이울어, 양주동 1942, 전규태 1976), 이울이(이울어, 김상억 1974)

　　라. 우 : 니위(잇대어, 금기창 1992)

　　마. 올 : 스올아(이울어, 이탁 1956)

　　바. 블 : 이보리(이울-, 홍기문 1956), 이브러(이울-, 정창일 1987), 이블히(시들어, 류렬 2003)

　　사. 움 : (아니)되 움기(아닌데 빛이, 정열모 1947), (겨를)이 움기(때 생기를 잃었네, 정열모 1965)

　　아. 르기 : 니르기(이르러, 신재홍 2000)

(12가, 나)에서는 '爾'를 음 '이'나 '니/너'로 읽고, '屋'을 '오'로 읽었다. '屋'을 '오'로 읽는 데는 문제가 없다. 그러나, 어두에서 한자 '萎, 枯' 등이나, '行, 去' 등의 훈을 이용하지 않고, '爾'의 음 '이, 니, 너' 등을 이용했다고 본 문제를 보인다.

(12다, 라)에서는 '爾'를 음 '이'나 '니'로 읽고, '屋'을 '우'로 읽었다. '屋'을 '우'로 읽을 수 있을까 하는 문제를 보이고, '이우리'와 '이울이'의 경우는 'ㄹ'을 표기한 향찰이 없는 문제를 보인다. 그리고 어두에서 한자 '萎, 枯' 등이나 '繼, 續' 등의 훈을 이용하지 않고, '爾'의 음 '이, 니' 등을 이용했다고 본 문제도 보인다.

(12마)에서는 'ᄉ(爾=璽)+온(屋)+ᄋᆞ(支)'로 읽고, 다시 'ᄉ온ᄋᆞ〉ᄉ올아〉이울어'의 변화로 해석을 하였다. '爾'를 '璽'로 보는 것이 어렵고, 나머지 향찰의 해독에서도 문제가 발견된다.

(12바)에서는 '屋'을 '블/볼'로 읽었는데, 그 근거를 알 수 없다. 그리고 어두에서 한자 '萎, 枯' 등의 훈을 이용하지 않고, '爾'의 음 '이, 니' 등을 이용했다고 본 문제도 보인다.

(12사)에서는 '爾'를 '이'로 읽고, '屋'을 '握'의 의미 '움'으로 읽었다. '屋'의 음을 벗어나 있고, '아니되 움기'(아닌데 빛이), '겨르리 움기 디메'(때 생기를 잃었네) 등의 해독에서와 같이 해독과 그 현대역이 형태소의 측면에서 일치하지 않는 문제도 보인다.

(12아)에서는 '爾'를 '니'로, '屋'를 '尸至'의 오자로 보아 '르기'로 읽었다. 어두에서 '至/이르다'와 같은 한자의 훈을 이용하지 않은 점과, '尸至'가 '르기'와 쉽게 연결되지 않는 점에서 문제를 보인다.

이번에는 '爾'를 훈으로 읽고, '屋'을 '오, ᄆᆞᆯ' 등으로 읽은 해독들을 보자.

(13) 가. 오 : 글오히(그릇되이, 서재극 1975, 황패강 2001)

　　　나. ᄆᆞᆯ : (안둘)곰 ᄆᆞᆯ디매(말라 떨어지지 아니하매, 김완진 1980)

　　　다. 오 : 갓가오어(邇, 갓가와, 오구라 1929), 갓가보(갓가와, 강길운 1995)

(13가)의 '글오히'에서는 '爾'의 의미 '然'(그러, 그러하-)를 '그르다'와 연결하고 다시 '글오히'(그릇되이, 枯凋)로 해석하였는데, 이해가 잘 되지 않는다.

(13나)에서는 '爾'를 '소/곰'으로 보면서, 해당 부분을 '안둘곰 ᄆᆞᆯ디매'(말라 떨어지지 아니하매)로 읽었다. '마르다'의 고어 'ᄆᆞᆯ다'를 '乾'이 아닌 '屋'으로 표기했다고 보기가 어렵다.

(13다)에서는 '爾'를 '邇'로 보고, 개별 향찰을 '갓가(爾)+오(屋)+어(攴)'와 '갓갑(爾)+오(屋)+지정문자(攴)'로 읽었다. '갓가오어'의 경우는 '어(攴)'의 해독에서, '갓갑오'(갓가와)의 경우에는 '지정문자(攴)'와 'ㅏ'의 첨가에서 각각 문제를 보인다. 이 해독들이 보인 문제는 조금만 수정하면 해결이 가능하다. 개별 향찰들을 '갓갑(爾)+오(屋)+ㅂ(攴)'으로 읽고, '갓갑옵〉갓갑어〉갓가버〉갓가워〉가까워'의 변화에 따른 '가까워'의 의미로 정리한다. 이때 '-옵'은 '-어'에 해당하는 부동사형어미이다. 이런 점들에서 '爾屋攴'을 '갓갑옵'으로, '爾'를 '갓갑'으로, '屋'을 '오'로 각각 읽는다.

4. 어말의 '玉/옥'

이 장에서는 '餘音玉只'의 '玉'(「참회업장가」)과 '萎玉'의 '玉'(「항순중생가」)에 대한 선행 해독들을 변증하고자 한다.

4.1. '餘音玉只'의 '玉'

'餘音玉只'(「참회업장가」)는 "法界 餘音玉只 出隱伊音叱如支"의 문맥에 나오는데, 해독이 모호한 경우들을 포함하여, '들옥, 오, 옥' 등으로 읽어 왔다.

   (14) 가. 모호 : 남기어(오구라 1929, 신태현 1940), 남아(이탁 1956), 나옴이
           (김선기 1975a), 나옴옷긔(정창일 1987)
     나. 돌옥(玉) : 넘도로기(정열모 1965), 남ᄃ로기(류렬 2003)
     다. 오 : 남오아(지헌영 1947), 니모디(홍기문 1956), 남오기(김선기 1993)
     라. 오 : 나목(양주동 1942, 김완진 1980, 황패강 2001), 남옥(김상억 1974,
           전규태 1976, 김준영 1964, 1979, 유창균 1994, 강길운 1995, 신재홍
           2000, 양희철 2008, 김지오 2012, 박재민 2013b)

(14가)에서는 '玉'의 해독이 모호하다. '남기어'에서는 '玉只'를 '기어'로 읽기가 어렵고, '남아'에서는 '玉'을 '옥'로 읽고, 이를 다시 '아'로 바꾸는 것이 어렵다. '나옴이'와 '나옴옷긔'는 각각 '餘音玉只'와 쉽게 대응하지 않는다.

(14나)에서는 '玉'을 '돌옥'으로 읽고, 이를 '도록, ᄃ록' 등으로 옮겼 다. '-도록'에 맞춘 해독이며, '玉'의 훈(돌)과 음(옥)을 합쳐서 본 문제를 보인다.

(14다)의 '남오아'에서는 '玉'을 '옥'이 아닌 '오'로, '只'를 '기/디'가 아닌 '아'로 읽을 수 없는 문제를 보인다. '나모디'(넘치어)에서는 '玉'을 '옥'이 아닌 '오'로 읽은 문제와, 해독과 괄호 안의 현대역이 연결되지 않는 문제 를 보인다. '남오기'(나머지)에서는 '玉'을 '옥'이 아닌 '오'로 읽은 문제와, 해독과 괄호 안의 현대역이 연결되지 않는 문제를 보인다.

(14라, 마)에서는 '玉只'를 '옥'으로 읽었다. '오(玉)+ㄱ(只)'과 '옥(玉)+ㄱ

(只)'으로 '옥'을 표기한 차이를 나눌 수 있으나, 결과는 같다. 이 해독들과 같이 '남(餘)+ㅁ(音)+옥(玉)+ㄱ(只)'으로 개별 향찰을 읽고, 전체를 '남고'의 의미인 '남옥'으로 읽는다. 이 '옥'은 연결어미 '-오'와 강세첨사 'ㄱ'이 결합한 '-옥'으로 본 것이다. 이 '-옥'(玉, 玉只)은 향찰, 이두, 구결 등에서 보이는 '-遣只, -古只, -ㅁ ㅅ' 등의 이표기이다.

4.2. '萎玉'의 '玉'

'萎玉'(「항순중생가」)는 "不冬 萎玉 內乎留 叱等耶"의 문맥에서 나오는데, 이에 포함된 '玉'을 선행 해독들은, 해독이 모호한 경우들을 포함하여, '우, 오, 옥' 등으로 읽어 왔다.

(15) 가. 모호 : 시들내욿더라(하더라, 정열모 1947), 시들놋ᄃ야[이울더라(정열모 1965), 시들오리로다(김준영 1979)], 이ᄇᄂ오롯ᄃ야(이울지 아니하는 것이더라, 김완진 1980), 이브나 호루쉰ᄃ냐(이우러진다고 하시드냐, 정창일 1987)

나. 우 : 이우욿더라(-게 하시더라, 오구라 1929), 이우누올ㅅ다라[이울 것이러라, 이울들 아니 하겠더라(양주동 1942), 이울었나이까(전규태 1976)], 이우올쩌라(萎えざらしめ給へぞかし, 신태현 1940), 이울누올ㅅ다라(시들도다, 김상억 1974), 이우리오롯ᄃ야(시들게 하오리라, 박재민 2003b), 이우ᄂ오니롯다야(이울지 않는 것이로구나, 이용 2007)

다. 우 : 이ᄇ루 누훗다라(시들지 않고 자라너니라, 홍기문 1956), 이ᄇ루 누후시다라(이울어졌더라, 류렬 2003)

라. 오 : 이오누올ㅅ다라(시들어지도다, 지헌영 1947, 황패강 2001), 이오누올다라(현대역 미제시(천소영 1985), 이오나기 마문다라(마르고 머물더라, 김선기 1975a), 이오나고 머물도라(마르고 머물더라, 김선기 1993)

마. 옥 : 이옥ᄂ올ᄃ라(하는 것이다, 이탁 1956), 이옥ᄂ오루ㅅᄃ라(시들

지 않도록 하셨나리라, 김준영 1964)

바. 오 : 이브로ᄂ오롯ᄃ라(시들지 못하게 하도다, 유창균 1994), 이울오
누오롯 ᄃ야(시들게 할 것이다, 김지오 2012)

사. 옥 : 시들옥 노롯드라(시들고서/시들어 노롯하더라, 강길운 1995), 이
보록 드료롯ᄃ라(아니 이울어 들었도다, 신재홍 2000), 이옥 드리오
롯ᄃ야(이울어 들게 하였다야, 양희철 2008)

아. 옥 : 이올옥 드리올로 시ᄃ야(이울어 늘어트리지 않을 것으로 있다야,
양희철 2014d)

(15가)에서는 '玉'의 해독에서 그 치리가 모호한 분제를 보인다. 해독을
보면 '內'를 해독한 글자 앞에서 '玉'을 읽은 '오, 옥' 등등의 형태가 전혀
보이지 않는다.

(15나, 다)에서는 '玉'을 '우'로 읽었다. '玉'의 음이나 훈을 벗어난 '우'
로 읽은 문제를 보인다. 『중문대사전』의 정리에 다르면, '玉'은 "[廣韻][正
韻]魚欲切 [集韻][韻會]虞欲切 音獄 沃入聲"에서와 같이, '通'섭 1등의
입성자인 '沃'운에 속한다. 이로 볼 때에, '옥'에 기초한 '오'로 읽을 수는
있어도 '우'로 읽기는 어렵다. (15나)에서는 '萎'를 '이우'로 읽으면서, '玉'
을 '이우'의 '우'를 첨기한 것으로 보았다. 그리고 (15다)에서는 '萎'를 '이
볼-, 이불-'로 보고, 이에 이어지는 '우'로 읽었다. 그 다음에 온 '內乎-'
의 향찰 해독 및 이 해독의 결과와의 연결에서 문제를 보인다.

(15라)에서는 '萎'를 '이오'로 읽으면서, '玉'을 '이오'의 '오'를 첨기한 것
으로 보았다. '이오누올ㅅ다라'(시들어지도다)와 '이오누올다라'(현대역 미제
시)의 경우에는 어간 이하의 형태소들이 불명확하고, 이런 순서의 연결이
가능한가 하는 문제를 보인다. '이오나기 마묻다라'(마르고 머물더라)와 '이
오나고 머물도라'(마르고 머물더라)의 경우에는 해독과 괄호 안의 현대역이
형태소의 차원에서 일치하지 않는 문제를 보인다.

(15마)에서는 '菱'를 '이오'로 읽으면서, '玉'을 '이오'의 '오'와 'ㄱ'이 결합된 '옥'으로 보았다. 이에 속한 '이옥ㄴ올ㄷ라'(하는 것이다)와 '이옥ㄴ오루ㅅㄷ라'(시들지 않도록 하셨나리라)의 해독들은 '이옥'에 포함된 'ㄱ'의 기능은 물론, 그 이하의 형태소들이 불명확하고, 이런 순서의 연결이 가능한가 하는 문제를 보인다.

(15바)에서는 '菱'를 '이볼-, 이올-'로 보고, '玉'을 이에 이어지는 '오'로 읽었다. '이브로ㄴ오롯ㄷ라'(시들지 못하게 하도다)와 '이울오누오롯 ㄷ야'(시들게 할 것이다)에서는 (15마)의 해독들이 보여준 문제들 중에서, 'ㄱ'의 문제를 해결하지만, 어간 이하의 형태소들이 불명확하고, 이런 순서의 연결이 가능한가 하는 문제는 해결하지 못하였다.

(15사)에서는 '菱'를 '시들-, 이볼-, 이올-' 등의 어간으로 보고, '玉'을 '옥'으로 읽었다. 이 경우에는 '菱玉'을 그 다음에 오는 '內乎留叱等耶'와 분리하여, 'ㄱ'의 기능을 살렸다. 그러나 '內乎留叱等耶'를 '노롯드라'(노롯 하더라), '드료롯ㄷ라'(들었도다), '드리오롯ㄷ야'(들게 하였다야) 등으로 읽으면서, 형태소들이 부분적으로 불명확하고, 이런 순서의 연결이 가능한가 하는 문제를 보인다.

(15아)에서는 '菱玉內乎留叱等耶'를 '菱玉 內乎留 叱等耶'로 분리하고, '이올옥 드리올로 시ㄷ야'(이울어 늘어트리지 않을 것으로 있다야)로 읽었다. 이 해독에 이르러서야 (15마, 바, 사, 아)의 해독들이 포함하고 있던 문제들이 모두 해결된 것 같다. 즉 'ㄱ'의 가능은 물론, 그 이하의 형태소들이 불명확하고, 이런 순서의 연결이 가능한가 하는 문제를 모두 해결한 것 같다. 이 해독으로 보아, '菱玉'의 '옥'은 연결어미 '-오'와 강세첨사 'ㄱ'이 결합한 '-옥'으로 본다.

5. 결론

지금까지 향찰 '烏, 屋, 玉' 등에 대한 선행 해독들을 변증하고, 그 과정에서 발견되는 미흡점들을 보완해 보았다. 그 중요한 것들을 요약 정리하는 것으로 결론을 대신하려 한다.

먼저 향찰 '烏'와 관련된 것들을 요약 정리하면 다음과 같다.

1) '逢烏支'(「모죽지랑가」), '遊烏隱'(「혜성가」), '逸烏隱'(「원가」), '見賜烏尸'(「혜성가」) 등의 '烏'를 선행 해독들은 '오, 감/곰, 호' 등으로 읽었다. 이 중에서 오구라가 읽기 시작한 '오'의 해독이, '烏'의 음과 형태소들의 문법적 측면에서, 거의 확정적이라고 판단하였다.

2) '(乃叱好支)賜烏隱'(「모죽지랑가」)과 '(持以支)如賜烏隱'(「찬기파랑가」)의 '烏'를 선행 해독들은 '오, 감, 호' 등으로 읽었다. 이 중에서 양주동이 읽기 시작한 '오'의 해독이, '烏'의 음과 형태소들의 문법적 측면에서, 거의 확정적이라고 판단하였다.

3) '逸烏'(「찬기파랑가」)의 '烏'를 선행 해독들에서는 '온, ᄋ, 오, 감' 등으로 읽었다. 이 중에서 양주동이 읽기 시작한 '오'의 해독이, '烏'의 음과 형태소들의 문법적 측면에서, 거의 확정적이라고 판단하였다.

4) '脚烏伊'(「처용가」)의 '烏'를 선행 해독들에서는 '미상, 오, 어' 등으로 읽었다. 이 중에서 '오'로 읽은 해독이 우세한데, '脚烏伊' 전체로 보아, 남광우에서 시작된 '허토이'의 '오'가, '烏'의 음과 형태소들의 문법적 측면에서, 거의 확정적이라고 판단하였다.

5) '烏乙反隱'(「청전법륜가」)의 '烏'를 선행 해독들에서는 '오, 요, 감' 등으로 읽었다. 이 중에서 '오'의 해독이 우세하지만, 어두에서 훈주음종이나 의주음조에 따라 훈을 이용한 향찰을 쓰지 않은 이유를 이해할 수 없는 문제를 보인다. 그리고 '烏'를 '오, 요, 감' 등으로 읽은 선행 해독들은, 문

맥이 잘 통하지 않거나, 해독과 현대역이 형태소의 측면에서 일치하지 않는 문제도 보인다.

6) 5)의 문제를 해결하기 위하여, '烏乙反隱'을 '烏乙 及隱'으로 수정하고, '(보리수 열매가) 검을 밑(직전)은'의 의미인 '검을 믿은'으로 수정하고 보완하여 읽었다.

이번에는 향찰 '屋'과 관련된 것들을 요약 정리하면 다음과 같다.

1) '白屋尸置'(「맹아득안가」)의 '屋'을 선행 해독들은 '어(屋尸), 오, 브, 웁' 등으로 읽었다. 이 중에서 '오'의 해독이 유력하지만, 이 '오'를 포함한 '白屋尸置'의 해독과 그 현대역의 연결이 잘 되지 않는 문제를 보여주고 있다.

2) '向屋賜尸'(「청불주세가」)의 '屋'을 선행 해독들은 '미상, 오, ᄋᆞ, 짓, 올, 아' 등으로 읽었다. 이 중에서 '오'의 해독이 우세하고, '向'에 '對面'의 의미가 있으며, 이 의미에 해당하는 한국어가 '안-'이란 점에서 '안오실'의 '오'로 읽은 것이 옳다고 판단하였다.

3) '哭屋尸以'(「모죽지랑가」)의 '屋'을 선행 해독들에서는 '오, 우, 옴, 웁, ᄆᆞᄅᆞ, 브' 등으로 읽었다. 이 중에서 '오'가 우세하고, '尸以'가 'ㄹ로'로 읽힌다는 점에서, '울올 것으로'의 의미인 '울올로'의 '오'로 읽은 해독이 옳다고 판단하였다.

4) '用屋尸'(「맹아득안가」)의 '屋'을 선행 해독들은 '오, 우, 아(屋尸)' 등으로 읽었다. 이 중에서 '오'가 우세하고, '用屋尸'이 '스올' 또는 '쓰올'로 읽힌다는 점에서, 이 '屋' 역시 '오'로 읽은 해독이 옳다고 판단하였다.

5) '爾屋攴'(「원가」)의 '屋'을 선행 해독들은 '오, 우, 올, 블, 웁, 르기(屋尸至), ᄆᆞᄅᆞ' 등으로 읽었다. 이 해독들은 '그렇(然), 곰(尒), 갓갑-(邇)' 등을 제외한 거의 모든 해독들이 '爾'를, 어두에서 훈주음종이나 의주음조에 따라 훈으로 읽지 않고 음으로 읽은 문제를 보인다. 이로 인해 '屋'의 해독

들도 이 영향을 받으면서 문제를 보인다.

6) 5)의 문제를 해결하기 위하여, '爾'를 '갓갑-'으로 읽은 해독들을 따르면서, '갓갑(爾)+오(屋)+ㅂ(攴)'으로 읽고, '갓갑옵〉갓갑어〉갓가버〉갓가워〉가까워'의 변화에 따른 '가까워'의 의미인 '갓갑옵'으로 정리하면서, '屋'을 '오'로 보완하여 읽었다.

7) '哭屋尸以'(「모죽지랑가」), '用屋尸'(「맹아득안가」), '爾屋攴'(「원가」) 등의 '屋'을 '우'로 읽은 해독들은 다음의 세 측면에서 어려운 것으로 판단하였다. 첫째는 '우'(屋)를 장음 표기로 보기가 어렵다는 점이다. 둘째는 한자 '屋'은 '烏谷切 屋入聲'에서 보듯이, 음 '옥'에서 '오'를 취한 향찰로, '우'로 읽는 것은 어렵다는 점이다. 말을 바꾸면 '屋'에는 '우'의 음이 없다는 점이다. 셋째는 향찰에서 '우'의 표기에는 '逐于'(좇우, 「찬기파랑가」), '必于'(빌우, 「청불주세가」), '阿于波'(아우바, 「총결무진가」) 등에서와 같이 '于'를 쓴다는 점이다.

이번에는 향찰 '玉'과 관련된 것들을 요약 정리하면 다음과 같다.

1) '餘音玉只'(「참회업장가」)의 '玉(只)'을 선행 해독들은 해독이 모호한 경우들을 포함하여, '들옥, 오, 옥' 등으로 읽었다. 이 중에서 '남옥'의 '옥'(玉, 玉只)으로 읽은 해독이 우세하고, 형태소들의 문법적 연결에 부합한다고 판단하였다.

2) '萋玉'(「항순중생가」)의 '玉'을 선행 해독들에서는 '우, 오, 옥' 등으로 읽었다. 이 중에서 '萋玉內乎留-'를 '萋玉 內乎留-'로 분리하고, 이 '玉'을 '옥'으로 읽은 해독들이, '玉'의 음은 물론 형태소들의 문법적 연결에도 부합한다고 판단하였다.

三. 향찰 '省, 留'

1. 서론

이 글은 향찰 '省'과 '留'를 해독한 선행 논의들을 변증하고, 미흡점들을 보완하는 데 연구의 목적이 있다.

이 두 향찰에 대한 선행 해독들을 구체적으로, 그리고 철저하게 변증하는 것은 본론으로 돌리고, 해독사를 간단하게 정리해 보자.

향찰 '省'은 '去遣 省如'(「우적가」)에 나오는데, 세 부류로 읽혀 왔다. 부류별로 가장 큰 문제만 정리하면 다음과 같다. 첫째는 이두 지명에서 '省'에 대응시킨 이두 '蘇, 所, 述' 등에 기초한 '소, 쇼, 솔' 등의 해독이다. 이 해독들은 한자 '省'의 음과 훈 중에서 어느 것으로도 '소, 쇼, 솔' 등을 설명하지 못한 문제를 보인다. 둘째는 한자 '省'의 유사훈 '보, 씨' 등으로 읽은 해독이다. 이 해독들은 한자 '省'의 정확한 훈을 이용하지 않은 문제를 보인다. 셋째는 한자 '省'의 중세음 '싱, 셩' 등에 기초한 '스, 시, 싱, 셔, 셩' 등의 해독이다. 이 해독들은 향찰 당시의 한자 '省'의 고음 '숑'을 암시하는 이두 '蘇/쇼, 所/쇼' 등의 음을 고려하지 않은 문제를 보인다.

향찰 '留'는 17회 나오는데, 이 '留'에 대한 선행 해독들은 크게 세 부류로 나누어 정리할 수 있다. 첫째는 명사 다음에 나온 향찰 '留'의 해독들이다. '筆留'(「예경제불가」), '供乙留'(「광수공양가」), '淨戒叱主留'(「참회업장가」), '煩惱熱留'(「청전법륜가」), '曉留'(「청불주세가」), '大悲叱水留'(「항순중생가」), '舊留'(「보개회향가」), '向乎仁所留'(「총결무진가」), '伊留叱'(「총결무진가」) 등에서 9회 나오는데, '을, 올, 를, 온, 논(留)죄), ㄹ, 로, 루, 으로, 으루, 오루, 우루, 론' 등으로 읽어 왔다. 그런데 이 해독들은 물론 나머지 '留'의 해독에서도 발견되는 문제이지만, 우리가 알고 있는 '留'의 음 '류'로부터 떨어진 해독이란 문제를 안고 있다. 양주동이 '周留城'의 '留'가 '周/주루'의 '루'를 첨기한 글자라고 설명한 것을 벗어나지 못하고 있다. '루'나 '로'로 읽을 경우에, 이 한자음의 문제를 해결해야 할 것 같다. 둘째는 부사 끝에 왔다고 본 '留'의 해독이다. 이에는 '(王))毛冬留'(「칭찬여래가」)와 '毛冬留'(「총결무진가」)의 '留'가 속하는데, 선행 해독들에서는 '을, ㄹ, 미상, 논(留)죄), 로, 루' 등으로 읽어 왔다. 이 해독들 역시 앞에서 언급한 한자음의 문제를 안고 있으며, '毛冬' 다음에 온 '留'의 설명에서 미흡점을 보인다. 셋째는 용언에서 쓰였다고 본 '留'의 해독이다. 이에는 '內乎留(叱等耶)'(「항순중생가」), '逸留去耶'(「광수공양가」), '成留焉'(「보개회향가」), '修將 來賜留隱'(「상수불학가」), '爲賜隱 伊留兮'(「상수불학가」), '喜賜以留也'(「항순중생가」) 등의 '留'가 속한다. '逸留去耶, 成留焉, 修將 來賜留隱, 爲賜隱 伊留兮, 喜賜以留也' 등의 '留'는 'ㄹ, 로, 루' 등으로 일혀 왔는데, '로, 루' 등이 우세하지만, 이 음들의 근거에서 문제를 보인다. '內乎留(叱等耶)'의 '留'는 'ㄹ, 루, 마룬' 등으로 읽혀 왔는데, '乎'의 기능과 '留'의 음에서 문제를 보인다.

이런 연구 현황으로 보면, 가장 기본적인 문제는 향찰 '省'과 '留'의 해독들은 어느 것이 주종을 이루느냐에 관계없이, 해당 한자의 신라음 또는 고려음이다. 이 문제를 해결하기 위하여, 향찰 '省과 '留'에 대한 선행 해독들을 변증하고 보완하고자 한다. 변증과 보완에서는 외국 학자들이 재구한 '省'과 '留'의 중국 고음을 참고하고, 신라음 또는 고려음을 보여주는 『균여전』과 『동문선』에 수록된 한시의 압운자들을 이용하고자 한다.

2. 어간과 선어말어미의 '省/쇼'

향찰 '省'은 '去遣 省如'(「우적가」)에서 나온다. 이 향찰에 대한 선행 해독들의 변증과 그 미흡점의 보완을 이 장에서 절을 나누어 설명하고자 한다.

2.1. 선행 해독의 변증

향찰 '省'에 대한 선행 해독들은 서론에서 언급했듯이 크게 세 부류로 나눌 수 있다. 이를 염두에 두고 선행 해독들을 정리하면 다음과 같다.

(1) 가. 가고소다(오구라 1929, 홍기문 1956, 유창균 1994, 신재홍 2000, 류렬 2003)
 나. 가고쇼다(양주동 1942, 지헌영 1947, 김준영 1964, 1979, 김상억 1974, 전규태 1976, 금기창 1993, 양희철 1997, 황패강 2001), 가교쇼다(김선기 1969c), 가겨쇼다(김선기 1993), 가곤 쇼다(양희철 2013)
 다. 가고 솔셔(강길운 1995)
 라. 가고보다(정열모 1947), 가겨 씨여(정창일 1987)
 마. 가고ㅅ다(이탁 1956), 가겨싱다(서재극 1975, 신석환 1990), 가고시이다(최남희 1996)
 바. 가겨셔녀(정열모 1965), 가고셩다(김완진 1980)

(1가, 나, 다)는 지명에서 이두 '省'에 대응시킨 표기들을 통하여 향찰

'省'을 해독한 것들이다. 이 해독들을 차례로 변증해 보자.

(1가)에서는 향찰 '省'을 '소'로 읽고, 그 현대역은 각각 다르지만, 향찰 '去遣省如'를 '가고소다'로 읽었다. 먼저 이 해독들을 간단하게 보자. 오구라(1929)는 『삼국사기』 지리지의 "來蘇郡本高句麗買省縣, 省良縣今金良部曲, 蘇泰縣本百濟省大號縣, 述川郡一云省乙買, 首原縣本買省坪" 등에서 이두 '省'에 대응하는 이두들을 '蘇(音 소), 金(訓 쇠), 首(音 슈), 述(音 술)' 등과 같이 본 다음에, 향찰 '省'을 '소' 또는 '수'로 정리하고, 향찰 '去遣省如'를 '가고소다'(行きかヽれり : 막 가고 있다)로 해독하였다. 홍기문(1956)은 『경국대전』의 '梳省匠, 省六箇, 省四箇' 등의 '省'이 '솔'이라는 점에서 향찰 '省'을 '소'로 읽고, 향찰 '去遣省如'를 '가고소다'(가나이다)로 읽었다. 유창균(1994)도 『삼국사기』의 지명에 나온 이두 '省-金, 蘇-省, 述-省'의 대응에 근거해, 향찰 '省'을 강세의 선어말어미 '소'로 읽고, 향찰 '去遣省如'를 '가고소다'(가는 바로다)로 읽었다. 신재홍(2000)은 '소'를 감동법의 선어말어미로 보면서, 향찰 '去遣省如'를 '가고소다'(갈 것이다, 떠나갈 것이다)로 읽었다.

이 네 해독들이 가진 문제들은 세 가지이다. 첫째는 오구라가 스스로 자인하였듯이, 향찰 '省'을 '소'로 읽을 경우에, 이는 이두 '省'에 대응된 이두 '蘇'의 음 '소'로 읽은 것이지, 한자 '省'의 음이나 훈으로 읽은 것이 아니라는 점에서, 한자 '省'의 음훈의 측면에서 '소'의 출처를 밝히지 못한 문제를 보인다. 유창균의 경우에도, 한국 중세음 '싱'과 '셩'이 남북조음 1(sɐng)과 남북조음2(sjɛng)에 부합한다는 설명을 하면서도, 한자 '省'의 음훈의 측면에서 '소' 음의 출처는 밝히지 못하였다. 둘째는 '가고소다'에 포함된 형태소 '고'의 기능이 명확하지 않다는 문제이다. 앞의 해독들은 '가고소다'의 '소'를 선어말어미로 보았다. 이를 인정할 때에, 바로 그 앞에 있는 '고'가 어떤 기능을 하는 선어말어미인지를 알 수 없다. 특히 선어말

어미의 순서를 계산할 때에, '고'의 기능을 알 수 없다. 셋째는 '가고소다'의 해독과 그 현대역들(行きかゝれり, 가나이다, 가는 바로다, 갈 것이다)의 연결이 어렵다는 문제이다. 이는 해독과 현대역이 형태소에서 일치하지 않음을 의미한다. 이런 세 문제들로 보아 앞의 해독들은 믿기 어렵다.

류렬(2003)도 '가고소다'로 읽었으나, 그 의미를 '가고 있소이다'로 보았다. 향찰 '省'을 '소'로 읽었지만, 그 현대역은 '쇼'로 읽은 것과 같다.

(1나)에서는 향찰 '省'을 '쇼'로 읽었다. 양주동(1942)은 한자 '省'을 전음약차의 '쇼'로 읽고, 향찰 '去遺省如'를 '가고쇼다'로 읽었다. 특히 한자 '省'의 중세음 '싱/셩'을 인용하고, 이어서 이두의 '省'이 '金(시), 蘇(소), 述(술), 소/솔(省乙)' 등과 대응함을 설명한 다음에, 『문헌비고』 권7의 "方言呼省爲所 所或作蘇……"를 인용하고는, "이로써 本條의 「省」이 「쇼」임을 알 것이다."라고 주장하여 설득력을 얻지 못하였다. 즉 예에서는 '소, 수' 등등을 들고, 결론으로는 '셩'의 약음 '셔'가 전음된 '쇼'라고 정리하면서 설득력을 얻지 못하였다. 이는 오구라가 향찰 '省'을 '소'로 읽으면서도 그 음의 출처가 한자 '省'의 음훈의 측면에서는 불명확하다고 본 문제를 해소하기 위한 해독이다. 그러나 '전음약차'라는 용어에서 알 수 있듯이, '셩'에서 '쇼'를 이끌어 내는 데는 한계가 있다. 그리고 '가고쇼다'의 해독들은 '가고쇼다'의 주어가 시적 화자임에도 불구하고, '쇼'의 '시'를 주체 존대의 선어말어미로 해석한 문제도 보인다.[1]

김선기(1969c)는 향찰 '去遺省如'를 '가교쇼다'(가도소이다, 가고 싶소이다)

---

[1] 양주동은 '去遺省如'를 '가고쇼다'로 읽고, 이 '쇼'의 '시'를 선어말어미로 보고는, 이 해독에 포함된 문제를 해결하고자, 이 '시'의 어원을 '이시-'로 보고, '가고쇼다'의 의미를 "가고잇노라" 즉 '가고 있노라'로 보았다. 그러나 이 설명에도 불구하고, 시적 화자 스스로가 자신의 행위에 주체 존대의 선어말어미 '시'를 썼다는 것을 합리화할 수는 없으며, 선어말어미 '시'를 현대역에서 어간 '있-'으로 옮길 수 있는 것도 아니다. 이 문제는 지헌영·금기창(가고 있도다), 김상억(가고 있네), 황패강(가고 있노라) 등에서도 발견된다.

로 읽었다. 향찰 '省'의 해독은 양주동의 '쇼'이나, 그 현대역은 오구라의 '소'이다. 또한 김선기(1993)는 '가겨쇼다'(가겠수다, 가겠소이다)로 읽으면서, 일본음 'shoi'를 한국 중세음 '싱'[sɐiŋ]에 견주기도 하였으나, 해독에는 별로 도움을 주지 못했다. 두 해독 모두 해독과 현대역이 연결되지 않는 문제를 보인다.

양희철(2013b)은 향찰 '去遣 省如'를 '가곤 쇼다'(가고는 있오다)로 읽었다. 이 해독은 향찰 '遣'을 '곤'으로 읽는 데 치중한 나머지, 향찰 '省'을 '쇼'로 읽은 이유를 구체적으로 설명하지 않았다.

(1다)에서는 향찰 '去遣 省如'를 '가고 솔뎌'(가고 사라지고 싶다)로 읽었다. 그 이전의 해독들이 향찰 '省'을 '소, 쇼, 시, 싱, 셔, 셩' 등등으로 읽어도 문제가 쉽게 풀리지 않자, 이두 '省山/솔뫼'에 근거해 향찰 '省'을 '솔'로 읽은 것이다. 지명 표기에 나온 이두의 대응만으로는 향찰과 이두 '省'이 '솔'이라는 것을, 한자 '省'의 음훈의 측면에서 확정할 수 없다. 특히 이두 '省山'은 이두 '省乙山'을 줄인 것이라는 문제를 보이며, '가고 솔뎌'의 해독과 '가고 사라지고 싶다'의 현대역이 잘 연결되지 않는 문제도 보인다.

(1라)에서는 향찰 '省'을 한자 '省'의 유사훈으로 읽었다. '가고보다'(가는가 보다)에서는 한자 '省'의 훈을 '보-'로 읽었는데, 이는 한자 '省'의 훈 '살펴보다'의 유사훈이다. 그리고 '가겨 씨여'(가면 깨칠 거여)에서는 향찰 '省'을 '씨-'로 읽었는데, 이는 한자 '省'의 훈 '씨닫다'의 유사훈이다. 이 해독들은 한자 '省'의 정확한 훈이 아닌, 유사훈을 이용했다는 문제를 보인다.

(1마)에서는 향찰 '省'을 'ᄉ, 싱, 시' 등으로 읽었다. 이는 한자 '省'의 중세음 '싱'에 근거한 해독이다. '가고ᄉ다'(가는 터요)의 해독은 한자 '省'의 중세음 '싱'의 'ᄉ'만을 이용한 해독으로 보이는데, 이런 해독은 해독 초기에서나 허락된다. 그리고 해독과 괄호의 현대역이 잘 연결되지 않는 문제도 보인다. '가겨싱다'(가고 있다, 가오이다)의 해독에서는 한자 '省'의

중세음 '싱'과 '긔샤시이다'(그것이시니이다)의 '싱'을 연결한 것이 보인다. '싱'의 기능이 모호한 문제를 보인다. '가고시이다'(가고소이다) 역시 마찬가지이다.

(1바)에서는 향찰 '省'을 '셔, 셩' 등으로 읽었다. 이는 한자 '省'의 중세음 '셩'에 근거한 해독이다. '가겨셔녀'(가 겨시네, 가고 계시다, 가겠어요)의 해독에서는 향찰 '省'을 '셔'로 읽었는데, 해독과 괄호 안의 현대역이 연결되지 않는 문제를 보인다. '가고셩다'(가고 있었읍니다)의 해독에서는 '셩다'가 '있었습니다'의 의미라고 보기가 어렵다. 그리고 이 (1바)의 해독들은 (1마)의 해독들과 더불어 이두의 지명 표기(『삼국사기』 지리지)에 나온 이두 '省'의 대응 표기인 '蘇, 所' 등의 음을 고려하지 않은 문제도 보인다.

이렇게 향찰 '省'은 아직도 그 명확한 해독에 이르지 못하고 있다.

2.2. 선행 해독의 보완

앞 절에서 살폈듯이, 한자 '省'의 중세음 '셩/싱'으로 향찰 '省'을 읽은 해독들은, 이두 '省'에 대응시킨 이두 '蘇, 所' 등과의 연결에서 실패를 하였다. 이 실패는 혹시 한자 '省'의 백제음과 신라음이, 중세음 '셩/싱' 이외에, 이두 '蘇, 所' 등의 음 '소'나 '쇼'와 연결된 음이 아닌가를 생각하게 한다. 이런 생각은 김선기(1993:283)에서도 보였다. 즉 중세음 '싱'[sɐiŋ]에 대응하는 일본음으로 'shoi'를 인용하기도 하였다. 그러나 이 음은 지명 표기에서 이두 '省'에 대응시킨 이두 '金'을 '쇠'로 읽는 데는 도움을 주지만, 이두 '蘇'와 '所'의 설명에는 도움을 주지 못한다. 이에 한자 '省'의 백제음/신라음을, 중국 고음-백제음/신라음-일본음의 선상에서 검토하여, 향찰 '去遣 省如'를 다시 한번 검토하고자 한다.

먼저 한자 '省'의 백제음/신라음이 '숑'일 수 있다는 사실을 이두 '省'

에 대응시킨 이두 '蘇, 所' 등의 음이 '쇼'라는 측면과 다른 측면을 통하여 보자.

(2) 가. 蘇 : 쇼디셩(蘇大成, 목판본과 필사본의 고전소설)
　　나. 所 : 의병을 쇼모ㅎ야〈所募義兵〉(『東國新續三綱行實圖』忠一 48),
　　　　　쇼문(所聞)내니(『계축일기』 p.9)

(2가, 나)에서 보면, 한자 '蘇'와 '所'의 중세음은 '쇼'이다. 이 음 '쇼'는 지명의 이두 '省'이 '쇼'의 표기임을 말해준다.
이 '쇼'의 음을 한자 '蘇'와 '所'의 중국 고음에서 확인해 보자.

(3) 가. 蘇 : [廣韻]素姑切 [集韻][正韻]孫租切 音酥 虞平聲
　　　　　　[集韻]山於切 音梳 魚平聲
　　나. 所 : [廣韻]疎擧切 [集韻][韻會]爽阻切 音鎖 語上聲

(3)에서 보듯이, 한자 '蘇'와 '所'는 '遇'섭 3등 開口의 '魚, 語'운과 合口의 '虞'운에 속한다. 그런데 이 '遇'섭 3등 한자들의 중국 고음의 운은 다음과 같이 정리되어 있다.

(4) 三等 魚語御---jo(開口)　　　虞麌遇---juo(合口) (董同龢 1981:168)
　　3등 132 魚韻 ịwo　　　　133 虞韻 ịu (칼그렌 1954, 이돈주 1985:98)

(4)에서 보듯이, '虞'섭 3등의 한자들은 '요'나 '유'의 운을 가지고 있다. 이는 이 운에 속한 한자 '蘇'와 '所'의 음이 '쇼'임을 말해준다.
이렇게 이두 '省'에 대응된 이두 '蘇'와 '所'의 음은 '쇼'이다. 이는 이두 '省'이 '쇼'의 표기임을 말해준다. 그런데 이 이두 '省/쇼'는, 훈독자일 가능성보다는, 한자 '省'의 음('셩/싱'이 아니고, '쇼'와 관련된 음)을 이용한 음독자일 가능성을 보인다. 그것도 한자음의 종성을 생략하여 표기하는 이두 약음자의 차제자 원리와, 이어서 볼, 한자 '省'의 재구된 고음의 모음들(iɛ, iä, iɐ)과 그 변화음들(iö, io) 등으로 보아, 이두 '省/쇼'는 한자 '省'의 당시 음의 하나가 '숑'일 수 있음을 말해준다. 이는 이두 '遣/고'가 한자 '遣'의 신라음이 '곤'임을 말해주는 것(양희철 2013b)과 같다.

이번에는 중국 고음('sjɐŋ' 또는 'siɐŋ', 오음은 '숑')—백제음/신라음('숑')으로 이어지는 한자 '省'의 고음을 정리하여, 한자 '省'의 백제음과 신라음이 '숑'일 수 있음을 좀더 보려 한다.

이 가능성은 우선 앞에서 다룬 지명 이두의 지역성에서 찾아진다. 즉 지명 이두의 '省'이 백제 지명이고, 백제음은 일반적으로 오음을 따른다는 점에서, 한자 '省'의 한 고음으로 추정된 '숑'도 오음으로 볼 수 있다.

'買省'이 백제가 지배하던 경기도 양주시 일대의 지명이고, 『대동지지』에서는 본래 백제의 '買省郡'[2]이라 하고, 그 곳의 성을 '買肖城'이라 하는 점 등에서, '來蘇郡'의 고구려명 이두 '買省縣'의 '省/쇼'는 한자 '省'의 백제음 '숑'에 근거한다고 볼 수 있다. 그리고 '蘇泰縣'의 백제명 이두 '省大號縣'의 '省/쇼'는, 『삼국사기』 지리지의 본래 백제의 '省大號縣'(지금의 충남 서산시 일원)이라는 기록으로 보아, 한자 '省'의 백제음 '숑'에 근거한다. 마지막으로 "述川郡 一云 省知買"의 술천군과, "首原縣本買省坪"의 수원현도 백제가 지배하던 경기도 여주군 금사면 일대와 전남 순천 일대라는 점에서, 이두 '省知買'와 '買省坪'의 '省(=쇼/슈)' 역시 한자 '省'의 백제음 '숑'에 근거한다고 할 수 있다. 이렇게 대다수의 이두 '省/쇼'들은 한자 '省'의 백제음 '숑'에 근거한다.[3] 그런데 백제의 한자음은 일반적으로 오

---

[2] 『대동지지』 권3(경기도 13읍)의 '양주'조 '고읍'에서 '見州'를 보면, "東十五里本百濟買省郡一云馬忽新羅景德王十六年改來蘇郡"(김정호 1864;1976:53)으로 되어 있다.

음을 따른다는 점에서, 이 한자 '省'의 백제음 '숑' 역시 오음을 수용한 것
으로 추정된다.

이번에는 오음으로 추정한 '숑'이 중국 고음에서 가능한 것인가를 보자.

(5) 省 : [廣韻][集韻][韻會][正韻]息井切 音惺 梗上聲
　　　　 [廣韻][集韻][韻會][正韻]所景切 音警 梗上聲
　　 聖 : [廣韻][集韻][韻會][正韻]式正切 敬去聲
　　 正 : [廣韻][韻會][正韻]之盛切 音政 敬去聲
　　　　 [廣韻]之盈切 [集韻][韻會]諸盈切 [正韻]諸成切 音征 庚平聲
　　 京 : [廣韻]擧卿切 [集韻][韻會][正韻]居卿節 音經 庚平聲

(5)의 네 한자들은 물론, 여러 한자들[生, 性, 聲, 姓, 爭, 靜]4)은, '경(梗)'
섭 3등에 속한다. 이 한자들은 '셩'(省, 性, 姓, 星)과 '싱'(省, 生, 牲, 甥, 猩),
'졍'(靜, 淨)과 '징'(爭, 錚) 등에서와 같이 '영(◇엉)'운과 '잉(◇앵)'운을 갖는다.
이렇게 두 운을 보이는 현상과, 중국의 여러 방언들은 '경'섭 3등 한자들
의 중국 고음의 재구에서, 그 고음이 '영'운과 '잉'운으로 분화될 수 있는
것이었음을 의미한다. 이런 점에서, 외국학자들은 '경'섭 3등의 중국 고음
의 운을 다음과 같이 재구하였다.

(6) 가. 庚梗映(개구)-jɐŋ　　庚梗映(합구)-juɐŋ
　　　　 淸靜勁(개구)-jɛŋ　　淸靜(합구)-juɛŋ　(董同龢 1981:176)
　　 나. 淸(개구)-jäng　　淸(합구)-iwäng

---

3) 이두 '省'이 들어간 지명 중에서 언급하지 않은 것으로 '省山洞'(진주시 금곡면 성산리)
　 과 '省良縣'(경남 하동군 금남면)이 있는데, 이 지역 역시 백제와 밀접한 관계에 있는
　 것으로 추정된다.
4) 운자와 사성만 『중문대사전』에서 인용하면 다음과 같다. 生(庚平聲, 敬去聲, 梗上聲).
　 姓(敬去聲, 庚平聲). 聲(庚平聲). 爭(庚平聲, 敬去聲). 靜(梗上聲, 敬去聲).

庚(개구)-ieng　　庚(합구)-iweng (칼그렌 1954, 이돈주 1985:77)

(6)에서 재구한 운을 참고하면, 한자 '省'의 고음은 '셩, 싱, 셩, 숑' 등으로 이해할 수 있다. 즉 '-jɐŋ'의 운에서 '셍〉셩'의 음을, '-iäng'의 운에서 '솅〉싱/생'의 음을 각각 추정할 수 있다. 또한 '셩'은 '-iäng'이 '-iöng'으로 변한 것을 보여주는 이두 '省良'의 '省(=金)/쇠'5)에서 발견된다. 그리고 '-jɐŋ/-ieng'의 운에서는 'ɐ'(ㅇ)가 '어'와 'o(오)'로 변하기도 한다는 점에서, '셩'과 '숑'을 추정할 수 있다. 그런데 이 '숑'은 바로 앞에서 추정한 한자 '省'의 오음과 일치한다.6)

이렇게 볼 때에, 한자 '省'의 백제음/신라음 '숑'은 중국 고음('sjɐŋ' 또는 'sieng', 오음은 '숑')-백제음/신라음('숑')으로 이어지는 선상의 '숑'이라고 정리할 수 있다.

이제 마지막으로 한자 '省'의 일본음을 보자. 한자 '省'이 속한 '梗'섭 3등 한자들의 일본음은 '요'운을 보여준다.7) 이를 우리가 비교적 쉽게 이해할 수 있는 (5)의 한자들을 보자. '京'은 일본 지명 '교도(京都)'에서 '교'로 읽고, 한자 '聖'은 일본 상대의 태자 이름인 '쇼투쿠(聖德)'에서 '쇼'로 읽으며, 한자 '正'은 일본의 연호인 '다이쇼(大正)'에서 '쇼'로 읽는다. 게다가 이 장의 관심사인 한자 '省'도, '쇼사쯔(省察)'와 '몬부쇼(文部省)'에서 '쇼'로 읽는다.

---

5) "省良縣今金良部曲"의 '省'은 병기된 '金'으로 보아 '쇠'로 읽을 수 있다. 이 이두 '省(=金)/쇠'는 '梗'섭 3등 한자들의 재구된 고음 중의 하나인 'si ŋ'이 변한 'si ŋ'에 기반한 이두로 판단된다.

6) 『중문대사전』에서는 '不'자 아래에 '生'자를 쓴 한자를 "初充切 音終 東平聲"으로 설명한 [字彙補]의 글을 보여준다. 이 반절하자 '充'과 운 '東'은 '生'자를 성부로 한 글자들의 중국 고음에 '숑'이 있었음을 암시한다.

7) '梗'섭 3등에 속한 일본 한자로 '京, 聖, 正, 省' 외에 '生, 姓, 聲, 爭, 靜, 性, 定, 淨, 鼎, 精' 등등도 '요'운을 보여준다.

이렇게 '한자 '省'의 일본음이 '쇼'라는 사실과, 일본 한자음은 'ㅇ(ŋ)'의 종성을 생략하고, 오음 및 백제음과 깊은 관계에 있다는 사실을 종합하면, 한자 '省'의 일본음 '쇼'는 오음 및 백제음 '숑'과 밀접한 관계에 있다고 이해할 수 있다.[8]

이상과 같은 사실들은 한자 '省'의 고음의 하나가 중국 고음('sjɐŋ' 또는 'sjɐng', 오음은 '숑')-백제음/신라음('숑')-일본음('쇼')으로 이어지는 선상에 있음을 말해준다. 이에 따라 이두와 향찰 '省/쇼'는 백제와 신라에 들어온 오음 '숑'을 이용한 약음자 또는 음반자로 정리할 수 있다. 그리고 향찰 '去遣 省如'를 '(나는) 가고는 있다'[9]의 의미인 '가곤 쇼다'[가(어간)+곤(연결어미) 시(어간)+오(선어말어미)+다(종결어미)]로 읽으면, 형태소의 설명과 연결에 문제가 없고, "이제 숲에 (나는) 가고는 있다."의 해당 문맥도 잘 통하여, 앞 절에서 정리한 선행 해독들이 포함한 문제들을 모두 해결할 수 있다.[10] 이런 점들로 보아, 향찰 '去遣 省如'의 '省'은 '쇼'[시(어간)+오(선어말어미)]로 읽은 것이 가장 적합하다고 판단한다.

---

8) 칼그렌(1966)은 각주 7)의 '요'운을 정리한 다음에 괄호 속에 'iau'운을 부기하였다. '요'운은 오음계통으로, '야우'운은 한음계통으로 보인다. 혹시 이 '요'운에 대한 논의가 부족하여, 논거로는 부족하다고 해도, 바로 앞에서 다룬 논거들이면, 한자 '省'의 백제음/신라음을 '숑'으로 보는 데는 큰 지장이 없어, 일본음의 논의는 이 정도로 줄인다.

9) 현대어에서 주체표시 '오'를 쓰지 않아, 이 '오'를 '(나는)'으로 바꾸어, '가곤 쇼다'의 현대역을 '(나는) 가고는 있다.'로 옮겼다. 이 현대역의 어간 '있-'은 향찰 '省'을 '쇼'(양주동, 지헌영, 김상억, 금기창, 황패강 등), '싱'(서재극, 신석환), '셩'(김완진), '소'(류렬) 등의 선어말어미로 읽은 해독들에서도 보인다. 이는 향찰 '省'이 문맥상 '있-'의 위치임을 잘 말해준다. 그러나 앞의 해독들은 문맥상의 의미인 현대역의 형태소 '있-'을 해독에서 만족시키지 못한 문제를 보인다.

10) 특히 각주 9)의 문제는 '省'을 '쇼'로 읽고, 이 '쇼'의 '시'를 어간 '시-'(있-)로 본 해독(양희철 2013b)과 이 글에서 해결된다.

3. 격어미의 '留/루'

이 장에서는 명사 다음에 온 '留'와 동명사형어미 다음에 온 '留'에 대한 선행 해독들을 변증하고, 그 과정에서 발견되는 미흡점들을 보완하고자 한다.

3.1. 명사 다음의 '留'

명사 다음에 나온 향찰 '留'는 '筆留'(「예경제불가」), '供乙留'(「광수공양가」), '淨戒叱主留'(「참회업장가」), '煩惱熱留'(「청전법륜가」), '曉留'(「청불주세가」), '大悲叱水留'(「항순중생가」), '舊留'(「보개회향가」), '向乎仁所留'(「총결무진가」), '伊留叱'(「총결무진가」) 등에서 9회 나온다.

3.1.1. 선행 해독의 변증

선행 해독들을 편의상 '을, 올, 를, 온, 논, ㄹ' 등으로 읽은 경우, '로, 루' 등으로 읽은 경우, '으로, 으루, 오루, 우루, 론(留〉畜)' 등으로 읽은 경우 등으로 나누어 변증하고자 한다.

먼저 '留'를 '을, 올, 를, 온, 논, ㄹ' 등으로 읽은 해독들을 정리하면 다음과 같다.

(7) 가. 을 : 主留/님을(오구라 1929, 신태현 1940), 煩惱熱留/煩惱熱을(오구라 1929), 水留/믈을(오구라 1929)

　　나. 올 : 曉留/붉올(신태현 1940)

　　다. 를 : 伊留叱/이를(오구라 1929, 정열모 1965)

　　라. 온 : 曉留/볼온(이탁 1956)

　　마. 논 : 曉留(〉畜)/붉논(김완진 1980)

　　바. ㄹ : 曉留/실(정열모 1965), 曉留/샐(김선기 1975a), 所留/바일(오구라 1929), 所留/볼(이탁 1956)

(7가, 나, 다, 라)에서는 '留'를 '을, 올, 를, ♀' 등으로 읽었다. 해독 초
창기에나 생각할 수 있는 해독들이다. [(7다)의 '이를'에서는 '叱'을 특별한 의
미가 없는 것으로 보았다.]

(7마)에서는 '留'를 '畓'으로 수정하여 읽었는데, 수정을 하지 않아도 해
독이 가능하다는 문제를 보인다.

(7바)에서는 '留'를 'ㄹ'로 읽었다. 이 역시 해독 초창기에나 생각할 수
있는 해독이다. [(7바)의 '바일'에서는 '所/바'와 '留/ㄹ' 사이에 '이'를 첨가하였다.]

이번에는 '留'를 '루'나 '로'로 읽은 해독들을 보자. '루'로 읽은 해독이
주종을 이루고, '로'로 읽은 해독이 부차적인데, 전자는 처음에 읽은 해독
들을 대표로 정리하고, 후자는 전체를 정리하려 한다.

(8) 가. 供乙留 : 供♀로(오구라 1929, 신태현 1940, 신재홍 2000), 공♀로(홍
　　　　기문 1956, 정열모 1965, 류렬 2003), 供으로(이탁 1956, 김준영 1979,
　　　　김완진 1980, 유창균 1994), 공으로(김상억 1974)

　　　　主留 : 主로(이탁 1956, 유창균 1994, 신재홍 2000, 황패강 2001), 주
　　　　로(홍기문 1956)

　　　　煩惱熱留 : 煩惱熱로(김완진 1980, 유창균 1994, 신재홍 2000)

　　　　曉留 : 새배로(유창균 1994)

　　　　水留 : 믈로(신태현 1940, 이탁 1956, 김완진 1980, 유창균 1994, 강길
　　　　운 1995, 신재홍 2000)

　　　　舊留 : 녜로(오구라 1929, 신태현 1940, 이탁 1956, 신재홍 2000), 녜리
　　　　로(김완진 1980), 녀리로(유창균 1994)

　　　　所留 : 드로(신태현 1940, 류렬 2003), 디로(홍기문 1956, 김완진 1980,
　　　　유창균 1994), 바로(신재홍 2000)

　　　　伊留叱 : 이롯(이탁 1956, 유창균 1994, 신재홍 2000), 뎌롯(김완진
　　　　1980)

　　나. 筆留 : 筆루(지헌영 1947, 김준영 1979)

供乙留 : 供ᄋ루(양주동 1942, 지헌영 1947), 공으루(김선기 1975b, 강길운 1995), 供으루(전규태 1976, 황패강 2001), 공아루(김선기 1993)

主留 : 主루(양주동 1942, 지헌영 1947, 전규태 1976, 김준영 1979, 김완진 1980, 류렬 2003), 주루(정열모 1965), 쥬루(김상억 1974), 듀루(김선기 1975a), 쥬루(김선기 1993), 님자루(강길운 1995)

煩惱熱留 : 煩惱熱루(신태현 1940, 양주동 1942 등등), 번뇌열루(홍기문 1956, 정열모 1965 등등), 본노열루(김선기 1975a), 뽀놓렬ᇰ루(김선기 1993)

曉留 : 새배루(양주동 1942, 지헌영 1947 등등), 새루(김선기 1993)

水留 : 믈루(양주동 1942, 홍기문 1956 등등), 물루(지헌영 1947, 김선기 1975a 등등), 水루(김준영 1979)

舊留 : 녜루(양주동 1942, 지헌영 1947 등등), 녀리루(강길운 1995), 호루(〉ᄒᆞᄅ, 정열모 1965)

所留 : 디루(양주동 1942, 지헌영 1947 등등), 대루(김상억 1974, 강길운 1995), 바루(김선기 1975a, 김선기 1993), 드루(김준영 1979)

伊留叱 : 이룻(신태현 1940, 양주동 1942 등등), 이룬(김선기 1975a), 이루('叱' 설명 없음, 김선기 1993), 이루시(류렬 2003)

(8가)에서는 '留'를 '로'로 읽고, (8나)에서는 '留'를 '루'로 읽었다. 이 해독들에서는 근현대음이 '류'인 '留'를 어떻게 '로'와 '루'로 읽을 수 있을까 하는 문제가 포함되어 있다. 이에 대한 설명은 다음 항인 보완에서 함께 검토하려 한다.

이번에는 '留'를 '으로, 으루, 오루, 우루, 론(留〉畓)' 등으로 읽은 경우들을 보자. 이 해독은 '筆留'(「예경제불가」)와 '曉留'(「청불주세가」)에서 주로 나타난다.

(9) 가. 으로 : 붇으로(모음조화, 오구라 1929, 신태현 1940, 이탁 1956), 부드
로(김완진 1980, 신재홍 2000, 황패강 2001, 정재영 2001), 브드로(유창
균 1994), 새벽으로(오구라 1929)

나. 론 : 새론(신재홍 2000)

다. 으루 : 브드루(양주동 1942), 부드루(홍기문 1956, 정열모 1965), 붇으
루(김상억 1974, 김선기 1975b, 전규태 1976), 븓으루(강길운 1995), 새
박으루(강길운 1995)

라. 오루 : 붇오루(김선기 1993)

마. 우루 : 부두루(류렬 2003)

(9)의 해독들은 '留'를 '로, 루'로 읽고, 이 해독이 그 앞뒤의 형태소로
바로 연결되지 못하는 문제를 보이자, 이 문제를 해소하기 위하여, '(으)
로, 로(ㄴ), (으)루, (오)루, (우)루' 등에서와 같이 '으, ㄴ, 오, 우' 등을 첨
가하였다. 이 첨가들은 표기의 향찰에 없는 음들을 첨가한 문제를 피하기
어렵다.

3.1.2. 선행 해독의 보완

먼저 이중모음인 '留'가 어떻게 단모음인 '로, 루' 등의 표기일까 하는
문제를 해결하기 위한 노력은 세 글에서 보인다. 양주동(1942:675-676)은
'周留城'를 '두루잣'으로 읽고, '留'를 '루'로 읽으면서, '루'를 보여주었다.
정열모(1965:474)는 '毛冬留'(「총결무진가」)의 '留'를 '루'로 읽으면서, 구개
음화 이전의 '루'로 해석하였다. 강길운(1995:347)은 '류'로 '루'를 대충 표
기한 것으로 보았다.

그런데 '留'의 한자음을 보면, '루'와 '류'를 모두 보여준다. 이런 사실은
운서와, 한시에서 사용한 압운자에서 모두 나타난다. 먼저 사전과 운서의
글을 보자.

(10) 가. 甲 [廣韻][集韻]力求切 音留 尤平聲, 乙 [廣韻][集韻]力救切 音溜 宥去聲, 丙 [集韻]力九切 有上聲(『중문대사전』)

나. 一等 候厚候——-u, 三等 尤有宥——-ju, 幽黝幼——-jəu(董同龢 1981:177)

다. 다수의 현대방언에는 流섭자의 운모는 모두 복모음이고, 운미는 -u인데, …… 고려, 일본 안남의 譯音들은 대체로 단모음 u이고, 불경 번역 중에 이러한 글자는 왕왕 梵文의 u음에 상대하여 썼다. 그러나 우리들은 한걸음 나아가 侯尤音字의 중고음을 u라고 할 수 있다.(多數現代方言, 流攝字的韻母都是複母音, 韻尾爲-u, …… 高麗·日本·安南的譯音則大致爲單母音u; 佛經飜譯中這些字也往往用以梵文的u音, 那麼我們可以第一步侯尤音字的中古音是u; 董同龢 1981:177-178)

(10가)로 보면, '留'는 '流'섭 3등의 '尤'운(평성), '宥'운(거성), '有'운(상성) 등에 속한다. 그리고 이 3등의 운들은 현대음인 (10나)로 보면, '留'의 음은 '류'이다. 그러나 (10다)에서 보듯이, 이 운들의 중고음과 고려음은 '우'운을 주로 한다는 점에서, '留'의 음은 주로 '루'라고 정리할 수 있다.

'留'의 고려음이 주로 '루'라는 사실은 『동문선』에서 쓴 압운자 '留'로도 확인할 수 있다. 먼저 8구로 구성된 7언율시인 「聊城驛壁上韻」(이규보, 『동문선』권지 14)에서 각구 끝자들을 보면, '宿, 留, 嘯, 遊, 了, 休, 者, 由' 등이다. 이 중에서 압운자에 해당하는 '留(제2구말), 遊(제4구말), 休(제6구말), 由(제8구말)' 등으로 보면, '留'는 '遊, 休, 由' 등과 같이 운모를 '유'로 하는 '류'의 음을 보여준다.

이에 비해 다음의 '留'들은 '루'의 음을 보여준다. 8구로 구성된 7언율시인 「次三陟竹西樓韻」(鄭樞, 『동문선』권지 16)의 각구 끝자들은 '流, 樓, 慨, 留, 鶴, 鷗, 老, 州' 등이다. 이 중에서 압운자인 '樓, 留, 鷗, 州' 등에서 '留'의 음은 '루'이다. 8구로 구성된 7언율시인 「寄全獻納」(朴形, 『동문선』권지 16)의 각구 끝자들은 '遊, 周, 老, 留, 效, 求, 境, 休' 등이다. 이 중에서 압운자인 '周, 留, 求, 休' 등에서 '留'의 음은 '루' 또는 '류'이다. 8구로 구성된 7언율시인 「有感」(이색, 『동문선』권지 16)의 각구 끝자들은 '流, 樓, 宋, 留, 晚, 秋, 地, 舟' 등이다. 이 중에서 압운자인 '樓, 留, 秋, 舟' 등에서 '留'의 음은 '루'이다. 8구로 구성된 7언율시인 「大倉贈禮部主事胡璉」(정몽주, 『동문선』권지 16)의 각구 끝자들은 '遊, 留, 樐, 樓, 夜, 洲, 市, 洲' 등이다. 이 중에서 압운자인 '留, 樓, 洲, 洲' 등에서 '留'의 음은 '루'이다. 8구로 구성된 5언율시인 「夜來被酒獨臥……」(朴誾, 『속동문선』권지 6)의 각구 끝자들은 '令, 留, 化, 謀, 里, 憂, 願, 秋' 등이다. 이 중에서 압운자인 '留, 謀, 憂, 秋' 등에서 '留'의 음은 '루'이다. 8구로 구성된 7언율시인 「十月十七日夜余……」(朴誾, 『속동문선』권지 8)의 각구 끝자들은 '笑, 謀, 話, 愁, 樂, 尤, 飮, 留' 등이다. 이 중에서 압운자인 '謀, 愁, 尤, 留' 등에서 '留'의 음은 '루'이다.

이상과 같이 '留'의 음은 운서와 한시의 압운자에서 '류'와 '루'이다. 이에 따라 향찰에서 '留'로 '루'를 표기한 것은 '留'의 음 '루'를 이용한 것이라고 정리할 수 있다.

이제 '留'가 '로'인가 '루'인가 하는 문제를 보자. '留'를 '로'로 읽기 시작한 것은 오구라이다. 오구라는 '留'를 '루'로 읽고 다시 모음조화에 맞추어 '로'로 정리를 하였다. 이와 같은 해독은 그 후에 신태현, 홍기문, 이탁, 정열모, 김준영, 김완진, 유창균, 강길운 신재홍 등의 해독으로 이어지는데, 거의가 그 이유를 밝히지 않고 있다. 그 이유를 밝힌 유창균의 글을 보자.

(11) '留'는 遺事歌에는 사용된 예가 없으나, 均如歌에서는 相當數의 用例가 있다.

(10)　　　上古　　前漢　　後漢　　魏晉　　南北　　中古

　　　留　ljəgw　ljogw　ljogw　ljou　ljɐu　ljɐu

이것을 기준으로 하면 魏晋音을 기층으로 할 때는 '로', 南北朝音을 기층으로 할 때는 '루'가 된다. 이른 시기의 土着化音은 '로'를 가정할 수도 있으나, 遺事歌에서 慣用되지 못했고, 均如歌에서 慣用된 것으로 미루어 '루'를 취할 만도 하다. 그러나 이 '留'로 표시된 要素의 統辭的 機能은 格助詞, 先語末語尾, 副詞性接尾辭 등 매우 다양한데 中世語에서 이것과 대응하는 것은 거의 '로'라는 사실이다. 기존의 해독에서는 거의 '루'로 읽었으나, 李鐸, 金完鎭만이 '로'로 읽었다. 역시 '로'가 옳은 것이다.(유창균 1994:863)

(11)에서는 '留'를 '루, 로' 등으로 읽을 수 있으나, 거의가 중세어의 '로'에 대응하는 것으로 보아 '로'를 취했다. 그러나 이 해석은 '留'의 음이 '로'로 토착화되었을 것이라는 가설에 기반을 두고 있으나, 그 사실을 논증하지 못한 문제를 보인다.

이에 비해 '留'를 '루'로 읽을 경우에, 이 '루'를 바로 앞에서와 같이 운서와 한국 한시의 압운자로 논증할 수 있었다. 그리고 향찰 '留'는 균여 1인이 쓴『균여전』의 향가에서만 보인다. 이런 점에서, 향찰 '留'는 '루'의 표기로 판단한다.

그리고 '(으)루'와 같이 '으'를 첨가한 경우가 있는데, 이 때는 첨가하기보다는, 첨가 없이 해독이 가능한 형태를 취하는 것이 바람직해 보인다. 즉 '筆'을 '붇'이 아닌 '筆'(필)로, '曉'를 '새벽/새박'이 아닌 '새벼'로 각각 읽고, 이에 이어진 '留'는 앞에서와 같이 '루'로 읽는 것이 바람직해 보인다.

3.2. 동명사형어미 다음의 '留'

동명사형어미 다음에 나온 '留'는 셋이다. 즉 '(王))毛冬留'(「칭찬여래가」),

'毛冬留'(「총결무진가」), '內乎留'(「항순중생가」) 등의 '留'들이다. '(王〉)毛冬留'와 '毛冬留'(「총결무진가」)는 같은 어형이란 점에서 함께 먼저 정리하고, 이어서 '內乎留'를 정리하고자 한다.

3.2.1. '(王〉)毛冬留, 毛冬留'의 '留'

'(王〉)毛冬留, 毛冬留' 등의 '留'에 대한 선행 해독들을 정리하면 다음과 같다. '(王〉)毛冬留'는 신재홍의 해독을 제외한 나머지 해독들에서는 수정 이전의 '間王冬留'로 읽었기 때문에 이것들을 정리한다.

(12) 가. 을 : 間王들을(오구라 1929, 신태현 1940), 몰을(오구라 1929), 모를 (신태현 1940)

나. ㄹ : 모둘(양주동 1942, 이탁 1956, 홍기문 1956, 황패강 2001, 류렬 2003), 모들(지헌영 1947), 모달(김상억 1974), 모롤(김선기 1975a), 모롤(전규태 1976)

다. 미상/논 : 모둘룰(김준영 1979), 모ᄃ논(김완진 1980)

라. 로 : 한왕들로(홍기문 1956), 슨옹ᄃ로(이탁 1956), 醫王들로(김완진 1980), 間王ᄃ로(유창균 1994), 醫王돌로(황패강 2001), 한왕돌로(류렬 2003)

마. 로 : ᄉᆈ 모다로(신재홍 2000), 모ᄃ로(유창균 1994), 모다로(신재홍 2000)

바. 루 : 西王돌루(양주동 1942), 슷님돌루(지헌영 1947, 김준영 1979), 간 왕드루(정열모 1965), 셰왕달루(김상억 1974), 깐왕들루(김선기 1975b), 間王돌루(전규태 1976), 간완돌루(김선기 1993), 間王두루(강길운 1995)

사. 루 : (그읅)두루(정열모 1965), 모로루(김선기 1993), 모ᄃ루(강길운 1995)

(12가, 나, 다)에서는 '留'를 관형사형의 '을, ㄹ, 논' 등으로 읽었다. 그

런데, '을'은 '留'의 음이 아니고, 'ㄹ'은 향찰에서 'ㄹ'의 표기에 '尸, 乙' 등을 쓴다는 문제를 보인다. (12다)의 '모둘룰'에서는 '留'가 '룰'에 해당하는데, '留'를 어떻게 읽은 것인지 명확하지 않다. 그리고 '모득논'에서는 '留'를 '畓'의 오자로 읽은 것이어서 좀더 검토를 해 보아야 할 것 같다.

(12라)는 '間王冬留' 또는 '醫王冬留'를 읽은 것들이다. 우선 신재홍이 보여주듯이, '王'이 '毛'의 오자라는 점에서, 이 해독들은 문제를 보인다. 그리고 이 (12라)와 (12마)에서는 '留'를 '로'로 읽었다. 그런데 앞에서 살폈듯이, '留'는 향찰에서 '루'로 쓰인 문제를 보인다. 게다가 (12마)의 '스ᇧ 모다로'(시간 모두로), '모득로'('모르도록'을 염두에 든, 모르기까지, 모를 때까지), '모다로'(모두로) 등은 그 해독과 현대역의 연결이 잘 되지 않거나, 그 문맥이 잘 통하지 않는다.

(12바)에서는 '留'를 '루'로 읽었다. 이 '루'는 '間王冬留' 또는 '醫王冬留'를 읽은 경우에는 그런대로 합리적이다. 그러나 '王'이 '毛'의 오자라고 할 때에, 그 해독은 믿기가 어렵다.

(12사)에서도 '留'를 '루'로 읽었지만, 해독과 현대역인 '그음두루'(끝끝내), 모로루(현대역 미제시), 모드루(모르게)에서 보듯이, 해독과 현대역이 형태소의 측면에서 일치하지 않는다. 즉 '그음두루'는 '際毛冬留'를 읽은 것인데, 어떤 측면에서 '끝끝내'의 의미가 되는지를 이해하기 어렵다. '모로루'는 현대역을 제시하지 않아 그 의미가 명확하지 않다. '모드루'(모르게)에서는 '우'를 부사형어미로 보았는데, 이런 예를 찾기가 쉽지 않다.

이렇게 '(王〉)毛冬留'(「칭찬여래가」)와 '毛冬留'(「총결무진가」)의 선행 해독에는 아직도 미진한 점이 있는데, 이를 보완하면 다음과 같다. 즉 '모(毛)+둘(冬)+루(留)'로 개별 향찰은 읽고, 전체를 '모를 것으로'의 의미인 '모둘루'로 읽으려 한다. 이 경우에, '몰'은 어간이고, '올'은 'ㄹ'이 생략된 '올'의 'ᄋ'와 동명사형어미 'ㄹ'의 결합이고, '루'는 격어미이다. 이렇게 읽을 경우에 "間 (王)〉毛冬留 讚伊白制"(「칭찬여래가」)와 "際 毛冬留 願海伊過"(「총결무진가」)의 문맥에도 문제가 없는 것 같다.

3.2.2. '內乎留'의 '留'

'內乎留'(「항순중생가」)의 '留'에 대한 선행 해독들은 다음과 같다.

(13) 가. ㄹ : 이우올더라(-게 하시더라, 오구라 1929), 이우올쩌라(萎えざら しめ給へぞかし, 신태현 1940), 이우누올ㅅ다라[이울 것이러라, 이울들 아니 하겠더라(양주동 1942), 이울었나이까(전규태 1976)], 시들내욇더라(하더라, 정열모 1947), 이오누올ㅅ다라(시들어지도다, 지헌영 1947, 황패강 2001), 이옥ㄴ올ㄷ라(하는 것이다, 이탁 1956), 이울누올ㅅ다라(시들도다, 김상억 1974), 이오누올다라(현대역 미제시, 천소영 1985)

나. 로 : 이봇ㄴ오롯ㄷ야(이울지 아니하는 것이더라, 김완진 1980), 이브로ㄴ오롯ㄷ라(시들지 못하게 하도다, 유창균 1994), 이우리오롯ㄷ야(시들게 하오리라, 박재민 2003b), 이우ㄴ오니롯다야(이울지 않는 것이로구나, 이용 2007), 이울오누오롯 ㄷ야(시들게 할 것이다, 김지오 2012)

다. 루 : 이옥ㄴ오루ㅅㄷ라[시들지 않도록 하셨나리라(김준영 1964), 시들오리로다(김준영 1979)]

라. 루 : 이볼루 누홋다라(시들지 않고 자라너니라, 홍기문 1956), 시들놋ㄷ야(이울더라, 정열모 1965), 이붇루누후시다라(이울어졌더라, 류렬 2003), 이브나 호루쉰ㄷ냐(이우러진다고 하시드냐, 정창일 1987)

마. 마믈 : 이오나기 마믈다라(마르고 머믈더라, 김선기 1975a), 이오나고 머믈도라(마르고 머믈더라, 김선기 1993)

바. 로 : 시들옥 노롯드라(시들어 노롯하더라, 강길운 1995), 이볼록 드료롯ㄷ라(아니 이울어 들었도다, 신재홍 2000), 이옥 드리오롯ㄷ야(이울어 들게 하였다야, 양희철 2008a), 이옥 드리올로 시ㄷ야(시들어 늘어트리지 않을 것으로 있다야, 양희철 2014d)

(13가, 나, 다)에서는 '菱玉內乎留叱等耶'를 한 단위로 묶어서 읽었다. 이 중의 (13가)에서는 '留'를 'ㄹ'로 읽었다. 'ㄹ'에 '尸, 乙' 등이 쓰인다는 점에서 문제를 보인다. 그리고 (13나, 다)의 해독들은 '留'를 '로, 루' 등으로 읽었다. 그러나 이를 포함한 (13가, 나, 다)의 해독들은 해독과 현대역이 형태소의 측면에서 대응하지 않는 문제를 보인다.

(13라, 마, 바)에서는 앞의 문제를 해결하기 위하여, '菱玉內乎留叱等耶'의 순서를 바꾸거나, 다양하게 끊어 읽었다. (13라)의 '이보루 누홋다라', '시들놋ᄃ야', '이부루누후시다라' 등에서는 '留'의 위치를 '菱玉留內乎叱等耶'로 바꾸고, '菱玉留 內乎叱等耶'로 끊어 읽기도 했고, '이브나 호루쉰ᄃ냐'에서는 '菱玉內乎留叱等耶'를 '菱玉內 乎留叱等耶'로 끊어 읽었다. 이렇게 순서를 바꾸거나, 다양하게 끊어 읽었지만, 이 해독들 역시 그 현대역과 잘 연결되지 않는 문제를 보인다.

(13마)에서는 '菱玉內乎'의 '乎'를 '-기, -고' 등으로 읽고, '留'를 분리하여 '마문, 머물' 등으로 읽었다. '乎'를 '기, 고' 등으로 읽을 수 없는 문제를 보인다.

(13바)에서는 '菱玉內乎留叱等耶'를 '菱玉 內乎留叱等耶'로 끊으면서 '內-'의 문제를 해결하였다. 그러나 '시들옥 노룻드라'에서는 '內(ㄴ)+乎(오)'로 '노'를 표기했다고 본 문제와, '留'를 해결하지 못한 문제를 보인다. 나머지 두 해독은 '內-'를 '드리'로 본 점에서 주목을 끌지만, 역시 '留'의 문제를 해결하지는 못했다. 이런 문제들을 풀려고 시도한 것이 '이옥 드리오(ㄹ)로 시ᄃ야'의 해독이다. 이 해독은 '不冬 菱玉 內乎留 叱等耶'로 끊고, '안둘 이옥 드리오(ㄹ)로 시ᄃ야'로 읽으면서, '이울어 늘어트리지 않을 것으로 있다야'의 의미로 정리를 하였다. '드리-'의 의미 '늘어트리-'를 살리면서 '乎/오(ㄹ)'의 'ㄹ'은 동명사형어미로 본 것이다.

이렇게 읽으면 해독이 끝난 것 같다. 그런데 이 해독에서는 '드리오

(ㄹ)로'를 '드리오(ㄹ)루'로 수정할 필요가 있다. 왜냐하면 앞에서 살폈듯이, '留'는 '로'의 표기가 아니라 '루'의 표기이기 때문이다. 이런 점에서 '內乎留'(「항순중생가」)의 '留'는 동명사형어미 다음에 온 '루'로 정리를 할 수 있다.

4. 용언의 '留/루'

이 장에서는 용언의 어간에서 나온 '留'와 선어말어미에서 나온 '留'에 대한 선행 해독늘을 변증하고, 그 과정에서 발견되는 미흡점들을 보완하고자 한다.

4.1. 어간의 '留'

어간의 말음에 나온 '留'는 '逸留去耶'(「광수공양가」)와 '成留焉'(「보개회향가」)에서 보인다. 이에 대한 선행 해독들을 정리하면 다음과 같다.

(14) 가. ㄹ : 일과라(오구라 1929, 이탁 1956), 일언(이 탁 1956)
　　 나. 로 : 이로가라(유창균 1994, 신재홍 2000), 이론(김완진 1980, 유창균 1994, 신재홍 2000)
　　 다. 루 : 이루가라(양주동 1942, 지헌영 1947, 김상억 1974, 김선기 1975b, 전규태 1976, 김선기 1993, 류렬 2003), 이루거야(정열모 1965, 김완진 1980), 일우거라(신태현 1940, 황패강 2001), 일우고야(홍기문 1956), 일우가라(김준영 1979, 강길운 1995), 닐운(오구라 1929), 일운(신태현 1940), 이룬(양주동 1942, 지헌영 1947, 홍기문 1956, 정열모 1965, 김상억 1974, 전규태 1976, 김준영 1979, 황패강 2001, 류렬 2003), 이루안(김선기 1975a, 김선기 1993), 이루언(강길운 1995)

(14가)에서는 '留'를 'ㄹ'로 읽었다. 'ㄹ'의 표기에는 '尸, 乙' 등을 쓰는 것이 향찰의 관습이다.

(14나)에서는 '留'를 '로'로, (14다)에서는 '留'를 '루'로 읽었다. '이로-'와 '이루-'가 모두 가능해 보인다. 그러나 향찰 '留'는 균여의 향가에만 나오고, 한자 '留'의 과거음이 '루'와 '류'였다는 점에서, '루'로 읽은 해독들이 맞다고 판단한다. 그 중에서도 '이루거야'와 '이루언'의 해독이 맞다고 판단한다.

4.2. 선어말어미의 '留'

선어말어미에 나온 '留'는 '修將 來賜留隱'(「상수불학가」)에서와 같이 관형어에 포함된 경우와, '爲賜隱 伊留兮'(「상수불학가」) 및 '喜賜以留也'(「항순중생가」)에서와 같이 용언에 포함된 경우로 나눌 수 있다. 두 경우를 나누어 선행 해독들을 변증하면 다음과 같다.

4.2.1. '修將 來賜留隱'의 '留'

'修將 來賜留隱'의 '留'에 대한 선행 해독들은 다음과 같다.

(15) 가. ㄹ : 닥글살은(오구라 1929), 닷거오살은(신태현 1940), 닷ㄱ려샤론
      (양주동 1942, 지헌영 1947, 홍기문 1956, 황패강 2001), 길 ㅂ 리샤론
      (정열모 1965), 닷스려샤른(김상억 1974), 닷ㅅ려샤른(전규태 1976)

나. 로 : 닭오샤론(김선기 1975a), 닷ㄱ려시론(김완진 1980), 다ㅅ라시론
      (유창균 1994), 다ㅅ려시론(신재홍 2000)

다. 로 : 닷아 오술오(이탁 1956), 닷ㄱ 오샤론(김준영 1979), 닷ㄱ 오드
      록은(정창일 1987), 닭아 오신(박재민 2003), 닭가져 오시론(김지오
      2012)

라. 루 : 닷고려시룬(강길운 1995), 다ㅅ려시룬(류렬 2003)

마. 루 : 닭올 주룬(김선기 1993), 닭아 오시룬(양희철 2008c)

(15가)에서는 '留'를 'ㄹ'로 읽었다. 향찰에서 'ㄹ' 표기에는 '尸'와 '乙'이 쓰인다.

(15나, 다)에서는 '留'를 '로'로 읽었다. (15나)와 (15다)의 차이는 '來'를 '오-'로 읽은 것과 그렇지 않은 것의 차이만 있다. 향찰에서 '留'는 한자 '留'의 음 '루'와 '류' 중에서 '루'를 사용했다는 문제를 보인다.

(15라, 마)에서는 '留'를 '루'로 읽었다. 향찰에서 '留'는 한자 '留'의 음 '루'와 '류' 중에서 '루'를 사용했다는 점에서 이 해독이 맞는 것 같다. 특히 '來'가 '오-'로 쓰인다는 점에서, '닭아 오시룬'의 해독이 타당성을 가장 많이 보인다고 판단한다. 이 해독은 "皆 往焉 世呂 修將 來賜留隱"(「상수불학가」)의 문맥적 흐름에도 문제가 없다.

4.2.2. '伊留兮, 喜賜以留也'의 '留'

'爲賜隱 伊留兮'(「상수불학가」) 및 '喜賜以留也'(「항순중생가」)에서와 같이 용언에 포함된 '留'의 경우를 보자.

> (16) 가. ㄹ : 흥샨 일이네(오구라 1929), 흥샨 일이네(신태현 1940), 깃부샤
> 일야(오구라 1929), 깃그시리라(신태현 1940), 깃사일예(정열모 1947),
> 깃스어르여(이탁 1956), 깃그시리라(정열모 1965), 깃그샤리랴(황패
> 강 2001)
>
> 나. 로 : 흥샷니뢰(양주동 1942), 흥샨이뢰(지헌영 1947), 흥손이뢰(이탁
> 1956), 하샤니뢰(김상억 1974), 흥샤니뢰(전규태 1976), 흥시니로여
> (김완진 1980), 흥신이로혀(유창균 1994), 흥시니로혀(신재홍 2000),
> 흥샤니뢰(황패강 2001), 하시니로히(류렬 2003), 깃그샤리롸(양주동
> 1942, 김상억 1974), 깃샤리롸(지헌영 1947), 깃그샤리로야(홍기문

1956), 깃샤리롸(롸)라, 전규태 1976), 깃샤로여(김준영 1979), 깃그
시리로여(김완진 1980), 깃그시리로라(유창균 1994), 깃시리로라(신
재홍 2000), 깃그시리로다(이용 2007)

다. 루 : ᄒᆞ샤나루혀(홍기문 1956), ᄒᆞ샤니뤠(정열모 1965), 까샨 이루개
(김선기 1975a), ᄒᆞ샨이루혀(김준영 1979), 까신 일루계(김선기 1993),
허신 이루다(강길운 1995), 긴샨이루라(김선기 1975a), 기신일우라
(김선기 1993), 깃그실이루다(강길운 1995), 기스시루히라(류렬 2003)

(16가)에서는 '留'를 'ㄹ'로 읽었다. 'ㄹ'에 향찰 '�尸'와 '乙'이 쓰인다.

(16나)에서는 '留'를 '로'로 읽었다. 균여 향가에서만 나온 향찰 '留'의
한자음이 '루'와 '류'라는 점에서 '로'로 읽는 것은 어려워 보인다.

(16다)에서는 '留'를 '루'로 읽었다. 이 해독이 맞다고 판단한다. 그리고
이에 따라 '爲賜隱 伊留兮'는 'ᄒᆞ신 이루혀' 정도로 해독된다. 그리고 '喜
賜以留也'는 '깃그시루여'(기뻐하시리로다)나 '깃그실 이루여'(기뻐하실 이로
다, 기뻐하실 것이로다)로 해독된다. 후자의 경우는 '시'에 'ㄹ'이 첨가된 독
훈으로 본 것이 아니라, 詩歌文學의 표현에서 가끔 보이는 'ㄴ' 및 'ㄹ'의
생략으로 본 것이다. 이렇게 읽을 때에, 이 '留/루'들은 "皆 佛體置 然叱
爲賜隱 伊留兮"(「상수불학가」)와 "佛體 頓叱 喜賜以留也"(「항순중생가」)의
문맥에도 맞다.

5. 결론

지금까지 향찰 '省'과 '留'를 해독한 선행 논의들을 변증하면서 부분적
인 보완을 해 보았다. 그 중요한 것들을 요약하여 결론을 대신하면 다음과
같다.

먼저 향찰 '省'에 대한 선행 해독들을 변증하고 보완한 중요 내용은 다음과 같이 요약된다.

1) 향찰 '省'은 세 부류로 읽혀 왔는데 각각 문제를 보인다. 가장 큰 문제만을 정리하면 다음과 같다. 첫째는 지명에서 이두 '省'에 대응된 이두 '蘇, 所, 述' 등에 기초한 '소, 쇼, 솔' 등의 해독들인데, 한자 '省'의 음과 훈 중에서 어느 것으로도 '소, 쇼, 솔' 등을 설명하지 못한 문제를 보인다. 둘째는 한자 '省'의 유사훈 '보, 씨' 등으로 읽은 해독들인데, 한자 '省'의 정확한 훈을 이용하지 않은 문제를 보인다. 셋째는 한자 '省'의 중세음 '싱/셩'에 기초한 '亽, 시, 싱, 셔, 셩' 등의 해독들인데, 향찰 당시의 '省의 고음을 암시하는 이두 '蘇, 所' 등의 음을 고려하지 않은 문제를 보인다.

2) 지명의 이두 '省'에 대응시킨 한자 '蘇'와 '所'의 한국 중세음과 재구된 중국 고음이 '쇼'라는 점, 한자음의 종성을 생략하여 표기하는 이두 약음자 또는 음반자의 차제자 원리, 한자 '省'의 재구된 중국 고음의 모음들 (ie, iä, iɐ)과 그 변화음들(iö, io) 등등으로 보아, 이두 '省/쇼'의 한자 고음은 '숑'으로 추정된다.

3) 『삼국사기』 지리지의 이두 '省'들은 백제가 지배하던, 경기도 양주, 여주, 충남 서산, 전남 순천 등에서 주로 나타난다는 점에서, 이 이두 '省/쇼'들은 한자 '省'의 백제음 '숑'에 기반을 둔 것으로 판단된다.

4) 백제의 한자음은 주로 오음과 연결된다는 점에서, 한자 '省'의 백제음 '숑' 역시 吳音으로 추정되는데, 이 음은 외국학자들에 의해 재구된 한자 '省'의 중국 고음 'sjɐŋ/sieŋ'이 'sjoŋ/sioŋ'으로 변한 것이라 할 수 있다.

5) 한자 '省'을 포함한 '梗'섭 3등 한자들은 일본음에서는 오음계통의 '-jo/-io'운과 한음계통의 '-iau'운으로 수용되었다.

6) 1), 2), 3), 4) 등으로 보아, 한자 '省'의 고음 중의 하나는 중국 고음 ('sjɐŋ' 또는 'sieŋ', 오음은 '숑')-백제음/신라음('숑')-일본음('쇼')으로 이어지

는 선상에 있으며, 이두와 향찰 '省/쇼'는 한자 '省'의 백제음/신라음 '숑'의 '쇼'를 이용하여 '쇼'를 표기한 약음자 또는 음반자로 정리하였다.

7) 6)으로 보아, 향찰 '去遣 省如'를 '(나는) 가고는 있다'의 의미인 '가곤 쇼다'[가(어간)+곤(연결어미) 시(어간)+오(선어말어미)+다(종결어미)]로 읽으면, 형태소의 설명과 연결에 문제가 없고, "이제 숲에 (나는) 가고는 있다."의 해당 문맥도 잘 통한다는 점들로 보아, 향찰 '去遣 省如'의 '省'은 '쇼'[시(어간)+오(선어말어미)]로 읽은 것이 가장 적합하다고 판단하였다.

향찰 '留'에 대한 선행 해독들을 변증하고 보완한 중요 내용은 다음과 같이 요약된다.

1) 명사 다음에 나온 '筆留'(「예경제불가」), '供乙留'(「광수공양가」), '淨戒叱主留'(「참회업장가」), '煩惱熱留'(「청전법륜가」), '曉留'(「청불주세가」), '大悲叱水留'(「항순중생가」), '舊留'(「보개회향가」), '向乎仁所留'(「총결무진가」), '伊留叱'(「총결무진가」) 등의 향찰 '留'들은 '을, 올, 를, 온, 논, ㄹ, 으로, 으루, 오루, 우루, 론(留冒), 로, 루' 등으로 읽혀 오는 가운데, '로'와 '루'가 우세하다.

2) 선행 해독에서는 '留/루'의 근거로 '周留'[두루(周)+루(留)]의 '留/루'를 들고, '留'를 '로'로 읽은 근거는 '루'를 모음조화에 맞춘 것으로, '루'를 한자 '留'의 음훈으로 설명하지 못한 문제를 보인다.

3) 한자 '留'의 중국 고음과 고려음은 '루'와 '류'이다. 이런 사실은 외국 학자들이 재구한 중국 고음과 한국 한시의 압운자들에서 확인된다. 이런 점에서 향찰 '留'는 '루'의 표기로, 1)의 '留'는 명사 다음에 온 조사 '-루'로 정리를 하였다.

4) '(王>)毛冬留'(「칭찬여래가」), '毛冬留'(「총결무진가」)의 '留'는 '을, ㄹ, 미상, 논(留冒), 로, 루' 등으로, '內乎留'(「항순중생가」)의 '留'는 'ㄹ, 루, 마문' 등으로 읽혀 왔는데, '留'를 '로'나 '루'로 읽은 해독들이 우세하지만,

바로 앞의 '冬'과 '乎'의 해독 특히 그 기능이 명확하지 않아, '로'나 '루'로 읽은 '留'의 기능 역시 모호하다.

5) 4)의 '留'들은 동명사형어미 '-ㄹ' 다음에 온 조사 '루'로 해독하였다.

6) '逸留去耶'(「광수공양가」)와 '成留焉'(「보개회향가」)의 '留'는 'ㄹ, 로, 루' 등으로 읽혀 왔는데, 용언의 어간말음 '루'의 표기로 읽은 해독들이 정확했다고 판단하였다.

7) '修將 來賜留隱'(「상수불학가」), '爲賜隱伊留兮'(「상수불학가」), '喜賜以留也'(「항순중생가」) 등의 '留'는 'ㄹ, 로, 루' 등으로 읽혀 왔는데, 그 위치와 '留'의 한자 고음으로 보아, '루'의 해독이 맞다고 판단하였다.

四. 향찰의 誤寫와 唱詞의 생략표현

1. 서론

이 글에서는 誤寫된 것으로 볼 수 있는 향찰 '尸, 所, 色' 등에 대한 선행 해독들을 변증하면서, 이 향찰들이 오사된 것임을 정리하고, 시가의 唱詞에서 보이는 'ㄴ(隱), ㄹ(尸/乙)' 등의 생략표현을 향찰에서 정리하는데 연구의 목적이 있다.

오사로 보이는 향찰은 '尸, 所, 色' 등이다. 이 향찰들에 대한 선행 해독들을 간단하게 정리해 보자.

'爲尸如'(「항순중생가」)의 '尸'는 'ㄴ, ㅅ, ㄹ, 시' 등으로 읽혀 오고 있지만, 두 가지 미흡점을 보인다. 하나는 문맥에서 요구하는 주체 존대의 선어말어미를 살리지 못한 미흡점이고, 다른 하나는 해독과 현대역이 형태소의 측면에서 상응하지 않는다는 미흡점이다.

'毛叱所只'(「예경제불가」, 「수회공덕가」)의 '所'는 훈으로 읽은 '곧, 바', 음으로 읽은 '소', '所以'나 '所留'의 생략표기로 보고 읽은 '드로, 도로, 다로' 등으로 읽혀 오는 가운데, '드로'와 '도로'가 우세하다. 그러나 '드로, 도로, 다로' 등의 경우는 '所'를 '所以'나 '所留'의 생략표기로 본 미흡점을 보인다. 그리고 선행 해독들 전체는 해독과 현대역이 형태소의 차원에서 상응하지 않는 미흡점을 보이며, '毛叱'을 '못'이 아닌 '민, 몬, 뭇, 맟, 믓, 맛, 몯, 못, 업, 모시, 무시, 마시' 등으로 읽은 것도 미흡점이다.

'毛叱色只'(「광수공양가」)의 '色'은 '巴'로 수정하여 '두로, 도로, 드로' 등으로 읽거나, '色'을 '所'로 수정하여 '바, 소, 곧' 등으로 읽거나, '色'의 음 '식'으로 읽는 가운데, '두로, 도로, 드로' 등의 해독이 우세하다. 그러나 '毛叱'을 '못'으로 읽지 않고 '맛, 맟, 믓, 못, 업, 마시, 몯, 몬' 등으로 읽은 해독과 더불어, '毛叱色(/巴/所)只'의 해독과 그 현대역이 형태소의 차원에서 상응하지 않는 미흡점을 보인다.

'得賜伊馬落'(「수희공덕가」), '喜賜以留也'(「항순중생가」), '內乎留'(「항순중생가」)의 '賜'와 '乎'는 다양하게 읽혀 오는 가운데, '시(ㄹ), 오(ㄹ)' 등의 해독이 우세하다. 그런데 선행 해독들은 이 '시(ㄹ), 오(ㄹ)'의 'ㄹ'을 '尸/乙(ㄹ)'의 누락, '尸/乙(ㄹ)'의 생략표기, 'ㄹ'을 첨가해서 읽는 이두식 표기 등으로 설명하여 왔지만, 이 세 향찰들을 제외하면, 균여의 향찰에서 누락과 생략표기가 발견되지 않고, 균여의 향찰은 이두가 아니라는 점에서 미흡점을 보인다.

이런 미흡점들을 보완하기 위하여, '爲尸如, 毛叱所只, 毛叱色只'의 경우는 이 향찰들에 대한 선행 해독들을 철저하게 변증하고, 그 과정에서 발견되는 미흡점을 誤寫의 차원에서 보완하여 읽고자 한다. 그리고 '得賜 伊馬落, 喜賜以留也, 內乎留' 등의 경우에는 이 향찰들에 대한 선행 해독들을 철저하게 변증하고, 그 과정에서 발견되는 미흡점을 시가의 唱詞에서 'ㄴ, ㄹ' 등을 생략하여 표현하는 차원에서 보완해 보고자 한다.

2. '爲尸如'의 오사

'爲尸如'는 "佛體 爲尸如 敬叱 好叱等耶"(「항순중생가」)의 문맥에서 나온다. 이 '爲尸如'에 포함된 '尸'는 'ㄴ, ㅅ, ㄹ, 시' 등으로 읽혀 오는 가운데, 'ㄹ'의 해독이 우세하다. 선행 해독들을 정리하면 다음과 같다. 이해를 쉽게 하기 위하여 현대역은 행위 주체 또는 행위 객체까지 정리하였다.

(1) 가. 흔데(부처에게, 오구라 1929), 흔테(부처에게, 신태현 1940)

　나. 爲ㅅ듯(부처 爲하듯, 이탁 1956)

　다. 홀듯[부처가 할듯(양주동 1942), 님께서 悲願하시듯(지헌영 1947), 부처님이 하오신 바처럼(전규태 1976), 부처가 했듯이(황패강 2001)], 할닷(부처님 하시듯, 김상억 1974), 깔닷(부처가 하듯이, 김선기 1993), 홀닷(부처께 할 듯이, 신재홍 2000)

　라. 홀다비(부처 하듯, 홍기문 1956), 홀다이(부처님이 하신 바와 같이, 김준영 1964), 깔라비(부처 하듯, 김선기 1975a), 홀다비(부처 한 바와 같이, 김준영 1979), 헐다비(부처님이 하는 것처럼, 강길운 1995), 홀ㄷ비(부처가 하는 듯이, 류렬 2003)

　마. 홀쳐로(부처처럼, 정열모 1965), 홀 다(부처처럼, 이용 2007)

　바. 할다이(부처께 하듯이, 정열모 1947), 홀 다(부처님께 하듯이, 김지오 2012), 홀 다이(부처께 하듯이, 박재민 2013b)

　사. 드욀다(부처 되려 하느냐, 김완진 1980), 드욀다(佛體가 되겠다고, 유창균 1994)

　아. 흐시열(부처님에게 하시는, 정창일 1987)

(1가)에서는 '尸'를 'ㄴ'으로 읽었는데, 그 근거가 모호하다. 그리고 (1나)에서는 '尸'를 'ㅅ'으로 읽었는데, '尸'의 일반적인 해독인 'ㄹ'을 벗어나 있다.

(1다, 라)에서는 '爲'와 '如'를 다르게 읽었지만, 모두가 'ㅏ'만은 'ㄹ'로 읽었다. 이는 'ㅏ'를 'ㄹ'로 읽는 보편성으로 보면, 어떤 문제도 보여주지 않는다. 그러나 두 차원에서 문제를 보인다.

첫째는 주어를 부처로 하면서 주체 존대의 선어말어미를 쓰지 않은 문제이다. 이 문제를 보기 위해, 「항순중생가」의 제1, 2구("覺樹王焉 / 迷火隱乙 根中 沙音賜焉 逸良")와 제10구("佛體 頓叱 喜賜以留也")를 보자. 제1, 2구에서는 주어를 '覺樹王'으로 하면서, 용언 '沙音賜焉'에서 주체 존대의 선어말어미 '賜'를 썼다. 그리고 제10구에서는 '佛體'를 주어로 하면서, 용언 '喜賜以留也'에서도 주체 존대의 선어말어미 '賜'를 썼다. 이런 사실늘은 '佛體'를 주어로 하는 '爲ㅏ如'에서도 주체 존대의 선어말어미 '賜'를 써야 함을 말해준다. 그런데 주체 존대의 선어말어미 '賜'를 쓰지 않고 있다.

둘째는 'ㅏ'를 'ㄹ'로 읽고, 그 뜻을 현재나 과거로 본 문제이다. 만약 'ㄹ'을 미래로 정리하면, 문맥이 통하지 않는다. 이 문제를 해결하기 위하여 그 뜻을 현재나 과거로 보았다. 그러나 'ㄹ'이 현재나 과거라고 보기는 어렵다.

이상의 두 문제를 해결하기 위하여, (1마, 바, 사, 아)의 해독들이 나왔다. (1마)에서는 '홀쳐로'나 '홀 다'의 해독이 '(부처)처럼'의 현대역으로 연결되지 않는다.

(1바)에서는 '부처' 다음에 '-께'가 생략된 것으로 보았는데, 이 '-께'는 생략되지 않는다.

(1사)에서는 '爲'를 'ᄃᆞᄫᅵ' 또는 'ᄃᆞ빙'로 읽고, 'ᄃᆞ빌다'이 경우는 '부처 되려 하느냐'의 의미로, 'ᄃᆞ빌다'의 경우는 '佛體가 되겠다고'의 의미로 보았다. '-ㄹ다'를 '-려 하느냐' 또는 '-겠다'의 의미로 보았는데, '-ㄹ다'는 '-려 하느냐' 또는 '-겠다'의 의미가 아니라, '(되)ㄹ 것이다' 또는 '-겠느냐'의 의미라는 문제를 보인다.

(1아)에서는 '尸'를 '시'로, '爲尸如'를 'ᄒ시열'로, 각각을 읽은 다음에, "佛體 爲尸如(ᄒ시열)"을 '부처님에게 하시는'의 의미로 보았다. 이 해독은 '-에게'의 생략이 어렵다는 문제와, 'ᄒ시열'이 '하시는'의 의미가 아니라는 문제를 보여 준다.

이렇게 선행 해독들은 두 가지 미흡점을 보인다. 하나는 문맥에서 요구하는 주체 존대의 선어말어미를 살리지 못한 미흡점이고, 다른 하나는 해독과 현대역이 형태소의 측면에서 상응하지 않는다는 미흡점이다. 이 미흡점들을 보완하면 다음과 같다. 앞에서 살폈듯이, '爲尸如'는 주체 존대의 선어말어미를 필요로 하는 부처를 주어로 한다. 이에 따라 '爲尸如'를 '爲賜如'의 誤寫로 판단하고, 'ᄒ시ᄉ'으로 읽으려 한다. 즉 한자로 보았을 때에, 동음이자인 '尸'(시)와 '賜'(시)를 혼동하여 誤寫한 것으로 판단하고, 'ᄒ시ᄉ'으로 읽는다. 이렇게 읽을 때에, 이 해독은 차제자의 원리에 맞고, 형태소들의 연결이 문법적이며, 문맥에도 적합하다.

3. '毛叱所(/色)只'의 오사

誤寫된 향찰로는 '所'와 '色'도 있다. 오사된 '所'는 '毛叱所只'(「예경제불가」)와 '毛叱所只'(「수희공덕가」)에서 나오고, 오사된 '色'은 '毛叱色只'(「광수공양가」)에서 나온다.

3.1. '毛叱所只'의 '所'

'毛叱所只'의 '所'는 훈으로 읽은 '곧, 바', 음으로 읽은 '소', '所以'나 '所留'의 생략표기로 보고 읽은 'ᄃ로, 도로, 다로' 등으로 읽혀 오는 가운데, 'ᄃ로'와 '도로'가 우세하다. '毛叱所只'(「예경제불가」, 「수희공덕가」)의 해독은 거의 모든 해독자들이 같게 보고 있어 하나만 제시하고, 다르게 본 경우는 '「예경제불가」/「수희공덕가」'로 함께 제시한다.

(2) 가. 섯/곧 : 믿섯지(믿까지, 오구라 1929), 몯고디[솟까지(김선기 1975a, b), 믿까지(김선기 1993)]

　　나. 드로 : 믓드록[通, 徹(양주동 1942), 마치도록(김준영 1979), 끝까지(황패강 2001)], 맞드록(終도록, 신태현 1940), 믓드로(다 하도록, 지헌영 1947), 믓드로기/못드로기(끝날 때까지/다하도록, 홍기문 1956), 못드록[마치도록(김준영 1964), 끝날 때까지/마칠 때까지(유창균 1994)], 못드록/못도록(마치도록, 전규태 1976), 무시느로기/마시드로기(끝날 때까지, 류렬 2003), 업드록(없도록, 김완진 1980)

　　다. 다로/도로 : 맛다록(끝까지, 김상억 1974), 뭋도록(마치도록, 강길운 1995), 못도록(遍 두루, 박재민 2002, 2013b)

　　라. 바 : 묻받/묻박(끝맞는 바닥까지, 이탁 1956), 못 박(방면에 일정, 신재홍 2000)

　　마. 소 : 못소기(끝까지, 정열모 1965), 못속[속까지(정재영 2001), 두루, 다(김지오 2012)]

　(2가)의 '믿섯지'에서는 '所'를 '곧'으로 읽고, 이것을 다시 명확한 이유도 없이 '섯'로 바꾸어 읽었다. '몯고디'에서는 '所'를 '곧'으로 읽었다. 그리고 이 해독들은 '곧지'를 '섯지'의 의미로 보았는데, 그 근거가 없다.

　(2나)에서는 '所'를 '드'로 읽고 이를 다시 '드로'로 확대하였다. 이 해독들은 '所'를 '드로'로 읽은 근거에서 문제를 보인다. '믓드록'의 경우(양주동)에는 '所'를 이해가 가지 않는 의훈차로 읽어 '드로'를 주장하는 동시에, '所'를 '所以'나 '所留'의 생략표기로 보고 '드로'로 읽었다. 이 주장은 전규태와 유창균으로 이어지나 이해하기 어렵다. '무시드로기/마시드로기'에서는 '所'의 훈 '데'의 옛말이 '다라/더러/도로/⋯⋯'라고 보았는데, 이

설명 역시 그 논거에서 문제를 보인다. 나머지 해독들은 이 주장들을 따른 것으로 보인다.

(2다)의 '맛다록'은 '뭇ᄃ록'(양주동)에서 아래 'ᆞ'를 'ㅏ'로 바꾼 것이다. '뫛도록'은 '毛叱'을 '뫛'으로 읽는 데 한계가 있다. '뭇도록'(遍 두루)의 해독은 해독과 현대역의 연결에서 문제를 보이는데, 이는 뒤에 다시 언급하려 한다.

(2라)에서는 '所'를 그 훈 '바'로 읽고, '毛叱所只'를 '뫁반/뫁박'(끝맞는 바닥까지)과 '못 박'(방면에 일정)으로 읽었다. 전자는 구체적인 설명이 없어 이해하기 어렵다. 후자는 '毛叱'을 '모(어근)+ㅅ(처격 조사)'로 보고, '모/뫁'은 한자 '方', '이모 저모'의 '모'로 보아, '못'을 '方面에, 쪽으로'의 뜻으로 보았다. 그리고 '所'를 '바'로 읽고, '所只'를 '박'으로 읽고, 그 의미를 '일정, 응당'으로 보았다. 이 설명은 독자가 이해력이 부족해서 그런지 이해가 잘 되지 않는다.

(2마)에서는 '所'를 '소'로 읽고, '毛叱所只'를 '못소기'(끝까지)와 '못속'(두루, 다)으로 읽었다. 해독과 현대역이 형태소의 측면에서 잘 연결되지 않는다. 전자인 '못소기'(끝까지)는 해당 작품의 해독 전체를 정리한 모두의 정리이며, 강론에서는 현대어 '몰속'에 해당하며, "안 가는데 없이 모조리 다"의 뜻이라고 하였다. 이 '몰속'은 고시조에 나오며, '몽땅'의 의미로 문맥에 접근하는 것 같다. 그러나 '못소기'를 '몰속'으로 연결시키기가 어려운 문제를 보인다. 이런 문제점을 보이지만, 이 해독은 이 '毛叱所只'를 "보현 행원에 《一一身徧禮不可說不可說佛刹極微數佛》이라 한 것을 이르는 말이다."(정열모 1965:353)와 같이 주목할 만한 언급을 하였다. '못속'(두루, 다)은 "글자를 그대로 '못속'으로 읽고, 박재민(2002:17~18)에서 제안한 것처럼 '두루, 다'의 의미를 갖는 단어로 파악한다. '못속'은 15세기 자료에 나타나는 '모로기(몰록)[頓]'와 관련되는 형태로 짐작된다."(김지오

2012: 60)라고 하였다. 해독과 현대역이 형태소의 측면에서 연결되지 않는 문제를 보인다. 이 해독이 인용한 박재민의 해독을 좀더 보자. '못도록'(遍 두루)의 해독은 괄호 안의 현대역을 끌어내기 위하여 많은 노력을 하였다. 즉 '法界毛叱所只'(「예경제불가」)와 '手焉法界毛叱色只'(「광수공양가」)에서 '毛叱所只'는 '法界'와 함께 나오는데, 이 '法界'는 불경들에서 '遍'(두루) 과 함께 나오고, 「예경제불가」를 한역한 최행귀의 한시에서도 '遍十方'의 '遍'으로 나온다는 점에서, '毛叱所只'를 선행 해독과 같이 '못도록'으로 읽었지만, 그 의미만은 '두루'로 읽었다. 이 해독은 이 향찰의 해독, 특히 그 의미의 해석에서 전기를 마련하였다. 그러나 이 의미를 해독에까지 연 결시키지 못한 아쉬움을 남겼다.

이렇게 선행 해독들에서는 미흡점을 보인다. 이를 보완하면 다음과 같 다. 이 '毛叱所只'의 '所'는 '巴'의 誤寫로 보인다. 언뜻 보면, 서로 잘못 쓰일 연관성이 없어 보인다. 그러나 '巴'의 당시음은 "[廣韻]伯加切 [集 韻][正韻]邦加切 音笆 麻平聲"(『중문대사전』)으로 보아 '바'에 가깝고, 이 '바(〉파)'와 '所'의 훈 '바'는 동음이다. 이는 음차자 '巴/바'와 훈독자 '所/ 바'가 異字同音의 관계에서, '巴'를 의식한 발음 '바'를 '巴/바'로 적지 않 고, '所/바'로 적은 오사로 정리할 수 있다. 이는 '賜'를 의식한 발음 '시'를 '賜/시'로 적지 않고, '尸/시'로 적은 오사와 비슷한 현상이다.

이렇게 보고, '(毛叱所只〉)毛叱巴只'를 다시 해독해 보자. 개별 향찰을 '모(毛)+ㅅ(叱)+두로(巴)+ㄱ(只)'으로 읽고, 전체를 '못두록'으로 종합하고, 그 의미는 '끝까지 두루'로 본다. 이두에서 '巴'는 이두집들(『전률통보』, 『유 서필지』)에서 '도로'와 '두로'에 쓰였다. 그리고 고어에서 '두로'는 '두루'의 이표기로, '두로다'는 '두루다'의 이표기로 적지 않게 쓰였다. 이를 『이조 어사전』에서 인용하면 다음과 같다.

(3) 내 두로 돈니다니[『삼강행실도』(효) 4]

　　두로 돌아 문에 남에(『소학언해』 2:27)

　　萬事의 두로 쓰리시믛(『첩해신어』 1:2)

　　두로 宮人을 추자 보고[『박통사언해』(하) 14]

　　두로 춫다(『역어류해보』 24)

　　두로다[『역어류해』(하) 6]

(3)으로 보면, '두로'가 '두루'의 의미임을 알 수 있다. 그리고 '못두록'의
'못'이 '끝까지'의 의미임은 '못내'의 '못'에서 알 수 있다. '못내'는 '끝내'와
같은 어휘라는 점에서, '못'의 의미는 '끝'이라고 할 수 있고, '끝내'의 의미
가 '끝까지 내내'라는 점에서, '못두루'의 의미를 '끝까지 두루'로 볼 수 있
다. 이런 점들로 보아, '毛叱所只'는 '毛叱巴只'로 수정하여, '끝까지 두
루'의 의미인 '못두룩'으로 읽는다.

3.2. '毛叱色只'의 '色'

　'毛叱色只'(「광수공양가」)의 '色'은 '巴'로 수정하여 읽은 '두로, 도로, ᄃ
로' 등의 해독, '色'을 '所'로 수정하여 '바, 소, 곧' 등으로 읽은 해독, '色'
을 음 '식'으로 읽은 해독 등으로 정리된다.

(4) 가. 두로 : 맛두록(邀도록, 오구라 1929), 맞도록(終도록, 신태현 1940)

　　나. 도로 : 못도록[盡/窮도록(양주동 1942), 다할 때까지(유창균 1994), 다하
　　　　도록(황패강 2001)], 맛도록(닷도록, 김상억 1974), 못도록[마치도록(전
　　　　규태 1976), 두루(박재민 2013b)], 못도록(끝까지 미치도록, 강길운 1995)

　　다. ᄃ로 : 못ᄃ로(끝까지 가도록, 지헌영 1947), 못ᄃ로기(다하도록, 홍기
　　　　문 1956), 못ᄃ록(마치도록, 김준영 1979), 업ᄃ록(없도록, 김완진 1980),
　　　　마시ᄃ로기(마치도록, 류렬 2003)

라. 바/소/곧 : 몯받(끝껏, 이탁 1956), 못 박(방면에 일정, 신재홍 2000),
　　　못소기(안 간 데 없이, 정열모 1965), 몯고디(밑까지, 김선기 1975)
마. 식 : 못식(두루, 다, 김지오 2012)

　(4가, 나, 다, 라)는 '色'을 '巴'나 '所'의 오자로 보았는데, 그 논거에서
문제를 공통적으로 보인다.
　(4가)에서는 '色'을 '巴'의 오자로 보면서 '두로'로 읽고, '毛叱巴只'를
'맛두록'(邀도록)과 '맞도록'(終도록)으로 읽었다. '두록'은 인정할 수 있으
나, '毛'의 음이 '모'라는 점에서, '毛叱'을 '맛, 맞' 등으로 읽은 것은 인정
하기 어렵다.
　(4나)에서는 '毛叱'을 '밋, 못, 뭇' 등으로 읽었는데, '못'만이 인정된다.
그리고 이 해독들은 해독과 현대역이 쉽게 연결되지 않은 문제를 보인다.
　(4다)에서는 '色'을 '巴'의 오자로 보고 '드로'로 읽었다. 이 '巴'를 '두로'
로 읽고, 이를 다시 모음조화에 맞추어 '드로'로 바꾼 것으로 보인다.
　(4라)에서는 '色'을 '所'의 오자로 보고, '바, 소, 곧' 등으로 읽었다. 이
해독들은 '몯받'(끝껏), '못 박'(방면에 일정), '못소기'(안 간 데 없이), '몯고디'
(밑까지) 등에서와 같이, 해독과 괄호 안의 현대역이 형태소의 측면에서 쉽
게 연결되지 않는 문제도 보인다.
　(4마)에서는 '色'을 음 '식'으로 읽고, '毛叱色只'을 '못식'(두루, 다)으로
읽었다. '못식'에 대한 설명을 보면, 방언적 요소가 표현된 것으로 파악하
고 있는데, 설득력을 얻기 위해서는 그 구체적인 논거를 보완해야 할 것
같다.
　이렇게 선행 해독들은 아직도 미흡점을 보인다. 이를 다음과 같이 보완
하려 한다. 이 '毛叱色只'은 '毛叱毛叱巴只'에서 반복되는 '毛叱'을 'ゝ'
또는 '〃'으로 쓴 '毛叱ゝ巴只' 또는 '毛叱〃巴只'를 縱書하면서 '毛叱色

只'로 잘못 옮겨쓴 誤寫로 보인다. 이 '毛叱毛叱巴只'를 '毛叱毛叱 巴只'으로 끊고, '끝끝까지 두루'의 의미인 '못못 두룩'으로 읽으려 한다. 이 경우의 '못못'은 '끝끝내'의 '끝끝'과 같은 반복 표현이다. 이렇게 볼 때에, '色'은 'ㅁ巴' 또는 '〃巴'를 誤寫한 글자로 이해된다.

4. '隱, 尸/乙'의 생략표현

이 장에서는 '得賜伊馬落'(「수희공덕가」), '喜賜以留也'(「항순중생가」), '內乎留'(「항순중생가」) 등에서 '隱, 尸/乙' 등의 생략표현을 검토하고자 한다. 이 향찰들에 포함된 '賜'와 '乎'를 '시(ㄹ)'와 '오(ㄹ)'로 읽으면서, 하나의 문제를 이곳으로 돌려 왔다. 바로 '賜'와 '乎'를 '시(ㄹ)'와 '오(ㄹ)'로 읽은 이유가, '尸/乙(ㄹ)'의 누락인지, '尸/乙(ㄹ)'의 생략표기인지, 'ㄹ'을 첨가해서 읽는 이두식 표기인지, 시가의 唱詞에서 보이는 'ㄹ(尸/乙)'의 생략표현인지 등에서 어느 것이냐 하는 문제이다. 이 문제를 이 장에서 정리하려 한다.

4.1. '得賜伊馬落'

'得賜伊馬落'(「수희공덕가」)의 '賜'는 'ㅅ, 리, 샤, 샨, 신, 실' 등으로 읽는 가운데 '실'의 해독이 우세하다. 이 향찰에 대한 선행 해독과 그 현대역을 인용 정리하면 다음과 같다.

(5) 가. 어드심예 딜(어드심에 질, 오구라 1929)
    나. 얻샬이마다(얻으실 이마다, 양주동 1942)
        얻으샤리마락(얻은 이마다가, 김상억 1974)

얼살이마다(얻어만난 이마다, 김선기 1975a)

얼샤리마라[얻을 이(깨달은 사람)마다, 전규태 1976]

얼살이마라(얻으실 이마다, 김선기 1993)

어드샤리마락(얻을 이마다, 황패강 2001)

어드시리마라(얻으시는 이마다, 류렬 2003)

다. 얼샤리마락(그 德을 體得하면 體得할수록, 지헌영 1947)

얼샤리마락(깨달을수록, 김준영 1964)

라. 어ᄃ리마락(得るはみた, 신태현 1940)

얼사리마락(얻는 사람마다, 정열모 1947)

어드시리마다(얻으실 이마다, 김원진 1980)

마. 나으리토로(깨달은 사람일수록, 정열모 1965)

바. 어드샤리마다(얻을 것마다, 홍기문 1956)

어드시리마락(얻으시고자하는 모든 것마다, 유창균 1994)

어드실 이마락(얻으신 것마다, 강길운 1995)

엇실 이마락 ᄂ미(얻으실 것마다, 신재홍 2000)

어드시(ㄹ) 이마다(얻으실 것마다, 양희철 2012)

사. 얼샤니마락(得道한 사람마다, 김준영 1979)

얼(으)시(ㄴ) 이마락(얻으신 것마다, 김지오 2012a)

어드신 이마락(얻으신 것마다, 박재민 2013b)

(5가)에서는 '伊'를 의존명사 '이'로 읽지 않았기 때문에, '賜/시' 다음에 '-ㄴ, -ㄹ' 등을 첨가하여 읽을 것이냐 아니냐 하는 문제와는 전혀 관계가 없다. 이 해독은 '賜'와 '伊'를 'ㅅ'와 '이'로 읽고, 이것을 다시 반절로 보아 '시'로 통합한 문제를 보인다.

(5나)에서는 '-賜伊-'를 '-샤리-, -샬이-, -시리-' 등으로 읽으면서, '伊'를 '리'로 읽었다. 이 해독을 주도한 양주동의 경우에, '伊'의 음이 '이'인데도, '리'의 표기로 정리한 근거는, '伊'가 '리'의 표기에 잉용되었다는

것이다. 이 해석은 그렇게 명쾌한 설명이 되지 못한다.

(5다)에서는 '伊'를 '리'로 읽었는데, 이 '리'를 (5나)의 관형사형어미와 의존명사의 결합인 '리'로 보지 않고, 현대역에서와 같이 그 기능을 알 수 없는 것으로 보았다.

(5라)에서는 '伊'를 의존명사 '이'로 읽고, 그 앞에 온 관형사형어미 'ㄹ'이 없어, 이를 첨가 또는 보충을 하였다. 첨가나 보충의 이유를 구체적으로 제시하지 않은 문제를 보인다.

(5마)에서는 '賜'를 '리'로 읽고, 이 '리'를 관형사형어미 '-ㄹ'과 의존명사 '이'의 결합으로 보았다. 문법적인 설명은 가능하나, '賜'를 '리'로 읽는 것이 어려워 보인다.

(5바)에서는 의존명사 '이'를 그 이전의 해독들이 보인 '사람'의 의미로 보지 않고, '사물'로 본 공통성을 보인다. 그리고 이 해독들은 '賜伊'의 해독에서 관형사형어미 'ㄹ'을 포함시켰다. 그러나 그 설명은 서로 다르다. '어드샤리마다'(얻을 것마다)에서는 양주동의 주장을 따라 '伊'를 '리'로 읽었기 때문에 같은 문제를 보인다. '어드시리마락'(얻으시고자하는 모든 것마다)와 '엇실 이마락'(얻으실 것마다)에서는 '-ㄴ, -ㄹ' 등을 첨가하여 읽는 이두식 표기로 보았다.

(6) 가. …… 정식으로는 '得賜乎尸伊'로 표기될 것이다. '尸'가 생략되었는데 빠트린 것이 아니라면, 이러한 省略表記가 이 때에 있었는지 모른다. 近世 吏讀에서는 이러한 예가 적지 않다.
…('ㄴ, 안' 등을 첨가하여 읽는 이두의 인용 생략)…
이것은 本項의 예와 같은 것이라 하겠다. 따라서 '賜'는 '시'이면서도 '실'로 읽을 것이다(유창균 1994:971)

나. 후속되는 '伊馬落'의 '伊'가 문맥상 의존명사 '이'임을 부정하기 없기 때문에 앞선 '得賜'에 포함된 주체존대 선어말어미 '賜'에 관

형격 조사 '-ㄹ'을 보입할 수밖에 없다. 향찰 표기에서 '-ㄴ
(隱)/-ㄹ(尸)'은 생략되기도 하며, 이두에 쓰인 '乎' 같은 글자는
그것만으로 '오, 온, 올' 등으로 읽히고 있다.(신재홍 2000:363)

(6가)에서는 'ㄹ' 표기의 누락 가능성과 'ㄹ'을 첨가하여 읽는 이두식 표
기의 가능성을 모두 제시한 다음에 후자로 정리하였다. (6나)의 설명은 (6
가)와 같다.

(5바)의 '어드실 이마락'(얻으신 것마다)에서는 관례에 따라 'ㄹ'을 보충한
다고 하였다. 이는 (5라)이 해독들이 'ㄹ'를 첨가 또는 보충한 것을 따른
것으로 보인다.

(5사)에서는 '賜'를 '샤, 시' 등으로 읽고 'ㄴ'을 보충하였다. '언샤니마
락'(得道한 사람마다)에서는 'ㄴ'을 첨가한 이유를 설명하지 않아, 그 이유를
알 수 없다. '언(으)시(ㄴ) 이마락'(얻으신 것마다)에서는 'ㄴ'의 생략으로 보
고, 이를 보충하였다. 생략의 이유는 설명을 하지 않았다. '어드신 이마
락'(얻으신 것마다)에서는 '賜'를 '賜乎隱'의 略形으로 보았다. 결국 '賜乎
隱'에서 '乎隱'을 생략한 것과 같다.

이렇게 설명되어온 선행 해독들을 보면, 관형사형어미 '-ㄴ' 또는 '-ㄹ'
을 해독에서 살리면서 그 이유를 몇 가지로 해석하고 있다. 결국 이 해석
들은 향가의 표현에서 나타난 관형사형어미 '-ㄴ' 또는 '-ㄹ'을 향찰로 표
기하면서, 이것들이 누락되었거나, 누락된 것 같이 보이는 표기를 하였다
는 것이다. 말을 바꾸면, '얻으신/언으실 이'의 표현을 향찰로 표기하면서,
첫째, '得賜伊'로 표기하여 '隱/尸'이 누락되었거나, 둘째, '得賜隱(/尸)伊'
에서 '隱(/尸)'의 표기를 생략한 '得賜伊'로 표기하였거나, 셋째, 'ㄹ'를 첨
가하여 읽는 이두식 표기의 '賜'를 이용하여 '得賜伊'로 표기를 하였다는
것이다. 첫째의 누락의 경우에는 누락된 '隱/尸'를 보충해야 하고, 둘째의

생략된 표기의 경우는 생략 이전의 '得賜隱(/尸)伊'로 이해해야 하며, 셋째의 이두식 표기('賜/신/실')의 경우는 '得賜伊'의 실제는 '得賜隱(/尸)伊'와 같은 표기이다. 이런 사실들로 보면, 앞의 해독들이 표기하려던 대상으로 보면, '얻으신, 얻으실' 등이라는 것이다.

그런데 이 세 경우들 중에서 어느 것을 취할 것이냐 하는 문제는 향찰의 완전비평에서 상당히 중요한 문제이다. 향찰 표기에서 誤寫, 誤書, 誤字 등은 인정해도 누락을 인정하는 것은 쉽지 않다. 균여의 향가에서 누락된 글자를 찾아서 보충한 경우는, 지금 다루고 있는 세 경우를 제외하고는, 발견된 것이 없다. 생략표기도 가끔 운위되기도 하지만, 이 생략의 인정도 쉽지 않다. '乎隱'의 '隱'이 생략된 '乎'를 주장하기도 하지만, 이 '乎'는 '隱'의 생략이 아니라, '乎'(온)에 첨기한 '隱'(ㄴ)의 무첨기에 불과하다.

그렇다고 이두식 표기로 처리하는 데도 문제가 있다. '賜'는 신라와 고려의 이두에서 '-신, -실' 등으로 읽힌 경우가 있다.

(7) 가. 爲內賜(히내신, 「신라화엄경사경」)
　　　 爲賜以(ᄒ신로, 「신라화엄경사경」)
　　　 烟 見賜 節(烟 보신 때, 「신라장적」)
　　　 烟 見賜以(烟 보신로, 「신라장적」)
　　　 過去 爲飛賜 豆溫(過去 ᄒᄂ신 豆溫, 「비로자나불조상명」)
　　　 白賜 縣(사뢰신 縣, 「자숙선사능운탑비음명」)
　　 나. 施賜 人乃(베푸실 스람이나, 「규흥사종명」)

(7가)의 '賜'들은 '-신'으로 (7나)의 '賜'는 '-실'로 읽힌다. 이런 사실에 근거해 이 절에서 다루고 있는 '得賜伊馬落'의 '賜'를 '-신, -실' 등으로 읽을 수 있다. 그러나 이렇게 읽으려 할 경우에 하나의 문제가 발생한다. 즉 '-ㄴ, -ㄹ'을 첨가하여 읽는 이두식 표기는 이두에서 쓰이지 향찰의 표

기에서 쓰이지 않는다는 문제이다. 말을 바꾸면, 다른 '賜'들 다음에는 '-ㄴ'과 '-ㄹ'을 滿賜隱(「예경제불가」), 動賜隱乃(「청불주세가」), 爲賜隱(「상수불학가」), 修叱賜乙隱(「수회공덕가」), 向屋賜尸(「청불주세가」) 등에서와 같이 '-隱'과 '-尸/乙'로 표기하다가, 이것들만 그렇게 표기하지 않았느냐 하는 것이다. 이에 대한 대답을 하기가 쉽지 않다.

이에 다른 해석을 하나 제시하고자 한다. 바로 시가의 唱詞에서 보이는 생략표현이다. 이 생략표현으로 보면, '得賜伊馬落'은 '得賜 伊馬落'으로 끊기며, '얻으실(/얻으신) 것마다'의 의미인 '얻으실(/얻으신) 이마락'을 '얻으시 이마락'으로 표현했다는 것이다. 이는 선행 해독들이 '얻으실(/얻으신) 이마락'의 표현을 향찰로 표기하면서, '얻으시 이마락'로 보일 수도 있게 '얻으시(ㄹ/ㄴ) 이마락'으로 표기했다는 것과는 다른 해석이다.

그러면 시가의 唱詞에서 이런 예가 있느냐 하는 문제에 대답할 수 있는 예들을 보자.

(8) 가. 淳風이 죽다 ᄒ니 眞實로 거즈 마리
　　　人性이 어다다 ᄒ니 眞實로 올ᄒ 마리
　　　天下애 許多英才를 소겨 말솜홀가(이황의 「도산십이곡」 언지3)
　　나. 옷밥이 不足ᄒ니 禮義ᄎ리 겨룰 업셔
　　　家塾黨序을 不關이 너기ᄂ냐
　　　그려도 보고들으면 비호리 이시리(박선장의 「오류가」의 亂2, 제7수)
　　다. 聖恩이 罔極ᄒ 줄 사롬들아 아ᄂ순다
　　　聖恩곳 아니면 萬民이 살로소냐
　　　이몸은 罔極ᄒ 聖恩을 갑고말려 ᄒ노라(박인로, 「오류가」의 '군신유의'의 제1수)
　　라. 사롬 삼기실제 君父갓게 삼겨시니
　　　君父ㅣ 一致라 輕重을 두로소냐

이몸은 忠孝 두 사이에 늘글 주를 모른로라(박인로, 「오륜가」의 '군신유의'의 제3수)

(8)에서 밑줄 친 어휘들은 관형사형어미 '-ㄴ, -ㄹ' 등을 표현에서 생략한, 생략표현들이다. (8가)의 '거즈 마리'의 '거즈'는 필사본이 아닌 판본들에서만 나온다. 이 '거즈'는 이본들에서 '거즌, 거진' 등의 관형사형어미 '-ㄴ'을 생략한 표현이다. 그리고 이런 '거즈'는 "거즈 마롤 잘 니른느니"(『박통사언해』 초간본 上 35)와 "거즈 말 황(謊)"(『훈몽자회』 下 28) 등에서도 보인다. 이와 같이 관형사형어미가 생략된 표현은 '일, 기, 것' 등의 앞에 온 '무스/므스'와 '무스/므스'에서도 보인다.

(8나, 다, 라)의 밑줄 친 부분들에서는 관형사형어미 '-ㄹ'이 생략되어 있다. 즉 (8나)의 '禮義츠리 겨롤'은 '禮義츠릴 겨롤'에서 관형사형어미 '-ㄹ'을 생략한 표현이다. (8다)의 '살로소냐'는 '살올 소냐'에서 관형사형어미 '-ㄹ'을 생략한 표현이다. (8라)의 '두로소냐'는 '두롤 소냐'에서 관형사형어미 '-ㄹ'을 생략한 표현이다. 이렇게 관형사형어미 '-ㄹ'을 생략하여 표현한 목적은 물론 노래를 창하면서, 음악에 맞는 발음을 하기 위한 것으로 생각한다.

이렇게 창사에서는 관형사형어미 '-ㄴ, -ㄹ' 등을 생략한 생략표현들이 있다. 향가의 향찰 역시 노래의 창사라는 점에서, 이 '-ㄴ, -ㄹ' 등의 생략표현을 인정할 수 있다. 이를 '得賜 伊馬落'의 해독에 적용하면, 이 표현 역시 '얻으실 것마다'의 의미인 '얻으실 이마락'에서 그 관형사형어미 '-ㄹ'을 생략한 '얻으시(ㄹ) 이마락'의 생략표현이라고 정리할 수 있다.

4.2. '喜賜以留也'

'喜賜以留也'(「항순중생가」)는 "佛體 頓叱 喜賜以留也"의 문맥에서 나온다. 이 '喜賜以留也'의 '賜'는 '샤, 사, 시, 샨, 신, 실' 등으로 읽혀 오는 가운데, '실'의 해독이 우세하다. 이를 정리하면 다음과 같다.

(9) 가. 깃부샤일야(기쁘샤 일야, 오구라 1929), 깃사일예(기거하리라, 정열모 1947)

　나. 깃샤로여(기뻐하시리여, 김준영 1979)

　다. 깃그샤리롸(기뻐하시리라, 양주동 1942)

　　　깃샤리롸(기뻐하시리로다, 지헌영 1947)

　　　깃샤리라(기뻐하시리, 전규태 1976)

　　　깃그시리라(喜び給ふべし, 신태현 1940)

　　　깃그샤리로야(기뻐하리라 홍기문 1956)

　　　깃그시리라(깃그시리, 정열모 1965)

　　　깃그샤리롸(기뻐하시리, 김상억 1974)

　　　깃그시리로여(기뻐하시리로다, 김완진 1980)

　　　깃그샤리랴(기뻐하시리라, 황패강 2001)

　라. 깃그시리로야(기뻐하실 것이로다, 박재민 2013b)

　마. 깃그실이루다(기뻐하시리로다, 강길운 1995)

　　　기그시리로다(기뻐하시겠도다, 이용 2007)

　바. 긷샨이루라(즐거움 이루라, 김선기 1975a)

　　　기신일우라(즐거움 이루라, 김선기 1993)

　사. 깃그시리로라(기뻐하실 것이로다, 유창균 1994)

　　　죄(으)시(ㄹ) 이루야(기쁘실 것이로다, 김지오 2012)

　아. 깃스어르여(기뻐하실 것이다, 이탁 1956)

　　　깃시리로라(기쁘시리로다, 신재홍 2000)

　　　기스시루히라(기쁘실 것이로다, 기뻐하실 것이로다, 류렬 2003)

(9가)에서는 '賜'를 '샤, 사' 등으로 읽고, '以'를 '이'로 읽었다. '깃부샤 일야'(기쁘샤 일야)와 '깃사일예'(기거하리라)에서 보듯이, 해독과 현대역이 형태소의 측면에서 대응하지 않는다.

(9나)에서는 '以'를 어떻게 읽고 처리한 것인지를 알 수 없다. '깃샤로여'(기뻐하시리여)에서 보듯이, 해독과 현대역이 형태소의 측면에서 대응하지 않는다.

(9다)에서는 '賜'를 '샤, 시' 등으로 읽고, '以'를 '리'에 잉용되는 것으로 보았다. 이 잉용은 양주동, 지헌영, 전규태 등에서 명확하게 언급되고, 나머지 해독들에서는 언급이 없으나, 이를 따른 것으로 추정된다. 그리고 이 해독들은 '以'를 '리'의 잉용으로 보면서, 이 '리'를 미래시제의 선어말어미 '-리-'로 보았다. 그런데 향찰에서 미래시제의 선어말어미는 흔히, '皆理米'(「모죽지랑가」), '獻乎理音如'(「헌화가」), '爲理古'(「처용가」), '置乎理叱過'(「수희공덕가」), '去賜里遣'(「원왕생가」) 등에서와 같이 '理, 里' 등을 쓴다는 점에서, 이 해독은 이해하기 어렵다.

(9라)에서는 '以'가 '리'에 대용되었다고 보고, '喜賜以留也'를 '깃그시리로야'(기뻐하실 것이로다)로 읽었다. 대용을 이해하기 어렵고, (9다)에서와 같이, 미래시제의 선어말어미에는 '理, 里' 등을 쓴다는 문제도 보인다.

(9마)에서는 '賜'를 'ㄹ'을 첨가한 이두식 표기인 '실'로 읽었다. '깃그실이루다'(기뻐하시리로다)에서는 '賜'를 '실'로 읽었다는 언급을 보여주지 않으나, '得賜伊馬落'(「수희공덕가」)의 해독에서 보인 해독에서 알 수 있다. 그리고 '기그시리로다'(기뻐하시겠도다)에서는 '賜'를 '실'로 읽은 사실을 보여주었다. 그런데 이 해독들은 '賜(실)+以(이)'를 '시리'로 연철하고, 이 '리'를 미래시제의 선어말어미로 보았는데, 이 역시 (9다)에서와 같이, 미래시제의 선어말어미에는 '理, 里' 등을 쓴다는 문제를 보인다.

(9바)에서는 '賜'를 이두에서와 같이 '샨, 신' 등으로 읽고, '喜賜以留也'

를 '긷샨이루라'(즐거움 이루라)와 '기신일우라'(즐거움 이루라)으로 읽었다. 동명사형어미 'ㄴ'을 현대역에서 'ㅁ'으로 바꾸는 것이 어렵다.

(9사)에서는 '賜'를 이두에서와 같이 '실'로 읽고, '喜賜以留也'를 '깃그시리로라'(기뻐하실 것이로다)와 '깄(으)시(ㄹ) 이루야'(기쁘실 것이로다)로 읽었다. 이렇게 읽을 수도 있지만, 향찰에서 이두식 표기를 인정하기가 어렵다.

(9아)에서는 '喜'를 (9가-사)와는 다르게 '깃, 기시'로 읽었다. 이 중의 '깃'은 '깃ᄂ다'[『두시언해』(중간본) 3:30], '깃논'(『능엄경언해』 9:70), '깃노니' [『두시언해』(초간본) 7:38], '기ᄉ봉니'(『용비어천가』 41, 『월인천강지곡』 13), '기ᄉ봉리'(『월인천강지곡』 190), '기ᄉ봉며'(『월인석보』 1:52), '깃ᄉ바이다'(『월인석보』 11:30), '깃ᄉ와'(『금강경언해』 152), '깃습노라'(『법화경언해』 2:48) 등에서 보이는 형태로 '喜賜以留也'의 '喜'를 읽는 데 도움을 준다. 이는 '修/닷, 外/밧' 등과 같은 형태이다. '깃ᄉ어르여'(기뻐하실 것이다)에서는 '깃(喜)+ᄉ(賜)+어(以)+ㄹ(留)+여(也)'로 읽었다. 'ㄹ'을 동명사형어미로 보았는데, 'ㄹ' 표기에 'ㄗ, 乙' 등을 쓴다는 문제와, 해독과 괄호 안의 현대역이 형태소의 측면에서 대응하지 않는 문제를 보인다. '깃시리로라'(기쁘시리로다)에서는 '깃(喜)+실(賜)+이(以)+로(留)+라(也)'로 읽었다. '실+이'를 '시리'로 연철한 다음에 '리'를, 미래시제의 선어말어미로 본 것 같다. 미래시제의 선어말어미에는 '理, 里' 등이 쓰인다는 문제를 보인다. '기ᄉ시루히라'에서는 '喜賜以留也'를 '喜賜留以也'로 향찰의 순서를 바꾸어, '기ᄉ(喜)+시(賜)+로(留)+이(以)+라(也)'로 읽고, 이를 '기ᄉ시루히라'(기쁘실 것이로다, 기뻐하실 것이로다)로 정리를 하였다. 향찰의 순서를 바꾼 문제와, '이'를 '히'로 바꾼 문제를 보인다.

이렇게 선행 해독을 보면, 아직도 미흡점을 보인다. 이 문제도 앞에서 본 '得賜伊馬落'에서와 같이, 노래의 창사에서 발견되는 '-ㄹ'음의 생략표현으로 보려 한다. 즉 '기뻐하실 것이로다'의 의미인 '기시실이루라'에서 그 동명사형어미 '-ㄹ'을 생략한 '기시시(ㄹ)이루라'의 생략표현으로 '喜賜以留也'를 정리한다.

4.3. '內乎留'

'內乎留'(「항순중생가」)는 "不冬 萎玉 內乎留 叱等耶"의 문맥에 나온다. 이로 인해 '叱, 乎, 留' 등을 다룬 제3부의 「二. 향찰 '叱'」, 제5부의 「一. 향찰 '乎'」와 「三. 향찰 '省, 留'」 등에서 선행 해독들을 변증하고, 그 미흡점을 보완한 바가 있다. 즉 '內乎留'를 '드리오(ㄹ)루'로 읽고, '드리오(ㄹ)'의 'ㄹ'을 동명사형어미로 정리하면서, '乎'가 '오(ㄹ)'로 읽힐 수 있는 이유의 설명을 이곳으로 미루어 왔다. 이에 대한 대답을 간단하게 보자.

'乎'를 '오(ㄹ)'로 읽을 수 있는 방법은 앞에서 정리했듯이 네 가지이다. 즉 'ㄸ/乙(ㄹ)'의 누락, 'ㄸ/乙(ㄹ)'의 생략표기, 'ㄹ'을 첨가해서 읽는 이두식 표기, 시가의 唱詞에서 보이는 'ㄹ(ㄸ/乙)'의 생략표현 등이다. 이를 차례로 보자.

앞에서 언급했듯이, '乎' 다음에 'ㄹ(ㄸ/乙)'이 누락되었다고 볼 수도 있다. 그러나 균여의 향가들을 보면, 지금 우리가 다루고 있는 세 향찰들을 제외하면, 누락자가 발견되지 않는다. 이로 인해 쉽게 'ㄹ(ㄸ/乙)'의 누락이라고 보는 것이 어렵다.

다음으로 '乎' 다음에 'ㄸ/乙(ㄹ)'을 생략한 표기로 볼 수도 있다. 그러나 균여의 향찰들을 보면, 우리가 지금 다루고 있는 세 향찰을 제외하면, 'ㄸ/乙(ㄹ)'의 생략표기는 전혀 발견되지 않는다. 선행 해독들이 주장하는 '乎(隱)의 생략표기는 '隱'의 생략표기가 아니라, 첨기자 '隱'의 무첨기이다.

다음으로 '乎/오'에 '-ㄴ, -ㄹ' 등을 첨가해서 읽는 이두식 표기의 가능성을 보자. '乎'가 '오(ㄹ)'로 읽히는 것은 고려 이두에서부터이다. 신라 이두에서는 '乎'를 '오(ㄹ)'로 읽은 경우가 없고, '오(ㄴ)'로 읽은 경우만 있다. 이런 사실은 '成賜乎'(「신라화엄경사경」), '施賜乎 古鐘'(「신라선림원종명」)의 '乎'를 근거로 "신라시대의 것은 '온'으로 읽히는 예만 둘 확인된다."(남풍현 2000:446-447)에서 알 수 있다. 동시에 '乎'가 '오(ㄹ)'로 읽힌 예는 현존 자료로 보면, 「정도사오층석탑조성형지기」(1031)에서 처음으로 나타난다. '成是白乎 願', '占定令是乎 味', '立是白乎 味', '排立令是白內乎 矣' 등의 '乎'는 '오(ㄹ)'로 읽힌다(남풍현 2000:502, 516, 517, 528-529). 이런 사실들로 볼 때에, '乎'를 '오(ㄹ)'로 읽는 것은 신라 향가에서는 어렵고, 고려 향가인 균여의 향가에 나온 '內乎留'의 '乎'에서는 가능할 수 있다. 그런데 문제는 지금 우리가 다루고 있는 '內乎留'는 이두가 아니라 향찰이라는 것이다. 말을 바꾸면, 이두에서는 '乎'로 '오(ㄹ)'를 표기하지만, 향찰에서는 '行乎尸'(「모죽지랑가」), '乃乎尸'(「찬기파랑가」) 등에서와 같이 '乎尸'로 표기한다는 것이다.

이렇게 '內乎留'의 '乎'로 '오(ㄹ)'를 표기한 것은 '-ㄹ(乙/尸)'의 누락이나 생략, '-ㄹ'을 첨가하여 읽는 이두식 표기 등으로 설명할 수 없다는 점에서, 앞에서와 같이 唱詞에서 '-ㄹ'의 표현을 생략한 '드리오(ㄹ)로'의 생략표현으로 보려 한다.

5. 결론

지금까지 誤寫된 것으로 판단되는 향찰 '尸, 所, 色' 등에 대한 선행 해독들을 변증하면서, 이 향찰들이 오사된 것임을 정리하고, 시가의 唱詞에서 보이는 생략표현으로 볼 수 있는 '隱, 尸/乙' 등의 생략표현을 검토해 보았다. 그 중요한 것들을 요약 정리하여 결론을 대신하면 다음과 같다.

1) '爲尸如'(「항순중생가」)의 '尸'는 'ㄴ, ㅅ, ㄹ, 시' 등으로 읽혀 오고 있지만, 두 가지의 공통된 미흡점을 보인다. 하나는 문맥에서 요구하는 주체 존대의 선어말어미를 살리지 못한 미흡점이고, 다른 하나는 해독과 현대역이 형태소의 측면에서 상응하지 않는다는 미흡점이다.

2) 1)의 미흡점을 보완하기 위하여, '爲尸如'를 '爲賜如'의 誤寫로 판단하고, 'ᄒᆞ시닷'으로 읽었다. 이는 한자로 보았을 때에, 동음이자인 '尸'(시)와 '賜'(시)를 혼동하여 誤寫한 것으로 판단하고, 'ᄒᆞ시닷'으로 읽은 것이다. 이 해독은 차제자의 원리에 맞고, 형태소들의 연결이 문법적이며, 문맥에도 적합하다.

3) '毛叱所只'(「예경제불가」, 「수희공덕가」)의 '所'는 훈으로 읽은 '곧, 바', 음으로 읽은 '소', '所以'나 '所留'의 생략표기로 보고 읽은 'ᄃᆞ로, 도로, 다로' 등으로 읽혀 오는 가운데, 'ᄃᆞ로'와 '도로'가 우세한데, 'ᄃᆞ로, 도로, 다로' 등의 경우는 '所'를 '所以'나 '所留'의 생략표기로 본 미흡점을 보인다. 그리고 선행 해독들 전체는 해독과 현대역이 형태소의 차원에서 상응하지 않는 미흡점을 보이며, '毛叱'을 '못'이 아닌 '밀, 몰, ᄆᆞᆺ, 맞, ᄆᆞᆺ, 맛, 몯, 못, 업, 모시, ᄆᆞ시, 마시' 등으로 읽은 것도 미흡점이다.

4) 3)의 미흡점들을 보완하기 위하여, '毛叱所只'를 '毛叱巴只'의 誤寫로 판단하고, '끝까지 두루'의 의미인 '못두록'으로 읽었다. 그 근거는 음차자 '巴/바'와 훈독자 '所/바'가 異字同音의 관계에서 서로 誤寫될 수 있다는 점, '못'은 '못내=끝내'에서 '끝까지'의 의미를 가진다는 점, '巴'는 이두집들(『전률통보』, 『유서필지』)에서 '두로'로 병기되어 있는데, 이 '두로'는 『이조어사전』에서 보면, '두루'의 의미로 두루 쓰였다는 점 등에 있다.

5) '毛叱色只'(「광수공양가」)의 '色'은 '巴'로 수정하여 '두로, 도로, ᄃᆞ로' 등으로 읽거나, '色'을 '所'로 수정하여 '바, 소, 곧' 등으로 읽거나, '色'의 음 '식'으로 읽는 가운데, '두로, 도로, ᄃᆞ로' 등의 해독이 우세하다. 그러

나 '毛叱'을 '못'으로 읽지 않고 '맛, 맞, 믓, 못, 업, 마시, 믈, 몯' 등으로 읽은 해독과 더불어, '毛叱色(/巴/所)只'의 해독과 그 현대역이 형태소의 차원에서 상응하지 않는 미흡점을 보인다.

6) 5)의 미흡점을 보완하기 위하여, '毛叱色只'를 '毛叱々巴只' 또는 '毛叱〃巴只'의 오사로 판단하고, '끝끝까지 두루'의 의미인 '못못두록'으로 읽었다. 이는 '毛叱毛叱巴只'에서 반복되는 '毛叱'을 '々' 또는 '〃'으로 쓴 '毛叱々巴只' 또는 '毛叱〃巴只'를 縱書하면서 '毛叱色只'로 잘못 옮겨쓴 誤寫로 보고, '못못'은 '끝끝내'의 '끝끝'과 같은 반복 표현으로 보면서, '못못두록'을 '끝끝까지 두로'의 의미로 본 것이다.

7) '得賜伊馬落'(「수희공덕가」), '喜賜以留也'(「항순중생가」), '內乎留'(「항순중생가」)의 '賜'와 '乎'는 다양하게 읽혀 오는 가운데, '시(ㄹ), 오(ㄹ)' 등의 해독이 우세하다. 선행 해독들은 이 '시(ㄹ), 오(ㄹ)'의 'ㄹ'을 '尸/乙(ㄹ)'의 누락, '尸/乙(ㄹ)'의 생략표기, 'ㄹ'을 첨가해서 읽는 이두식 표기 등으로 설명하여 왔지만, 이 세 향찰들을 제외하면, 균여의 향찰에서 누락과 생략표기가 발견되지 않고, 균여의 향찰은 이두가 아니라는 점에서 미흡점을 보인다.

8) 7)의 미흡점을 보완하고자, 시가의 唱詞에서 음악에 맞추기 위한 'ㄹ(尸/乙)'의 생략표현으로 보았다.

참고문헌

1. 자료

고사경·김지(1395;1991), 『대명률직해』(영인본), 보경문화사.

김정호(1864;1976), 『대동지지』, 아세아문화사.

서거정 외(1478), 『동문선』, 민족문화추진회 역(1967), 『국역 동문선』, 민문고.

이규보(1241), 『동국이상국집』.

일　연(1281;1512;1983), 『만송문고본 삼국유사』(영인본), 오성사.

혁련정(1075), 『균여전』.

2. 논저

강　영(1993), 「『대명률직해』 이두의 어말어미 연구」, 박사학위논문, 고려대 대학원.

강길운(1995), 『향가신해독연구』, 학문사.

고정의(1989), 「처용가 해독의 재검토」, 『울산어문논집』 5, 울산대 국어국문학과.

고정의(1992), 「대명률직해의 이두 연구」, 박사학위논문, 단국대 대학원.

고정의(1995), 「서동요의 '主隱'과 '卯乙'에 대하여」, 『국어사와 차자표기: 소곡 남
　　풍현 선생 회갑 기념논총』, 태학사.

고창수(1995), 「향찰표기 '叱'의 체언화에 대하여」, 『국어사와 차자표기: 소곡 남
　　풍현 선생 회갑 기념논총』, 태학사.

권덕규(1923), 『조선어문경위』, 광문사.

권재선(1988), 『우리말글 논문들』, 우골탑.

금기창(1993), 『신라문학에 있어서의 향가론』, 태학사.

금하연·오채금(2006), 『성부중심 설문해자』, 일월산방.

김대식(1991), 「'헌화가' 해독의 의미론적 접근」, 『고전시가의 이념과 표상: 임하최
　　진원박사정년기념논총』, 동간행위원회.

김동소(1998), 『한국어 변천사』, 형설출판사.

김문태(1995), 『삼국유사의 시가와 서사문맥 연구』, 태학사.

김상억(1974), 『향가』, 한국자유교육협회.
김선기(1967a), 「길쓸볼 노래(혜성가)」, 『현대문학』 145, 현대문학사.
김선기(1967b), 「다마로기 노래(모죽지랑가)」, 『현대문학』 146, 현대문학사.
김선기(1967c), 「찌이빠 노래(기파가)」, 『현대문학』 147, 현대문학사.
김선기(1967d), 「안민가」, 『현대문학』 148, 현대문학사.
김선기(1967e), 「잣나무 노래(백수가)」, 『현대문학』 149, 현대문학사.
김선기(1967f), 「쑈뚱노래(서동요)」, 『현대문학』 151, 현대문학사.
김선기(1967g), 「곶 받친 노래(헌화가)」, 『현대문학』 153, 현대문학사.
김선기(1967h), 「곶얼굴 노래(처용가)」, 『현대문학』 155, 현대문학사.
김선기(1968a), 「바람결 노래(풍요)」, 『현대문학』 159, 현대문학사.
김선기(1968b), 「가고파 노래(원왕가)」, 「현대문학」 162, 현대문학사.
김선기(1968c), 「눈 밝은 노래(득안가)」, 『현대문학』 166, 현대문학사.
김선기(1969a), 「누비굿노래(제매가)」, 『현대문학』 171, 현대문학사.
김선기(1969b), 「두시다 노래(도솔가)」, 『현대문학』 172, 현대문학사.
김선기(1969c), 「도둑 만난 노래(우적가)」, 『현대문학』 177, 현대문학사.
김선기(1975a), 「보현가 여덟마리」, 『현대문학』 243, 현대문학사.
김선기(1975b), 「제불가 여래가 공양가」, 『현대문학』 250, 현대문학사.
김선기(1993), 『옛적 노래의 새풀이: 향가신석』, 보성문화사.
김성목(1939), 『이두집성』, 조선총독부중추원.
김성주(2011), 「균여 향가 〈보개회향가〉의 한 해석」, 『구결연구』 27, 구결학회.
김승곤(1992), 「이두의 「遣」과 「古」의 통어기능고」, 『홍익어문』 10・11, 홍익대.
김승찬(1999), 『신라 향가론』, 부산대학교 출판부.
김양진(1997), 「향찰자 '叱'의 용법과 기능」, 일암김응모교수화갑기념논총 간행위원회 편, 『한국어학의 이해와 전망』, 박이정.
김열규・정연찬・이재선(1972), 『향가의 어문학적 연구』, 서강대 인문과학연구소.
김영만(1991), 「향가의 '善陵'과 '頓部叱'에 대하여」, 「동양학」 21, 단국대 동양학연구소.
김영만(1997), 「석독 구결 '皆七', '悉氵'와 고려 향찰 '頓部叱', '盡良'의 비교 고찰」, 『구결연구』 2, 구결학회.
김완진(1980), 『향가해독법연구』, 서울대출판부.

김완진(1985a), 「모죽지랑가 해독의 반성」, 『국어학논총(김형기선생팔순기념논문집)』, 창학사.

김완진(1985b), 「특이한 음독자 및 훈독자에 대한 연구」, 『동양학』 15, 단국대 동양학연구소.

김완진(1990), 「안민가 해독의 한 반성」, 『청파문학』 16, 숙명여자대학.

김운학(1978), 『향가에 나타난 불교사상』, 동대불전간행위원회.

김웅배(1982), 「서동요 해석의 한 고찰: 卯乙을 중심으로」, 『목포대학 논문집』 4, 목포대학.

김유범(1999), 「향찰표기의 격과 조사: 향찰·구결·이두의 격조사에 대하여」, 『국어의 격과 조사』, 월인.

김유범(2010), 「균여의 향가 〈광수공양가〉 해독」, 『구결연구』 25, 구결학회.

김준영(1964), 『향가상해』, 교학사.

김준영(1979), 『향가문학』, 형설출판사.

김지오(2010), 「〈참회업장가〉의 국어학적 해독」, 『구결연구』 24, 구결학회

김지오(2012), 「균여전 향가의 해독과 문법」, 박사학위논문, 동국대 대학원.

김태균(1976), 「(속)양잠경험촬요의 이두주해」, 『경기대학논문집』 4, 경기대.

김형규(1948), 「중고문학」, 우리어문학회 편, 『국문학사』, 수로사.

김형규(1962;1983), 『증보국어사연구』, 일조각.

김홍곤(1977), 「고유어표기에 사용된 「叱」자의 음가변이에 대한 고찰」, 『국어국문학』 75, 국어국문학회.

남경란(2003), 「《대방광불화엄경소(권35)》 입곁(口訣) 연구」, 『배달말』 32, 배달말학회.

남광우(1962), 「향가연구」, 『국어학논문집』, 춘조사.

남성우·정재영(1998), 「구역인왕경 석독구결의 표기법과 한글 전사」, 『구결연구』 3, 구결학회.

남풍현·심재기(1976), 「구역인왕경의 구결연구(기일)」, 『동양학』 6, 단국대 동양학연구소.

남풍현(1977), 「향가와 구역인왕경 구결의 '之叱'에 대하여」, 『언어』 2-1, 한국언어학회.

남풍현(1981), 「한자·한문 수용과 차자표기법의 발달」 『한국고대문화와 인접문화

와의 관계』, 한국정신문화연구원.

남풍현(1983), 「서동요의 '夘乙'에 대하여」, 백영정병욱선생환갑기념논총 간행위
　　원회 편, 『한국시가문학연구』, 신구문화사.

남풍현(1986a), 「구역인왕경의 구결에 대하여」, 『약천 김민수 교수 화갑논총』, 탑
　　출판사.

남풍현(1986b), 「이두·향찰표기법의 원리와 실제」, 『국어생활』 6, 국어연구소.

남풍현(1993), 「고려본 유가사지론의 석독구결에 대하여」, 『동방학지』 81, 연세대
　　국학연구원.

남풍현(1994), 「『신석 화엄경』 권14의 고려시대 석독구결」, 『국문학논집』 14, 단국
　　대 국어국문학과.

남풍현(1995), 「박동섭본 능엄경의 해제」, 『구결자료집1』, 한국정신문화연구원.

남풍현(1999), 『『유가사지론』 석독구결의 연구』, 태학사.

남풍현(2000), 『이두연구』, 태학사.

남풍현(2010), 「헌화가의 해독」, 『구결연구』 24, 구결학회.

남풍현(2012a), 「『삼국유사』의 향가와 『균여전』 향가의 문법 비교」, 『구결연구』
　　28, 구결학회.

남풍현(2012b), 「고대 한국어의 여실법 동사 '支/디'와 '多支/다디'에 대하여」, 『구
　　결연구』 29, 구결학회.

류　렬(2003), 『향가연구』, 박이정.

민　찬(2004), 「서동요 해독 및 해석의 관점」, 『한국문화』 33, 서울대학교 한국문
　　화연구소.

박갑수(1981), 「향가 해독의 몇 가지 문제」, 『김형규박사고희기념논총』, 서울대학
　　교 국어교육과.

박병철(2008), 「한자 새김 연구의 회고와 전망」, 『구결연구』 21, 구결학회.

박재민(2002), 「구결로 본 보현십원가 연구」, 석사학위논문, 연세대 대학원.

박재민(2003), 「『보현시원가』 난해구 5제」, 『구결연구』 10, 구결학회.

박재민(2009a), 「〈헌화가〉 해독 재고」, 『국문학연구』 19, 국문학회.

박재민(2009b), 「삼국유사 소재 향가의 원전비평과 차자·어휘변증」, 서울대 박사
　　학위논문.

박재민(2012), 「도천수관음가의 해독과 구조 재고」, 『어문연구』 156, 한국어문교

육연구회.

박재민(2013a), 『신라향가변증』, 태학사.

박재민(2013b), 『고려향가변증』, 박이정.

박진호(1997), 「차자표기 자료에 대한 통사론적 검토」, 『새국어생활』 7-4, 국립국어연구원.

박진호(1998), 「고대 국어 문법」, 『국어의 시대별 변천 연구3: 고대국어』, 국립국어연구원.

박창원(1987), 「처용가 재검토」, 『우해 이병선박사 화갑기념논총』, 동간행위원회.

박희숙(1985), 「대명률직해의 이두 연구」, 박사학위논문, 명지대 대학원.

방종현(1948), 『훈민정음통사』, 일성당서점.

배대온(1984), 「조선조초기의 이두조사 연구」, 박사학위논문, 동아대 대학원.

배대온(1996), 「이두 처격 조사의 통시적 고찰」, 『배달말』 21, 배달말학회.

백두현(1997), 「고려본 금광명경에 나타난 특이 형태에 대하여」, 성재 이돈주 선생 화갑기념논총 간행위원회 편, 『국어학 연구의 새지평』, 태학사.

사비성인(1935), 「무왕과 호기: 서동과 선화」, 『신동아』 5-12, 신동아사.

서민욱(2004), 「『유가사지론』 권5·8의 점토구결 연구」, 박사학위논문, 가톨릭대 대학원.

서재극(1972), 「「헌화가」 연구」, 『상산 이재수박사 환력기념 논문집』, 동간행위원회.

서재극(1973), 「서동요의 문리」, 청계김사엽박사송수기념논총 간행위원회 편, 『청계김사엽박사송수기념논총』, 학문사.

서재극(1975), 『신라 향가의 어휘 연구』, 계명대출판부.

서종학(1991), 「이두의 문법형태 표기에 관한 역사적 연구」, 박사학위논문, 서울대 대학원.

서종학(1995), 『이두의 역사적 연구』, 영남대학교 출판부.

성호경(2008), 『신라향가연구』, 태학사.

손희하(1991), 「새김 어휘 연구」, 박사학위논문, 전남대 대학원.

신석환(1986), 「향가 문법형태소의 분석적 연구: 선어말접사와 어말접사를 중심으로」, 박사학위논문, 계명대 대학원.

신석환(1987), 「모죽지랑가의 분석적 연구」, 『사림어문연구』 4, 창원대 국어국문학회.

신석환(1988), 「향찰 「不喩仁, 將來, 頓部叱, 遣賜」에 대하여」, 『계명어문학』 4, 계명어문학회.
신석환(1990), 「영재 우적가고」, 『사림어문연구』 8, 창원대 국어국문학회.
신재홍(2000), 『향가의 해석』, 집문당.
신채호(1924), 「조선 고래의 문자와 시가의 변천」, 『동아일보』(1.1.), 동아일보사.
신태현(1940), 「향가の신해독」, 『조선』 296, 조선총독부.
심재기(1989), 「서동요 해독 삽의」, 이정정연찬선생회갑기념논총간행위원회 편, 『이정정연찬선생회갑기념논총』, 탑출판사.
안덕암(1993), 『화엄경 강의(상)』, 불교통신연구원.
안병희(1977), 「양잠경험촬요와 우역방의 이두의 연구」, 『동양학』 7, 단국대 동양학연구소.
안병희(1987), 『이문과 이문대사』, 탑출판사.
양주동(1942), 『고가연구』, 박문서관.
양주동(1965), 『증정고가연구』, 일조각.
양희철(1988), 『고려향가연구』, 새문사.
양희철(1989), 「'제망매가'의 의미와 형상」, 『국어국문학』 102, 국어국문학회.
양희철(1995a), 『향찰문자학』, 새문사.
양희철(1995b), 「〈서동요〉의 어문학적 연구」, 『어문논총』 11, 청주대 국어국문학과.
양희철(1996), 「〈모죽지랑가〉의 해독」, 『인문과학논집』 15, 청주대 인문과학연구소.
양희철(1997), 『삼국유사 향가연구』, 태학사.
양희철(2000), 『향가 꼼꼼히 읽기: 모죽지랑가의 해석과 창작시기』, 태학사.
양희철(2002), 「〈제망매가〉의 표현과 주제」, 김학성 · 권두환 편, 『신편 고전시가론』, 새문사.
양희철(2003), 「향가」, 김광순 외 공저, 『국문학개론』, 새문사.
양희철(2008a), 『향찰 연구 12제』, 보고사.
양희철(2008b), 「향찰 '白孫'의 연구」, 『언어학 연구』 13, 한국중원언어학회.
양희철(2008c), 「향찰과 이두 '將來'의 연구 : '將'과 '來'의 음훈을 살린 해독들의 변증」, 『한국언어문학』 66, 한국언어문학회.
양희철(2009a), 「향찰 '修(叱)孫(丁)'의 연구」, 『어문논총』 23, 동서어문학회.
양희철(2009b), 「향찰 '夘乙' 해독의 변증」, 『인문과학논집』 38, 청주대학교 한국문화연구소.

양희철(2009c), 「서동요의 중의적 표현과 세 시적 청자의 해석」, 『어문연구』 141, 한국어문교육연구회.

양희철(2011a), 「향찰 '(-)頓(-)' 해독의 변증」, 『언어학연구』 19, 한국중원언어학회.

양희철(2011b), 「향찰 '皆' 해독의 변증」, 『한국언어문학』 78, 한국언어문학회.

양희철(2012a), 「향찰 해독에 문학이 연계되는 일례: 향찰 '米' 해독의 어문학적 변증을 통하여」, 『국어사연구』 15, 국어사학회.

양희철(2012b), 「향찰 '制, 第, 底' 해독의 변증」, 『언어학연구』 24, 한국중원언어 학회.

양희철(2013a), 『향찰 연구 16제』, 보고사.

양희철(2013b), 「향찰 '遣'의 해독 시고」, 『어문연구』 160, 한국어문교육연구회.

양희철(2014a), 「향찰 '根, 省' 해독의 변증」, 『배달말』 54, 배달말학회.

양희철(2014b), 「향찰 '次' 해독의 변증과 보완」, 『언어학 연구』 32, 한국중원언어 학회.

양희철(2014c), 「차자표기 '詞, 思, 史, 事'의 해독: 선행 해독의 변증과 해독음 및 논거(한국 한자음)의 보완」, 『한국언어문학』 90, 한국언어문학회.

양희철(2014d), 「향찰 '叱'자 해독의 변증 일반: 용언에서 '(-)시-, (-)실(-)'을 표 기한 '叱'자들을 중심으로」, 『어문연구』 82, 어문연구학회.

엄국현(1989), 「모죽지랑가 연구」, 『인제논총』 5-1, 인제대.

엄국현(1990), 「서동요 연구II」, 『인제논총』 6-2, 인제대.

오정란(1988), 『경음의 국어사적 연구』, 한신문화사.

오창명(1995), 「조선전기 이두의 국어사적 연구」, 박사학위논문, 단국대 대학원.

유창균(1994), 『향가비해』, 형설출판사.

유창돈(1964), 『이조어사전』, 연세대 출판부.

유창선(1936a), 「신라의 향가해독」(모죽지랑가, 안민가), 『신동아』 6-5, 신동아사.

유창선(1936b), 「신라의 향가해독(2)」(찬기파랑가), 『신동아』 6-6, 신동아사.

유창선(1936c), 「신라의 향가해독(3)」(헌화가, 처용가, 서동요), 『신동아』 6-7, 신 동아사.

유창선(1936d), 「신라향가(4): 맹아득안가」, 『신동아』 6-8, 신동아사.

유창선(1936e), 「신라향가(5)」(풍요, 도솔가, 營齋歌, 혜성가), 『신동아』 6-9, 신동아사.

유창선(1936f), 「원왕생가와 영재 우적가: 소창진평과 양주동씨의 논쟁을 비판함」, 「조광」 7(2-5), 조선일보사.

유창선(1940), 「노인 헌화가에 대하여」, 『한글』 76, 조선어학회.

윤영옥(1982), 『신라시가의 연구』, 형설출판사.

윤철중(1997), 『향가문학입문』, 백산자료원.

이 용(2000a), 「연결어미 형성에 관한 연구」, 박사학위논문, 서울시립대 대학원.

이 용(2000b), 「광수공양가 '良焉多衣'의 형태론적 고찰」, 『형태론』 2-1, 박이정.

이 용(2004), 「『유가사지론』 점토석독구결 해독 연구(3)」, 『구결연구』 12, 구결학회.

이 용(2007), 「〈항순중생가〉의 해독에 대하여」, 『구결연구』 18, 구결학회.

이 용(2008), 「'-져'의 역사적 고찰」, 『진단학보』 105, 진단학회.

이 탁(1956), 「향가신해독」, 『한글』 116, 한글학회.

이건식(1995), 「향찰과 석독구결의 훈독 말음첨기에 대하여」, 『국어사와 차자표기: 소곡 남풍현 선생 회갑기념논총』, 태학사.

이건식(1996), 「고려시대 석독구결의 조사에 대한 연구」, 박사학위논문, 단국대 대학원.

이건식(2012), 「균여 향가 청전법륜가의 내용 이해와 어학적 해독」, 『구결연구』 28, 구결학회.

이도흠(1998), 「「모죽지랑가」의 창작배경과 수용의미」, 『한국시가연구』 3, 한국시가학회.

이돈주(1990), 「향가 용자 중의 '賜'자에 대하여」, 『국어학』 20, 국어학회.

이동림(1982), 「구역인왕경의 구결해석을 위하여」, 『논문집』 21, 동국대학교.

이동석(2000), 「향가의 첨기 현상에 대한 연구」, 『구결연구』 6, 구결학회.

이병기(2008), 「모죽지랑가의 해독에 대하여」, 『구결연구』 21, 구결학회.

이숭녕(1955; 1978), 『신라시대의 표기법 체계에 관한 시론』, 탑출판사.

이숭욱(1986), 「존재동사 'Ø시-'의 변의」, 『국어학신연구』, 탑출판사.

이숭욱(1997), 『국어형태사연구』, 태학사.

이승재(1987), 「속격 형태 'ㅅ'의 형성 과정」, 『성심어문논집』 10, 성심어문학회.

이승재(1989), 「고려시대의 이두에 대한 연구」, 박사학위논문, 서울대 대학원.

이승재(1990), 「향가의 遣只賜와 구역인왕경의 구결 ㅁ八ㄷ에 대하여」, 서울대학교 대학원 국어연구회 편, 『국어학의 새로운 인식과 전개』, 민음사.

이승재(1992), 『고려시대의 이두』, 태학사.

이승재(1993), 「고려본 화엄경의 구결자에 대하여」, 『국어학』 23, 국어학회.

이승재(1995), 「동명사 어미의 역사적 변화: 『구역인왕경』과 『화엄경』의 구결을 중심으로」, 『국어사와 차자표기: 소곡 남풍현선생 회갑기념논총』, 태학사.

이승재(1997), 「조선 초기 이두문의 어중 '-叱-'에 대하여」, 성재이돈주선생회갑 기념논총 간행위원회 편, 『국어학연구의 새 지평』, 태학사.

이승재(1998), 「고대 국어 형태」, 『국어의 시대별 변천 연구3: 고대국어』, 국립국 어연구원.

이임수(1982), 「모죽지랑가를 다시 봄」, 『문학과 언어』 3, 문학과언어연구학회.

이임수(1992), 「찬기파랑가에 대한 새로운 접근」, 『동국논집』 11, 동국대 경주분교.

이종철(1987), 「향가 시구「白遣賜立」 해독 재고」, 『논문집』 5, 한림대학.

이준환(2011), 「향찰 표기자 한자음 연구의 회고와 전망」, 『구결연구』 26, 구결학회.

이철수(1988), 『양잠경험촬요의 이두연구』, 인하대출판부.

임기중·임종욱(1996), 『한국고전시가어휘색인사전』, 보고사.

임홍빈(2007), 「국어학과 인문학적 상상력」, 『국어국문학』 146, 국어국문학회.

장삼식(1979), 『대한한사전』, 진현서관.

장성진(1986), 「서동요의 형성 과정」, 『한국전통문화연구』 2, 효성여대.

장세경(1991), 《양잠경험촬요》와 후기 이두 어휘집의 어휘 대비: 대명률직해의 어휘도 참작하여」, 『국어의 이해와 인식』, 한국문화사.

장윤희(1999), 「구역인왕경 구결의 종결어미」, 『구결연구』 5, 구결학회.

장윤희(2005), 「고대국어 연결어미 '-遣'과 그 변화」, 『구결연구』 14, 구결학회.

장윤희(2008), 「향찰 연구의 회고와 전망」, 『구결연구』 21, 구결학회.

전규태(1976), 『논주 향가』, 정음사.

정연찬(1972), 「향가해독일반」, 김열규·정연찬·이재선 공저, 『향가의 어문학적 연구』, 서강대학교 인문과학연구소.

정열모(1947), 「새로 읽은 향가」, 『한글』 99, 한글학회.

정열모(1965), 『향가연구』, 사회과학원출판사.

정우영(2007), 「〈서동요〉 해독의 쟁점에 대한 검토」, 『국어국문학』 147, 국어국문학회.

정인보(1930), 『조선어문연구1』, 연희전문학교 출판부.

정재영(1995a), 「'ㅅ'형 부사와 'ㄴ'형 부사」, 『국어사와 차자표기: 소곡 남풍현 선생 회갑기념논총』, 태학사.

정재영(1995b), 「전기중세국어의 의문법」, 『국어학』 25, 국어학회.

정재영(1998), 「합부금광명경(권삼) 석독구결의 표기법과 한글 전사」, 『구결연구』 3, 구결학회.

정재영(2001), 「'예경제불가' 해석」, 『국어연구의 이론과 실제: 이광호 교수 회갑기념논총』, 태학사.

정진원(2008), 「월명사의 〈도솔가〉 해독에 대하여」, 『구결연구』 20, 구결학회.

정창일(1987), 『향가신연구』, 세종출판사.

정철주(1988), 「신라시대 이두의 연구: 조사와 어미를 중심으로」, 박사학위논문, 계명대 대학원.

조윤제(1956), 「향가 연구에의 제언」, 『현대문학』 23, 현대문학사.

지헌영(1947), 『향가여요신석』, 정음사.

지헌영(1954), 「次肹伊遣에 대하여」, 최현배선생화갑기념논문집간행위원회 편. 『최현배선생화갑기념논문집』, 사상계사; 지헌영(1991), 「次肹伊遣에 대하여」, 『향가여요의 제문제』, 태학사.

천소영(1985), 「향찰의 「叱」자 표기에 대하여」, 『우운 박병채 박사 환력기념논총』, 고려대학교 국어국문학연구회.

최남희(1985), 「고려 향가의 차자표기법 연구」, 박사학위논문, 건국대 대학원.

최남희(1996), 『고대국어 형태론』, 박이정.

한상인(1993), 「대명률직해 이두의 어학적 연구」, 박사학위논문, 충남대 대학원.

한재영(2003), 「향찰 연구사」, 『한국의 문자와 문자연구』, 집문당.

허 웅(1975), 『우리 옛말본』, 샘문화사.

홍기문(1956), 『향가해석』, 조선민주주의인민공화국 과학원.

홍기문(1957), 『리두연구』, 과학원출판사.

홍순탁(1974), 『이두연구』, 광문출판사.

홍재휴(1981), 「헌화가신석」, 『한국시가연구: 백강서수생박사회갑기념논총』, 형설출판사.

홍재휴(1983), 『한국고시가율격연구』, 태학사.

황국정(2004), 「15세기 국어 음절말 'ㅅ'의 기원적인 음가에 관한 연구: '㕦叱多

(如)/ㅎㅌㅣ'의 독법을 중심으로」, 『국제어문』 32, 국제어문학회.

황선엽(1997), 「처용가 '脚烏伊'의 해독에 대하여」, 『국어학』 30, 국어학회.

황선엽(2002a), 「국어 연결어미의 통시적 연구: 한글 창제 이전 차자표기 자료를 중심으로」, 박사학위논문, 서울대 대학원.

황선엽(2002b), 「향가에 나타나는 '遣'과 '古'에 대하여」, 『국어학』 39, 국어학회.

황선엽(2003), 「구결자 '斤'의 해독에 대하여」, 『구결연구』 10, 구결학회.

황선엽(2006a), 「고대국어의 처격 조사」, 『한말연구』 18, 한말연구학회.

황선엽(2006b), 「원왕생가의 해독에 대하여」, 『구결연구』 17, 구결학회.

황선엽(2008a), 「《안민가》 해독을 위한 새로운 시도」, 『한국문화』 42, 규장각 한국학연구소.

황선엽(2008b), 「삼국유사와 균여전의 향찰 표기자 비교」, 『국어학』 51, 국어학회.

황패강(1978), 「「사뇌가」 양식의 고찰」, 『국문학논집』 9, 단국대학교 국어국문학과.

황패강(2001), 『향가문학의 이론과 해석』, 일지사.

高本漢(1948), 『중국음운학연구』, 대북: 상무인서관.

董同龢(1981), 『한어음운학』, 대북: 문사철출판사.

蘇慈爾·郝德士(1937), 『중영불학사전』, 대북: 불학문화복무처.

丁仲祐(民國9, 1920), 『불학대사전』(영인 1970), 서울: 보연각

周法高 외 3인(1979), 『한자고금음휘』, 홍콩: 중문대학출판부.

중문대사전편찬위원회 편(중화민국 62년, 1973), 『중문대사전』, 대북: 중국문화대학출판부.

陳新雄(1983), 「고음학발미」, 대북: 문사철출판부.

가나자와(金澤庄三郎 1918), 「이두の연구」, 『조선휘보』 4, 조선총독부.

마에마(前間恭作, 1929), 「처용가해독」, 『조선』 172, 조선총독부.

아유가이(鮎貝房之進, 1923), 「국문, 이토, 속요, 조자, 속자, 차훈자」, 『특별강의』, 조선사학회.

오구라(小倉進平 1929), 『향가급び이두の연구』, 경성제국대학.

Karlgren. B.(1954), *Compendium of Phonetics in Archaic Chinese*. 이돈주 역주(1985), 『중국음운학』, 일지사.

Karlgren. B.(1966), *ANALYTIC DICTIONARY OF CHINESE AND SINO-JAPANESE*, TAIPEI: CH'ENG-WEN COMPANY.

차제자/해독의 색인

(괄호 안의 한자 숫자는 차례에 있는 제목의 숫자. 항목별 향찰의 순서는 『삼국유사』의 향찰과 『균여전』의 향찰을 나누고, 해당 어구의 'ㄱ, ㄴ, ㄷ, ……' 순으로 배열함)

皆/모도 : 皆佛體(「청불주세가」), 皆佛體置(「상수불학가」), 皆吾衣(「보개회향가」), 皆往焉(「상수불학가」), 皆矣(「청불주세가」), 皆好尸(「상수불학가」) (이상, 제1부·三)

遣/고 : 捨遣只(「안민가」), 乃遣只(「참회업장가」), 閼遣只賜立(「참회업장가」) (이상, 제4부·一)

遣/곤 : 去遣 省如(「우적가」), 去賜里遣(「원왕생가」), 過出知遣(「우적가」), 放敎遣(「헌화가」), 白遣 賜立(「원왕생가」), 成遣 賜立(〈去〉)(「원왕생가」), 云遣(「제망매가」), 次肹伊遣(「제망매가」), 置遣(「원왕생가」), 抱遣 去如(「서동요」)(이상, 제4부·一)

昆/곤 : 見昆(「처용가」), 無叱昆(「수희공덕가」)(이상, 제4부·二)

根/곤 : 見根(「수희공덕가」), 行根(「총결무진가」)(이상, 제3부·一)

根/불휘 : 根古(「맹아득안가」)(제3부·一)

斤/근 : 明斤(「청전법륜가」)(제3부·一)

頓/믓(1) : 頓 部叱(「참회업장가」, 「수희공덕가」, 「상수불학가」, 「보개회향가」)(제1부·四)

頓/믓(2) : 頓叱(「청전법륜가」, 「항순중생가」)(제1부·四)

頓/좃 : 仰頓隱(「원가」)(제1부·四)

留/루 : 供乙留(「광수공양가」), 舊留(「보개회향가」), 內乎留(叱等耶)(「항순중생

가」), 大悲叱水留(「항순중생가」), 毛冬留(「총결무진가」), 煩惱熱留(「청
전법륜가」), 成留焉(「보개회향가」), 修將來賜留隱(「상수불학가」), (王〉)
毛冬留(「칭찬여래가」), 爲賜隱伊留兮(「상수불학가」), 伊留叱(「총결무진
가」), 逸留去耶(「광수공양가」), 淨戒叱主留(「참회업장가」), 筆留(「예경
제불가」), 向乎仁所留(「총결무진가」), 曉留(「청불주세가」), 喜賜以留也
(「항순중생가」)(이상, 제5부・三)

反/분 : 白反也(「혜성가」), 哀反(「풍요」), 迷反(「청불주세가」, 「보개회향가」), 仍
反隱(「청전법륜가」)(이상, 제4부・二)

(反〉)及/민 : 烏乙(反〉)及隱(「청전법륜가」)(제4부・二)

部/주비 : 頓部叱(「참회업장가」, 「수희공덕가」, 「상수불학가」, 「보개회향가」)(제
1부・四)

史/시 : 皃史(「모죽지랑가」, 「찬기파랑가」, 「우적가」), 皃史沙叱(「원가」), 母史也
(「안민가」), 栢史(「원가」), 栢史叱(「찬기파랑가」), 是史(「찬기파랑가」),
深史隱(「원왕생가」), 七史(「모죽지랑가」), □史(「우적가」), 無史(「보개회
향가」), 歲史中置(「상수불학가」)(이상, 제2부・一)

思/시 : 思內(『삼국사기』)(제2부・一), 思惱(『삼국사기』)(이상, 제2부・一)

詞/시 : 詞腦(『삼국유사』, 『균여전』)(제2부・一)

事/시 : 爲事置耶(「보개회향가」), 他事捨齊(「총결무진가」)(이상, 제2부・一)

事/일 : 事伊置耶(「총결무진가」)(제2부・一)

賜/시(1) : (持以支)如賜烏隱(「찬기파랑가」), 改衣賜乎隱(「원가」), 去賜里遣
(「원왕생가」), 見賜烏尸(「혜성가」), 愛賜尸(「안민가」), 爲賜尸知(「안민
가」), 慚肹伊賜等(「헌화가」), (修將)來賜留隱(「항순중생가」), 動賜隱乃
(「청불주세가」), 滿賜隱(「예경제불가」), 滿賜仁(「광수공양가」), 沙音賜
焉(「항순중생가」), 修叱賜乙隱(「수희공덕가」), 爲賜隱(「상수불학가」),
應爲賜下呂(「청불주세가」), 向屋賜尸(「청불주세가」)(이상, 제2부・三)

賜/시(2) : (白遣)賜立(「원왕생가」), (成遣)賜去(「원왕생가」), (閼遣只)賜立(「참

회업장가」)(이상, 제2부・三)

賜/시(ㄹ) : 得賜伊馬落(「수희공덕가」), 喜賜以留也(「항순중생가」)(이상, 제2
부・三, 제5부・四)

賜/주시 : 賜尸等焉(「맹아득안가」), 賜烏隱(「모죽지랑가」), 賜以古只(「맹아득안
가」)(이상, 제2부・三)

(色))ㅅ巴(/〃巴)/못두로 : 毛叱(色))ㅅ巴(/〃巴)只(「광수공양가」)(제5부・四)

(所))巴/두로 : 毛叱(所))巴只(「예경제불가」, 「수희공덕가」)(제5부・四)

省/쇼 : 省如(「우적가」)(제5부・三)

孫/손 : 白孫(「칭찬여래가」), 修孫(「보개회향가」), 修叱孫丁(「수희공덕가」), 禮
爲白孫隱(「보개회향가」)(이상, 제4부・三)

修/닭 : 修良(「제망매가」), 修叱如良(「풍요」)(이상, 제4부・四)

修/다시 : 修孫(「보개회향가」), 修將(「상수불학가」), 修叱孫丁(「수희공덕가」),
修叱賜乙隱(「수희공덕가」)(이상, 제4부・四)

(尸))賜/시 : 爲(尸))賜如(「항순중생가」)(제5부・四)

烏/겸 : 烏乙(反))及隱(「청전법륜가」)(제5부・二)

烏/오 : (乃叱好支)賜烏隱(「모죽지랑가」), (持以支)如賜烏隱(「찬기파랑가」), 脚
烏伊(「처용가」), 見賜烏尸(「혜성가」), 逢烏支(「모죽지랑가」), 遊烏隱
(「혜성가」), 逸烏(「찬기파랑가」), 逸烏隱(「원가」)(이상, 제5부・二)

屋/오 : 哭屋尸以(「모죽지랑가」), 白屋尸置(「맹아득안가」), 用屋尸(「맹아득안가」),
爾屋支(「원가」), 向屋賜尸(「청불주세가」)(이상, 제5부・二)

玉/옥 : 餘音玉只(「참회업장가」), 萎玉(「항순중생가」)(이상, 제5부・二)

友/벋 : 友物(「혜성가」) 友伊音(「상수불학가」), 友白乎-(「청불주세가」)(이상, 제
1부・二)

夗/톳기 : 夗乙(「서동요」)(제1부・一)

爾/갓갑 : 爾屋支(「원가」)(제2부・五)

爾/그/니：爾處米(「찬기파랑가」)(제2부·五)

爾/이：八切爾(「혜성가」)(제2부·五)

尒(=尔, 歹尒)/금：鳴良尒(「청불주세가」)(제2부·五)

知/디：惡知(「모죽지랑가」), 爲賜尸知(「안민가」), 爲尸知(「안민가」), 遺知支(「맹아득안가」), 朋知良(「청불주세가」), 伊知(「청불주세가」)(이상, 제2부·二)

知/알：過出知遣(「우적가」), 愛尸知古如(「안민가」), 持以支知古如(「안민가」)(이상, 제2부·二)

叱/시(1)：有叱下是(「모죽지랑가」), 伊叱等邪(「혜성가」), 無叱昆(「수희공덕가」), 修叱賜乙隱(「수희공덕가」), 有叱下呂(「수희공덕가」, 「보개회향가」)(이상, 제3부·二)

叱/시(2)：(內乎)叱等邪(「맹아득안가」), (來)叱多(「혜성가」), (乞白乎)叱等耶(「청전법륜가」), (內乎留)叱等耶(「항순중생가」), (沙毛)叱等耶(「예경제불가」), (好)叱等耶(「항순중생가」)(이상, 제3부·二)

叱/시(3)：物叱(「원가」), 城叱肹良(「혜성가」), 際叱肹(「찬기파랑가」), 塵塵虛物叱(「칭찬여래가」)(이상, 제3부·三)

叱/실(1)：居叱沙(「모죽지랑가」), 有叱故(「혜성가」), 有叱多(「혜성가」)(이상, 제3부·二), 修叱孫丁(「수희공덕가」)(제4부·四)

叱/실(2)：(太平恨音)叱如(「안민가」), (友伊音)叱多(「상수불학가」), (出隱伊音)叱如支(「참회업장가」)(이상, 제3부·二)

叱/실(3)：兵物叱沙(우적가), 周物叱(「광수공양가」)(이상, 제3부·三)

叱/실(4)：命叱(「도솔가」), 辭叱都(「제망매가」), 敬叱(「항순중생가」), 頓部叱(「참회업장가」, 「수희공덕가」, 「상수불학가」, 「보개회향가」)(이상, 제3부·三)

叱/실(5)：丘物叱 丘物叱(「항순중생가」)(제3부·三)

次/버그：次弗(「우적가」), 次肹伊遣(「제망매가」)(이상, 제2부·四)

次/지：蓬次叱(「모죽지랑가」), 枝次(「찬기파랑가」)(이상, 제2부·四)

處/곧 : 去奴隱處(「제망매가」)(제2부・五)

處/지 : 爾處米(「찬기파랑가」)(제2부・五)

處/치 : 波處也(「청전법륜가」)(제2부・五)

寸/존 : 惡寸(「참회업장가」, 「보개회향가」), 惡寸隱(「참회업장가」)(이상, 제4
부・二)

乎/오 : 過乎(우적가), 內乎(叱等耶)(「맹아득안가」), 逢乎(「제망매가」), 非乎(「우적
가」), 花乎(「원왕생가」), 乞白乎(叱等耶)(「청전법륜가」)(이상, 제5부・一)

乎/오(ㄹ) : 內乎留(「항순중생가」)(第5부・一, 제5부・四)

乎/온(1) : 執音乎(「헌화가」), 都乎隱以多(「우적가」)(이상, 제5부・一)

乎/온(2) : 內乎多(「맹아득안가」), 內乎呑尼(우적가), 毛冬乎丁(「제망매가」), 白
乎等耶(「청불주세가」)(이상, 제5부・一)

▌양희철

청주대학교 국어국문학과 졸업
서강대학교 대학원 석·박사과정 수료
경남대학교 국어교육과 전임강사 역임
현, 청주대학교 국어국문학과 교수
저서 : 『高麗鄕歌硏究』(새문사, 1988)
　　　 『鄕札文字學』(새문사, 1995)
　　　 『삼국유사향가연구』(태학사, 1997)
　　　 『향가 꼼꼼히 읽기 : 「모죽지랑가」의 해석과 창작시기』(태학사, 2000)
　　　 『향찰 연구 12제 : 동형의 이두와 구결도 겸하여』(보고사, 2008)
　　　 『향찰 연구 16제 : 동형의 이두와 구결도 겸하여』(보고사, 2013)

향찰 연구 20제
－ 동형의 이두와 구결도 겸하여 －

2015년 4월 30일 초판 1쇄 펴냄

지은이 양희철
펴낸이 김흥국
펴낸곳 도서출판 보고사

책임편집 권송이
표지디자인 황효은

등록 1990년 12월 13일 제6-0429호
주소 서울특별시 성북구 보문동7가 11번지 2층
전화 922-5120~1(편집), 922-2246(영업)
팩스 922-6990
메일 kanapub3@naver.com
http://www.bogosabooks.co.kr

ISBN 979-11-5516-355-9 93810
ⓒ 양희철, 2015

정가 30,000원
사전 동의 없는 무단 전재 및 복제를 금합니다.
잘못 만들어진 책은 바꾸어 드립니다.

이 도서의 국립중앙도서관 출판시도서목록(CIP)은 서지정보유통지원시스템 홈페이지
(http://seoji.nl.go.kr)와 국가자료공동목록시스템(http://www.nl.go.kr/kolisnet)에서 이
용하실 수 있습니다. (CIP제어번호: CIP2015010344)